图书在版编目（CIP）数据

寿光年鉴.2017 /《寿光年鉴》编纂委员会编. --
北京：方志出版社，2017.12
ISBN 978-7-5144-2845-2

Ⅰ.①寿… Ⅱ.①寿… Ⅲ.①寿光—2017—年鉴
Ⅳ.①Z252.24

中国版本图书馆CIP数据核字（2017）第321688号

寿光年鉴（2017）

编　　者：《寿光年鉴》编纂委员会
责任编辑：顾　洁
出 版 人：冀祥德
出 版 者：方志出版社
地址 北京市朝阳区潘家园东里9号（国家方志馆4层）
邮编 100021
网址 http://www.fzph.org
发　　行：方志出版社图书经销中心
电话（010）67110500
经　　销：各地新华书店
印　　刷：山东新华印刷厂潍坊厂
开　　本：889×1194　　1/16
印　　张：30.25
字　　数：723千字
版　　次：2017年12月第1版　2017年12月第1次印刷
印　　数：0001～1000册
ISBN 978-7-5144-2845-2　　**定价**：300.00元

寿光年鉴编纂委员会

（2017 年 2 月）

名誉主任 朱兰玺

主　　任 赵绪春

副 主 任 孙修炜　张振城　李增国　袁义林

成　　员 刘中华　刘志强　李炳泉　李秉桦　王维春
刘效国　崔维川　庞清滨　刘国明　王宏伟
王立新　张国峰　姜　森　李群成　周杰三
张洪水　张祥森　李　鹏

《寿光年鉴（2017）》审编人员

主　　审 袁义林

副 主 审 刘志强

主　　编 李　鹏

编　　辑 杨　娟　李秀东　林长青　桑锦缃

编辑说明

一、《寿光年鉴》以马克思列宁主义、毛泽东思想、邓小平理论、“三个代表”重要思想和科学发展观为指导，贯彻落实习近平总书记系列重要讲话精神和治国理政新理念、新思想、新战略，坚持辩证唯物主义和历史唯物主义的立场、观点和方法，客观记述寿光自然和社会的历史与现状。《寿光年鉴》是在中共寿光市委领导下，由寿光市人民政府主办，寿光市史志办公室编纂的地方性、综合性、资料性工具书。

二、《寿光年鉴（2017）》主要内容的记述时限为2016年1月1日至2016年12月31日。为反映事物全貌，给读者以完整印象，部分资料适当上溯或下延。

三、《寿光年鉴（2017）》采取分类编辑法。全书设22个类目，即特载、大事记、全市概况、中共地方组织、地方权力机关、地方行政机关、政协地方组织、群众团体、法治军事、经济监督管理、农业、工业、商贸服务业、交通邮电、城乡建设、财税金融、教育科技、文化旅游、卫生体育、社会民生、镇街区概况、人物。记述形式分类目、分目、条目3个层次，条目为主要信息载体和基本撰写形式，年鉴多数内容在条目中记载。

四、全书资料大部分由寿光市各部门及镇街区提供，主要统计数据以市统计局公布的统计资料为准，有些使用有关业务部门、单位的数据。为使年鉴资料准确无误、真实可靠，各供稿单位所供稿件均经该单位领导审核。各撰稿人在相应条目后署名，以示负责。

五、《寿光年鉴（2017）》的编辑出版，得到各级各部门领导的关怀和支持，是广大年鉴工作者通力合作、辛勤劳动所取得的丰硕成果，在此一并致谢。

六、《寿光年鉴（2017）》内容涉及各行各业，面广量大，加之我们水平有限，错误与疏漏在所难免，敬请广大读者给予指正。

2016 年 7 月 7 日，中央农村工作领导小组副组长、中央财办副主任、中央农办主任唐仁健（前排右二）一行，在副省长赵润田（前排左二），潍坊及寿光市领导王献玲（前排左一）、赵绪春（中）等陪同下，到寿光市调研农村新产业、新业态发展情况。

2016 年 6 月 30 日，省委常委、常务副省长孙伟（右二）在市委书记朱兰玺（左一）陪同下，到寿光市调研，走访慰问老党员和困难党员。

2016年12月12日，副省长夏耕（前排左三）在潍坊及寿光市领导刘曙光（前排右二）、孙起生（前排右一）、朱兰玺（左一）陪同下，到寿光市调研中以水城市项目。

2016年3月2日，在滨海（羊口）经济开发区举行2016年全市10个（总投资57亿元）重点工业项目春季集中开工仪式。市领导（左起）李宝华、杨德峰、朱兰玺、赵绪春、方新启参加开工奠基仪式。

2016 年 3 月 12 日，市领导（右起）朱兰玺、方新启、赵绪春参加第 38 个全民义务植树节植树活动。

2016 年 12 月 10 日，市委书记朱兰玺（右二）对全市重点项目建设情况进行现场观摩。

2016年10月9日，市委副书记、市长赵绪春（中）到洛城街道调度道路建设工作。

积极提升中小型企业和民营经济发展质量，全市“专精特新”中小企业达25家。图为2016年12月23日银宝轮胎生产车间工人对轮胎进行压膜切割。

2016年7月20日，双王潍景120兆瓦全省最大装机光伏电站在寿光市启动试运行。该电站位于双王城生态经济园区，占地3000余亩。

2016 年 4 月 20 日，第十七届中国（寿光）国际蔬菜科技博览会在寿光市国际会展中心盛大开幕。

提高水资源综合利用效率，发展高效农业。图为 2016 年 4 月 27 日，台头镇大坨村村民正用喷灌装置给小麦浇春水。

全市 1—7 月份空气优良天数同比增加 27 天。图为 2016 年 8 月 12 日天气状况。

2016 年 10 月 20 日，潍高路寿光段（羊田路至寿济路路口以东路段）完成维修改造工程。

2016年11月28日，位于弥河生态农业观光园北门西侧，占地219亩的寿光历史文化中心建成试运营。

目　录

特　载

大事记

全市概况

中共地方组织

地方权力机关

地方行政机关

政协地方组织

社会团体

法治 军事

经济监督管理

农 业

工 业

商贸服务业

交通 邮政 通信

建设 环保

财政 税务 金融

教育 科技

文化 旅游

卫生 体育

社会 民生

镇（街区）概况

人 物

特 载

深入推进产业强市
加快建设品质寿光

——朱兰玺在市委十三届九次全体（扩大）会议上的讲话

（2016 年 8 月 17 日）

同志们：

今天召开这次会议，主要目的就是深入贯彻中央、省市有关会议精神，回顾总结上半年工作，安排部署下半年任务，动员全市上下进一步解放思想、凝聚共识，深入推进产业强市、加快建设品质寿光，确保经济社会发展行稳致远，不断取得新的成绩。下面，我代表市委常委会向全会报告工作。

一、正确估价今年以来的工作

今年以来，面对经济下行、市场低迷的不利影响，全市上下坚持以五大发展理念为引领，深入推进供给侧结构性改革，主动作为、积极应对，经济社会保持良好发展态势。

*一是更加注重质量效益，经济运行稳中向好。*从前两个季度情况看，财税、投资、消费、出口等主要指标基本符合预期。1–6 月份，全市实现社会消费品零售总额 139.8 亿元，同比增长 10.3%；完成进出口总额 127.7 亿元，同比增长 11.8%，实际到账外资 1.3 亿美元，占潍坊总量的近 1/3，昊华轮胎完成出口额 11.9 亿元，位列全国民营轮胎企业首位。特别是在全国经济下行的大环境下，晨鸣纸业、巨能控股、联盟化工、鲁清石化、鲁丽集团等 16 家企业主营业务收入过 10 亿元，占到全市总量的 63.7%，发挥大型企业的骨干支撑作用；昊华轮胎、亿嘉农化、东信化工、万龙实业、新泰化工、盛瑜药业等中小企业主营业务收入、利税都保持 50% 以上的增幅，成为拉动经济增长的新动力。

*二是更加注重项目抓手，重点工作全面推进。*转型升级步伐加快。“八个百亿级新兴产业”集聚壮大，富康医药产业园、鲁丽滨海产业园、鲁清聚丙烯搬迁改造、顺福昌轮胎机械、玉马窗饰等一批大项目进展迅速，上半年，新型防水、石油装备、生物医药、木制品等 4 个产业产值超 20 亿元，橡胶新材料超 50 亿元，全市高新技术产业产值占比达到 40.7%，分别高出省、潍坊市 8.2 和 8.8 个百分点。特别是新上富康（羊口）

产业园、东方宝鼎、宇虹防水、宏源防水等一批拉动力强、发展前景好的项目，超出我们预期，为全市转型发展、品质发展注入新的动力。大棚“两改”快速推进。全面铺开5.1万亩棚区建设，新建100亩以上园区120个、蔬菜大棚8800多个，真正找准农业增效的发力点、农民增收的突破点，郭树清、赵润田等省领导对我市做法给予充分肯定，经济日报社长徐如俊专程到我市蹲点调研，并在经济日报头版头条刊发《大棚升级新寿光》，在全国产生良好反响。化龙、稻田、上口、田柳、古城等镇街，力度大、进展快，大棚“两改”成效明显；羊口、营里、双王城打破传统种植模式，在盐碱地上建起无土栽培大棚，开辟北部农民增收的新路径。第十七届菜博会取得圆满成功，影响力空前；全国农业科技大会在我市召开，与会人员参观我市现场，听取经验介绍，给予高度评价。改革举措落地有力。围绕“三去一降一补”，先后出台兼并重组、“四评级一评价”、鼓励农民进城买房等一揽子政策，供给质效进一步提高。上半年，为企业降低运行成本、减免税费6.6亿多元；整改化工企业100家、关停22家；商品房销售面积、销售额较去年同期分别增长32.2%和28.2%；同成医药、亿嘉农机在新三板挂牌，全市直接融资突破100亿元，居全省县域首位。

*三是更加注重谋划长远，着力办好大事要事。*总投资160亿元的国华寿光电厂并网发电，历经4届班子、近10年的不懈努力，执着抓、潜心抓，1号机组7月31日正式并网发电，2号机组预计8月底发电，年可为企业节约用电、用汽成本近亿元，我市正逐步成为潍坊乃至全省的低成本“洼地”。总投资10亿元的寿光港5000吨级航道成功获批，计划10月份开工，2018年初建成投用，建成后将满足5000吨级船舶全天候通行、万吨级船舶乘潮通行，彻底解决我市海上运输瓶颈。总投资7.6亿元的新南环路（G308文石线、原潍高路改线）即将动工建设，届时将把东西大通道从“穿城”改为“绕城”，不仅大大缓解中心城区交通压力，还为我市南部打通一条蔬菜运输“大动脉”。济青高铁、济青高速、潍日高速建设进展顺利，孙家集、纪台、稻田、侯镇、洛城等镇街高标准完成拆迁等任务。总投资40亿元的棚户区改造全面启动，规划建设和平社区、尧水片区、临泽片区等11个棚改项目，目前已有8个全面动工。羊口、洛城、圣城、古城等镇街，抢抓机遇，动作快、成效大，特别是羊口，棚户区改造区域占镇域总面积的1/4，26天完成4个居委、50万平米的拆迁；洛城仅用28天，就与5个村、1500户群众全部签订拆迁协议。第三届中国县域电商峰会在我市成功举办，全国近千名县域和电商企业代表参会，中国入世首席谈判代表、博鳌亚洲论坛原秘书长龙永图出席峰会并演讲，在全国打响寿光市县域电商品牌，有力支撑寿光电商走上一条快车道。

*四是更加注重民生改善，群众幸福感、满意度不断提升。*公共服务水平更加优化。全面铺开世纪凤华、东城高中、屯田学校等17所中小学、幼儿园建设，高考重点本科上线数、上线率在全省保持第一，被评为全国社区教育示范区；开工建设城投养老中心、福缘颐养中心、西城养老中心等一批健康养老项目，新建农村高标准卫生室36个，为890名乡村医生办理养老保险；城乡居民基础养老金实现5连增，居民基本医疗保险各级财政补助提高到每人每年420元，上半年累计发放各项社保资金10.5亿元。城乡环境面貌明显改善。铁路公园、幸福路打通等44项市政重点工程全面推进，东关休闲文化一条街、东郭美食文化一条街等主题街

区加快建设，中心城区交通、排水、环境等问题得到有效解决。启动“镇村通”天然气、农村改厕等工作，“美丽乡村”建设成效明显。持续深化“三八六”环保行动，扎实推进固废综合整治，空气质量优良天数同比增加27天。文明创建扎实有效。全力加强意识形态工作落实，深入推进“全国文明城市”创建，农村移风易俗工作经验在全省推广，通过文明创建真正激发社会正能量。公安、住建、教育、市场监管、城管执法、环卫、园林等单位承担大量创城任务，工作卓有成效。社会管理工作创新突破。深入开展矛盾纠纷大排查大调处专项行动，实施“百村百名法治副主任”工程，公共法律服务中心建成投用，成为省级社会信用体系建设试点城市，促进社会持续和谐稳定。

五是更加注重服务发展，党的建设全面加强。把“两学一做”学习教育作为重大政治任务，精心部署、扎实推进，收效明显。干部队伍素质整体提升。探索推行综合分析研判、双月点评等干部考核评价常态化机制，在党员干部中分类开展“四争”、“百名书记讲党课、千名干部上讲台、万名党员谈体会”等系列活动，由中宣部主办的王伯祥同志先进事迹座谈会在人民大会堂成功举办，王伯祥同志被列为央视纪念建党95周年11个重大典型之一，在全国进行集中宣传报道；马焕军同志被评为“全国优秀党务工作者”。党群干群关系更加密切。深入开展“双联双评”、选派“第一书记”、“三整顿三提升”等活动，注重发挥党群服务体系作用，累计为群众代办各类事项2.1万件、解决群众诉求3.2万件，潍坊市党群服务体系建设现场推进会在我市召开。制定监督执纪“四种形态”实践运用规则、党员领导干部容错免责试行办法，成立市委主体办，各级党委和纪委抓从严治党的主体责任和监督责任意识更加牢固，紧扣“六大纪律”开展精准巡查，营造风清气正的政治生态。持续完善“双百计划”、“桑梓人才计划”等重点人才工程，我市“千人计划”、“泰山学者”等领军人才数量居潍坊市首位，连续五年被评为全省人才工作先进单位。工作作风更加务实高效。从前段观摩看，各镇街区铺下身子干工作、抓事业，打造一批新的亮点：羊口、侯镇的项目二次招商，洛城的全福元商业综合体等产城融合项目，圣城的极地海洋世界等现代服务业项目，化龙的美丽乡村建设，上口的窗帘窗饰，古城的新型社区建设，稻田以禾能生物为代表的循环农业，田柳以祥生塑胶为代表的新型复合材料，台头的新型防水特色产业，孙家集的高铁制梁厂项目，营里的千亩物流园，双王城的光伏发电、水上乐园，文家的电商和物流，纪台的大棚垃圾处理，等等，都有各自的特色，都有新的变化。在经济持续下行的情况下，取得这样的成绩实属不易，凝聚着全市广大干部群众的心血，各镇街区、各部门单位付出艰苦努力，这些都是我们做好下步工作的信心所在、底气所在。

在肯定成绩的同时，我们也要清醒地看到，我市经济运行中的不稳定、不确定因素仍然较多、不容忽视。一是下行压力仍然较大。钢材、尿素等主要工业品价格持续走低，企业盈利难度加大，部分企业限产、停产、开工不足。二是投资增速放缓、后劲不足。市场信心仍然偏弱，1–6月份，固定资产投资同比回落2.7个百分点，低于潍坊平均水平1个百分点。今年分配招商引资指导性计划的87个部门单位中，有35个没有进展。三是金融等潜在风险不容忽视。金融机构二季度不良贷款率达到2.85%，比年初增加0.33个百分点，实体经济担保圈、联保圈和资金链风险隐患较大，安全生产、社会稳定等领域的任务仍十分艰巨。四是干部精气神有待提振。在新常态背景下，个别干部理念思路不相适应，方法手段不相匹配，为官不易、为官不为等思想仍然不同程度存在，软环境建设中仍存在诸多问题，等等。这些问题，我们必须采取有效措施，切实加以解决。

二、关于下步工作

产业决定城市。面对复杂严峻的宏观形势，我们必须进一步明确发展路径，培植发展新动能，深入实施“产业强市”战略，做强做优产业，提升供给质量。

实施“产业强市”战略，主要基于三方面考虑：1、国内外的发展经验无不证明，必须以产业作为根本支撑。今后城市之间的新一轮竞争，必然是产业的对比和较量。江阴、张家港2015年GDP分别达到2880亿元、2230亿元，是我市的3.5倍、2.7倍，他们在经济体量大的情况下，仍然紧抓产业不放松。比如，江阴今年亿元以上项目达到248个、总投资超1980亿元；张家港举行项目“集中开工投产月”活动，62个项目集中开工、55个项目竣工投产，产业发展势头非常强劲。2、寿光能取得今天的成绩，主要得益于我们持续不断地抓产业，这条道路必须坚定不移地走下去。上世纪80年代，伯祥书记带领全市人民发展蔬菜产业、大搞寿北开发、大搞工业建设，扎起寿光产业发展的框架。实践证明，改革开放以来，寿光的发展道路就是一条从小到大、从弱到强、从强到优的产业发展之路。3、要解决好新常态下面临的新问题，必须以更大力度抓产业、抓发展。当前，我们的产业、企业发展都面临很多新的困难和问题，这些问题绕不过去、也跳不过去，只有用比以往更大的精力和决心抓发展、抓产业，才能更好地应对这些困难和挑战。下步，我们要始终把发展产业作为全市的中心工作，心无旁骛抓产业，锲而不舍抓产业。

实施“产业强市”战略，要坚持四项原则：

一是必须坚持把发展作为第一要务。与先进县市相比，寿光发展最主要的问题仍然是总量偏小、结构不优。我们必须把发展作为一切工作的主线，在发展中解决好产业结构偏重、资源环境制约、社会矛盾凸显等问题。二是必须把做强实体经济作为主攻方向。新常态下，经济下行压力不断加大，这个时候更需要我们坚守实体、稳住企业，全力推进供给侧结构性改革，进一步做好“三去一降一补”工作，集中土地、资金、政策等要素资源向实体经济倾斜，保经济运行、保骨干企业。三是必须把项目建设作为主要抓手。项目是龙头、是基础，更是动力，没有项目一切都是“空谈”。我们必须紧紧抓住项目建设这个“牛鼻子”不放松，加快实施一批体量大、质态优、拉动能力强的大项目、好项目，不断增强产业发展后劲和支撑力。四是必须把创新驱动作为核心动力。发展要突破，产业要提升，根本出路在创新。要始终坚持把发展的基点放在创新上，充分激发企业创新积极性和社会创新活力，大力推进科技创新、人才创新、治理创新、机制创新等各方面创新，让创新真正成为引领寿光转型发展、跨越发展的重要引擎。

实施“产业强市”战略，要突出“两强、两抓”四个重点：

推进产业强市就要主动顺应供给侧结构性改革要求，加快传统产业的改造升级，促进新兴产业的培植壮大，推动产业结构由中低端向中高端迈进，全力打造现代产业发展新高地。当前，要把工作着力点放在“两强、两抓”上。

（一）扎实推进“强镇”建设，为产业强市搭建有力载体。“强镇”，即建设“特色产业镇”。前段，国家出台建设特色小镇办法，将在全国重点打造1000个特色小镇。我们建设“特色产业镇”，就是主抓产业，包括工业、农业、三产和新兴产业。具体目标上：就是要求各镇街区主攻特色产业培育，积极完善配套功能，优化镇域环境，争取用3–5年的时间，建成一批国家级特色园区，一批产业“单打冠军”、“隐形冠军”，一批区域性特色产业强镇。总体把握上：1、规划先行，杜绝“低散乱”。坚决防止从顶层、从源头、从开端就落后的状况。2、突出特色，防止“空心化”。充分发挥资源禀赋、比较优势谋划项目，形成各自的独特竞争力。3、分类推进，避免“一刀切”。要因地制宜、有所侧重，形成既有高山也有群峰、梯次合理的镇域发展格局。4、注重结合，力戒“一边倒”。建设特色产业镇并不是不搞寿北开发，而是错位发展，宜寿北则寿北、宜镇街则镇街，灵活促进项目落地。

一要抓特色产业培育。各镇街区要立足自身实际，主攻1–2个主导产业，拉长产业链条、打造规模优势。基础较好的园区镇街，要依托各自园区，大力发展块状经济。羊口要全力争创省级小城市和省级开发区；洛城要突出产城融合，发挥好作为潍坊国家级高新区寿光园区的带动引领作用；古城要抓好开发区“三转”，全力创建国家级开发区；侯镇要加快化工行业转型，建设化工产业转型升级示范区。特色产业已具备规模优势的镇街，要全力做大做强主导产业，争当行业冠军。台头和化龙北部，要加大跨区域资源整合力度，促进防水产业集聚发展，着力打造国家级防水产业特色镇；上口要全面提升窗帘窗饰产业，力争建成全国窗帘窗饰时尚产业基地。特色产业支撑还不明晰的镇街，要以“功成不必在我”的境界，从现在开始，就要静下心来，认真抓好特色产业的挖掘、引进和培育，持续用力，久久为功，尽快形成独具特色的优势产业。各镇街区要对产业链上带动能力强的龙头企业，全力扶持、重点打造；对有发展前景、有市场潜力的小微企业，强化培育引导，促进企业快速发展；对那些违规、无证生产的企业和个人，该清理的清理、该规范的规范，为优势企业腾出资源、腾出空间。比如，田柳要重点围绕祥生CPVC项目，加快建设高性能新材料产业基地；营里要依托乘达物流等龙头企业，尽快实现物流产业集聚壮大；稻田要紧盯富士食品和机场等重点企业、重点项目，大力发展食品加工和空港物流；化龙要全力抓好中欧（亚）集装箱国际联运项目，建设“一带一路”重要的铁路物流基地。

二要抓基础设施配套，走产城融合的城镇化之路。要按照“宜居宜业宜生活”的标准，提升城镇对产业的吸引力和承载力。宜居，就是要加快推进新型社区建设，提升城镇吸纳人口的能力。要以我市成为全省棚改贷款支持试点市为契机，全力抓好11个重点棚改项目，同时，再筛选确定一批适宜棚改项目，进一步改善镇域居住条件。要大力推进集中供暖，力争年底前一半以上的镇街实现镇区集中供暖。宜业，就是要抓好路、水、电、气等产业配套设施建设。各镇街区要认真梳理这方面存在的“短板”，分段、分步制定改造提升计划，特别是“欠账”较大的，更要集中财力，每年办成几件打基础的工作。年底前，村内主路没有硬化的必须完成硬化。宜生活，就是要结合美丽乡村建设，借鉴浙江特色小镇的做法，进一步整合提升教育、医疗、文化等服务设施，将“景区”和“文化”的概念，引入规划建设中，吸引更多的人到城镇创新创业、安居乐业。

三要抓机制体制创新。在土地保障上，各镇街区要抓住当前土地规划调整完善的机遇，该调整的调整、该整合的整合，为优势产业集聚发展创造条件。要加大闲置土地的处置力度，积极通过兼并重组、二次招商等方式，全力整合盘活。下步，市里将加大土地的统筹使用力度，对那些有产业、有项目、有条件的镇街加大支持力度，予以重点倾斜。在资金投入上，要突出市场化运作，借鉴羊口融资平台的做法，积极运用PPP、城市发展基金、政策性贷款、私募投资基金等融资路径，撬动更多社会资金进入。财政部门要探索设立特色产业专项培育基金，为镇域特色产业发展提供资金支持。在政策保障上，要结合上级精神，尽快出台我市特色产业镇建设的实施意见。同时，要选取一批重点镇，按照国家和省级特色小镇标准进行全面提升。

（二）深入实施“强企”工程，为产业强市筑牢坚实基础。骨干企业是产业发展的脊梁，没有骨干企业就没有优势产业。要深入推进“服务企业年”活动，全力加大对骨干企业、重点项目的扶持力度，特别是对24家大型以上企业，更要集中资源，重点倾斜，企业需要什么，我们就提供什么；企业有什么困难，我们就解决什么困难。当前，“强企”就是突出抓好股改、技改工业“两改”。

1、加快“股改”。股改对于产业强市是最基础、最根本性的工作，再难也要抓、再难也要推。我们推进股改，并不是单纯为企业上市，根本目的是倒逼企业规范管理，促进企业健康运行。

一要转变思想认识。当前，个别企业存在顾虑，有的认为“股改平白无故多花钱”而不想改；有的担心“改了后说了不算”而不愿改；还有的害怕“暴露问题找麻烦”而不敢改，等等。企业推进股改，不是可有可无、也不是锦上添花，而是补齐发展短板、实现可持续发展的必然选择：1、要解决融资难、融资贵等问题，就必须下定决心改。我市企业融资主要以银行贷款等间接融资为主，利息高、成本高、办理周期长，去年我市企业支付银行利息等财务费用近80亿元，企业创造的财富很大一部分都交给银行。股改后，可以利用发行债券、股权质押、上市挂牌等方式进行多元化融资，将大大降低融资成本。2、要实现长远发展、建“百年企业”，就必须主动改、自觉改。股改就是企业管理脱胎换骨的过程，可以帮助企业摆脱家族式、低层次、粗放式的管理状态，一次性甩掉历史包袱、解决担保圈等问题，步入产权清晰、管理规范的发展轨道，提高科学决策、自动纠偏的能力。3、要适应新形势、新政策，早改早主动。随着营改增、国地税联合办税和社会诚信体系建设等深入推进，原来一些靠规避税费盈利的做法必将难以为继。各位企业家都要明白“早改早主动、快改快受益”的道理，把眼光放远一点，多算大账、总账、长远账，认清股改带来的巨大回报，引领企业做出长远发展的战略抉择。

二要稳妥分类推进。推进股改不能搞“一刀切”，要根据企业实际，实行差别化分类推进。1、对规模以上企业加快推进公司制改制，要建立改制企业资源库、中介机构库、专家库，引导企业通过聘用职业经理人、财务托管等多种方式，建立现代企业制度。下步，要将规范改制作为企业享受优惠政策的前提条件，确保年内200家企业完成规范改制。2、对条件成熟的企业加快股份化改造，目前，我市规上企业中规范的股份制企业仅有46家。金融办要牵头组建股改专家顾问团，通过政府购买服务的方式，聘请第三方专业中介机构对企业进行批量改造。同时，要积极引导企业通过相互参股、联合重组和引入战略投资者等形式优化股权结构，实现发展壮大。3、鼓励股改完成企业加快上市挂牌，按照“培育一批、辅导一批、上市一批”的要求，建立上市后备企业资源库，筛选100家后备企业重点培育，力争年内上市挂牌企业30家以上。市政府要定期召开联席会议，及时研究解决企业改制、上市挂牌过程中遇到的具体问题。会后，要参照潍坊下发的考核办法，抓紧出台我市考核办法，各镇街区要按照分配的任务，逐个企业摸清底数，梳理分类、建立清单，确保有重点、分批次有序推进。

三要加强政策助力。省、潍坊都专门下发推动企业改制的意见，我市也要尽快拿出具体实施办法。下步，对股改企业努力做到“三个优先”：一是审批服务优先，在政务服务中心设立专门窗口，建立股改“绿色通道”，优先办理立项、环评、能评等手续；二是政策奖励优先，优先安排各类产业发展、技术改造等专项资金，优先提供政策性担保支持，对股改产生的中介服务费用，实行每户最高20万元的定向补助，对工商登记和行政事业收费实行全额减免，对股改企业股权质押贷款提供2%的风险补偿，对资产理顺过程中过户产生的税收给予补贴，对需要补办的各种手续等问题，各部门要优先办理和解决；三是资源支持优先，优先提供土地指标、供水、供气、供热，优先纳入直供电范围。同时，要加快引进一批创投风投、基金管理、上市咨询等专业机构和资产评估师、财务咨询师等智库资源，全力保障股改顺利进行。

四要强化金融风险防控。7月27日，李克强总理在国务院常务会议上指出，银行不得随意抽贷、压贷、断贷。市里已经研究出台《防范和化解企业金融风险的政策措施》，下步关键是抓好落实。各银行机构要全面推广以贷还贷、无还款续贷、年审制等新型续贷还款模式，减轻企业还款压力。要加快制定银行化解不良贷款的奖励政策，引导银行灵活运用核销、市场化转让、贷款重组等方式加大不良贷款处置力度。市里要建立政府约谈银行制度，对不支持地方发展的银行通报全市和上级金融机构。同时，对恶意逃废债、拖欠挪用过桥资金的企业，公安、税务、财政、审计等部门要立即介入、严厉打击。要借鉴柯桥等地做法，探索成立金融审判庭，为依法处置僵尸企业“把脉开方”，对融资担保案件依法快审快判快执行，打造良好的金融生态环境。

2、加快“技改”。围绕推进供给侧结构性改革，进一步降低成本，提高科技含量，增强企业持续竞争力。重点瞄准四个方向：

一要围绕产品升级抓技改。联盟化工投资20.8亿元的煤炭清洁利用项目，能耗成本每吨能下降200元，用工由1100人降到570人。要全力抓好投资43亿元的晨鸣40万吨化学浆、投资20亿元的昊华300万套全钢子午胎、投资9.8亿元的鲁清油品升级等“二十大重点工业项目”，力争年内尽快开工建设；各规上企业都要围绕产业转型、产品升级，再谋划新上一批技改项目，力争今年完成技改投入100亿元。同时，要完善重点项目跟踪服务和企业家直联制度，对一般性问题，当场能解决的，必须立即解决，当场不能答复的，必须1周内提出具体解决方案；对特殊性问题，相关领导和部门要专题研究、专人服务，确保尽快解决。

二要围绕产业链延伸抓技改。富康制药历经12年研发成功奥美拉唑原料药，占据国内市场89%的份额；高密豪迈机械自主研发世界领先水平的轮胎模具机床，占有全球市场1/5的份额。可以看出，那些平时注重科技创新、人才创新的企业，经济越是下行，越能显示出强劲生命力和发展后劲。各企业要把技术研发作为生死攸关的大事，积极与科研院所开展关键技术的有偿预订、定向研发，力争规上企业研发投入占比达到3%以上。要借鉴金堂县成立环保装备产业技术研究院做法，积极推进八个百亿级产业建立技术创新联盟，实行研发平台法人化，加快研发成果转化。要创新拓展高校人才工作站、海外人才联络处等引才渠道，加快人才公寓建设，开展好“寿光工匠”等评选活动，特别是对产业急需、专业紧缺的高端人才，可采取直接考核的方式招聘落实事业编制，力争年内新增产业领军人才50人以上。

三要围绕装备更新抓技改。对企业来讲，高端装备就是产品高质量、生产高效率的代名词。下步，要尽快制定“中国制造2025”寿光行动纲要，列出智能装备应用产业目录，在造纸、轮胎、仓储物流、汽车零部件等制造行业，加大机器换人、首台套设备引进力度。各企业要树立“资产轻量化”理念，加快从“重土地、重厂房”向“重设备、重技术”转变，采用设备租赁等形式推进装备更新。要尽快制定更接地气、更具针对性的“四换并进”实施办法，鼓励企业上装备、搞技改；经信部门要强化典型引领，分行业筛选先进典型，在全市进行推广。

四要围绕优化产业生态服务技改。当前，我市中介、评估、拍卖等生产性服务业发展滞后，项目手续办理、有关产业发展都受到制约。下步，要尽快制定具体扶持办法，加大对评估咨询、商业保理、检验检测认证等紧缺产业的引进培育力度，积极吸引上海物流汇等龙头型公司来我市设立区域性总部，加快组建物流集团。同时，引导企业加快“线下与线上、制造与服务、实体与资本”的融合创新，学习海尔、红领西服互联网定制产品的做法，积极利用跨境电商、第四方物流等新模式，大力发展众包设计、柔性制造、个性定制等新业态，打造“在线产业带”；有条件的企业要借鉴晨鸣“跨界”发展的做法，更加突出股权投资、票据债券、融资租赁等资本运作，实现实体经营和资本运营共兴。

（三）全力以赴“抓环境”，为产业强市提供优质服务。一是硬环境方面。要坚持基础设施先行，下半年全力抓好“七大基础工程”：1、以寿光港5000吨级航道、大沂路北伸为重点的临港配套工程；2、以新南环路、金光街跨河大桥、羊临路改造等“十路提升”为重点的道路畅通工程；3、以中以示范水城市、北部水系联网灌溉等为重点的水利设施工程；4、以投资5.7亿元的电网建设、直供电示范区创建、“镇村通”天然气等为重点的能源保障工程；5、以燃煤机组（锅炉）超低排放改造、禁燃区扩建和清洁煤炭治理等为重点的洁净空气工程；6、以潍坊科技学院大专部、古城学校、城区幼儿园综合建设等为重点的教育优化工程；7、以东黄石油管线遇城改线和铁路公园、老旧小区改造等为重点的城区提升工程。这“七大基础工程”涵盖城建、交通、能源、民生等各个领域，各部门、各单位要高度重视，已经开工的，要狠抓猛促，加快进度；尚在筹划之中的，要抓紧规划论证，积极向上对接，争取尽快取得实质性进展。

二是软环境方面。经济日报刊登的《求解东莞转型密码》指出，东莞一个项目，第一天拿到地，第二天就开始动工建设；一家外资企业前来投资，不到3天办齐10个证照。在新常态下，有这样的速度和效率，值得我们反思，更值得我们学习。下步，全市上下要强化“服务企业就是服务发展，提高效率就是促进发展”的理念，全力打造“亲、清、明、快”的软环境。“亲”，就是要坦荡真诚同企业接触交往，想企业之所想、急企业之所急。要加快建设“寿光企业之家”问题需求服务平台，及时收集企业诉求，建立台账、销号管理。“清”，就是同企业家的关系要清白、纯洁，不掺杂个人私心杂念，着力构建新型政商关系。“明”，就是要公开审批流程、服务事项，让群众和企业明明白白。各行政审批主管部门要对服务事项制作目录清单、形成运转流程图，建立微信公众号，及时向社会发布，真正让办事群众一目了然。“快”，就是要审批再提速、效能再提升。当前，我们办理审批主要问题就是慢和难，慢就是程序太复杂，难就是互为前置、无所适从。下步重点抓好六件事：

(1)要全面梳理简化项目审批、建设施工等重点领域的制度性交易流程，以权力“瘦身”为效能“提速”。

(2)要加大权力下放、人员下沉力度，基层能承接的要全面下放到位，人员下沉到镇街区服务中心，切实方便群众、方便企业。

(3)要抓紧建立重点项目、政务服务、市场主体创新创业等领域的联席会议制度，由分管市长牵头，经信、建设、政务服务中心、市场监管等相关部门负责，至少半月召开一次，集中研究，加快问题解决。

(4)各部门、各单位都要建立周例会制度，每周一都要召开工作例会，对市委市政府安排的任务、市领导签批件、媒体报道和群众反映的问题等，逐项研究落实情况，全部形成会议纪要，建立工作台账，全力抓好落实。

(5)新成立的软环境建设办公室要发挥好职能作用，对影响和破坏投资环境的，在服务过程中不作为、乱作为的，对群众办事不闻不问、久拖不办的人和事，全面加大监督、问责力度。

(6)要开展好“向群众报告、听群众意见、请群众评议”活动，年底选取10个左右职能部门负责人，现场直播、现场述职、现场评议，实现工作成效最终由群众评判，切实提高群众满意度。

三是创业环境方面。当前，国家围绕“双创”出台很多政策意见，同时我市产业基础较好，为创新创业提供良好的基础和条件，可以说当前是创业最好的时期。在平台建设上，要借鉴郫县“菁蓉小镇”盘活闲置厂房的做法，依托企业总部群建设“双创园”，发展创客空间、创业咖啡、创新工场，积极吸引大学生、小微企业等创业者入驻。在政策保障上，近年来我市相继出台一系列政策，比如，对符合条件的创业者提供5–20万无息贷款，对入驻孵化基地的创业人员实行房租“两免一减半”，等等。下步，要鼓励高等学校科技人员离岗创业，3年内保留原单位人事关系，真正让创业者尝到甜头、得到实惠。要聘请科研人员、创业成功者、企业家等各行业优秀人才担任创业导师，积极提供项目开发、创业指导等服务，进一步提高创业成功率。

（四）持之以恒“抓作风”，为产业强市夯实执行保障。机遇是争出来的、成绩是拼出来的，推进“产业强市”关键在人、根本在干，实干是解决问题的唯一出路。

一是新常态要有新状态，就必须树立强烈的实干意识。习近平总书记近期在宁夏考察时反复强调“苦干”、“实干”，指出“社会主义是干出来的”。当前，干部的精气神是压倒一切的新动力。干部就是要干事，不想干事、不会干事、干不成事，就不叫干部，就不能当干部。我们对寿光发展要有清醒认识，既不妄自菲薄，也不妄自尊大；既不悲观消沉，也不放任自流，必须弘扬“滚石上山、砥砺奋进”的拼搏精神，拿出最大的干劲和激情，往前抢着干、相互撵着干，对认准的事情一抓到底，凝聚干事创业的“正能量”。

二是新常态要有新能力，就必须树立强烈的进取意识。现阶段，知识更新明显加快，新生事物层出不穷，能力建设更显迫切。要具有战略定力、战略优化的能力，坚持“产业强市、品质发展”的战略路径，决非一日之功，必须树立功成不必在我的胸襟，既要只争朝夕，又要久久为功，重大决策、重大项目、重点工作一旦确定，就必须一张蓝图绘到底，每个阶段要完成每个阶段的任务，把发展一步一个脚印地推向前进。要培养找准短板、补齐短板的能力，始终坚持问题导向，真正静下心来、沉下身来，深入思考下步工作抓什么？老百姓要什么？找出我们的短板是什么？在统筹抓好经济运行、“两改”工作、镇域发展等重点工作的同时，又要补齐生态环保、安全生产、信访稳定、民生供给等短板问题，抓深、抓透、抓到位。要具备尊重规律、落实规律的能力，深度研究新经济发展、供给侧结构性改革等新规律、新要求，通过到浙江大学、复旦大学等高校专题培训，切实掌握和运用科技、经济、法律、管理等知识，灵活处理转型升级、风险防范、社会治理等工作，特别是要全面增强法治意识，学习温州、柯桥等地做法，对一些棘手问题、遗留问题，凡是能用法律解决的尽量走法律途径，确保有效解决、不留后患。

三是新常态要有新担当，就必须树立强烈的责任意识。敢于担当是共产党人的灵魂，是我们干事创业的精神脊梁。讲担当，首先是宽容失败、允许试错的组织担当。前段时间，市委建立干部容错纠错机制，出台专门办法，只要是出于公心、为了全市发展，我们就要千方百计予以保护。讲担当，重要的是有勇挑重担、苦干实干的行动担当。“为官避事平生耻”。农民的天职是种粮、战士的天职是扛枪，干部的天职就是干事业，我们必须有“为官一任、造福一方”的责任感，对市委市政府交办的事，要事不避难，大胆去做，不躲、不推、不拖；出现问题失误时，也要正确看待，不回避、不遮掩，在总结汲取教训中更好地开展工作。讲担当，还要有敢想敢试、善为人先的思想担当。从寿光发展历程看，每次突破跨越都源于思想大解放。当前，经济发展面临一系列前所未有的困难挑战，只有解放思想，才能迈过眼前的坎，就会各得其所、天地宽，发展必会进入良性健康的快车道。我们要改变等任务、等政策、等经验的惯性思维，看到外地亮点工作就要举一反三，只要有利于发展、有利于群众，就要大胆闯、大胆试，使解放思想、担当实干成为寿光干部的鲜明特质。

四是新常态要有新生态，就必须树立强烈的规矩意识。一要从严从实用好管好干部。今年是换届之年，越是关键时期，越能体现干部的品质、作风和政治定力。我们要按照“人岗相适”原则，把敢担当、有作为的干部选出来、用起来，真正通过换届换出干部的新作风、新动力、新气象。二要从严从实加强基层基础。扎实开展好“两学一做”学习教育，统筹推进“三整顿三提升”活动，创新开展区域化党建工作，把社区党建、非公企业党建、园区党建更好地与社区管理服务、推动实体经济发展结合起来，切实做到党建效益要实、党员作用要实。要以迎接全国文明城市测评为契机，把牢“测评体系”和“群众满意”两条墨线，确保测评指标列全省前列，真正让群众享受到创城红利；各部门、各单位要高度重视、强化措施，确保完成各项创建任务。三要从严从实推进正风肃纪。要压紧压实党委主体责任，加大“一案双查”、责任倒查力度，围绕“六大纪律”、重点工作落实情况开展精准巡查、专项巡查，从源头上预防和减少腐败。要持之以恒落实中央八项规定精神，深挖严查“四风”问题的“隐身”和“变种”，加大公开通报曝光力度，以党风廉政建设的实际成效取信于民。

同志们，寿光发展众所期待、任重道远。

我们要不忘初心、坚定信心，振奋精神、继续前进，以奋发有为的状态、扎扎实实的工作，深入推进产业强市、加快品质寿光建设，推动寿光在新一轮发展中走在前列，实现新的更大突破！

精准施策谋发展　主动担当干事业
奋力推动品质寿光建设再上新台阶

——朱兰玺在全市经济工作暨总结表彰大会上的讲话

（2016 年 2 月 23 日）

同志们：

今天这次会议，是春节后召开的第一个综合性大会，既是一次激励斗志、催人奋进的表彰会、鼓劲会，也是一次定标明向、敲实责任的落实会，更是一次凝聚力量、再次起航的作风动员会。会议的主题和目的十分明确，就是要求大家收心收神，拧紧螺丝，上紧发条，立即从节日气氛中走出来，尽快投入到紧张的工作中，精准施策谋发展，主动担当干事业，奋力推动品质寿光建设再上新台阶。下面，我讲三个方面的问题。

一、回顾过去一年，成绩令人振奋，我们要在保持定力中坚定品质发展的信心和决心

2015 年，面对经济形势严峻复杂、困难压力交织并存的多重挑战，全市上下坚持以品质发展为引领，以“710 重点工程”为抓手，千方百计稳增长、调结构、促改革、惠民生，经济社会继续保持平稳向好的发展态势。一是一批发展指标在潍坊、全省领先。投资、消费、出口“三驾马车”拉动强劲，总量均居潍坊各县市区首位，特别是进出口完成 35.6 亿美元，实际到账外资 2 亿美元、占潍坊总量的 1/5，昊华轮胎、墨龙石油机械、晨鸣纸业等企业出口额超过 1 亿美元。全市高新技术产业产值占比达到 40.7%，分别高出全省、潍坊 8.2 个、8.8 个百分点。规模以上工业企业实现主营业务收入 1889.6 亿元、利税 136.7 亿元，增速分别高出潍坊 1.7 和 0.9 个百分点。晨鸣纸业、巨能控股、联盟化工、大地盐化、供电公司、墨龙石油机械、富康制药、新龙电化、鲁丽集团、鲁清石化、青啤（寿光）、卫东化工等 12 家企业实交税金过亿元。镇街区财政实力不断增强，羊口、侯镇、圣城、古城、洛城公共财政收入过 4 亿元，文家、营里、台头、上口过亿元，上口、台头、稻田、羊口、田柳、化龙、侯镇、洛城等镇街增幅都在 20% 以上。二是一批大事喜事取得突破性进展。先后荣获省部级荣誉 22 项，成功创建为全省唯一、全国首批“国家生态园林城市”，经济开发区在全省 134 个省级开发区综合评比中位列第一，被中央文明委确定为“全国文明城市提名城市”，圣城、洛城、住建、教育、卫计、交通、市场监管、公安、环卫、园林等单位承担的创建任务重，工作成绩突出。企业上市取得重大突破，有5家企业在新三板挂牌，18家企业在齐鲁股权交易中心挂牌，实体经济直接融资达到149.4亿元。“八个百亿级新兴产业”快速崛起，橡胶新材料、石油装备2个产业产值率先突破百亿，新型防水材料、生物医药、木制品3个产业过50亿元，富康制药“奥美拉唑”项目问鼎国家科学技术进步二等奖，建设集团荣获国家建设工程“鲁班奖”。三是一批重大项目加快推进。全面启动占地11万亩的临港项目区，国华电厂一期即将并网发电，寿光港13个泊位全部建成、9个投入使用，富康医药产业园、墨龙高端石油装备、顺福昌轮胎模具、昊华物流园等项目进展顺利，英利纤维、健元春高档膜、山橡防水、鲁丽年产30万立方刨花板等19个项目建成投产，东方宏业绿色新材料、万达广场等大项目落户我市。四是一批城建工程全面铺开。实施总投资5.9亿元的益羊铁路城区段改造工程，城区10个铁路口全部打通，寿济路改造、农圣街西伸、安顺街东伸、羊临路城区段改造、三号路拓宽等重点工程全部通车，多年来困扰城市交通拥堵的问题得到有效解决。深入开展“美丽乡村”建设，启动“村村通”天然气、农村改厕等试点工作，在全省首批通过城乡环卫一体化全覆盖认定，洛城、羊口、化龙、上口、台头等镇街工作措施到位，发挥示范带动作用。五是一批创新举措落地生效。在潍坊率先试行“先租后让、长期租赁、弹性年期出让”的工业用地供应制度和排污权交易试点；探索实行前置变后置为企业办理房产证，有效缓解企业融资抵押难题；成立全省首家县级资产管理公司和59亿元的6支产业引导基金，为企业提供担保支持26亿元、过桥资金150亿元，羊口、纪台、稻田的融资租赁，双王城的投资公司、建行的善融商务、商务局与阿里巴巴合作推出的“蚂蚁金服”等新模式都取得很大成效，全市金融机构各项贷款余额达到748.8亿元，较年初增加75.5亿元，总量、增量均居潍坊首位。郭树清省长对我市金融创新做法给予充分肯定、作出重要批示。发改、财政、住建、国土、规划、环保、人社、经信等单位，立足职能、主动服务，帮助企业有效解决一系列难题，营造更优、更好的发展环境。六是一批民生实事全面兑现。市财政用于民生领域的投入占到财政总支出的84.6%，高考重点本科上线人数、上线率连续11年保持全省第一，潍坊科技学院成立全省首家创业创新学院，顺利通过教育部本科评估；城乡居民基础养老金实现4连增，城乡低保、五保供养实现5连增，10.4万名被征地农民纳入养老保险覆盖范围；对277家企业实施了分类治理，空气质量同比改善23天。积极推进“大水务”改革，实施了综合水价、阶梯水价，解决了台头、营里、田柳、双王城等4个镇、10万多农村居民的饮水安全问题。七是一批党建品牌不断涌现。扎实开展“三严三实”专题教育，电影《王伯祥》列入全省“三严三实”学习内容；深入推进干群直联、选派“第一书记”推动“包千村联万户”等活动，探索建立了“4+1”党群服务体系，推出了16项镇街区党委书记党建项目，涌现出了洛城“五台合一”数字民生服务平台，上口党员“亮身份、当巷长”，孙家集“儒学讲堂”，非公有制企业党组织分类管理，机关事业单位优质服务项目创评等一批亮点工作，夯实了基层基础。东斟灌党支部领导下的村级治理“三自”工作经验，被评为“全国基层党建创新优秀案例”和“全国创新社会治理最佳典型案例”，省委副书记龚正对我市以《百姓关注》栏目推进作风转变的做法给予充分肯定。

回顾一年来的奋斗历程，为我们直面困

难、推进发展积累了宝贵经验：一是发展的动力源于思想的变革。面对发展新常态，我们按照“四个全面”战略布局，积极转变思维、转变理念，确立了“建设品质寿光，创造美好生活”和“强、富、好、优、高”的奋斗目标，明晰了发展方向和战略重点，优化了发展定位和工作思路。实践证明，只有思想领先，发展才能率先，理念层面的转变起到巨大的先导性作用，引领寿光发展创新前行。二是良好的开局基于有力的举措。一年来，我们确定了事关全局的“710重点工程”、“50个重点项目”、“八个百亿级新兴产业”，找到了精准发力的突破点、总抓手。实践证明，发展不仅要有坚定的信心、振奋的精神，更要有明确的重点、有效的办法，只有这样才能取得事半功倍的成效。三是积极的变化来于担当的力量。一年来，面对困难挑战，我们大力弘扬“讲认真、敢担当、重实干”的作风，从市级领导到基层一线，从各镇街区到部门企业，从党员干部到社会各界，一条心、一股绳，尽职尽责、倾情奉献，确保了各项工作稳步向前。实践证明，只要我们敢于担当、主动作为，就没有克服不了的困难、跨不过去的坎。在此，我代表市委、市政府，向全市广大党员干部群众，表示崇高的敬意和衷心的感谢！

二、投身新的实践，开局至关重要，我们要在精准发力中掀起新一轮发展热潮

2016年是实施“十三五”规划的开局之年，是全面建成小康社会的关键之年，做好今年的工作，意义重大，我们必须进一步认清形势、科学把握、主动作为。

（一）*虽然宏观形势依然严峻，但是我们面临的机遇更多。*总的看，今年经济下行压力还很大，我国经济增长仍在探底之中，难以出现“V”型反转，而是会在一段时期内呈现“L”型发展态势，我们必须充分认识到形势的严峻性、复杂性和长期性。同时，也要看到，经济下行压力越大，国家为避免经济“硬着陆”出手的力度就会越大，近期已经密集出台了棚户区改造、促进房地产业发展等政策，下步一批精准的政策“干货”还将陆续跟进。同时，更要看到我们的后发优势更加明显：今年国华电厂即可投产发电，不仅年可增加税收6.8亿元，还可以通过直供电、直供汽让周边企业用上“便宜电”、“便宜汽”；鲁清石化258万吨/年原油进口指标已获得国家发改委认定，每年可贡献税收10亿元左右；港口功能日益完善，临港项目区的启动又搭建了新的发展平台；特别是在下行压力下，晨鸣、巨能、联盟、富康等一批支柱企业表现稳健，更为我们增添了信心和底气。

（二）*虽然面临的挑战很大，但是发展的定力不能动摇。*越是发展快的地方，出现的新问题也越多，最终还是要靠发展来解决。习近平总书记多次强调，发展仍是第一要务。杜昌文书记在今年潍坊“两会”期间明确要求我们“主动适应新常态，继续当好排头兵”。纵观寿光发展历程，我市经济之所以能够由小变大、由弱变强，都是我们抓住了危机中的机遇，坚持发展不动摇，迎难而上抓项目、抓投入，最终实现了化危为机、跨越赶超：2004年国家宏观调控期间，我们集中建设了三大工业园，形成了新的经济增长点；2009年金融危机期间，我们强力铺开了一批大项目，这些项目现在都成为发展的砥柱和支撑。当前，面对新的困难和挑战，我们更要牢牢抓住发展这个根本，努力实现“新常态”下的弯道超越、进位争先。

（三）*虽然工业经济困难很多，但是抓实体经济的力度不能放松。*当前有的同志认为，产能过剩、成本上升、利润下降，工业经济遇到很多困难，不是发展的好时机，甚至动摇了抓工业的信心。中央经济工作会议上习总书记指出：“实体经济是我国经济实力的根基，财富创造的来源”。2月16日，央行等8部委联合发布《关于金融支持工业稳增长调结构增效益的若干意见》，对工业领域乃至实体经济而言，都是一次政策的大利好。对全市党员干部来说，任何时候都必须牢牢抓住实体经济，坚定“工业强市”战略不动摇，主攻好项目、大项目、财源项目。对在座的企业家而言，过去，投身实业是我们发家的基石；今天，坚守实业仍然是时代的潮流；明天，做强实业将是我们事业的“长线”。

基于以上认识，当前及今后一段时期工作的总体思路是：认真贯彻党的十八大和十八届三中、四中、五中全会精神，全面践行创新、协调、绿色、开放、共享“五大发展理念”，牢固树立以经济建设为中心、以人民为中心的发展思想，紧紧围绕“建设品质寿光，创造美好生活”的总目标，坚持问题导向，突出改革引领，精准施策，精准发力，加快推进供给侧结构性改革，着力提高供给质量和效率，确保经济社会平稳较快发展，继续走在前列、当好排头兵。2016年主要预期目标是：全市地区生产总值增长8%左右，一般公共预算收入增长8%左右，城乡居民收入增长8%左右；确保安全生产、节能减排、生态环保等刚性指标全面完成，社会保持和谐稳定。要突出抓好六个方面重点工作：

（一）坚定不移推进项目建设，积蓄经济发展新动能。全市上下要牢固树立“项目为王”意识，以项目建设的显著成效，为稳增长、调结构、促发展注入强劲动力。

一要争分夺秒抢进度。昆山市在节后第二天就集中开工了45个重大项目，总投资353.5亿元。我们要紧抓项目不放松，全力攻坚“五十百”重点项目，今年市里将筛选5个过10亿、10个过亿、100个过千万的项目，进行重点推进、重点突破，确保项目建设取得更大成效。拟建项目要快开工，对国华电厂二期、万达广场、晨鸣40万吨化学浆、东方宏业绿色新材料等拟建项目，要加快手续办理。近期，市里将举行重点项目集中开工仪式，进一步营造大抓项目的良好氛围。发改、经信、安监、环保等单位要积极向上对接，全面突破高端化工项目限批问题，保证企业投入的连续性。在建项目要快投产，对国华电厂一期、顺福昌轮胎模具等续建项目，要优先保障资金、用工、用汽等要素资源，特别是对国鹏橡胶轮胎、丰汇新材料等已具备投产条件而未投产的，经信局要摸清底子，一企一策，全部制定解决方案，年内争取15个项目建成投产。储备项目要早谋划，不管是企业、镇街还是部门，所有工作都要围着项目转，认真研究国家“十三五”规划和产业发展方向，超前谋划一批优势项目、新兴产业项目、税源经济项目、重大设施项目；新上项目不要“贪大求洋”，突出抓好本地企业扩张和优势产业链延伸项目，培育新的经济增长点。

二要招商引资上项目。去年，全市有15个单位没有完成招商任务，安排的“书记、镇长、局长项目”，两年了有的单位还没进展。下步，要更加重视招商工作，进一步创新招商办法，确保有新起色、见到新成效。一是突出“精准招商”。要学习借鉴乐陵的做法，组建专业队伍实施精准招商，特别是羊口、侯镇、古城、洛城、文家、台头等园区镇，要探索组建镇级专业招商队伍，招聘、选派一批“懂经济、懂政策、懂项目”的专业人才，挂靠园区开展定向招商、驻点招商，市里将根据招商实绩给予相应补助。二是突出“产业招商”。要围绕产业链抓招商，统筹推进招院引所、招才引智，今年八个百亿级产业小组都要明确招商任务。各企业要学习晨鸣引进广东宜华的做法，积极引进关联企业、配套项目落户。三是突出“领导招商”。招商要人人身上有担子，全力攻坚书记镇长项目、局长项目，市级领导，各镇街区、市直部门主要负责人，人人都要有招商任务，特别是各镇街区书记、镇长，有关经济部门局长，年内都要引进1个过亿元的产业项目，进展情况每季度在新闻媒体公示。

三要提升园区强载体。园区是项目建设的主阵地，要围绕拓展空间、完善功能，加大集约集聚力度，推动园区上档升级。临港项目区指挥部，要发挥好统筹协调作用，加快各项工作推进。针对用海手续办理难题，海洋渔业、发改、环保、水利等部门要全面靠上，积极向上对接，尽快帮助解决；针对资金缺乏问题，要建立市场化融资平台，整合土地、道路、管网等资产进行打包运作；针对项目招引问题，要制定专门的招商优惠政策和考核办法，着力招大产业、落大项目，力争年内园区建设实现大的突破。滨海产业园，要完善功能、强链补链，加快鲁丽集成材二期、高档装饰板及家具等项目进度，配套建设木业交易物流区，尽快建成“千亿级木制品加工产业集群”。羊口、侯镇、古城、洛城等园区，要突出特色、错位发展，重点打造1–2条优势产业链，今后新上项目，都要向同类产业园区集聚，解决好重复布局、无序竞争的问题。要结合盘活闲置低效用地三年专项行动，加快推进闲置厂房“二次招商”，尽快盘活使用，争取把经济开发区打造成国家级开发区，把东城工业园打造成转型升级示范区。

（二）精准施策服务企业，助推经济平稳增长。市里决定把今年作为“服务企业年”，全方位聚集社会力量、资源要素，帮助企业渡过难关，打赢生死存亡的硬仗。全市上下要全面强化“三个认识”：⑴企业发展的需求就是我们服务的方向。新的一年，我们为企业的服务只能强化优化、不能弱化淡化，全力为企业“送服务、送政策、送环境、送市场”，切实做到促转型新上一批、保收入重点支持一批、产业链整合挖潜一批、控风险帮扶化解一批、去产能重组破产一批，坚定不移地和企业家站在一起，共克时艰，共渡难关。⑵企业发展的短板就是我们发力的重点。为企业服务，要注重在战术上抓住关键点，紧盯企业运行的问题，比如，针对市场不振、订单不足的“叠加影响”，我们如何推进本土企业协作配套、拓展市场；针对产品价格不断下降、生产经营成本持续攀升的“两头挤压”，我们如何开展降本行动，让企业真正有获得感、满意度；针对土地、融资等要素的“多重制约”，我们如何拿出具体方案、保证企业需求等等。这些方面，必须加大改革创新力度，精准施策、补齐“短板”，把好的决策转化好，落实好。⑶企业面临的问题就是我们攻关的课题。现在，有的同志不愿和困难企业打交道，不敢为企业发展作应有的担当，不想下基层、到企业一线，等等。广大干部都要满腔热情地与企业家交流接触，毫不含糊地支持企业发展。这个道理，领导干部要懂，广大企业家也要清楚。这样，企业遇到棘手问题有人及时过问，企业遇到矛盾困难有人迅速回应，我们就能在大环境相对趋紧的情况下，营造出一方有利于发展的“小气候”。

一是帮企业化解金融风险。要统筹用好“三类资金”，帮助企业化解资金链、担保链风险。1、出台政策，吸引外来资金。财政、金融部门要研究设立风险防控专项基金，将金政担保公司注册资本增资到10亿元，吸引风投等基金注入困难企业，随时应对突发性风险；要发挥好产业引导基金的作用，不追求利润最大化，待企业良性运转后再抽出扶持其他企业，促进企业良性发展。2、加快股改，激活社会资金。企业加快股改有三大好处：一是规范了企业管理，二是留住了企业人才，三是改善了贷款结构，增加了企业流动资金。去年，泰丰开始进行股改，通过员工持股、社会募集等方式，筹集资金1.4亿元，今年3月底还有3亿多元将陆续到位。各企业要学习泰丰的做法，加快企业股改步伐，力争年内完成规模企业公司制改制200家以上。要抢抓中央启动股票发行注册制改革、设立战略性新兴产业板等机遇，积极引导企业上市、挂牌、发行债券，力争全年上市、挂牌企业30家以上，实现直接融资100亿元以上。3、扩大信贷，用好银行资金。各金融机构要牢固树立大局意识、共赢意识，做到不惜贷、不抽贷、不断贷，积极向上争取扩大信贷额度，加大不良资产核销力度，提高质押抵押贷款比例，创新企业还款方式，稳定企业现金流，确保全年新增贷款80亿元以上。同时，对那些恶意逃废银行债务、刻意转移资产、挪用政府过桥资金等不负责任的企业，要依法依规严厉打击，全力维护良好的金融生态。

二是帮企业降低运行成本。前段时间，中央政治局会议提出，下步将从降低制度性交易成本、人工成本、税费负担、社会保险、财务成本、电力价格、物流成本等七个方面降低实体经济企业成本，密集出台有关政策，相关部门要第一时间跟踪研究，第一时间贯彻落实。下步，要大力开展“暖企行动”，借鉴重庆的做法，努力营造“五低”环境。⑴低税费成本。地方政府不能确定税收的规则，但是在国家规定的尺度范围内，我们可以用最宽松的思路，推动优惠政策的落实，清理各种不合理收费特别是垄断性中介服务费，各种税费政策按“就低不就高”的原则执行。⑵低融资成本。要落实好贷款贴息、贷款风险补偿金等扶持政策，加快推进社会诚信体系建设，支持银行降低贷款利率，把金融资源更多投放到寿光企业。⑶低要素成本。用工方面，对经营困难的企业，可以采取缓交、补贴、降低缴费标准等办法，减轻社保费用负担。用电方面，要积极争取山东省售电侧改革试点，改变现行的电费预存办法，月底按实际用电量缴费；同时，加快推进直供电改革，扩大直供电、直供汽受益范围。⑷低物流成本。要整合物流园区、长途运输车辆等资源，探索组建物流集团，打造低成本物流“洼地”。同时，要引导本土企业开展合作，相互购买配套产品，既节约物流成本，又扩大产品销路，实现抱团取暖。市政府牵头，尽快完善我市采购本地产品奖励办法，对使用本地企业产品配套的予以补贴。⑸低土地房产成本。今年，我们出台了下浮基准地价的办法，下步，要抓好执行落实，同时进一步研究降低企业用地成本的措施。经信局要认真研究上级政策，借鉴先进地区办法，抓紧制定出台企业减负政策，帮助企业降本增效。

三是帮企业站稳市场。各企业要不断创新营销模式，采取融资租赁、分期付款等方式扩大销售，全力保住现有市场和客户，力争年内全市规上企业主营业务收入达到1950亿元。经信、商务等部门要大力组织企业参加广交会、鲁台经贸洽谈会等国内外高层次展会，在场地租赁、布展等方面适当提高补贴标准，支持企业开拓海外市场，不断扩大市场份额。要全面加强运行监控，加快建立企业运行监测平台，整合金融、税务、电力、运行等多方数据，加强对重点行业、重点企业的运行监控，高度关注销售收入、实交税金、增值税、工业用电量等关键指标，对异常情况及时预警分析、及早应对，确保企业健康运行。

（三）持之以恒发展实体经济，全力抢占产业转型先机。要把发展实体经济摆在更加突出的位置，坚持以质量和效益为中心，统筹存量与增量两个方面，抓好传统产业与新兴产业两条主线，全力确保经济增长保持在合理区间、发展质效位居全省前列。

一是以“绩效评价”倒逼产业升级。经信部门要学习浙江平湖“ABCD”分类管理的办法，建立企业优胜劣汰机制，制定涵盖税收、产值、能耗、科技、安全、环保等指标的综合绩效评价体系，每年对企业综合“体检”、分类精细管理，推进要素资源差别化配置，倒逼产业加速转型。对综合评价好的企业，要倾斜资源、优先扶持；对评价一般的，要精准制定转型政策，加速企业转型提升；对评价差的，综合利用超计划用水用电累计加价、限制新增排污总量、限制信贷审批等措施，推进“三高一低”企业有序退出。

二是以“兼并重组”推进企业做大做强。富康制药为扩大产能，收购、兼并渤海化工园内的3家企业，规划建设占地1000亩的富康产业园，年内即可建成投产。下步，要加快推进闲置停产企业兼并重组步伐，市政府牵头，本着“多兼并重组、少破产清算”的原则，抓紧出台支持企业兼并重组的政策，综合运用市场机制、经济手段、法治办法，积极推动市内优质企业并购、重组上下游关联企业，实现大企业裂变扩张、小企业起死回生。各镇街区、有关部门要积极整合信息，为有条件的企业牵好线、搭好桥、做好“媒人”，引导企业加快重组步伐，迅速实现低成本扩张。

三是以“技术革新”推进产品上档升级。重庆京东方坚持“产品36个月不更新就会被淘汰”，从连年亏损到市场占有率连续两年全球第一，关键是靠技术创新掌握了市场的主导权。我市富康制药、康跃增压器、泰丰锂电池、默锐科技等企业，之所以在经济严峻的形势下，继续保持强劲的发展态势，关键也是得益于抓科技、抓人才、产品不断更新换代。各企业要顺应消费结构变化，顺应市场需求导向，加大对适销对路、高科技含量、高附加值产品的开发和生产力度，以技术革新、产品创新加快抢占产业链、价值链高端。2月17日，李克强总理在国务院常务会议上指出，科技人员可以在3年内保留人事关系离岗创业，各镇街区、各部门单位要抓住这个重大政策红利，积极引导企业对接央企、科研院所，帮助企业全力招引科研人员。各企业也要积极采取股权奖励、股票期权、项目收益分红等方式，激励科技人员实施成果转化。

（四）多措并举培植税源，全面夯实财力支撑。财政、财政，无财难以施政。我们要把保持财税收入较快增长，作为经济工作的重要任务来抓，培植壮大优势财源，切实增强地方可用财力。

一是全力稳住骨干税源。今年，营改增全面推开，将建筑业、房地产业、金融业和生活性服务业纳入试点范围，财税部门要提前介入分析、及时研究对策，实现重点企业增值税稳定增长。要积极构建税源专业化管理体系，进一步规范企业财务管理，清理规范税收优惠政策，财税部门要在全市搞一次调查摸底，该清理的清理、该废除的废除，促进企业公平竞争。要加快推进国地税联合办税，完善涉税信息共享机制，依法清缴建筑房地产营业税、土地使用税、资源税等欠税，堵塞征管漏洞，实现应收尽收。

二是大力培植新兴税源。要坚持新兴税源与主体税源“齐抓”，做优做强税源产业，不断拓宽税源渠道。要突出发展金融税源。

晨鸣集团“跨界”进入金融业，先后成立了财务公司、融资租赁公司，去年金融业税收达到9亿多元。下步，金融办、人行要抓紧出台我市加快资本市场发展的意见，大力发展融资租赁、私募基金、创投风投等金融业态，鼓励各类资本在我市成立股权投资基金及管理机构，年内争取引入新型金融机构3家以上。要支持发展物流税源。据统计，我市约有运输车辆2万多辆，但绝大多数在外地注册挂牌，造成大量税源流失。会后，交通、国税、地税等单位要联合开展调研，尽快摸清底数、出台政策，吸引车辆回流注册。要重点抓好临港物流园、侯镇物流园、晨鸣国际物流、鲁清铁路物流等重点项目建设，加速物流板块崛起。要积极发展电商税源。抓住今年全国县域电商峰会在我市召开的机遇，加快推进青年电商孵化大厦、CED电商聚集区等项目建设，设立电商产业引导基金，积极引进猪八戒网、京东商城等知名电商在我市设立区域性总部，加快推进企业B2B贸易，力争年内重点行业全部建立电商协会，确保电商交易额突破150亿元，全力争创国家级电商示范基地。同时，抢抓市场化改革机遇，加快推进文化影视、医疗养老、体育休闲、家政服务等新兴业态发展，特别是对“十大服务业企业”，要放宽政策，积极推进，年内水务、城投两个集团要完成彻底改制，园林、环卫等其他集团也要争取实现突破性进展。

三是深入挖掘流动税源。流动税源落地，比的是服务环境、比的是优惠政策。财税部门要学习借鉴外地做法，把标准降到最低，用好用活政策拓展税源。一要争取国家重点投资项目税收。财政、国税、地税等单位要靠上工作、创造条件，最大限度地争取国华电厂、潍坊机场、济青高速拓宽等国家和省重点工程的税收在我市申报。二要鼓励跨区域企业将结算中心设在我市。及时掌握本地公司并购重组、上市公司减持等信息，确保交易环节税收留在我市。三要突出抓好“三废”市场管理。目前，我市企业对废钢、废纸、废瓶等“三废”原材料需求多、税量大，去年仅巨能废钢收购公司就上缴税金2414万元。下步，要进一步加大政策优惠力度，争取将购销环节税收全部留在寿光。同时，要突出抓好德隆集团废旧家电、汽车拆解等循环经济项目，交通、环保等部门要积极跟上工作，争取尽快建设。

（五）精准发力提升城市经济，激活经济增长新引擎。城市经济拉动消费、促进就业，蕴藏着大量新增长点，发展潜力巨大。要突出产城融合，一手抓城市热点产业的培强，加快现代商贸、楼宇经济、房地产等产业发展；一手抓城市功能的完善提升，重点启动总投资30亿元的“中心城区五年提升工程”，全面增强城市对产业的承载力。

一是促进房地产业健康发展。房地产健康发展既是一个重大民生问题，也是一个重大发展难题。为推进房地产“去库存”，前期中央已经出台了下调房贷首付比例，调整房地产交易环节契税、营业税等一系列政策措施。外地一些地方已经跟进，并创新了很多举措，比如，四川省眉山市对农村居民进城购房的，财政和开发企业都给予补贴，同时还享受减免契税政策，住建部对此给予了肯定。我们要借鉴眉山市的做法，住建、财政、规划等部门对上级的政策要及时跟进，进一步研究制定我市信贷、税费、鼓励农民购房等相关政策，以稳定的交易量稳定房产现金流。对城中村、城郊村和棚户区改造，要扩大货币化安置比例，积极探索“房票”等安置方式。同时，要严厉打击主动放弃开发的房地产商，规范房地产市场，确保房地产业健康发展。

二是全力推进老旧小区改造。据统计，我市2000年前的小区面积160万平方米，今年计划改造20万平方米左右，财政投资5000万元，能拉动各类间接投资2亿元。要重点解决好老旧小区“水、电、暖、气”等突出问题。供水、供电方面，要围绕解决跑冒滴漏、水电费公摊过高等问题，改造提升老旧管线，加快推进一户一表改造，切实减少群众水损、电损公摊费用；供暖方面，要围绕解决小区内供热管网维护资金无来源，几户不交费、全楼受影响等问题，大力推进供热企业直供到户，实施好管网的串联变并联、供热计量温控智能化改造，让居民“温暖”过冬；供气方面，对还没普及天然气的小区，住建局要组织燃气企业尽快实施推进，真正方便群众生活，解决好老旧小区居民的生活居住问题。

三是加强城市基础设施配套。城市基础设施建设除本身可大量增加税收外，还能促进工业、服务业的发展，培植新的税源。要坚持“地上”、“地下”一起抓，全力推进总投资18.5亿元的道路、供排水、路灯、绿化等89项重点工程建设。地上，突出抓好路网改造。启动城区西部改造提升工程，实施好菜都路改造等32项新建续建项目，推进文石线改线、京沪高铁2号线、环渤海高速、济青高铁等重大道路设施，力争年内实现“村村通公交”，加快构建内外畅通的快速交通体系。地下，重点完善管网系统。目前，城区有些地方管线没有下地、存在安全隐患；雨污分流起步晚，雨季容易导致污水溢流；没有统一的布局图，因挖断管网导致停水、停电、通讯中断现象时有发生。下步，要加强海绵城市、雨污分流和地下管廊建设，建立地下管线信息管理系统，把所有管线全部纳入统一管理，今后所有新建、改建管线，要提前向住建部门审批备案，切实统筹好地下空间的开发利用；油区办要加强与省油区办、中石化的对接，积极推进输油管线搬迁，争取尽快搬离主城区，彻底消除安全隐患。

四是着力提升社区“建、管”水平。“建”，就是要抓住棚户区改造机遇，推进城中村和城郊村改造，加速城市社区化进程。去年以来，上级先后出台棚户区改造投资计划，国开行、农发行相继推出优惠贷款项目，羊口、洛城申请的棚改贷款，不仅利率低，还款时限也长。下步，要制定政府购买棚改服务政策，全力抓好已确定的9个片区改造任务，加大推进力度，争取让百姓早受益；同时，要将棚户区改造与重点项目、重点工程建设和园区周边村庄搬迁相结合，抢抓机遇，积极对接，争取更多的项目列入棚户区改造计划。“管”，就是要推行法治、自治、共治“三治管理”，进一步增强社区管理的规范化、人性化。法治方面，房管中心要依法规范业委会和物业企业责权关系，健全物业企业服务质量评价体系和准入退出机制，督促物业企业提高服务质量。自治方面，要加快业委会的组建，争取实现全覆盖，对已组建的，关键要发挥好作用，引导居民通过协商方式化解矛盾。共治方面，要借鉴“网上阳光村务监督平台”的做法，加快社区信息化平台建设，对小区事务及时通过QQ群、微信群等平台发布，让群众享有更多的知情权和监督权。圣城、洛城、文家要加强社区的规范化建设，选择1–2个小区进行试点、打造样板，形成经验后在全市推广。

（六）共建共享改善民生，切实增强群众获得感。要强化“以人民为中心”的发展思想，把民生实事真正办到群众的心坎上，让寿光的发展更有“温度”，让老百姓的幸福更有“质感”。

一是大力发展社会事业。要以公共服务均等化为重点，全力以赴加快民生项目进度，特别是对政府工作报告确定的“十件民生实事”、农村工作会议提出的“八大任务”，要逐一细化分解，层层压实责任，确保好事办好、群众受益。要探索推行多元化投资机制，推广运用东城中学PPP运作模式，尽快建立完善PPP项目库，能推向市场的坚决推向市场，为社会事业发展提供持久动力。

二是全面提升文明素质。要深入推进全国文明城市创建，对照创建指标体系要求，进一步理清问题清单，严格包靠责任，尤其在卫生环境、交通秩序、农贸市场、占道经营等顽疾整治上下功夫，建立健全长效工作机制。要深入开展社会主义核心价值观“六进”活动，建设价值观主题公园，推动核心价值观入脑入心见行动。要统筹抓好群众性精神文明创建活动，深入实施农村精神文明建设“十化”工程和乡村文明行动，推进诚实守信、志愿服务、文明旅游和文艺繁荣四个制度化建设，叫响“美德寿光、信义菜乡”品牌。要加快推进历史文化中心、齐鲁书画艺术品总部、新华书店文化综合体等项目建设，提升全市文化产业发展水平。

三是持续改善生态环境。要以实施新一轮“三八六”环保行动为抓手，突出抓好总投资14.3亿元的114项治污减排工程，重点加快燃煤机组、锅炉超低排放改造，尽快建成启用智慧环保系统，全面推行排污权交易，扎实推进重点区域、重点行业环境集中整治，严格实施禁燃区制度，力争年内PM2.5浓度下降10%以上。要全面落实水污染防治行动计划，大力推广丹河全河道生态湿地建设做法，确保境内8条河流彻底消除劣五类水质，实现绿色发展、可持续发展。

四是守好安全生产底线。当前，全市安全生产形势依然严峻，在危化品企业、油气管道等重点领域，一些小安全生产事故时有发生。要下决心对小化工企业彻底整顿，全面实施“四评级一评价”，果断处理隐患企业。产业布局上，原则上化工企业全部集中搬迁到侯镇项目区和羊口渤海化工园；产业整合上，对税收200万元以下的化工企业分类列入“处置清单”，加快关停并转，重点培植“10+10”（即10家大型化工集团、10家高精尖化工企业）的化工产业发展格局。要用好科技手段抓安全生产，富康制药与国内安全领域顶尖公司合作，聘请杜邦公司专家，用3年时间对企业进行风险评估、系统整改、全员培训，真正实现风险可控。各企业要学习富康的做法，聘请安全专家和中介机构，进行定点诊断、科学把脉，确保不出任何问题。

五是全力维护社会稳定。要强化以法治思维、法治方式化解各类矛盾，提高依法处置的能力，对涉法涉诉、重点疑难案件，全部聘请律师参与，引导群众反映问题守法、解决问题靠法。要密切关注因企业破产、员工失业等引发的信访问题，加强矛盾纠纷排查化解，特别是要加大劳动监察力度，严厉打击拖欠农民工工资行为。要加快社会治安防控体系建设，深入开展严打整治行动，全力维护公共安全。要切实做好舆情管控工作，务求做到条块同责、超前预警、及时化解，确保社会长治久安。

三、面对艰巨任务，关键在于担当，我们要在转变作风中全面凝聚品质发展的强大合力

形势越复杂，任务越艰巨，就越需要干部主动担当、创新实干，努力在新常态下展现新气象、实现新作为。

*1、要叫响一种精神，就是实干。*同样的严峻形势、同样的困难挑战，别的地方能提速发展、亮点纷呈，我们没有理由做不到，关键看面对困难的态度、勇气、斗志和办法。全市上下要聚焦“十三五”发展任务，锁定

争先进位的目标，挑战自我、能争则争，挑战常规、能好则好，挑战极限、能高则高，以主动作为的气魄、苦干实干的精神让寿光的发展真正“沸腾”起来。市级领导要率先示范，对重要工作亲自部署、重点环节亲自协调、重大问题亲自解决，今后常委会每月至少召开一次，常委扩大会遇到重点工作，随时召开，对分管的工作定期看进度、谈问题，切实以问题导向、公众监督倒逼工作落实。各镇街区、各部门单位要大力弘扬“精准、细致、深入、扎实”的实干作风，对市里交办的事项在规定时间内迅速办结，对基层求助的问题在最快时间内抓紧解决，切实把工作体现在主动作为上，争资金、争政策、争项目、争试点，坚决杜绝“温吞水”现象、“守摊子”行为，确保各项工作快速推进。广大企业家要牢记“心有多大，事业就有多大”，树立“名企名品名家”的目标，敢于跟市场比耐力、比韧劲、比信心，加快补齐管理、营销、人才、创新等方面的短板，助推企业做大做强。市政府牵头，根据这次会议的安排部署，抓紧制定《2016年经济工作要点》，明确重点项目、推进措施，特别是对如何推进项目建设、如何降低成本等都要跟上具体的方案，精准发力抓好落实。要创新设立“干部执行力指数”平台，对镇街区、部门单位年初做出的承诺，全部建立数据库，探索推行“全媒体实时督查”，充分利用报纸、电视台、微信、手机客户端等平台，进行节点督查，对不赶进度的，由纪委对主要负责人进行约谈。从今年开始，市里决定在市直部门开展品牌、品质、品行“三品”提升活动，工作成效最终由群众评议，结果纳入全年综合考评，全力营造争先进位、激情干事的浓厚氛围。

2、要催生一种力量，就是创新。习总书记指出，“唯改革者进，唯创新者强，唯改革创新者胜”。置身新旧动能转换的现实困境，面对日益激烈的竞争态势，我们靠什么杀开突围血路，凭什么把握发展先机，以什么赢得战略主动？马云在谈到经济形势时曾说，2016年并不好过，跟不上节奏的企业、跟不上思想的人都可能被淘汰，唯有不断学习、不断创新、不断总结，才能立于不败之地。我们每一个人，都要自觉来一次思想“大解放”、观念“大变革”，放宽格局、放远眼光，彻底摒弃因循守旧的“精神思维”，激活创新突破的“活力基因”，让创新蔚然成风。每一个镇街、每一个部门、每一家企业，都要善思善谋善变，敢破敢立敢试，强力推动创新由跟踪、并行向领跑转变，舍得在创新上下血本，肯于在服务上用真功，打造环环相扣、链链相接的最优创新生态链。今年，市里将继续筛选推进一批事关长远、撬动全局的重点改革创新事项，进一步加大考核权重，以改革的办法、创新的手段破解难题、推进工作。各镇街区、各部门单位也要结合工作实际，都要确定一批创新点、突破点，持之以恒抓推进，真正以创新培育特色、打造亮点。

3、要强化一种责任，就是担当。事不避难，在于担当。可以预见，今年经济下行的压力不是一般的大，亟待攻坚的任务不是一般的重，新常态和“关口期”的特征将进一步显现，比以往任何时候都更加需要全市广大干部勇于担当、干事创业。对我们寿光干部而言，什么是担当？很简单，担当就是要“扛”起来，就是担得起责、扛得住事。具体来说，新常态下大家要争当四类干部：一是在急难险重任务中冲在最前面，豁得出来、顶得上去的冲锋型干部；二是直面问题不回避、遇到矛盾不躲闪，关键时刻喊出“我来干、我能行”的亮剑型干部；三是面对改革难题无所畏惧，敢啃“硬骨头”，敢“第一个吃螃蟹”的改革型干部；四是专注工作、无私忘我、不计个人得失的实干型干部。寿光发展没有局外人，每个层级有每个层级的使命担当，每个人有每个人的责任担当，不论是领导干部，还是普通干部，都要树立“平庸也是错、无为就是过”的理念，始终保持干事创业的韧劲、冲劲和闯劲，以当仁不让、舍我其谁的担当精神，主动出击，敢于迎战，用担当开辟发展新境界。这里，再次重申：市委将全面树立“为负责者而负责、为担当者而担当”的鲜明导向，允许试错、宽容失败，要把先行先试出现的失误与明知故犯造成的后果区分开来，把工作失误与个人腐败区分开来，把对担当者的宽容行为与对违法违纪者的纵容行径区分开来，只要是出于公心、为发展着想，镇街、部门出了问题由市委、市政府承担，村里出了问题由市、镇两级共同承担。对那些造谣诬告、恶意中伤的人，一经查实要严厉惩处，真正压邪气、树正气。纪委、组织部要探索构建容错保护、惩戒交流、考核激励等机制，市委、市府“两办”要进一步完善绩效考核机制，突出大事实事、突出工作重点、突出特色差异，真正考出干劲、考出实绩，充分激发干部干事创业的动力和活力。

4、要营造一种环境，就是“风清气正、青山绿水”的政治生态。一是从严讲规矩。作为党员干部，首要的就是坚定政治自觉，做政治上的明白人。要把严守政治纪律和政治规矩放在更加突出的位置，牢固树立政治意识、大局意识、核心意识、看齐意识，尤其是要增强看齐意识，向市委看齐、向中心工作看齐，对市委、市政府的决策部署，要不讲条件、不打折扣，确保令行禁止、政令畅通。二是从实筑牢党建基础。中央决定，今年在全体党员中开展学党章党规、学系列讲话，做合格党员“两学一做”学习教育，我们要高度重视，作为重要政治任务，认真抓紧抓好，抓出成效。要围绕实施“基层服务型党组织建设三年行动计划”，以镇街党委领航、村党支部领路、农村党员领头“三领”工程为总抓手，开展好“三整顿三提升”活动，发挥好市、镇街、社区、村党群服务中心作用，全面推广党员“亮身份、当巷长”活动，大力推行党员积分制管理，深入开展机关干部联系巷长、巷长联系群众和群众评议巷长、巷长评价机关干部“双联双评”活动，扎实推进机关、“两新”组织、城市社区等领域党建工作，打通服务群众“最后一公里”。三是从紧管理干部。习总书记在今年的纪委全会上指出：“今年的工作重点就是推动全面从严治党向基层延伸”。党员干部要适应越往后执纪越严的“新常态”，强化自我约束，净化“生活圈”、纯洁“朋友圈”，守住防线，洁身自好。纪委要用好监督执纪的“四种形态”，做到苗头倾向防在早、出现问题抓在小，让“红脸、出汗、咬耳、扯袖”成为常态。要围绕“三公”经费使用、惠农政策落实、公共资源交易等重点领域，开展集中整治、精准巡查，始终保持正风肃纪的高压态势。

同志们，困难和挑战激发斗志，责任和使命催人奋进。让我们紧密团结在以习近平同志为总书记的党中央周围，团结带领全市人民，以更加强烈的使命意识、更加饱满的精神状态、更加务实的工作作风，振奋精神、真抓实干、锐意进取，为“建设品质寿光，创造美好生活”而努力奋斗！

附 1

究竟什么是供给侧改革

近期“供给侧改革”成为新闻中的高频词。何为“供给侧改革”？简单来说，“供给侧”与“需求侧”相对应。需求侧有投资、消费、出口三驾马车，三驾马车决定短期经济增长率。而供给侧则有劳动力、资本、技术与制度四大要素，这四大要素的改进本质上是一个长期的过程，决定中长期的潜在增长率。

从这个意义上说，“供给侧改革”是长期问题，需要做深层次的制度规划和长期调整的准备。无论经济好坏都要做。不过，供给侧也有“短期问题”，比如消灭过剩的供给能力。建一个工厂至少需要三年，属于长期问题，但是关掉一个工厂立刻就能实现。一个孩子长成大人，是个二十年的长期问题，但是把人身上的一个瘤子切除掉，可以是一个上午完成的“短期”的事，而切掉这个瘤子对人以后的正常生长至关重要。

把过剩的部分尽快消灭掉、重组掉，不使更多资源陷到里面去，从而提高资源利用效率，提高增长质量，促进经济增长，这就是供给侧结构性改革的本质涵义。过剩企业资源占用过多，好的企业成本就会提高。一些地方的僵尸企业，靠地方政府补贴，继续吸血，继续浪费资源，导致整个行业供给能力衰落。这就是供给侧改革在当前、在短期内的现实意义。

也正因如此，供给侧结构改革的重点在于“去产能”。扩展开来包括去库存、去杠杆、降成本。在上一轮即90年代中后期经济结构调整的时候我们砸过纱锭、炸过烂尾楼，这一次调整也同样要有代价，不调整就没有办法释放产能，就不会有下一轮的增长。

现在解决过去的问题，是为下一轮的产业发展打好基础，为下一轮的经济增长做好准备。也有人质疑，还会有下一轮增长吗?笔者认为一定会有。经济早晚会摆脱低迷、不正常、通货紧缩的状况，调整之后的效果最终能看到，接受市场机制就要接受经济周期调整的全过程。希望下一轮的经济不要再过热，保持正常发展，不要再出现14%的增长，7%左右的正常增长就很好，也是高增长。

我们不能把当年10%以上的过热增长当成那时的正常状态，也不能认为现在低迷时期，通货紧缩的现象，会成为中国经济发展的长期状态。笔者认为，2016年的中国经济也许会更低一点，但调整会继续进行，未来5到10年，中国经济保持6.5%～7.5%的增长应该没有问题。

细化到企业来，优胜劣汰正在发生。经济过热的时候很少有优胜劣汰，因为谁都可以有碗饭吃，而经济一不景象，有人活不下去了，产业重组终于发生了。过去这些年专注搞好产品创新，技术提升的企业，在经济低迷的大环境下，却愈发显现出优势，而那些没有技术特长，前几年又不够专业、东张西望一天到晚想着投机、想着转产的企业，现在一定处在被淘汰、被兼并重组的地位。当好的资源向好的企业集中，也就会创造出更好的效益，直接融资的形式也会发挥最大的作用。

但调整也有积极的一面。以前强调创新，经济过热的时候，大家只是有想法，没有行动，因为不用创新挣的钱也不少。但经济不景气，企业首先要想怎么降低成本，然后就要想怎么创新，怎么提高效率。

现在要警惕供给侧改革可能产生的误区，一些人误认为又要“追加”新产业、增加新供给，这可能导致老的产能过剩没被清理，新的东西又过剩。在未来的经济发展中，不能用新的供给增长掩盖过去的问题。

（作者樊纲，系中国（深圳）综合开发研究院院长、中国人民银行货币委员会委员）

附2

重庆为什么发展这么快

近几年来，重庆经济实现快速增长，并在2014年、2015年连续两年领跑全国，引起各地广泛关注。他山之石可以攻玉，重庆的发展有何独到之处？对其他地方发展有什么样的借鉴和启示？为此，大众日报特邀重庆社科院产业经济研究所所长吴安，撰文介绍重庆发展的一些做法和经验。

减法加法一起做

我国经济多年的高速增长，是投资长期作为主动力拉动的结果，这也是经济发展阶段所决定的。国际经验表明，投资贡献大的时期，通常是经济增长快的时期，同时也是工业化加速推进的时期。而进入后工业化时期的发达国家，经济则主要靠消费拉动，增长转为低速。我国经济高速增长的同时也带来了产能过剩的副作用，近几年国际国内需求的萎缩又加剧了这种矛盾，从而影响我国经济的可持续发展。

当前我国产业的过剩，是总量过剩与结构性不足交织在一起的。一方面，我们以世界13.43%的GDP占比，生产了世界49.25%的粗钢、47.4%的煤炭，总体过剩较为严重；另一方面，大量高附加值、高技术产品还大量依赖进口，即使产能过剩行业也不例外，而且同种产品进出口差价大，2014年全部钢材进口均价是出口均价的1.64倍，差距最大的管材进口均价是出口均价的3.69倍。因此，即使产能过剩行业的去产能，需要去的也是落后产能、无效产能，不适应需求的产能，与此同时必须提高供给质量和供给水平。

重庆做法表明，经济要发展，不能仅做减法，还要做加法，因此在去产能过程中，需要将“去”与“增”较好地结合起来。

2013年重庆出台规定，不得核准严重过剩行业新增产能项目，并提出通过拓宽市场消化一批、通过“走出去”转移一批、通过兼并重组整合一批、以严格的准入标准淘汰一批的“四个一批”化解过剩产能举措。采取有区别的化解措施，对资源禀赋差、竞争优势弱的煤炭行业，以退为主旋律，逐步减少产能，2013年至2014年累计关闭煤矿108个，动用市级财政资金6.48亿元作奖补专项资金；2015年加大力度关闭煤矿209个，淘汰落后产能1271万吨，接近前十年淘汰落后产能吨位的一半。重庆煤炭产量逐步下滑，2011年为4364万吨，2014年降到3196万吨。同时，还注入市级煤炭产业发展专项资金，将保留的煤矿企业提档升级。对水泥等行业则是制订了严于国家环保标准的地方标准，通过严格的环保、能耗、工艺装备标准等淘汰落后产能，2013年后新增产能减少，结构优化，效益明显改善，实现了由2012年的亏损近1亿元到2014年盈利近15亿元的华丽转变。

在过剩行业、在自己不具优势的行业做减法的同时，还要在创新中培育新的行业，发展壮大具有潜力的优势行业，推动经济在产业升级中成长。一是促进工业转型升级，通过开放、创新，使笔记本电脑从无到有并成为全球最大生产基地，手机、平板电脑等智能移动终端设备迅速成长壮大；通过自主创新、产品向中高端升级使汽车制造业强中更强，对工业经济增长贡献增大，按规模以上工业增加值重要构成部分的利税及劳动者报酬占比看，汽车制造业由2012年的18.86%提高到了2014年的24.85%，2015年前9月更是达到33.84%。二是促进产业向服务业升级，尤其是以金融创新推动长江上游金融中心建设，金融业增加值占GDP比重2014年达到8.6%，2015年前三季度更是占到9.4%。重庆从自身的实际情况出发，区别于北京总部集聚、上海金融要素市场集聚，另辟蹊径以离岸金融结算（惠普等加工贸易结算）、跨境电子商务结算（与上海同时获得跨境贸易电子商务和支付机构外汇支付业务双试点项）为支撑，突出打造金融结算中心，2014 年离岸金融结算达 1190 亿美元；先后成立了重庆联合产权交易所、农村土地交易所、农畜产品交易所、股份转让中心、金融资产交易所、药品交易所、航运交易所、文化产权交易中心、再生资源交易中心、纱线产品交易中心等金融要素市场，有效增强了金融要素市场的集聚辐射能力；通过渝富、城投等国有投资集团，控股参股重庆农商行、重庆银行、西南证券等金融机构，有效整合了地方金融资源，增强了地方金融机构的集聚辐射力。

内陆城市变开放前沿

企业是经济运行的基石，而成本是企业生存的根本。中央工作会议提出要打出“组合拳”，降低制度性交易成本、企业税费负担、社会保险费、电力价格、物流成本。不同地区，不同成本要素对企业的影响程度是不一样的，因此矛盾的焦点也是不尽一致的，解决矛盾的突破口也不一致。在经济全球化、中国经济与世界经济高度融合的背景下，内陆地区远离出海口，因经济发展水平低远离国内主流消费市场，物流成本高的问题十分突出，难以吸引外部投资并推动产业集群形成，这进一步提高了企业空间交易成本。重庆的经验是，以改革、创新为抓手，以改变区位劣势、降低物流成本为突破口，利用工业转型升级契机抢抓全球笔记本电脑大发展机遇，创新贸易方式与创建国际贸易大通道并举，走出了一条内陆城市变开放前沿的新路子。

具体做法是，通过创新贸易方式与创建国际贸易大通道，省进口物流成本，减出口物流成本。实施垂直一体化的产业链招商模式，将“两头在外、大进大出”变为整机 + 零部件制造一头在内、销售一头在外，不仅惠普、宏碁、华硕、东芝等国际知名品牌商，富士康、和硕等六大代工商齐聚重庆，还引进关键零部件企业 800 多家，2014 年笔电产业本地配套率达到 83%，大大节省了进口物流成本。基于欧洲市场占全球电脑 40% 的份额，配合大通关（海关一体化）、大平台（保税区）等举措，创建渝新欧国际铁路联运大通道，大大降低了出口物流成本，运费比航空省，运时比海运缩短一半以上，大大节约时间成本。随着开通班列的增多，渝新欧班列的箱公里价格已由最初的 1 美元降至 0.55 美元，与海运运价持平。随着物流成本的降低和集群效益的发挥，重庆计算机制造业盈利水平大幅提高，2012 年亏损 2.73 亿元，2014 年实现利润 15.51 亿元，2015 年前十月又比上年同期增长 55.58%。

首创地票制度

中央经济工作会议提出要按照加快提高户籍人口城镇化率和深化住房制度改革的要求，通过加快农民工市民化，消化房地产库存。

重庆先期已有试点，借统筹城乡综合配套改革之机，通过农村土地制度（地票）、户籍制度、住房制度（公租房）改革，力推农民工市民化，奠定了需求扩大基础，同时通过近两年控制性开发，房地产去库存初见成效。

2008 年 12 月，重庆成立全国首家农村土地交易所，并进行了地票交易，由此产生我国的地票交易制度。地票交易的实质主要是农村宅基地复垦换建设用地指标，有效促进了农村土地使用权流转，既保护了耕地、实现了偏远农村土地的增值，又缓解了城市建设用地紧张的局面。截至 2014 年底，累计交易地票 15.2 万亩、交易额达 306 亿元，农村居民分享85%的收益，农村居民获得土地增值收益，实质是分享了城镇化推进带来的好处，有利于提高其进入城镇后的生活保障和发展能力。

同时，重庆进行了户籍制度改革，2010年出台了《重庆市人民政府关于统筹城乡户籍制度改革的意见》，以推动符合条件的农民工特别是新生代农民工转户进城为突破口，以建立完善的土地、住房、社保、就业、教育、卫生保障机制为支撑，放宽了城镇入户条件，提出在主城区务工经商5年以上、远郊区县城3年以上的农民工可由所在区县（自治县）负责转为城镇居民，并解决其社会保障，处理好承包地、宅基地、林地权属等问题。《意见》提出了农村居民向城镇转移两年300万、10年1000万的计划。截至2014年年底，累计为105.5万户、409.1万农村居民办理了转户。

重庆还建立以公租房为主体的住房保障制度，累计建成投用公租房1488万平方米、配租21.4万套，惠及58万人，超过一半由外来务工人员租赁，满足了他们对住房的过渡性需求，提高了他们对城市的认同感和忠诚度，有利于促使更多农村居民向城镇流动扎根。

2014、2015年房地产去库存已初见成效。2014年，重庆商品房销售面积增长快于新开工面积增长，商品房销售面积同比增长5.87%；新开工面积下降18.16%，其中住宅新开工面积下降20.63%；2015年，商品房销售面积增长同样快于施工面积、新开工面积增长，商品房销售面积同比增长5.5%，其中住宅销售面积增长1.2%；房屋施工面积同比增长1.3%，其中住宅施工面积下降4.5%；新开工面积下降7.1%，其中住宅新开工面积下降14.2%。连续两年新开工面积大幅下降、销售面积增长，为房地产去库存打下了坚实的基础，同时也减轻了房地产企业的债务负担。

重庆还积极发展房地产租赁业，2014年房地产开发企业房屋出租收入54.85亿元，居全国第六位，在西部遥遥领先。

补齐基础设施滞后短板

重庆直辖以来，虽然基础设施建设速度加快，但历史欠账太多，难以适应国家中心城市的功能发挥，这是重庆经济社会发展的一大短板。近几年来，重庆在加强基础设施建设的同时，强化重大交通运输项目建设，2013–2014年基础设施建设投资年均增长18.68%，其中交通运输业年均增长24.64%；2015年前11月基础设施建设投资同比增长27.3%。

为配合大通道大通关大平台体系建设，重庆着力构筑综合立体交通网络，在“陆”路加快铁路大通道、轨道交通、高速公路建设，至2015年，已建成“一枢纽八干线二支线”铁路网、运营里程达到1929公里，轨道交通运营里程居全国第4、中西部第1，高速公路通车里程突破2500公里、对外出口通道增至13个，“4小时重庆”全面实现；在“空”中加快江北国际机场东航站区及第三跑道建设、开工巫山机场及万盛通用机场，江北国际机场枢纽功能明显增强，旅客吞吐量达到3239万人次，货邮量增至32万吨；在“水”路加快果园港二期、涪陵龙头港、万州新田港、石柱江家槽港等枢纽型港口建设，长江上游航运中心地位进一步巩固，集装箱吞吐量突破百万标箱，这些有力推动了重庆对外开放进程的加快，推动内陆高地的形成。

严控债务增长

2014年以前，重庆政府债务处于偏高水平，包括或有债务在内的地方总债务率2012年末高达92.8%，居全国第二位。2013

年下半年以来，在中央政策支持和自己努力下，债务负担逐渐减轻，到2015年底，预计总债务率为77%，低于财政部确定的100%总债务率风险警戒线，与2012年末比下降15.8个百分点。其中仅2014年一年就削减债务1016亿元。2015年，重庆债务限额为3412.4亿元，债务率为62%，低于全国86%左右的平均水平，与2013年6月底的3575亿元比，削减债务163亿元，是目前已公布数据的25个省市中，仅有的2个负增长的省份。

重庆债务负担减轻，是多种政策手段合力推进的结果。一是国资企业通过证券市场、产权交易所面向社会增资扩股和转让股权，2014年-2015年合计达1819亿元，如重庆水务及其控股股东将所持有重庆信托26.04%的股权，作价24.8亿元转让给中国人寿全资子公司国寿投资；二是获得中央政府的置换存量债务，2015年争取到824亿元地方政府置换债券额度，主要面向区县，降低年利息40多亿元；三是推进融资改革，2014年在全国首推PPP模式，主要面向高速公路、轨道交通、铁路、公共设施、港口物流、土地整治等6个领域，2014-2015年滚动实施2600亿元，保证了投资增长，政府债务不增；四是发行企业债券和中期票据，2015年达1796亿元；五是国家开发银行等政策型银行对地方政府进行低息贷款支持；六是储备土地转让收入。

（附1、附2作者吴安，系重庆社科院产业经济研究所所长）

政府工作报告

——2017年1月20日在寿光市第十七届人民代表大会第一次会议上

寿光市市长　赵绪春

各位代表：

现在，我代表市政府向大会报告工作，请予审议，并请各位政协委员和其他列席会议的同志提出意见。

一、十六届政府和2016年工作回顾

2012年以来，面对复杂多变的宏观经济形势和艰巨繁重的改革发展任务，我们在市委的坚强领导下，在市人大及其常委会的依法监督和市政协的大力支持下，牢牢把握稳中求进总基调，积极适应经济发展新常态，主动应对各种风险挑战，较好地完成了市十六届人大历次会议确定的目标任务。

一是综合实力不断提升。地区生产总值、财政总收入、外贸进出口总额年均分别增长9.9%、13.1%、11.8%（预计，下同），分别迈上800亿元、120亿元、240亿元的新台阶；城乡居民人均可支配收入年均分别增长9.7%和11.2%；金融机构各项存、贷款余额达到857亿元和725亿元，分别是五年前的1.8倍和1.7倍。城市建成区面积发展到65平方公里，常住人口城镇化率超过59%。被确定为全省县域经济科学发展试点市。

二是产业结构趋于优化。累计完成工业投入1287.3亿元，高新技术产业产值占

比达到40.3%，五年提高10.2个百分点，上市挂牌企业达到191家；蔬菜育繁推企业发展到5家，自主研发蔬菜新品种46个，年繁育种苗14亿株；菜博会成为全国3家5A级专业展会之一，五年开工建设过亿元服务业项目206个，社会消费品零售总额年均增长14.6%，三次产业占比由13:52:35调整为11:43:46，服务业对经济增长的拉动作用日益显现。

*三是发展活力有效释放。*寿光经济开发区、滨海（羊口）经济开发区、双王城生态经济园区建设同步推进；益羊铁路改线、寿光港、双王城水库等一批重大基础设施先后建成投用，被确定为全国唯一一个中国－以色列示范水城市。行政管理体制、区域综合水价、“营改增”等一批重点改革事项取得阶段性成果。新增国家火炬计划特色基地2处、潍坊市级以上创新战略联盟6家，软件园成为国家级科技企业孵化器，国家千人计划专家达到19人，院士、院士专家、博士后工作站达到20家，五年累计申报专利9843项，科技创新对经济增长的支撑作用明显增强。

*四是群众生活更加幸福。*用于民生领域的财政支出达到350多亿元，占一般公共预算支出的84.2%。城乡环卫、公交、安全饮水等基本实现全覆盖。新建、扩建各类学校99所，大班额问题基本解决，全市中小学均达到标准化学校要求，被命名为全国首批义务教育发展基本均衡市。全面实施药品“零差率”销售，成功通过新一轮国家卫生城市复审，农村公共文化服务体系覆盖率连续四年居全省县级第一。企业职工养老金、城乡居民养老金等社保标准连年提高，率先实现城乡居民医保整合并轨，群众有了更多的获得感。

2016年，我们以“深入推进产业强市，加快建设品质寿光”为目标，团结带领全市人民，积极应对经济下行压力，有效破解发展难题，经济社会发展稳中向好。实现地区生产总值862亿元，同比增长7.6%；完成固定资产投资629.3亿元，同比增长10.5%；实现财政总收入128亿元、一般公共预算收入95亿元，同比分别增长7.8%和6%；城乡居民人均可支配收入分别达到3.4万元和1.7万元，实现了“十三五”良好开局。

*一是注重改革、创新、提效，精准发力，发展动力不断增强。*围绕供给侧结构性改革，先后出台推动企业兼并重组、房地产去库存、扶持现代物流产业发展等一系列政策措施，为企业降低成本16亿元。全面推行工业用地供应、排污权交易等32项重点改革创新措施，成立总部经济园区和创新创业园区，100个项目入选省级技术创新项目计划。深入实施“双百计划”和“桑梓人才计划”，引进设立产学研合作研发机构9家，新增潍坊市级以上各类创新中心49家，集聚国家千人计划、泰山产业领军人才等高层次人才6名。先后实施10个PPP项目，政府引导基金达到9支。持续开展规模企业规范化公司制改制，新增上市挂牌企业105家，实体经济直接融资181.3亿元。被确定为省级社会信用体系建设试点城市。

*二是紧盯项目、产业、企业，持续加力，实体经济克难奋进。*全力支持重点行业和骨干企业发展，在潍坊市率先完成化工企业“四评级一评价”，渤海化工园、侯镇海洋化工园、田柳精细化工园被确定为全省首批确认保留类化工园区，鲁清石化油品升级、富康产业园等85个过亿元项目顺利推进，国华电厂一期、山橡防水高铁专用卷材等15个项目建成投产，重点培育的8个百亿级新兴产业主营业务收入占工业比重超过四分之一，全市规模以上工业企业实现主营业务收

入1900亿元、利税139亿元、利润98亿元。大棚“两改”面积6万多亩、1.1万多个，“沃土工程”推广面积达到3.8万亩，3个省级质量检验中心落户我市，成为全国首批国家农业综合标准化示范市和农产品质量安全县。顺利实施环卫、城投、园林、水务等服务业集团改制，组建成立智慧物流产业发展和港投控股集团公司，积极推进洰淀湖景区提升工程、鲁清铁路物流园等现代服务业项目，成功举办第十七届菜博会和第三届中国县域电子商务峰会，全市电子商务企业发展到420家，成为全省首批工业电商示范县。

三是强化建设、管理、保障，力促均衡，城乡一体进程加快。率先在全省完成新一轮城市总体规划编制并通过省政府批复，组织实施幸福路打通、铁路公园等市政工程52项，新建改造城市道路14公里、排水管道42.7公里、城市绿化面积150公顷。完成三里、南关2个老旧小区改造，稳妥开展供热计量智能化改造试点，全面实行不动产统一登记，在全市城镇和建筑领域实行一体执法，盘活闲置低效利用土地5000多亩，城市管理水平不断提高。大力实施镇村通天然气、农村改厕等工程，规划建设棚改项目11个，完成农村危房改造457户，建设提升社区服务中心30个。我市被确定为全省中等城市试点市，羊口镇成为首批中国特色小镇试点和省级新生小城市试点，洛城街道成为潍坊产城融合示范区。

四是突出治水、治气、治土，综合施策，生态环境不断优化。完成重点企业扬尘污染防治、丹河全河道人工湿地水质深度净化等196项环保治理工程，扎实推进固废综合整治，启动实施“一企一管”和污水第三方治理，率先在全省县域开展燃煤机组超低排放改造，空气质量优良天数同比增加47天，重点河流控制断面COD和氨氮同比分别改善21.3%和38.3%。全面实施织女河水系绿化、羊田路防护林带等重点绿化工程，积极引导社会力量投资造林，完成成片造林2万亩，林木覆盖率达到27.8%。

五是围绕民享、民乐、民安，创优服务，民生事业全面推进。开工建设城投养老中心、福缘颐养中心等健康养老项目，新建农村高标准卫生室43个，为符合条件的乡村医生办理养老保险。实现城镇新增就业1.47万人、农村劳动力转移就业9360人，城镇登记失业率控制在1.4%以内。建成启用世纪凤华、现代中学东校区等23所学校，潍坊科技学院全面通过教育部本科教学工作合格评估，创成全国社区教育示范区。扎实推进全国文明城市创建，建成启用历史文化中心等一批文化项目，成功举办第七届全民运动会，先后承办省级以上大型赛事35次，全市975个村（社区）实现体育健身设施全覆盖。扎实开展精准扶贫、精准脱贫，全面完成10个贫困村摘帽和1751户贫困户脱贫任务。认真开展安全生产“四严”行动、信访积案“清零”、易制毒化学品等专项整治，扎实推进“双安双创”和智慧寿光建设，社会环境更加安全稳定。去年人代会确定的10件民生实事全部达到预期目标。

六是坚持提速、增效、勤廉，依法施政，政府运作规范有序。认真落实市委决策，自觉接受市人大法律监督和市政协民主监督，严格执行政府民主决策程序，人大代表议案、建议和政协委员提案按时办结率均达到100%。强化政务公开，畅通群众诉求渠道，开通政府微信和“随手拍”互动平台，社会关切得到及时回应。扎实推进简政放权，全面实施“五证合一、一照一码”，大力推行“一章模拟、两级代办、三项联合”审批模式，组建成立公共资源交易平台和财税服务中心，行政服务效能持续提升。切实强化审计监督，完成35个经济责任和59个政府投资项目审计，提高了财政资金的使用效益。统计、油区、气象、盐务、粮食、外事侨务、机关事务、民族宗教、妇女儿童等工作也取得了新成绩。

各位代表，过去的五年，是寿光爬坡过坎、攻坚克难、锐意进取的五年，也是鼓舞士气、激发干劲、取得突破的五年。成绩的取得，是市委正确领导的结果，是市人大依法监督、市政协大力支持的结果，是全市百万人民团结奋斗的结果。在此，我谨代表市政府，向为寿光建设和发展作出贡献的全市广大人民群众，致以崇高的敬意！向给予政府工作大力支持的人大代表和政协委员，向各民主人士、工商联、人民团体、无党派和社会各界，向离退休老同志，向驻寿部队、武警官兵和公安民警，向驻寿单位，向所有参与、关心和支持寿光现代化建设的海内外朋友，表示衷心的感谢！

在总结成绩的同时，我们也必须清醒地看到：经济下行压力仍然较大，稳增长面临不少制约；创新发展内生动力不足，结构性问题依然存在；城乡区域发展仍存在短板，公共服务供给离群众期望还有差距；安全生产、生态建设、金融风险防控压力依然较重，社会治理能力、行政效能需要进一步提升等等。我们将直面问题，把群众的期盼作为政府工作的方向，把问题的解决作为检验工作的标准，敢于担当、迎难而上，全力推动各项工作再上新台阶。

二、新一届政府奋斗目标

未来五年，政府工作的总体要求是：按照中共寿光市第十四次代表大会确定的发展思路，牢固树立和贯彻落实新发展理念，积极适应引领经济新常态，以“建设品质寿光，创造美好生活”为总目标，深入实施“产业强市”战略，在经济质效、城乡统筹、生态环境、改革开放、民生福祉等方面实现新突破，率先全面建成高水平小康社会，努力建设经济强、百姓富、保障好、环境优、社会文明程度高的现代化中等城市！

主要目标是：力争到2021年，地区生产总值年均增长8%左右，一般公共预算收入年均增长6%左右，全社会固定资产投资年均增长10%左右，高新技术产业产值占比提高到44%以上，三次产业比调整为10:42:48，城镇化率提高到68%左右，城乡居民人均可支配收入年均增长8.5%左右，空气质量优良天数占比超过85%，全面完成上级下达的节能减排、生态环保等刚性指标，基本建成现代化中等城市。实现上述目标，要求我们必须继续把发展作为第一要务，不管东西南北中，咬定发展不放松。同时，从寿光实际出发，在发展中必须更加牢固地把握好以下原则：

*一是更加注重创新发展。*把发展的基点始终锁定在创新上，坚持人才优先、创新驱动、科技引领，支持企业持续推进技术改造、开展自主创新，增强核心竞争力，抢占发展制高点。鼓励大众创业、万众创新，激发全社会的创新活力和创造潜能，推动技术、产业、业态、商业模式不断推陈出新。统筹推进理念创新、思维创新、制度创新和机制创新，勇于突破常规、敢于挑战定势，全力塑造以创新为主要动力的经济发展新模式。

*二是更加注重转型发展。*坚持以提高质量效益为中心，按照改造存量、优选增量、做大总量的工作思路，持续推进供给侧结构性改革。全面加快传统产业升级改造、新兴产业延伸链条、现代服务业提质扩量、高端农业上档升级，加速新旧动能平稳接续转换，着力打造制造业“升级版”、服务业“加强版”和农业“精品版”。加快构建彰显我市特色、充满创新活力、富有核心竞争力的现

代产业新体系，尽快形成经济增量以新兴产业为主、产业结构以现代服务业为主、工业以先进制造业为主的产业格局。

*三是更加注重绿色发展。*牢固树立人与自然和谐发展理念，严格按照优化、重点、限制、禁止开发的功能分区定位推动发展，引导各类开发建设向存量调整、内涵提升转变。划定严格的生态保护红线，有序有度利用自然，加快形成人口、经济、资源环境相协调的结构布局。大力发展循环经济，深度推进清洁生产，持续开展治气治水治土等各项环保专项行动，努力解决环保、生态、节能等方面的突出问题，全力建设天蓝、地绿、水净的美好家园。

*四是更加注重安全发展。*始终坚持底线思维和红线意识，认真贯彻落实安全生产领域改革发展的意见，完善安全生产责任体系，堵塞安全监督管理漏洞，夯实安全生产基层基础，强化重点领域专项治理。依靠严密的责任体系、严厉的法治措施、有效的体制机制、有力的基础保障和完善的系统治理，切实增强安全防范治理能力，全面提升我市安全生产整体水平，让安全发展成为全社会的行动自觉。

*五是更加注重诚信发展。*始终把诚实守信作为价值追求和行为准则，加快推进社会信用体系建设，深入开展道德领域突出问题专项教育和治理，建立失信企业和个人“黑名单”制度，加强信用信息公开和共享，依法依规运用信用激励和约束手段，积极构建政府、社会共同参与的守信联合激励和失信联合惩戒机制，努力形成“一处失信、处处受限”的信用惩戒大格局。在寿光，就是要让守信者处处受益、让失信者寸步难行！

三、2017 年工作安排

2017 年是新一届政府的开局之年，是实施“十三五”规划的重要一年，也是供给侧结构性改革深化之年，做好全年工作意义重大。今年经济社会发展的主要预期目标是：地区生产总值增长 7.5% 以上；一般公共预算收入增长 6% 左右；全社会固定资产投资增长 8% 左右。

实现上述目标，必须认真做好以下六个方面的工作：

*（一）突出实体经济，开创稳健增长新局面。*我们将始终坚持“工业立市”战略不动摇，围绕项目带动、产业促动、服务推动，不断优化实体经济发展环境，千方百计促进经济持续稳定增长。

一是坚持项目建设带动。把项目建设作为振兴实体经济的总抓手，突出抓好总投资 530 亿元的 45 个工业项目，重点推进 24 个新建项目快开工、18 个续建项目快竣工，力争全年完成工业投入 260 亿元。围绕资源优势和现有产业链条，重点瞄准世界 500 强企业、大型央企、百强民企和上市公司，开展精准招商、补链招商，力争光大天然气热电联产等 3 个意向项目快落地，再引进储备一批引领升级、改善结构、提高效益的重大产业项目。对市里确定的 46 个重点项目，实行一个项目一位市级包靠领导、一个责任单位、一个推进小组，一月一调度、一月一通报，及时解决项目建设中遇到的问题，确保项目建设顺利推进。

二是坚持产业培育促动。统筹推进新兴产业培育、传统产业提升和低端产业淘汰，加快构建中高端新型工业体系。对 8 个百亿级新兴产业，集中资源、全力扶持，力争年内 8 个百亿级新兴产业实现主营业务收入 500 亿元，过百亿元产业达到 3 个。加快推进制造业与互联网融合发展，对造纸、化工、钢铁 3 大传统产业，支持企业开展产品升级、产业链延伸、装备更新和智能化改造，引导建设一批“智能车间”和“智能工厂”，力争年内完成技改投入190亿元，努力实现传统产业高端化、智能化、绿色化。对低端产业和过剩产能，综合采取兼并重组、规范提升、关停转产等多种方式，坚决关闭、淘汰一批“僵尸企业”和低效产能，实现市场出清和“腾笼换鸟”。积极推进5000吨级航道、新南环路等重大基础设施建设，加快开发区“三转”步伐，突出抓好经济开发区、临港项目区、产城融合示范区等园区发展，为转型升级搭建载体、提供平台。

三是坚持精准服务推动。深入开展降低实体经济企业成本专项行动，严格落实扶持大型、特大型企业发展10条政策，完善行政事业性收费和基金目录清单动态公布机制，定期评估、及时调整涉企优惠政策，加强涉企收费管理，让企业真正享受政策红利。推行网格化联系服务企业工作模式，严格执行企业投资项目核准和备案管理，实施风险防控部门联动机制，第一时间为企业排忧解难、保驾护航。引导企业推行职业经理人制度，注重保护企业家精神，实施企业管理人才素质提升工程，力争年内培训企业管理人才2000人次。统筹考虑经济、社会、生态效益，探索开展企业综合绩效评价，优化财政资金、金融信贷、环境容量、土地指标、能耗指标等要素配置，扶持优势企业做大做强。加强对企业的调度分析，及时监测资金周转、产品销售等企业动态，及早发现问题、及时妥善化解，确保经济平稳运行。

（二）着力调整结构，打造产业转型新优势。我们将始终坚持产业协调发展不放松，以市场化的手段、品牌化的标准和国际化的视野，全力推动产业转型升级。

一是大力发展现代服务业。集中培育生产性服务业，对物流、金融等重点业态，完善配套具体扶持政策，加快推进西部公铁联运物流基地、晨鸣国际物流中心等13个物流园区建设，创新第三方物流和连锁经营、特许经营等发展模式，不断提升服务业发展层次。加快发展生活性服务业，持续打造渤海路、银海路、学院路、东城新区、西城商圈等商贸圈，积极引导社会资本参与旅游、健康、养老、文化、休闲等幸福产业发展，充分挖掘释放消费潜力，力争社会消费品零售总额达到320亿元，服务业占比进一步提高。突出抓好万达广场、极地海洋世界等重点项目建设，积极创建乡村旅游标杆示范项目和省级旅游商品研发基地，全力办好第十八届菜博会，努力打造一批服务业品牌。积极培育新兴服务业，加强与阿里巴巴、秦工国际等主流跨境平台开展合作，推动设立跨境电商协会，注重专业人才培养，鼓励实体企业通过互联网销售产品、提供服务，引导传统企业出口和市外企业回流，力争年内实现电子商务交易额200亿元。

二是积极发展高端农业。围绕打造蔬菜种苗研发繁育、精品蔬菜生产交易、设施蔬菜技术集成创新三大基地，深入推进六大体系建设，积极争创国家农高区，努力增加绿色农产品供给，确保把农业品牌保护好、培育好、推广好。加快蔬菜商业化育种研发进程，突出抓好中国农科院寿光蔬菜创新中心等项目建设和运营，力争年内自主研发新品种总量达到50个，新建扩建大型种苗繁育基地5个，种苗年繁育能力达到15亿株。持续推进大棚“两改”，继续规范农产品物流园、果菜批发市场运营，尽快启动中国供销寿光农商城建设，健全完善农业监管大数据和农产品生鲜溯源平台，全面落实市镇两级蔬菜抽样检测和农资实名销售制度，力争年内完成大棚“两改”3万亩。探索推行“联合社+合作社+社员”的新型产业经营网络，规范提升合作社运行和管理，积极推进现代农业高新技术集成示范区建设，持续实施土壤环境改良工程，大力推广水肥一体化、沙培种植等蔬菜种植新模式、新技术，力争年内推广生物有机肥3万亩、防治根结线虫病技术5000亩。围绕省级现代渔业精品区和畜牧绿色发展示范县创建，加强高标准水产养殖技术推广，强化涉外渔船管控，继续抓好智慧畜牧信息平台和无疫区建设，推动农业全面转型升级。

三是加快发展外向型经济。加强国际市场开拓和国际品牌建设，持续壮大橡胶轮胎、木制品、防水材料、蔬菜产业等优势产品出口集群，扶持引导服务外包、对外工程承包等企业向产业链高端延伸，力争年内出口过亿元企业达到30家、外贸进出口总额252亿元、离岸外包执行额1亿美元。支持有实力的企业积极融入“一带一路”发展，搞好境外资源开发、资本运作和产能有序转移，逐步成长为本土跨国公司，带动全市装备、技术、标准、服务“走出去”。力争年内设立境外企业3家，完成实际到账外资2亿美元。

*（三）坚持统筹协调，构建城乡发展新格局。*我们将始终坚持以城乡一体发展为导向，推动城乡建设从注重外延发展向注重内涵塑造转变、从主要依靠财政投入向主要依靠市场运作转变，全面提升城乡建设和管理水平。

一是大力提升中心城区。严格执行城市总体规划，注重中心城区与周边街道的规划对接，编制完善各类专项规划，以科学的规划引领城市发展。加快推进菜都路改造、金光街跨河大桥等33项道路工程、东污西调沟改造等6项排水工程和羊田路路灯安装等18项亮化工程，实施3个老旧小区改造，持续完善城市功能、提升城市品质。加快推进智慧城市建设，创新户外广告资源管理、小区供热计量改造、物业管理标准化等管理模式，实现城市内涵式发展和精细化管理。推行PPP模式和政府购买服务，撬动更多社会资本参与城市建设。稳妥推进城区存量地块收储开发，探索尝试片区综合开发模式，鼓励发展装配式建筑，不断提升城市发展档次。严厉打击层层转包、挂靠、违法转包、分包等违法违规行为，规范建筑市场管理。提高房地产开发企业准入门槛，优化城中村改造管理办法，力争改造棚户区住房3600套以上，推动房地产市场健康稳定发展。

二是全力打造特色城镇。扎实推进“强镇”建设，探索实行组团式发展，引导镇街区科学选择发展方向和路径，着力打造若干综合实力强、发展活力足、辐射范围广、富有特色的小城镇，力争完成村镇建设投入25亿元。文家、洛城、古城、孙家集等街道充分发挥区位优势，主动对接和融入中心城区，集中抓好主导产业培育和基础设施提升，不断提高宜居宜业水平。羊口、侯镇等产业基础较好的镇，依托各自园区，大力发展块状经济，努力争创省级开发区。台头、上口等特色产业鲜明的镇，扶持壮大新型防水、窗帘窗饰等特色产业，积极争创省级特色镇。稻田镇抓住机场建设的机遇，培强做大现代物流、食品加工等支柱产业，努力打造空港经济区。双王城生态经济园区以生态开发为重点，加快推进洰淀湖游乐场、水世界等项目建设，全力培育生态旅游聚集区。其他镇街统筹考虑自然禀赋，找准着力点，集中抓突破，尽快形成“一镇一产业、一镇一特色”的发展格局。

三是加快建设美丽乡村。深入实施农村工作三年提升计划，继续抓好农村新型社区建设，持续开展村庄“五化提升行动”，有序推进农村危房改造，加快北部水系联网灌溉等水利工程建设，配套完善供暖、供气、道路等农村基础设施，让农村整洁优美、群众安居乐业。继续提升教育、文化、体育、医疗等公共服务，为100处村级文化大院和10个省定贫困村配备完善文化娱乐设施，切实抓好农村社区服务中心提升，更好地方便群众生活。继续巩固脱贫成果，通过土地流转、技能培训、产业融合发展、劳动力转移等多种方式，促进农民持续增收。

（四）强化创新驱动，培育跨越发展新动力。我们将始终坚持把改革创新作为应对新常态的开路先锋，汇集万众智慧，凝聚转型动力，再创区域发展新辉煌。

一是以科技创新激发竞争力。支持企业加大研发经费投入，增强自主创新能力，加快技术创新项目产业化，力争全年建成省级以上各类创新中心6家、技术创新项目50个，转化科技成果10项，高新技术产业产值占比达到41.5%。加快推进科技创业园建设，力争入园企业达到20家。鼓励引导企业参与标准制订和品牌创建，力争新创山东名牌产品3个、驰著名商标5个。积极推进产学研协同创新，不断深化与中航科工等科研院所合作，重点实施5个产学研合作项目，充分借助外脑提升核心竞争力。加强高层次产业领军人才和紧缺高技能人才队伍建设，启动海内外柔性引智、硕士博士集聚工程，力争年内引进“双百计划”人才30人、产业领军人才团队5个。

二是以改革创新释放创造力。坚持以开放的思维引领工作，用创新的办法破解难题，特别是结合国务院确定的24项重点激励事项，充分发挥主动性、创造性，努力在更多领域打造亮点、推动发展。继续抓好供给侧结构性改革，坚定不移推进“三去一降一补”，着力提高供给质量。持续深化行政体制改革，深入推进事业单位分类改革，大力推动“放管服”改革，探索开展综合行政执法体制改革，最大限度释放改革红利。加快农村集体产权、国有林场、供销社综合改革，细化落实农村土地“三权分置”办法，稳妥推进农村“两权”抵押贷款试点，更好地激发农村发展活力。

三是以金融创新增强驱动力。扩大政府产业引导基金规模，探索设立财政直投基金，建立投贷联动机制，努力破解企业融资难题。继续加快规范化公司制改制进程，确保年内完成企业规范改制100家，新增上市挂牌企业55家。积极拓宽股权融资、发行企业债或中小企业私募债等直接融资渠道，有效降低企业融资成本，力争直接融资规模达到200亿元。规范发展商业保理、融资租赁等新型普惠金融服务，为小微企业提供更多支持。优化政银保合作机制，积极开展纯信用贷款、小额贷款保证保险等金融创新产品试点，引导银行机构增加信贷规模，确保更多资金注入实体经济。严厉打击逃废债务、非法集资、恶意转移资产等违法行为，畅通金融风险案件处置绿色通道，落实防范金融风险属地责任，按照“有所为有所不为”的原则，下决心处置一批风险点，坚决守住不发生系统性、区域性金融风险的底线。

（五）改善生态环境，展现品质寿光新魅力。我们将牢固树立“绿水青山就是金山银山”的绿色发展理念，强化生态保护和治理修复，以实际行动呵护好寿光的碧水蓝天。

一是推进环境综合治理。把寿北生态功能脆弱区作为整治重点，逐步实施地表水综合利用、盐碱地土壤改良等生态修复工程，启动实施“河长制”、地下水超采区综合整治等治理模式，扎实开展中国－以色列示范水城市建设，切实补齐生态短板。强化全域水质监管，加快推进巨能热电中水回用等重点项目，实施阳河、织女河人工湿地水质净化工程，确保境内重点河流稳定达到地表水五类水质标准。坚决完成晨鸣集团、永康化学等燃煤机组（锅炉）超低排放改造任务，确保大气质量持续改善。引导工业企业建设固废综合利用项目，落实危废网上申报登记制度，形成固废规范化管理长效机制。加大环保执法力度，严把项目环评审批关，积极落实禁燃区和畜牧养殖禁养区、限养区范围，切实从源头上控制污染物排放。

二是推进低碳循环发展。倡导绿色消费、低碳出行，培育生态文化。组织实施“工业绿动力”计划，强化节能目标管理、散煤治理和煤炭清洁高效利用。继续推进能量系统优化、光伏发电等节能技术改造，鼓励优势企业开展代发电业务，对10吨以下燃煤小锅炉全面实施改造拆除，从严控制耗能总量和煤炭消费总量。大力发展循环经济，以大棚蔬菜秸秆和废弃电子产品处理为重点，组织实施一批资源综合利用项目，确保通过潍坊市循环经济示范市验收。加大批而未供和闲置土地盘活力度，加强建设用地批后监管，确保年内盘活闲置低效用地5000亩，综合供地率达到75%。

三是推进城乡造林绿化。坚持生态效果与景观效果相统一，扎实推进荣乌高速防护林带更新、小清河水系绿化等重点绿化工程，深入实施村庄绿化提升行动，力争全年成片造林1.5万亩，总植树600万株。加大“见缝插绿、见土补绿”力度，加快推进海绵绿地建设，高标准实施铁路公园、东城体育公园等29项城区绿化工程，力争新建改建绿地面积200公顷。严格执行“绿线管制”和“绿色图章”制度，实现公园绿地、古树名木、园林设施等智能化监管，切实提高园林绿化管理水平。

（六）*致力共建共享，顺应人民群众新期盼*。我们将始终坚持共享发展的理念不变，惠民投入的力度不减，民生工作的标准不降，尽最大努力为民造福，努力提高人民群众的获得感。

一是全力保障安全生产。始终把安全生产放在突出位置，按照巡查无禁区、监管全覆盖、隐患零容忍的工作要求，扎实开展“安全生产固本强基年”活动，切实抓好“三大体系”建设，积极推进标准化创建，努力营造良好的安全生产环境。建立严格规范的责任考核体系，突出抓好企业主体责任落实，注重运用法治手段推进安全生产，严格执行四部门通告和安全生产一票否决，对重大隐患整改不力、发生安全事故的企业，全部纳入安全生产“黑名单”管理，依法严肃追究刑事责任，及时曝光反面典型，让企业安全生产成为习惯；继续实行市级领导定期调度、部门包靠督导镇街和安全生产月考核、月通报制度，进一步明确部门监管责任、镇街属地责任和岗位责任，强化责任追究，切实把安全生产的责任压实。建立科学严密的安全监管体系，推动责任部门成立安全生产专职机构，落实镇街安监队伍专职专用制度，探索推行安全生产市镇村“三级网格化”监管模式，加大“四不两直”执法力度，真正把安全生产的基础做实筑牢。建立系统完善的风险分级管控和隐患排查治理体系，加强重点行业风险评估，加快智慧安监平台建设，抓好重点岗位职工培训，鼓励推广企业安全托管等治理模式，推动企业严格落实安全生产交接班检查制度，以“钉钉子”精神抓好隐患整改，确保把安全生产的措施落实到位。

二是全力支持创业就业。深入开展创业型城市创建活动，全面落实各项创业优惠政策，着力培育高质量的创业载体，力争创成1家潍坊市级创业示范载体、10个省市级“四型就业社区”，完成就业创业培训6000人。突出抓好高校毕业生、残疾人等重点群体就业，严格落实稳岗补贴、社保补贴和岗位补贴等就业促进政策，力争年内城镇新增就业

1万人，城镇登记失业率控制在3%以内。

三是全力提升社会保障水平。加快推进“电子社保”和“两微一端”网上经办体系建设，积极落实建筑领域工伤保险“同舟计划”，力争年内新增企业参保人员3000人。着力构建和谐劳动关系，建立农民工讨薪快速处理联动机制，确保劳动人事争议案件结案率达到96%以上。支持慈善事业发展，建立城乡统筹的特困人员救助供养制度，确保困难群众得到及时救助。大力推广医养一体等新型养老服务模式，加快西城养老、圣湖新天地等重点项目建设，确保年内新增养老床位660张。

四是全力优化公共服务。支持潍坊科技学院创建应用型特色名校，加快学院五专部、山东渤海职业学院、东城高中、徐家学校等各类学校建设，推动学前教育、基础教育和职业教育均衡优质发展。尽快启用东城医院、中医院病房大楼，继续抓好村级卫生室改造，在全市三大医疗集团内部探索实行分级诊疗，为群众提供更加优质的医疗服务。加强公共文化服务体系建设，继续实施文化惠民五大工程，推动档案、史志工作创新，全力争创全国文明城市。加快体育学校建设，精心组织万人健步行等多种体育活动，努力营造全民健身氛围。

五是全力维护社会稳定。在全市所有大型超市、市场引入第三方食品检测机构，具备条件的学校食堂全部建立食品快速检测室，切实加大食品药品检测力度，确保群众饮食用药安全。认真开展“七五”普法宣传活动，健全法律援助机制和行风热线监督机制，不断提高依法治市水平。创新社会治理模式，引导推行“网上信访”，全面开展三年禁毒人民战争，适时启动“一村一警务助理”试点，严厉打击违法犯罪行为，不断提升突发事件应对能力，为群众创造更加和谐稳定的社会环境。

四、全面加强政府自身建设

我们将按照为民、务实、清廉的要求，高标准、创造性、精细化地开展工作，不断开创政府工作新局面。

一是坚持依法行政，全力建设法治型政府。持续完善和调整政府权力清单，依法全面履行政府职能，坚决消除权力寻租空间。严格执行重大行政决策程序，大力推行政府法律顾问制度，探索建立重大决策终身责任追究制度及责任倒查机制，确保决策科学民主。继续强化行政执法管理，合理配置执法力量，推进行政执法与刑事司法相衔接，切实提升行政执法水平。健全完善行政复议应诉制度，创新行政复议裁决模式，有效提升复议案件审理质量。主动接受市人大及其常委会的法律监督、市政协的民主监督，以及公众监督和舆论监督，认真办理好人大代表议案、建议和政协委员提案，让权力始终在法治轨道上运行。

二是坚持勤政为民，全力建设服务型政府。把民之所望作为施政所向，全力办好15件民生实事，让改革发展成果更多更好更公平地惠及全市人民。扎实开展综合模块化受理改革和国家级政务联动服务标准化试点，大力推广“双随机一公开”监管模式，探索实行政务服务超期默认机制，坚决清理隐性审批和变相审批，全力推动行政再提速、服务再提效。发挥好政府网站、微博、微信公众号和市长公开电话的作用，扩大政务公开范围，广泛听取社会各界的意见建议，着力解决群众关心的热点问题，不断提升群众对政府工作的满意度。

三是坚持真抓实干，全力建设落实型政府。始终把抓执行、抓落实放在更加突出的位置，持续巩固党的系列学习教育成果，大力发扬“讲认真、敢担当、重实干”的工作作风，积极倡导“定了就干、马上就办”的工作态度，着力营造允许试错、宽容失败的良好氛围，切实调动广大干部干事创业的积极性。对全市确定的重点工作、重点任务和重大项目，强化督查督办，强化考核问责，强化正向激励，确保各项决策部署不折不扣落实到位。

四是坚持从严治政，全力建设廉洁型政府。始终把纪律和规矩挺在前面，持之以恒落实中央“八项规定”精神，弛而不息纠正“四风”问题，实现作风建设的制度化、规范化、常态化。强化综合治税，加强财源建设，完善市镇（街区）两级收入分配体制，不断增强财政保障发展的能力。牢固树立过“紧日子”的思想，严格预算执行管理，从严控制临时预算，继续压减一般性支出，确保把有限的财政资金用在刀刃上。规范公共资源交易行为，强化国有资产资源管理，加大行政监察、审计监督和政府内部层级监督，开展领导干部自然资源资产离任审计试点，深化领导干部经济责任、农村集体经济、政府投资项目和政策落实跟踪审计，全力营造风清气正的政治生态。

各位代表！理想照亮未来，奋进正当其时！让我们在市委的坚强领导下，以更加奋发有为的精神状态、更加团结共进的磅礴力量，不忘初心、砥砺前行，为加快建设品质寿光，全面建成现代化中等城市而努力奋斗！

附件 1

2017 年民生实事

1. 实施社保提标工程。将 80 余万名城乡居民的基本医疗保险财政补助标准从每人每年 420 元提高到 460 元。

2. 实施弱势群体救助工程。将农村五保供养、城市“三无”人员救助制度整合为特困人员救助供养制度，让城乡特困人员公平享有社会救助服务；为残疾学生和贫困残疾人子女发放上学补助，为非低保重度残疾人加入城乡居民医疗保险、灵活就业残疾人缴纳职工基本养老保险实行缴费补贴，为 0—9 岁贫困残疾儿童提供康复训练补助。

3. 实施特殊群体关爱工程。对农村妇女免费开展“两癌”检查，对符合条件的育龄夫妇免费实施孕前优生健康检查；对全市小学二年级学生免费施行牙齿窝沟封闭；对 65 周岁及以上常住居民免费开展一次健康查体；对年满 60 周岁的农村部分计生家庭每人每月奖励 80 元，对独生子女死亡或伤病残后未再生育或收养子女的家庭发放特别扶助金，对独生子女父母发放奖励费。

4. 实施教育优化工程。筹资 7 亿元，在滨海（羊口）经济开发区规划建设一所综合性高职院校—山东渤海职业学院；投资 6.6 亿元，加快潍坊科技学院五专部、徐家学校和开发区国际学校 2 处义务教育学校、圣城中学幼儿园等 5 处城区幼儿园建设，进一步优化城区学校布局。

5. 实施幸福养老工程。加快福缘颐养、西城养老、圣湖新天地等重点养老项目建设，确保新增养老床位 660 张，推进医养融合发展。

6. 实施医疗惠民工程。确保东城医院和中医院病房大楼年内投入使用，持续改善群众就医条件。

7. 实施百姓安居工程。投资 20 亿元，对 11 个棚改项目、3680 户住房进行改造；投资 1900 余万元，对 10 个镇（区）2.1 万多户农村厕所进行改造；投资 2000 万元，对 12 个老旧小区内的公共供热设施进行维修，对具备分户独立式供暖条件的用户逐步实施供热计量智能化改造。

8. 实施就业创业工程。加快培育一批便利化、全要素、开放式、能孵化的众创空间，力争年内新建1家潍坊市级创业示范载体、10个省市“四型就业社区”，新增城镇就业1万人，高校毕业生就业率达到95%，城镇登记失业率控制在3%以内。

9. 实施绿化提升工程。新建、改造东城体育公园、开发区游园、莪华游园、建桥游园（南园）、南苑游园（东侧）5处公园（游园），为群众提供更好的休闲场所。

10. 实施环境改善工程。投资1.7亿元，建设工业固体废弃物处置一期项目；投资2.3亿元，完成20台燃煤机组和14台燃煤锅炉超低排放改造任务；扩大禁燃区范围，淘汰改造禁燃区内高污染燃料燃烧设施；建设阳河、织女河河道人工湿地水质净化工程，促进全市生态环境持续改善。

11. 实施农村条件改善工程。投资1.7亿元，实施配农网升级改造工程，改造10千伏线路172千米，有效减少用户停电时间；总投资4.3亿元，实施城乡集中供水地表水利用工程、地表水综合利用北部水系联网灌溉一期工程、小清河扬水站灌区节水配套改造工程，提升全市生产生活用水保障能力。

12. 实施交通畅行工程。投资12.7亿元，建设5000吨级航道；投资13.9亿元，实施新南环路、新海路、菜都路、三号路、老羊临路和大沂路等重点道路（路段）建设（改造）工程，维修改造镇村道路100公里，优化路网布局，改善群众出行条件。

13. 实施文化惠民工程。组织好第五届文化产业博览会，为100处村级文化大院和10个省定贫困村配备完善文化娱乐设施，丰富群众文化生活。

14. 实施全民健身工程。积极开展第七届全民健身运动会，继续办好全民健身日万人健步行等体育活动，努力营造全民健身的良好氛围。

15. 实施法治服务工程。深入开展法律服务千村行活动，适时启动“一村一警务助理”“一村一法律顾问”试点，努力提高群众知法用法能力和社会治理水平。

附件2

《政府工作报告》名词解释

1. 安全生产“四严”行动：根据潍坊市统一安排，寿光市从2016年10月起，利用近3个月的时间，在全市范围内集中开展安全生产“严检查、严整改、严执法、严追责”行动，彻底排查各镇街区、各行业领域安全隐患，整治一批事故隐患、完善一批防控措施、查处一批违法企业，全面提升全市安全生产水平。

2. “双安双创”：即创建全国食品安全示范城市和农产品质量安全县。2014年以来，由国家食品药品监管总局、农业部牵头，在全国开展，寿光市于2016年12月被农业部命名为第一期国家农产品质量安全县，全国食品安全示范城市正在积极创建之中。

3. “五证合一、一照一码”：根据国务院要求，自2016年10月1日起，企业在办理注册登记时，市场监管局直接核发加载统一社会信用代码的营业执照，企业不再另行办理组织机构代码证、税务登记证、社会保险登记证和统计登记证。

4. “一章模拟、两级代办、三项联合”审批模式：这是结合上级关于简政放权精神和寿光市实际，创新开展的一项行政审批提速工程。“一章模拟”即对未取得土地使用权但主体相对明确的建设项目，在暂不具备法定审批条件的情况下，加盖模拟审批专用章，待项目达到法定审批条件后，将模拟审批转化为正式审批的审批模式。“两级代办”

即依托市镇两级政务服务体系，建立分工协作、上下联动、机制健全的二级代办服务网络。“三项联合”即推进联合测绘、联合图审、联合竣工验收审批机制。自2016年3月启动以来，共办理模拟审批项目20个，审批时间平均缩短6个月。

5. 开发区“三转”：按照潍坊市开放大会精神要求，寿光市出台《关于落实“三转”要求加快开发区转型升级的意见》（寿办发〔2016〕40号），积极推进寿光经济开发区由工业项目聚集区向主导产业集群转变，由行政管理型向公共服务型转变，由传统镇街形态向产业园区形态转变，实现开发区更高层次的开放发展。

6. 六大体系：是寿光市推动蔬菜产业转型升级的主要抓手，即在产业发展过程中，重点培育种子种苗产业体系、标准化产业体系、产地环境改良体系、质量安全监管体系、产业服务体系和面源污染治理体系，不断提升蔬菜产业发展水平。

7. 农村土地“三权分置”：2016年10月，中办、国办印发《关于完善农村土地所有权承包权经营权分置办法的意见》，即深化农村土地制度改革，顺应农民保留土地承包权、流转土地经营权的意愿，将土地承包经营权分为承包权和经营权，实行所有权、承包权、经营权分置并行，逐步建成归属清晰、权能完整、流转顺畅、保护严格的农村土地产权制度。

8. 农村“两权”抵押贷款试点：即利用农村承包土地经营权和农村住房财产权向金融部门进行抵押贷款，用以满足农业生产的资金需求。2016年3月，寿光市被中国人民银行等5部委确定为全国农村承包土地经营权抵押贷款试点市。

9. “河长制”：2016年12月，中办、国办印发《关于全面推行河长制的意见》，即由各级党政主要负责人担任“河长”，负责辖区内河流的污染治理，既方便各级地方领导直接进行环保决策和管理，也有利于统筹协调各部门力量，运用法律、经济、技术等手段保护环境。

10. “工业绿动力”计划：为促进节能减排和经济转型升级，根据省政府要求，在全省启动实施“工业绿动力”计划。通过逐步升级改造现有传统燃煤锅炉，推广高效环保煤粉锅炉；通过拓宽太阳能集热系统应用领域，加大绿色能源的深度开发利用；通过引导合同能源管理项目开展，优化能源节约投资方式，建立多元能源供应体系，实现经济社会绿色低碳可持续发展。

11. “绿线管制”和“绿色图章”制度：是寿光市实施城市绿地保护工作的一项重要措施。“绿线管制”即在城市绿化管理和规划管理形成的各类城市绿化控制线内，已完工的不得进行非绿化建设，未完工的只能按原规划进行建设和改造。“绿色图章”即“绿化规划审批专用章”，是城市绿化管理部门对建设工程附属绿化项目规划方案进行严格审核后的签章，也是保证“绿线管制”制度有效实施的重要手段。

12. “四不两直”执法：2014年9月，国家安监总局建立并实施的一项安全生产暗查暗访制度，即不发通知、不打招呼、不听汇报、不用陪同接待、直奔基层、直插现场的工作方法。

13. “四型就业社区”：即集充分就业、积极创业、智慧就业、标准服务为一体的“四型就业社区”。寿光市已申报潍坊市级智慧就业社区2家、充分就业社区9家、积极创业社区3家、标准服务社区1家。

14. 工伤保险“同舟计划”：2015年4月，人社部部署实施建筑业工伤保险专项扩面行动，计划利用3年左右时间，实现建筑业从业人员全部参加工伤保险，从根本上保障建筑施工等领域职工的工伤权益。至2016年底，寿光市参保项目25个，参保人数706人，征缴工伤保险费35.9万元。

15. 文化惠民五大工程：是寿光市为丰富群众文化生活实施的文化惠民工程，即镇街区综合文化站和基层文化阵地建设工程、文化信息资源共享工程、农村电影放映工程、广播电视“村村通”工程、农家书屋建设工程。

16. “双随机一公开”：是深化放管服改革、加强事中事后监管的一项重要措施，即对行政执法工作通过摇号、电子抽签等方式，随机抽取监管对象、随机选派执法检查人员，执法过程实行全流程公开，积极营造公平、有序、诚信的经济社会发展软环境。

大 事 记

1月

1日　“寿光纪检”微信公众号正式开通运行。

同日　安泰公交公司正式开通“寿光—刘家庄子（田柳镇）”和“寿光—裴家岭（化龙镇）”2条城乡公交线路。

同日　在城区实行居民生活用水阶梯价格制度。阶梯水价执行后，基本水价为1.70元每立方米，上涨0.20元每立方米；水资源费和污水处理费暂时不变。

4日　市政府领导班子专题民主生活会召开，市委副书记、市长赵绪春主持会议并与其他班子成员分别讲话。

5日　政协九届寿光市第十六次常委会议召开，会议专题协商讨论《寿光市国民经济和社会发展第十三个五年规划纲要（草案）》。市政协主席方新启主持会议并讲话。

同日　市政协党组专题民主生活会召开，市政协主席、党组书记方新启主持会议并与其他党组成员分别讲话。

6日　由市委宣传部主办，联盟化工、凯马汽车、市京剧协会承办的“2016新年京剧名家演唱会”在市文化中心音乐厅举行，市级领导朱兰玺、赵绪春、方新启等出席。演唱会特邀寿光市各级劳动模范、道德模范、人民功臣、优秀共产党员、寿光好人及感动寿光年度人物代表参加。

7日　市委书记朱兰玺到阿里巴巴农村淘宝寿光运营中心调研。

同日　“感动寿光”年度人物暨年度新闻评选正式启动。

8日　寿光市安全生产暨化工产业转型升级会议在商务小区召开，会议要求以最严厉的追责问责抓好安全生产。朱兰玺、赵绪春、邱旺等市级领导出席会议。

同日　富康制药作为第一完成单位申报的“奥美拉唑系列产品产业化与国际化的关键技术开发”项目，荣获国家科技进步奖二等奖，实现寿光历史上零的突破。

9日　市政府发布“关于加强烟花爆竹安全管理的通告”。

11日　寿光市第十六届人大常委会第三十一次会议召开，研究决定寿光市第十六届人民代表大会第七次会议召开的有关事宜。决定授予魏金明、袁景亮、薛茂林“寿光人民勋章”。

同日　政协第九届寿光市委员会第十七次常委会议召开，研究决定政协第九届寿光市委员会第五次会议召开的有关事宜。

13日　寿光市农村工作会议召开，会议要求深入贯彻落实中共十八届五中全会和中央农村工作会议精神，争取在全省率先全面建成小康社会，率先实现城乡居民人均收入翻番。

14日　市政府2016年第1次常务会议

召开，研究《寿光市国民经济和社会发展第十三个五年规划纲要（草案）》，审议《关于寿光市2015年预算执行情况和2016年财政收支预算安排意见》。

同日 省文明委对2015年度省级文明单位、文明村镇、文明社区进行命名表彰，寿光市的世纪教育集团、天成食品集团有限公司、孙家集街道办事处被评为省级文明单位，稻田镇、台头镇被评为省级文明村镇，圣城街道龙泉社区、圣城街道古槐社区被评为省级文明社区。

15日 2015年度镇街区党委书记抓基层党建工作述职评议会议召开，各镇街区党委书记先后述职。市委书记朱兰玺参加会议并讲话。

16日 政协寿光市九届五次会议在晨鸣国际会议中心开幕，朱兰玺、赵绪春、方新启、邱旺等市级领导在主席台前排就座，316名委员出席会议，住寿光的省政协委员，潍坊市政协委员，市直部门、正科级以上事业单位主要负责人，各镇（街区）党（工）委宣传统战委员列席会议，此次大会首次邀请13名群众代表旁听了会议。

同日 新开通12路公交线，起点市政务中心，终点王家老庄（文家街道）；对2路、11路、10路、环1路线路进行调整，首末站均改为汽车站。

17日 寿光市第十六届人大第七次会议在温泉大酒店开幕，大会主席团常务主席朱兰玺、赵绪春、杨德峰、邱旺、林立星等在主席台前排就座，306名代表出席会议，不是市人大代表的市委常委，市政府副市长，市政府党组成员，市委、市政府各部门、各直属单位和各群众团体的主要负责人及相关人员，市委、市政府确定的特大型和大型企业主要负责人，住寿光的全国、省、潍坊市人大代表、市人大常委会办事机构负责人，大会秘书处各组负责人，出席政协会议的全体委员列席从此会议。

18日 政协寿光市九届五次会议在晨鸣国际会议中心闭幕。

20日 寿光市第十六届人大第七次会议在温泉大酒店闭幕。

同日 潍坊市委常委、宣传部部长初宝杰到寿光市调研宣传思想文化工作，先后到洛城街道屯西村党群服务中心、历史文化中心等地实地了解情况，并召开座谈会，市级领导朱兰玺、赵绪春、袁世俊陪同调研。

同日 寿光滨海国家湿地公园入选首批山东省重点保护湿地名录，全省首批共53处。该湿地为潍坊市最大的湿地景观公园。

21日 重新组建寿光市城乡规划委员会，由相关部门、专家和公众代表组成，主要职能是对涉及城乡规划的重大事项进行审议，审议意见作为城乡规划的决策依据。

24日 第二届城市民生建设与民生保障论坛暨2015年社会治理创新经验交流会在北京举行，寿光市荣膺全国民生改善十佳典范城市。

26日 职工互助保障会员救助金发放仪式在市职工服务中心举行，全市57名会员得到救助，救助金额7.1万元。

同日 市政府与中冶华天战略合作框架协议签约仪式举行。市委副书记、市长赵绪春与中冶华天董事长、党委书记康承业分别代表双方在协议上签字。

27日 市政协主席方新启分别到侯镇、市中医院家属院、台头镇等地走访慰问老党员、劳动模范、困难群众、优抚对象等。

28日 市人大常委会主任杨德峰到圣城街道看望优抚对象、低保户、新中国成立前老党员及困难职工。

同日 市领导李志平、刘建东、刘建安到羊口边防工作站、消防大队、军干所走访慰问武警官兵和军队离退休老干部，为他们送去慰问品，并向他们致以新春的问候和祝福。

同日 淄博市临淄区副区长李玲带领考察团一行到寿光市，考察学习加快化工行业转型升级、培育发展战略性新兴产业等方面的经验做法。副市长王安文陪同。

29日 寿光市被住建部授予“国家生态园林城市”称号。在5月8日召开的第十届中国（武汉）国际园林博览会闭幕式上，住建部正式授予寿光、徐州等7个城市“国家生态园林城市”荣誉奖牌。

同日 市委常委、副市长李宝华到市人武部、武警中队慰问一线驻寿官兵，了解他们工作生活情况，并为他们送上节日祝福。市委常委、人武部政委李志平参加。

同日 召开全市禁毒清查暨严打整治百日集中行动工作会议，安排部署全市禁毒清查严打整治行动。副市长、公安局局长刘建东出席。

同日 寿光市获2项省技术市场科技金桥奖。潍坊科技学院的“潍科番茄系列新品种选育及配套栽培技术研究与应用”获一等奖；山东东宝钢管的“钛纳米防腐油管研制研发”获二等奖。

同日 富康制药获批国家级企业技术中心，是2015年潍坊市唯一一家获批的国家认证企业技术中心。

31日 市委、市政府举行2016年老干部及社会各界人士迎春茶话会。市级领导班子成员参加。

2月

1日 市级领导班子成员分别走访慰问有关老党员、困难党员、劳动模范、特困职工、困难群众、优抚对象等。

同日 市委书记朱兰玺，市委副书记、市长赵绪春带队，到潍坊军分区看望慰问官兵。

2日 市委书记朱兰玺，市委副书记、市长赵绪春带队，到晨鸣集团调研，看望慰问坚守工作岗位的一线员工。市领导武治强、王安文陪同。

3日 市委副书记、市长赵绪春带队，到洛城街道就农业转型升级进行调研。

4日 市委常委第2次（扩大）会议召开，听取有关情况汇报，市委书记朱兰玺对相关工作进行安排部署。

8日 寿光市上口镇郭疃西村人张玉卓当选美国工程院院士。2011年12月8日当选中国工程院院士。

13日 潍坊市委副书记王献玲到寿光市调研扶贫工作，先后稻田镇牛寨村、潘家稻庄村、菜农之家合作社联合社古城街道北孙云子村示范点、孙家集街道齐家村等地进行走访调研，对寿光市扶贫工作提出要求。市领导朱兰玺、邱旺、王惠玲、武治强陪同。

14日 市委常委第3次（扩大）会议召开，听取有关情况汇报，市委书记朱兰玺对节后相关工作进行安排部署。

同日 市委书记朱兰玺带队调度羊口重点工业项目，先后查看默锐化学、鲁清石化、富康（羊口）产业园、健元春、国华电厂等。市领导武治强、王安文陪同。

15日 市委书记朱兰玺带队到侯镇调研重点项目建设情况，先后查看联盟化工、东方宏业、同成医药、大地盐化、鲁丽木业、昊华轮胎等企业，并就有关工作进行安排。市领导武治强、王安文等陪同。

同日 市委副书记、市长赵绪春带队到天力药业、富康制药进行实地查看，就推动全市生物医药产业发展进行现场调度。市领导武治强、王安文、高立华陪同。

同日 刘新奎、朱天平荣登“中国好人榜”。

17日 市委副书记邱旺主持召开美丽乡村建设座谈会，就“三清三树”方面工作听取环卫、规划、民政等部门负责人的意见建议，并对相关工作进行安排。

21日 市委常委第4次（扩大）会议召开，会议传达潍坊市人大、政协“两会”精神及潍坊市委书记杜昌文参加寿光市代表团审议讨论时的讲话精神，听取有关情况汇报。市委书记朱兰玺对当前重点工作进行安排部署。

22日 是农历元宵节，当晚城区共有16支民俗表演队和20余辆彩车进行表演、巡游。市领导刘广斌、寇振彦、高立华观看了民俗表演和彩车巡游。

23日 全市经济工作暨总结表彰大会召开，会议对2015年度工作进行总结，表彰先进单位和个人，安排部署2016年工作。市委书记朱兰玺到会并讲话。

同日 市委副书记、市长赵绪春现场调度全市市政工程建设情况。副市长宋执湖参加。

24日 市文化建设工作领导小组办公室对全市拟确定的24名第四批“寿光文化之星”人选，《中华农圣贾思勰与〈齐民要术〉研究丛书》等10类创作项目进行立项资助，入选农圣文化奖的6项重大成果、54项文艺作品、2项文化活动、3个先进集体、6名先进个人进行表彰奖励，将名单予以公示。

同日 全市交通运输工作会议召开，副市长王安文参加会议，并为获奖单位和个人颁奖。

25日 市委常委、副市长高翔到菜农之家合作社联合社进行专题调研，对联合社发展理念和模式给予充分肯定，并对“互联网+”背景下联合社发展提出希望和要求。

同日 全市国土资源工作会议召开，总结2015年工作，表彰先进，安排部署2016年工作。副市长宋执湖出席会议并讲话。

26日 市纪委十三届六次全体会议召开。会议传达学习潍坊市纪委十一届八次全会精神，回顾总结2015年全市党风廉政建设和反腐败工作，安排部署2016年工作任务。朱兰玺、赵绪春、杨德峰、方新启等市级领导班子成员出席会议。市委常委、纪委书记侯法强代表市纪委常委会作工作报告。

同日 济青高铁寿光段正式开工建设。寿光段全长28.7公里。

同日 中国盐业协会海盐工作委员会在寿光市盐务局设立秘书处，负责中国盐业协会海盐工作委员会的日常工作。

27日 潍坊市委副书记、市长刘曙光到寿光市调研新型农村合作金融工作，到洛城街道东斟灌村都果菜专业合作社进行实地查看，对寿光市农村专业合作社信用互助试点工作给予充分肯定。并在洛城街道斟灌社区党员活动服务中心召开潍坊市新型农村合作金融座谈会。市领导朱兰玺、赵绪春、李宝华参加。

28日 国土资源部规划司巡视员、副司长鞠建华一行5人，到寿光市调研工矿废弃地（盐田）复垦利用工作，先后到清水泊农场、物流园电子交易中心进行实地查看。市领导赵绪春、宋执湖陪同。

29日 省文明办专职副主任王少杰带队到寿光市调研乡村文明行动工作情况，先后到洛城街道屯西村、东斟灌村等地进行调研。市委常委、宣传部部长、总工会主席袁世俊陪同。

同日 国家林业局、国家标准化管理委员会授予寿光市富士木业“2015年国家林业标准化示范企业”荣誉称号，期限自2016年1月至2018年12月。

3月

1日 潍坊市深化“三八六”环保行动，实施“十大工程”加快绿色发展大会召开。市领导朱兰玺、宋执湖在寿光分会场收听收看，市委副书记、市长赵绪春代表寿光市在潍坊主会场作典型发言。

同日 市委书记朱兰玺召开全市盐业工作座谈会，听取全市盐业发展情况汇报，与主要大型制盐企业负责人进行座谈，就推动全市盐业产业转型升级提出意见和要求。市领导赵绪春、武治强、毛德荣、王安文参加座谈会。

同日 市委书记朱兰玺带队到临港项目区进行专题调研。市领导方新启、武治强，市政协党组成员柴寿增参加调研。

同日 市统计局、国家统计局寿光调查队发布“2015年寿光市国民经济和社会发展统计公报”。

2日 2016年全市重点工业项目春季集中开工仪式在滨海（羊口）经济开发区举行。此次集中开工的重点工业项目10个，总投资57亿元，其中2016年投资29.3亿元。市领导朱兰玺、赵绪春、杨德峰、方新启、李宝华、武治强、王安文出席开工仪式并为项目奠基。

同日 全市燃煤机组（锅炉）超低排放改造现场调度会召开，副市长宋执湖带领相关部门和企业负责人到巨能热电超低排放改造现场听取情况介绍，并安排部署工作任务。

3日 市委副书记、市长赵绪春带队到东黄输油管道潍坊输油处寿光输油站调研安全运行、输油管道安全隐患整改情况。市政府党组成员李庆友参加调研。

同日 全市政法工作会议召开，安排部署全市政法综治维稳工作。市领导孙成华、刘建东，市人民法院院长尹洪阳、市人民检察院检察长孙炜参加会议。

4日 市委理论学习中心组举行集体学习，朱兰玺、赵绪春、杨德峰、方新启等市级领导班子成员参加。

同日 潍坊市副市长李建国一行到寿光市督导检查全省春季农业生产现场会筹备进展情况，先后到国家蔬菜工程技术研究中心寿光基地、市设施蔬菜土壤改良示范工程等进行检查指导。市领导赵绪春、王惠玲陪同。

同日 市总工会十二届二次全委（扩大）会议召开，会议审议通过2015年度工会工作报告，表彰2015年度先进集体和个人，研究部署2016年工作任务。市委常委、宣传部长，市总工会主席袁世俊出席会议并讲话。

7日 潍坊市规划提升工程现场会在寿光市召开，会议总结2015年工作，安排部署“十三五”期间、尤其是2016年的工作任务。市委书记朱兰玺致辞。

8日 市十六届人大常委会第三十三次会议在市人大办公楼召开，市人大常委会主任杨德峰及其他市人大常委会领导出席会议，市委常委、市政府副市长李宝华，市人民法院院长尹洪阳，市人民检察院检察长孙炜及市政府有关部门、市人大办事机构负责人，各镇街人大主席（主任）列席会议。

9日 2015“感动寿光”年度人物暨年度新闻颁奖典礼于当日晚在市文化中心举行。市领导朱兰玺、赵绪春、杨德峰、方新启、邱旺、袁世俊、刘广斌，“感动寿光”年度人物暨年度新闻评审委员会委员，老领导王伯祥、王乐义、黄凤岩、王茂兴、王家相等出席活动。

同日 市委副书记、市长赵绪春带队调度电商工作进展情况，市领导杨德峰、李昌武参加。

10日 广西壮族自治区副主席张秀隆一

行，在副省长赵润田陪同下，到寿光市考察现代农业园区、新型经营主体培育、农产品加工销售等工作情况，先后到化龙镇、现代农业示范园区、农产品物流园等地进行实地考察。潍坊及寿光市领导杜昌文、刘建国、朱兰玺、王惠玲陪同。

同日 市委书记朱兰玺带领圣城街道、文家街道及有关部门负责人，到晨鸣集团对40万吨漂白硫酸盐化学木浆项目和国际物流中心项目进行现场调度。副市长王安文陪同。

同日 省农业厅副厅长王登启带队到寿光市督导检查全省春季农业生产现场会筹备进展情况。市委副书记邱旺陪同。

11日 潍坊市委书记杜昌文到寿光市调研工业、农业、三产、扶贫等有关工作，深入园区、项目现场和有关镇村，实地了解发展情况，并召开座谈会听取汇报。市领导朱兰玺、赵绪春、李宝华、王安文参加。

12日 是第38个中国植树节，当日上午市委书记朱兰玺带队到弥河东坝路绿化工程现场，与市民一起参加义务植树活动。赵绪春、方新启、邱旺等市级领导班子成员参加。

14日 省金融办党组书记、主任李永健到寿光市，就金融支持供给侧结构性改革工作进行专题调研，先后到泰汽集团威能环保电源公司、洛城街道屯西社区农商行三农服务站实地了解情况，听取汇报，提出意见建议。潍坊及寿光市领导邹庆忠、朱兰玺、赵绪春、李宝华参加。

同日 中顺易金融、寿光市人民政府消费信托战略合作协议签字仪式举行，市委副书记、市长赵绪春参加并致辞，市委常委、副市长高翔代表寿光市签约。

15日 市委书记朱兰玺带队，利用两个半天时间，先后到5个街道对全市重点建设项目进行调度。市领导赵绪春、宋执湖参加。

同日 全市安全生产工作会议召开，安排部署2016年全市安全生产综合整治集中行动，市委副书记、市长赵绪春代表市政府与部分镇街区、相关部门签订《安全生产目标责任书》。市领导邱旺、李宝华、王惠玲、袁世俊、王安文、李建东参加。

同日 市人大常委会主任杨德峰对包靠的屯田学校、历史文化中心等项目进行调度。

同日 临港项目区建设指挥部全体会议召开，总结工作，安排部署2016年工作任务。市政协主席、项目区建设指挥部指挥方新启，副市长、副指挥王安文，市政协党组成员、副指挥柴寿增出席。

17日 全市公安工作会议召开，总结工作，表彰先进，安排部署2016年工作任务。副市长、公安局局长李建东出席会议。

18日 市委书记朱兰玺为圣城、文家、古城、纪台、田柳5个镇街的农村党组织书记进行授课。

20日 寿光市万达广场奠基暨2016年重点服务业和城建项目春季集中开工仪式举行，其中重点服务业项目9个、城建项目11个，总投资67.5亿元。市领导朱兰玺、方新启、李宝华、林立星出席开工仪式并为项目奠基。

21日 市委副书记、市长赵绪春主持召开市政府第二次常委会议，研究金光街跨河大桥设计方案。

同日 寿光市与阿里巴巴集团签署“智慧县域”项目合作协议，市委常委、副市长高翔参加。

22日 全市规模企业规范化公司制改制暨上市挂牌工作推进会议召开。至此，全市已有7家上市公司、10支股票，场外市场挂牌企业102家。市委常委、副市长李宝华参加。

同日 省政府公布第四批省级非物质文化遗产代表性项目名录，寿光市申报的“寿光蔬菜生产习俗”入选。

23日 寿光市被省水利厅命名为“全省水资源管理规范化建设示范县（市区）”，成为全省19个示范县之一，也是潍坊市唯一获此荣誉的市（县区）。

25日 市委书记朱兰玺带领相关部门负责人到上口镇、田柳镇、台头镇、双王城生态经济园区专题调研大棚“两改”工作情况，市委常委、副市长王惠玲参加。

同日 召开市政协九届十八次常委会。

26日 潍坊市委常委、常务市副长邹庆忠带队到寿光市调研农村合作金融工作。市领导赵绪春、李宝华陪同。

29日 全国人大常委会委员、科教文卫主任委员柳斌杰带领全国人大调研组到寿光市就《中华人民共和国食品安全法》实施情况进行检查。省人大常委会委员、科教文卫主任委员骆宝臻，潍坊及寿光市领导毛秀凤、李平、朱兰玺、杨德峰、桑文军、刘广斌陪同。

同日 全省春季农业生产现场会议召开，副市长赵润田带领与会人员到寿光市国家现代蔬菜种业创新创业基地研发中心、洛城街道饮马村设施蔬菜土壤改良示范点等地参观考察。潍坊及寿光市领导刘曙光、王献玲、刘建国、朱兰玺、赵绪春、邱旺、王惠玲参加。

30日 市人大常委会组织部分委员和人大代表对全市现代服务业发展、农村道路建设和养护工作情况进行调研。市人大常委会主任杨德峰参加。

31日 潍坊市棚户区改造现场推进会议在寿光市召开，潍坊市副市长刘建国带领与会人员先后到洛城街道洛西新社区棚户区改造项目、羊口镇和平社区棚户区改造项目、羊口镇展览馆等现场进行考察。市领导赵绪春、宋执湖参加。

4月

1日 市委副书记、市长赵绪春主持召开市政府第三次常委会议，研究化解房地产库存促进房地产平稳健康发展的意见。

同日 2016年全国皮划艇春季冠军赛于3月31日至4月1日在上海水上运动中心举行，寿光籍运动员刘海萍代表山东省参加冠军赛，勇夺女子500米4人皮艇冠军、女子500米双人皮艇亚军共1金1银的佳绩，同时获得参加里约奥运会女子4人皮艇500米的入场券。

5日 市政府办公室印发《关于化解房地产库存促进房地产平稳健康发展的意见》，要求凡是寿光市农村居民到城区购买库存商品住房用于居住的，政府给予一定的财政补贴和享受一定的政策优惠，即从意见印发之日起至9月30日止，市财政给予每平方米360元补贴；同年10月1日起至年底给予每平方米260元补贴。

6日 潍坊市督查组到寿光市对中小学、幼儿园建设项目进行督查，先后深入世纪凤华学校、东城高中建设现场进行查看。副市长刘广斌陪同。

7日 召开市委常委第7次（扩大）会议，听取市财政局关于降低实体经济企业成本行动实施方案的汇报。市委书记朱兰玺主持会议。

8日 全市深化“三八六”环保行动建设美丽寿光加快绿色发展会议召开。会议指出，2013年9月寿光市全面启动“三八六”环保行动，在全省率先探索开展全域化全天候信息化环境监管、燃煤机组超低排放改造等工作，环境监管能力和污染防治水平明显提高。市领导朱兰玺、赵绪春、王惠玲、韩文国、王安文、宋执湖，市政协党组成员魏广利出席会议。

同日 全市实施“百村百名法治副主任”工程，在全市遴选100名法律专业人员到100个行政村（居）担任法治副主任。通过这一工程，使群众不出村（居）就能享受到优质法律服务，困难群体就能及时得到法律援助，基层干部群众的法律意识得到增强，村（居）公共事务得到依法管理，社会更加和谐稳定。

9日 世纪互联总裁杨海峰一行到寿光市考察农业大数据应用发展情况，并召开座谈会。与会人员分别就产业、农业、商务发展情况进行交流沟通。市委副书记邱旺陪同。

10日 国家体育总局手曲棒球运动管理中心主任雷军一行到寿光市，就体育场馆运营、举办高端赛事活动及体育特色项目学校建设等情况进行调研，先后查看市体育场、体育馆、游泳馆等现场。副市长刘广斌陪同。

同日 寿光市盐业协会成立,共有会长、副会长、理事单位15家，寿光卫东化工有限公司董事长袁德洪担任会长。

11日 市政府廉政工作会议召开。会议贯彻落实中央、省和潍坊市廉政工作会议精神，安排部署下一步寿光市党风廉政建设工作，要求全市上下注重提效能、转作风，强监督、严执法，讲规矩、守纪律，全力维护风清气正、廉政为民的政府形象。市领导赵绪春、李宝华、王惠玲、高翔、宋执湖、刘建东出席会议。

12日 市委书记朱兰玺带领国土、交通等部门负责人到营里镇，就现代物流业发展等工作进行调研。

同日 市委副书记、市长赵绪春到圣城街道开展机关干部联系党员巷长活动，深入基层了解党员“亮身份、当巷长”活动开展情况。

13日 省委农村工作领导小组副组长王军民一行到寿光市，就节水农业和水肥一体化、农村改厕、土地确权颁证等工作，先后到孙家集街道三元朱村、文家街道王端宇村、菜博会采摘园、洛城街道饮马村和稻田镇潘家稻庄村进行调研。潍坊及寿光市领导杜昌文、刘建国、朱兰玺、王惠玲陪同调研。

同日 文化部原副部长周和平一行到寿光市参观菜博会展厅及高科技蔬菜大棚。潍坊及寿光市领导杜昌文、朱兰玺、赵绪春、袁世俊陪同。

同日 第十七届中国（寿光）国际蔬菜科技博览会新闻发布会在蔬菜博览园召开，宣布此届菜博会将于4月20日至5月30日举办。20余家新闻单位的媒体记者和30多家旅行社负责人参加此次发布会。

14日 省水利厅副厅长马承新率队到寿光市调度胶东调水秩序与分水情况，先后到双王城水库、引黄济青宋庄泵站等地进行实地查看。市委副书记、市长赵绪春陪同。

同日 召开寿光市民兵预备役工作暨党管武装书记述职会议，总结2015年工作，安排部署2016年工作任务。潍坊及寿光市领导郝树东、朱兰玺、李志平、胥永利出席会议。

15日 寿光市在济南召开第十七届中国（寿光）国际蔬菜科技博览会、第三届中国县域电子商务峰会新闻发布会，市领导王惠玲、袁世俊、高翔出席。

同日 国家发改委价格司副司长彭绍宗带领国务院办公厅调研组一行到寿光市，调研蔬菜和猪肉价格基本情况，在市蔬菜产业控股集团进行实地查看，并召开座谈会进行交流。市委常委、副市长李宝华陪同。

16日 市第四届女企业家协会换届大会召开，会议选举产生了新一届会长、副会长和秘书长、副秘书长。

同日 第十四届中国国际人才交流大会

在深圳召开，中央人才工作协调小组副组长、中组部副部长、人社部部长尹蔚民为2016国家“千人计划”外专项目特聘专家颁发证书，寿光市威能环保电源有限公司的德国专家托马斯获此殊荣。

17日 国家体育总局副局长冯建中一行，在潍坊市委常委、副市长孙建生陪同下，到寿光市考察《全民健身计划（2011—2015）》贯彻落实情况，重点考察农民体育健身工程实施情况，先后到蔬菜高科技示范园、“两馆一中心”、汇林健身中心进行实地查看。市领导朱兰玺、刘广斌陪同。

同日 由中新社、《人民日报》《香港商报》等10余家媒体组成的联合采访组到寿光市，就菜博会筹备及农业转型升级工作进行采访，并到蔬菜高科技示范园参观。市委常委、宣传部部长，市总工会主席袁世俊陪同。

18日 市委副书记、市长赵绪春主持召开市政府第4次常务会议，研究供给侧结构性改革补短板实施方案，讨论加快淘汰落后产能、鼓励和引导企业兼并重组政策措施，通过鼓励上下游企业协同发展的意见，审议促进外经贸工作发展的意见，研究鼓励新兴产业发展实行差别化地价的政策。

19日 全国首家建设银行善融商务线下体验馆在寿光市开馆。中国建设银行总行网络金融部副总经理于潇，市领导朱兰玺、赵绪春、杨德峰、方新启、李宝华、高翔出席开馆仪式。

同日 市安泰公交公司开通试运行“羊口直通车”，运行线路分东一线、东二线，2条线路均从寿光城区发车，终点站为羊口镇区。

20日 以“绿色·科技·未来”为主题的第十七届中国（寿光）国际蔬菜科技博览会开幕，菜博会展期40天。副省长赵润田、中国农产品市场协会会长、国务院参事室特约研究员、农业部原党组成员张玉香，商务部外贸发展局副局长刘寄萍，潍坊及寿光市领导刘曙光、朱兰玺、赵绪春等参加展会开幕式。

同日 海峡两岸（寿光）农业科技合作示范基地在现代农业产业园举行揭牌仪式。省台办副主任曹晓武，市委常委、副市长高翔为基地揭牌。

21日 2016年全国农业科技工作会议在寿光市召开，会期2天，科技部副部长徐南平出席会议并讲话，副省长王书坚致辞，潍坊及寿光市领导刘曙光、王桂英、朱兰玺、王安文参加。

同日 全国农业科技工作会议在晨鸣大酒店召开，会期2天，这是该规格会议首次由县级城市举办，共接待来自全国37个省、自治区、直辖市及计划单列市科技厅（委、局），新疆生产建设兵团科技局，国务院15个有关部门、直属机构科技主管单位和山东各地市科技部门、园区代表共234人。科技部副部长徐南平、山东省副省长王书坚出席会议。寿光市委书记朱兰玺在会上作题为《创新驱动，科技兴农，加快推进现代农业转型发展》典型发言。

22日 第十七届中国（寿光）国际蔬菜科技博览会重点项目集中签约仪式举行。菜博会期间共签约项目30个，总投资额98.3亿元，引资额79.2亿元。市领导赵绪春、杨德峰、王安文、刘建安出席。

23日 全省城市建设管理工作座谈会在潍坊召开，寿光市介绍了创建国家生态园林城市工作经验与做法。

24日 山东人民广播电台以《联合社，打响蔬菜产业二次革命第一枪》为题，从即日起至5月3日连续5个头条播报寿光放心菜生产。

26 日 全市“两学一做”学习教育工作座谈会召开，传达落实中央、省及潍坊市委“两学一做”学习教育有关会议精神，全面启动寿光市学习教育工作。市委书记朱兰玺作重要讲话，市委副书记、市长赵绪春主持会议。

同日 市政府召开新闻发布会，发布《寿光市降低实体经济企业成本行动实施方案》。主要从降低企业税负负担、人工成本、税负成本、社会保险费成本、财务成本、生产要素成本等方面，为实体企业提供优惠政策和资金扶持。

27—28 日 省政协副主席翟鲁宁一行到寿光市调研基层政协工作和经济社会发展情况，先后到蔬菜高科技示范园、市政协机关、晨鸣集团 80 万吨美伦铜版纸项目、鲁清石化、墨龙高端石油装备产业园、寿光港、国华寿光电厂等地进行实地查看。潍坊及寿光市领导孙忠礼、朱兰玺、方新启、崔建军分别陪同。

同日 省人大常委会委员、农业与农村委员会主任委员战树毅一行到寿光市调研种业创新与发展情况，先后到蔬菜高科技示范园、现代农业示范园区品种展示区等地进行实地查看。市领导王惠玲房师平陪同。

28 日 在潍坊市庆祝五一国际劳动节暨表彰劳动模范和先进工作者大会上，国网寿光市供电公司荣获“富民兴鲁”劳动奖状。

29 日 全市县级领导干部“两学一做”学习教育组织集中学习，采取原文领学的方式，集中学习党章党规、习近平总书记系列重要讲话有关内容、解读“营改增”政策及对策、“PPP 模式”。市领导朱兰玺、赵绪春、方新启、邱旺等参加学习。

同日 市公交公司投入新能源公交车 100 余辆，新开通试运营 6 条公交线路。分别是 15 路，孙家集街办至全福元中心（全程 24 公里）；16 路，刘家尧河至福源居（全程 24 公里）；17 路，北环路口至汽车站（全程 25 公里）；18 路，周家社区至周石（全程 26 公里）；19 路，东环路口至晨鸣医院（全程 19 公里）；20 路，全福元中心直通车（全程 25 公里）。

30 日 全省规模最大、档次最高、业态最全的城市综合体——全福元中心建成开业。全福元中心位于洛城街道办事处驻地、潍博路南侧，一期投资额超过 26 亿元，营业面积 42 万平方米，有超市、家电、家居、奥特莱斯工厂店、室内外儿童游乐园、IMAX 巨幕电影、汽车城、主题餐厅、电玩城、健身房、时尚街等多个体验业态，同时建有停车位 3600 个。

同日 第十届市民节、第十三届集体婚礼在菜博会 1 号馆举行，市领导袁世俊、桑文军、刘广斌参加。

5 月

1 日 寿光市全面实施营业税改征增值税（简称营改增），将试点范围扩大至建筑业、房地产业、金融业、生活服务业 4 大行业，对于全面推进税制改革、减轻纳税人税负是一重大利好。

2—3 日 市委书记朱兰玺带队分别到圣城街道、古城街道调研，深入发展一线、项目现场，查看城中村改造、大棚“两改”、美丽乡村建设、企业项目建设等情况，针对发展中存在的问题，现场研究解决办法，加快重点工作推进。市领导武治强、王安文、宋执湖分别参加。

同日 全市普降大雨，是 2016 年首次降雨，平均降雨 41 毫米。

3 日 即日起，全市 18 条城市公交开始执行夏季运行时间。

4 日 市委副书记、市长赵绪春带队对全市橡胶新材料产业及重点项目进行现场调度。市政协副主席丁世波参加。

同日 市委办公室、市政府办公室印发《关于加快淘汰落后产能，鼓励和引导企业兼并重组的意见》，通过加大财政奖励力度、实行税费优惠政策、优化政务服务、妥善安置职工等一系列优惠引导措施，推动全市企业通过兼并重组压缩过剩产能和淘汰落后、低端产能，优化调整产业结构，提高发展质量和效益。

5日 市总工会对2016年拟日常帮扶救助的特困职工进行公示，共143人。

同日 潍坊市委常委、常务副市长邹庆忠到寿光市召开化工项目“一事一议”现场办公会议，详细了解寿光市化工产业转型升级方面的有关情况，研究解决部分重点化工项目手续办理问题，并对相关工作进行安排。市领导朱兰玺、赵绪春、王安文参加。

6日 市委召开全市镇（街区）党委书记座谈会，研究探讨新形势下如何促进重点项目建设，如何培植新税源。市委书记朱兰玺主持会议并作重要讲话，市领导赵绪春、李宝华、宋执湖参加。

同日 市十六届人大常委会第三十四次会议在人大办公楼举行，会议听取审议了市政府、检察院有关情况的报告，审议通过了市人大常委会有关调查报告，表决通过人事任免事项。

同日 圣城街道遵循“互联网+社区”理念，自主研发省内首家智慧社区服务平台——“e社区”正式上线新闻发布会举行，市领导高翔、崔建军出席并启动上线水晶球。

7日 省人大常委会委员、城建环资委主任委员杨焕彩一行7人，在潍坊市人大常委会副主任、城建环资委主任委员毛秀凤陪同下，到寿光市就交通运输工作进行调研。市领导朱兰玺、杨德峰、韩文国、王安文参加。

8日 第四届文化产业博览会暨“艺术中国行寿光周”在寿光国际会展中心开幕，中国文联副主席陈晓光、文化部艺术发展中心主任刘占文等领导和市委常委、宣传部部长，市总工会主席袁世俊出席开幕式。

9日 由中国建筑装饰装修材料协会建筑遮阳材料分会主办，寿光市窗帘窗饰协会承办的全国遮阳行业年会暨第三届建筑遮阳品牌评价发布会在寿光市举行，全国建筑设计、遮阳行业的专家参加会议。市领导赵绪春、王安文出席。

10日 潍坊市政协副主席王继怀一行到寿光市，就工业固体废弃物综合利用情况进行视察，先后到光大国际、龙昌生物、蔡伦中科、晨鸣汇森建材实地察看。市领导方新启、宋执湖、刘建安陪同。

11日 市委副书记、市长赵绪春带队调度教育和卫生事业项目建设情况，先后到妇幼保健院、中医院新病房楼、东城医院、东城高中、世纪凤华学校、聋哑学校等地实地查看，现场解决项目建设中遇到的问题。副市长刘广斌参加。

同日 第七届中华农圣文化国际研讨会在潍坊科技学院国际会议中心开幕，国内外20多所高校和院所的50多名专家、学者应邀参会。市领导李昌武、刘广斌、冠振彦出席开幕仪式。

12日 潍坊市政协副主席孙忠礼带领调研组到寿光市，对开展弘扬传统文化、促进社会和谐发展工作进行调研。市领导方新启、刘广斌，市政协党组成员魏广利陪同。

13日 潍坊市委常委、纪委书记李在武到寿光市，就贯彻落实潍坊市纪委十一届八次全会精神、推进党风廉政建设和反腐败工作情况进行调研，先后到三元朱村、陈少敏纪念馆参观，并召开座谈会，听取寿光市工作汇报。市领导赵绪春、侯法强陪同。

15日 是第26个全国助残日，主题是“关爱孤残儿童，让爱洒满人间”。市领导邱旺、傅小妹、崔建军、，市政协党组成员李庆友出席。

同日 2016年全国职业院校技能大赛（中职组）“果蔬嫁接”赛项在江苏农林职业技术学院举行，市职教中心现代农艺教学部的魏晓旭、张琼同学获2枚金牌。据悉，市职教中心已连续2年代表山东省参赛并夺金。

16日 潍高线（S323）44K+600M-49K+030M及65K+376M-76K+842M段，因道路损坏严重进行封闭维修改造，预计年底竣工通车。

同日 寿光市农业现代化产业联盟成立。该联盟是在潍坊和寿光市科协指导和帮助下，由文家街道党工委、办事处倡议发起的，目的是应对农产品价格封顶、生产成本抬升、资源环境加剧等问题和挑战。

17日 由中宣部宣教局、省委宣传部、潍坊市委联合举办的王伯祥先进事迹座谈会，于15时在北京人民大会堂举行。中宣部副部长王世明，省委常委、宣传部长孙守刚，中宣部宣教局局长陈瑞峰，潍坊及寿光市领导杜昌文、初宝杰、朱兰玺、袁世俊出席。

同日 全市农村改厕、危房改造、社区服务中心建设提升工作会议召开，要求6月30日前完成危房改造工作，并用3年时间完成农村改厕。副市长宋执湖参加。

同日 省人社厅党组副书记、副厅长夏鲁青带队到寿光市调研就业创业、农民工和失业保险等工作情况。市委常委、副市长李宝华陪同。

18日 第一届全国农村与农业职业教育发展论坛开幕式在寿光市举行，全国各地的有关涉农专家、学者以及有关院校的相关负责人参加论坛。论坛以“新型职业农民培育以及涉农专业改革与发展”为主题，共同研讨农村与农业职业教育发展以及新型职业农民培育工作。副市长刘广斌出席。

同日 中国计划生育协会第八次全国会员大会暨先进表彰会在北京召开，会上对2011—2015年度涌现出的计划生育协会工作先进单位、先进集体、先进个人进行表彰。寿光市孙家集街道三元朱村被授予“全国计划生育协会工作先进单位”荣誉称号。

19日 市委副书记、市长赵绪春主持召开市政府第五次常务会议，通过老旧小区改造方案，讨论寿光市涉企行政事业性收费及政府性基金目录清单编制和行政审批前置中介服务收费项目清单调整工作，审议促进融资租赁业发展的意见，研究固体废物环境问题综合整治工作实施方案。

同日 “互联网+健康寿光”项目在市卫计局举行签约仪式，标志着寿光市与健康之路（中国）公司联合开展的智慧医疗和健康促进项目正式启动。

同日 召开全市行政事业单位国有资产清查工作会议，安排行政事业单位国有资产清查工作。市委常委、副市长李宝华参加。

20日 全市卫生计生工作会议召开，总结2015年工作，表彰先进，安排2016年全年工作任务。市领导邱旺、刘广斌出席。

同日 全市县级领导干部开展“两学一做”学习教育第二次集中学习活动。市领导赵绪春、杨德峰、邱旺等参加学习。

22日 潍坊市党群服务体系建设现场推进会议在寿光市召开，与会人员先后到洛城街道党群服务中心、官桥村党群服务站、屯田社区党群服务中心、李家村党群服务站等地进行现场观摩。市委组织部副部长刘炳国，潍坊及寿光市领导王献玲、林红玉、朱兰玺、邱旺、徐莹、武治强参加。

同日 寿光市首届线上线下全国半程马

拉松赛于8时正式开跑，来自全国各地的1000余名马拉松爱好者在弥河沿岸奔跑角逐，其中半程马拉松赛总长21.0975公里，迷你马拉松赛全程10公里。市领导袁世俊、刘广斌出席仪式。

23日 市委副书记、市长赵绪春带队调研全市电商产业发展情况。市领导杨德峰、高翔、李昌武、王安文参加。

24日 市人大常委会组织部分委员和人大代表对全市社会治安防控体系建设情况、城区学校规划建设情况进行调研，对《中华人民共和国渔业法》贯彻实施情况进行执法检查。市人大常委会主任杨德峰及其他领导、办事机构负责人及调查组和检查组成员参加。副市长、公安局局长刘建东陪同调查。

同日 市政协对全市城市社区管理情况进行专题调研，先后到洛城街道屯田社区、文家街道静山社区、圣城街道汇文社区和向阳社区进行实地查看，并召开座谈会。市政协主席方新启及其他领导、部分常委和委员参加。副市长刘广斌陪同。

25日 由阿里巴巴与市政府联合主办，以“新经济·新乡村”为主题的第三届中国县域电子商务峰会在寿光蔬菜高科技示范园2号馆举行，来自全国农村发展一线的近千名“县官”，共话县域经济转型发展，论道电商在县域层次的发展大势。中国入世首席谈判代表、博鳌亚洲论坛原秘书长龙永图，阿里巴巴集团总裁金建杭，农业部农村经济研究中心主任宋洪远，省商务厅副厅长石光亮，潍坊及寿光市领导孙起生、赵绪春、杨德峰、方新启、邱旺等出席。

26日 经济日报社社长徐如俊一行专程到寿光市，就经济转型发展，特别是农业农村和产城融合两大主题进行为期3天的“蹲点式”专题调研。省委宣传部副部长王世农，市领导朱兰玺、邱旺、袁世俊、李昌武分别陪同。

27日 召开全市档案工作科学化管理暨档案移交进馆会议，安排相关工作。市直各党政机关、人民团体和部分企事业单位及镇（街道）机关，凡机构成立10年以上的，其档案均在移交进馆范围；凡列入进馆范围的单位，2010年前形成的文书档案全部移交进馆。市委常委、办公室主任武治强参加。

同日 潍坊市政协文史资料室建设现场会议在寿光市召开。潍坊市政协副主席王继怀，市政协领导方新启、冠振彦参加。

28日 市委书记朱兰玺就开展“两学一做”活动，为市委办公室领导班子成员和文秘党支部党员干部上党课。市委常委、办公室主任武治强主持。

31日 是第29个世界无烟日，主题是“拒绝烟草的危害”。市卫计局与市疾控中心开展街头控烟宣传活动。

同日 第十七届中国（寿光）国际蔬菜科技博览会历时40天圆满闭幕。博览会先后有200多个重要代表团参会参展，吸引220万人次到会参观。

6月

1日 副省长夏耕率督查组到寿光市，就外贸外资工作进行专项督查，先后到市青年电商孵化大厦、软件园跨境电商园区、晨鸣进出口监管场站等实地检查。并召开潍坊市有关外贸企业座谈会。潍坊及寿光市领导孙起生、赵绪春、李昌武、王安文参加。

同日 即日12时起至9月1日12时止，为伏季休渔期，寿光市渔业辅助船和捕捞渔船同步休渔。

同日 根据省政府文件要求，从即日起寿光市调整月最低工资标准为1710元，小时最低工资标准为17.1元，与2015年相比，月最低工资增长110元。

3日 神华国华寿光电厂一期工程＃1机组通过启动验收委员会第一次验收，同意＃1机组进入整套启动程序。市领导赵绪春、桑文军参加。

同日 羊口镇和市环保局共同主办的第六届“玉晶·环保”杯万米长跑赛在羊口镇举行，主题为“绿色”，全市企事业单位1000余名选手参赛。

4日 寿光市物流与交通协会成立暨第一次会员会议在市交通局举行。市领导房师平、王春吉、步砚伟出席。

6日 市委副书记、市长赵绪春率队调度禁毒工作，先后到市禁毒教育基地、文家中学、兄弟化工、莱央子盐场溴素厂、市公安局羊口分局进行实地查看。副市长、公安局局长刘建东参加。

同日 省委党校第26期中青年干部培训班一行，在潍坊市委党校常务副校长丁志伟陪同下到寿光市蔬菜高科技示范园参观。市领导赵绪春、徐莹陪同。

7日 2016年普通高考开始，全市参考学生9894名。

同日 国务院参事、农业部农村经济研究中心研究员刘志仁带领国务院参事室调研组到寿光市，就现代蔬菜无土栽培技术相关问题进行调研。市委常委、副市长王惠玲陪同。

8日 省委党校常务副校长徐闻一行到寿光市调研，并为寿光市“山东省委党校县域发展教研基地”揭牌。潍坊及寿光市领导林红玉、朱兰玺、邱旺、徐莹、武治强参加。

9日 端午节小假期的第一个晚上，第二届男子篮球联赛在水木清华健身中心举行，共有12支队伍参加联赛。

12日 全市小麦开始进入集中收割期。此前，国家将小麦最低收购价规定为50公斤118元，为种植户吃下“定心丸”。

13日 省海洋与渔业厅厅长王守信带队到寿光市调研伏季休渔和海洋生态建设工作。市委常委、副市长王惠玲陪同。

同日 全市普惠职工暨特困职工爱心帮扶活动在职工服务中心大厅启动，139名特困职工领取到全福元提供的米、油各1份。

14日 寿光市在北京举办北京大学寿光日活动，并举行“寿光市人民政府——北京大学工学院合作签约仪式”，根据协议，双方将共建北京大学工学院寿光创新中心。北京大学工学院党委书记、副院长孙智利，北京协同创新研究院副院长郑国雄，市领导赵绪春、徐莹、高翔参加活动。

同日 全省老年人（农民）门球比赛开幕式在寿光市林海生态博览园举行，省老年体协副主席王春虹及全省各地市的14支代表队170多名运动员、裁判员参加。副市长刘广斌出席并致辞。

15日 浙江省慈溪市委副书记、市长施惠芳带队到寿光市考察现代农业园区开发建设等方面经验，先后到蔬菜高科技示范园、农产品物流园、蔬菜产业集团现代农业园区、三元朱村进行实地查看。市领导赵绪春、刘广斌陪同。

同日 是潍坊市政府确定的防空防灾警报试鸣日。根据《中华人民共和国防空法》规定，上午11时30分至12时00分，寿光市在市区鸣放防空防灾警报，这是寿光市连续第15次成功组织防空防灾警报试鸣。

16日 市气象局搬迁至丽景名城1号楼3～5层（圣城东街以北、洛兴街以南、顺河路以西）办公。

同日 市政府安全生产委员会组织市总工会、公安局、住建局、安监局等10余个部门干部职工走上街头，开展“安全生产咨询日”活动，将关系群众切身利益的安全生产知识送到群众身边。该月份是全国第15

个“安全生产月”。

17日 人民银行总行参事林铁刚率队到寿光市就“农地”抵押贷款试点工作进行调研，先后到纪台镇浩宇家庭农场、孙家集街道农商行实地了解家庭农场承包土地经营权抵押贷款及蔬菜大棚种植户承包土地经营权抵押贷款情况，并召开座谈会。市领导赵绪春、王惠玲、刘广斌参加。

同日 中央编办事业发展中心调研组到寿光市，调研县级机构编制云平台及行政审批平台基本建设情况。市委常委、组织部部长、统战部部长徐莹陪同。

20日 寿光安全蔬菜新技术联盟启动仪式暨新技术培训大会在商务小区6号楼报告厅举行，全市各镇村代表、企业代表及菜农之家联合社社员等近400人参加会议。市委常委、副市长王惠玲出席会议并为联盟成立揭牌。

21日 省委副书记、省长郭树清一行到寿光市调研，先到孙家集街道三元朱村看望老党员王乐义，又到洛城街道屯西社区、东斟灌村和稻田镇潘家稻庄村，就现代农业发展、农村社区建设、大棚“两改”、基层组织建设、棚户区改造等工作进行实地调研。潍坊及寿光市领导杜昌文、刘曙光、邹庆忠、朱兰玺、赵绪春、武治强、刘建东陪同。

同日 市十六届人大常委会第三十五次会议召开。

同日 市十六届人大常委会第三十五次会议，根据市长赵绪春提请，决定任命张国锋为寿光市经济和信息化局局长。

22日 副市长宋执湖带队调度农业废弃物综合整治工作，先后到纪台镇、孙家集街道、文家街道等地进行查看，听取工作汇报，并安排相关任务。

同日 市政协召开会议，对做好省政协《记忆半岛海疆》征集工作进行安排。市政协副主席寇振彦出席。

23日 省、潍坊市史志专家评审团到寿光市召开会议，对《寿光市志（1991—2010）》志稿进行评审，在听取《寿光市志（1991—2010）》编纂情况后，提出修改意见。市领导赵绪春、刘广斌参加。

同日 市委常委、组织部长、统战部长徐莹带领有关部门负责人到田柳镇植庭红色教育基地调研，同时植庭红色教育基地与李植庭纪念馆正式启用。该基地位于田柳镇崔家庄植庭学校旧址。

24日 市纪委召开全市纪检工作调度会，总结上半年工作，部署下半年任务。市委常委、纪委书记侯法强出席会议并讲话。

25日“纪念中国共产党建党95周年·党旗飘飘”大型文艺晚会在市广播大剧院举行，市领导赵绪春、杨德峰、方新启、李宝华、徐莹、武治强、寇振彦观看晚会。

27日 蔬菜产业集团与山东农业大学联合建立的山东农业教学科研实践育人基地、山东农业大学园艺学博士后科研工作站正式揭牌。山东农业大学副校长朱莉，市委常委、副市长王惠玲出席。

28日 全市庆祝中国共产党成立95周年大会召开，会议表彰全市先进基层党组织、优秀共产党员、优秀党务工作者。赵绪春、杨德峰、方新启等市级班子成员出席。

29日 市委副书记、市长赵绪春带队对全市交通道路重点项目筹备情况进行调研，先后到羊田路、纬五路改造项目，洛城街道寒东、寒西村内大街改造项目，潍高路改造等项目进行实地查看和调度。副市长王安文参加。

同日 寿光市巨能热电有限公司2-155兆瓦机组烟气超低排放改造工程，顺利通过省环保厅组织的环保竣工验收，成为潍坊市首家整体通过省厅验收的燃煤机组超低排放改造企业。

30日 省委常委、常务副省长孙伟到寿光市调研，走访慰问老党员和困难党员，并结合“两学一做”学习教育，在田柳镇崔家庄党总支与基层党员面对面交流，围绕“两学一做”学习教育进行专题授课。潍坊及寿光市领导刘曙光、邹庆忠、朱兰玺、赵绪春、武治强陪同。

同日 潍坊市人大常委会党组书记、第一副主任、政法委书记苏立科到寿光市走访慰问老党员和生活困难党员，同时到重点企业进行调研。市领导杨德峰、武治强陪同。

同日 下午3时许，寿光市遭遇一场短暂的强力大风天气，持续半个多小时的大风风力超过10级，一些蔬菜大棚、种植小区设施、大型广告牌、大树等遭到不同程度损坏。同时，田柳、稻田、侯镇等地还遭遇不同程度的冰雹袭击。

7月

1日 市委印发“坚定信念跟党走”——致全市共产党员的一封信，要求全市党员在“十三五”新征程上，更加紧密的团结在以习近平为总书记的党中央周围，以创新求突破，以实干促发展，为品质寿光建设做出新的更大贡献。

同日 全市固废综合整治工作调度会议召开，会议通报了全市固废综合整治工作开展情况和固废综合整治工作考核结果，相关镇街作典型发言。市领导赵绪春、宋执湖参加。

同日 国家工商总局商标局公布商标注册统计数据，寿光市上半年商标注册申请量1850件，核准注册量667件，分别占潍坊申请注册量的16.4%和10.34%，申请件数与商标总量均居潍坊各县（市区）首位。

同日 寿光市正式开展跨省居民身份证异地受理工作。天津、江苏、安徽、湖北、四川、浙江、吉林7省市在寿光工作、学习、生活的居民，可在寿光市指定的派出所办理身份证到期换证、损坏及丢失补领，同时寿光市户籍的居民也可在以上省市异地办理。

2日 以“同享自然、和谐共生”为主题的第七届山东寿光林海荷花节在林海生态博览园开幕。此届荷花节从7月2日至10月12日，历时3个多月。与往届相比，景区在原有荷花品种的基础上，新引进大紫莲、雪翠莲、粉舞裙等30余个优良品种，使荷花品种增至240余个。

同日 市委副书记、市长赵绪春接见赴京参加中国共产党成立95周年大会的潍坊市唯一一名全国优秀党务工作者、洛城街道党工委书记马焕军。孙修炜、徐莹、武治强、袁世俊等市领导陪同接见。

4日 被市委、市政府称为“寿光市战略性项目”的潍坊港西港区5000吨级航道工程项目，在临港项目区建设指挥部的总体指挥下，经过全市各级各部门的共同努力，正式通过省发改委核准，标志着项目建设迈出坚实一步。潍坊港西港区有寿光港、羊口港两大经营主体。

5日 经全国中小企业股份转让系统公司核准，寿光市的山东同成医药股份有限公司在北京市金融街的全国中小企业股份转让系统挂牌大厅举行挂牌仪式，市领导赵绪春、王安文出席。此前同成医药已于6月13日起在全国股转系统（新三板）挂牌公开转让。

6日 市委副书记、市长赵绪春带队到圣城街道、文家街道调度重点项目建设，现场查看项目进展情况，了解和解决遇到的问题。副市长宋执湖，住建、规划、国土、水利等部门负责人参加。

7日 中央农村工作领导小组副组长、中央财办副主任、中央农办主任唐仁健一行到寿光市，就农村新产业、新业态发展情况进行调研。先后到国家现代蔬菜种业创新创业基地研发中心、洛城街道饮马村设施蔬菜土壤改良示范点、稻田镇潘家稻庄大棚“两改”现场实地查看。副省长赵润田，潍坊及寿光市领导王献玲、赵绪春、孙修炜、王惠玲陪同。

同日 市委副书记、市长赵绪春主持召开省政府第六次常务会议，讨论通过降低实体经济企业成本专项行动实施方案，审议加速建设人才强市的若干意见、社会化招才引智激励办法、第三批“双百计划”人选情况和科技创新平台奖补政策，研究政务服务综合受理和建设工程联合图审、联合测绘、联合竣工验收等办法。

8日 市委理论中心组“两学一做”学习教育第一次集中讨论会召开，会议围绕“崇尚党章、遵守纪律规矩、加强道德修养”主题进行研讨。孙修炜、王惠玲、侯法强、李志平等市级领导班子成员参加。

同日 副市长宋执湖带队调研2016年老旧小区改造工程，先后到南关、三里小区查看2015年改造成果及后续工作落实情况，随后现场调研列入2016年改造计划的兆祥小区、交通局家属院、健元春家属院等7个小区，并对改造工作进行部署，确保10月底前完成改造工作。截至6月10日，城区共有120个小区提报改造申请。

9日 召开全市党建工作观摩交流会，进一步贯彻落实全市基层服务型党组织建设3年行动计划，总结交流经验，推广典型，研究部署下一步基层党建工作。市委常委、组织部部长、统战部部长徐莹带队对15个镇（街区）进行观摩。

同日 在央视晚间《星光大道》舞台上，寿光的“蔬菜男孩”组合赢得月赛总冠军。

10日 中国山东——以色列经贸合作洽谈会在以色列特拉维夫举行，寿光市与以色列经济部就“中以示范水城市”项目的合作进行详细商谈，并正式签订“中以示范水城市”合作备忘录，确定合作框架，明确下一步工作目标和推动措施。市委副书记、市长赵绪春率领市政府经贸代表团参加交流洽谈会。

同日 2016年山东省中小学电脑机器人竞赛在潍坊科技学院开幕，“山东省众创教育研究院”同期落户科技学院。

11日 是第27个世界人口日。市卫计局围绕“关心女性幸福、关爱妇幼健康”这一主题，组织卫生计生系统干部职工在全市开展世界人口日宣传活动。

12日 全市农业固废整治工作会议召开，会议传达上级领导批示，对下一步农业固废整治工作进行安排。市领导孙修炜、宋执湖出席。

同日 省委省直机关工委副书记赵森一行到寿光市开展抓党建促发展专题调研，先后到三元朱村、陈少敏纪念馆、市政服务中心、公共法律服务中心、蔬菜高科技示范园、地税局进行实地查看，并召开座谈会。市委常委、办公室主任武治强陪同。

同日 第七届全民运动会暨第六届全民健身运动会广场舞比赛圆满结束，共有9支队伍200余名运动员参赛，最终圣城街道代表队、发改系统代表队分别获镇（街区）组和行业组第1名，羊口镇代表队、联盟化工代表队分别获体育道德风尚奖。

同日 经中国盐业协会批复，寿光市成为全国盐业综合改革试点城市，这是国家《盐业体制改革方案》颁布后，全国首个盐业综合改革试点城市。

13日 市党政领导班子向市纪委全委会述廉述责会议召开，市委副书记孙修炜主持会议，有关市级领导班子成员、市纪委委员出席会议，不是市纪委委员的监察局副局长、派驻纪检组书记、市纪委有关室主任列席会议。

14日 全省理论惠民基层宣讲骨干培训班在寿光市开班，省委讲师团团长孔繁轲，市委常委、宣传部部长、市总工会主席袁世俊出席。

同日 副市长宋执湖带队对全市城建项目建设情况进行调度，先后到东升路南伸工程、幸福路打通工程、广场街铁道口排水工程、渤海路北出入口改造工程等地进行实地查看，现场解决项目建设中遇到的困难和问题。

同日 “寿光市慈善总会人民医院尿毒症透析基金暨慈善医院”在市人民医院揭牌，该基金是寿光市医疗行业设立的第1支基金，它的设立为医疗行业从事慈善工作提供示范和引领作用。

16日 市传统文化宣教中心举行交流会，志愿者讲师团各镇街区负责组长与骨干40余人与会，市关工委主任、寿光传统文化宣教中心主任王茂兴主持会议，并就下一步工作进行安排。

18日 市委书记朱兰玺率领寿光市党政考察团赴浙江北仑、慈溪、柯桥、苍南、乐清，四川青羊、郫县、新都、金堂进行考察学习，寻找和挖掘寿光新一轮发展的新动力。考察活动历时7天，至24日结束。市领导赵绪春、杨德峰、方新启、李宝华、徐莹、王安文、宋执湖、刘建东以及各镇（街区）、市直有关部门负责人参加考察。

同日 纪录片《蔬菜之乡奇思多》于18点57分在央视十套播出，记录央视走进菜乡寿光的见闻。

19日 随着一股较强降雨到来，全市旱情得到有效缓解。至20日下午4时30分，此次降雨量平均20.8毫米，但没有形成有效径流。

20日 潍坊市深化“查保促”（查身边隐患、保职工安全、促企业发展）群众性安全生产活动现场推进会在寿光市召开，与会人员先后到新龙集团、默锐科技等地参观现场。省总工会副主席赵立群，潍坊及寿光市领导邹庆忠、吴建民、孙修炜、袁世俊、刘广斌参加。

同日 市政协副主席刘建安组织召开提案督办座谈会，对《关于强化传统文化建设提升群众思想道德素养的建议》等12件提案进行督办，其中强化传统文化建设提升群众思想道德素养的建议是2016年确定的重点提案之一。

21日 全国人大环资委、环保部组织中华环保世纪行新闻记者采访组到寿光市，开展“加强环境治理，改善环境质量”专题采访活动，重点采访报道寿光市贯彻落实《环境保护法》，依法加强环境监管、推动环境治理、改善环境质量等方面的情况和经验。全国人大环资委调研室巡视员何嘉平，潍坊及寿光市领导邹庆忠、毛秀凤、孙修炜、高翔、韩文国参加。

同日 省政府督查组一行6人到寿光市，对贯彻落实省人大常委会消防执法检查报告、2016年度全省消防工作会议、省政府与市政府签订消防工作目标责任书情况，以及夏季消防检查开展情况进行督导检查。

同日 2016“文明之夏”广场系列文化活动，于7点30分在市人民广场开幕。该活动开始于2001年，每年举办1次，活动期间每晚向市民展演文艺节目。此次活动至8月下旬结束，共有30余场精彩文艺节目轮流展演。

25日 2016年“鲁能·潍坊杯”国际足球邀请赛第二轮山东鲁能泰山足球队对美国劳德代尔堡前锋比赛，于下午4时在寿光城投德润绿城体育场正式开赛。经过90分钟的激烈比拼，最终鲁能泰山1∶0战胜美国劳德代尔堡前锋。此次国际级的足球赛事在寿光市是首次举办。市领导朱兰玺、桑文军、刘广斌、崔建军现场观看比赛。

同日 全国征兵电视电话会议召开，市领导李宝华、李志平，市人武部部长胥永利在寿光市分会场收听收看。会后，市委常委、副市长李宝华就做好寿光市征兵工作讲了意见。

同日 全市“平安指数”机制建设工作动员会召开，会议宣读“寿光市平安指数运行机制”。市领导武治强、刘建东出席。

26日 全市经济工作座谈会召开，会议分析上半年经济形势，征求意见，对下半年发展经济在动员。市领导朱兰玺、赵绪春、李宝华、武治强、王安文参加。

同日 市政府与国网潍坊供电公司共同推进寿光市小城镇（中心村）电网改造升级和“机井通电”工程合作协议签约仪式举行，国网潍坊供电公司总经理王训杰与市委书记朱兰玺分别致辞，市委副书记、市长赵绪春与王训杰签署合作协议。市领导李宝华、王安文参加。

同日 市人大常委会组织部分委员和人大代表对《促进科技成果转化法》《山东省物业管理条例》贯彻落实情况进行执法检查，对全市水资源综合利用、管理及保护情况进行调查。市人大常委会主任杨德峰及其他领导、市人大常委会办事机构负责人及检查组、调查组成员参加。

同日 市渤海路、菜都路消防站举行揭牌仪式。2处消防站的投入使用，标志着寿光市消防灭火和应急救援力量得到进一步加强。副市长、市公安局局长刘建东出席。

27日 为期2天的全市上半年科学发展现场调度会议召开，市委书记朱兰玺和市委副书记、市长赵绪春带队，对15个镇（街区）上半年科学发展情况进行现场调度。在现场调度中，朱兰玺对各镇（街区）上半年科学发展情况进行点评，最后对下一步重点工作进行部署。

28日 寿光市新兵体检工作正式启动，至8月2日结束。新兵体检常规检查有血压、脉搏、听力、嗅觉、心电图、外科、内科、心理测试等10余个项目。

同日 省政府第七督导组到寿光市督查危化品、道路交通、人员密集场所、建筑施工等行业领域的安全生产工作，先后到瑞康制药、联盟物流等企业进行实地查看。市委常委、副市长李宝华陪同。

同日 全国最大的单体水泥屋顶分布式光伏项目——山东寿光羊口工业园40兆瓦分布式光伏电站项目在羊口镇开工。该项目由隆基股份旗下乐叶光伏能源有限公司投资，借助8家企业同在寿光市临港工业园的便利条件，实现屋顶资源聚集，有助于项目后期运行维护和提升项目投资收益。

29日 市委书记朱兰玺和市委副书记、市长赵绪春走访慰问第26集团军和潍坊军分区。同时，市级相关领导也分别到市域内外各驻军单位走访慰问部队官兵、武警消防和边防战士，向他们致以节日问候，送去节日的祝福和慰问，并与各驻军单位座谈交流，共话军民情谊。

同日 市委书记朱兰玺主持召开市委理论学习中心组集体学习。赵绪春、方新启、孙修炜等市级领导班子成员参加。

31日 国华寿光电厂1号机组顺利通过168小时满负荷试运行，达到建设之初提出的低碳环保、技术领先、世界一流的数字化电站建设标准，向社会证明该燃煤机组对煤炭的清洁利用，可以达到像天然气那样清洁，实现一键启停、无人值守的信息化电站目标。

中国神华能源股份有限公司副总裁王树民，省能监办副专员左卫华，市领导朱兰玺、赵绪春、王安文在国华寿光电厂主控室参加现场仪式。

8月

1日 省农业厅公布第四批山东省“一村一品”示范村镇名单，寿光市侯镇崔家村（葡萄）成功入选。发展“一村一品”是深化农业产业化经营的基础，有利于促进农业标准化、规模化和集约化发展。

2日 市委常委第13次(扩大)会议召开，听取关于《2016年度镇（街区）科学发展综合考核办法》《2016年度市直部门(单位)绩效综合考核办法》修改情况的汇报和关于《加快建设人才强市的若干意见》《社会化招才引智激励办法》起草情况及第三批“双百计划”情况的汇报。市委书记朱兰玺主持会议并对下一步工作提出要求。赵绪春、孙修炜、方新启等市级领导班子成员参加。

同日 市政协主席方新启主持召开市政协九届十九次常务会议，会议听取市委常委、副市长李宝华代表市政府作的关于全市上半年经济社会发展的情况通报，市财政局、社会保险事业管理中心、住房公积金管理中心上半年工作情况汇报及有关政策解读，通过有关人事事项。

同日 “铁甲军工”王志毅在北京去世，享年95岁。王志毅离休前任解放军装甲兵技术部部长（正军级）。

3日 市委书记朱兰玺带领市财政局、人社局等部门负责人到市财税服务中心调研，现场了解工作情况并召开座谈会，协调解决工作中遇到的困难和问题。市委常委、副市长李宝华参加。

同日 全市“两学一做”学习教育现场推进会召开，市委常委、组织部部长、统战部部长徐莹带队参观市政务服务中心、世纪教育集团东城初中、市场监管局、寿光建设集团等“两学一做”学习教育示范点，并召开座谈会，总结交流经验，就深入开展学习教育活动进行再动员再部署。

同日 由寿光市文联、寿光日报社联合主办的“发现寿光之美，体味品质生活——我与寿光共成长”纪念寿光撤县设市23周年大型系列文化活动启动。

4日 在市广电大剧院举行“两学一做”学习教育王金鉴先进事迹报告会，市领导孙修炜、李宝华、侯法强、徐莹、武治强、袁世俊、李志平参加。王金鉴生前系诸城市龙都卫生院党支部书记、院长，34年如一日工作在乡镇卫生院，2015年8月病逝，年仅50岁。病逝后，先后被追授“山东好人”“潍坊市先进工作者”“潍坊市优秀共产党员”等荣誉称号。

同日 举办寿光市科普志愿者大队暨科普志愿者服务“五进”活动启动仪式。通过活动，提高全市公众科学素质，营造学科学、用科学、爱科学的良好氛围。副市长刘广斌参加。

5日 市委书记朱兰玺主持市委理论学习中心组集体学习。朱兰玺指出，下一步要继续扎实推进“两学一做”学习教育活动，进一步丰富活动内容，学做结合，活泼形式；领导干部要解放思想，敢于实践，通过学习观摩，拓宽思路，凝心聚力加快发展。

同日 省公安厅党委委员、副厅长王兆玉一行到寿光市调研公安基层基础工作，先后到洛城派出所、市公安局联合实验室实地了解情况，听取工作汇报。市领导朱兰玺、武治强、刘建东陪同。

同日 市委副书记、市长赵绪春主持召开全市大型以上企业经济运行座谈会，听取全市2016年上半年工业经济运行情况，了解存在的问题，安排部署下一步经济运行工作任务。副市长王安文参加。

6日 市公安局、住建局联合发布幸福路打通工程封闭施工公告。根据2016年城建计划，实施幸福路打通工程，工程施工期间，对公园街与幸福路交叉路口进行封闭施工，封闭施工时间自2016年8月10日至10月1日。

同日 侯镇总体规划编制成果评审会在侯镇党委举行，邀请省、潍坊市规划设计专家对《寿光市侯镇总体规划(2016—2030年)》进行评审。副市长宋执湖参加。

同日 潍坊市第六届全民健身运动会“新凯生物杯”羽毛球比赛在寿光市汇林健身中心举行，来自潍坊市各县（市区）的10支代表队、100余人参加比赛。市政协副主席寇振彦出席活动。

7日 由市文明办、寿光日报社、市环卫处联合发起的“关爱环卫工人，为环卫工提供爱心休息点”启动仪式在市环卫处举行，标志着全市首批227家爱心休息点正式启用。

8日 是全国第八个“全民健身日”，寿光市举办“泰丰新能源杯”2016年“我就是冠军”全民健身日万人健步行活动。活动邀请2008年北京奥运会冠军奚爱华，全国第九届、十届、十一届运动会男子3000米障碍赛冠军孙文利，全国第十届运动会5000米冠军孙文勇参加，全市广大基层群众、企业职工、机关干部以及社会健身爱好者等近万人参与活动。市领导赵绪春、袁世俊、桑文军、刘广斌、崔建军出席启动仪式。

9日 市委书记朱兰玺带队到圣城、洛城、古城、文家4街道调度重点城建项目建设情况，并召开座谈会，听取汇报，安排项目推进工作任务。市领导赵绪春、武治强、李昌武、王安文、宋执湖参加。

同日 全市创建国家食品安全城市暨农业普查工作会议召开，会议传达上级创建国家食品安全城市会议精神，宣读创城中期绩效评估方案，通报第三次农业普查有关情况。市委常委、副市长王惠玲出席。

同日 市政协副主席崔建军对市政协九届五次会议确定的重点提案之一《关于推动特色文化镇村建设的提案》进行督办，先后到侯镇草碾子村、田柳镇崔家村李植庭纪念馆、文家街道西城社区电商聚集区等地进行实地查看，并召开座谈会。

10日 市委副书记、市长赵绪春带领相关部门负责人对侯镇化工产业园转型升级工作进行调度，了解企业发展情况，并召开座谈会，研究解决措施。

同日 举办寿光市2016年“慈心一日捐”活动启动仪式，发放《寿光市2016年“慈心一日捐”活动实施方案》，并就2015年慈善工作先进单位和企业进行表彰。市领导李宝华、傅小妹、寇振彦出席。

11日 市委副书记、市长赵绪春到羊口镇调度重点项目建设，先后到墨龙集团、寿光港进行实地查看，并就有关问题进行现场调度。

同日 省教育厅副厅长王坦带队到寿光市就职业学校教育进行调研，调研组到市职教中心学校进行实地查看，对寿光市职教办学实践和办学成果给予肯定。市领导赵绪春、刘广斌陪同。

12日 由市企业家协会组织发起，10家企业共同参与的寿光市企业家协会爱心助学捐赠企业联盟教育基金成立仪式举行，该基金专项用于奖励为全市教育事业做出贡献的优秀教师团体和个人，从而调动全市教育队伍创新教育、提升教育水平的积极性。市领导朱兰玺、赵绪春、武治强、刘广斌、王安文出席。

13 日晚 第八届鲁台青少年武术文化交流活动暨第十届寿光少林武术节开幕式在寿光市举行，来自台湾嘉义市体育运动总会人士和省、潍坊市武术馆校及寿光华夏国术院等团体的队员进行武术和文艺表演。次日，两岸（寿光嘉义）武术团队参加武术联谊赛和第十届寿光少林武术节，交流和切磋少林功夫。国台办交流局处长马振杰，台湾中华武术总会、省台办相关负责人及市领导孙修炜、高翔出席。

16 日 市委副书记、市长赵绪春带队到“三八六”环保行动暨固废综合整治项目现场进行实地查看，了解项目推进中遇到的问题，随后召开全市深化“三八六”环保行动暨固废综合整治调度会，提出整改要求。副市长宋执湖参加。

同日 市政协召开重点提案督办座谈会，对市政协九届五次会议第 68 号“关于加强基层卫生队伍建设的提案”进行督办。市领导方新启、刘建安出席。

同日 全市棚户区改造推进会议召开，总结工作经验，安排部署下一步工作任务。副市长宋执湖出席。

17 日 市委书记朱兰玺主持召开市委第十三届九次全体（扩大）会议，回顾总结上半年工作，安排部署下半年任务，动员全市上下进一步解放思想、凝聚共识，深入推进产业强市，加快建设品质寿光。

同日 潍坊市公路连接线建设工作座谈会在寿光市召开，会议听取寿济路东伸工程、济青高铁青州北站连接线工程及大沂路北伸工程道路建设情况汇报，对下一步工程建设工作进行安排部署。潍坊及寿光市领导孙起生、朱兰玺、赵绪春、王安文参加。

同日 潍坊市外贸工作现场推进会在寿光市召开，潍坊市委常委、副市长孙起生带领与会人员先后到晨鸣现代物流园海关监管场站、寿光市电子商务产业园跨境电商基地、电子商务产业园寿光特色馆进行实地查看，听取汇报，并对下一步工作进行安排部署。副市长王安文参加。

同日 市经济发展软环境建设领导小组办公室发表“致全市广大机关党员干部的一封信”。号召各级机关党员干部勇于担当、积极作为，履职尽责、争先创优。

18 日 寿光市美术馆揭牌开馆暨“庆祝寿光撤县设市 23 周年书画邀请展”开展仪式在市文化中心 3 楼举行。

同日 全省县级政府督查直连点北片区工作座谈会在寿光市召开，来自 16 个县（市区）的督查直连点相关负责人分别汇报和交流有关调查工作情况。省政府督查室主任夏宗元，市委常委、办公室主任、政法委书记武治强参加。

同日 市政协副主席丁世波对市政协九届五次会议确定的重点提案之一《关于加强环境治理，避免雾霾天气的提案》进行督办，督办组先后到台头镇宇虹防水、织女河、阳河等地进行实地查看，并召开座谈会。

同日 全国绿化委员会、人社部、国家林业局联合表彰全国绿化先进集体、劳动模范和先进工作者，市林业局获得“全国绿化先进集体”荣誉称号。

19 日 共青团山东省委书记张涛一行到寿光市调研青年创新创业、电商发展等方面情况，实地参观市青年电商创业孵化大厦，并为“鲁信杯”第五届山东省青年创新创业大赛暨第三届“创青春”中国青年创新创业大赛山东区选拔赛决赛获奖选手颁奖。潍坊及寿光市领导刘建国、朱兰玺、袁世俊参加。

同日 潍坊市政协副主席王继怀一行到寿光市，就国有林场改革情况进行专题调研，并到林海生态博览园等地实地查看，听取相关情况介绍。市政协领导方新启、魏广利陪同。

同日 市委书记朱兰玺主持召开市委理论学习中心组集体学习，先后学习《党政领导干部选拔任用工作条例》《习近平总书记系列重要讲话读本》有关篇目，观看《经济半小时》对寿光市第一书记崔庆春先进事迹专题报道。

同日 市政府发布《关于实施不动产统一登记的通告》，要求自2016年8月29日起，在寿光市行政区域内实施不动产统一登记。

20日 2016“巨淀湖”城市旅游小姐环渤海赛区总决赛在巨淀湖水世界举办，最终来自唐山的杜雨婷获冠军，潍坊的张心怡获亚军，秦皇岛的朱珂嘉获季军。

22日 潍坊出入境检验检疫局寿光办事处正式开检。寿光办事处的开检将在服务全市企业、促进外向型经济发展方面提供有力支持。当日，潍坊出入境检验检疫局党组书记、局长孙明钊签发首张检验检疫证书。市领导朱兰玺、赵绪春、王安文参加。

同日 市委副书记、市长赵绪春主持召开全市消防安全工作调度会议，通报年内全市消防和安全工作开展情况，安排部署下一步工作。副市长、公安局局长刘建东参加。

23日 国家林业局副局长彭有冬一行到寿光市调研国家森林城市创建工作，先后到富士木业、东宇鸿翔、巨淀湖造林绿化现场、双王城水库、林海生态博览园进行实地查看，听取汇报，并提出具体意见、建议。潍坊及寿光市领导刘曙光、刘建国、朱兰玺、赵绪春、王惠玲参加。

24日 市委常委、组织部部长、统战部部长徐莹主持召开全市基层党建工作推进会议，会议总结上半年党建工作，分析存在的问题和差距，安排部署下一步重点任务和措施。

25日 市委书记朱兰玺到半岛物流城调度项目推进情况，了解遇到的困难和问题，听取相关工作汇报，对以半岛物流城为中心打造物流园区提出要求，对全市物流产业如何加快发展提出意见。市领导孙修炜、房师平参加。

同日 国家、省级媒体采访团一行到寿光市采访国家森林城市创建工作，先后到双王城水库、双王城生态经济园区六股路村以及林海生态博览园等地了解创城相关工作。市领导赵绪春、王惠玲陪同。

同日 市委常委、纪委书记侯法强主持召开全市镇（街区）党（工）委书记和市直部门（单位）主要负责人向市纪委全会述廉述责会议。先后有6名党（工）委书记和5名市直部门（单位）主要负责人进行口头述廉述责，其他人员进行书面述廉述责，市纪委委员进行民主评议。

26日 市十六届人大常委会第三十六次会议召开。市人大常委会主任杨德峰及人大常委会其他领导，市委常委、副市长王惠玲，市人民法院、检察院负责人，市政府有关部门、市人大办事机构负责人，各镇人大主席、街道工作室主任，部分寿光市人大代表列席会议。

同日 市委副书记、市长赵绪春主持召开市委理论学习中心组第三次集中讨论会议，部分市委理论中心组成员围绕不忘初心、继续前进主题，结合思想和工作实际进行交流发言和讨论。杨德峰、方新启、孙修炜等市级领导班子成员参加。

同日 市十六届人大常委会第三十六次会议通过《寿光市人民代表大会常务委员会关于在全市公民中开展第七个五年法治宣传教育的决议》和关于《寿光市2016—2010年依法治市规划》的决议。

27—28日 举办“中科院博士后寿光行”活动，涉及化学工程、新材料、微生物、电子信息、农业经济等 17 个领域的中科院有关博士后和专家到寿光市进行考察对接，工商合作，为增强企业自主创新能力，加快推进实施“产业强市”战略提供强有力的科技、人才支撑。市领导朱兰玺、赵绪春、徐莹、武治强出席。

30 日 市委副书记、市长赵绪春主持召开市政府第七次常务会议，讨论全力支持大型以上企业发展政策措施，研究棚户区改造货币化安置办法（试行），审议综合行政执法体制改革工作方案。

同日 潍坊市落实新发展理念、推进供给侧结构性改革座谈会在寿光市召开，高新区、滨海、寿光等县（市区）负责人汇报工作情况及遇到的问题。潍坊及寿光市领导邹庆忠、赵绪春、李宝华参加。

同日 市政协主席方新启主持召开“提高公交车利用率”协商会议，市政协领导班子成员，老领导、老干部代表，市政协部分常委、提案委员、相关委室主任，市交通局、公交公司、长运公司、电视台、日报社，部分街道宣传统战委员和群众代表参加。副市长王安文出席会议。

同日 市法学会成立暨第一次全体会员大会召开，会议选举产生市法学会第一届理事会组成人员，市委常委、政法委书记武治强当选会长。潍坊市委政法委副书记、潍坊市法学会会长秦景刚，市领导孙修炜、武治强、傅小妹，市人民检察院检察长孙炜、市政协党组成员魏广利出席。

9 月

1 日 经十二届全国人大四次会议审议通过的《中华人民共和国慈善法》于即日起施行。慈善法共 12 章、112 条，主要内容包括总则、慈善组织的规范引导、慈善募捐、慈善信托、慈善财产、规范慈善服务、慈善事业发展的促进措施、监督管理等。

同日 省总工会副主席赵立群带队到寿光市，就建筑业企业参加工伤保险工作进行督查。调查组听取相关汇报，并到德润绿城施工现场进行实地查看。市委常委、副市长李宝华陪同。

同日 夏季休渔期结束，中午 12 时开海。全市中小学开学。

2 日 2016“文明之夏”广场系列文化活动，于当晚圆满落幕。此届“文明之夏”广场系列文化活动以“践行价值观、共创文明城”为主题，为市民献演 33 场精彩节目，参演者 300 多人，观众 10 余万人次。

同日 王沅叔奖学金基金会成立十四周年庆典暨首届敬师奖颁奖仪式在纪台一中举行，对纪台一中获奖学金的学生和敬师奖的老师进行颁奖。王沅叔奖学金是由寿光市台胞李宗正捐赠 20 万元，以其母亲王沅叔的名义于 2003 年在纪台一中设立，每年奖励 6 名（2016 年起 8 名）优秀学生。

同日 市委书记朱兰玺主持召开市委理论学习中心组集体学习，与会人员学习了《党委会的工作方法》《习近平总书记系列重要讲话读本》有关篇目。杨德峰、孙修炜等市级领导班子成员参加。

4 日 为期 2 天的 G20 峰会在中国杭州举行。此次峰会用寿光蔬菜元素打造的 20 面参会国旗亮相杭州，接受各国政要参观。《寿光日报》相关报道一并被新华社、人民网等全国媒体关注发布。20 面国旗制作材料均取自寿光，包括黑豆、白豆、黄豆、红小豆、青豆、玉米、糯米等蔬菜种子以及粮食，颜色最多的一面国旗使用 5 种豆类。

5 日 市委书记朱兰玺主持召开市委常委第 15 次（扩大）会议，会议传达潍坊滨海海洋经济新区建设领导小组成员（扩大）会议和全省美丽乡村标准化建设暨节水农业与水肥一体化现场会议精神，听取市委办公室、市政府办公室、市委宣传部等部门重点工作情况汇报，安排部署下一步各项工作任务。

6日 寿光市产城融合发展服务中心暨潍坊市高新技术产业开发区寿光园区揭牌仪式在寿光晨鸣大酒店举行，市科技局、发改局等部门负责人，洛城街道主要负责人，部分村党支部书记参加。市领导朱兰玺、赵绪春、李宝华出席仪式。

同日 市委书记朱兰玺带领商务、海关、检验检疫等部门负责人到潍坊科技学院，就跨境电商进行调研，现场解决问题，助推全市跨境电商上档升级、做大做强。市领导高翔、李昌武参加调研。

同日 市委常委、纪委书记侯法强主持召开全市镇（街道）纪委书记、市直部门（单位）纪检组长（纪委书记）述职述责述廉会议，市纪委常委会听取镇（街道）、市直部门（单位）纪检工作负责人述职述责述廉汇报，并进行民主评议。

同日 市政协副主席寇振彦组织召开提案督办座谈会，对《关于进一步推进农民蔬菜合作社健康发展的提案》等提案进行督办。

同日 经国务院批准（8月6日），民政部公布96处第六批国家级烈士纪念设施名单，寿光市烈士陵园通过一系列改造提升工程，达到国家级烈士纪念设施保护单位条件，正式入选为“国家级烈士纪念设施保护单位”。

7日 全市金融生态环境建设工作会议召开，会议对全市防范和化解企业金融风险工作进行再安排、再部署，进一步加强政府、银行和企业间的互信合作，共同维护全市良好的金融生态环境。市领导朱兰玺、赵绪春、李宝华、武治强、刘建东，法院院长尹洪阳出席。

同日 山东亿嘉农业机械装备股份有限公司在全国中小企业股份转让系统成功挂牌新三板（证券代码838483），正式进入资本市场。

8日 全市庆祝第32个教师节暨首届企业联盟教育基金颁奖典礼举行，对获得首届企业联盟教育基金的团体和个人进行表彰，向辛勤工作在教育战线的广大教职工致以节日问候，号召广大教职工学习先进，创新超越，努力提升教育质量和办学水平。市领导朱兰玺、杨德峰、李宝华、袁世俊、刘广斌、刘建安出席。

同日 市委书记朱兰玺率队到市住建局，对城乡建设工作中事关寿光长远和群众普遍关切的问题进行调研。市领导武治强、宋执湖参加。

同日 安丘市委书记桑福岭，安丘市委副书记、市长杜建华带领党政考察团一行到寿光市，考察农业产业结构调整、农业大棚生产等方面情况。市领导赵绪春、王惠玲、侯法强、武治强陪同。

9日 市委书记朱兰玺带队到羊口镇调研企业运行和安全生产工作，通过深入车间，听取汇报，了解企业最新经营情况和安全生产情况，并就解决遇得到困难和落实安全生产工作进行指导。

同日 省人大常委会委员、城环委副主任委员张秋波一行到寿光市，就贯彻实施《山东省电力设施和电能保护条例》情况进行执法调研，先后到孙家集街道220千伏益延（益田）线23—33号以及沿线等地查看。市人大常委会党组成员韩文国陪同。

10日 寿光市400余名2016年秋季应征入伍新兵胸带红花，身着崭新军装，启程入伍，履行卫国戍边神圣使命。

11日 山东省农科院湿地农业复合生态系统新技术现场观摩会暨寿光湿地农业博

士科研工作站揭牌仪式在寿光温泉大酒店举行，与会人员先后到双王城生态经济园区巨淀湖水稻种植基地、巨淀湖生态湿地参观。市委常委、组织部部长、统战部部长徐莹出席揭牌仪式。

同日 市人社局主办的“寿光市大中型企业人才招聘暨2016年秋季大型招聘会”在寿光第一茶城举行。此次招聘会共邀请157家用人单位，提供就业岗位5000余个。

12日 市委书记朱兰玺到上口镇调研特色产业镇推进情况，先后到金果窗帘、天和窗帘、二和铝业、孚盛纺织等企业进行实地查看，听取有关汇报，并提出加快发展指导意见。副市长宋执湖参加。

同日 市委副书记、市长赵绪春带队对圣城街道消防工作进行现场调度，先后到实验中学幼儿园、中百益家园、渤海路消防站、菜都路消防站进行实地查看，了解相关情况，并就消防站建设、消防设施配备进行安排部署。副市长、公安局局长刘建东参加。

同日 市委常委、副市长李宝华带队到洛城街道检查安全生产工作，先后的全福元综合体、富士木业、天惠食品、垄源建筑工地进行实地查看，对下一步安全生产工作提出具体要求。

13日 市委副书记、市长赵绪春主持召开市政府第八次常务会议，讨论关于加快推进人口市民化的意见，审议寿光市病死畜禽无害化处理管理暂行办法。

同日 市领导孙修炜、王惠玲分别带队到侯镇、古城街道检查安全生产工作。

同日 全市各级医疗卫生单位从即日起在门诊、急诊以及住院部全面推行就医实名制，即市民在就诊时要出示身份证。

14日 市委副书记、市长赵绪春带队现场调度交通公路重点项目建设情况，先后到潍高路大修工程化龙段、营里镇青年路、南大路大修工程、羊田路维修改造工程进行实地查看，要求施工单位在保证质量的前提下，加快工程进度，早日实现道路通行。

16日 美国FDA（美国食品药品管理局）检查官到寿光市，对富康制药整个质量和生产管理体系，按照美国相关标准进行为期5天严格现场检查，于即日以满分成绩顺利通过。检查官认为，取得这样成绩在美国本土制药企业也不多见，标志着富康制药管理体系已迈入世界先进制药企业行列。

20日 国家禁毒办副主任、公安部禁毒局副巡视员邓明带领督导组到寿光市督导易制毒化学品专项整治工作。市领导赵绪春、武治强、刘建东陪同。

同日 市委宣传部、市文明办在中华牡丹园前广场举办第14个全国公民道德宣传日系列活动，表彰寿光市第六届道德模范、首届乡贤、第二届最美孝心少年、寿光市最美家庭，广泛发动社会各界关心支持和参与道德建设，促进公民道德素质和社会文明程度的提升，进一步推动创建全国文明城市进程。

同日 是第七届中国统计开放日，寿光市举办开放日系列活动。此次开放日主题为“农业普查、福到农家”，以宣传第三次农业普查为主要内容。

21日 全市规模企业规范化公司制改制暨上市挂牌工作会议召开，会上举行齐鲁股权交易中心寿光市企业集中挂牌仪式，全市67家企业集中在齐鲁股权交易中心挂牌。市领导赵绪春、李宝华参加。

同日 市人大常委会组织部分委员和人大代表对全市工业转型升级情况和文化设施建设、群众文化活动开展情况进行调查，林立星等市人大常委会领导，市人大常委会办事机构负责人及调查组成员共同听取市政府有关工作情况汇报，实地查看有关现场，并就相关问题进行座谈。

同日 2016年潍坊市暨寿光市“全国科普日”（每年9月第三个双休日）活动启动仪式在潍坊科技学院文化创意大厦举行。潍坊市科协党组书记、主席王志亮，市领导孙修炜、李昌武出席启动仪式。

22日 是“世界无车日”，市体育局组织自行车运动协会和部分自行车俱乐部的成员，举行自行车公益骑行活动。活动旨在响应国家“全民健身、绿色出行”号召，倡导低碳绿色出行，降低城市环境污染。全市300余名自行车爱好者参与此次活动。

同日 市委副书记、市长赵绪春带队到寿光港，就寿光港口岸对外开放工作进行现场调度，要求全市上下统一思想，明确时间节点，确保寿光港口岸开放顺利通过国家验收。副市长王安文参加。

同日 省文明办副主任王龙飞带队到寿光市调研指导全国文明城市创建工作，调研组先后到市政务服务中心、世纪东城学校、社会主义核心价值观主题公园等地进行查看指导。市委副书记孙修炜陪同。

同日 市人大常委会组织委员和人大代表对市人民法院清理执行积案工作进行调查。市人大常委会主任杨德峰，市人大常委会领导林立星、傅小妹及调查组成员现场观摩了执行开庭情况，集中听取市人民法院院长尹洪阳有关情况汇报，并进行座谈。

23日 市委理论学习中心组举行集体学习会议，首先学习《习近平总书记系列重要讲话读本》部分内容，观看警示教育片《镜鉴》，按照“两学一做”学习教育要求，听取全市大棚“两改”情况和资本市场发展情况汇报。市委书记朱兰玺主持会议并讲话，杨德峰、李宝华、王惠玲、侯法强、徐莹、武治强、李志平等市级领导班子成员参加。

同日 全市迎接国务院安委会巡查工作动员部署会召开，会议对巡查工作以及第四季度安全生产工作进行详细安排部署。市委常委、副市长李宝华出席。

同日 国家食品安全城市创建暨农业大数据平台建设推进会议召开，与会人员到纪台镇令欣蔬菜专业合作社实地参观农业大数据平台建设情况，听取农业数据平台建设、菜农之家联合社建设、三元朱村品质农业发展汇报，对相关工作进行安排部署。市委常委、副市长王惠玲参加。

24日 市委书记朱兰玺调研省定贫困村工作，先后走访古城街道徐家庄子村、台头镇太平村、双王城生态经济园区卧铺村等村，察民情、问冷暖，要求各级干部扶贫要坚持外部帮扶与贫困村、贫困户自力更生相结合的原则，科学谋划集体经济发展思路，实现产业扶贫。市领导王惠玲、武治强参加。

25日 2016赛季中国城市足球联赛半决赛两场比赛——北京京城联队对天津格曼煜滕恒泰、杭州安格对阵武汉华创的比赛在寿光市体育场举行。

26日 市委书记朱兰玺带领相关部门负责人到菜都路改造现场进行调研，了解工程进度，帮助解决问题。副市长宋执湖参加调研。

同日 市委副书记、市长赵绪春主持召开全市固废综合整治工作总结会议，副市长宋执湖通报固废综合整治工作取得的成绩，并对下一步工作进行部署。

同日 寿光市政协与贵州省铜仁市万山区政协举行缔结友好政协签约仪式，万山区政协主席吴泽军、市政协主席方新启代表两地政协签订友好政协协议书，市政协副主席刘建安、市政协党组成员柴寿增出席签约仪式。

同日 市老龄委印发《关于表彰全市“十大寿星”“十大孝星”的通报》，授予李氏等10人为寿光市“十大寿星”、赵建立等10人为寿光市“十大孝星”荣誉称号。据悉，全市共有百岁以上老人45位，其中男性8人、女性37人。

27日 重阳节来临之际，市委书记朱兰玺走访百岁老人肖兰英和全国劳模王乐义，为他们送去慰问品和节日问候。

同日 市十六届人大常委会第三十七次会议召开，会议审议通过市人大常委会关于寿光市第十七届人民代表大会代表名额与选举问题的决定（草案）、关于新一届镇人民代表大会代表名额的决定（草案）；审议通过市选举委员会组成人员名单（草案）、各镇选举委员会组成人员名单（草案）；审议通过市十六届人大常委会代表资格审查委员会关于个别代表的代表资格的报告；表决通过人事任免事项。

同日 潍坊市纪委、潍坊市委组织部换届风气巡回督查组进驻寿光市，对加强全市换届风气监督工作进行督查，重点对市镇两级领导班子换届风气进行督促、检查和指导。

同日 黑龙江省副省长吕维峰带队到寿光市考察蔬菜产加销情况，先后到蔬菜产业集团现代农业示范基地、农产品物流园、设施蔬菜土壤改良示范工程、上口镇大棚蔬菜园区、蔬菜高科技示范园进行实地查看，28日考察结束。市政府办公厅党组成员、应急办主任张积军，省农业厅副厅长庄文忠，潍坊及寿光市领导刘建国、朱兰玺、赵绪春、孙修炜、王安文陪同。

28日 寿光市第二届残疾人运动会在建桥学校体育馆开幕，各镇（街区）分管负责人、市政府残工委员会成员单位分管负责人、运动员、裁判员、志愿者等1000余人参加。市领导孙修炜、寇振彦等出席。

同日 市委常委、组织部部长、统战部部长徐莹组织召开全市街道“大工委”成立大会，明确街道“大工委”及兼职委员的工作职责。

同日 全省工会经审工作现场会议在寿光市召开，与会人员到康跃科技参观基层工会经审工作规范化建设现场，听取寿光市关于经审工作规范化建设市、镇、企三级联创活动有关情况。省总工会党组成员、经审会主任蒋石宝，各地市工会、省大企业工会有关人员共60余人参加会议。市委常委、宣传部长、总工会主席袁世俊出席。

29日 潍坊市夏玉米籽粒机收观摩现场会在寿光市上口镇召开，省农机局副局长韩永平到会指导，市委副书记、市长赵绪春参加，潍坊市农工办、农业局及各县（市区）农机局负责人、推广站站长，潍坊市特邀农机推广员和玉米种植大户代表等参加现场会。

同日 市委副书记孙修炜带领寿光市考察团结束赴济宁邹城考察学习。此次考察学习从28日开始，主要为落实全省美丽乡村标准化建设暨节水农业与水肥一体化现场会议精神，学习美丽乡村标准化建设经验做法。

同日 潍坊市住建局、寿光市规划局组织召开《寿光市海绵城市总体规划（2016—2030年）》（以下简称《规划》）专家评审会，《规划》提出总体目标是形成“示范性强、水资源高效利用”的海绵城市，到2010年，城市建成区25%以上的面积达到年径流总量控制率75%的要求；到2030年，城市建成区80%以上的面积达到年径流总量控制率75%的要求，综合提升城市防洪排涝和供水保障能力。

30日 是国家以法定形式开展烈士公祭活动的全国第三个“烈士纪念日”，寿光市在烈士陵园举行烈士公祭仪式。市直各部门、正科级以上事业单位分管负责人，各镇（街区）分管负责人，驻寿部队官兵，部分学生代表等共700余人参加公祭仪式。市领导侯法强、李志平、傅小妹、崔建军参加。

同日 为迎接十一黄金周，更好的督促全市做好假日旅游安全工作，市委常委、副市长李宝华带队对巨淀湖风景区游乐设施等安全管理工作进行检查，并提出指导意见。

10月

1日 市市场监管局全面实施“五证合一、一照一码”改革。“五证合一”是在“三证合一”（工商营业执照、组织机构代码证、税务登记证）的基础上，再纳入社会保险登记证和统计登记证，通过一窗受理、互联互通、信息共享，将工商、质监、税务、人社、统计5个部门分别核发的不同证照，改为由工商部门核发加载法人和其他组织统一社会信用代码的“五证合一”营业执照。

同日 潍坊市民政局、潍坊市财政局联合印发《关于进一步提高城乡低保标准的通知》，寿光市自即日起由每人每年不低于3400元提高到不低于3800元。

8日 市委副书记、市长赵绪春率队到洛城街道调度重点项目筹备和推进工作，先后到中国供销·寿光农商物流园、中国航天科技工二院二〇六所年产10万台/套新能源汽车电池组项目、尧水社区拆迁现场、富康制剂项目、企业总部群等项目进行实地查看，现场解决项目推进中遇到的有关问题。

9日 市委书记朱兰玺带领市直相关部门负责人到侯镇工业园进行调研，深入一线实地了解企业经营情况，协调解决遇到的困难和问题，并召开座谈会，围绕侯镇未来发展，与企业一起探讨，共谋侯镇工业园转型发展之策。市委副书记孙修炜参加调研。

同日 全市镇（街区）党（工）委基层党校建设现场推进会在孙家集街道召开，会议就加强基层党校建设、推进全市党校教育全覆盖工作进行安排部署，对基层党校下一步运行管理和办学工作进行研讨。市委常委、组织部部长、统战部部长徐莹参加。

10日 市委书记朱兰玺对全市蔬菜种业发展情况进行调研，先后深入各种业企业研发培育基地，了解种子研发和种苗培育推广情况，听取各企业种业发展情况汇报和下一步全市推进种业发展的意见建议，并针对如何尽快完善扶持蔬菜种业发展相关政策、加快全市蔬菜种业种苗发展提出具体要求。市委常委、副市长王惠玲参加。

同日 市委直属市直党（工）委党校建设现场推进会议在市住建局召开，与会人员参观住建局党校建设情况，听取有关做法介绍，宣读《寿光市基层党校建设管理规范》，对基层党校下一步运行管理和办学工作进行研讨。市委常委、组织部部长、统战部部长徐莹出席。

同日 是世界精神卫生日，宣传主题为“心理健康、社会和谐”。市卫计委组织全系统干部职工开展宣传教育活动，号召全市市民积极参与精神卫生和心理健康服务工作，共同承担防治责任和义务，推动形成理解、接纳、关爱精神障碍患者的社会氛围。

11日 市委书记朱兰玺对全国文明城市创建工作进行现场调度，先后深入农贸市场、医院、学校等地现场查看文明城市创建情况，听取各单位创建工作汇报，对下一步如何加强工作力度、进一步改善城市面貌、提高市民素质、提升文明水平等提出要求。市领导孙修炜、袁世俊参加。

同日 市委副书记孙修炜到洛城街道和稻田镇实地查看调研大棚“两改”、蔬菜种植、美丽乡村建设等农业农村工作，重点调度美丽乡村建设工作。

同日 潍坊市民政局局长吴海源一行到寿光市调研养老服务业转型升级等有关工作

情况，先后到市福缘颐养中心、城投太阳城老年服务中心、城投陶然亭项目、西城养老·西城医院综合体等地实地查看项目进展情况，听取有关汇报，对相关工作进行安排部署。市委副书记、市长赵绪春陪同。

12日 寿光环卫集团揭牌成立大会召开，市领导朱兰玺、赵绪春、李宝华、宋执湖出席。

同日 市盐务局协助中盐协会海盐工作委员会在温泉大酒店组织召开全国海盐重点企业产销座谈会，邀请全国60余家海盐重点企业集中座谈研讨原盐产销形势，共商行业发展大计。

13日 全市安全生产工作会议召开，会议要求从思想根源上转变对安全生产工作的认识，强化安全生产责任，重点突出企业主体责任，履职要尽责，失职要追责，真正把安全生产工作做足做实。市领导朱兰玺、赵绪春、李宝华、宋执湖、刘建东出席。

同日 全国总工会基层工作部部长刘迎祥一行到寿光市，就基层工会主席直选等工会工作进行为期2天调研，先后到东宇鸿翔、台头镇防水行业工会联合会等地现场观摩企业工会主席公推直选会议、工会基地建设等情况，并召开座谈会。省总工会副巡视员魏勇，市委常委、纪委书记侯法强参加。

同日 市政协对全市大棚“两改”及沃土工程工作进行专项视察，视察组先后到洛城街道饮马村、上口镇王留营村、田柳镇田柳村、化龙镇郝屯村新建农业园区实地查看，了解有关情况。方新启等市政协领导，部分市政协常委、委员参加。市委常委、副市长王惠玲陪同视察。

14日 潍坊市机关工委书记座谈会在寿光市召开，与会的潍坊市各县（市区）机关工委负责人先后到市公共法律服务中心、政务服务中心、地税局、市人民法院等地进行观摩，并围绕如何进一步提高机关工委规范化、制度化工作水平交流发言，互相学习。潍坊市委市直机关工委书记王延泰，市领导孙修炜、武治强参加。

同日 省政府参事刘勇毅、省水利厅原厅长宋继峰带领省水利厅机关退休老干部到寿光市参观考察小清河沿线寿光段水利工程建设情况。潍坊及寿光市领导刘建国、赵绪春、王惠玲陪同。

同日 市政协副主席袁昌彪带领医药卫生界、科技界、科协界部分政协委员到上口镇上口大集免费为群众健康查体和咨询，发放《健康教育手册》《高血压健康教育知识》等书籍和宣传材料，赠送部分常用药品。

16日 教育部调研组一行到寿光市就义务教育经费保障机制工作进行调研，先后到世纪教育集团、纪台镇吴庙小学、洛城街道东城新区实验小学等地进行现场查看，并召开座谈会。市领导赵绪春、刘广斌陪同。

17日 全市禁毒、道路交通安全暨消防工作会议召开，会议针对存在问题，安排部署下一步工作任务。副市长、公安局局长刘建东参加。

18日 寿光市第七届全民运动会暨第六届全民健身运动会开幕式在市体育馆举行，本届运动会共有86个代表团、1000余名运动员参加。市领导朱兰玺、赵绪春、杨德峰、孙修炜、武治强、袁世俊、刘广斌、刘建安出席。

同日 寿光市从冶源水库调水600万立方米，主要用于地下水回灌及生态用水。

19日 羊田路维修改造工程完成并通车。同日，潍高路的羊田路至寿济路路口以东路段也全线通车。

20日 市委副书记、市长赵绪春主持召开省政府第九次常务会议，研究部署全市环保和安全生产工作，审议现代物流业发展意见，通过行政事业单位国有资产管理。处置和有偿使用管理办法。

同日 受国家标准化管理委员会委托，省质监局组织专家验收组，对寿光市承担的国家级农业综合标准化示范市项目进行验收，验收组通过听取项目建设情况汇报、考察种植示范点、审查标准化示范材料等方式，对项目进行全面考察。最终以优异成绩顺利通过验收。市委常委、副市长王惠玲陪同。

21日 市委书记朱兰玺等市级领导班子成员，各镇（街区）、各部门、各企事业单位党组织于上午10时组织收听收看了在北京人民大会堂举行的“纪念红军长征胜利80周年大会”实况。

同日 全国食品安全示范城市创建和农产品质量安全县创建工作现场会在四川成都召开，会期2天，中共中央政治局委员、国务院副总理、国务院食品安全委员会副主任汪洋出席会议并讲话。会上，寿光市委副书记、市长赵绪春代表寿光市作典型发言，与大连市、宁波市、重庆市荣昌区一起成为4个典型发言单位之一。

同日 全市安全生产严检查、严整治、严执法、严追责行动动员大会召开，会议贯彻落实上级关于安全生产工作指示精神，安排部署全市严检查、严整治、严执法、严追责行动。市委常委、副市长李宝华参加。

22日 潍坊市委书记杜昌文到寿光市就基层党建、公共服务、管理创新、农民持续增收等工作进行专题调研，先后到田柳镇田柳村“以色列水肥一体化”试验示范基地、营里镇北陈家村、上口镇寿光市金果窗饰有限公司等地现场调研。潍坊及寿光市领导孙明亮、朱兰玺、徐莹、武治强参加。

同日 寿光2016年新能源暨循环经济研讨会召开，与会代表参观了寿光禾能生物有限公司生物质油项目基地，对寿光市农业循环产业发展出谋划策。北京大学中国持续发展研究中心主任叶文虎、中国低碳经济发展促进会常务副理事长、中国能源学会副会长周凤起，市领导孙修炜、侯法强参加。

同日 全市建设领域安全生产百日集中行动动员会议召开，决定利用100天时间，在建设领域开展安全生产百日集中行动，从而进一步加强全市建设领域安全生产管理工作，落实安全生产责任制，防止各类事故发生。市领导李宝华、宋执湖参加。

同日 由北京博士后联谊会、中科院博士后联谊会和寿光市政府共同主办的“智慧寿光·创赢未来”创新创业大赛决赛在青年电商大厦举行。市委常委、组织部部长、统战部部长徐莹参加。

24日 市委副书记、市长赵绪春率队就冬季集中供热准备工作进行调度，先后到东城热力、金惠热力、乌托邦小区等地现场查看，并召开座谈会，就相关问题进行研究部署。副市长宋执湖参加。

同日 副市长宋执湖带领相关单位负责人和安全专家就城市道路、排水等基础设施在建工程安全情况进行现场检查，先后到北环路排水工程、菜都路改造工程、北出入口（英雄路—渤海路）改造工程和幸福路打通工程等地现场检查部署工作。

25日 是山东省第二十二届环卫工人节，寿光市召开庆祝大会，总结工作，表彰先进环卫工作者。市委书记朱兰玺，市委副书记、市长赵绪春向大会发贺信，市领导韩文国、宋执湖、王春吉出席。

同日 市委副书记孙修炜带队就青岛保税区寿光功能区建设事宜进行调度，先后到晨鸣进出口监管场站、晨鸣物流园项目等地现场查看，听取汇报，并召开座谈会，协调解决遇到的困难和问题，安排部署下一步有关工作。

同日 黑龙江省人大常委会党组书记、副主任符凤春一行9人，在省人大教育文化卫生委员会主任委员骆宝臻和潍坊市人大常委会党组副书记、副主任刘明珂陪同下到寿光市，就食品安全方面开展立法调研。

26日 市委副书记、市长赵绪春率队到寿光市经济开发区就落实开发区“三个转变”（由工业项目聚集区向主导产业集群转变、由行政管理型向公共服务型转变、由传统镇街形态向产业园区形态转变）部署和开发区下一步工作方向进行调研。

同日 市政协九届二十次常务会议召开。会上，市委常委、副市长李宝华通报市政协九届五次会议以来委员提案办理情况，市住建局、环保局、体育局、旅游局分别通报工作情况，与会市政协常委、委员评议推荐提案承办先进单位。市政协主席方新启等市政协领导出席会议。

27日 市委副书记、市长赵绪春出席山东省建筑防水材料质量检验中心、山东省农副产品质量检验中心（寿光）、山东省大棚用品质量检验中心揭牌仪式并为其揭牌。副市长王安文参加。

同日 市十六届人大常委会第三十八次会议在市人大办公楼召开，市人大常委会主任杨德峰等市人大领导出席会议。会议听取市政府关于全市文化设施建设和群众文化活动开展情况报告、关于全市工业转型升级情况报告；听取审议市人民法院清理执行积案工作情况报告；表决通过人事任免事项，并举行宪法宣誓仪式。

同日 全省工会组织建设工作检查组一行到寿光市，就工会组织建设工作举行检查。检查组先后到东宇鸿翔新材料科技有限公司、新力热电、羊口镇实地查看。市委常委、宣传部长、总工会主席袁世俊陪同。

28日 市委理论学习中心组举行集体学习会议，集中学习《十八届六中全会公报》《关于认真学习宣传党的十八届六中全会精神的通知》等有关会议和文件精神。市委书记朱兰玺主持会议并讲话，赵绪春、杨德峰、方新启等市级领导班子成员参加。

同日 市委副书记、市长赵绪春带队对全市改厕、“四全一特”（即功能配套齐全、生活服务周全、基础设施安全、治理机制健全和特色优势鲜明的宜居社区）社区建设、新型农村社区污水处理等工作进行调度，并召开座谈会，听取有关部门和各镇（街区）工作汇报。副市长宋执湖参加。

29日 市政府与中国航天科工二院206所签约仪式举行。据悉，此次签约后，双方将共同建设年产10万台（套）新能源汽车电池项目。市委副书记、市长赵绪春出席，副市长王安文与航天科工二院206所副所长张亚林代表双方签约。

31日 市委副书记、市长赵绪春主持召开市政府第十次常务会议，分析研究全市前三季度经济运行情况。会议认为，前三季度经济运行呈现良好发展态势。

同日 是“世界城市日”。市住建局、规划局公安局交警大队在人民广场等场所设立咨询台，围绕“共建城市、共享发展”“世界城市日”活动主题，开展宣传活动。

11月

1日 市委副书记、市长赵绪春率队到诸城市考察学习安全生产工作，先后到惠发食品、北汽福田、诸城市安全培训中心等地进行现场查看。市委常委、副市长李宝华及相关镇街、部门、企业负责人参加。

同日 寿光市编制公开公共服务事项目录和服务指南工作会议召开，部署编制公开公共服务事项目录和服务指南有关工作，并进行业务培训。市委常委、副市长李宝华出席。

2日 市委副书记孙修炜带队到侯镇项目区调度重点事项推进落实情况，协调项目区内部分重点项目推进工作，研究解决存在的问题，并到部分企业现场督导安全生产工作。

同日 全市安全生产工作专题会议召开，印发《关于严厉打击生产、使用、运输、销售泡沫夹芯板行为的通知》，重点安排防火、防电等方面安全生产工作。市委常委、副市长李宝华出席会议。

3日 寿光随手拍APP上线发布会召开，居民的心声与诉求足不出户就能得到反馈。

4日 市委书记朱兰玺带队就村卫生室建设进行调研，先后到古城街道怡和苑社区卫生室，田柳镇卫生院、李家村卫生室，营里镇孙家庄、郝柳村卫生室，侯镇魏家村、仉西村卫生室，稻田镇官路村卫生室实地查看基础设施建设、公共卫生服务、居民基本医疗保险缴费等情况。

同日 市政协第三届“政协委员风采”摄影展在市人民广场举行，以图片形式展现新时期政协委员的风采，让社会各界更好地了解人民政协，走进政协委员。市政协主席方新启等市政协领导参观摄影展。

5日 全市安全生产严检查、严整改、严执法、严追责行动督导工作调度会议召开。市委书记朱兰玺指出，在安全生产上要有自我批判的精神、自我否定的勇气，加强依法监管，确保查出的问题整改到位。市委常委、副市长李宝华参加。

7日 市委常委第17次（扩大）会议召开，会议先后听取市委办公室、扶贫办、统战部、市政协、工商联、法院、安监局、羊口镇、发改局等单位有关工作情况的汇报。朱兰玺、赵绪春、孙修炜、杨德峰、方新启等市级领导班子成员参加。

8日 市书法家协会第三届会员代表大会召开，会议总结5年间书协工作，确定新一届书协理事会，选举产生书协主席、副主席和秘书长。

同日 中央电视台财经频道《经济半小时》栏目对寿光市寿北地区创新模式发展海水农业的典型做法进行报道。

9日 位于建新街与晨鸣路交叉路口的联盟消防站揭牌暨“11·9”消防安全月启动仪式举行。据悉，全市共建有消防站5处，拥有消防员190人。

同日 全市居民基本医疗保险参保筹资工作会议召开，对2017年度居民基本医疗保险参保筹资工作进行安排部署。2017年度征缴居民基本医疗保险个人缴费设2个档次，一档为150元，二挡为280元。

同日 城区居民生活用气阶梯价格听证会召开，就即将执行的民用气阶梯价格制度进行听证。人大代表、政协委员代表、政府相关部门代表、消费者代表和经营者代表参加听证会。

10日 全市金融工作座谈会召开，会议听取有关情况汇报和金融机构意见建议，对下一步促进经济金融协调发展工作进行研究部署。市领导朱兰玺、赵绪春、李宝华、武治强等出席会议。

同日 中石化寿光实华天然气有限公司新枢纽站投产仪式举行。据悉，全市管道天然气铺设里程共370公里，建成天然气门站4座、LNG汽车加气站13座、CNG汽车加气站7座，发展各类天然气用户11万户，年用气总量1.6亿立方米。

同日 潍坊市人大常委会副主任、内务委主任委员王卫东带领视察组一行到寿光市，对立体化社会治安防控体系建设情况进行视察，视察组先后到纪台镇玉皇庙村、洛城街道屯西社区、洛城派出所、市公安局智慧警务室等地现场查看，并听取汇报。市领导傅小妹、刘建东陪同。

11 日 寿光智慧物流产业发展有限公司成立大会在文家街道举行，该公司由上海新跃“物流汇”与寿光市合作成立，是为物流企业提供服务的第四方物流平台，既能推动全市物流业走向信息化、集约化，又能为企业提供物流公共服务、物流交易和财务金融咨询等增值服务，降低物流企业运营成本。市领导孙修炜、王安文出席。

同日 市委副书记、市长赵绪春主持召开市委理论学习中心组集体学习研讨会。杨德峰、孙修炜、李宝华、侯法强、徐莹、武治强、袁世俊等市级领导班子成员参加。

同日 全市依法分类处理信访诉求工作会议召开，会上印发《关于依法分类处理信访诉求的工作方案》，对制订依法分类处理信访诉求清单进行安排。

13 日 市摄影家协会第三届会员大会召开，会议听取摄影家协会第二届理事会工作汇报，选举产生第三届市摄影家协会主席、副主席、秘书长及理事会成员。

14 日 2017 年度全市重点党报党刊发行工作会议召开，会议印发《关于做好 2017 年度重点党报党刊发行工作严格规范报刊发行秩序的通知》，对重点党报党刊发行工作进行安排。

同日 是第 10 个“联合国糖尿病日”，2016 年的主题“共同关注糖尿病”。卫生系统各医院多形式开展宣传活动。

15 日 市委副书记、市长赵绪春主持召开市政府第 11 次常务会议，研究开展领导干部自然资源资产离任审计试点工作，安排部署深化“三八六”环保行动工作。

同日 全国“学本课堂”创建研讨会暨寿光实验区成果展示活动在寿光市圣城中学举行，来自全国 14 个省（市、自治区）、11 个全国“学本课堂”实验区的教师及专家参加研讨，相互交流经验。市领导赵绪春、刘广斌出席。

同日 寿光市国际流行舞蹈协会第二届会员大会召开，会议听取第一届协会理事会工作报告，选举产生新一届协会主席、副主席、秘书长及理事会成员。

16 日 黑龙江省委组织部组织处处长钟兆斌一行到寿光市考察现代农业发展情况，先后到蔬菜高科技示范园、农产品物流园、文家街道桑家营子村、孙家集街道三元朱村等地进行现场查看。潍坊及寿光市领导林红玉、朱兰玺、徐莹陪同。

同日 国家发改委第四督查组到寿光市，对原油加工企业使用进口原油进行专项督查，到鲁清石化实地查看，召开座谈会听取汇报。市领导吴广兴、王安文参加。

17 日 市委理论学习中心组集体学习暨十八届六中全会精神报告会召开，潍坊市委宣讲团副团长。潍坊市纪委副书记、监察局局长王玉作了专题辅导报告。市委书记朱兰玺等市级领导班子成员参加。

同日 山东省利用亚行贷款地下水漏斗区域综合治理示范项目启动会议召开。省财政厅巡视员文新三，亚行首席水资源专家、项目经理弗兰克，潍坊及寿光市领导刘建国、赵绪春、王惠玲参加。

18 日 市委理论学习中心组召开集中研讨会，主题是围绕十八届六中全会“全面从严治党，严肃党内政治生活和加强党内监督”进行研讨交流。市委书记朱兰玺首先讲话，市委常委依次交流发言。杨德峰、方新启等市级领导班子成员出席。

同日 市总工会十二届三次全委（扩大）会议召开，审议通过有关人事变动的决定和相关说明。市政协副主席、党组成员寇振彦当选为寿光市总工会第十二届委员会主席。

同日 寿光市学习贯彻十八届六中全会精神宣讲团成立，全面启动中共十八届六中全会精神宣讲工作。

19日 市委书记朱兰玺率队对寿光市历史文化中心项目建设情况进行调度，并召开座谈会听取工程建设情况汇报，协调解决有关问题。市领导杨德峰、方新启、武治强、刘广斌、宋执湖参加。

同日 寿光市美术家协会换届大会在市蔬菜高科技示范园办公楼会议室召开，会议选举产生第三届美术家协会主席、副主席、秘书长及理事会成员。

20日 第六届中国（寿光）设施蔬菜品种展开幕式暨寿光果菜品种权交易中心上线启动仪式在现代农业示范园举行。该中心于2015年12月25日获省政府批复成立，是国内首家获得政府批复的品种交易平台，也是全国首家果菜品种权交易的电子商务平台。中心立足寿光、面向全国，旨在打造以果菜品种权交易为特色，逐步扩大到所有植物品种权交易的先行先试交易平台。来自全国科研院校的专家学者、参展企业代表、全市蔬菜种子种苗企业、农资企业及合作社负责人、蔬菜种植户代表共300余人参加。副市长王安文出席。

21日 市镇党委换届暨各级党代表推选工作会议召开，专题研究部署市镇两级党委换届和各级党代表推选工作，并对换届有关工作进行业务培训。市委常委、组织部部长、统战部部长徐莹出席。

22日 寿光市新生代企业家商会成立大会召开，标志着寿光市新生代企业家有了自己的组织，也意味着寿光市非公经济领域统战工作又有新的平台和载体。市领导徐莹、刘美霞出席。

23日 “纺织之光”2016年度中国纺织工业联合会科技教育奖励大会在北京举行，由山东英利实业有限公司等单位完成的“万吨级新溶剂法纤维素纤维关键技术研发及产业化”项目，荣获2016年度中纺联科学技术奖一等奖。

24日 淄博市临淄区委副书记田晨光带领考察团到寿光市考察机关党建和机关管理工作。市委常委、组织部部长、统战部部长徐莹陪同。

同日 聊城市莘县县委副书记、县长高志国带领考察团一行到寿光市进行为期2天的“莘县—寿光扶贫协作”对口对接工作。市领导赵绪春、孙修炜、吴广兴、刘广斌参加。

25日 市委书记朱兰玺主持召开金融涉法涉诉案件调度会议，会议听取各银行和市人民法院等单位情况汇报，就进一步推进金融涉法涉诉审理工作，形成惩治金融涉法涉诉的高压态势，营造良好的金融环境研究部署具体措施。市领导赵绪春、李宝华、武治强参加。

同日 市委理论中心组举行“两学一做”学习教育第六次集中研讨会。市领导朱兰玺、杨德峰、孙修炜等市级领导班子成员参加。

同日 市规划局组织编制的《寿光市城市总体规划（2015—2030年）》获省政府批复，是全省第一个完成规划期至2030年城市总体规划编制并获省政府批复的县级市。

26日 寿光市诗词楹联艺术家协会第三届会员代表大会召开，会议选举产生新一届协会领导机构。

28日 重庆市开州区政协主席敖天才率领党政代表团到寿光市对接扶贫工作，并举行山东省寿光市、重庆市开州区扶贫协作座谈会暨框架协议签约仪式。潍坊及寿光市领导李传恒、赵绪春、方新启出席，市委常委、副市长李宝华代表寿光市签约。

同日 市委副书记孙修炜带领相关部门负责人到侯镇项目区调度项目进展情况，要求相关部门与项目区建立健全沟通服务机制，加快推进项目进程。

同日 国华寿光电厂一期2台机组全部建成投产。

同日 市检验检测中心与仪器设备供应商美国安捷伦进行科技合作，成立美国安捷伦科技·寿光市检验检测中心合作示范实验室，并举行揭牌仪式。

29日 中铁上海工程局集团济青高铁项目最后一个683号墩身顺利完成，标志着寿光段孙家集街道、纪台镇、稻田镇等区域总长19.779公里的路段线下工程全部完成。

同日 市委书记朱兰玺，市委副书记、市长赵绪春，市政协主席、党组书记方新启分别到羊口镇、圣城街道、实验中学调研和督导“两学一做”学习教育开展情况。

同日 市委副书记、市长赵绪春主持召开市政府第12次常务会议，讨论划定畜禽养殖禁养区、限养区，研究城市集中供热工作及实行供热、供水大配套政策。

30日 南大路维修改造工程2个标段主路面均已铺设完毕，正式通车。

同日 是寿光人民广播电台成立60周年纪念日，寿光广电举行纪念座谈会。市委常委、宣传部部长袁世俊出席。

同日 市舞蹈家协会第三届会员代表大会召开，会议选举产生第三届市舞蹈家协会主席、副主席、秘书长及理事会成员。

12月

1日 寿光市正式实施个体工商户营业执照和税务登记证“两证整合”。“两证整合”后，企业只需填写一张表，向一个窗口提交一套材料，就可办理个体户工商及税务登记，最后由管理部门核发一张证，即“营业执照”。

同日 潍坊市关工委主任赵兴涛和常务副主任刘德成一行到寿光市，就五好“四点半学校”创建工作进行复核，先后到洛城街道屯西社区“四点半学校”、文家街道逢源小学、化龙镇中心小学实地查看后，对创建工作提出要求。市领导孙修炜陪同。

同日 省体育局副局长隋拥军一行到寿光市视察体育馆、游泳馆等设施建设工作，调研市体校建设等情况，并召开座谈会，对全市2016年体育场所建设、承办大型体育赛事等体育工作给予肯定。市委常委、宣传部部长袁世俊陪同。

2日 全市科学发展综合考核调度会召开，会议听取纳入潍坊市综合考核体系的各项工作进展情况，相关部门就各自承担的工作进行汇报，并提出合理化建议，市委副书记、市长赵绪春提出具体要求。市领导孙修炜、李宝华、武治强出席。

同日 市委书记朱兰玺主持召开市委理论学习中心组集体学习会议，会议学习《习近平总书记系列重要讲话读本》部分章节。方新启、孙修炜等市级领导班子成员参加。

同日 市委常委、纪委书记侯法强先后到稻田镇党委、西刘营村、梁武赵村和建设集团调研督导“两学一做”学习教育开展情况。

3日 全市安全生产“四严”（即严检查、严整改、严执法、严追责）行动督导工作第三次调度会召开，市委书记朱兰玺听取各镇（街区）和督导组有关情况汇报后，就做好安全生产工作提出要求。市领导赵绪春、李宝华、武治强、吴广兴出席。

5日 寿光市金光街跨弥河大桥工程可行性研究报告获潍坊市发改委批复。该工程总投资32343.65万元，主要建设桥梁主体、桥梁附属道路及景观照明配套工程等。工程全长1280米，桥长505米，桥梁主跨130米。

同日 市京剧协会第三届会员代表大会召开，会议选举产生新一届市京剧协会领导机构。

6日 市委书记朱兰玺到洛城街道调度工业项目建设情况，实地了解企业在生产经营、项目建设、转型升级、股份制改造、产业链完善等方面工作，听取汇报，对项目推进中遇到的困难和问题，进行协调解决。市委常委、办公室主任、政法委书记武治强参加。

同日 省经信委公示第23批省级企业技术中心，寿光市共有6家企业入选，分别是英利实业、坤隆石油机械、大地盐化、鲁源盐化、跃龙橡胶、天成食品。至此，全市省级企业技术中心达到25家。

7日 农业部印发《关于命名第一批国家农产品质量安全县（市）的通知》，命名寿光市等103个县（市）为“国家农产品安全县”，威海市等4个市（地级）为“国家农产品质量安全市”。山东省共有5个县（市）和1个市（地级）入选。

8日 市委副书记、市长赵绪春率队对2017年拟建城建项目进行集中调度，坚持“量力而行、适度超前”的原则，努力打造出一张城市建设靓丽新名片。

同日 潍坊市人大常委会党组副书记、副主任刘明珂一行到寿光市调研预算审查监督工作，并召开座谈会了解有关情况，征求意见和建议。市人大常委会党组副书记毛德荣陪同。

同日 市国学研究会第二届会员代表大会暨中央数字电视国学频道潍坊工作中心揭牌仪式举行，会议选举产生新一届市国学协会领导机构。

9日 市慈善总会、山东省联盟化工集团联合举办的2016年“爱心助残”“夕阳扶老”救助活动救助金发放仪式在市联盟化工集团培训中心举行，该活动对全市2054名困难残疾人和特困老年人实施救助和帮扶。

10日 全市镇（街区）领导干部会议召开，时间为2天。10日，市委书记朱兰玺带队到洛城街道、羊口镇就重点项目建设情况进行现场观摩，相互交流学习经验。11日，市委书记朱兰玺主持会议，在听取洛城街道、羊口镇主要负责人典型发言后，就有关工作进行安排部署。市领导孙修炜、武治强、张逢春参加。

同日 潍坊港西港区5000吨级航道工程开工暨寿光市港投控股集团有限公司揭牌仪式在寿光港13号码头举行，各级海洋海事部门的有关领导，市领导赵绪春、方新启，市政协党组成员柴寿增出席仪式。

12日 副省长夏耕一行到寿光市调研中以水城市项目，到稻田镇崔西村参观水肥一体化示范大棚。潍坊及寿光市领导刘曙光、孙起生、朱兰玺、赵绪春陪同。

同日 潍坊市委副书记、市长刘曙光一行到寿光市调研寿光北部规划，先后到小清河北岸湿地、神华国华电厂、临港项目区进行实地查看。市领导朱兰玺、赵绪春、吴广兴陪同。

同日 市第十四次党代会筹备会议召开，要求各有关单位按照分工，不折不扣完成各项工作任务。市领导孙修炜、张逢春出席会议。

13日 由中国国际贸促会农业行业分会与农业部农业贸易促进中心联合举办的2016中国农业展会分类认定工作研讨会举行，中国（寿光）国际蔬菜科技博览会在参与评选的51个农业展会中脱颖而出，继连续多年被评为5A级农业专业展会后，又被认定为5A级农业专业展会，成为展会中最高的一级。

14日 市委十三届十二次全体（扩大）会议召开，会议审议通过《中共寿光市委关于深入学习贯彻党的十八届六中全会精神的意见（草案）》，安排部署贯彻落实十八届六中全会和省、潍坊市委全会精神的思路举措。朱兰玺、赵绪春、孙修炜、杨德峰、方新启等市级领导班子成员出席会议。

同日 省委组织部组织三处副处长赵永清一行到寿光市，就深入推进基层党建发展、建设过硬支部的课题进行调研，听取汇报，查看资料，现场参观。市领导朱兰玺、张逢春陪同。

同日 市十六届人大常委会第三十九次会议召开，会议表决通过人事任免，举行宪法宣誓仪式。市人大常委会主任杨德峰等市人大常委会领导出席会议，市委常委、副市长李宝华及有关人员参加。会议根据市长赵绪春的提请，决定任命张振城、李建文、王丽君为寿光市人民政府副市长。免去刘广斌的寿光市人民政府副市长、金融工作办公室主任职务；宋执湖的寿光市人民政府副市长职务。

15日 市委副书记、市长赵绪春连续主持召开城市建设、金融财税、工业发展3场座谈会，征求各方意见，共商发展大计。市领导李宝华、乔日升、王安文参加。

同日 农业部农产品质量安全专项整治督查组到寿光市，利用2天时间督导农产品质量安全整治工作，听取汇报，查阅资料，并到农业大数据平台、鑫生水产养殖专业合作社、华银食品、百信蔬菜专业合作社等地进行现场检查。副市长王丽君陪同。

同日 全国高新技术企业认定管理工作领导小组办公室公示“山东省2016年第一批1153家企业拟认定高新技术企业名单”，其中寿光市有18家，博苑医药、昊华轮胎、英利实业等9家企业为首次认定。至此，全市高新技术企业数量达到45家。

16日 副省长赵润田到寿光市调研胶东调水工作，先后到寿光宋庄泵站增容工程及泵站下游高填方段防渗工程进行实地查看，听取有关情况介绍，并提出要求。潍坊及寿光市领导刘曙光、刘建国、赵绪春陪同。

同日 是市镇人民代表大会代表选举日，全市约70万名选民依法行使民主权利，积极参与选举活动，为新一届市镇人大代表的产生投下神圣一票。

18日 国家统计局副局长贾楠到寿光市调研蔬菜秸秆加工及相关工作，调研组先后到稻田镇禾能生物科技有限公司、蔬菜高科技示范园、国家现代蔬菜种业创新创业基地研发中心、洛城街道饮马设施土壤改良示范区、稻田镇崔岭西村大棚区等地现场查看。市领导赵绪春、张振城、王丽君陪同。

同日 市音乐家协会换届大会在市蔬菜高科技示范园办公楼召开，会议以举手表决的方式选举产生协会主席、副主席、秘书长及35名理事。

19日 全市老干部座谈会召开，邀请曾担任过副县级以上实际职务的离退休干部代表参加，听取老干部对市委工作及全市未来5年经济社会发展的意见和建议。市领导朱兰玺、孙修炜、张逢春参加。

同日 市委副书记、市长赵绪春主持召开全市服务业工作座谈会，听取市文广新局、旅游局、体育局、交通运输局等部门负责人对2017年及未来5年工作打算和发展方向，并提出意见建议。市领导李宝华、张振城参加。

20日 市委十三届十三次全体会议召开，研究确定寿光市出席潍坊市第十二届党代会代表候选人预备人选65名，其中党员领导干部39名、生产和工作一线党员26名。

同日 朱兰玺主持召开全市镇（街区）党（工）委书记座谈会，听取对全市2017年及未来5年工作的意见建议，为更好地推动寿光发展寻计问策。市领导赵绪春、孙修炜、张逢春、王霞、吴广兴参加。

同日 市委副书记、市长赵绪春带队调研2017年交通公路计划建设项目，先后到拟建现场，了解2017年交通公路计划升级改造项目规划设计情况，并对工程建设工作进行安排部署。市领导乔日升参加。

21日 市委书记朱兰玺主持召开全市改革工作会议，就全市2017年以及未来5年改革创新工作听取相关单位负责人意见建议。市领导李宝华、张振城、张逢春参加。

同日 市委书记朱兰玺带队调研医疗卫生事业发展情况，先后到市立医院、晨鸣医院、市精神卫生中心、东城医院等地现场查看，并召开座谈会，听取汇报，对下一步医疗卫生事业发展提出要求。市委常委、副市长张振城参加。

同日 市委副书记、市长赵绪春到圣城街道调研片区建设工作，先后到城市经济创新引领区、西南物流板块和高端工业园区、北部市场群板块、梦栖弥水小镇4个片区进行实地查看，听取街道负责人汇报，就下一步发展做出部署。市领导乔日升参加。

同日 中央维稳办调研室副主任郭馨一行到寿光市实地考察维稳工作，考察组到市公安局智慧警务中心听取有关工作情况汇报，对寿光市维稳工作给予肯定。市委常委、政法委书记武治强陪同。

22日 举办寿光市安全生产专题辅导讲座，邀请国务院参事室特约研究员、中国煤矿尘肺病防治基金会理事长黄毅作题为“强化红线意识、促进安全发展”的专题报告。朱兰玺、赵绪春等市级领导班子成员参加。

同日 市委副书记、市长赵绪春主持召开市政府第13次常务会议，研究2017年全市重点项目和民生实事情况，安排部署“向群众报告、听群众意见、请群众评议”工作，讨论市镇两级公共服务事项目录和服务指南编制及镇级行政权力清单调整工作。

同日 市人大举行《寿光市人大志（2007—2016）》首发仪式。该志共9编26章，主要包括概述、大事记、人大代表、人民代表大会、人民代表大会常务委员会、重要决议决定规范性文件、监督工作、人事任免、人大常委会机构设置和自身建设、镇人民代表大会、人物及荣誉等，全书共80余万字。

同日 省政协秘书长张心骥一行到寿光市联系点山东东方誉源现代农业集团有限责任公司进行实地调研，听取汇报，了解企业发展中遇到的困难和问题，与企业建立起联系服务、交流沟通渠道。市政协主席方新启陪同。

23日 市委副书记、市长赵绪春主持召开全市农业工作座谈会，听取市农业局、林业局、水利局等部门负责人工作情况汇报及2017年和未来5年工作打算与发展方向，就存在的问题提出意见建议。市领导王惠玲、王丽君参加座谈。

同日 寿光水务控股集团有限公司、青岛崂山矿泉水有限公司战略合作协议签约仪式举行。此次战略合作，水务集团与青岛崂山矿泉水重新组建“寿光深脉饮用水有限公司”，旨在借助崂山矿泉水公司丰富管理经验和历史悠久的“崂山”品牌，持续做大做强饮用水市场。

26日 市委书记朱兰玺率队调研全市文化事业及文化产业发展情况，先后到市文化中心、崔家综合性文化服务中心、京剧艺术团、圣地茶博书画古玩城等地进行现场查看，召开座谈会，对下一步发展进行谋划。市委常委、宣传部部长袁世俊陪同。

27日 潍坊市委常委、常务副市长邹庆忠到寿光市调研经济发展情况，先后到凯马汽车、顺福昌轮胎模具、富康药业等地进行现场查看，并召开座谈会，就产业转型升级、振兴实体经济等题目听取汇报。市领导朱兰玺、赵绪春、张振城参加。

同日 全市普法依法治理工作会议召开，总结“六五”普法依法治理工作成绩，表彰先进，安排部署“七五”普法依法治理工作任务。市领导孙修炜、武治强、袁世俊、傅小妹、刘建东、王春吉出席。

同日 市慈善总会联合市人民医院举行血液透析救助基金发放仪式，为全市81名尿毒症透析患者发放60多万元基金善款。

28日 省林业厅副厅长王太明带领督导组到寿光市，对2016年度林地变更调查及第九次森林资源清查工作进行督导，督导组先后到织女河北坝、巨淀湖国际农场等地现场查看，听取全市有关情况汇报，并召开座谈会，就相关问题进行交流探讨。副市长王丽君陪同。

29日 举行寿光市规模企业规范化公司制改制对接资本市场工作推进会议暨齐鲁股权交易中心第二批企业集中挂牌仪式，会上全市33家企业集中在齐鲁股权交易中心挂牌。市委副书记、市长赵绪春出席。

30日 全市安全生产“四严”行动督导工作第5次调度会议召开，会议听取18个督导组负责人汇报包靠督导工作情况及督导中发现的问题和整改建议，市委书记朱兰玺就下一步安全生产工作进行安排部署。

同日 市委理论学习中心组举行集体学习会议，集中观看中央新闻联播播出的中央政治局民主生活会新闻报道和寿光电视台播出的《百姓关注》，集中学习中央和全省经济工作会议精神，有关班子成员对包靠镇（街区）安全生产督导情况进行汇报。市委书记朱兰玺主持会议并讲话，赵绪春、方新启、孙修炜等市级领导班子成员参加。

同日 市政府印发《寿光市人民政府关于加强烟花爆竹安全管理的通告》，确保国家和人民生命财产安。

全市概况

自然环境

【地理环境】 寿光市地处山东省中北部，潍坊市西北部，渤海莱州湾南畔。北纬36° 41′ ~ 37° 19′，东经118° 32′ ~ 119° 10′。东靠潍坊市潍城区、寒亭区、滨海经济技术开发区，西邻东营市广饶县，南接青州市和昌乐县，北濒渤海莱州湾。辖9个镇、5个街道和1个生态经济园区，81个社区、894个行政村。东西最大距离48公里，南北最大距离60公里，总面积1990.1平方公里。

城区位于市境西南部，处北纬36° 52′，东经118° 44′。直线距离至北京市400公里，至济南市165公里，至潍坊市37.5公里，至青州市区31公里，至广饶县城35.5公里，至昌乐县城20.5公里。

【土地资源】 2016年12月31日，全市行政区域总面积2985174亩，其中耕地1535266亩、园地52970亩、林地41119亩、草地6972亩、城镇村及工矿用地546756亩、交通运输用地152848亩、水域及水利设施用地384204亩、其他土地265039亩。

【矿产资源】 全市已发现并开采的矿产资源主要有天然卤水、石油、建筑用砂、砖瓦黏土等。2016年，共生产原盐410.94万吨。境内石油由中石化胜利油田统一开采，砖瓦黏土、建筑用砂均已全部禁采。

【河 流】 寿光市全境共有17条河流，最大河流是弥河，纵贯市境南北，将全市分为东西两部分。诸河流总流域面积5219平方公里，其中寿光市境内流域面积1831平方公里。境内诸河，除弥河、小清河有部分径流外，其他河道已基本干涸无径流。

弥河。又称巨洋水。弥河由南向北纵穿全境，在上口镇南半截河村北分两股——东、西泄洪：东股为老河道，在潍坊市滨海开发区双河村东北入海；西股为弥河分流，下游汇入东、西张僧河，在羊口镇以东入海，设计泄洪能力每秒1500立方米。境内弥河主河道长60.36公里，分流河道长29公里，境内流域面积1603平方公里，小营村以上堤防设计20年一遇防洪标准为每秒3500立方米。弥河是寿光市重要的地下水补给源，沿河建有11座拦河闸坝，分段拦截留存河水，用于工农业生产。从纪台至寒桥段，建设沿河绿化带、湿地、滨河大道，创建成为国家级水利风景区。

小清河。境内长28.45公里，境内流域面积1225平方公里（小清河部分流域与弥河流域重叠）。年平均总径流量为 5.8 亿立方米，年输砂量 29.1 万吨，排洪能力每秒 250 立方米，最大防洪能力每秒 500 立方米（新塌河汇流处以下河段泄水量大于每秒 2000 立方米）。

塌河。又称漏沟。主要承泄临淄、青州、广饶三县市客水，汇入市境内水。市境内长 39.72 公里，流域面积 1193 平方公里，河底宽 40 ～ 60 米，排涝流量每秒 70 立方米，防洪流量每秒 125 立方米，20 年一遇防洪流量每秒 493 立方米。

丹河。古称丹水。丹河是寿光市东部最大的河流，境内长 50.39 公里，境内流域面积 522 平方公里，20 年一遇防洪流量每秒 337 立方米。丹河作为引弥灌溉送水河道，主要灌溉农田。回灌补源面积 25 万亩，年回灌补源量 4000 万立方米。2016 年投资 760 万元，建成丹河人工湿地水质净化工程，随着水生植物的生长繁殖，丹河生态环境明显改善。

桂河。境内长 19.02 公里，境内流域面积 87 平方公里。下游河底宽 17.5 米，堤高 1.5 米，堤顶宽 3 米，设计流量每秒 85.8 立方米。

崔家河。包括四条支流：挑河子、芦洼沟、斟灌沟、郭家营沟，均为人工开挖，承泄境内侯镇、洛城街道（主要为昌大路以东）、稻田镇的坡水，于寿寒边界入崔家河。境内长 10.71 公里，境内流域面积 130 平方公里。

西张僧河。是寿光市西部的重要排水系统，上游发源于孙家集街道，流经圣城街道、古城街道、田柳镇、台头镇、羊口镇，从清水泊农场场部东北部入营子沟。境内全长 40.96 公里，总流域面积 390 平方公里，上游河槽底宽 10 米，口宽 16 米，河槽泄流能力每秒 40 立方米，5 年一遇排涝流量每秒 76 立方米。

张僧河东支。是寿光市中部贯穿南北的一条骨干排涝及灌溉河道。发源于孙家集街道，流经圣城街道、古城街道、田柳镇、营里镇、羊口镇，于清水泊农场 3 营前入弥河分流。河道总长度 35.4 公里，终点流域面积 157 平方公里。城区段 5 年一遇排涝流量每秒 58 立方米。

织女河。发源于淄博市临淄区、潍坊市青州市的山丘地区。境内全长 10.64 公里，入境流域面积 341 平方公里，自阳河汇入后，流域面积为 757 平方公里。2015 年对织女河进行治理，河槽清淤疏浚，两岸加固恢复堤防，对老织女河左堤堤顶柏油硬化，兼作防汛交通道路。

阳河。又称洋河。发源于淄博市临淄区，经青州市、广饶县入寿光境，于郑家埝村东北汇入织女河。在付家庄西有龙泉河汇入，在北洋头村西分别有乌阳河、王钦河汇入。阳河境内长 9.5 公里，入境流域面积 192.5 平方公里，下游入织女河处流域面积 318 平方公里。

龙泉河。原名灵泉河。发源于青州市仙人谷，在青州市张高村北入寿光境，向北流经化龙镇、台头镇汇入阳河。境内长 5.94 公里，入境流域面积 51 平方公里，入阳河处流域面积 86 平方公里。

乌阳河。又称乌阳沟、乌洋沟。发源于青州市褚马庄前，由青州市邢家屯北入寿光境，经化龙镇、台头镇，在北洋头村西北汇入阳河。境内长 14.5 公里，入境流域面积 48.2 平方公里，入阳河处流域面积 98 平方公里。1974 年 10 月，由丰城公社进行裁弯改道治理，自此旧河道废弃还田。

王钦河。发源于青州市口埠西，在周家庄北入寿光境，在北柴村北汇入乌阳河。市境内长 19.62 公里，入境流域面积 58.4 平方公里，入乌阳河处流域面积 88 平方公里。

伏龙河。又名附龙河。发源于青州市口

埠西，在文家街道安乐屯村西流入寿光境，原至北台头入塌河。市境内长20.5公里，入境流域面积3.8平方公里。自1978年益寿新河挖成后，从安乐屯以下河段已填平还耕。

跃龙河。分东西两条，俗称夹河。西跃龙河发源于青州市口埠镇，在张楼店村东入寿光境，在东罗桥村南与东跃龙河汇合，境内长9公里，入境流域面积为49.3平方公里，下游汇合处流域面积为84平方公里。东跃龙河发源于青州市口埠东与寿光市交界处，在东罗桥村南与西跃龙河汇流。境内长15.83公里，入境流域面积为10平方公里，下游汇合处流域面积为69.7平方公里。两股汇流总流域面积129平方公里。自1978年益寿新河挖成后，西跃龙河在庞家村西纳入益寿新河；东跃龙河在潍高公路南纳入冀王沟。自此，潍高公路以南原河废弃，潍高公路以北旧河尚存，仍作排内涝坡水之用。

益寿新河。分为东西段和南北段。东西段西起原益都县周家庄西南新乌阳河，向东在周家庄南纳入王钦河，再向东入寿光境内，在文家街道安乐屯村西北纳入伏龙河，于庞家庄西又东、西跃龙河汇入后拐弯向北，于巨淀湖农场东南汇入塌河。境内长28.37公里，入塌河处流域面积306.2平方公里，境内流域面积252平方公里，流量每秒118.2立方米。

雷埠沟。发源于广饶县雷埠村西南，于南木桥村入寿光境，经北木桥村东，在东北坞村南入塌河。境内长7公里。1970年10月，寿光、广饶两县将雷埠沟从小码头村东改道向北入塌河。

【气 候】 总的气候特征。气温较常年略偏高，降水、光照均偏少。主要气象灾害为暴雨、干旱。

气温。2016年平均气温14.2℃，较常年同期偏高0.9℃。1月份平均气温较常年偏低，其余各月均较常年偏高。

年极端最低气温零下18.7℃，出现在1月23日，年极端最高气温38.2℃，出现在7月25日；日最高气温大于等于36.0℃的日数10天，最大冻土深度35厘米，出现在2月3—6日；1月平均气温-3.1℃，较常年偏低0.7℃，3月份平均气温8.9℃，较常年偏高2.3℃。

降水。2016年降水量487.7毫米，较常年偏少70.8毫米。2月份降水量30毫米，较历年偏多19.7毫米，10月份降水量40.6毫米，较历年偏多10毫米，12月份降水量16.7毫米，较历年偏多8.6毫米，其余月份降水均偏少。

日照。2016年日照时数2379.2小时，较常年偏少65.3小时。1月份较历年偏多8.6小时，2月份221.8小时，较历年偏多52.6小时，3月份276.6小时，较历年偏多68.5小时，其它各月较历年偏少。

四季气候特征。2016年，寿光市四季气温均较常年偏高；降水除2月、10月、12月较常年偏多外，其余降水均较常年偏少；日照春季较常年偏多，夏、秋、冬季较常年偏少。

冬季气温较常年偏高，降水偏少，光照偏多。冬季平均气温-0.1℃，较历年偏高0.4℃；冬季降水量34.2毫米，较历年偏多10.4毫米；日照时数55.1小时，较历年偏多44.6小时。

春季气温较常年偏高，降水偏少，光照偏多。春季平均气温15.3℃，较常年偏高1.7℃；降水量67.3毫米，较常年偏少18.5毫米；日照时数774.2小时，较常年偏多65.8小时。

夏季气温偏高；降水偏多，日照偏少。

夏季平均气温 26.4℃，较常年偏高 0.7℃；降水量 281.2 毫米，较常年偏多 16 毫米；日照时数 633 小时，较常年偏少 16.5 小时。

秋季气温偏高，降水偏多，光照偏少。秋季平均气温 15.0℃，较历年偏高 0.7℃；降水量 89 毫米，较历年偏少 9.4 毫米；日照时数 446.7 小时，较历年偏少 135 小时。

【气象灾害及其影响】 雾霾。2016 年出现雾霾天气 28 天，其中出现大雾 14 天、霾 14 天，雾霾天气致使交通受阻，空气质量显著下降，恶劣的天气状况给人们的出行及生产生活带来严重不便。

暴雨、雪。2016 年，全市没有出现大范围的暴雪冰冻异常天气现象，只有 1 月 22 日出现中雪，城区降水量 3.3 毫米；2 月 11—13 日，出现雨雪天气，过程降水量 29.3 毫米，据调查未出现灾情；8 月 8 日、14 日出现 2 次暴雨天气，双王城、化龙、纪台、孙家集超过 50 毫米，未造成大的灾害。

干旱。2016 年除 2 月、10 月、12 月外，其余月份寿光市降水量较常年均偏少，降水时空分布不均，市境北部农作物出现轻旱，未造成大的灾害。

大风、冰雹。2016 年 6 月 30 日下午，寿光市出现强对流天气，全市出现 8 级大风，局部镇（街道）阵风达 11 级并伴有冰雹，给全市工农业生产造成较大的损失。

政区 人口 民族

【行政区划】 寿光市位于山东半岛北部，渤海莱州湾南畔，辖 5 个街道，分别是圣城街道、洛城街道、孙家集街道、文家街道、古城街道（与寿光经济开发区实行街区合一建制）；9 个镇，分别是羊口镇、侯镇、台头镇、田柳镇、化龙镇、营里镇、稻田镇、田马镇、上口镇；1 个经济园区，即双王城生态经济园区；975 个行政村（居委会）。陆域面积 1990.1 平方公里，耕地面积 156.1 万亩，海岸线长 30 公里，陆地边界线长 389.8 公里。

【人　口】 2016 年年末，寿光市户籍户数 332937 户，户籍人口 1084687 人，其中城镇人口 583101 人、乡村人口 501586 人。分性别看，男 546425 人，女 538262 人。分年龄段看，0 ～ 17 岁 199220 人，18 ～ 34 岁 251157 人，35 ～ 59 岁 401012 人，60 岁及以上 233298 人。全年出生 16478 人，其中男 8858 人、女 7620 人。死亡 5978 人，其中男 3310 人、女 2668 人。省内迁入 1520 人，省外迁入 849 人。迁往省内 1243 人，迁往省外 778 人。户籍人口自然增长率 9.7‰。男女性别比为 101.5 :100。

【民　族】 2016 年年底，全市共有 42 个民族，其中，汉族 1093720 人，阿昌族 1 人，白族 61 人，布朗族 1 人，布依族 15 人，藏族 14 人，朝鲜族 47 人，达斡尔族 11 人，傣族 71 人，侗族 4 人，俄罗斯族 2 人，鄂伦春族 1 人，鄂温克族 1 人，哈尼族 230 人，回族 105 人，基诺族 2 人，京族 1 人，景颇族 5 人，拉祜族 18 人，黎族 31 人，傈僳族 51 人，满族 311 人，毛南族 1 人，蒙古族 143 人，苗族 52 人，仫佬族 2 人，纳西族 4 人，怒族 2 人，普米族 10 人，羌族 4 人，撒拉族 1 人，畲族 3 人，水族 1 人，土家族 35 人，土族 1 人，佤族 17 人，锡伯族 3 人，瑶族 8 人，彝族 203 人，仡佬族 3 人，壮族 98 人，其他 10 人。

【2016年寿光市国民经济和社会发展统计公报】

2016年，面对复杂多变的宏观环境，全市上下紧紧围绕“建设品质寿光，创造美好生活”总目标，牢牢把握稳中求进总基调，积极适应经济发展新常态，以供给侧结构性改革为主线，深入实施创新驱动战略，抢抓新机遇，培育新动能，全市经济运行稳中有进，居民收入持续增加，社会事业全面进步，实现“十三五”良好开局。

一、综合。初步核算，全年完成地区生产总值（GDP）856.8亿元，按可比价计算，同比增长7.6%。其中，第一产业增加值97.3亿元，同比增长4.4%；第二产业增加值364.1亿元，同比增长7.2%；第三产业增加值395.3亿元，同比增长8.7%。一、二、三产业对经济增长的贡献率分别为6.8%、42.0%和51.2%，分别拉动GDP增长0.5、3.2和3.9个百分点。三次产业结构比由上年的11.54 : 44.23 : 44.23调整为11.36 : 42.50 : 46.14，三产比重同比提高1.91个百分点，首次实现产业结构由“二三一”到“三二一”标志性转变。

二、农业。全年完成农林牧渔业总产值194.8亿元，按可比价计算同比增长4.8%。

农业生产态势平稳。粮食播种面积130.0万亩，同比下降1.0%，粮食总产64.7万吨，同比增长2.1%。其中，夏粮播种面积63.3万亩，同比下降5.3%，夏粮总产31.2万吨，同比下降5.6%；秋粮播种面积66.7万亩，同比增长3.5%，秋粮总产33.5万吨，同比增长10.4%；棉花播种面积14.6万亩，同比下降30.8%，总产1.1万吨，同比下降7.6%；水果总产量4.5万吨，同比下降26.7%；瓜菜播种面积82.1万亩，同比下降3.4%，瓜菜总产456.6万吨，同比下降1.0%。全市通过审定、鉴定的蔬菜品种达到46个。全市新增农民专业合作社217个，总数达2569家，已取得认证资格证的家庭农场1315家。

林业生产增速下降。全年完成造林面积1034公顷，同比下降63.1%；育苗面积900.4公顷，同比下降15.8%；四旁植树300万株，同比下降6.3%；活立木蓄积量102.2万立方米，同比增长0.4%；林木覆盖率27.8%，同比提高1.0个百分点。

畜牧业生产保持稳定。年末生猪存栏60.8万头，同比增长31.9%，出栏101.9万头，同比增长15.5%；牛存栏0.7万头，同比增长0.7%，出栏0.2万头，同比下降32.6%；羊存栏13.2万只，同比下降7.9%，出栏14.8万只，同比增长3.9%;家禽存栏1785.5万只，同比增长4.7%，出栏6286.7万只，同比下降6.5%；全年肉类总产量17.0万吨，同比增长1.6%；禽蛋产量2.2万吨，同比下降25.7%；奶类总产量1.1万吨，同比增长14.4%。

渔业生产稳中有升。全年完成渔业总产值18.2亿元，按可比价计算同比增长4.6%。水产品产量22.8万吨，同比增长1.8%，其中海洋捕捞14.9万吨，同比增长1.6%；海水养殖7.1万吨，同比增长1.9%；淡水养殖0.8万吨，同比增长4.8%。

农业机械化进程稳步推进。全市农业机械总动力113.4万千瓦。全年完成机耕面积161.5万亩，机播面积169.0万亩，机收面积136.3万亩，机耕水平、机播水平和机收水平分别达到100.0%、74.5%和60.1%。

农村水利基本建设扎实推进。全市完成水利工程建设投资1.0亿元，开工建设地表水综合利用北部水系联网灌溉一期工程、小清河扬水站灌区节水配套改造工程、胶东调水干渠西张僧河应急取水工程；实施农田水利项目县工程，发展高效节水灌溉面积1.74

万亩；开展丹河人工湿地水质净化工程，生态治理河道 40 公里。

三、工业和建筑业。工业生产平稳增长。规模以上工业完成总产值 1884.7 亿元，同比增长 3.2%；增加值同比增长 6.7%。其中，轻工业完成产值 467.9 亿元，同比增长 5.0%；重工业完成产值 1416.9 亿元，同比增长 2.5%，轻重工业之比为 24.8：75.2。全市 30 个行业大类中有 18 个行业产值实现增长，9 个行业产值超过 60 亿元。

经济效益有所提高。规模以上工业实现主营业务收入 1901.1 亿元，同比增长 2.4%；实现利润 98.1 亿元，同比增长 1.4%；实现利税 139.4 亿元，同比增长 3.9%。资产负债率为 59.8%，同比下降 3.4 个百分点；每百元主营业务收入中的成本为 89.0 元，同比下降 0.5 元。

企业规模不断扩大。全市 500 家规模以上工业企业户均主营业务收入达 3.8 亿元，同比增加 0.1 亿元。年主营业务收入过亿元的企业 168 家。其中，过 10 亿元的企业 30 家，过 50 亿元的企业 7 家，过 100 亿元的企业 5 家，过 200 亿元的企业 1 家。

百亿级产业逐步崛起。国华寿光发电厂顺利投产，清洁煤电产业实现零的突破，全市八个百亿级产业中五个产业收入超过 50 亿元，橡胶新材料和木制品两个产业收入已超过百亿元。八个百亿级产业共实现主营业务收入 497.5 亿元，占规模以上工业的比重达到 26.2%；同比增长 6.9%，增幅高于规模以上工业平均水平 4.5 个百分点。

工业品出口形势稳定。规模以上工业完成出口交货值 166.3 亿元，同比增长 3.2%。其中增长较快的行业有造纸和纸制品业、木材加工和木制品业、橡胶和塑料制品业等。

超六成工业品产量增长。在统计范围内的 101 种工业品中，有 63 种产品产量同比增长，占比为 62.4%。其中，无纺布、鲜冷藏肉、家具、烧碱、初级形态塑料、沥青和改性沥青防水卷材、人造板、橡胶轮胎外胎、饲料等 38 种产品产量同比增长超过 10%。

表 1　2016 年主要工业产品产量及增长速度

产品名称	单位	产品产量	同比增长（%）
原盐	万吨	410.94	−10.6
饲料	万吨	130.92	10.2
啤酒	万千升	20.77	−0.5
服装	万件	858.11	0.7
人造板	万立方米	242.29	13.8
机制纸及纸板	万吨	251.79	−7.3
合成氨	万吨	121.72	9.9
化学肥料（折纯）	万吨	73.68	−11.0
化学药品原药	万吨	5.60	8.3
橡胶轮胎外胎	万条	2502.22	13.7
钢材	万吨	365.19	4.3
载货汽车	万辆	5.26	1.7
锂离子电池	万自然只	126.70	−3.9
发电量	亿千瓦时	41.12	−1.8
供电量	亿千瓦时	67.05	0.7

建筑业总产值略有下降。全年完成建筑业总产值 168.4 亿元，同比下降 2.5%。签订合同额 195.1 亿元，同比下降 1.6%，其中，2016 年新签合同额 130.5 亿元，同比下降 2.0%。房屋施工面积 1450.2 万平方米，同比下降 3.6%，其中，房屋新开工面积 688.9 万平方米，同比增长 3.1%。竣工价值 96.3 亿元，同比增长 8.9%。

四、固定资产投资。固定资产投资缓中趋稳。全年完成固定资产投资 630.9 亿元，同比增长 10.5%。其中计划总投资过亿元项目 275 个，完成投资额 507.9 亿元，同比增长32.8%。按产业划分，一产投资完成35.8亿元，同比增长23.5%；二产投资完成344.0亿元，同比增长3.9%；三产投资完成251.1亿元，同比增长16.5%。三次产业投资结构比由上年的5.0 : 57.5 : 37.5调整为5.7 : 54.5 : 39.8。

八大百亿级产业投资实现平稳增长。八大百亿级产业全年完成固定资产投资175.9亿元，同比增长6.0%，占全部固定资产投资的比重为27.9%。其中，以英利绿色纤维一体化项目为代表的生物基新材料产业完成投资31.8亿元，同比增长25.7%；以威能电源为代表的新能源产业完成投资22.2亿元，同比增长116.7%；以山橡防水为代表的新型防水材料产业完成投资27.0亿元，同比增长32.0%；以鲁丽木业、康成木材为代表的木制品产业完成投资65.2亿元，同比增长198.6%。

房地产开发投资下降，商品房销售实现较快增长。全年房地产开发投资61.4亿元，同比下降9.3%。其中，住宅投资44.4亿元，同比下降8.2%;商业营业用房投资8.9亿元，同比下降9.3%。房屋施工面积861.2万平方米，同比下降1.1%；2016年房屋竣工面积140.0万平方米，同比下降0.8%。商品房销售面积121.7万平方米，同比增长22.9%；商品房销售额完成46.2亿元，同比增长18.5%。商品房现房待售面积89.9万平方米，同比下降10.3%。

五、国内贸易。国内消费市场运行平稳。全市实现社会消费品零售额296.4亿元，同比增长10.3%，其中限额以上企业实现社会消费品零售额127.7亿元，同比增长5.6%。按消费形态分，批发业零售额72.6亿元，同比增长9.6%；零售业零售额202.0亿元，同比增长10.4%，住宿业零售额3.0亿元，同比增长9.4%，餐饮业零售额18.9亿元，同比增长10.8%。

电子商务产业规模扩大。全市完成电子商务交易额178.6亿元，同比增长28.6%。利用第三方电子商务平台的中小企业超过200家，电子商务企业总数420家，网络店铺9800家。成功举办第三届中国县域电子商务峰会。

六、对外经济。对外贸易取得新突破。全年完成进出口总额253.0亿元，同比增长14.4%。其中出口142.0亿元，同比增长9.2%；进口111.0亿元，同比增长21.9%。全市有出口实绩的企业达到389家，出口过亿元的企业达到18家，过5000万元的企业36家。

合同利用外资下降，实际利用外资增长。合同利用外资13.4亿元，同比下降2.2%；实际到账外资14.3亿元，同比增长14.7%。

对外经济技术合作发展稳定。设立境外企业4家，完成境外投资额0.9亿美元；服务外包稳步发展，市软件园入园企业达到120家，实现产值7.5亿元，新签服务外包合同38份，离岸外包执行金额1.1亿元；外派劳务形势良好，完成对外承包工程营业额0.5亿美元，外派劳务1146人次。

七、交通、邮电和旅游。交通基础设施建设不断完善。全年完成公路建设投资7700万元，组织实施羊田路、南大路2个交通重点项目，维修改造2条县道，改造提升镇村道路93公里。公路通车总里程3366.1公里，其中柏油路通车里程2528.9公里，公路密度每百平方公里169.2公里。

交通运输业发展稳中有进。全年新增营运货车2923辆，更新班线客车2辆，年末公交车保有量达到661辆，其中新增纯电动城乡公交车56辆、纯电动城区公交车38辆、插电式混合动力车1辆。年末营运性机动车保有量达到20435辆，其中营运汽车19233辆，班线客车165辆，出租车376辆，城市公交车424辆，城乡公交车237辆。全年完成公路客运量475.0万人次，同比减少13.0%；旅客周转量3.7亿人公里，同比减少5.5%；完成货运量4788.9万吨，同比增长3.5%；货物周转量105.3亿吨公里，同比增长6.5%。港口吞吐量稳步增长，寿光港完成吞吐量736万吨，同比增长4.8%；羊口港吞吐量304万吨，同比增长22.0%。

邮政电信业运行平稳。全市实现邮政业务总量0.7亿元，电信业务总量7.7亿元。年末电话用户总数为129.1万户，其中固定电话用户12.9万户，移动电话用户116.2万户。

旅游业健康发展。全市共有A级景区9处，其中AAAA级景区5处，AAA级景区2处，AA级景区2处。全市共有星级饭店3家，其中4星级饭店1家，3星级饭店2家。

八、财政和金融。财政综合实力增强。财政总收入127.5亿元，同比增长7.8%，其中一般公共预算收入完成94.7亿元，同比增长6.0%。一般公共预算收入中增值税完成13.2亿元，同比下降16.4%；营业税完成10.3亿元，同比增长28.8%；企业所得税完成3.5亿元，同比下降3.0%；个人所得税完成0.9亿元，同比下降3.2%。一般公共预算支出97.1亿元，同比增长2.4%。民生支出保障有力。教育支出25.0亿元，同比增长2.8%；社会保障和就业支出11.1亿元，同比增长6.1%；医疗卫生支出7.5亿元，同比增长1.4%；农林水事务支出14.2亿元，同比下降18.3%；住房保障支出1.3亿元，同比增长20.2%。

金融信贷规模稳定。年末，15家驻寿银行机构本外币各项存款余额857.1亿元，比年初增加12.6亿元。其中，住户存款余额519.8亿元，比年初增加51.8亿元；本外币各项贷款余额725.7亿元，比年初减少23.1亿元。其中，住户贷款余额为136.6亿元，比年初减少2.5亿元；非金融企业及机关团体贷款余额为589.1亿元，比年初减少20.6亿元。

资本市场运作成绩显著。年内，晨鸣纸业、鲁清石化等企业发行债券融资180.5亿元，同成医药等9家上市挂牌企业实现股权融资0.8亿元，企业直接融资规模达到181.3亿元，融资结构进一步优化。全年新增105家挂牌（托管）企业。同成医药、亿嘉股份2家企业在新三板挂牌；燎原农业等103家企业在齐鲁股权交易中心挂牌，齐鲁股权交易中心挂牌数量达到133家；场外挂牌企业达185家。全市累计有7家企业10只股票实现资本市场上市交易，其中A股2只、B股1只、H股3只、创业板1只、国外上市交易3只。

新型金融组织发展迅速。新引进中信证券、广发银行、华夏银行、东营银行4家金融分支机构，组建潍坊亚金联融资租赁公司等4家地方金融组织。

保险行业保持良性发展。驻寿保险机构70家，全年实现保费收入18.2亿元，同比增长8.3%，各项赔给付4.4亿元，同比增长18.9%。其中，财产险实现险保费收入6.9亿元，同比增长11.3%，赔款支出3.6亿元，同比增长12.5%；人身险实现保费收入11.3亿元，同比增长6.6%，赔款支出0.84亿元，同比增长64.7%。

九、科学技术。科技创新能力不断增强。潍坊市级以上各类科技计划项目立项50项，其中国家级项目2项、省级项目8项，潍坊市级40项；新认定高新技术企业18家；新认定潍坊市级工程技术研究中心3个、重点实验室4个、产业技术创新战略联盟1个；获得省科技进步二等奖1项、潍坊市科技奖项37项、国家级技术市场科技金桥奖优秀项目奖1项、省级科技金桥奖优秀项目奖2项；3家星创天地通过科技部备案、8家院士工作站通过省科技厅备案；建设产学研合作机构9家。年末，全市共有高新技术企业45家、产业技术创新战略联盟6家、潍坊市级以上工程技术研究中心75家、重点实验室16家、科技企业孵化器4家、院士工作站8家。

专利产品成绩显著。全年专利申请总量2673件，同比增长14.1%，专利授权总量1358件，同比下降28.2%。其中，发明专利申请量674件，同比增长42.5%；发明专利授权159件，同比增长3.9%。

品牌创建工作取得新突破。全年商标申请量2450件，核准注册量1235件，累计有效注册商标7687件。企业新创驰名商标2件，总量达23件；新认定山东省著名商标3件，续展著名商标13件，总量达58件。新评山东名牌10个，总数达71个。新申请地理标志证明商标2件，总量达14件。

人才队伍建设力度加大。全年引进高层人才386人，外国专家192人次，执行国家高端外国专家项目1个，新增山东省有突出贡献的中青年专家1人，1人入选“山东省有突出贡献技师”。新增“外专千人计划”专家1人，全市国家“外专千人计划”专家达到4人。

十、城乡建设、环境保护和安全生产。城市基础设施建设取得新成绩。注重新区建设和旧城改造同步推进，实施市政工程52项，尧河路北伸改造、文远路改造等32项完工，新修改造城区道路14公里、排水管道42.7公里，清理疏通排水管网380公里；投资0.7亿元新建两个一般固体废弃物处理厂；实施24个路段路灯工程，安装路灯1291基。加快天然气输配设施建设，搬迁天然气门站1处，铺设中低压管网47公里，改造液化气站23个。扎实推进老旧小区改造，三里、南关两个试点小区改造已全部完成，改造建筑面积3.0万平方米。新增改建城市绿地420公顷，栽植乔灌木500万株。

新型城镇化工作稳步开展。投入25.1亿元配套完善小城镇基础设施和公共服务设施。新建新型农村社区8个，新建农房3361户，完成农村危房改造457户，完成农村无害化卫生厕所改造47089户。年末城镇化率达到59.52%。

环境保护工作成效明显。启动禁燃区扩建，禁燃区范围扩大到200平方公里。实施新上工业项目大气主要污染物新增总量交易，完成排污权交易38笔，交易二氧化硫84.3吨、氮氧化物177.9吨。空气、地表水得到明显改善，空气质量优良天数同比增加47天，重度及以上污染天数同比减少16天，主要污染物PM10、PM2.5、二氧化硫平均浓度分别为109微克/立方米、66微克/立方米和38微克/立方米，同比分别改善18.1%、19.5%和20.8%；境内河流全部达到地表水五类物质标准，河流断面主要污染物COD和氨氮平均浓度为30毫克/升和0.54毫克/升，同比分别改善20.1%和41.7%。

全年共发生生产安全事故19起，同比下降9.5%；死亡15人，同比上升66.7%。

十一、教育、文化、卫生和体育。教育事业全面发展。教育资源更加均衡，全市跨校竞聘教师497人，到农村学校支教竞聘66人，农村新招聘教师到城区优质学校顶岗实习121人。教育重点工程建设顺利，完成12处农村学校塑胶操场建设，实施破解大班额工程和“全面改薄”工程，新建改扩建学校23所。高考上线人数实现新突破，全市高考报名10102人，同比减少1799人，文理一本上线2445人，同比增加232人。年末共有普通高校1所，在校学生18606人；

中职学校2所，在校学生14655人；普通高中7所，在校学生22381人；初中37所，在校学生31645人；小学100所，在校学生66840人；幼儿园168所，在园人数35940人；特殊教育学校1所，在校学生150人。

公共文化服务水平提升。提升建设6处镇街综合性文化服务中心，14个镇街建设图书馆分馆以及镇图书馆。图书馆现存图书85.4万册，其中电子图书10万册，纸质图书75.4万册。“寿光卤水制盐技艺”列入国家级非物质文化遗产代表性项目名录，“月宫图”“闹海”“百鸟朝凤”“宏源白酒传统酿造技艺”“寿光卤水制盐技艺”“寿光蔬菜生产习俗”列入山东省级非物质文化遗产代表性项目名录，共有1项国家级非遗项目、6项省级非遗项目。

卫生事业快速发展。全市建成高标准卫生室231处，在3家市直二级以上医院和16处镇街卫生院启动分级诊疗试点工作；全市建立居民电子健康档案95.0万份。全市免疫规划“八苗”全程接种率为97.1%。年末共有各类医疗卫生机构711个，其中医院12个，基层医疗卫生机构679个；各类医疗卫生机构实有床位5308张，卫生技术人员6355人，其中执业（助理）医师以上人员2324人。

体育事业取得新成绩。承办2016年中国女子篮球联赛（山东主场）、中国城市足球联赛等国家级和省级大型赛事35场次；组织“体育之星”和第七届全民运动会等系列体育活动。为308个行政村和3个社区捐献体育健身设施，实现975个行政村体育健身设施全覆盖。

十二、人口/居民生活/就业和社会保障。人口增长速度加快。全年出生人口16478人，死亡人口5978人，户籍人口自然增长率9.7‰。年末户籍总人口1084687人，其中男546425人，女538262人，男女性别比为101.5 : 100。

居民可支配收入和生活消费支出增加。据抽样调查，全市城乡居民人均可支配收入27324元，同比增加2203元，同比增长8.8%。人均生活消费支出16781元，消费支出占可支配收入的比重为61.4%。

饮食结构日趋合理，生活水平进一步提高。主、副食消费持续增加，并向着多样化发展。居民全年人均消费粮食163.2公斤，同比增加6.4公斤；消费肉及肉制品19.5公斤，同比增加1.3公斤；消费蛋类19.0公斤，同比增加1.9公斤；消费奶类11.2公斤，与上年基本持平；消费水产品10.4公斤，同比减少0.7公斤；消费油脂类8.9公斤，同比增加1.4公斤；消费瓜果类73.1公斤，同比增加6.1公斤；消费糖果糕点类5.0公斤，同比增加0.8公斤。

居民生活条件进一步改善。全市居民人均居住面积43.8平方米，增加1.1平方米。安全卫生水饮用率达100%，卫生厕所拥有率达到55%，家庭热水器拥有率达到95%。百户家庭拥有洗衣机107台；彩色电视机121台；微波炉37台；抽油烟机77台；移动电话机246部；照相机21台；电冰箱113台；空调机125台；电动自行车142辆；家用计算机70台；生活用汽车61辆。

就业形势总体保持平稳。全年新增城乡就业24099人，其中，城镇新增就业14739人，农村劳动力转移就业9360人。城镇登记失业率1.34%。

城乡社会保障体系日趋完善。参保人员继续增加，年末全市城镇职工基本养老参保人数14.2万人，其中离退休人员4.0万人。城乡居民养老保险参保人数58.6万人。工伤、失业、生育保险参保人数分别为13.6万人、11.0万人和8.3万人。城市低保对象318人，农村低保对象 14820 人，农村五保供养人员 859 人，社会散养孤儿 90 人。保障标准和保障力度继续提高，企业退休人员养老金提高到每人每月 2017 元；城乡居民基础养老金提高到每人每年 1200 元；城乡低保标准分别为每人每年 6000 元和 3800 元；农村五保集中、分散供养标准分别为每人每年 7200 元和 4200 元。

注：（1）本公报所列数字均为年报快报数或初步统计数，与当年《统计年鉴》不符者，以《统计年鉴》或最后公布数为准。部分数据因四舍五入的原因，存在着与分项合计不等的情况。

（2）地区生产总值、各产业增加值绝对数按当年价格计算，增长速度按可比价格计算，其余指标无特殊说明外，均未剔除价格因素影响。

中共地方组织

中共寿光市委员会

【管理机构】 市委工作部门：2016年，市委工作部门共11个，分别是市委办公室、市纪律检查委员会、市委组织部、市委宣传部、市委政法委员会、市委统一战线工作部、市机构编制委员会办公室、市委市直机关工作委员会、市委台湾工作办公室、市扶贫开发领导小组办公室、市委巡察办公室。

部门管理机构：市委老干部局、市信访局。

直属事业单位：市委党校、市委市政府接待办、市民兵预备役训练基地。

群众团体：总工会、计划生育协会机关、共青团、妇联、工商联、科协、残联。

市委办公室。2016年，市委办公室内设综合科、常委值班室、秘书科、行政科、组织人事科、信息调研室、综合考核办公室7个职能科室；下辖市委机要局、市委保密委员会办公室、市委研究室；市委办公室另设有市委网络管理中心和市委办公室车队两个事业单位（2016年12月，市委办公室车队已取消）。市委全面深化改革领导小组办公室作为常设性机构，设在市委办公室。

【市委领导成员】 2016年，中共寿光市委领导班子成员如下：

书 记：朱兰玺

副书记：赵绪春、邱 旺（6月离职）、孙修炜（6月任职）

常 委：孙修炜（12月任职）、李宝华、王惠玲、张振城（12月任职）、侯法强（12月离职）、徐 莹（12月离职）、孙成华（4月离职）、武治强、袁世俊、张逢春（12月任职）、李志平、王霞（12月任职）、乔日升（12月任职）、马焕军（12月任职）、姚庆筱（12月挂职）

【市委常委（扩大）会议】 2016年，寿光市共召开市委常委会议14次，市委常委（扩大）会议8次。研究92项议题。

第1次市委常委会议。1月13日晚，市委书记朱兰玺在市委201会议室主持召开第1次市委常委会议，会议研究关于《政府工作报告》起草情况、关于第二批科技镇长人选情况、关于潍坊市县市区委书记抓基层党建工作述职评议会议精神及寿光市贯彻落实情况、关于《寿光市国民经济和社会发展第十三个五年规划纲要（草案）》编制情况、关于寿光市2016年拟列市重点项目情况、关于2015年预算执行情况和2016年预算草案情况、关于对中心城区进行五年提升建议和2016年市政工程建设计划方案情况、关于潍坊市扶贫开发工作会议精神及寿光市扶贫情况等8项议题。

第2次市委常委（扩大）会议。2月4日下午，市委书记朱兰玺在市委201会议室主持召开第2次市委常委（扩大）会议，会议研究关于市政府服务管理满意度调查评估情况、学习贯彻习近平总书记在中央政治局“三严三实”专题民主生活会上的重要讲话精神、关于传达学习潍坊市纪委十一届八次全会精神及寿光市贯彻落实意见情况3项议题。

第3次市委常委（扩大）会议。2月14日上午，市委书记朱兰玺在市委201会议室主持召开第3次市委常委（扩大）会议，会议研究关于2015年度镇（街区）科学发展考核情况、关于全市总结表彰会议表彰奖项评选情况2项议题。

第4次市委常委（扩大）会议。2月21日上午，市委书记朱兰玺在市委201会议室主持召开第4次市委常委（扩大）会议，会议传达学习潍坊市人大、政协“两会”精神及杜昌文参加寿光代表团审议讨论时的讲话精神，研究关于朱兰玺在全市经济工作暨总结表彰会议上的讲话起草情况、关于全市化工产业转型升级意见等议题。

第5次市委常委会议。3月12日上午，市委书记朱兰玺在市委201会议室主持召开第5次市委常委会议，会议传达学习和研究杜昌文到寿光市调研情况、潍坊市委关于搞好“回头看”深化省委巡视反馈问题整改工作方案、关于省委巡视组反馈意见整改“回头看”情况，研究关于国土资源管理工作情况、关于潍坊市深化“三八六”环保行动加快绿色发展会议精神贯彻情况、关于市纪委有关案件处理情况等议题。

第6次市委常委会议。3月26日上午，市委书记朱兰玺在市委201会议室主持召开第6次市委常委会议，会议传达和研究潍坊市纪委等三部门《关于深入开展“为官不为”问题专项整治工作方案》情况，研究关于建立健全党员干部容错免责机制的实施办法（试行）情况、关于全市天然气市场整合情况、关于金光街跨河大桥设计方案情况等议题。

第7次市委常委（扩大）会议。4月7日上午，市委书记朱兰玺在市委201会议室主持召开第7次市委常委（扩大）会议，会议传达中共中央关于郭伯雄严重违纪违法案及其教训的通报、潍坊市信访工作联席办《关于切实做好重点上访群体和人员工作的通知》精神，研究关于2015年度市直部门（单位）绩效综合考核情况、关于降低实体经济企业成本行动实施方案、关于餐厅补贴改革方案情况等议题。

第8次市委常委会议。4月25日下午，市委书记朱兰玺在市委201会议室主持召开第8次市委常委会议，会议研究关于学习习近平在审议“两学一做”学习教育方案时的讲话（节选）及贯彻落实潍坊市“两学一做”学习教育工作座谈会议精神情况，关于贯彻落实潍坊市委党校工作会议精神情况，关于供给侧结构性改革补短板实施方案，关于加快淘汰落后产能、鼓励和引导企业兼并重组政策，关于鼓励上下游企业协同发展意见，关于鼓励新兴产业发展实行差别化地价政策、关于机关餐厅改革办法7项议题。

第9次市委常委会议。5月7日上午，市委书记朱兰玺在市委201会议室主持召开第9次市委常委会议，会议研究关于贯彻落实省、潍坊市机构编制工作暨综合行政执法体制改革和省综合行政执法体制改革现场会议精神情况、关于农村社区服务中心建设提升情况、关于传达贯彻潍坊市党委（党组）意识形态工作责任制座谈会精神情况、关于全国文明城市测评情况、关于《寿光市文明单位、文明村镇、文明社区建设管理办法》修订情况、关于传达贯彻潍坊市老干部工作会议精神情况、关于传达贯彻全省政协委员队伍建设座谈会精神情况、关于机关事业单位相关补贴情况等 8 项议题。

第 10 次市委常委会议。5 月 21 日上午，市委书记朱兰玺在市委 201 会议室主持召开第 10 次市委常委会议，会议研究关于老旧小区改造实施方案情况、关于固体废物环境问题综合整治工作实施方案、关于乡村医生社会保险情况、关于贯彻落实潍坊市干部监督工作座谈会暨县镇换届风气监督专题部署会议精神情况 4 项议题。

第 11 次市委常委会议。6 月 18 日上午，市委书记朱兰玺在市委 201 会议室主持召开第 11 次市委常委会议，会议研究关于监督执纪“四种形态”实践运用规则情况、关于 2016 年优秀共产党员、优秀党务工作者和先进基层党组织推荐评选情况 2 项议题。

第 12 次市委常委（扩大）会议。6 月 29 日晚，市委书记朱兰玺在市委 201 会议室主持召开第 12 次市委常委（扩大）会议，听取市公车改革领导小组办公室主任卢立男、市机关事务管理局局长王德生、市委组织部常务副部长卢法贵关于寿光市公车改革方案及相关情况的汇报。

第 13 次市委常委（扩大）会议。8 月 2 日上午，市委书记朱兰玺在市委 201 会议室主持召开第 13 次市委常委（扩大）会议，会议研究关于 2016 年度镇（街区）、市直部门（单位）考核办法修改情况、关于《加快建设人才强市的若干意见》《社会化招才引智激励办法》和第三批“双百计划”人选等情况。

第 14 次市委常委会议。8 月 16 日上午，市委书记朱兰玺在市委 201 会议室主持召开第 14 次市委常委会议，会议研究关于市委十三届九次全体（扩大）会议报告起草情况、关于潍坊市县镇领导班子换届工作会议精神、关于进一步防范和化解企业金融风险的若干政策、关于全市渔船管控工作、关于市纪委有关案件处理情况 5 项议题。

第 15 次市委常委（扩大）会议。9 月 5 日上午，市委书记朱兰玺在市委 201 会议室主持召开第 15 次市委常委（扩大）会议，会议研究关于潍坊滨海海洋经济新区建设领导小组成员（扩大）会议贯彻落实问题、关于全省美丽乡村标准化建设暨节水农业与水肥一体化现场会议贯彻落实问题、关于贯彻落实中央八项规定精神整改落实自查情况、关于全力支持大型以上企业发展政策措施情况、关于深化新闻传媒事业体制机制改革实施方案、关于潍坊市开放发展大会贯彻落实问题、关于落实“三转”要求加快开发区转型升级情况、关于上半年全市环境保护工作开展情况、关于寿光市综合行政执法体制改革工作方案情况、关于市镇领导班子换届工作意见和方案起草情况 10 项议题。

第 16 次市委常委会议。9 月 26 日上午，市委书记朱兰玺在市委 201 会议室主持召开第 16 次市委常委会议，会议研究关于学习《山东省党政领导干部生态环境损害责任追究实施细则（试行）》情况、关于环卫集团改革改制方案、关于“寿光人民勋章”获得者有关待遇意见情况、关于停止执行调离寿光的 15 名寿光市第十三次党代会代表职务情况等 4 项议题。

第 17 次市委常委（扩大）会议。11 月 7 日下午，市委书记朱兰玺在市委 201 会议室主持召开第 17 次市委常委（扩大）会议，会议研究传达《中纪委中组部关于对河北等 16 省（区、市）换届风气督查情况的通报》《关于赵海燕等 7 起违反换届纪律问题的通报》情况，关于贯彻落实中央八项规定精神情况，关于全市扶贫工作情况，关于政治协商和市政协、市工商联换届工作情况，关于全市破产案件审理情况，关于传达潍坊市安全生产工作会议精神和寿光市安全生产现状及建议情况，关于学习上海金山第二化工园区内部管理情况，关于对重庆市开州区扶贫协作情况 7 项议题。

第 18 次市委常委会议。11 月 16 日下午，市委书记朱兰玺在市委 201 会议室主持召开第 18 次市委常委会议，会议研究关于促进城投健康发展意见情况、关于省级和潍坊市级文明单位（村镇、社区）推荐情况、关于市镇两级党委换届工作情况 3 项议题。

第 19 次市委常委会议。12 月 13 日下午，市委书记朱兰玺在市委 201 会议室主持召开第 19 次市委常委会议，会议研究关于《中共寿光市委深入学习贯彻党的十八届六中全会精神的意见（草案）讨论稿》情况，关于寿光市人大代表正式候选人、市政协委员人选建议名单情况，关于出席潍坊市第十二次党代会代表初步人选推荐情况，研究干部事宜 4 项议题。

第 20 次市委常委会议。12 月 19 日上午，市委书记朱兰玺在市委 201 会议室主持召开第 20 次市委常委会议，会议听取市委组织部副部长、党建研究会秘书长李炳泉关于推选出席潍坊市第十二次党代会代表候选人初步人选情况的汇报。

第 21 次市委常委会议。12 月 22 日下午，市委书记朱兰玺在市委 201 会议室主持召开第 21 次市委常委会议，会议研究关于中国共产党寿光市第十三届纪律检查委员会向市第十四次党代会工作报告情况，关于市委委员、纪委委员、市人大常委、政协常委、潍坊市人大代表、政协委员初步人选情况 2 项议题。

第 22 次市委常委会议。12 月 30 日下午，市委书记朱兰玺在商务小区 6 号楼 214 会议室主持召开第 22 次市委常委会议，会议听取市委办公室主任李增国关于市十四次党代会报告和《中共寿光市委关于加强自身建设的决定》起草情况的汇报。

【市委全委（扩大）会议】 中共寿光市第十三届委员会第九次全体（扩大）会议。2016 年 8 月 17 日，市委召开十三届九次全体（扩大）会议，回顾总结全市上半年工作，安排部署下半年任务，动员全市上下进一步解放思想、凝聚共识，深入推进产业强市、加快建设品质寿光，确保经济社会发展行稳致远，不断取得新的成绩。市委书记朱兰玺做重要讲话，摘要如下：一是实施“产业强市”战略要坚持四项原则——必须坚持把发展作为第一要务，必须把做强实体经济作为主攻方向，必须把项目建设作为主要抓手，必须把创新驱动作为核心动力。二是实施“产业强市”战略要突出“两强、两抓”四个重点——扎实推进“强镇”建设，为产业强市搭建有力载体；深入实施“强企”工程，为产业强市筑牢坚实基础；全力以赴“抓环境”，为产业强市提供优质服务；持之以恒“抓作风”，为产业强市夯实执行保障。

中共寿光市第十三届委员会第十次全体会议。2016 年 11 月 17 日，市委召开十三届十次全体会议，审议通过关于召开中国共产党寿光市第十四次代表大会的决议。

中共寿光市第十三届委员会第十一次全体会议。2016 年 12 月 6 日，市委召开十三届十一次全体会议，对市委常委会提出新任职的 15 名镇街党政正职进行投票表决，全票通过拟任职务人选。

中共寿光市第十三届委员会第十二次全体会议。2016 年 12 月 14 日，市委召开十三届十二次全体会议，深入学习贯彻党的十八届六中全会和省委十届十五次全会、潍坊市委十一届十次全会精神，审议通过《中共寿光市委关于深入学习贯彻中共十八届六中全会精神的意见（草案）》，分析寿光市全面从严治党形势，安排部署贯彻落实十八届六中全会和省、潍坊市委全会精神的思路举措，推动全面从严治党不断取得新的进展，为加快建设品质寿光提供坚强有力的保证。市委副书记、市长赵绪春传达省委十届十五次全会、潍坊市委十一届十次全会精神。会议表决通过《中共寿光市委关于深入学习贯彻党的十八届六中全会精神的意见（草案）》。市委书记朱兰玺做重要讲话。

中共寿光市第十三届委员会第十三次全体会议。2016 年 12 月 20 日，市委召开十三届十三次全体会议，研究确定寿光市出席潍坊市第十二次党代会代表候选人预备人选。经投票表决，共确定寿光市出席潍坊市第十二次党代会代表候选人预备人选65名，其中党员领导干部 39 名，生产和工作第一线党员 26 名。

【政策研究与信息调研】 政策研究。市委研究室紧紧围绕产业强市、大棚“两改”、工业“两改”、特色产业镇建设等领导重视、群众关心的问题，深入农村、社区、企业，开展调查研究，掌握第一手资料，形成大量有情况、有分析、有建议的调研报告、呈阅件等，同时做好领导讲话、交流发言、项目推介等工作，为市委领导科学决策提供依据，推动全市经济社会持续健康快速发展。

2016 年，先后起草全市农村工作会议、经济工作会议、十三届九次全委会等各类会议讲话 22 篇，撰写推动企业降成本、培育特色小镇、规模企业“股改”逐浪资本市场等各类调研文章、刊发文章、呈阅件 16 篇，提交各类情况汇报、主持词、致辞等材料 39 篇，在全国农业科技大会、中央党校第七期县委书记研修班、王伯祥事迹座谈会等会议交流发言材料 15 篇，均引起良好反响。

信息调研。信息调研室是市委办公室内部科室之一，2016 年共采编上报信息 700 多篇，潍坊市级以上采用 113 篇，连续 10 年获评山东省党委信息系统先进工作单位。市委主办、信息调研室编发的《今日信息》刊物，全年共编发 246 期。

中共寿光市纪律监察委员会

【管理机构】 2016 年 5 月，市纪委机关内设机构进行调整：撤销干部室，设立组织部；撤销监察综合室，设立案件监督管理室；撤销执法和效能监督室，其职能划归党风政风监督室；撤销教育研究室，其职能划归办公室；将“寿光市经济发展软环境投诉中心、寿光市机关效能监察中心”更名为“寿光市廉政教育中心”，更名后原规格、性质及职能不变。调整后，市纪委、监察局机关内设办公室、组织部、党风政风监督室（挂市政府纠正行业不正之风办公室牌子）、信访室（挂寿光市国家行政机关工作人员违法违纪举报中心牌子）、案件监督管理室、第一纪检监察室、第二纪检监察室、第三纪检监察室、案件审理室（挂案件申诉复查室牌子）9 个职能部室。下辖寿光市廉政教育中心，规格正科级，性质为全额事业单位。共有行政编制 55 人、工勤 2 人，实有 60 人；共有事业编制 10 人，实有 8 人。

【责任落实体系建设】 建立“五个清单”明责。继续执行2015年市委建立的党委班子、党委主要负责人、党委班子成员主体责任和纪委监督责任、党政领导班子成员岗位职责“五个清单”制，对党委班子主体责任任务指标43条、党委主要负责人责任17条、党委班子成员责任10条、纪委监督责任30条进行完善，筑牢清单式权责体系。

健全“五项制度”督责。3月，出台落实“两个责任”联席会议、落实主体责任约谈、“四级”述廉、“两级”廉政谈话和责任落实情况检查通报五项制度，先后组织13名市级党政领导班子成员、86名镇街区党（工）委书记、市直部门主要负责人向市纪委全会述廉述责，组织30个驻在单位领导班子成员向派驻纪检组述廉；市纪委常委同136名党政主要负责人、纪委书记、纪检组组长围绕落实“两个责任”开展廉政谈话；镇街纪委与基层站所负责人、村“两委”负责人开展廉政谈话2673人次，查纠问题408个；市委常委、党员副市长带队，每半年对部门单位落实“两个责任”情况进行一次调度检查，检查情况纳入全市科学发展综合考核，全年共对存在部署和开展党风廉政建设工作不及时、不主动等行为的19名单位主要负责人进行提醒约谈。

建设“一个平台”查责。继续完善2015年在全省率先建成集“目标管控、责任分解、动态监督、过程留痕、考核评价”于一体的党风廉洁建设“两个责任”管理系统，强化项目管理、时效管理和绩效管理。2016年，先后对20个单位99项重点工作进行挂牌督办。

明确“六种情形”问责。继续把严格责任追究作为落实党风廉洁建设责任制的最后一道防线，全年先后对8名党员干部实施党内问责。

【正风肃纪】 畅通监督渠道。2016年，聘请196名党风政风监督员，研发纠“四风”（即形式主义、官僚主义、享乐主义和奢靡之风）监督举报平台APP，开通正风肃纪“随手拍”平台，打造来信、来访、电话、网络、APP“五位一体”监督举报机制。紧盯重要时间节点，每月组织一次集中明察暗访，先后开展明察暗访23次，发现并纠正各类问题66个。

严格执纪追责。深入开展“四风”问题专项整治，全年查处违反八项规定精神案件20起20人。围绕为官不为、扶贫资金、财政专项资金等重点领域，在全市开展专项整治，强化监督执纪，先后查处损害群众利益问题296起298人；发现“为官不为”问题38个，给予党纪政纪处分10起10人，按照“四种形态”（第一种：党内关系要正常化，批评和自我批评要经常开展，让咬耳扯袖、红脸出汗成为常态；第二种：党纪轻处分和组织处理要成为大多数；第三种：对严重违纪的重处分、做出重大职务调整应当是少数；第四种：严重违纪涉嫌违法立案审查的只能是极极少数）及其他方式处理40人。

强化警示震慑。继续加大通报曝光力度和密度，全年点名道姓通报曝光典型案件168起176人，持续释放越往后执纪越严、处理越重的强烈信号。

【严格执纪审查】 科学把握运用“四种形态”。6月，协助市委制定《关于监督执纪“四种形态”实践运用规则（试行）》，规定实践“四种形态”党委负主体责任，纪委负监督责任，明确应予“四种形态”处理的党组织8种情形、党员12种情形、党员领导干部7种情形。全年全市运用“四种形态”共处理问题982人，其中第一种形态541人、第二种形态311人、第三种形态127人、第四种形态3人。寿光市的经验做法被《新华社山东要情动态》等媒体进行宣传报道。3月，协助市委出台《关于建立健全党员干部容错免责机制的实施办法（试行）》，鼓励支持党员干部在新常态下大胆解放思想、干事创业。

强化信访举报工作。完善升级信访举报“三色预警”（即受理的信访举报件全部录入“三色预警管理平台”，自动实行“红、黄、绿”三色预警）管理平台，继续严格落实“实名举报反馈”制度和“双向承诺”制度，推动信访举报问题的及时有效解决。全年共受理信访举报360件次，同比下降15.1%。

加大纪律审查力度。全面落实《廉洁自律准则》《纪律处分条例》，继续实行问题线索月度“零报告”制度，制定《关于进一步加强问题线索报送工作的规定》，对违反规定迟报、漏报和瞒报等行为严肃追究责任，并与评先树优和党风廉政建设责任制考核相挂钩。按照“案件数量有突破，案件质量有提升”的总体要求，充分发挥6个纪律审查联合组作用，深化月通报、季调度、年度工作目标等制度，坚持一案双查、同案共查、连案并查，全市共立查案件338起378人。

【源头治理】 营造崇廉尚洁浓厚氛围。实施学习明廉、活动倡廉、警示醒廉、载体传廉、文化促廉、环境育廉“六廉”工程，加强对《廉洁自律准则》《纪律处分条例》《问责条例》《党内监督条例》和《党内政治生活的若干准则》的集中宣传学习，在党校所有培训班次全部开设党规党纪课程，成立宣讲团集中宣讲党规党纪120余次；开设“两项法规·书记谈”报纸专栏，先后有72名单位党委书记、纪委书记谈认识、谈体会；6月，在电视台开通《寿光稿儿讲“两项法规”》节目，用寿光方言讲案例、学条例，及时宣传上级权威解读，全年共制作播出31集；举办“两项法规”知识答题和知识竞赛活动，全市125个单位约4万余名党员干部参加，让“两项法规”与干部群众天天见。6月17日，邀请上级纪委领导为全市女干部围绕如何做一名好公民、好党员、好干部、好领导、好家属和好家长，作专题辅导报告。组织党员干部分期分批参观廉政教育基地，全年共接待参观学习5600余人次。向全市副科级以上党员领导干部免费发放市纪委编印的《学思践悟》《党风廉政建设简明学习手册》及廉政笔记本8600余册。每半月和重要节假日向副科级以上党员领导干部发送廉政短信4万余条，常敲节点“警钟”。组织全市4689名党员领导干部和3199名农村党员干部进行德廉知识学习测试。继续完善“两馆一居”（即陈少敏纪念馆、李植庭纪念馆和马保三故居）红色廉政教育基地，弘扬老一辈革命家的优良传统；开展“家风正、政风清”家训家规家风故事征集活动，共征集各类作品60余幅，引导党员干部向善向上。围绕“美德寿光·信义菜乡”建设，先后对25名失信党员依规依纪依法进行严肃处理、公开通报。

加强农村基层权力运行监督。进一步完善农村监督体系，建立村级纪检委员“5453”（即村级纪检委员5项职责、4项权利、5项制度、3项保障措施）工作机制，先后对975名村级纪检委员进行集中轮训。全年先后组织村级纪检委员开展廉政学习5604次，走访党员群众1.9万人次，开展监督4000余次，收集意见建议1933条，对党员进行谈话提醒1796人次，报告问题线索46条。

紧扣“六大纪律”开展精准巡察。按照三年巡察一遍总体规划，稳妥推进派驻巡察工作，建立纪检、组织、信访、审计等部门参与的派驻巡察集中研判制度，坚持全面巡查和专项巡查相结合、召开动员会议和直接进入相结合、单一巡查和“一拖X”（即对工程项目建设、征地拆迁、招投标、财务管理等方面权重较大的部门，延伸巡查其下属单位，形成纵向到底横向到边的巡查体系）相结合，实行巡察模式精准施策、巡察力量精准定员、巡察对象精准定位、巡察内容精准定向、巡察方式精准发力、巡察结果精准运用，锁定关键人、关键事，提升巡察效能。全年共计巡察单位27个，查纠问题135个，立案5起5人。

【干部队伍建设】 巩固“三转”（即转职能、转方式、转作风）成果。调整内设机构，选拔4名年轻干部充实到委局机关干部队伍，委局一线办案人员达86%。将议事协调机构缩减到12个，精简率达83%。认真落实“三个提名考察办法”[即镇（街道）纪（工）委书记、副书记提名考察办法（试行）、市纪委派驻纪检组组长、副组长提名考察办法（试行）和市管企业纪委书记、副书记提名考察办法（试行）]，优先提拔重用市镇街两级纪检干部23人。严格规范镇街区纪委书记和有关市直单位纪委书记、纪检组组长工作分工，先后开展“三转”落实情况监督检查4次，确保“专职专用”。

强化纪律约束。加强内部监督，继续推行班子成员联系包靠镇街区党风廉政建设工作和定期联系党风政风监督员制度，实行市纪委书记约谈市纪委班子成员，市纪委班子成员约谈分管部室、派驻机构和所联系镇街区纪检干部制度，形成覆盖全面、上下联动、齐抓共管的工作局面。组织纪检干部签订《纪检监察案件查办工作承诺书》《落实中央八项规定精神承诺书》，对外公布委局相关科室和派驻组举报电话，主动接受社会监督，真正以铁的纪律打造一支让党放心、让人民群众满意的干部队伍。

开展业务培训。按照党的群众路线教育活动、“三严三实”专题教育和“两学一做”学习教育要求，提出“纪委监察局机关争做全市党政机关的表率、纪检干部争做全市党员干部的表率”目标，实施纪检干部素质提升工程，组织纪检干部到济宁接受政德教育现场教学，全年开办全市纪检干部培训班9期，组织外出考察学习、典型案例研讨10次，分2批组织67名纪检干部到中国纪检监察学院进行集中培训。

（张凌燕）

组织工作

【管理机构】 市委组织部共设9个科室，分别为办公室、调研科、干部科、组织科、人才工作科、干部教育科、干部监督科、农村干部科、宣传科。设正科级行政单位3个，分别为市委组织员办公室（挂靠市委组织部）、市委党的建设领导小组办公室（与市委组织员办公室合署办公）、市党建研究会（与市委组织员办公室合署办公），副科级行政单位1个，即干部信息管理中心；设正科级事业单位1个，即市农村党员干部现代远程教育管理中心（与党员电教中心合署办公）；副科级事业单位1个，即党员电化教育中心。配备部长1名，常务副部长1名，副部长3名，另配兼职副部长2名（分别由市机构编制委员会办公室主任、市人力资源和社会保障局局长兼任）。

【中共寿光市第十四次党代会筹备会议】 2016年11月21日，寿光市召开市、镇党委换届工作筹备会议，对出席市代表推选工作进行安排部署。全市共划分为29个选举单位，经过层层酝酿推荐，在考察公示的基础上，各基层党组织分别召开党员代表大会、党员大会或党员代表会议选举出400名出席寿光市第十四次党代会的代表。此次会议为2017年1月14—16日顺利召开中国共产党寿光市第十四次代表大会提供保障。

【干部人事制度改革】 2016年，牢牢把握正确的选人用人导向，在深入学习宣传《党政领导干部选拔任用工作条例》（简称干部任用条例）、“四项监督制度”等干部工作制度的基础上，坚持标准、严格程序、强化监督、狠抓落实，不断提高选人用人工作的科学化、规范化水平。

加强学习宣传，准确把握干部工作制度规定。2016年，对党的十八大以来中央先后制定出台的《干部任用条例》《干部选任工作监督意见》《领导干部能上能下若干规定》等一系列干部工作政策及时进行传达学习，并结合实际提出具体贯彻落实意见。坚持将《干部任用条例》等政策规定作为市委理论中心组的必学内容，分章节进行深入解读，让市级领导班子成员先学一步、学深一层。采取集中领读、个人自学、研讨交流等多种形式，组织组工干部原原本本、逐字逐句学习政策原文和权威解读，精准掌握程序环节和操作要点。将《干部任用条例》等政策规定纳入群众路线、“三严三实”“两学一做”学习教育和干部教育培训主体班次学习内容，组织党员干部广泛学习，强力渗透规矩要求和纪律意识。在《寿光日报》“菜都先锋”专刊和寿光电视台“党建频道”，集中刊播《干部任用条例》原文及政策解读，引导干部群众熟悉了解政策，有效参与监督，着力营造风清气正的选人用人环境。

坚持问题导向，健全完善干部工作制度规范。在对现行干部工作制度认真梳理的基础上，针对选人用人过程中存在的薄弱环节和问题不足，本着务实管用、规范提升的原则，进一步修订完善以《寿光市科级干部选拔任用工作流程》为主体，以《干部考察员管理办法》《组织系统信访工作管理办法》《组织工作监督员管理办法》等为配套的“一揽子”（共8个办法）制度规定，对干部工作的具体环节和程序步骤进行规范，明确“哪些该做”“哪些不该做”“应该怎么做”“由谁来做”的问题，使干部选拔任用和监督管理工作有据可依、有章可循，打出一套规范干部工作的“组合拳”。围绕落实全省、全市组织工作会议精神，在认真落实干部工作“八个办法”的基础上，又先后制定出台《镇（街道、区）领导干部“双月点评”试行办法》《关于进一步规范组织部门与干部谈心谈话制度的意见》《关于建立健全党员干部容错免责机制的实施办法（试行）》《关于选派机关干部到基层锻炼工作的实施意见》等一系列基础性、规范性文件，特别注重对干部考察了解、培养锻炼等薄弱环节进行重点加强和改进，有力提升干部工作制度化、规范化水平。

严把程序关口，全面提升干部选拔任用质量。一是严把资格条件关。对每次干部调整中的拟提拔重用人选都严格进行资格审核，重点审核“三龄二历一身份”（即出生时间、入党时间、参加工作时间，学历、工作经历，干部身份），对存在异议、未调查认定之前，一律不提交市委常委会研究。认真落实《山东省干部选拔任用工作纪实办法》，记录好每一环节工作程序，进行立卷归档。严格执行征求执纪执法部门意见制度，所有拟提拔重用人选全部征求纪检、检察、卫计、综治、信访等部门意见，全面防止干部“带病提拔”。二是严把标准程序关。

初始提名环节，探索实行市委全委会署名推荐提名人选，采取署名填写推荐票的方式推荐产生提名人选，进一步拓宽提名途径。推荐考察环节，从组织人事部门选拔65名优秀干部，建立专业化干部考察员队伍，重点强化考察发现问题的功能。在定向考察书面征求意见时，一并发放《“德”的反向测评表》，对反映问题较多的干部有针对性地重点考察、深入了解，切实提升考察质量。档案审核环节，将档案审核工作前置到动议之时，对所有可能涉及到的干部档案进行普遍审核，对发现的问题在未调查认定之前，一律不列为提拔重用初步人选。任前公示环节，认真执行《寿光市领导干部任前公示办法》，对新任的镇街党政正职和市直部门主要负责人，在《寿光日报》上刊登任职公告，面向社会听取对拟任人选的反映和意见，确保更加全面、准确地考察和使用干部。三是严把用人导向关。市委每次干部调整，都始终坚持“能者上、平者让、庸者下”原则，注重看干部思想政治素质，注重看干部作风，注重看干部实绩，在全市形成“以发展论英雄、凭实绩用干部”的正确导向。每年年初，分别制定镇（街区）、市直部门工作实绩考核办法，根据基础条件将15处镇（街区）分成3个组，97个市直单位分成4个组，分别进行考核、排序，保证同一组别的单位在同一平台上竞争，并依据考核结果兑现奖惩。当领导岗位出现空缺时，优先提拔重用考核优秀单位的干部；对市直单位列小组最后一位的，在干部提拔重用方面实行“一票否决”。

强化分析研判，探索建立多维化干部考察评价机制。一是动态化分析研判。继续执行《领导班子和领导干部综合分析研判办法》，综合分析年度考核、组工信访、双向约谈等渠道发现的问题，及时对出现苗头性问题、工作排名靠后、年度内主要负责人调整等5种情形的领导班子和领导干部进行重点分析研判，深入分析和监测班子运行状况，准确评价和把握干部德才表现。2016年，继续采取民主评议、延伸谈话、细节性问题反向测评等形式，先后对21个市直部门单位进行研判，针对研判中发现的共性特点和比较集中的问题，分析提出加强领导班子和干部队伍建设的意见建议7大类30多条，有效提高研判质量，取得很好的效果。二是经常化考察了解。开展镇（街道、区）领导干部“双月点评”，组织镇（街道、区）党（工）委书记每两个月对领导干部综合表现情况进行点评并“划等排名”，实时掌握基层干部平时表现以及日常工作推进、完成重点任务、个人报告事项变化等情况，对个别工作推进不力、精神状态不佳的干部及时进行谈话、告诫和岗位调整，全年组织双月点评3次，发现、搜集问题20多个。三是多元化结果运用。针对研判中反映的干部选拔锻炼机会少、活力不足等问题，不断拓宽干部选拔培养渠道。2016年，从市直有关部门（单位）公开选拔16名副科级干部到镇街党委、政府任职，努力实现让优秀干部脱颖而出；按照平等竞争、优中选优的原则，组织开展市级领导班子和常委部门补充工作人员考选工作，先后为市直党政机关补充50多名工作人员；分类分批组织优秀机关干部到镇街区、企业进行挂职锻炼，进一步激发干部队伍整体活力。针对研判中发现的一些苗头性、倾向性问题，结合落实《领导干部能上能下若干规定》，对个别不担当、不作为、工作不力的干部进行严肃问责，进一步畅通“下”的渠道，先后对5名不适宜担任现职的干部进行岗位调整和组织处理。

【干部监督管理】 强化干部监督，持续加大干部日常监督管理力度。一是主动接受上级监督。严格执行干部调整审核报告有关规定，在每次干部调整程序启动前和常委会研究前，分两次将干部调整方案和意见，报告潍坊市委组织部，从调整人数、资格条件、领导职数等方面进行审查把关。认真执行《党政领导干部选拔任用工作有关事项报告办法》及有关规定，对有关重点事项及时书面报告潍坊市委组织部审批。二是加强党内监督。严格执行有关政策规定，每年都结合县级领导班子和领导干部年度考核，市委常委会向全委会报告干部选拔任用工作，并接受民主评议。以干部监督会议为平台，加强与纪检、检察、政法等执法执纪部门的经常性沟通联系，定期召开例会通报情况、分析形势、研究对策，全方位掌握干部监督动态。三是自觉接受社会监督。从"两代表一委员"、优秀基层党组织书记、社区民情信息员、人民调解员和离退休党员干部中，聘任53名组织工作监督员，随时听取他们对选人用人工作的意见和建议，及时了解掌握领导干部"生活圈"和"社交圈"的现实表现。2016年，共收集汇总各类信息和问题建议6大类53条。

严肃换届风气，大力营造风清气正的换届环境。一是压实工作责任。5月21日，市委常委会专题听取潍坊市干部监督工作座谈会暨县镇换届风气监督专题部署会议精神情况汇报，市委主要领导围绕学习教育、谈心谈话等4个方面进行专门强调，要求把坚持党的领导贯穿换届工作全过程，各常委带头把纪律和规矩挺在前面，带头遵守纪律规定，带头公开承诺接受监督；进一步明晰责任清单，形成责任清晰、权责对等的工作制度，督促各级党委照单落实。二是积极开展专题调研。针对市镇领导班子换届、严肃换届纪律和换届风气监督、换届工作风险点及处置措施等题目，组织到有关镇街开展集中调研，并分别形成调研报告，提前找准问题、摸透情况，为下步换届工作提供"第一手资料"。三是认真抓好学习教育。以开展"两学一做"学习教育为契机，将"九严禁"（即严禁拉帮结派、拉票贿选、买官卖官、跑官要官、造假骗官、说情打招呼、违规用人、跑风漏气、干扰换届）换届纪律及换届风气监督政策规定，列入各级党委（党组）学习内容。制订《关于进一步规范组织部门与干部谈心谈话制度的意见》，深入开展普遍性谈心谈话活动，及时掌握了解干部思想动态，夯实换届工作思想基础。四是及时做好动员部署。召开全市干部监督工作座谈会，传达省、潍坊市干部监督工作座谈会精神，对换届风气监督的重点任务进行安排部署。举办换届风气监督工作专题培训班，对组工干部和换届工作骨干进行系统培训，并集体观看警示教育片《镜鉴》，切实把换届风气监督的责任扣紧压实。

【干部教育培训】 2016年，深入学习贯彻中共十八大、十八届三中、四中、五中、六中全会精神和习近平总书记系列重要讲话精神，全面落实上级干部教育培训工作目标要求，紧紧围绕市委、市政府中心工作和组织工作大局，聚焦理论教育、党性教育和专业能力培训3个重点，扎实推进干部精准培训。

制定完善培训计划。按照上级关于推进干部精准培训的有关要求，围绕市委、市政府2016年工作部署和思路举措，通过召开培训需求调研座谈会、发放征求意见表等形式，积极听取意见和建议，从培训内容、形式、范围、时间等方面做科学规划，于年初制订《寿光市干部教育培训工作要点》，最大程度满足干部的培训"口味"。培训中，注重精准发力，分工业、农业、综治维稳、商贸物流等专题，根据干部分管领域编班，使各级各类干部及时掌握工业经济、农业农村、社会治理等基本知识和专业技能，明晰发展思路途径，更好地推动工作开展。先后赴西安交大、苏州大学、井冈山革命传统教育研究院等高等院校和培训机构举办科级干部培训班7期，协调各单位举办专题班次21期，年度培训干部达到1800余人次。

着力提升培训质量。制订《寿光市干部教育培训工作任务清单》，所有主体班次都严格按照任务清单组织实施，采取提前自学1周，在市委党校集中学习2周（含异地培训1周），集中培训结束后1周内完成调研报告的“1+2+1”培训模式。在集中培训阶段，开展“五个一”活动，即带着一个问题参加培训、邀请一名领导干部上讲台、组织一次学员上讲台、开展一次党性分析、形成一个总结报告，让学员带着问题进课堂，带着收获出教室，重点提高培训的针对性和实效性。实行培训效果双向评估，培训结束后，将学员的入学测试、遵守纪律和参与活动等情况予以量化，并通报至派员单位，进一步增强培训实效。

抓好培训载体提升。以争创潍坊市级党性教育基地为抓手，拓展陈少敏纪念馆、李植庭纪念馆、马保三故居等党性教育教学现场的承载功能，提升全市党性教育基地的影响力、吸引力。重点从史料搜集、基地现场、讲解点评等方面，加大对各教学点的提升力度，先后2次组织基地负责人、讲解员等赴曲阜政德教育基地、井冈山等地参观学习，提升现场讲解“软实力”。全年先后迎接潍坊市级以上参观学习共153批次，培训党员干部5600多人次。依托农业资源优势，利用农业高新技术产业示范区、蔬菜高科技示范园、农产品物流园、三元朱村“一线四点”现代农业培训精品路线，面向全国培训党员干部人才，先后为贵州、湖南、湖北、青海等13个省区市培训党员干部、各类农村实用人才2000多人次，进一步提升寿光市现代农业的影响力。6月，省委党校“县域发展教研基地”在寿光市挂牌成立，进一步提升教育基地档次水平。

大力推进信息化建设。改进完善“寿光市干部教育培训管理系统”，充分利用政策文件发布、培训信息报送、在线统计汇总、实时查询分析等综合服务功能，及时准确掌握每名干部脱产培训情况，推动干部培训工作规范化、科学化。每季度调度通报1次各单位干部在线学习和脱产培训情况，对存在的问题跟上督查整改，提前完成潍坊干部网络学院8个学分的年度在线学习任务，人均脱产培训达到105个学时，圆满完成培训任务。

【基层党组织建设】 2016年，全市各级党组织在市委正确领导下，积极创先争优，筑牢基层基础，有效地增强基层党组织的凝聚力和战斗力。至年底，全市共有基层党组织3548个，其中党工委11个（包括市直机关党工委1个、街道党工委5个、双王城生态经济园区党工委1个、新经济组织党工委1个、新社会组织党工委1个、离退休干部党工委1个、农民专业合作社党工委1个）、党委100个（包括镇党委9个、建制村党委3个、机关企事业单位党委72个、民办非企业党委2个、社区党委14个）、党总支166个（设在镇街区的党总支125个，包括村党总支8个；设在市直部门单位的党总支41个）、党支部3282个（其中设在镇街区的党支部1534个，设在市直部门单位的党支部1748个）。全市共有党员65820人，其中组织关系在镇街区的61225人（在建制村的36316人），组织关系在市直部门单位的 4595 人；共有妇女党员 11927 人。

市委成立由 11 人组成的党建工作办公室，实体化运行，15 个镇街区也全部成立党建办，配备至少 5 名专职工作人员；市里统一选派 109 名专职党建工作人员（党建指导员），进驻农村社区，专职从事党建工作。镇村和市直部门党组织书记全部建立抓党建责任、问题、任务“三张清单”，市委书记与镇街区和市委直属党委书记签订党建工作责任书；镇街区党委每月召开 1 次党建工作专题会议，市委组织部各副部长按照分工列席会议；各农村社区每月组织所辖村党组织书记举办 1 次“书记论坛”，互相交流工作经验；以农村社区为单位，每月对党建指导员进行 1 次业务培训，每半月组织村文书进行 1 次集中办公。结合开展“两学一做”学习教育，排查出未按期换届基层党组织 206 个，9 月上旬前全部进行换届。全市 9 个镇党委于 12 月中旬召开党代会进行换届选举。年初，对全市倒排的 98 个后进村，开展“三整顿三提升”（整顿后进村班子，提升凝聚力、战斗力；整顿农村党员队伍，提升整体素质；整顿矛盾纠纷等遗留问题，提升村级工作环境）活动，采取市级领导包靠、选派第一书记、派驻工作组等方式进行集中整治，共调整村“两委”班子 5 个、村干部 20 人，清缴各类尾欠 2425 万元，解决各类矛盾纠纷 980 起，调整和流转土地 19491 亩。

2016 年，制定出台市直机关党建工作标准化建设考评细则等 8 项制度，深入开展机关“优质服务项目”创评和优秀主题实践活动展评等活动，涌现出“百姓关注”电视问政、“法律服务千村行”等一批特色党建品牌和市政务服务中心、市地税局、市人民法院等一批机关党建示范点，羊口地税所“五动一扬”（即党建联动促工作、勤廉促动守规矩、倾情感动带队伍、示范带动激活力、征纳互动促和谐和弘扬红柳精神）支部管理工作法被评为全省地税系统“十佳党支部工作法”。世纪教育集团推行的以“目标责任制、党群联动制、党员导师制、点评问效制”为主要内容的学校党建“四制”工作法，被潍坊市教育局在全潍坊市中小学中进行推广。

【农村基层组织建设】 推行农村干部“四诺履职”（即年初对岗定诺、月度依标践诺、季度按绩点诺和年度述职评诺）管理，每个村确定 1 ~ 2 名村党组织书记后备人选，对农村党组织书记实行备案管理。在推行村会计聘任制的基础上，由市财政列支 50 万元，通过聘请会计师事务所和从各镇街经管站抽调人员集中办公审计两种方式，自 9 月份开始，对全市 340 个村开展经济责任审计。先后分 10 期将所有村“两委”干部集中到市委党校进行轮训，市委书记和有关市委常委轮流授课。依托潍坊科技学院，举办农村干部学历班，先后有 109 人取得大专学历，78 人在读。确定苏州农村干部学院等 13 处市外教学基地，组织优秀农村党组织书记到江浙沪等先进地区培训学习，在全市范围内精选出村级班子建设、发展集体经济等方面的 9 大类、118 个典型村，打造若干条观摩路线，组织农村党组织书记现场观摩学习。在全市农村扎实开展“两清理、两规范”（即清理规章制度、清理标牌牌匾，规范“三资”管理、规范村级运行）工作。建立“网上阳光村务监督平台”，把 975 个村（居委会）的 6 大项和 37 小项村务、党务、财务等事项，全部纳入网上监督平台，群众可以通过电脑、手机等随时随地进行查询监督。

【推行村级治理“三自”工作办法】 总结推广东斟灌村党支部领导下的自主议事、自治管理、自我服务“三自治理”工作模式。

制定出台《寿光市党组织领导下的村级治理“三自”工作办法》，召开现场推进会，并通过专题培训等形式培训农村干部4200多人次，把这一做法推广到全市975个村。新华社、《大众日报》《潍坊日报》等主流媒体对东斟灌村经验进行重点宣传报道，刊发宣传稿件100多篇。

【建设“4+1”党群服务体系】 2016年，完善以市、镇街、社区、村党群服务平台和干部直接联系服务群众为主要内容的党群服务体系，全市共建有市政务服务中心1个、镇街党群服务中心15个、农村社区党群服务中心94个和村级党群服务站975个。市政务服务中心实行“两集中四到位”，即部门审批权限向审批服务科室集中、审批服务科室向政务服务中心集中，实现职能、人员、授权、网上办理到位；镇街党群服务中心实行“两集中”，即服务事项集中到大厅窗口办理、80%以上的站所集中到服务中心办公；农村新型社区党群服务中心配套建有服务大厅、社区教育学校、卫生室、警务室、社区综合办公室、多功能会议室、党员活动室、文体活动室、阅览室、农业综合服务室、社会组织服务室、电子商务室“一厅一校十室”；村级党群服务站全部达到有统一的标志标识、联网电脑、文件橱、公开栏、服务电话的“五有”标准。加大资金投入，市财政全年列支293万元，补助社区建设经费；拨付141万元，补助社区运行经费；镇街投入资金1800多万元，建设村级党群服务站；78家企业为115个村提供建设资金290万元。15个镇街共下沉机关干部998人，占干部总数的77.9%。采取“三级联网＋全程代办”服务方式，研发网上审批服务系统，把与群众生产生活密切相关的20大类、163项公共审批服务事项延伸到镇街、社区，实行网上受理、传输、办理和反馈。在社区和村设立委托代办员，代办与群众生产生活密切相关的审批服务事项，全年累计办理宅基地审批、养老保险等各类事项2.1万件。实行村“两委”成员集中、轮值、预约服务，每月15日为全市集中办公日，各村每周固定1天集中办公，其他时间通过村干部轮流值班、电话预约等方式提供服务，确保群众随时找到人、办成事。同时，开展“双联双评”活动，组织机关干部联系巷长（必须是党员）、巷长联系群众和群众评议巷长、巷长评价干部。建立市、镇街、社区、村、联户干部（党员巷长）五级网格，分别设立网格长，收集解决群众需求诉求，全市7478名机关干部联系党员巷长21065人，并通过党员巷长联系24.3万户群众，共收集解决群众需求诉求3890件。

【集体经济薄弱村实行市财政兜底补助】 继续落实《经济薄弱村运转经费补助办法》，每年从市财政拨付专项资金，对集体经济薄弱村运转经费实行兜底补助，保障村级组织正常运转。在补助标准上，根据村人口数、村“两委”日常开支额等确定村级运转经费最低标准，集体经济收入低于最低标准的，市财政予以补足。具体标准是，对500口人以下的村补助到5万元，501～1000口人的村补助到5.4万元，1001口人以上的村补助到6万元。经济薄弱村运转经费补助实行动态管理，一年一申报，一年一审批，一年一发放，严格按照自主申报、组织审核、公开公示、资金发放4个环节进行，只用于村干部绩效补贴、村级办公和服务经费等支出，不能用于偿还村级债务、投资大额工程项目等。补助资金实行专账管理，村里使用资金时，须向镇街党委、政府提出申请，经批准后方可使用。对资金管理使用情况，组织、财政、经管等部门采取抽查、暗访等形式，每年组织2次核查，发现违规使用的，从下年度财政补助资金中扣减违规使用金额，并从严追究镇街相关责任人和村党组织书记的责任，最大限度地保障补助资金专款专用。2016年，市财政共拿出680万元，对200个村的运转经费进行补助。

【开展“两新”组织党建工作规范化建设】 2016年，调整设立市委“两新”组织工委，在市市场监管局、民政局、工商联分别设立市非公企业党委、社会组织党委和商会党委；15个镇街区全部成立综合党委，在非公企业聚集区设立4个园区党委、2个商会党委。市委出台加强“两新”组织党建工作规范化建设的意见、“两新”组织党建工作3年行动计划，编印《寿光市“两新”组织党建工作指导手册》，配套出台区域化党建工作联席会议等相关制度。组织对全市1654个非公有制企业和250家社会组织进行全面摸排，全部建立工作台账。制订“两新”组织党组织分类管理实施方案，全年评选示范型党组织29家，其中寿光建设集团党委等4家党组织被评为潍坊市“两新”组织党建示范点，市管党费分别给予1万元的经费补助。出台“两新”组织党建工作经费税前列支实施办法和党费返还实施办法等制度，从市管党费中返还2015年“两新”组织党费54.6万元。

【构建区域化城市社区党建工作新格局】 2016年，圣城、文家、洛城、古城、孙家集5个街道全部成立“大工委”，向阳社区等14个城市社区全部成立“大党委”，建立网格党支部和楼宇党小组，形成完备组织架构。开展智慧社区建设，研发三维“数字社区”和“寿光e社区”服务平台，设立政务大厅、党员e家、圈子广场、便民服务4大模块，借鉴“020”服务模式，为党员提供线上线下全方位服务。推行市直部门职能准入制度，对市直职能部门下放的事项审批同意后方可进入，做到费随事转、权随责走，提高社区工作效率。依托“党员e家”信息平台，组织机关在职党员到社区网上报到，开展各类志愿服务活动。

【党员队伍建设】 2016年，全市认真贯彻上级部署和要求，坚持党要管党、从严治党方针，落实控制总量、优化结构、提高质量、发挥作用的总要求，把从严要求贯穿发展党员和党员管理工作全过程，努力建设一支信念坚定、素质优良、规模适度、结构合理、纪律严明、作用突出的党员队伍。

*发展党员工作。*一是严格执行发展党员工作程序。按照党章、细则等有关规定，明确从递交入党申请书到预备党员转正的5个步骤、26个环节，落实好优秀分子谈话制、入党积极分子备案制、组织员谈话制等11项工作制度，完成一个程序并审核合格后才能进入下一程序。凡是现任农村“两委”成员近亲属、“两新”组织负责人及其近亲属、曾有违法违纪行为者、重新入党人员等发展入党的，要事先书面报告市委组织部，市委组织部研究批复并安排市委党建办工作人员、镇街区党委组织委员全程列席所有会议。按照“一人一档、一事一记、一步一审、监督记实”要求，为每名新发展党员建立记实档案。基层党委对发展对象材料进行预审，确保发展对象合格；市委组织部进行二次审核，保证入党材料规范。对新推选的预备党员，统一在寿光党建网、微信等网络媒体进行公示，并征求市人民法院、公安局等执纪执法部门意见。二是不断壮大和优化入党积极分子队伍。采取联系培养、互动培养、推

优培养、实践培养等方式，着力吸收优秀青年工人、农民、知识分子和优秀团员入党。结合“莱都先锋·党建云平台”信息录入工作，对寿光市发展党员全面质量管理系统中的1万余名入党积极分子进行一次全面分析，及时把不合格入党积极分子进行清除，既保证入党积极分子队伍这个“蓄水池”的数量，又保证“蓄水池”中“水”的质量。三是着力解决个别村多年未发展党员问题。对全市多年未发展党员的村进行认真调查摸底，建立《3年以上未发展、未转入党员的村培养发展党员台账》，对121个3年以上未发展、未转入党员的村，实行一村一策，对症下药。发展党员突出“三个重点”，即重点培养发展政治素质高、年纪轻、有文化、懂经营、善管理的回乡大学生、退伍军人及科技带头人入党，重点培养发展致富能力强、带领群众致富能力强的优秀分子入党，重点培养发展村委会成员入党。四是强化发展党员工作力量。对专兼职组织员实行持证上岗制、定期培训制、动态管理制、积分管理制的“四制”管理办法，对因工作调动或其他不适宜继续担任组织员的及时进行调整。全市新选聘91名镇街区党建工作人员，各基层党（工）委分级负责，采取专题辅导、工作交流、案例分析等方式，对党建工作人员进行经常性教育培训，不断提高业务素质和工作能力。2016年，全市共发展党员650人，其中农（牧、渔）民243人、占37.4%，工人113人、占17.4%；妇女157人，占24.2%；35岁及以下359人，占55.2%；大专及以上学历329人，占50.6%。

党员教育培训工作。一是分类组织实施。以农村、城市社区和“两新”组织为重点开展示范培训，举办优秀基层党组织书记示范培训班和优秀党员示范培训班，各镇街区党委和市委直属党委派人跟班观摩。开展集中轮训，对农村、城市社区党组织书记进行集中轮训，并精心挑选一批政治素质高、集体经济基础较好、思路比较开阔、主动想事干事的优秀农村党组织书记到江浙等经济发达地区接受培训，当好农村建设的“领头雁”。各镇街区对农村、城市社区“两委”成员进行集中轮训，进一步强化“两委”成员的规矩意识、法纪意识。开展定期培训，通过分期分类组织，以集中教育、脱产培训、集体学习为主要方式，对党员定期开展集中培训。为搞好农村党员集中培训，从市管党费中拿出专项资金进行补助。另外，在严格组织好党员集中培训的同时，通过坚持和完善“三会一课”、党员学习日等制度，抓好经常性教育培训，全面提高党员队伍素质能力，推动广大党员充分发挥先锋模范作用。二是开办“流动党校”。联合市委党校组织开展“流动党校”送学活动，以市委党校教师为主要力量，根据机关事业单位党员、农村党员、社区党员、“两新”组织党员等不同党员类型设计课程，确保党员教育培训的效果。三是开展学历教育。对全市农村和城市社区“两委”成员开展专科学历教育，先后有78名村“两委”成员取得专科学历。

党员管理工作。一是开展党员组织关系排查工作。印发《寿光市开展党员组织关系集中排查工作实施方案》，进一步规范党员组织关系管理，从源头上治理党员组织关系“空挂”“失联”等现象，解决“口袋”党员、“隐身”党员等问题，共排查出失去联系党员573人，经多方查找，取得联系541人，死亡7人，组织处置25人，保持党员队伍的先进性和纯洁性。二是推行积分制管理。根据党章和党内有关规定，依托“双联双评”活动，在广大农村党员中推行基础积分、民主评议积分和贡献加分3部分内容的积分制管理，以量化考评激发党员队伍活力，进一步增强党员的责任感和使命感，增强党组织的创造力、凝聚力和战斗力，为全市发展“走在前列、起好带头作用”提供坚强组织保证。三是加大对失信党员处置。联合市纪委、市人民法院、市人社局，印发《关于对失信党员和公职人员实施信用惩戒的意见》，对纳入国家失信被执行人名单的党员和公职人员实行信用惩戒，提高全市党员倡导诚实守信的品德修养。四是发挥典型带动作用。七一前夕，评选表彰199名优秀共产党员、49名优秀党务工作者、99个先进基层党组织，并通过《寿光日报》、“菜都先锋”专版、电视台“寿光党建”栏目、寿光党建微信和网站，集中宣传他们的典型经验和先进事迹。

【人才工作】 2016年，按照潍坊市委组织部的工作部署，深入贯彻落实潍坊市人才强市意见，大力推进人才强市战略，创新人才发展体制机制，优化人才创新创业环境，为全市经济和社会发展提供强有力的智力支撑。全年全市引进国家“千人计划”专家19人、泰山学者和泰山产业领军人才21人、与企业合作院士18人。6月，在全省人才发展体制机制改革座谈会上寿光市作典型发言，寿光市促进产才融合助推产业转型的做法，被《大众日报》、山东新闻联播报道，连续第五年被评为省人才工作先进单位。

*聚焦产业需求精准引才。*针对全市规模以上企业人才和技术需求情况进行全面调查统计，建立产业人才和技术项目需求目录，明确人才引进导向；围绕全市重点培育的8个百亿级产业以及现代农业，引进第三批“双百计划”人选32名，其中国家“千人计划专家”3人、泰山学者2人、省有突出贡献的中青年专家2人。以“人才+项目”形式引进的高速电机及变速箱总成、汽油机涡轮增压器、智慧农业等项目达到国际领先水平，延伸产业价值链条，提升产业发展层次。加大上级人才工程申报力度，全年自主申报国家“千人计划”专家1人、泰山产业领军人才3人、鸢都产业领军人才5人，为产业转型升级提供强有力的智力支撑。

*坚持开放视野全球揽才。*针对县域引进高端人才难的问题，不断创新引才机制和模式，全市招才引智渠道全方位拓展。一是借助亲情招才。面向桑梓人才实施“寿光英才回归计划”，引进卫生、教育等领域急需人才20多名；先后组织有技术和人才需求的企业到北京、上海、杭州、青岛等地与寿光籍高层次人才及所在院所举行点对点对接，促成技术合作11项。二是面向院所借才。先后举办北京大学寿光日、中科院博士后寿光行活动，达成合作意向20多项；以选聘的18名科技镇长为纽带，引进领军人才16名、技术项目26项；实行招才引智、招商引资、招院引所“三招三引”协同推进，整合政策资源“组团”对接，与北京大学、山东大学等20多所高校院所建立战略合作关系。三是依托互联网猎才。在千人计划网设立人才申报窗口，宣传寿光市政策环境，吸引海外高层次人才到寿光创新创业；与全球知名职场社交平台领英开展战略合作，面向世界500强企业高管和高层次专家，全年建立19个产业人才库，对接专家2800多人。四是实施社会化引才。制定社会化招才引智激励办法，每引进省级以上1名领军人才，给予最高10万元的奖励。先后赴美国、加拿大进行高层次人才对接，在硅谷和多伦多建立海外引才工作站；10月，举办“智汇寿光·创赢未来”中国寿光创新创业大赛，面向海内外引进人才项目19个。

*优化人才环境用才留才。*全方位打造拴心留人的优越环境，让人才引得进、干得好、

留得住。一是完善人才政策体系。出台人才强市意见，全面升级人才政策体系，加大对人才、项目以及平台扶持力度，优化支撑人才发展的政策体系。二是强化人才工作机制。年初，与人才工作领导小组成员单位签订目标责任书，将镇街人才考核纳入科学发展综合考核，将创业人才引进纳入部门考核；5月22—28日，组织55名机关企事业单位人才工作者到浙江大学举办人才工作者培训班，通过课堂学习和现场教学，改变理念，开阔视野，凝聚人才优先共识。三是加大人才关爱力度。寿光科创园建设加快推进；对82个人才项目实行绩效评估，规范项目运行，加强配套扶持；依托省人才服务平台建立人才寿光网站，集成项目申报、咨询和落实政策等服务功能，可为人才提供一站式服务；打造人才服务绿色通道，在行政审批、医疗等9个方面实现一窗口受理、一条龙服务；春节、中秋节期间向寿光籍在外高层次人才发送慰问邮件2600多封，短信2800多条，营造敬才爱才的良好环境。

【开展各类学习、帮扶活动】 2016年，全市共有省定贫困村10个，市里统一落实帮扶部门和企业，统一选派第一书记，落实足额的工作经费和扶贫资金。对省定贫困村的“两委”干部进行集中培训，组织到脱贫典型村现场考察学习。每个贫困村都确定至少1名致富带头人，在信息、技术等方面给予充分支持。市财政投资260万元用于贫困村美丽乡村建设，投资1000万元用于农业电网改造，投资405万元用于扶贫产业项目建设，部门企业提供帮扶资金794.8万元，有7个村新上光伏发电项目，3个村新建蔬菜大棚11个，省定贫困村集体年均增收6万元以上，全部实现脱贫。

宣传工作

【管理机构】 2016年，市委宣传部共设7个科室，分别为办公室、新闻科、文化科、综合科、研究室、网络宣传科、记者通联科。设正科级行政单位1个，为寿光市精神文明建设委员会办公室。设正科级事业单位1个，为寿光市新闻网络管理中心。宣传部配备常委部长1名，常务副部长1名，副部长2名。共有干部职工36人，其中行政人员18人、事业人员15人、工勤人员3人。4月，先后被山东省委宣传部、潍坊市委宣传部评为“舆情信息工作先进单位”；同月，获山东省委宣传部“好消息”称号；市委中心组被省委宣传部评为全省先进县级党委中心组。10月，市新闻网络管理中心被《大众日报》评为“2015年度新闻报道先进集体”。

【理论教育】 理论武装工作做深做实。不断完善党委（党组）中心组学习制度，“两学一做”学习教育扎实推进，组织市委中心组集体学习24次。不断深化宣讲普及，扎实开展中共十八届六中全会精神宣讲团走基层活动，开展宣讲百余场。以“理论政策进万家、合力共创文明城”大众宣讲活动为统领，成立百姓宣讲队伍200余支，让专家讲理论、干部讲政策、群众讲身边事，开展活动400多场，提高理论宣讲的感染力和影响力。市委中心组被省委宣传部评为全省先进县级党委中心组。寿光市学习型党组织建设和市委中心组理论学习工作经验先后被潍坊市委宣传部作为先进典型在潍坊市级媒体宣传推广。

深化意识形态责任制落实。整合市委党

校、潍坊科技学院理论人才，组建调研小分队，加强意识形态领域分析研判。建立1000余人的三级舆情队伍，及时监控网上舆情，开展网上舆论引导，互联网宣传管理经验在潍坊推广，在上半年省和潍坊市舆情信息会议上，均作典型发言，连续4年位列全省舆情信息工作考核前3名。建强意识形态主阵地，寿光日报社建成报纸、网站、论坛、微信、“掌上寿光”APP全媒体平台，总用户量达到135万人，寿光网微信公众号影响力稳居全国县域媒体微信公众号第1位，寿光电视台微信公众号粉丝量35万人，稳居全国县级电视台前3位、山东第1位。

【思想政治工作】 成功举办王伯祥先进事迹座谈会。5月17日，由中宣部宣教局、省委宣传部主办的“王伯祥先进事迹座谈会”在北京人民大会堂举行，中宣部副部长王世明，省委常委、宣传部部长孙守刚，潍坊市委书记杜昌文等出席并讲话。《人民日报》、新华社、《光明日报》、中央电视台等主流媒体都做深入报道，为“两学一做”学习教育提供生动实践。王伯祥被作为央视纪念建党95周年全国11个重大典型之一进行重点报道。

开展“厚道鲁商”倡树行动。选树仙霞集团、寿光建设集团等企业典型，引领全市企业思想政治工作和企业文化建设。省委宣传部2016年“创新发展看鲁企”主题宣传活动到寿光市台头镇开展集中采访。

社科工作成绩突出。5月31日，山东省暨潍坊市第十三届社科普及周开幕式在寿光市举行，对社科人才开展专题讲座，并围绕“树立五大发展理念，让我们生活更美好”主题，在寿光市开展为期1周的系列社科普及活动。寿光市获“山东省社会科学普及示范市”称号。10月27日，山东社科论坛——建设美丽宜居乡村研讨会在寿光市召开。寿光市获“山东省社会科学普及示范市”称号。

【新闻宣传工作】 对上宣传出精品。围绕品质寿光、文明城市创建、产业供给侧改革、金融创新、“两学一做”学习教育亮点工作，推出一批有影响力的新闻稿件。全年共在上级主流媒体刊播稿件1800余篇，在新华社、《人民日报》、中央电视台、《光明日报》《经济日报》《农民日报》等中央主流媒体刊播重点稿件160余篇。经济日报社社长徐如俊专程到寿光市蹲点调研3天，亲自撰写长篇报道《“蔬菜工厂”崛起，结构优化增收——大棚升级新寿光》，在《经济日报》头版头条刊发，在全国产生极大反响。《大众日报》刊发《蔬菜之乡兴起大棚升级热》，稿件得到山东省省长郭树清批示。新华社刊发通稿《一些地块的蚯蚓都“复活”了——山东寿光农业转型见闻》稿件，《人民日报》刊发《除了调品种 还要做些啥——来自蔬菜之乡山东寿光的调查》，《农民日报》头版头条刊发《二次创业提速蔬菜产业现代化——寿光市五大体系助推农业发展方式变革调查》，对寿光市农业供给侧结构性改革进行深度报道，在全国引发广泛关注。中央电视台《焦点访谈》《经济半小时》等栏目聚焦寿光诚信建设和农业转型发展等方面，在全国产生强烈反响。另外，积极协调沟通重要媒体免费制作专版，扩大影响，《新华每日电讯》1个专版、《经济参考报》3个专版、《大众日报》1个专版，分别介绍寿光创新驱动促进工业转型升级、农业二次创业和寿光文化旅游产业发展。

节会宣传有突破。瞄准高端主流媒体，深入挖掘寿光节会成功经验，开展全方位、立体化、高密度、大容量的宣传报道，呈现出层次高、力度大、氛围浓的特点，形成一批有深度、有影响、有质量的专题报道和系列报道。4月13日和15日，分别在寿光和济南召开第十七届菜博会和第三届中国县域电商大会新闻发布会，会议消息在山东省新闻联播等主流媒体刊发，到会的全国重要主流媒体有100多家，参会记者300多人次。菜博会期间，中央电视台《新闻联播》《晚间新闻》分别对菜博会盛况和农业科技发展进行报道，《农民日报》以5个整版全面介绍寿光现代农业发展的创新之举，《农村大众》专门安排1个头版头条和4个整版对寿光市菜博会进行宣传。新媒体方面，中新社山东分社社长邱江波亲自撰写的《从今天起，关心粮食和蔬菜》网上点击量超过18万人次，人民日报海外网刊发的《萌趣菜博会喊你约起来》点击量突破24万人次，新华社记者郭绪雷撰写的《蔬菜带你看世界》浏览量达到64.9万人次，分别产生巨大的轰动效应。

市内宣传效果明显。成立新闻宣传策划小组，定期召开新闻选题会，加强策划。围绕全市中心工作、重要部署和阶段性重点工作、成绩亮点，以专版、专题（专栏）形式进行深度报道。为规范新闻纪律，提升宣传水平，出台《寿光市内媒体新闻宣传管理办法》《寿光市新闻宣传奖项评选办法》，推动市内新闻宣传更好地围绕中心、服务大局。在抓好传统媒体报纸、电视宣传的基础上，运用微博、微信、客户端等新媒体宣传形式，形成全方位、立体化的全媒体宣传格局，宣传途径明显扩大，宣传影响力得到明显提升。

形象宣传有声有色。依托“品质寿光、信义菜乡”这一城市品牌，借助媒体宣传合力，构建“360°”全景宣传格局，对外展示良好的城市形象，进一步提升城市软实力。与山东电视台合作，制作2016年城市形象宣传片，并在第三届中国县域电子商务峰会期间循环播放，充分展示寿光深厚的历史人文底蕴和电商经济蓬勃发展现状。中央电视台科教频道《文明密码》栏目、纪录片频道《大国根基》栏目、财经频道《中国财经报道》栏目、俄语频道《大界河》摄制组分别到寿光市进行专题拍摄，内容涵盖农业特色产品、农业地理标志产品、非物质文化遗产、农业产业转型发展、文化产业、蔬菜出口等方面。中新社、中国国际广播电台、《人民日报（海外版）》以及中国侨网、中国台湾网等外宣媒体争相到寿光深入采访，扩大寿光影响力。

新闻发布更加规范。围绕群众关心的社会治安、居住环境、中小学教育、看病就医、群众文化生活、干部开展工作等方面，及时发布寿光市及相关部门所做的工作及取得的成效，进一步提高群众满意度。制定下发《寿光市关于公布全市新闻发言人名单和2016年新闻发布计划的通知》，筛选确定2016年度新闻发布计划，并对新闻发言人、新闻发布工作联络人进行重新登记。先后召开第十七届菜博会、第三届中国县域电商峰会、降低实体经济企业成本、民生实事工程、创新创业大赛、智慧社区、2016—2017赛季WCBA山东女篮主场寿光赛区等新闻发布会36场次，实现新闻发布的常态化、制度化。同时，围绕全市中心工作，以及群众关心、利益密切相关的法规政策等，在市内媒体设置“政策解读”专题刊播解读，每周不少于3次。

【文明创建活动】实施公民道德建设工程。组织实施社会主义核心价值观“六进六讲”活动，印制发放核心价值观主题春联、年画37万余幅，建成政务服务中心、人民医院、世纪东城学校等示范点20余处；依托全国第14个公民道德宣传日，开展第六届道德模范、首届寿光乡贤评选表彰系列活动；投资1000万元，建成社会主义核心价值观主题公园，在城区主要出入口规划、建设核心价值观主题雕塑30多处，新安装制作公益广告10多平方米；持续开展“我评议、我推荐身边好人”活动，推荐好人线索数量446471条，新增“中国好人”6人，全市入选“中国好人榜”总人数达到15人，居全省县市区首位。

深入开展群众性精神文明创建活动。制订《2016年创建全国文明城市工作方案》，将创城目标任务细化为“九大提升”专项行动,在寿光日报社、电视台开设“文明在行动”专题专栏，全年365天不断线；开展“我们离文明城市有多远大讨论”活动，组织100多个单位开展讨论220余次，征集意见建议3600余条，评选出“闯红灯”等市民最反感的十大不文明行为；组建3个督查小组，对窗口单位、住宅小区、道路街巷、市场商场、网吧店铺等8大类600多处重点部位进行专项督查，限时整改，下发督办单380份、编发《督查专报》23期；建立健全考核奖惩、责任追究机制，把创城工作纳入全市科学发展综合考核体系，加大分值权重，实现差异化考核，全国县级文明城市年度实地测评成绩列全省第2位。修订《寿光市文明单位建设管理办法》，文明单位“准入、创建、发展”三步走建设管理经验在全省推广。

扎实推进农村精神文明建设。围绕“乡村文明行动”第二个五年计划重点任务，全力实施农村精神文明“十化工程”，善行义举四德榜实现村居全覆盖，爱、诚、孝、仁四类上榜典型达到82万人次；先后组织开展“文化进千村、文明惠万家”百场公益巡演、镇街群众文化艺术节、“文明之夏”等群众文化活动，庄户剧团等群众文艺队伍达到1000多支；组织开展“新农村、新生活”培训300期，培训农村妇女近万人次，孙爱霞家庭入选全国“最美家庭”；印制发放移风易俗宣传画15万份，红白理事会实现全覆盖，寿光市移风易俗工作经验被作为全省重大典型进行重点报道宣传，潍坊市文明办专门下发文件推广寿光市的经验做法。

加强未成年人思想道德建设。加强“乡村学校少年宫”建设管理使用，省级以上彩票公益金支持乡村学校少年宫项目实现乡镇全覆盖；创新未成年人活动阵地建设，新建12所“四点半学校”；组织开展核心价值观书法比赛、书画比赛、乒乓球比赛等文艺活动200多场次；评选表彰美德少年、最美孝心少年120人，其中8人获评潍坊美德少年，发放关爱金5万元；组织开展“五个一”成长教育、清明祭英烈、经典诵读、优秀童谣征集与传唱、童心向党歌咏比赛、国学小名士等活动，参与未成年人达到11万人次；联合市关工委、教育局，以全市33所初中七年级学生及其家长为重点，举办传统文化宣讲20多场次，有效推进传统文化教育的普及深化。

广泛开展城乡志愿服务活动。建立健全志愿服务活动协调机制，组建志愿者协会，建成寿光市志愿服务网，注册志愿者达到10万人；实施以“人人学雷锋 共创文明城”为主题的“学雷锋志愿服务季”行动，先后组织开展“冬暖——旧衣新送”“交通劝导”等志愿服务活动2000多场次，涌现出“天平基金”“蒲公英爱心会”等先进典型；联合《寿光日报》启动“一元爱心联盟”微公益平台，累计捐款、捐物资折款15.7万元，帮扶困难群众100多人次；试点建立3处爱心墙，投放“衣旧情深”旧衣回收箱220个，取得良好社会效益；组建120余人的网络文明传播志愿者队伍，全年被中国文明网采用稿件75篇，其中3篇在中国文明网首页进行展示，推荐稿件数量及采用数量均列潍坊市第一。开展“文明有礼，德耀菜乡”创城知识有奖竞答活动，“文明寿光”微信平台新增粉丝1.2万余人，关注量及活跃度均居全国县级提名城市前列。

【文化建设】 公推公评“文化勋章、文化名人、文化之星”3个层次文化人才。经过组织推荐、初评、媒体公示和终评，最终确定40位德艺双馨的文化人才，对获奖人员，政治上给地位，经济上给奖励，政策上给扶持。此项评选在全省尚属首次，激发文化领军人物的引领和带动作用。

大力实施文化产业项目建设。2016年，全市在建投资过千万元的文化产业项目56个，总投资达到120亿元。建成“历史文化中心”“城市书房”标志性项目。“寿光历史文化中心”位于文圣东街以南，AAAA级风景区弥河生态观光园北端西侧，项目占地219亩，总建筑面积4万余平方米，室外景观面积10万平米，于2013年3月开工建设，2016年11月建成并开始试运行。该项目由墨龙集团董事长张恩荣先生个人出资3亿元进行建设，邀请清华美院专家进行室内外装修设计，主要包括圣贤宝殿、镌文山房、业缘村、延师馆、墨龙斋5个单体建筑和室外景观，其中圣贤宝殿内设圣贤拜谒厅、名宦馆、乡贤馆共150位先贤雕像以及寿光历史文化展馆4部分，镌文山房内设置10个展厅。该项目作为展示寿光历史人文精神的文化家园，和进行爱国主义教育的精神圣殿，是寿光市又一处公益性重点文化旅游景点和标志性建筑，将免费向社会开放，进一步提升城市建设文化品位。为方便统筹全市旅游资源，市委、市政府将这一项目划归市旅游局管理，专门成立副科级管理单位，开启民投资金建设公共文化项目的新模式。

“寿光市城市书房” 项目位于城区新兴街以北100米、石马路以西，2011年动工建设，2016年建成项目主体。商业经营面积约1.4万平方米，地上共3层，藏书5大类共30余万册，是全省最大的县级综合书城—寿光书城，寿光市新华书店中心门市部将整体迁入，迁入后图书库存码洋增至1000万元，品种达6万种以上。该项目不仅是全市人民文化学习、交流、观赏、品鉴的平台，更将营造全民阅读、全民学习的良好氛围，成为寿光文化的新地标。

文艺创作成果丰硕。2014年9月拍摄的电影《王伯祥》，2016年12月获文化部“十艺节”文化奖一等奖和第九届“泰山文艺奖”二等奖。出资100万元立项扶持10大类27项文艺作品全部完成创作，全市创作、出版、刊播各类文艺作品300余项，成功斩获10项“风筝都文化奖”奖项。青春靓丽组合“蔬菜男孩”11项原创歌曲在央视《星光大道》栏目刊播，并晋级年赛。

举办第四届文化产业博览会。设立京剧艺术、金融科技、古玩藏品、非遗传承、草编工艺等12大展区，实现“文化＋文明、文化＋金融、文化＋科技”深度融合；组织大型竞买会和“艺术之路”书画展，实现展示与销售同步。参观游客达38.2万人次，交易额3.1亿元，中国文联副主席陈晓光、冯远先后来寿光市调研指导，并给予充分肯定。

农村公共文化服务体系覆盖率连续五年居全省第一。开展周末群众大舞台、百场公益巡演、广场舞大赛、农民书画展等群众性文化活动，打造贯穿全年、覆盖城乡的“文化盛宴”，年参与群众上百万人次。先后开展的中国书画家精品展、“中国歌曲100年”报告会等高端文化交流和京剧名家演唱会等艺术演出活动，推动“高雅艺术进寿光”常态化。加强基层公共文化服务体系建设，全年送书下乡10万多册，送戏下乡300多场，送电影1.1万多场，为411个村（社区）免费配送文体健身器材。

【舆情信息工作】舆情信息工作再创新高。全年共整理上报舆情信息5079篇，其中中宣部和省委宣传部采用1256篇。寿光市舆情信息报送工作连续4年在全省舆情信息工作考核中居前3位，潍坊市排名第1位，被评为全省舆情信息工作先进单位。在2016年召开的全省舆情信息工作会议上，寿光市作为全省县市区2个代表之一，作典型发言，舆情信息工作经验在全省推广。

强化舆情监控工作。对网上涉寿舆情全方位、即时化监控，及时关注舆情热点指数、跟贴人数等动态信息，把握舆情发展走向。每天编写1期《网上舆情》，2016年共上报251期。每月对全市舆情形势进行分析研判，形成《舆情专报》，为领导科学决策提供依据。同时，建立舆情分级处置机制，对一般性负面舆情，直接给责任单位下发《舆情处置通知单》，快转快办，把问题解决在萌芽状态；对可能扩大化、恶性化的舆情信息及时预警，直通“一把手”，并积极争取上级主管部门的支持与帮助，强化对重大舆情问题的领导和高层决策。

加强网军队伍建设。制定出台《寿光市网络舆情工作队伍建设实施方案》，建立以市委宣传部工作人员和市内媒体记者为主的“核心层”队伍，以各镇街区、市直各部门专职舆情信息员为主的“骨干层”队伍，在15个镇街区和12个舆情重点部门分别设立30人以上的“基层”队伍。至年底，全市网络舆情队伍成员达到885人。通过建立“三级”队伍，把舆论引导工作延伸到全市各个层次、各个领域，形成以宣传部门为主导、各部门为主体、新闻媒体及社会各方面积极参与的网上舆论引导格局。

（朱明华）

统一战线工作

【管理机构】 市委统战部为市委主管全市统战工作的部门，设有寿光市民族宗教事务局，与市委统战部合署办公，列入政府工作部门，不计入政府机构个数。2016年，市委统战部（市民宗局）内设办公室、经济科、民族宗教科3个科室，核定行政编制10人，实有干部职工12人，其中行政编制10人、工勤2人。

2016年1月，市委统战部被省委统战部、省人力资源和社会保障厅、省公务员局评为“全省统战工作先进单位”。

【党外人士】 2016年，全市共有民主党派成员15人，其中民盟成员9人、民进成员1人、致公党党员1人、农工党成员1人、九三学社成员3人。全市民主党派成员中，有8人担任县级以上政协委员，

全市党外知识分子数量逐年增加。2016年，全市共有知识分子（大专以上学历、中级以上专业技术职务）8.5万人，其中党外知识分子5.8万人、占比68%。在党外知识分子中，具有专科学历的2.6万人，本科学历的3.1万人，研究生学历的800多人；获得学士学位的2万多人，硕士学位的1000多人，博士学位的26人；具有中级、高级专业技术职称的分别有6572人和795人（其中正高级46人）。省“泰山学者”中有党外知识分子2人，潍坊市高层次创新创业人才中有党外知识分子5人，“鸢都学者”中

有党外知识分子1人。按照“近、中、远”期目标，继续完善党外知识分子工作三级人才库（基础人物、重点人物、代表性人物），使市委统战部、15个镇（街）区、27个部门（单位）、潍坊科技学院、市民宗局、市工商联党外知识分子动态管理服务系统更加完善。2016年，全市党外知识分子中，有46人担任各级人大代表，有55人担任各级政协委员，有5人分别担任省、潍坊市知识分子联谊会理事。

继续落实党外干部工作规范化机制，市委统战部与组织部联合调训，每年举办1次党外干部培训班，2016年6月组织有关党外干部在苏州大学举办培训班，参训科级干部35人。全年共推荐选派5名党外干部到镇（街、区）、重点项目、信访维稳部门任职。全市共有党外科级以上干部54人，其中副县级干部5人、正科级干部11人、副科级干部38人。

【宣传调研】 2016年，统战部按照全省和潍坊市统战理论调研宣传要求，针对寿光市统战工作实际，有计划地开展宣传工作，全年在《山东统一战线》等报纸杂志上发表调研宣传文章2篇，其中1篇荣获省委统战部、潍坊市委统战部调研宣传成果奖。加强统一战线宣传阵地建设，增加投入、提升标准，继续将马保三故居打造成为“山东省统一战线教育基地”，马保三故居累计参观人数已超过10万人。引导非公经济人士积极参与精准扶贫，该做法省、潍坊市委统战部给予充分肯定，民革中央团结报记者于2016年6月到寿光市进行现场采风。

【宗教工作】 2016年，寿光市有满族、彝族、回族等42个少数民族，少数民族常驻人口2194人（其中户籍人口822人），少数民族流动人口保持在3000人左右（其中来自青海化隆、大通等地的穆斯林300人左右）；以基督教、佛教为主的信教群众1.5万多人，建有市基督教三自爱国会和市佛教协会2个宗教团体，宗教活动场所51处（其中基督教46处，佛教3处，天主教、道教各1处）。

（陈 红）

市直机关党建工作

【管理机构】 2016年，市委市直机关工委内设办公室、综合科，编制8人，其中行政6人、工勤2人；实有干部职工7人。下辖19个党委、11个党总支、45个直属党支部，共有党员4480人。

【组织建设】 党组织领导班子建设。一是合理设置基层党组织。对新建单位及时帮助建起党组织，对原建单位中党员人数多、下属机构分散的党组织，按照便于工作、便于活动的原则，根据组织设置规定进行合理调整，理顺关系。2月，成立市法律服务援助中心党支部；3月，成立市政务服务中心学习型、兼合式党委；6月，成立寿光市水务集团党委；7月，成立市历史文化管理处党支部。二是及时调整增补基层党组织班子成员。对因工作变动等原因造成缺职少员的班子，按程序及时进行调整充实，使班子健全率保持在100%。所属19个党委、11个党总支、45个直属党支部如期召开党员大会，进行换届选举或补选配齐党组织领导班子。三是做好“两代表一委员”的推选工作。11—12月，党群系统各级党组织动员广大选民、党员、党代表积极参与选举工作，正确行使民主权利，使选举过程成为一次增强党性和遵守民主集中制原则的教育过程。经过各级党组织层层推选，选出卢法贵等39名党代会代表参加寿光市第十四次党代会；选出朱兰玺、赵绪春等14名党代会代表参加潍坊市第十二次党代会；选出杨树欣代表党群系统参加寿光市第十七届人代会。

发展党员工作。严格党员发展标准和程序，认真贯彻发展党员工作方针和原则，严格执行《中国共产党发展党员工作细则》，全年高质量发展中共党员35人。同时，先后举办党员骨干、党组织书记、党员发展对象培训班3期、专题辅导报告会5期。

党员管理工作。2016年，开展党员组织关系大排查，共排查党员4480人，对1名无法取得联系、长期失联党员作除名处理。同时，开展党费收缴工作专项检查，提高党费管理质量和水平。

党建示范点创建。2016年，组织开展“机关党建工作示范点”创建活动，按照党员管理到位、党建亮点突出、党员作用发挥明显、阵地建设完善、资料规范齐全的要求，选树市人民法院、地税局、政务服务中心、法律服务中心4个单位为党建工作示范点，9月迎接潍坊市机关党建工作现场推进会观摩，10月迎接省直机关党建研究专委会第二组成员单位暨全省地税系统党建工作现场会观摩。为增强基层党建活力，组织开展支部工作法评选活动，引导机关党组织积极探索、勇于创新,创建富有特点和实效的党建工作品牌。基层党组织找准党建工作和业务工作的结合点、切入点，共申报基层党支部工作法28个，其中市地税局“五动一扬工作法”（“五动”：党建联动促工作、勤廉促动守规矩、倾情感动带队伍、示范带动激活力、征纳互动促和谐。“一扬”：弘扬红柳精神）被省地税系统评为“十佳基层党支部工作法”。

强化党建工作指导。2月，印发《市直机关党建工作标准化建设考评细则（试行）》《市直机关基层党组织严格执行党的组织生活制度的意见》《市直部门（单位）党组织书记抓党建工作述职评议实施方案》等文件，并狠抓落实工作，促进党组织、党员队伍和党建载体、阵地、制度“五大规范化建设”，使党建工作走在全市前列。

【思想建设】2016年，主要开展“两学一做”学习教育活动。活动中，一是指导基层党组织制定好学习教育方案。根据不同行业、不同群体党员的实际情况，采取集中学习、党课教育、主题活动、流动党校、送学上门等形式和机关党建网、党建微信等信息化手段，把学习教育的任务具体化、精准化、差异化，确保学习效果。二是分类举办培训班。采取集中培训、以会代训等形式，先后举办党组织书记培训班、优秀党员示范班、党务骨干培训班5期。培训班突出“四个全面”战略布局、“五大发展理念”、党风党纪、市委市政府工作部署等内容，邀请市内外专家学者、市直部门负责人授课，提升党员干部的思想素质和业务水平。4月，组织30名党务干部赴上海市长宁区考察学习“凝集力工程”建设情况，增强党员干部联系群众、服务群众的本领。三是强化红色教育和警示教育。充分利用寿光市红色教育资源、党性教育基地，对党员干部进行革命传统教育；组织党员干部参观市看守所、潍北监狱，观看警示教育片，教育党员干部保持本色，慎初慎微，守住底线。四是坚持以查促学、以考促学、以思促学。建立完善学习督查通报制度，每季度一次检查基层党组织学习情况。5月，组织100名政工科长或党办主任进行业务知识和党的基本理论知识测试，参考率100%，合格率100%。6月，组织开展“两学一做”知识竞答和演讲比赛，增强活动趣味性和实效性。

【帮扶工作】 2016年，在七一、春节等节日，对系统内建国前入党的6名老党员、11名生活困难党员进行走访慰问，并送去慰问金1.5万元，让他们感受到党组织的关怀与温暖。10月，组织开展“党员到社区报到”和志愿服务活动，在职党员报到3672名；设立市直机关志愿服务总队和43个分队，各志愿服务队结合业务特点，每季度组织一次活动，通过政策咨询、法律维权、关爱帮扶等形式，开展活动119次，解决群众反映的难点问题670多件，帮助群众实现“微心愿”376个，提高群众的满意度。

【创先争优】 深化“优质服务项目”创评活动。针对经济下行压力，在机关中深入开展“服务企业年”、创评“优质服务项目”等活动，引导党员干部立足本职岗位，争当“服务先锋”，为转型升级保驾护航，涌现出市政务服务中心“政务星服务”等37个优秀主题实践活动和市人民法院“创新深化诉调对接工作机制”等47项优质服务项目。牵头在市直机关开展“创新创优标兵”评选活动，评选出21名“创新创优标兵”，市委、市政府在三级干部会议上进行表彰，树立一批可亲、可信、可学的鲜活典型。基层党组织和党员干部比着学、赛着干、争着做，压减审批事项，缩短服务流程，成为机关党建直接服务经济社会发展的重要实践。

全市工作争优秀。2016年，积极参与国家文明城市创建活动。深入开展“六进六讲”（即进机关、讲服务，进企业、讲诚信，进学校、讲美德，进医院、讲和谐，进村居、讲文明，进家庭、讲和睦）活动。组织举办以“展女性风采·创文明城市”为主题的市直机关庆“三八”文明礼仪知识讲座，组织举办庆祝建党95周年暨“两学一做”演讲比赛、“永远跟党走”大合唱，以及“农圣文化节”“周末大舞台”“文明之夏”党群系统文艺专场演出，通过寓教于乐的形式，弘扬主旋律，扩大教育效果。组织党群系统干部职工积极参加寿光市七运会，获团体第七名。扎实做好基干民兵训练、兵役登记和征兵工作，圆满完成征兵和民兵整组任务。机关干部对所包靠的洛城街道邵家村、褚庄2个村的378户群众和巷长，每季度1次定期走访联系，帮助解决反映的问题，化解矛盾，密切党群关系。高度重视维稳工作，建立完善党群系统矛盾纠纷排查调处应急机制，认真做好重大节日及敏感时期的维稳工作，杜绝系统内干部群众上访问题。

【作风建设】 2016年，在对机关各项规章制度修订完善的基础上，重点规范议事程序、财务收支、公务接待等环节工作，形成良好的民主决策工作机制，在单位重大决策、重大事项和大额资金使用上，坚持书记办公会集体研究、民主决策。严格执行党风廉政建设责任制，不折不扣遵守中央八项规定和上级有关文件精神。重视党风廉政知识学习，积极参加党风廉政知识专项培训和市纪委及单位内部组织的党风廉政知识考试，进一步提高廉洁自律的意识。

（孙元祯）

信访工作

【管理机构】2016年，市信访局下设文秘科、接访科、处信科、督查科4个科室，行政编制10人；下辖市委群工办1个正科级事业单位，市政府信访事项复查办公室1个股级事业单位；市委群工办编制9人，内设调研科、督查科、综合科3个科室；市政府信访事项复查办公室编制3人。

【信访制度建设】 2016年2月，按照省信访局要求，制定下发《开展创建无非正常上访县市区活动实施方案》，推动基层加强治理非正常上访工作，巩固和扩大依法处置非正常上访成果。8月，落实国家信访局深化信访工作制度改革要求，贯彻执行《信访事项简易办理办法（试行）》，推动及时就地解决信访问题。11月，信访联席办印发《关于依法分类处理信访诉求的工作方案》，全面推行依法分类处理信访诉求工作。

【案件处理】 2016年，继续推行市级领导牵头、市联席会议抓总、有关责任单位配合的工作联动机制，市委书记对重点信访案件亲自过问、亲自批示，政法委书记每周主持召开1次信访维稳工作碰头会，集中研究调度重要信访案件，推进工作开展。坚持不稳定因素月排查、月报告制度，重点关键时期实行日排查、日汇报、零报告制度，将问题化解关口前移，确保矛盾纠纷在初始阶段得到化解。对排查出的问题矛盾，全部建立工作台帐，实行“销号制”，限期妥善化解。实行市级领导包靠重点信访案件化解制度，推行“领导包案、小组化解”工作法，全年共筛选27件重点信访案件，其中化解息访20件，其他7件已得到较好稳控。对处理难度大、涉及部门多、多次重复上访及可能造成不良影响的重要信访事项，市信访局编辑《重要来访专报》和《重要信访情况通报》呈报市级有关领导，督促责任单位落实责任，有效化解信访问题，全年共编发《重要来访专报》10期、《重要信访情况通报》8期。3月，以市委、市政府两办名义制定下发《寿光市信访工作考核奖惩办法》，将信访总量和增量、信访事项处结率和满意率、积案化解、复查复核等工作全部进行量化，打分考核，每月通报。2016年，共受理全市信访案件1527件次，处结1498件次，处结率98.1%。

【领导公开接访】 2016年，按照市委、市政府“两办”下发的《关于进一步加强市级领导干部接访工作的通知》要求，市信访局提前1周排出每月市级领导接访时间表，市委书记、市长及市委、市政府其他领导班子成员轮流到市信访局接访。继续推行“首接负责制”“分工负责制”“专项接访负责制”“补位制”相结合的方式接访；各镇（街、区）、市直部门主要负责人每月5日、15日、25日在各自单位公开接访，其他领导班子成员工作日轮流接访。对接待的群众来访，接访领导做到“一包到底”，分管领导积极搞好配合，确保“案结事了”“事了人服”。2016年，共落实接访市级领导115人（次），接待群众来访186起，处结率98.3%；镇（街、区）、市直部门领导接访967起，处结率97.5%。

（张磊）

党校工作

【管理机构】 2016年，市委、市政府对党校建设高度重视，党校的领导班子建设、内部机构建设和教职工队伍建设实现又好又快发展。党校共设有办公室、教务处、教研室、培训处、业教信息处、总务处6个副科级中层处（室）；共有编制38人，实有教职工

33人。聘任专职教师26人，其中高级讲师8人、讲师16人、助理讲师2人，具有研究生学历6人、本科学历20人。同时，党校致力于教职工队伍建设，通过多渠道、多形式开展思想政治教育和业务培训，使教职工的政治业务素质明显提高。

【干部培训】 2016年，认真贯彻落实《中国共产党党校工作条例》《干部教育培训工作条例》和全国党校工作会议精神，按照全市党员干部培训计划，对主体班次做到开齐办全、学制规范、规模适度，教学效果得到市委和学员的充分肯定。教学工作中，突出主业主课意识，不断优化教学布局，创新教学方式，班主任竞争上岗、任课教师竞争授课、相关处室考核监督，实现“以竞争促质量，以规范求效益”。一是以精彩内容武装学员。始终坚持“党校姓党”根本原则，严格落实理论教育和党性教育不低于70%要求，把党章党规党纪教育放在首位，同时针对各班次培训对象的特点和求知需求，坚持教学出题目、科研做文章、成果进课堂，把当前社会上的难点、热点和焦点问题及时充实到教学内容中，增强培训的针对性，课题更新率每年都保持在40%以上，并把全部培训内容分为必修课和选修课，以菜单式呈现在学员面前，供学员选学。二是以灵活方式吸引学员。坚持以开放的态度，兼收并蓄，不断创新教学方式、培训模式。研讨式、案例式、讲座式等教学方式交互运用，使课堂学习更加活泼生动；拓展训练、军事训练、礼仪训练等集体活动穿插进行，提升学员的团队精神和个人修养；经验介绍、小组研讨、班级交流等论坛活动有序进行，使肃静的课堂和活跃的氛围有机融合，为教学相长提供良好的平台。三是以严格制度规范学员。按照学员调训抓规范、入学抓教育、管理抓落实、学习抓考核的工作流程，不断加强学员党性教育和学风建设。通过设立临时党支部，建立起市委组织部、党校、班主任、班委会和学习小组“五位一体”的管理体系。同时，“学员定位、小组定点、班级自治、量化考核”的管理模式不断完善，有力保证培训效果稳步提升。四是以周到服务感动学员。本着“严格管理、热情服务”的原则，学习上耐心解答学员疑惑、诚心指导学员实践，活动中热心组织集体活动、精心安排教学现场，服务上做到人性化管理、精细化服务。共举办各类培训班11期，培训学员1452人次，学员满意率都在98%以上，得到各级组织部门和党校领导的高度评价。同时，市委党校还充分发挥职能作用，配合市委中心工作，选调骨干教师积极开展理论宣讲，共宣讲160场，听众2万多人次，有力地推动寿光市“两学一做”学习教育的扎实开展。指导各镇（街道、区）和市委直属党（工）委设立基层党校，并以此为依托，开展大规模的基层党员培训，全市所有党员普遍接受一次党校教育，实现党校教育全覆盖。

【科研工作】 市委党校在健全机构、完善制度的基础上，把科研作为综合考核的重要部分，按照“四为服务”的方针和“突出基层党建研究这个重点，正确处理教学与科研的关系，以教促研、以研助教、以资协政，构建“教学、科研、资政”三位一体机制，形成相互促进、良性互动的新局面，瞄准科研进党委决策视野、进党报党刊和进党校系统的“三个方向”，保质量、抓精品，通过多种措施不断提高教职工的科研积极性。围绕市委中心工作和经济社会热点问题，确定重点课题，组织人员深入基层详细调研，开展集体研讨攻关，在丰富教学专题和授课内容的同时，科研工作实现重大突破。全年先后有13篇调研报告被市领导签批；立项各级课题9个，结项课题12个，数量、质量均列潍坊市前茅。有2项科研成果获潍坊市第二十四次社会科学优秀成果奖，5项科研成果获潍坊市党校系统优秀科研成果奖。

【社会培训】 2016年，市委党校不断加大宣传力度，广泛开展社会培训工作。本着“专业、务实、合作、共赢”的原则，充分发挥“蔬菜之乡”的品牌优势和党校的设施优势、师资优势，丰富和发展“进门是课堂、出门是现场”的特色培训。丰富的教学内容、精彩的现场教学和优质的接待服务，全年共接待来自农业部、贵州、河北以及惠民县等地的培训班15个，共计培训超过800人次，取得良好的经济效益和社会效益，开拓党校的办学渠道，增强办学活力，促进党校工作全面发展，宣传和树立寿光良好形象。

老干部工作

【管理机构】 2016年，市委老干部局为正科级行政单位，编制4人，下辖老干部活动中心、老年大学、干休所、关工委办公室4个副科级财政全额拨款事业单位和第二干休所1个股级事业单位，共有干部职工23人。全市共有离退休干部7045人，其中离休干部312人、退休干部6733人；有离退休干部党组织96个，离退休干部专（兼）职工作人员326人。

【离退休干部党建工作】 落实《关于进一步加强和改进离退休干部工作的意见》（中办发[2016]3号）文件精神。争取市委支持，市委书记朱兰玺多次对老干部工作作出重要指示，市委常委会上先后就贯彻老干部工作会议精神、落实3号文件等多次听取老干部工作情况汇报，及早解决一些问题。在公车改革中优先保障老干部工作服务用车，为局机关调换1辆轿车，为关工委配备1辆商务车；全年列入财政预算5万元、专项党费支持5万元、全市离退休干部党费60%（439621.32元）全部用于支持离退休干部党建工作。下半年，为老年大学追加财政经费17万元，增加事业编制4个。

开展“红旗离退休干部党支部”创评活动。2016年，将离退休干部党建考核、典型表彰、人才管理、培训教育、服务管理等工作纳入全市党建管理体系。通过自查整改、自评申报、审查评定、挂旗表彰等程序，进一步强化离退休干部党组织建设。至年底，新增党组织12个，党组织书记平均年龄降至63.5岁。10月，在市委党校举办为期2天150多人参加的全市离退休干部党支部书记及老干部工作人员培训班，市委常委、组织部长作动员讲话。

推进“协会建支部，支部带协会”工作。5月，依托离退休干部协会，分别在市委家属院和市政府家属院建立学习型、兼合式协会党组织，解决20多个单位离退休干部少、组织学习活动难的问题。

深化社区离退休干部党建工作。以“党员到社区报到”为契机，通过“五有”（有班子、牌子、场所、档案、制度）标准建组织、三大平台（即老干部组织建设、社团建设、志愿者队伍建设）抓凝聚、四进社区（即党员教育、文化服务、社会养老、医疗保健进社区）促服务，推进全市社区离退休干部党建工作。11月，潍坊市社区离退休干部党建工作观摩会在寿光市屯田社区召开。

加强离退休干部的思想政治引导。开通运行“寿光老干部”微信公众号，整合开发寿光老干部工作网，学好用好老干部之家——寿光老干部网上党建平台。2016年，全市在老干部之家网发表主题帖7800多条，跟帖1万多条。收到“不忘初心——我的入党故事”征文60多篇。在离退休干部党员中开展“两学一做”学习教育、“我看从严治党新气象”调研等活动，通过走访慰问、上门送学、组织参观学习、座谈交流、征求意见等方式，将学习教育引向深入。

【老干部待遇】 *贯彻落实离退休干部政治待遇。*坚持阅文、参观、重大节日走访慰问、定期通报情况等制度。春节前，四大班子主要领导走访慰问副县级以上离退休干部及遗属80多人。4月28日，以市委名义组织副县级以上离退休干部参观考察菜博会、东城新区、洛城街道经济社会发展情况。七一前夕，对66名副县级以上离退休干部上门走访、征求意见，并召开全市庆祝建党95周年老干部座谈会。12月19日，市委书记朱兰玺主持召开老干部座谈会，征集到老干部关于工农业发展、农村精神文明建设、干部队伍建设等建议18条。至年底，各单位共组织走访慰问离退休干部7200多人次，市内参观考察120多次，召开座谈会96个，为离退休干部党组织和个人赠阅报刊1.3万余份，收到意见建议70多条。

*落实好离退休干部生活待遇。*巩固和完善离休干部“三个机制”（离休费保障机制、医疗费保障机制、财政支持保障机制），离休干部医药费统筹标准增至人均1.9万元。健全完善离退休干部特困帮扶机制和党内关怀机制，向12名家庭困难的离休干部及遗属发放补助金3万余元。为全市离休干部和副县级以上退休干部购买“居家财产安全保险”，400多名离退休干部受益。为66名副县级以上离退休干部进行免费查体。做好易地安置离休干部服务管理工作，走访慰问7名异地安置离休干部。

*探索开展“智慧养老”服务。*充分利用“12349”养老服务信息平台、社区托老中心等社会化养老资源为离退休干部服务，进一步健全“四就近”（就近学习、就近活动、就近得到关心照顾、就近发挥作用）服务平台，努力打造“没有围墙的养老院”。7月，专门到杭州、无锡、南京、绍兴等先进地区进行学习。

*加快干休所转型发展。*利用老旧小区改造政策，推动干休所设施改造和转型发展。干休所改造纳入2017年全省第1批棚户区改造计划，同时完成第二干休所路面硬化等工作。

【文化养老】*老干部活动新场所正式启用。*9月29日，投资1.8亿元建筑面积近2万平方米的老干部活动中心、老年大学新场所(市政务服务中心三、四楼)正式投入使用，省委老干部局副局长兼山东老年大学校长杜英杰为新场所揭牌。同日，潍坊市老年大学校长培训班在新场所举行开班仪式。该活动中心内部设施配套投资近400万元，高标准配备室内高尔夫、乒乓、台球、麻将、电子阅览室等20多个活动（厅）室，设有书画、舞蹈、电脑等专业教室22个，学校课程已发展到6大类35个专业，招生人数达1500多人。

*基层阵地建设不断延伸。*与寿光日报社联合开办“夕阳红”学院，老年大学向阳社区分校招生规模达150多人，新建洛城街道屯田社区、寒桥社区2处老年大学社区分校，坚持每周组织开展1～2次活动，做到四季有活动，月月有比赛。

*老干部社团管理进一步加强。*以老干部活动新场所为阵地，先后成立晚霞老干部艺

术团、老年大学舞蹈艺术团、老干部门球协会等8个特色老干部社团，组织老干部参与“农圣文化艺术节”“周末群众大舞台”等全市大型公益文化活动。在春节、七一、国庆、老年节等重要时间节点，举办潍坊市离退休干部庆祝建党95周年文艺汇演寿光赛区选拔赛、青州·寿光老干部书画联展、寿光市离退休干部庆祝建党95周年诗词书画展、老年大学首届校园艺术节等活动，义务到龙泉社区、胡营社会福利中心等慰问演出20多场次。10月，寿光市晚霞老干部艺术团被评为“山东省优秀老干部文艺团队”。

【发挥老干部正能量】 发挥关工委作用。2016年，市关工委组建150多人的“孝德、两史、法治”三大宣讲团，成立420多人的寿光传统文化宣传教育志愿者讲师团、80人的“五老”（即老干部、老战士、老教授、老专家、老模范）网吧义务监督员队伍，推动青少年思想道德教育工作持续深入开展。其中，传统文化宣讲团在15处镇街区分别开设“道德大讲堂”，推进传统文化进学校、进企业、进乡村。全年共开展宣讲280多场次，编印《孝德教育读本》2.4万册，受益群众4万多人次，在社会上引起良好反响，得到全国儒学研究室主任赵法生、省关工委副主任崔曰臣等有关领导专家的充分肯定。12月4日，市关工委主任王茂兴在全国第四届传统文化经验交流大会上做典型发言。建桥学校、屯田小学、逢源小学等5处学校被评为潍坊市五好“四点半学校”。同时推进“小学午餐工程”建设。

加强“寿光市银龄人才资源库”建设。在个人自愿、广泛发动的基础上，对管辖范围内的离退休干部人才进行严格筛选，有160多名老干部加入到银龄人才队伍，并进行细化编组，划分基层党建服务团、关爱宣讲服务团、科普宣传服务团等7个志愿服务组织，每组确定1名组长，到镇街、社区、学校、企业等开展志愿活动300多场次，受到社会广泛好评。9月，在全市公民道德日宣传活动中，市委专门为“传统文化志愿者讲师团”授旗。12月26日，姜洪佩、桑美林、朱振华被省委老干部局评为“全省最美老干部志愿者”，市关工委“五老”志愿讲师团被评为“全省最美老干部志愿服务组织”。

评选“老有所为奉献奖”。选树离退休干部先进典型，深入宣传离退休干部离岗不离党、退休不褪色，无私奉献、服务社会、增添正能量的先进事迹。2016年，全市有25名离退休干部分别被评为寿光好人、道德模范、优秀共产党员、寿光乡贤等，有33名老干部的先进事迹被市级以上媒体报道，有49名老干部进入寿光市第二届“老有所为奉献奖”初选名单。

“走圣城、看变化、话发展”主题活动深入开展。紧扣“展示阳光心态、体验美好生活、畅谈发展变化”，结合实际，广泛开展“走圣城、看变化、话发展”主题实践活动，引导老干部崇德向善、知足知福、正面发声，传播正能量。2016年，各单位组织开展参观学习、座谈交流、文体成果展演等活动120多次。

（张立华）

党史工作

2016年，市党史研究室紧紧围绕市委中心工作，以落实存史资政育人为根本任务，以强化队伍建设及品牌培育为抓手，不断加强和改进新时期党史工作，推动党史编研及宣教工作深入开展，圆满完成各项工作任务。

【党史编研】 突出抓好《中共寿光历史（1949—1978）》党史正本编撰工作，写好寿光“红色家谱”，已完成定稿，共36万余字；启动《改革开放实录》专题征研工作，组织完成《寿光改革开放实录》等6个专题的编写工作，形成近20万字的专题资料；编辑出版《中共寿光历史资料（2015）》，真实记录全市经济社会发展和党的建设等方面的工作历程与成就，总字数70万字；编辑整理《2016年寿光市党史大事记》，收录全市经济、社会和党的建设等大事600余条，10万余字。

【史料征集】 启动社会主义建设时期县委书记口述史征编工作，对社会主义建设时期县委书记、县长等主要领导的任职情况逐一建好台账，组织整理口述史、回忆录10余万字；高质量完成《中共潍坊年鉴》组稿任务，涵盖市委工作概况、镇街区工作概况，以及农村、社区、企业和部门单位典型材料等，共20余万字。

【宣传利用】 组织开展“党史六进”系列主题活动。围绕庆祝建党95周年，深化“两学一做”学习教育，组织开展“党史六进”（即进机关、进社区、进校园、进企业、进农村、进军营）系列主题活动，传承红色基因。与市文化局联办纪念建党95周年图片展，展出建党95周年以来图片200余幅。与寿光日报社联合举办“红色信仰——纪念建党95周年系列报道”，再现寿光党组织带领人民浴血奋战的历史画卷。先后向部分社区、农村免费发放党史书籍600余册，贴近群众宣传寿光红色历史，传承红色基因。

开设“党史讲堂”，弘扬党的优良传统和作风。充分发挥党史宣教阵地作用，开设“党史讲堂”，弘扬党的优良传统和作风，先后到市委办公室、市环保局等部门（单位）开展党史宣讲活动，受教育干部职工400余人次，激励党员干部为“品质寿光”建设奉献力量。

围绕培育打造红色教育品牌，大力加强党史教育基地载体建设。配合市委组织部做好植庭纪念馆布展工作，积极向上级业务部门对接争取，推荐申报的陈少敏纪念馆、牛头镇抗日武装起义纪念馆（马保三故居）、中共寿光县委成立旧址（张玉山故居），2016年3月，正式被确定为山东省党史教育基地，位居全省前列、潍坊市首位。

开展寿光红色旅游宣传工作。将陈少敏纪念馆、牛头镇抗日武装起义纪念馆等5处场馆，编写整理成系统资料，充分彰显寿光市革命老区及地域文化特色，这些资料2016年被收录入即将出版的《山东省红色旅游指南》一书。

【队伍建设】 市党史研究室领导班子深入结合“两学一做”学习教育，牢固树立“四个意识”，坚持率先垂范、严格要求，采取切实有效措施，抓好机关作风建设，提高工作效能，推动党史工作科学发展，使全室呈现出干事创业、团结和谐的良好氛围。同时，努力建设学习型机关和学习型干部队伍，加强业务学习，提高业务能力，人均参加各级各类教育培训180余学时，全室干部政治素质和业务素质明显提高，工作积极性明显增强，为抓好新时期党史研究工作打下坚实基础，2016年先后有《红色记忆》《中共寿光历史资料（2015卷）》以及年内发表的2篇论文共4项成果，获评为全省优秀党史成果。

（郭振兴）

档案工作

【管理机构】 2016年年底，市档案局设有办公室、业务指导科、档案管理科、编研科、机关文件管理中心5个科室。有工作人员16人，其中副研究馆员1人、馆员6人、助理馆员3人。

【档案馆工作】 2016年，全市档案工作锐意进取，开拓创新，着力提升档案社会影响力，各项工作取得新成绩，被省档案局评为全省档案宣传工作先进集体。至2016年年底，寿光市档案馆保存档案6大门类、198个全宗。其中，馆藏档案18万卷，资料2万册。

档案征集。5月27日，组织召开全市档案科学化管理暨档案移交进馆会议，市委常委、市委办公室主任武治强出席会议并讲话，对全市档案工作科学化管理工作和市直部门、镇街机关及有关事业单位档案移交进馆工作进行安排部署。至12月底，共接收档案2万卷，照片1.1万张。收集、整理书籍、报刊等资料252册。做好重大活动音像档案的拍摄、收集整理工作，拍摄、收集照片档案726幅；收集菜博会摄影大展及两次联谊会获奖入围照片508幅。

档案管理。组织开展档案馆库房新增档案存储扩容设备及配套设备升级项目，新上档案密集架224节、157立方米。在完成馆藏档案数字化加工任务后，开展新接收进馆档案数字化加工。对档案库房综合智能管理系统进行更新维护，安装监控大屏幕，更换部分老化、损坏设备。对库房内温（湿）度精确记录和调控，做到规范化、经常化、制度化。建立和完善严格的安全工作规章制度，“九防”（防水、防火、防盗、防虫、防高温、防潮、防强光、防尘、防鼠）措施得到落实，确保档案安全万无一失。

档案开发利用。开展档案资料查借阅服务，采取多种服务方式，为利用者排忧解难，尽最大努力满足利用者需求。全年共接待查询1780人次，提供利用档案资料6572卷（册）。

【机关、企事业档案工作】 组织开展年度档案整理工作。按照国家档案局“文件材料归档范围和文书档案保管期限表”要求，借鉴往年经验，采取划分小组、集中办公、分组指导、突击立卷的办法，确保各单位文件整理工作平衡开展，既保证立卷质量，又保证立卷速度。经过精心组织，市直150个机关、企事业单位共立卷4036余卷。

加强档案科学化管理指导工作，指导市人大、洛城街道、统计局、圣城街道统计工作室、孙家集街道统计工作室、洛城街道统计工作室、古城街道统计工作室、羊口镇统计工作室、侯镇统计工作室、文家街道统计工作室、供电公司、城建投等单位的档案科学化管理工作，针对各单位的实际情况，制定创建省档案工作科学化管理先进单位的详细规划和计划，特别重点指导各单位基础设施建设、信息化建设、智能化建设工作。市人大、档案局、统计局等12个单位全部通过档案工作科学化管理先进单位测评验收。其中，市人大是潍坊市各县市区五大班子第一家通过山东省档案工作科学化管理先进单位测评验收的单位；统计系统档案工作走在潍坊市统计系统的前列；全市档案工作科学化管理先进单位数量位列潍坊市第1位。开展档案业务培训工作，培训部分市直机关、企事业单位、农村档案文档人员10次，培训717人。

【农业农村档案工作】 从5月9日到7月1日，组织指导15个镇街区机关文书立卷和农村建档工作，抽调业务骨干，组成2个建档小分队，深入农村，逐个镇街、园区，逐片逐村进行村级档案年度整理指导工作，指导建立档案12166卷。

【档案宣传和档案编研】 加强档案宣传和理论研究工作，强化措施，完成潍坊市档案局分配的《山东档案》《中国档案》《中国档案报》等报刊征订任务，在中国档案网、《大众日报》《潍坊档案信息网》《寿光日报》《寿光文化报》《寿光通讯》等发表宣传文章49篇。

开展档案编研工作。编辑印刷《寿光市大事记（2016）》，修订《齐民要术成书背景研究》；指导《田柳镇志》《田柳古今人物》《红色台头》《文化台头》《孙士良传》《崔氏族谱》等书籍的编辑工作；为寿光电视台《寿光记忆》栏目提供吴化学专题档案资料。

（葛怀圣）

机构编制工作

【管理机构】 寿光市机构编制委员会办公室（简称寿光市编办）是寿光市机构编制委员会的常设办事机构，是市委、市政府负责全市行政管理体制改革和机构改革、机构编制管理的部门，既是市委工作部门，也是市政府工作部门，列入市委机构序列，规格正科级行政单位。2016年，寿光市编办共有干部职工25人；内设综合科、行政机构编制科、事业机构编制科、监督检查科4个职能科室；下辖寿光市事业单位登记管理局，为副科级事业单位（参照公务员法管理）；寿光市人民政府行政审批制度改革办公室设在寿光市编办，为正科级行政单位，具体负责指导、协调全市的行政审批制度改革工作。

【行政审批制度改革】 承接落实上级下放取消行政审批事项。印发《寿光人民政府办公室关于承接上级下放行政审批事项和调整部分行政权力事项的通知》（寿政办发〔2016〕73号）、《寿光市人民政府办公室关于调整一批行政权力事项的通知》（寿政办发〔2016〕136号）、《寿光市人民政府办公室关于调整寿光市行政许可事项目录的通知》（寿政办发〔2016〕158号），全年共承接上级下放行政许可事项8项，取消6项，保留涉及34个部门单位的行政许可事项274项。

完善清单制度，建立动态调整机制。印发《寿光市人民政府办公室关于转发山东省行政权力清单动态管理办法的通知》（寿政办发〔2016〕56号），动态调整权力事项284项。根据山东省机构编制委员会办公室《关于实施地方标准<行政权力事项编码规则>的通知》（鲁编办〔2016〕104号）要求，对全市6638项行政权力事项进行重新附码。

推进省市县三级政务服务平台建设。2016年5月，寿光市被确定为潍坊市行政许可事项数据录入试点市，全市34个部门单位的274项行政许可事项录入山东省省级行政权力事项动态管理系统，并将入驻政务服务大厅办理的208项其他类事项及90项需县级审核的省、潍坊市行政许可事项数据录入系统。

编制完成公共服务事项清单。2016年12月，印发《中共寿光市委办公室、寿光市人民政府办公室关于公布寿光市镇两级公共服务事项目录和镇级行政权力清单的通知》，梳理出市直部门（单位）公共服务事项741

项（其中依申请361项、主动服务380项）；街道公共服务事项99项，镇（区）公共服务事项104项；街道行政权力事项79项，镇（区）行政权力事项81项。公共服务事项目录和服务指南公布后，寿光市原有权力清单中政务服务类和责任清单中公共服务事项不再保留。

事中事后监管体系初步形成。2016年8月，印发《关于印发寿光市关于全面推行“双随机一公开”工作实施方案的通知》（寿职能办发〔2016〕1号），31个部门单位制定完善实施细则,383项事项实现随机抽查,32个部门单位建立随机抽查对象名录库和抽查执法人员名录库，包含执法人员1012人，被检查市场主体102280个。至2016年年底，全市初步建立起横向到边、纵向到底的监管网络，在全国率先建立市级统筹调度、镇街区属地管理、村联防联治的市镇村三级事中事后监管体系。

加强中介领域监管。为规范行政审批中介服务，市编办于2016年4月联合市监察局，对市水利局、环保局等44个审批服务部门开展为期1个月的行政审批等领域中介服务突出问题专项整治，重点查处将未纳入清单的中介服务收费项目作为行政审批受理条件情况。为规范中介服务市场秩序，印发《关于调整寿光市市直部门（单位）行政审批前置中介服务收费项目清单的通知》，对行政审批中介服务收费目录清单进行动态调整，保留涉审中介收费22项，明确凡未纳入清单的中介服务收费项目一律不得作为审批受理要件。印发《关于公布寿光市涉企行政事业性收费及政府性基金目录清单的通知》，确定涉企行政事业性收费及政府性基金30项，涉及国土、住建、水利、农业、环保等部门，凡未纳入目录清单的行政事业性收费一律不得向企业收取，确保清单之外无收费。

【行政体制改革】完善镇街行政管理体制。2016年，认真贯彻落实加强乡村安全生产、建设工程质量安全、环境保护、道路交通安全监管工作有关机构事项。设立镇（街道）安全生产监督管理办公室（挂道路交通安全监管办公室牌子）；将镇（街道）村镇规划建设办公室更名为乡村规划建设监督管理办公室；农业综合服务站加挂环境保护办公室牌子。各镇（街道）明确专兼职工作人员，以正式文件报编办备案。2016年7月，组织对各镇（街道）人员到位及职能履行情况进行专项督查。调整完善镇街区市场监督管理所运行机制，本着有利于镇街区农产品安全、食药品安全、工业产品质量等监管执法工作有效开展，有利于镇街区市场主体发展等重点工作有效落实的原则，利用4天时间到14处镇（街道）进行调研，充分征求镇（街道）和市场监管局的意见，提出镇街区市场监督管理所实行镇街区和市市场监督管理局“双重管理”的工作运行机制，提交编委会议2016年第1次研究通过，以编委文件予以明确。

稳妥推进综合行政执法体制改革。按照省委、省政府《关于推进综合行政执法体制改革的指导意见》（鲁办发〔2015〕54号）、潍坊市综合行政执法体制改革专题会议要求，结合寿光实际，拟定《寿光市综合行政执法体制改革方案（讨论稿）》，严格按照上级要求时间节点积极推进改革进程。结合省委、省政府《关于推进综合行政执法体制改革的指导意见》《关于加强乡村安全生产、建设工程质量安全、环境保护、道路交通安全监管工作的通知》等文件精神，在住建部门实行市城市管理行政执法大队一支队伍综合执法，着力解决针对全市城镇建设和建筑市场缺乏专门执法队伍、相关职能单位监管职能发挥不到位、镇街区属地管理意识不强等问题。同时，整合交通运输领域执法队伍，积极推动建立精简、高效、统一的交通领域综合行政执法体制。

创新推动扩权强镇改革。2016年，在羊口镇、侯镇、古城街办3个试点镇街内部综合设置工作机构，对3个镇街党政工作机构职能、领导职数及人员编制配备科学界定，实行人员统一安排、编制分类管理，最大限度的整合乡镇资源，破解事业人员晋升“天花板”现象。搭建综合监管平台，针对乡镇层面普遍存在的执法难、难执法的问题，羊口镇在前期探索实行“7+X”综合执法模式基础上，依托“互联网+”新技术，以羊口公安分局为主体，整合治安、城乡、易制毒、环保、食品安全、校园安保、重点单位、公交等8个领域视频监控系统，打造“8+1”公共安全监管平台。助力培育特色产业镇，羊口镇被确定为全省首批经济发达镇行政管理体制改革试点镇以来，在创新管理机制、镇级综合执法、体制机制改革等方面大胆探索，全方位聚集政策、资金、人才等资源优势，主要经济指标连年大幅增长。2016年10月，羊口镇作为寿光市唯一入选乡镇（山东省共6个），被住建部认定为第一批中国特色小镇。同时，为推进全市新型城镇化建设、促进经济社会全面发展，立足台头镇防水企业集聚的特点，积极为台头镇搭建综合执法平台。

【事业单位分类改革】 推进承担行政职能事业单位改革。按照省和潍坊市编办的统一部署，对全市承担行政职能的事业单位进行全面梳理，汇总出62个部门单位并完成向潍坊市编办备案相关工作。

规范全市事业单位经费类型。根据省编办、潍坊市委办关于事业单位改革中有关财政政策的要求，认真做好事业单位分类与财政预算和财政管理的衔接，2016年度共完成全市402家事业单位经费类型的规范工作。

深化公益类事业单位分类管理。结合职责任务调整变化情况，加强公益一类事业单位的精细化管理，先后对20家事业单位进行变更名称或理顺职责；对潍坊科技学院和中医院、妇幼保健院、口腔医院、皮肤病防治站（挂皮肤病医院牌子）4所公立医院实行人员控制总量备案管理，分别核定各单位的人员控制总量；完成2家公益三类事业单位的转企改制工作。

集中清理“僵尸”事业单位。结合政府职能转变和机构改革、事业单位分类改革、综合行政执法体制改革等工作，与修订部门“三定”规定工作相衔接，全面摸清全市主要职责消失、工作任务不饱满、2人以下事业单位的基本情况，研究制订具体的撤并整合方案并及时向潍坊市编办作备案。2016年，全市已撤销或列入清理范围即将撤销的事业单位达30家。

【事业单位监管】 深入推进事业单位绩效考评管理。做好2015年度考评情况的反馈整改和考评结果运用收尾，确定A级事业单位36家，B级事业单位179家，C级事业单位6家。切实做好2016年度事业单位绩效考评工作，印发《2016年度市直事业单位绩效考评工作实施方案》（寿办发〔2016〕51号），对纳入考评范围的241家市直事业单位合理划分为8个组，对成立时间较短的事业单位也全部纳入范围，实现考评全覆盖。

规范事业单位法人治理结构建设试点。深入推进圣城中学、中医院、妇幼保健院、文化馆4家单位法人治理结构试点，试点中通过召开工作推进会、进行实地调研、出台相关文件和制度、组织召开全市试点单位理事成立大会及试点单位首届理事会会议，指导完善内部章程及配套制度。从试点情况看，各试点单位理事会的组建、章程的建立、内部制度的建设都比较到位，各单位特点比较突出。教育系统以圣城中学为示范点，加大试点覆盖面，扩展到58所学校。建立学校权力清单、责任清单、底线清单制度，办学自主权进一步加大，自主管理更加规范；建立自主招聘制度，2016年学校自主公开招聘聘用制教师317人；建立法人治理试点工作学校联盟，定期组织开展专题交流会。试点医院编制备案制进一步落实，解决编制不足进不来人的问题；建立聘任制度，实行公开竞争上岗，中层人员直接聘任；建立公平合理的收入分配制度，推行科室绩效评价办法，奖励性工资向重点岗位、高风险岗位倾斜，调动工作人员的积极性。文化馆理事会发挥积极作用，解决制约文化馆发展的瓶颈，2016年在音乐培训、文艺创作、群众文化辅导等相对弱势的方面取得较好的成效，面向基层提供服务的能力进一步增强。

加强事业单位法人信用体系建设。为做好全市社会信用体系建设工作，根据《寿光市社会信用体系建设工作方案》（寿办发〔2016〕21号）、《寿光市人民政府关于印发寿光市社会信用体系建设2016年工作重点及任务分工的通知》（寿政办发〔2016〕129号）等文件要求，重新修订《寿光市事业单位法人信用等级评定办法》（寿编办发〔2016〕137号），积极部署开展市直事业单位法人信用等级评定工作。注重结果运用，将评定结果纳入全市社会信用体系建设，列入全市信用“红黑名单位”管理，并作为事业单位绩效考评的重要依据。联席会议成员单位在各自职责范围内充分运用评定结果，对不同信用等级的事业单位实施分类服务和分类监管。形成部门联动，建立事业单位监督管理机关与财政、人事、税务、质监等部门相互协作，联合管理的工作机制，规范约束事业单位法人信用行为，促进事业单位依法诚实开展各项业务。

强化事业单位监督管理。按照加强事中事后监管要求，印发《关于开展事业单位法人登记管理专项监督检查的通知》，对事业单位法人登记事项、开展活动等情况依法开展专项监督检查。创新事业单位监管方式，印发《关于开展事业单位“双随机、一公开”监管工作的通知》《事业单位业务范围清单化管理试点工作实施方案》，积极探索实施事业单位业务范围清单化管理，与教育部门自主管理权限事项结合，梳理和编制事业单位的工作职责、业务范围和服务事项。建立执法人员和监管对象主体名录库，落实事业单位年度报告双随机抽查制度，实地检查上口镇教办和市园林绿化管理处，进一步强化事业单位主体自律意识，推动事业单位诚实守信、依法依规履行职责，不断提升公益服务质量和水平。规范事业单位法人登记工作 ,2016年事业单位法人设立登记124家，变更登记221家，注销登记11家。联合市财政局印发《关于转发<山东省事业单位法人注销登记管理办法（试行）>的通知》，加强事业单位法人注销登记管理，规范法人注销登记程序。全面完成机关事业单位统一社会信用代码换发工作。根据上级工作安排部署，2016年3月开展事业事业单位年度报告公示工作，同时对312家事业单位换发新版法人证书，原证书号升级为统一社会信用代码。6月，启动党政机关、群众团体的统一社会信用代码赋码和发放证书工作，将65家部门单位的《组织机构代码证书》统一更换为《统一社会信用代码证书》，成为其新“身份证”，一经赋予、终身不变。

【机构编制管理】 2016年，全市行政编制总计1806名，实有行政人员1669人；机关工勤人员114人。其中：市直党政群机关行政编制1102名，实有行政人员1052人；机关工勤人员114人。14处镇街行政编制704名，实有行政人员617人。

全市政法系统政法专项编制876名，实有行政人员827人；机关工勤人员84人。其中：公安局行政编制547名，实有528人；机关工勤实有44人。森林公安局编制8名，实有7人。法院行政编制156名，实有146人；机关工勤实有18人。检察院行政编制95名，实有86人；机关工勤实有20人。司法系统行政编制70名，实有60人，机关工勤实有2人。

全市事业单位共计405个，其中正处级1个、副处级6个、正科级81个、副科级82个、股级180个、不定规格55个。事业编制总计17987名，其中全额拨款15717名、差额补贴1986名、自收自支284名；实有17970人，其中全额拨款15808人、差额补贴1897人、自收自支265人。事业单位中，市直事业单位345个，其中全额拨款307个、差额补贴18个、自收自支20个。市直事业单位中，普通中小学编制9496名（含机动编制100名、临时周转编制104名），实有9949人；公立医院编制660名，实有636人；乡镇（街道）卫生院编制1051名，实有988人。镇街事业单位均为全额拨款事业单位，共计60个，事业编制618名，实有557人。

2016年，新增机构。5月，根据潍编〔2016〕8号文件明确，将潍坊市小清河管理处由潍坊市水利局管理下放寿光市管理，调整为寿光市政府直属事业单位，主要负责小清河潍坊段的工程设施建设、日常管理维护及防洪安全、河道综合治理等工作。10月，为依托洛城街道区位、产业等资源优势，推动产城融合示范区建设，全面加快新型城镇化步伐，根据《关于设立寿光市产城融合发展服务中心的通知》（潍编〔2016〕5号）和《关于寿光市产城融合发展服务中心内部机构设置的批复》（潍编办〔2016〕150号）要求，设立寿光市产城融合发展服务中心，为市政府直属公益一类事业单位，副县级规格，财政拨款，与洛城街道实行“区街合一”运行体制。

提升控编减编工作成效。按照“严控总量、盘活存量、优化结构、增减平衡”的思路，扎实做好机构编制资源的“加减法”，不断推进全市控编减编工作进度。2016年，全市财政供养人员较2012年减少377人，整合撤销各类机构41个，大大增加全市机构编制存量，为机构编制工作的开展打好基础。

合理制定用编进人计划。结合寿光市2017年度机关事业单位预计退休情况和各部门单位提报的2017年用编计划申请，联合市人社局共同拟定寿光市2017年用编进人计划，共计413人。

加大重大领域倾斜力度。始终坚持用编进人重点向保障和改善民生、维护社会和谐稳定、加强社会管理等领域。会同教育、财政部门，经深入调研摸底和分类测算，完成全市136所中小学教职工编制核定工作。为教育局核定110名中小学教师临时周转编制，用于解决城镇中小学大班额问题；核定100名农村中小学教师机动编制，用于补充农村中小学急需的学科教师。

设立市委巡察工作机构。根据省、潍坊市文件要求，结合寿光市实际，在市纪委设立市委巡察办公室（列入市委工作部门序列）和5个市委巡察小组，对巡察对象执行《中国共产党章程》和其他党内法规、遵守党的纪律、落实党风廉政建设主体责任和监督责任等情况进行监督，有力地推进全市党风廉政工作建设。

健全机构编制基础档案。以完善机构编制档案基础材料为立足点，对全市各部门单位机构设立、变更和人员编制核定调整等方面的材料，逐一进行搜集，健全机构编制管理纸质档案和实名制管理系统电子档案。形成不动产登记改革、严控机构编制、信息系统管理使用、编制使用计划、全市领导职数文件等文书档案资料。结合行政审批制度改革、政府机构改革、事业单位分类改革等重点工作，将涉及改革内容及时更新完善，编印 2016 年度机构编制统计资料。

【监督检查】 开展机构编制评估。2016 年，确定对市水利局、农业局、卫计局、市场监管局、体育局、盐务局 6 个部门进行机构编制评估。7 月，召开机构编制执行情况评估工作动员部署会议，印发《关于开展机构编制执行情况评估工作的通知》，对评估工作开展的要求和时间点做安排部署，10 月抽调业务骨干组成评估组，深入部门（单位）进行评估。通过听取汇报、座谈交流、查阅文件资料和跟踪调研等方式，系统掌握被评估部门机构运转、职责履行、机构编制规定执行、监管执法等情况。根据评估工作情况，梳理查找部门（单位）存在的问题，撰写评估报告，向部门（单位）反馈评估意见，并要求部门（单位）在规定时间完成整改落实。通过评估，进一步优化机构编制资源配置，提高各部门（单位）履行职责的能力。

开展 2015 年度编委会研究事项落实情况回头看工作。根据市编委会领导要求，对 2015 年度编委会议研究事项（48 项）进行逐项梳理，核实落实情况和责任单位。经核查，至 2016 年 5 月底，共有 7 件会议研究事项未落实到位，涉及 7 个部门（单位）。市编办分别向市人社局、交通局、民政局、农业局、检验检测中心、国土局、组织部 7 个部门（单位）下达督办通知，督促部门（单位）限期完成整改落实。经督办，多数部门（单位）已完成落实整改，个别单位因涉及划转人员职称和领导干部安置问题尚未落实的，已向编委会领导专题汇报，确定由相关部门重新提出落实意见。

开展部门（单位）内设机构配备专项督查。为严肃机构编制纪律，强化各部门（单位）的机构编制意识，根据市领导安排，开展部门单位内设机构设置执行情况专项督查。结合前期市编办下发的《关于进一步规范内设机构设置和中层领导职数配备的通知》，对部门（单位）自查整改作部署安排。督查分单位自查和实地督查 2 个阶段，市编办组成专门督查组，对部门（单位）进行现场督查。督查结束后，认真汇总督查中发现的问题，研究解决存在问题的意见和建议，向市领导做专题汇报，向存在问题的部门（单位）发出书面反馈，部门（单位）根据督查反馈意见，于 10 月底前全部完成整改。

【电子政务】 不断强化实名管理。2015 年，按照网络保密要求，将全部镇街、市直单位纳入机构编制综合管理信息系统平台。2016 年，通过统筹协调，为全市镇街卫生院、大型医疗机构、镇街教办、重点学校和相关主管部门重点事业单位开通专线，纳入机构编制信息系统平台，实现机构编制综合管理信息系统全覆盖。印发《关于加强全市机构编制信息系统管理使用通知》，对业务办理流程、业务办理时限和业务附录材料进行规范，确保实名制数据库信息的及时性、准确性、完整性，为机构编制管理精细化管理奠定基础。

推进机构编制“云平台”建设。为进一步加强机构编制信息化建设，按照潍坊市编办要求，迅速贯彻落实潍坊市机构编制云平台及四部门平台建设工作部署会议精神，坚持问题导向，抓住关键环节，于2016年9月正式启动“机构编制云平台”基础数据录入工作，印发《机构编制云平台基础数据录入工作方案》，10月底全面完成机构编制云平台三定信息录入工作。共计录入部门（单位）504个，三定信息、历史沿革、变更事项8000余条。11月上旬，完成权力清单系统和责任清单录入，共计1万多条。

扎实推进中文域名注册和网站标识工作。认真贯彻落实省和潍坊市编办要求，周密部署，狠抓落实，努力提高中文域名和网站标识覆盖率。2016年3月，将中文域名运行费纳入全市财政预算，为网上名称管理工作提供保障。至2016年年底，全市机关事业单位共注册中文域名522个，其中政府域名116个、公益域名406个，覆盖率达到100%。全市网站标识申请共有528个，其中党政群机关100个、事业单位428个。

【自身建设】 扎实组织开展“两学一做”学习教育。每月组织一次党支部生活日活动，安排党员干部到红色教育基地参观，陶冶革命情操，到历史文化馆汲取中华传统文化。每季度开展一次“流动党校”送学活动，邀请市委党校讲师进行现场送学，强化编办干部职工思想建设，提出争做“政治强、业务精、作风正、品行好、敢担当、善创新”的优秀机关干部标准，有效调动党员干部职工学习知识、增长才干的积极性和主动性，营造“比学赶超”的良好氛围。

切实提高工作执行能力。对2016年度工作目标任务进行分解落实，实行领导日计划和工作目标项目化管理，对重点工作实行“日点、周评、月结”，各项重点工作均已按时基本完成。建立市编办荣誉墙，树立典型抓落实，以激励先进，鞭策后进。加大信息宣传和调研力度，建立信息员制度，实行周调度、月通报制度，并与年底评先树优挂钩。全年共在各类媒体发表文章120多篇。

加强党建和党风廉政建设工作。2016年，积极推进党建和业务有机结合，形成机关党建、作风建设和精神文明建设三位一体的工作思路，打造“坚持一个中心、把握两项内容、做好三项保障”（即坚持“服务大局”这一中心，把握好“基础在学、关键在做”两项内容，做好“以上率下，领导带头做保障；搭建平台，宣传工作做保障；定期“回头看”，自查自评做保障三项保障）的学习教育模式，走出一条以“1+2+3”为主题的机关党建学习教育新路子。认真落实中央“八项规定”和省、市实施办法，签订责任书，领导带头落实“一岗双责”责任，确保不出问题。

（唐跃）

督查工作

【重点工作督查】 重点项目督查。对年初确定的58个重点项目，制定下发《关于加强2016年度重点项目包靠的通知》，明确市级领导、责任单位和责任人，制定节点计划和工作措施，全部实行一线工作法和月调度通报制度；市级领导每月调度情况于25日统一汇总上报市委、市政府主要领导，对项目进展情况进行定期督查通报，形成市级领导带头抓、责任单位具体靠、项目责任人专抓专靠的强大合力。全年上报调度情况9期，下发通报9期，58个重点项目中除区域限批等因素导致9个项目进展较慢外，其他49个项目全部按照节点计划正常推进。

批办会办事项督查。对市委主要领导

批示件和经济工作会议等5次综合性大型会议，22次现场调度会议、座谈会议全部进行立项分解、督办催办。全年下发《督办通知单》66期，先后办理市委主要领导批示件361件，上报《市委领导批示办理情况专报》20期，办结率达到100%；督办会议安排事项308项，完成279项，其余29项按照节点计划有序推进。同时，承担市委常委会会议纪要整理、督办等工作，高质量完成《市委常委会纪要》22期，督办事项78项，保障各项决策的落地生效。

上级党委政府安排事项督查。全力抓好上级重要会议、重要文件、重大政策和重要活动等事项的贯彻落实，协助配合省、潍坊市开展贯彻落实中央八项规定精神、供给侧结构性改革等联合督查18次，办结各类安排事项109项，撰写、把关、上报各类汇报材料15篇，形成《潍坊专报》6期；承办全省督查直联点工作座谈会，寿光市作《寿光市以“大督查”推进品质发展》典型发言，省政府督查室主任夏宗元对寿光市经验做法给予充分肯定，并在省政府《政务督查》上进行全文刊发。

群众满意度督查。督查局发挥牵头抓总、协调各方的作用，坚持问题导向，正视工作短板，建立联席会议制度，与15个镇（街区）和涉及群众满意度工作的11个市直部门（单位）签订《2016年度寿光市群众满意度提升工作承诺书》，制定出台“向群众报告、听群众意见、请群众评议”实施方案，选取与经济社会发展、民生事业等群众满意度提升密切相关的20个政府职能部门在电视上公开述职，群众代表现场打分评议，并将评议结果纳入年终考核，在督促职能部门转变作风、提高效率、提升群众满意度方面取得较好成绩。

绩效考核督查。对内，全面完成2015年度各镇（街区）、市直部门（单位）的绩效综合考核工作；制定出台2016年度镇（街区）、市直部门（单位）的绩效综合考核办法，首次实行差异化考核和考核问题反馈，实现督查和考核的互促共进，推动各项工作的高效落实。对上，做好与潍坊市及上级考核业务部门的工作对接，狠抓上级对寿光市考核指标的分解落实和督查推进，在2014年度、2015年、2016年度潍坊市科学发展综合考核中，寿光市连续3年获得县市区综合考核第1名。

【创新督查方式】 独立督查和联合督查相结合。2016年，改变传统、单一的督查方式，由过去督查局独立督查变由督查局牵头、各职能部门参与的联合督查，使督查力量更集中，督查工作更高效。先后围绕固废综合治理、化工项目手续办理等8项工作开展联合督查20多次，实现决策部署、责任分解、任务落实的整链条、全过程、系统化管理，有效地避免多头督查、督查缺位等问题。

明查与暗访相结合。对于确定的督查事项，除进行各类专项督查之外，把“暗访”做为深化督查、提高实效的重要措施，事先不打招呼，直接深入现场了解真实情况，并就所发现问题认真分析原因，提出意见建议。全年先后对各单位贯彻落实周一例会制度情况进行多次“暗访”，并将督查结果及时上报市委主要领导，赢得充分肯定。利用《百姓关注》栏目，通过暗访的形式对重大民生问题、舆论热点、难点进行新闻采访，公开曝光、公开承诺、限时整改，全年共播出《百姓关注》140多期，《百姓关注·回头看》200多期，共落实督查整改事项300多项，都得到及时有效解决，社会反响良好。

倡树先进与鞭策后进相结合。借助《督查聚焦》栏目，通过电视、网络、报纸等新闻媒体，公开报道事关寿光长远发展的重点项目、重点工程、重点工作的推进落实情况，对推进速度快、工作思路新、落实质量高的进行正面宣传报道，以树典型促落实；对工作推进过程中遇到的中梗阻等现象进行曝光，以点带面，督促整改。《督查聚焦》全年播出98期，在全市营造起“群众看落实、干部比作风”的浓厚氛围。

督促检查和调研服务相结合。一方面，针对督查工作牵扯部门多、涉及面广、情况复杂的实际，主动变“硬”性督查为“柔”性服务，对督查督办事项主动跟上协调，通过召开座谈会等形式，尽快统一各方面思想，理顺关系，发挥部门合力抓好落实；另一方面，不断健全完善督查调研制度，除高质量完成领导交办事项外，针对市委、市政府主要领导关注的重要事项，超前谋划、主动服务，开展全程调研，摸清实情，提出切实可行的解决方案，为市委、市政府决策提供有益参考。全年先后开展文石线改线等专题调研8次，形成调研报告8篇，市委主要领导批示6篇，在省、潍坊市级督查刊物上发表调研文章4篇，其中《寿光市创新三大机制推动工作落实》在省政府《政务督查》2016年首期以特刊形式全文刊发，成为全省在《政务督查》上唯一一个特刊发文的县市区。

【构建“大督查”格局】 建立督查督办制度。建立督查工作台账制度、督查通报制度、领导批示件联动办理制度等，推行交办、催办、通报“三部曲”，推动督查工作更加规范化。全年有700多项工作纳入督查范围，编发《督查通报》30期、《督查专报》33期，实现督查事项制度化运行、科学化管理。

建立网上督查制度。建成寿光市委、市政府网络督查平台，利用互联网实现对重点项目、领导交办事项、有关考核事项等重点工作的实时督查、动态监控；对完成节点计划的亮“绿灯”，对没有完成月度节点计划的亮“黄灯”，没有完成季度节点计划的亮“红灯”，并纳入年终考核。全年对18个项目采取亮红灯处理，不断传导压力、激发动力，以网络化和信息化手段实现重点项目、重点工作的快速高效落实。

完善绩效考核制度。为发挥好绩效考核的“指挥棒”和“风向标”作用，健全完善镇（街区）科学发展考核评价机制和市直部门（单位）绩效考核评价机制，做到经济社会发展与群众满意度调查相结合，定性定量考核与差异化考核相结合，观摩点评、日常督查与年度考核相结合，考核结果与干部使用交流、评先评优、绩效问责相结合，突出市级领导和镇（街区）党政正职评议、企业负责人评议、群众满意度电话访问评议、行政审批服务随机评议“五评”措施，形成比着干、跑着干、抢着干的工作局面。同时，为进一步优化营商环境，借鉴外地做法，提出整合寿光市优化营商环境具体措施、建立联席会议制度、成立第三方监督机构的“三项工作”建议，全力打造“亲、清、明、快”的营商软环境。

健全干部队伍管理制度。对内，督查局结合“两学一做”学习教育，开展学习型、效能型、服务型、创新型团队建设，提升“单兵”能力，推行“协同”作战，工作上打造“一盘棋”，全面提升干部队伍素质。对外，在全市范围内建立专职督查队伍，各镇（街区）、各部门（单位）都明确一名班子成员、固定1～2名工作人员专抓专靠，构建起以督查局牵头，各部门（单位）参与，上下联动的“大督查”格局。

对台工作

【管理机构】 中共寿光市委台湾工作办公室（简称市台办）单独设立于2004年8月，挂寿光市人民政府台湾事务办公室牌子，为正科级行政单位，内设综合办公室；定编4人，工勤1人。市台办主管业务的机构有“寿光市台胞台属联谊会”和“寿光市对台文化交流协会”。

2016年，寿光市台办被国台办宣传局评为“对台宣传工作先进单位”；获潍坊市县市区对台工作量化考核第一名；先后举办的“齐鲁台商潍坊行”“第五届海峡两岸休闲观光农业交流会”“第八届鲁台青少年武术文化交流活动”均被评为“山东省优秀对台交流项目”。

【台胞与台属工作】 2016年，全市共有暂住台胞18人。

重要活动。组织举办“2016年中秋茶话会”，邀请在寿台胞和台联会会长、副会长及部分台属代表进行座谈，市台办通报全市经济、社会成就和对台工作情况，与台胞台属共叙友谊、加深了解。

2月，组织举办“2016年寿光市对台文化交流协会年会暨迎新春台胞台属联谊会”，利用联谊晚会形式，与台胞台属共聚一堂、欢庆佳节。

人员往来。2016年，应邀到寿光参观、考察、交流的台湾团组共21个、392人次；应邀到台湾参观、考察、交流的寿光市商务团组共5个、54人次。

台胞、台属公益慈善活动。9月2日，在纪台一中举行“王沅淑奖学金基金会”成立十四周年庆典暨首届敬师奖颁奖活动，奖学金设立者台胞李宗正先生及台湾代表团、潍坊市教育局、寿光市政府领导和有关部门负责人、纪台一中学校理事会和家委会代表、教师代表、学生代表等共计300余人出席颁奖仪式，共向4名教师和8名学生每人颁发奖金1000元。在颁奖仪式上，李宗正再次注资5万元，勉励师生要树立远大志向，勤学上进，报效祖国。

【台资与台属企业】 2016年，全市共有台资企业23家，总投资3.2亿美元，实际利用台资1.7亿美元；共有台属企业23家，总投资15.3亿元人民币。4月，全市新引进台资企业2家，分别是台湾喜满客影城潍坊全福元店和山东中兴电子商务有限公司。喜满客影城落户于寿光市洛城全福元综合体，总投资6000万元，是寿光市放映厅数量最多的超级影院。影城面积4200平方米，包含7个影厅共769个座位，设有1个巨幕厅、1个VIP厅和5个豪华数字厅。山东中兴电子商务有限公司由台湾中华购国际电子商务有限公司投资兴建，总投资3000万元，利用自身网络平台销售粮油、糕点、面包、果品、蔬菜，营养品和保健品、酒、饮料、茶叶、其他食品，以及服装、日用品，纺织品、针织品，化妆品、卫生用品，并提供相关附属服务软件开发、网上商务咨询等相关附属服务。

【经贸与文化交流】 4月22日，在蔬博会举办“第五届海峡两岸休闲观光农业交流会”，来自台湾二十一基金会执行长、前农委会主委孙明贤博士，台湾大自然环保科技董事长曾志文，台湾强霈集团生技立体农业事业部CEO蔡海璋博士，台湾十大杰出青年黄俊铭博士，中国农业科学研究院植物保护研究所研究员、土壤消毒分会会长曹坳程，北京市植物保护站站长郑建秋等来自海峡两岸的80多名高层次农业专家、学者和实业家参加会议，与会人员共计160多人。

蔬博会期间，承办“齐鲁台商潍坊行”活动，山东省台协会会长和与会台商代表先后到第十七届中国（寿光）国际蔬菜科技博览会、中华购国际电子商务行销有限公司、寿光市农产品物流园、蔬菜集团现代农业产业园、羊口高新产业园、潍坊科技学院等地进行参观考察，通过参观考察，台商了解潍坊市鼓励支持台湾青年到鲁创业就业及开展农渔业合作等相关鼓励政策。

8月，举办第八届鲁台青少年武术文化交流活动，来自海峡两岸的青少年武术爱好者在潍坊科技学院同台切磋武艺，在市文化中心携手表演节目，活动结束后同游黄河口湿地文化基地。

【科技合作】 2016年4月8日，省科技厅、省台办联合批复在蔬菜之乡寿光设立“海峡两岸（寿光）农业科技合作示范基地”，是全省唯一一家海峡两岸农业科技领域的合作示范基地。20日，在山东省寿光市蔬菜产业集团现代农业产业园举行揭牌仪式，省台办副主任曹晓武，市委常委、副市长高翔出席揭牌仪式并为基地揭牌。

（马莹莹）

地方权力机关

寿光市人民代表大会

【概 况】 2016年，市人大常委会在市委的坚强领导下，深入学习贯彻中共十八大和十八届三中、四中、五中、六中全会及习近平总书记系列重要讲话精神，紧紧围绕市委决策部署，突出工作重点，认真履行宪法和法律赋予的职权，为促进品质寿光建设作出积极贡献。

机构设置。2016年，人大常委会办事机构设有“六委五室”，分别是办公室、调查研究室、人事代表工作室、法制工作委员会、财经工作委员会、教科文卫工作委员会、城建环保工作委员会、农业与农村工作委员会、预算工作委员会、信访工作室、老干部管理办公室，规格均为正科级；其中，老干部管理办公室隶属办公室，为正科级事业单位。2016年，人大机关共有人员编制41人，其中行政24人、事业3人、工勤14人；实有干部职工39人。

工作监督。常委会紧紧围绕事关全市发展的重大问题和群众关注的热点难点问题，拓展监督方式，提高监督质量，监督工作的实效性明显增强。强化计划和预决算监督，定期听取审议市政府关于计划和预算执行、财政审计、公共预算调整等工作情况的报告，审查批准市级财政决算，并作出相关决议决定。抓住工业转型升级、现代农业发展、第三产业集聚、生态环境保护、城乡统筹等战略重点，通过听取专项工作报告、视察、调查等多种方式，努力推动经济社会快速发展。加大对社会治安、道路交通、文化教育、社区管理、法院执行等群众关心关注问题的监督力度，持续促进民生改善。

法律监督。把保证宪法和法律实施放在突出位置，审议通过寿光市“七五”普法和依法治市规划并作出决议，加快推进法治寿光建设。积极开展法律监督，突出与经济社会发展、群众利益密切相关的法律监督，先后组织对《中华人民共和国促进科技成果转化法》《山东省物业管理条例》《中华人民共和国环保法》《中华人民共和国渔业法》等多部法律法规进行执法检查，促进法律的贯彻实施。加大对司法部门监督力度，对法院清理执行积案、检察院司法规范化建设、公安局社会治安防控体系建设等进行调查，支持和促进依法行政、公正司法，推进民主法治建设。

代表工作。坚持代表主体地位，支持和保障代表依法执行职务，充分发挥代表作用。加大议案督办力度，对市十六届人大七次会议上主席团交付审议的3件代表议案，成立专门调查组，及时提出处理意见，督促政府积极办理。坚持邀请代表列席常委会会议，吸收代表参加常委会组织的各项活动，扩大代表对常委会工作的有序参与。免费为代表订阅报纸杂志、送阅《寿光人大》等资料，充分利用代表专线电话、微信互动平台，不断拓宽代表知情知政渠道。加强镇街人大规范化建设，对镇街人大工作进行评议，增强镇街人大协调组织代表活动能力，切实推进基层民主政治建设。认真贯彻落实中央和省、市委关于换届选举工作的部署要求，加强对换届选举新情况、新问题的研究，强化对换届选举工作的组织和指导，圆满完成人大代表换届选举各项工作任务。

自身建设。常委会不断加强思想作风建设，按照中央和省、市委部署要求，认真组织开展"两学一做"学习教育活动，锤炼党性品质，加强作风建设。严格贯彻落实中央八项规定，改进会风文风，深入调查研究，厉行勤俭节约，努力提高工作效率。坚持党管干部和依法任免相结合的原则，依法进行人事任免。积极创新监督方式，改进调研方法，采用市、镇（街）人大联动、各级代表参与、明察暗访等方式，提高调研的真实性、全面性。更加注重连续监督，对重点事项紧盯不放，大力促进"一府两院"改进工作。加强对各专门委员会工作的领导，健全工作规范，明确工作职责，充分发挥各专门委员会在监督活动、督办代表议案建议办理等方面的作用。高度重视机关建设，更加重视老干部工作，为老干部参政议政、建言献策创造条件、提供服务。不断强化调研宣传工作，被评为省、潍坊市人大宣传工作先进单位。积极推进信息化建设，电子阅文会议系统、智能化档案室先后投入使用，提高工作效率和水平。编纂出版《寿光市人大志（2007—2016）》，为进一步总结人大工作经验、做好新时期人大工作，留存珍贵的历史资料。

市人大常委会领导成员

【主任、副主任】

主　任：杨德峰

副主任：林立星、李昌武、房师平、郑建民、傅小妹（女）

【市人大常委会党组】 书　记：杨德峰

副书记：毛德荣、桑文军

成　员：房师平、郑建民、傅小妹（女）、韩文国、高立华、张春然（12月离职）、刘希义（12月任职）

代表选举

按照省委、省人大常委会和潍坊市委、潍坊市人大常委会的部署要求，寿光市第十七届和镇第十九届人民代表大会同步进行换届选举，时间为2016年9月底至12月下旬。

【寿光市第十七届人民代表大会代表选举】 此次选举，从市委到各镇街区党（工）委都非常重视，列入重要议事日程。市委多次召开会议研究选举工作，要求各级各部门高度重视、精心组织，周密安排，做到组织领导、工作班子、工作任务、选举经费四落实。市人大常委会召开会议，批准市镇两级人大换届选举工作安排意见，依法任命市镇两级选举委员会组成人员。在选举的各个阶段，市人大常委会领导成员深入基层了解情况，帮助基层解决问题，确保每个环节都严格按法律程序办事。市选举委员会先后7次召开镇街区和市直换届选举工作指导组负责人会议，交流工作经验，统一思想认识，研究解决工作中存在的问题，有力地指导全市换届选举工作。

按照法定程序，全市依法登记选民848677人，参加投票选举选民646962人，参选率76.23%。选举日是2016年12月16日。

寿光市第十七届人民代表大会代表名额为324名。选举市人大代表，全市共划分选区139个，确定正式代表候选人463名，差额139名，差额比例为42.9%，选举产生市人大代表324名，其中公务员86名，占代表总数的26.54%；企业单位负责人57名，占17.59%；事业单位负责人9名，占2.78%；工人17名，占5.25%；农民109名（其中村委会、村党支部成员94名），占33.64%；专业技术人员45名，占13.89%；解放军1名，占0.31%；妇女92名，占28.4%；中共党员206名，占63.58%。新一届市级人大代表，平均年龄46岁，年龄结构更加合理，大专以上学历占67.83%，较上届明显提升，为新一届人民代表大会更好地开展工作奠定良好基础。

【第十九届镇人民代表大会代表选举】 在市委、市人大常委会的领导下，市镇成立选举委员会，具体负责市镇人大换届选举工作，对选举各阶段工作进行统一部署、统一指导、层层推进、压茬进行，确保市镇人大代表的选举工作严格依法规范进行。

全市依法登记选举镇人大代表选民475473人，参加镇人大代表投票选民376786人，参选率79.24%。选举日是2016年12月16日。

选举镇人大代表，9个镇共划分选区496个，确定正式代表候选人1251名，差额为496名，差额比例为65.7%，选举产生镇人大代表755名，其中公务员93名，占代表总数的12.32%；企业单位负责人5名，占0.67%；事业单位负责人17名，占2.25%；工人43名，占5.7%；农民535名（其中村委会、党支部成员393名），占70.86%；专业技术人员62名，占8.21%；妇女260名，占34.44%；中共党员450名，占59.6%。此次换届选举，镇人大代表结构得到进一步优化，完全符合法律规定和上级要求。

市人民代表大会

2016年1月16—19日在温泉大酒店召开市十六届人大七次会议。会议议程是：（1）听取和审议寿光市人民政府工作报告；（2）审查、批准寿光市国民经济和社会发展第十三个五年规划纲要；（3）审议寿光市人民政府关于寿光市2015年国民经济和社会发展计划执行情况与2016年国民经济和社会发展计划（草案）的报告；审查、批准寿光市2015年国民经济和社会发展计划执行情况的报告与2016年国民经济和社会发展计划；（4）审议寿光市人民政府关于寿光市2015年预算执行情况和2016年预算（草案）的报告；审查寿光市2015年预算执行情况的报告与2016年预算（草案）；批准寿光市2015年市级预算执行情况的报告与2016年市级预算；（5）听取和审议寿光市人民代表大会常务委员会工作报告；（6）听取和审议寿光市人民法院工作报告；（7）听取和审议寿光市人民检察院工作报告；（8）选举事项；（9）其他。

会议作出关于《政府工作报告》的决议、关于《寿光市国民经济和社会发展第十三个五年规划纲要》的决议、关于寿光市2015

年国民经济和社会发展计划执行情况与2016年国民经济和社会发展计划的决议、关于寿光市2015年预算执行情况和2016年预算的决议、关于寿光市人民代表大会常务委员会工作报告的决议、关于寿光市人民法院工作报告的决议、关于寿光市人民检察院工作报告的决议。

会议表决通过寿光市第十六届人民代表大会专门委员会组成人员，名单如下：

内务司法委员会：

主任委员：傅小妹(女)

副主任委员：王俊文、张庆令

委员：于美丽(女)、苏安民、李传民、吴法祥、郑爱周、侯坤龙、袁 东、梁子标

财政经济委员会：

主任委员：郑建民

副主任委员：孙士军、高 军

委员：杨维国、李法曾、张云三、姜 森、王永强、张永辉、赵 波、燕志华

教育科学文化卫生委员会：

主 任 委员：桑文军

副主任委员：郝清国、李志伟

委员：李桂华(女)、桑子刚、桑惜雯(女)、宋在明、杨荣国、李美芹(女)、李孟尧、寇增泉

城乡建设与环境资源保护委员会：

主 任 委员：韩文国

副主任委员：马春光、张 伟

委员：马景海、舒 安、刘洪伟、李学茂、张明荣、徐士刚、隋永生、董立军

农业与农村委员会：

主任委员：房师平

副主任委员：马春兰(女)、晋清玉

委员：曹开田、隋申利、葛茂学、王向民、孙效元、李新生、张明伦、范立国

会议补选王俊文、孙士军、郝清国为寿光市人大常委会委员，补选尹洪阳为寿光市人民法院院长。

会议期间，大会主席团确定的大会议案有3件：《关于加快中心城区提升，推进新旧城区协调发展的议案》《关于依法加快农村土地流转，促进蔬菜产业转型升级的议案》《关于加快全市化工产业转型升级的议案》，其他议案及建议共72件作为建议、批评和意见办理。

市人大常委会会议

【市第十六届人大常委会第三十一次会议】 2016年1月11日，市第十六届人大常委会举行第三十一次会议。会议议程是：（1）听取审议市政府关于市十六届人大六次会议代表所提议案办理情况的报告；（2）作出关于批准市政府调整2015年市级公共预算的决定；（3）做出授予“寿光人民勋章”“寿光市荣誉市民”称号的决定；（4）审议通过马泮龙、马继德、王云、王光才、王爱民、王俊卿、刘希强、刘国栋、刘福亮、李荣辉、李焕成、张乃禄、张宗友、张保华、郑海田、蒋光之辞去寿光市第十六届人大代表职务的请求；（5）通过市人大常委会代表资格审查委员会关于个别代表的代表资格的报告；（6）听取关于召开市十六届人大七次会议的说明及筹备工作情况的汇报，并作出相应决定；（7）拟定十六届人大七次会议主席团和秘书长名单（草案），计划、预算、议案审查委员会名单（草案），决定列席人员范围；（8）审议市人大常委会在市十六届人大七次会议上的工作报告；（9）对镇街人大工作进行评议；（10）表决通过人事任免事项；（11）审议通过王光才辞去市人民法院院长职务的请求，决定尹洪阳为市人民

法院代理院长，通过仉新平、董强辞去市人大常委会委员职务的请求；（12）举行宪法宣誓仪式；（13）通报关于集中开展市人大常委会组成人员联系代表和代表联系群众活动情况和市政府、法院、检察院及市政府有关部门落实市人大常委会审议评议意见情况。

【市第十六届人大常委会第三十二次会议】 2016年1月28日，市第十六届人大常委会举行第三十二次会议。会议议程是：（1）审议通过市十六届人大七次会议主席团交付市人大常委会审议的议案办理方案；（2）审议通过刘水明辞去潍坊市第十六届人民代表大会代表职务的请求，补选张中山为潍坊市第十六届人民代表大会代表。

【市第十六届人大常委会第三十三次会议】 2016年3月8日，市第十六届人大常委会举行第三十三次会议。会议议程是：（1）议定市人大常委会2016年工作计划；（2）审议通过市人大常委会议案调查组《关于加快中心城区提升，推进新旧城区协调发展的议案》《关于依法加快农村土地流转，促进蔬菜产业转型升级的议案》《关于加快全市化工产业转型升级的议案》的处理意见；（3）表决通过人事任免事项。

【市第十六届人大常委会第三十四次会议】 2016年5月6日，市第十六届人大常委会举行第三十四次会议。会议议程是：（1）听取审议市政府关于全市现代服务业发展情况的报告、市人民检察院司法规范化建设情况的报告；（2）审议通过市人大常委会关于全市蔬菜大棚建设情况的调查报告、关于农村道路建设与养护工作情况的调查报告；（3）表决通过人事任免事项。

【市第十六届人大常委会第三十五次会议】 2016年6月21日，市第十六届人大常委会举行第三十五次会议。会议议程是：（1）审查、批准2015年市级财政决算；（2）审议通过市政府关于2015年市本级财政预算执行和其他财政收支的审计工作报告；（3）听取审议市人大城建环资委关于《环保法》贯彻实施情况的检查报告；（4）审议通过市人大常委会关于全市社会治安防控体系建设情况、城区学校规划建设情况、城市社区建设情况的调查报告，关于《渔业法》贯彻实施情况的检查报告；（5）表决通过人事任免事项，并举行宪法宣誓仪式。

【市第十六届人大常委会第三十六次会议】 2016年8月26日，市第十六届人大常委会举行第三十六次会议。会议议程是：（1）听取审议市政府关于市十六届人大七次会议代表所提建议、批评和意见办理情况的报告，寿光市2016年上半年国民经济和社会发展计划执行情况的报告、2016年上半年财政预算执行情况的报告；（2）听取审议市政府关于全市“六五”普法和依法治市情况及“七五”普法规划和依法治市规划说明的报告；（3）审议通过《关于在全市公民中开展法治宣传教育的第七个五年规划》《寿光市2016—2020年依法治市规划》，并作出决议；（4）审议通过市人大常委会调查组、执法检查组关于全市水资源综合利用、管理及保护情况的调查报告，关于《促进科技成果转化法》《山东省物业管理条例》贯彻实施情况的检查报告；（5）通报“双联”活动代表所提建议意见办理答复情况；（6）审议通过有关委员的辞职请求。

【市第十六届人大常委会第三十七次会议】 2016年9月27日，市第十六届人大常委会举行第三十七次会议。会议议程是：（1）审议通过市人大常委会关于寿光市第十七届人民代表大会代表名额与选举问题的决定（草案）、关于新一届镇人民代表大会代表名额的决定（草案）；（2）审议通过市选举委员会组成人员名单（草案）、各镇选举委员会组成人员名单（草案）；（3）审议通过市十六届人大常委会代表资格审查委员会关于个别代表的代表资格审查报告；（4）表决通过人事任免事项。

【市第十六届人大常委会第三十八次会议】 2016年10月27日，市第十六届人大常委会举行第三十八次会议。会议议程是：（1）审议通过寿光市人大常委会调查组关于全市文化设施建设和群众文化活动开展情况的调查报告、关于全市工业转型升级情况的调查报告和关于市人民法院清理执行积案工作情况的调查报告；（2）表决通过人事任免事项。

【市第十六届人大常委会第三十九次会议】 2016年12月14日，市第十六届人大常委会举行第三十九次会议。会议议程是：表决通过人事任免事项，举行宪法宣誓仪式。

履行职责

【调查全市现代服务业发展情况】 2016年3月30日，市人大常委会组织部分委员和人大代表，对全市现代服务业发展情况进行调查。市人大常委会主任杨德峰，市人大常委会领导林立星、毛德荣、桑文军、郑建民、傅小妹、韩文国、高立华，市人大常委会办事机构负责人和调查组成员共同听取市发改局局长刘国明受市政府委托所作的关于全市现代服务业发展情况的汇报。市人大常委会副主任郑建民带队实地查看国家现代蔬菜种业创新创业基地、软件园、农村淘宝等现场。

调查认为，近年来，市政府把发展壮大现代服务业作为经济转调的关键举措，多措并举，重点突破，全市现代服务业实现平稳较快发展。2015年，全市实现服务业增加值346.2亿元，同比增长9.9%；服务业增加值占GDP的比重达到42.9%，同比提高2.1%；服务业实现税收54.8亿元，占全部税收的比重达到54.9%。全市现代物流、科技信息、电子商务、会展旅游等新兴服务业发展迅速，服务产业集聚发展成效显著，发展环境进一步优化。

调查组建议，要进一步完善现代服务业发展详细规划，健全部门、镇街考核机制，充分发挥宏观调控和引导作用，营造现代服务业发展的良好环境；加大资源整合力度，深化产学研合作，不断提升现代服务业产业层次；加强对服务业企业品牌创建的教育和培训工作，引导企业增强品牌经营意识，增强企业品牌综合竞争力；加大财政投入力度，加快重点项目建设，推动现代服务业向专业化、规模化发展。

【调查全市城区学校规划建设情况】 2016年5月24日，市人大常委会组织部分委员和人大代表，对全市城区学校规划建设情况进行调查。其间，市人大常委会领导成员、办事机构负责人及调查组成员集中听取市政府工作情况汇报，市人大常委会分管领导带队，实地查看世纪凤华学校、东城高中等现场，并就相关问题进行座谈。

调查认为，近年来，全市以办好人民满意教育为目标，不断完善城区学校布局规划，加大学校建设力度，规范学校招生管理，城区学校办学条件相对均衡，超标准班额比例逐年降低，被评为全国义务教育发展基本均衡市，2015年全市解决城镇大班额工作得到上级的高度评价和充分肯定。

调查组建议，要坚持教育优先发展战略，着力加强城区学校建设，推进城区教育设施专项规划的落实；加大对学前教育的统筹力度，大力发展公办幼儿园，鼓励社会力量举办幼儿园，全面提升幼儿园特别是民办幼儿园保教水平；加强中小学教师队伍建设，全面提升教师的整体素质和业务能力，以师资均衡促进教育质量均衡。

【调查全市水资源综合利用、管理及保护情况】 2016年7月26日，市人大常委会组织部分委员和人大代表，对全市水资源综合利用、管理及保护情况进行调查。市人大常委会主任杨德峰，市人大常委会领导林立星、毛德荣、桑文军、房师平、郑建民、傅小妹、韩文国、高立华，市人大常委会办事机构负责人及调查组成员共同听取市水利局局长袁义林受市政府委托所作的工作情况汇报，然后由市人大常委会副主任房师平带队实地查看有关现场，并就相关问题进行座谈。

调查认为，近年来，市政府及水利部门积极践行“节水优先、空间均衡、系统治理、两手发力”的新时期治水方针，贯彻落实最严格的水资源管理制度，优化配置和合理调度水资源，积极推进水资源节约与保护，为全市经济社会又好又快发展提供可靠的水资源保障。寿光市被确定为全省水资源管理规范化建设示范县、全省区域综合水价改革试点县、全省地下水超采区综合整治重点县。

调查组建议，要进一步加大水资源法律法规政策的宣传力度，提高全民水患意识、节水意识、水资源保护意识，营造治水兴水的良好社会氛围；积极向上争取水利项目和建设资金，建立稳定的市级财政投入机制，加快推进重点水利工程建设；编制完善水资源管理、使用、调度方案，建立用水总量控制制度，搞好水利工程建设规划，提高水资源管理使用效益；加快推进弥河综合治理工程建设，统筹调度地下水、弥河水、黄河水和长江水等各种水源，切实做好防汛抗旱工作。

【检查《山东省物业管理条例》贯彻实施情况】 2016年7月26日，市人大常委会组织部分委员和人大代表，对《山东省物业管理条例》贯彻实施情况进行执法检查。市人大常委会主任杨德峰，市人大常委会领导林立星、毛德荣、桑文军、房师平、郑建民、傅小妹、韩文国、高立华，市人大常委会办事机构负责人及检查组成员共同听取市房产管理服务中心主任刘伟受市政府委托所作的工作情况汇报。市人大常委会领导韩文国带队实地查看鸿基花园、中南城市金典、德润绿城百合园等现场，召开相关部门单位、部分物业管理企业、业主委员会代表参加的座谈会。

检查认为，近年来，市政府及职能部门全面贯彻落实《山东省物业管理条例》，不断加强宣传教育，强化物业行业监管，探索物业管理新途径，为创建和谐社区、建设品质寿光起到积极作用。全市共有在册物业服务企业64家（其中一级资质2家、二级资质5家、三级资质35家），物业项目总数292个（其中住宅项目215个、非住宅项目77个），物业从业人员3069人，物业服务面积1683万平方米，优秀示范项目30个（其中国家级示范项目2个、省级示范项目4个）。

检查组建议，要进一步协调新闻媒体，加强物业法律知识宣传，提高社会认知度；物管部门要明确职责范围，联合执法、集中行动，构建物业服务业监管的长效体制机制；

不断完善物业管理办法，加强建管衔接，建立合理的物业服务和收费价格体系，促进物业服务业健康发展；引导广大业主不断提高公共责任意识、民主监督意识，积极参加小区物业管理，保障业主委员会充分发挥作用；扎实推进城区老旧小区改造，科学制定改造方案，不断改善老旧小区居住环境。

【调查全市工业转型升级情况】 2016年9月21日，市人大常委会组织部分委员和人大代表，对全市工业转型升级情况进行调查。市人大常委会主任杨德峰，市人大常委会领导林立星、毛德荣、桑文军、郑建民、傅小妹、韩文国、高立华，市人大常委会办事机构负责人及调查组成员共同听取相关工作情况汇报，实地查看有关现场，并就相关问题进行座谈。

调查组认为，2016年，寿光市坚持以项目建设为引擎，以技术改造为抓手，以整治化工产业为重点，以服务企业为载体，以降低产品单耗和优化企业管理为手段，全力以赴稳增长、调结构、强服务，实现工业经济的企稳回升。1至7月份，全市累计开工建设工业项目111项，其中投资过亿元项目74项，累计完成工业投入146.3亿元。

调查组建议，要加快企业预警监测平台建设步伐，认真落实各级涉企优惠政策，力促工业经济平稳运行。要适应供给侧改革需求，以降低成本、提升技术、产业升级为重点，持续推进技术改造升级。要突出抓好大企业、大项目，集中一切优势资源、优惠政策向大型以上企业倾斜。进一步完善促进化工企业兼并重组的门槛和政策，加大化工企业兼并重组力度，推动全市化工企业做大做精、上档升级。要发展循环经济，加大节能降耗工作力度。

【调查市人民法院清理执行积案工作情况】 2016年9月22日，市人大常委会组织部分委员和人大代表，对市人民法院清理执行积案工作情况进行调查。市人大常委会主任杨德峰，市人大常委会领导林立星、傅小妹及调查组成员现场观摩执行开庭情况，集中听取市人民法院院长尹洪阳关于清理执行积案工作情况的汇报，并就有关问题进行座谈。

调查认为，2016年，市人民法院加强执行力量，优化执行环境，创新工作模式，执行工作呈现出“收案数量下降、存案数量下降、关键绩效指标上升、群众满意程度上升”的良好态势。1—8月份，执行收案2160件，同比下降40.91%；执行结案3188件，同比上升235.23%；执行标的额5.46亿元，同比上升471.37%，为全市经济社会发展作出突出贡献。

调查组建议，要广泛深入开展法治宣传和诚信教育，提高广大人民群众的法治观念、诚信意识，积极营造理解和支持清理执行积案工作的良好环境；深化执行机制改革，加大立审执协调力度，提高执行工作成效；加快执行指挥中心建设，推进执行信息化升级，不断完善执行方式；改善执行人员的装备条件，加大保障力度，提升执行工作整体水平。

其他重要工作

【编纂《寿光市人大志（2007—2016）》】 该志自2016年3月开始谋划，历时近10个月，通过广泛征求意见、反复修改，于2016年12月定稿出版，并举行首发式。全书共80余万字，分为9编26章，主要包括概述、大事记、人大代表、人民代表大会、人民代表大会常务委员会、重要决议决定规范性文件、监督工作、人事任免、人大常委会机构设置和自身建设、镇人民代表大会、人物及荣誉等，全面记录2007—2016年年间，市人大及其常委会在市委的领导下，紧紧围绕经济建设中心，坚持党的领导、人民当家做主、依法治国有机统一，认真履行宪法和法律赋予的各项职责的奋斗历程。记述市人大常委会主动适应新常态，不断创新监督方式，对社会关注的焦点和热点问题开展专题询问，对人大代表议案建议意见办理实行全程跟踪监督，对政府部门、单位进行工作评议，充分发挥国家权力机关职能作用的生动实践。该志既是市人大及其常委会光辉历程的续写，也是推动依法治市、加强民主政治建设的重要体现，对进一步总结人大工作经验、做好新时期人大工作具有十分重要的意义。

【推进电子会议信息系统建设】 市人大常委会着力推进电子会议信息系统建设，于2016年10月下旬建成投入使用。该套会议信息系统，为常委会会议提供电子签到、电子阅文、电子表决和多媒体会务信息显示等全方位的电子会务服务，逐步实现传统办公模式向现代办公模式的转变。通过电子阅文管理系统，机关工作人员能够将会议文件、资料推送到委员的平板电脑，不仅方便查询和阅读，而且减少纸质文件印刷量、降低会议及机关工作成本，对于倡导绿色环保、建设节约型机关也具有重要的意义。通过电子表决系统能够从技术层面上确保委员们更加真实、快捷、自由地表达意愿，保证委员无后顾之忧地行使民主权利，有效推进民主政治建设。

【争创档案工作科学化管理先进单位】 市人大常委会按照山东省档案工作科学化管理规范测评办法的要求，本着“抓好档案管理、服务人大工作”的原则，不断强化档案基础设施建设，着力提升档案编研质量，使档案管理迈入科学化、制度化的轨道，较好的发挥档案为人大工作服务的作用。常委会高度重视档案管理工作，成立由办公室主要领导任组长，分管领导任副组长的档案管理工作领导小组，确定3名政治业务素质好的工作人员负责本单位的档案管理工作，确保档案工作“有人管、有人抓、有人办”。细化、完善市人大常委会机关档案管理的各项要求，规范、充实《档案管理制度》。按照分类大纲、归档范围、保管期限表和卷内文件排序对全部档案进行分类组卷，共建立各大门类载体的档案1765卷册，全部达到规范化要求。加强档案基础设施建设，优先考虑档案室的位置和使用，分别设置1间档案库房和阅档室，先后投入30余万元购置除湿机、空调、灭火器等档案库房“九防”（即防火、防光、防尘、防鼠、防潮、防盗、防虫、防高温、防污染）设施，配备档案库房智能化管理系统，购买专门的档案管理软件，所有档案全部实现目录级检索。采取集中学、走出去学、请进来教等多种方式，加强档案知识培训学习，强化档案管理意识，有效提高专职档案管理人员的业务水平。

（张玉娟）

地方行政机关

寿光市人民政府

【**管理机构**】 市政府工作部门。2016年，市政府序列工作部门共24个，分别是市人民政府办公室、市人力资源和社会保障局、市科学技术局、市民政局、市审计局、市公安局、市司法局、市教育局、市文化光电新闻出版局、市卫生和计划生育局、市发展和改革局、市国土资源局、市交通运输局、市环境保护局、市统计局、市财政局、市商务局、市市场监督管理局、市水利局、市农业局、市经济和信息化局、市安全生产管理局、市住房和城乡建设局、市金融工作办公室。

市政府派出机构。分别是寿光经济开发区管委会、寿光弥河生态省级旅游度假区管委会、潍坊寿光农业高新技术产业示范区管理委员会、政务服务中心管理办公室。

市政府办公室。2016年，市政府办公室内设综合科、市政府重点项目协调推进办公室、行政科、政工科、秘书科、督查科、信息科、市长公开电话室、打击走私综合治理办公室、市长值班室、老干科、车队13个职能科室。下辖3个正科级行政单位：市政府研究室、市外事与侨务办公室、市政府法制办公室，3个正科级事业单位：市史志工作办公室、市智慧城市建设办公室、市农产品质量安全监督管理办公室。共有干部职工93人，其中行政29人、事业36人，工勤28人。

【**市政府领导成员**】 市长、副市长：

市　长：赵绪春

副市长：李宝华、王惠玲、张振城（12月任职）、刘广斌（12月离职）、王安文、宋执湖（12月离职）、李建文（12月任职）、刘建东、王丽君（12月任职）

市政府党组：

书　记：赵绪春

副书记：李宝华、张振城（12月任职）、吴广兴

成　员：王安文、宋执湖（12月离职）、李建文（12月任职）、刘建东、王丽君（12月任职）、李庆友、步砚伟、付乐启（12月离职）、袁义林（12月任职）

【**市长办公会议**】 2016年，共召开市长办公会议20次。

第1次市长办公会议。1月12日下午，市长赵绪春在市政府201会议室主持召开第1次市长办公会议，先后听取市水务集团董事长李传民关于《寿光市冶源水库管道调水项目合作协议》情况汇报、市发改局局长刘国明关于调整基层医疗卫生机构基本药物财政补偿情况的汇报、市住建局局长崔维川关

于中心城区五年提升建议情况的汇报、市发改局局长刘国明关于寿光市 2016 年拟列市重点项目情况的汇报、市经济运行调度中心主任张国峰关于《寿光市推进工业转型发展意见实施细则》情况的汇报。

第 2 次市长办公会议。2 月 1 日上午，市长赵绪春在市政府 201 会议室主持召开第 2 次市长办公会议，先后听取市财政局局长张中山关于将齐民资产管理公司和金政融资担保公司风险补偿金纳入财政预算情况的汇报、关于寿光市基础产业投资理财产品情况的汇报，市市场监管局局长寇振彤关于 2015 年度寿光市市长质量奖评审工作及拟获奖企业提名意见情况的汇报，并对抓好安全稳定、考核对接和重点调研等重点工作进行安排部署。

第 3 次市长办公会议。2 月 16 日上午，市长赵绪春在市政府 201 会议室主持召开第 3 次市长办公会议，先后听取市林业局局长韩家迅关于落实潍坊市创建国家森林城市工作推进会议精神情况的汇报，市金融风险防控领导小组办公室主任张国峰关于化解元鸣集团国金租赁及平安银行不良债务情况的汇报、关于福瑞化工有限公司有关情况的汇报，并对做好政府工作报告的任务分解和督查，抓紧进入工作状态，做好重点调研等重点工作进行安排部署。

第 4 次市长办公会议。3 月 7 日上午，市长赵绪春在市政府 201 会议室主持召开第 4 次市长办公会议，集体学习《中共中央国务院关于给予中共天津市委、天津市人民政府通报批评的通知》，听取市国土局局长王春海关于国土资源管理工作情况的汇报，市史志办主任刘志强关于城乡环卫一体化工作调研情况的汇报，市环委会办公室主任田太卿关于落实潍坊市深化“三八六”环保行动加快绿色发展会议精神情况的汇报、关于开展工业固体废物处置专项整治情况的汇报，市财政局局长张中山关于山东博润实业有限公司申请为中合中小企业融资担保股份有限公司提供反担保情况的汇报。

第 5 次市长办公会议。3 月 21 日上午，市长赵绪春在市政府 201 会议室主持召开第 5 次市长办公会议，听取市智慧办主任李青岛关于电商峰会筹备工作情况的汇报，市民政局局长杨秀英关于羊口镇成立学府社区居民委员会情况的汇报，市财政局局长张中山关于市金政融资担保有限公司增加注册资本金和变更股权情况的汇报、关于潍坊银行不良资产置换初步方案情况的汇报，市政府办公室副主任常华东关于济生医院有关情况的汇报。

第 6 次市长办公会议。4 月 1 日上午，市长赵绪春在市政府 201 会议室主持召开第 6 次市长办公会议，听取市政府办公室主任科员赵春生关于寿光市设施蔬菜“两改”扶持政策情况的汇报、关于蔬菜秸秆综合利用试点工作情况的汇报，市市级机关事务管理局局长王德生、政务服务中心管理办公室主任王利关于餐厅补贴改革方案情况的汇报，市金融风险防控办公室主任张国峰关于工商银行和交通银行不良资产打包处置情况的汇报。

第 7 次市长办公会议。4 月 18 日上午，市长赵绪春在市政府 201 会议室主持召开第 7 次市长办公会议，听取市安监局局长王学江关于加强安全生产队伍建设情况的汇报，市财政局局长张中山关于广播影视集团为蔬菜产业集团及关联企业提供贷款担保情况的汇报、关于民生银行寿光支行申请化解不良贷款情况的汇报。

第 8 次市长办公会议。4 月 29 日上午，市长赵绪春在市政府 201 会议室主持召开第 8 次市长办公会议，听取市住建局局长、市新型城镇化工作领导小组办公室主任崔维川关于农村社区服务中心建设提升有关情况的汇报、关于城市设施配套费调查情况的汇报，市市场监督管理局局长寇振彤关于潍坊市食品药品安全工作会议贯彻落实情况的汇报，市智慧办主任李青岛关于数据中心机房和政务网建设方案情况的汇报。

第9次市长办公会议。5月19日上午，市长赵绪春在市政府201会议室主持召开第9次市长办公会议，听取市农安办主任尹国美关于2016年蔬菜质量安全检测管理办法情况的汇报，市国有资产监督管理办公室副主任董永生关于寿光利得丰新三板投资基金实施方案情况的汇报，市财政局党委委员、预算外资金管理办主任张英关于潍坊市开展全市行政事业单位国有资产清查会议精神情况的汇报，市卫计局局长刘乐朋关于解决乡村医生社会保险情况的汇报，市金融办党组书记张宏雨关于大地盐化集团兼并重组金河纺织集团有关情况的汇报。

第10次市长办公会议。6月12日上午，市长赵绪春在市政府201会议室主持召开第10次市长办公会议，听取市政府办公室副主任温海涛关于落实潍坊市经济工作调度会议精神情况的汇报，市经信局党委书记张国峰关于兑现2015年度工业转型发展意见有关奖励情况的汇报，市发改局局长刘国明关于寿光市重点产业项目建设竞争性用地管理暂行办法情况的汇报，市国土局局长王春海关于支持现代物流业发展用地落实保障指标情况的汇报，市规划局局长李建东关于寿光市加油站布点规划（2015—2030年）编制情况的汇报，市人社局局长汪秀丽关于为世纪凤华学校支持师资有关情况的汇报。

第11次市长办公会议。7月7日下午，市长赵绪春在市政府201会议室主持召开第11次市长办公会议，听取市油区办主任韩迎祥关于东黄输油管线遇城改线情况的汇报，市规划局局长李建东关于省规划遥感督察工作情况的汇报。

第12次市长办公会议。8月6日上午，市长赵绪春在市政府201会议室主持召开第12次市长办公会议，传达潍坊市开展落实全面从严治党主体责任集体约谈会议精神，集体学习《中国共产党党组工作条例（试行）》，听取市投资促进局局长张继英关于寿光市招商引资工作考核办法情况的汇报，市海洋与渔业局局长陈树林关于全市渔船管控工作情况的汇报，市扶贫办主任王光明关于寿光市省定贫困村扶贫产业项目资产及收益管理办法情况的汇报，市卫计局局长刘乐朋关于创建全省健康促进示范市情况的汇报、关于市人民医院东城分院组建有关问题情况的汇报，市地税局副局长李英才关于资源税政策有关情况的汇报，市金融风险防控办公室主任张国峰关于防范和化解企业金融风险若干政策措施情况的汇报、关于元鸣生物和东龙聚酯不良贷款化解方案情况的汇报，市财政局局长张中山关于寿光农村商业银行不良资产置换方案情况的汇报、关于为部分事业单位核定工作用车编制情况的汇报。

第13次市长办公会议。8月30日上午，市长赵绪春在市政府201会议室主持召开第13次市长办公会议，听取市商务局局长杨维田关于潍坊市开放发展大会情况的汇报，寿光经济开发区管委会主任袁恩庶关于落实“三转”要求加快开发区转型升级情况的汇报，市政府办公室副主任温海涛关于建立重点项目审批联席会议制度情况的汇报，市委宣传部常务副部长李秉桦关于深化新闻传媒事业体制机制改革情况的汇报，市环保局局长田太卿关于扩大禁燃区和对燃煤小锅炉进行清理整顿情况的汇报，市环委会办公室主任田太卿关于明确环境保护工作属地和部门职责建设网络化监管体系情况的汇报，市环保局局长田太卿关于上半年全市环境保护工作开展情况的汇报，市教育局局长李玉明关于推进“教育优化工程”情况的汇报，市海洋与渔业局局长陈树林关于全面加强海洋渔船管控工作实施方案以及调整市加强海上涉外渔业综合管理工作领导小组组成人员情况的汇报，市金融办党组书记张宏雨关于寿光市企业规范改制工作实施方案情况的汇报，市财政局局长张中山关于设立寿光市城市建设发展基金情况的汇报、关于化解浦发银行不良贷款情况的汇报、关于化解农发行不良贷款情况的汇报。

第 14 次市长办公会议。9 月 30 日上午，市长赵绪春在市政府 201 会议室主持召开第 14 次市长办公会议，听取市供销合作社联合社理事会主任李献忠关于深化供销合作社综合改革实施意见情况的汇报，市住建局局长崔维川关于培育特色小镇情况的汇报，市企业总部群领导小组推进办公室主任崔世明关于依托企业总部群组建市总部经济园区和创新创业园区情况的汇报，市发改局局长刘国明关于对重庆市开州区扶贫协作情况的汇报，市农业局局长张茂海关于联合建设中国农业科学院寿光蔬菜创新中心项目有关情况的汇报，市公安局副局长宋立文关于对中重型货车、拖拉机实施区域限行情况的汇报，市财政局局长张中山关于给予世纪凤华学校教育补助情况的汇报、关于博润实业转型发展基金、为泰丰制动公司私募债到期后融资还款提供担保以及中国银行、工商银行、华夏银行、农业银行部分不良贷款化解情况的汇报。

第 15 次市长办公会议。10 月 20 日上午，市长赵绪春在市政府 201 会议室主持召开第 15 次市长办公会议，听取市经信局局长张国峰关于工业企业运行监测平台建设情况的汇报，市园林处主任杨大伟关于 2017 年城市绿化工程建设计划（一期）方案情况的汇报，市林业局局长韩家迅关于贯彻潍坊市国有林场改革工作会议精神情况的汇报。

第 16 次市长办公会议。10 月 31 日下午，市长赵绪春在市政府 201 会议室主持召开第 16 次市长办公会议，听取市政府办公室副主任王建国关于寿光市与中国航天科工二院 206 所合作有关政策情况的汇报，市财政局局长张中山关于农业银行、农发行不良资产化解情况的汇报。

第 17 次市长办公会议。11 月 15 日上午，市长赵绪春在市政府 201 会议室主持召开第 17 次市长办公会议，听取市金融办党组书记张宏雨关于潍坊市金融支持实体经济工作会议精神情况的汇报，市农业局局长张茂海关于全国“双安双创”工作现场会议精神情况的汇报，市史志办主任刘志强关于妥善处置延期交房等房地产领域突出问题意见情况的汇报，市财政局局长张中山关于潍坊银行第二批不良资产置换情况的汇报。

第 18 次市长办公会议。11 月 29 日上午，市长赵绪春在市政府 201 会议室主持召开第 18 次市长办公会议，听取市国土局局长王春海关于全市国土资源供给侧改革工作情况的汇报，市政府办公室主任科员赵春生关于寿光市气象局办公场所搬迁有关问题情况的汇报，市人民银行行长姜森关于山东省“两权”抵押贷款试点工作会议精神情况的汇报，市房管中心副主任李广凡关于昌鸿新达城项目破产拍卖情况的汇报，市史志办主任刘志强关于万达地块土壤修复涉及相关费用情况的汇报，市卫计局局长刘乐朋关于济生医院有关问题情况的汇报。

第 19 次市长办公会议。12 月 14 日上午，市长赵绪春在市政府 201 会议室主持召开第 19 次市长办公会议，听取市公安局副局长宋永泉关于在全市开展三年禁毒人民战争情况的汇报，市公安局政委朱寿东关于在全市推行“一村一警务助理”工作情况的汇报，市财政局局长田太卿关于农行部分不良资产处置情况的汇报、关于工行新增贷款利差找补化解不良情况的汇报。

第20次市长办公会议。12月22日下午，市长赵绪春在市政府201会议室主持召开第20次市长办公会议，听取市住建局局长崔维川关于2017年道路排水及路灯等市政工程建设计划方案情况的汇报，市交通局局长卜庆华关于2017年市财政投资交通项目方案情况的汇报，市市场监管局局长寇振彤关于2016年寿光市市长质量奖评审工作及拟获奖企业提名意见情况的汇报，市财政局局长田太卿关于金融机构利差找补化解金融风险情况的汇报、关于农行、恒丰银行不良贷款化解情况的汇报。

【市政府常务会议】 2016年，共召开市政府常务会议13次。

第1次市政府常务会议。1月12日下午，市长赵绪春在市政府201会议室主持召开第1次市政府常务会议，听取市政府办公室副主任温海涛关于《政府工作报告》起草情况的汇报，市发改局局长刘国明关于《寿光市国民经济和社会发展第十三个五年规划纲要（草案）》编制情况的汇报，市财政局局长张中山关于《寿光市2015年财政预算执行情况和2016年财政收支预算安排意见》情况的汇报。

第2次市政府常务会议。3月21日上午，市长赵绪春在市政府201会议室主持召开第2次市政府常务会议，听取市海洋与渔业局副局长丁伟关于实施海域使用权“直通车”制度试点工作情况的汇报，市规划局局长李建东关于金光街跨河大桥设计方案情况的汇报，市住建局党委委员杨波关于整合全市天然气市场情况的汇报，市住建局党委委员、建工处主任刘志江关于全面治理建筑领域拖欠农民工工资问题意见情况的汇报。

第3次市政府常务会议。4月1日上午，市长赵绪春在市政府201会议室主持召开第3次市政府常务会议，听取市房管中心主任刘伟关于化解房地产库存促进房地产平稳健康发展意见情况的汇报，市财政局局长张中山关于降低实体经济企业成本行动实施方案情况的汇报，市水利局局长袁义林关于地下水超采区综合实施方案情况的汇报，市科技局主任科员杨炳辉关于加快实施创新驱动战略推动经济转型升级意见情况的汇报。

第4次市政府常务会议。4月18日上午，市长赵绪春在市政府201会议室主持召开第4次市政府常务会议，听取市发改局局长刘国明关于供给侧结构性改革补短板实施方案情况的汇报，市经信局党委委员、经济运行调度中心主任张国峰关于加快淘汰落后产能鼓励和引导企业兼并重组政策措施情况的汇报，市财政局局长张中山关于鼓励上下游企业协同发展意见情况的汇报，市商务局局长杨维田关于促进外经贸工作发展意见情况的汇报，市国土局局长王春海关于鼓励新兴产业发展实行差别化地价政策情况的汇报。

第5次市政府常务会议。5月19日上午，市长赵绪春在市政府201会议室主持召开第5次市政府常务会议，听取市住房和城乡建设局局长崔维川关于老旧小区改造实施方案情况的汇报，市委组织部副部长、编办主任黄树忠关于寿光市涉企行政事业性收费及政府性基金目录清单编制和行政审批前置中介服务收费项目清单调整有关情况的汇报，市商务局党委委员、贸促会副会长范鹏关于促进融资租赁业发展意见情况的汇报，市环保局局长田太卿关于固体废物环境问题综合整治工作情况的汇报。

第6次市政府常务会议。7月7日下午，市长赵绪春在市政府201会议室主持召开第6次市政府常务会议，听取市政府办公室副主任温海涛关于降低实体经济企业成本专项行动实施方案情况的汇报，市委组织部副部长葛树涛关于加快建设人才强市的若干意见、社会化招才引智激励办法、第三批“双百计划”人选和申请落实有关科技创新平台奖补政策情况的汇报，市政务服务中心管理办公室主任王利关于政务服务综合受理和建设工程联合图审、联合测绘、联合竣工验收等文件制定情况的汇报。

第7次市政府常务会议。8月30日上午，市长赵绪春在市政府201会议室主持召开第7次市政府常务会议，听取市政府办公室副主任王建国关于全力支持大型以上企业发展的政策措施情况的汇报，市房管中心主任刘伟关于寿光市棚户区改造货币化安置办法（试行）情况的汇报，市编办主任黄树忠关于寿光市综合行政执法体制改革工作方案情况的汇报。

第8次市政府常务会议。9月13日上午，市长赵绪春在市政府201会议室主持召开第8次市政府常务会议，听取市住建局局长崔维川关于加快推进人口市民化意见情况的汇报，市委改革办副主任陈沂涛关于环卫集团改革改制方案情况的汇报，市畜牧兽医管理局局长赵洪波关于寿光市病死畜禽无害化处理管理暂行办法情况的汇报。

第9次市政府常务会议。10月20日上午，市长赵绪春在市政府201会议室主持召开第9次市政府常务会议，听取市环保局局长田太卿关于传达潍坊市环保工作会议精神和寿光市环保工作情况的汇报，市安监局局长王学江关于落实潍坊市安全生产工作会议精神情况的汇报，市物流业发展提升领导小组办公室主任卜庆华关于加快现代物流产业发展情况的汇报，市财政局局长张中山关于寿光市行政事业单位国有资产管理、处置和有偿使用管理办法情况的汇报。

第10次市政府常务会议。10月31日下午，市长赵绪春在市政府201会议室主持召开第10次市政府常务会议，听取市统计局副局长甄世刚、发改局局长刘国明、经信局局长张国峰、商务局局长杨维田、财政局局长张中山、金融办党组书记张宏雨关于全市经济运行情况的汇报。

第11次市政府常务会议。11月15日上午，市长赵绪春在市政府201会议室主持召开第11次市政府常务会议，听取市环保局局长田太卿关于深化“三八六”环保行动工作情况的汇报，市审计局局长冯玉成关于开展领导干部自然资源资产离任审计试点工作情况的汇报，市委改革办副主任陈沂涛关于促进城投健康发展意见情况的汇报。

第12次市政府常务会议。11月29日上午，市长赵绪春在市政府201会议室主持召开第12次市政府常务会议，听取市畜牧局局长赵洪波关于划定畜禽养殖禁养区限养区有关情况的汇报，市住建局局长崔维川关于城市集中供热工作及实施供热、供水大配套政策情况的汇报。

第13次市政府常务会议。12月22日下午，市长赵绪春在市政府201会议室主持召开第13次市政府常务会议，听取市发改局局长刘国明关于拟列2017年全市重点项目情况的汇报，市政府办公室副主任温海涛关于2017年民生实事初选情况的汇报，市政府办公室副主任常华东关于开展“向群众报告、听群众意见、请群众评议”活动实施方案情况的汇报，市委组织部副部长、编办主任马千里关于市镇两级公共服务事项目录和服务指南编制及镇级行政权力清单调整情况的汇报。

史志工作

【《寿光市志》编写】 首先创新修志人员使用。2016年，通过招投标方式，将市志初稿前的编写工作以“打包”形式，整体“外包”给专家编写组，由专家编写组全权负责志书资料的收集、整理、校对等工作，直至初稿完成，寿光史志办根据修志要求适时提出意见或建议。其次创新报酬支付方式。实行“捆绑式”报酬支付方式，即与专家编写组签订合同，确定报酬、时限后，将报酬的支付与志书质量、进度挂钩，达到质量要求和进度要求支付相应报酬。如果在当月内或当年内达不到进度要求或质量要求，扣除相应报酬。通过这一做法，编写质量和进度有质的转变。最后创新审稿程序。从审稿方面入手，聘请2名潍坊市及寿光市在史志方面的权威人士为二轮修志顾问。专家编写组每月向顾问提交一次编写稿及编写计划，如遇到编写方面的问题时，可以与顾问共同协商解决。2016年5月，形成评审稿。2016年6月22—24日，在寿光晨鸣大酒店召开省级评审会，省和潍坊市史志办领导、专家以及各县市区史志办主任分别对《寿光市志（1991–2010）》的初稿进行评审。至2016年年底，《寿光市志（1991–2010）》已完成征求意见稿、专家评审稿，2017年出版发行。

【《寿光年鉴（2016）》编写】 根据潍坊市人民政府办公室潍政办发〔2016〕5号文件精神，确定自2016年年底，在全潍坊市启动一年一鉴工程，即每年编印上一年的年鉴。2016年也是寿光市五年一鉴的编写之年，市史志办确定自2016年延续《寿光年鉴》的编写工作，同时启动一年一鉴工作。年鉴断限为2011年1月1日至2015年12月31日，内容包括全市政治、军事、法治、经济管理、城建、商业、交通邮电、外经外贸、财税金融、教育、镇街道等20部分，以图、表、述、记、传、记等体裁。按照寿光市志编写办法，聘请编写专家，规定完成时限和质量要求，至2016年12月，《寿光年鉴（2016）》由方志出版社出版发行。

【方志馆志鉴馆藏】 2016年，共交流志书150余册，收集各类书籍200余种，馆藏量5000余本，向全社会公开借阅，接待读者200余人次。成为山东省第二大县级方志馆。

信息调研与工作督查

【信息调研】 以文辅政。工作中突出以文辅政这个中心，强化主动调研服务意识，创新多种调研方式，用好用活调研手段，确保参谋决策得实效。全年瞄准上级出台的政策和领导关注的问题，形成政策调研类、典型经验类、民生实事类等各领域调研文章50多篇，中以示范水城市建设（中国和以色列）、供给侧结构性改革等调研报告分别得到省长郭树清、潍坊市委书记杜昌文、潍坊市市长刘曙光签批，供给侧结构性改革调研报告在省政府《决策参阅》上刊发，20多篇调研在潍坊市级以上刊物发表。同时，注重调研成果转化，针对调研中发现的问题，制定有针对性的工作措施，为全市降成本、去库存等一批政策性文件的出台提供决策参考。

突出文稿质量出精品。对每篇材料都高标准、严要求，高效、精准的贯彻落实好上级精神和领导指示。高质量完成《政府工作报告》，以政务信息形式印发典型经验、推广做法等方面材料12期，撰写各类讲话、汇报等文字材料400多篇，累计30万字。同时，根据主要领导安排，与智慧办合作开通政府微信公众号，基本做到每天1期，累计撰写各类微信信息100多条，单篇文章点击量最多的超过4000余人次，起到较好地宣传效果。

综合服务，办文办会。精准履行好市政府常务会、市长办公会的组织服务职能，进一步完善会议组织标准和规范，确保会议组织零差错、高效率。全年累计组织政府常务会、市长办公会33次，撰写各类会议纪要50多篇。同时，积极做好政府主要领导调度重点项目、召开专题会议等组织工作，累计参与组织活动30多次，较好地保障工作落实。

【工作督查】 工作中注重把握一个原则，就是凡是市政府主要领导安排的工作，每月督查1次，对未按期完成的工作全部进行挂牌督办，狠抓落实，确保领导安排有回复。全年先后开展各项督查20余次，督查事项200多项，保障每项政府决策都有人管、有人干、有人促、有实效。

（方 腾）

法治工作

【管理机构】 市政府法制办公室在市政府办公室加挂牌子，为正科级行政单位，内设复议应诉科、法规科；行政编制6人，实际干部职工7人。2016年，被评为山东省依法行政工作联系点（2015—2020）。

【规范性文件及重大行政决策】 规范性文件制定和备案审查。2012年《山东省行政程序规定》（以下简称《规定》）颁布实施，规范性文件实行有效期制度。为贯彻落实《规定》，寿光市相继出台《寿光市规范性文件管理办法》《寿光市人民政府办公室关于落实规范性文件统一登记编号发布制度的通知》等规范性文件进行规范，并实行规范性文件“三统一（统一登记、统一编号、统一发布）”制度，要求规范性文件制定时必须经法制办合法性审查，制定后均按规定报送潍坊市人民政府法制办公室和市人大常委会备案，并在政府网站及其他媒体上予以公布。2016年，全市共制定发布规范性文件8件。

政府决策机制科学化、民主化和法治化。2014年，制定出台《寿光市重大行政决策专家咨询论证办法（试行）》《寿光市人民政府重大行政决策合法性审查制度》，建立完善决策公开、重要决策合法性论证、重大决策集体讨论等行政决策制度和程序，规定做出重大行政决策时需经过公众参与、专家论证、风险评估、合法性审查和集体研究5个必经程序。市政府法制办承担重大决策的合法性审查工作，除列席市政府常务会外，凡市政府上会议题会前必须由法制办进行合法性审查，未经法制办审查不予上会研究。为规范法律顾问工作，制定《寿光市人民政府法律顾问工作规则》，对涉及经济发展、城市建设、人民生活等方面重要决策、政府合同的合法性进行审查，组织法律顾问认真分析、论证，为依法、科学决策提供法律支持。第一届法律顾问于2016年10月聘期结束后，市政府重新聘请6名高水准法律专家，成为寿光市第二届政府法律顾问。至年底，政府法律顾问共参与政府工作70余次。

【行政执法管理与监督】 落实行政执法人

员持证上岗和资格管理制度。2016年，继续强化行政执法资格认证和执法证件管理工作，除法律法规另有规定的以外，所有行政执法人员必须在编在岗，必须参加全省统一行政执法资格考试，领取山东省行政执法证件。同时，严格执法证件的年审，对岗位调整、时效过期等人员的执法证件按规定予以注销。根据《山东省行政执法人员资格认证和行政执法证件管理办法》的规定，在全市范围内开展行政执法人员专项清理工作，全年共清理不符合条件的行政执法人员80人。同时，根据各单位工作需要，为761人申领行政执法证件。

创新建立行政执法监督员和行政执法监督联系点机制。2014年，创新建立首届行政执法监督员和联系点，聘任20名行政执法监督员和10个执法监督联系点参与市政府执法监督工作。2015年，在第一届行政执法监督员和联系点经验的基础上，遴选第二届行政执法监督员和联系点，将聘期由1年改为2年，聘任50名行政执法监督员和10个执法监督联系点，让更多的社会力量参与到行政执法监督工作中。2016年，通过开展活动共发现问题40余个，提出建议27条，均得到及时解决。

开展行政部门涉企检查报备工作。2016年，继续执行2014年制定的《寿光市涉企报备实施办法》，开展涉企检查报备工作。规定每月1—20日为企业“宁静日”，在此期间除中央、省、潍坊市统一部署和涉及安全生产、环境保护、公共安全、行政审批现场勘查、执法部门处理投诉事项对特定企业开展检查外，任何部门和单位不得到企业开展检查活动。需到企业进行检查执法的部门，到法制办备案后，方可进行检查，否则将按照规定进行问责，为企业营造良好的营商环境。

【执法培训与法治宣传】 2011年，《潍坊法治》正式创刊，至2016年寿光市连续6年被潍坊市评为依法行政宣传工作先进单位，并于2012年发行《潍坊法治》寿光专刊。市级领导班子成员率先垂范、带头学法，将每月15日定为领导干部学法日。寿光市领导干部学法用法的做法得到中组部、中宣部、司法部和全国普法办的肯定并向全国推广。《中华人民共和国行政诉讼法》《山东省行政执法监督条例》于2015年相继出台后，市政府法制办在多形式广泛宣传的同时，邀请潍坊市中级人民法院、潍坊市政府法制办及潍坊学院的专家、教授到寿光举办培训班，对全市行政执法人员进行培训。2016年，市法制办联合市政府法律顾问，结合日常开展的行政复议、应诉和案卷评查，摸清部门执法程序漏洞和执法薄弱环节，开展执法培训上门服务，先后对市人社局、农业局、卫计局等5个行政执法重点部门（单位）的行政执法人员进行专题指导，集中讲解依法行政相关知识。通过参加省、潍坊市举办的相关法治培训，进一步提高执法部门执法人员的法律素养和执法能力。

【行政复议应诉】 2016年，市财政拨付经费3万元，用于行政复议办案。全年共立案审查行政复议案件52起，经复议协调改变原行政行为的21起，综合纠错率达54%。对案情复杂、重大以及申请人申请的11起案件依法举办复议听证会，听证比例达到21%。制定下发《关于进一步做好行政复议、行政应诉有关工作的通知》，要求机关履行负责人出庭应诉职责。2016年市人民法院一审审理案件54起，机关负责人出庭应诉率达到77%。

【人大议案、政协提案督办】 2016年，市法制办承担人大议案、政协提案督办工作，并在寿光市“两会”期间驻会收集议案、提案，会后按照各单位职责对人大代表、政协委员所提议案、提案进行分工并转办，办理期限结束由法制办对办理情况答复收集、汇总，形成市政府办理汇报材料向市人大、市政协进行汇报、通报。全年共督办人大议案、建议71件，政协提案、建议120件，人大“双联”活动期间意见103件；议案、提案均在规定时间内答复完毕，办复率达到100%。

（张然栋）

侨务与外事

【外事工作】 中国—以色列示范水城市合作。7月10日，在参加以色列“山东—以色列经贸合作交流会”期间，市政府在省长郭树清、潍坊市市长刘曙光见证下，与以色列经济部正式签署合作意见书，开启中国与以色列两国间的示范水城市合作项目，成为中国、以色列两国总理倡议设立的水资源综合利用示范城市。12月2日，副省长夏耕带领省直有关部门到寿光调研“中国—以色列示范水城市”工作，对寿光与以色列合作项目进展情况给予充分肯定。

地方政府、国际组织间友好合作。2016年，潍坊科技学院先后与德国比勒菲尔德应用技术大学签订友好合作协议、与亚细亚国际交流奖学财团签订友好合作协议、与美国加州州立大学弗雷斯诺分校签订友好合作协议，寿光市教科研中心与意大利乌迪内大学签署合作意向书。同年7月，市政府与荷兰兰辛格兰市政府签署友好交流城市，确定2017年4月荷兰兰辛格兰市政府组团参加寿光蔬菜博览会，展示农业、花卉、农业机械等企业的产品。

菜博会国际商品展。在中联部、省外侨办、潍坊市外侨办的大力支持下，经过4个月的积极备展，菜博会国际商品展于4月20日在第十七届中国（寿光）国际蔬菜高科技博览会一号厅开展，共吸引17个国家的100多家企业、商会参展展销，参展展销品种2000多个，受到各级领导、驻华使节、国外参展企业及社会各界的好评。

国际化人才引进培养工作。7月，市外侨办与市委组织部部长徐莹分别到美国、加拿大的人才集中城市进行招才引智，先后举办4场招才引智现场会，聘请国外有经验的专家在美国旧金山硅谷、华盛顿设立2个招才引智工作站。在加拿大多伦多滑铁卢大学通过校企联合的方式，成功引进一项国际尖端技术落户寿光威能锂电公司。

寿光荣誉市民评选工作。1月，组织评选寿光市荣誉市民，经过层层筛选，阿诺德.史蒂夫等8位外籍人员入选。按照规定，入选人员可在交通、子女就学、卫生医疗等方面享有优惠待遇。12月，组织寿光市荣誉市民入选人员到寿光市人民医院慈铭体检中心进行免费查体。同时，在圣诞节、感恩节等国外重要节日组织联谊活动，让他们在异国他乡感受到家的温暖。

接待服务工作。4月，邀请寿光市友好城市韩国固城郡郡守到寿光参加第十七届中国（寿光）国际蔬菜科技博览会，固城郡非物质文化遗产“固城郡农谣”团在菜博会上为游客表演精彩的节目，受到热烈欢迎。全年共接待美国、澳大利亚等外国客人300余人次。

【侨务工作】 社区侨务工作。2016年，通过刊登宣传栏、向社区居民发放侨法宣传册、组织联谊会等形式，宣传侨法。12月，洛城街道屯田社区被省侨办评为全省社区侨务工作示范点。

侨胞捐赠工作。协助旅美华侨葛孚谦先生成立的《葛葛树桂教育文化基金会》筛选贫困生，并于10月开展向纪台镇品学兼优的贫困学生发放救助金、捐献图书等活动，体现华侨葛孚谦先生爱国、爱家的赤子之心。该活动共捐救助金1万元，每人1000元；捐献图书160余册。

困难归侨救助工作。协调财政局、社保局等部门，按照有关政策规定，对困难归侨进行补助，全年共发放困难补助金1万元，救助困难归侨家庭3个。同时，上门走访困难侨胞，及时解决他们遇到的有关困难。

接待服务工作。积极与省侨办对接，吸引海外华人商会到寿光参观，参与寿光蔬菜博览会展销国际商品，受到华人商会的好评。

【提升国际化水平】 按照《2016年度提升潍坊国际化水平工作考核办法》中各项评价指标体系及各项指标说明，认真组织开展提升潍坊国际化水平工作，按时完成各项任务目标。

双语标识工作。年初，对有关单位下达双语标识牌设置及更换计划，至年底，境内重点公共服务场所、旅游场所，如人民广场、市人民医院、北大公学双语幼儿园、晨鸣国际大酒店、市蔬菜高科技示范园、弥河生态观光园、双王城洰淀湖景区等，双语标识替换工作已全部完成。全市共设置双语标识牌3.76万块，普及率100%。

考核项目工作。石油进口及油品升级、富康生物医药制剂国际化、海水淡化、中国—以色列示范水城市、菜博会国际商品展5个重点项目已按计划全部完成。外国人服务体系及社区侨务、国际化社区建设、国际化学校建设及国际交流合作、国际化医院建设等有关考核工作，按照要求顺利开展。

证件办理。至2016年年末，全市共累计为企业办理APEC商务旅行卡200余张，其中2016年为企业办理APEC商务旅行卡62张，全市大中型企业负责人基本达到人手一卡。2016年共办理外国人来华邀请函172份。

（高福成）

农产品质量安全监督管理

【管理机构】 寿光市农产品质量安全监督管理办公室为正科级事业单位，编制11人。全市每个行政村均设有村级兼职农产品质量安全监管员共975人，潍坊市、寿光市两级财政每年分别对这些村级监管员考核发放一定数额的岗位补助。

【蔬菜检测】 2016年，在重新调研和征求意见的基础上，结合寿光市实际情况，印发《2016年寿光市蔬菜质量安全检测管理办法》，新的管理办法突出工作重点，要求各镇（街区）做到真实抽检，鼓励查处问题蔬菜。全年先后组织市农业执法大队及各镇（街区）农业执法中队执法人员900余人（次），对全市15个镇（街区）的蔬菜进行定向定位抽检，累计出动执法检测车辆230余辆（次），共定性定量抽检蔬菜样品1177个。市农业和市场监管部门在种植和流通环节定性定量检测蔬菜样品3740个，镇（街区）检测室速测蔬菜样品达到4万多个。对所有检测不合格的蔬菜产品，市农安办组织相关部门都进行详细调查并追溯根源，每季度对全市蔬菜检测完成情况进行通报，综合检测合格率

99% 以上。

【农业投入品监管】 开展春季专项整治行动。市农安办牵头，农业、市场监管、公安等部门参与，深入开展春季农业投入品专项整治行动。各镇（街区）加大对从业人员培训力度，对制售假冒伪劣农资、无证和超范围经营等违法行为进行严厉惩治。全市共检查农资店 1500 余家，立案 40 起，罚没款近 12 万元，下发各类通告和明白纸 6 万余份，签订责任状 7000 余份，全部实现有证经营。

农资监管。2016 年，市农业部门累计出动执法人员 1500 余人次，车辆 300 余辆次，检查相关单位、人员 400 多个次，立案查处违法案件 124 起，最大程度地降低农民损失。坚持和完善检打联动机制，强化农资质量抽检，共抽检肥料样品 240 个，农药 127 个，有效保障蔬菜质量安全。

农药行业协会。为推进全市农药市场规范化管理和经营，市农安办牵头，农业局和市场监管局配合，成立寿光市农药行业协会。该协会于 2016 年 1 月份开始筹备，6 月 17 日正式选举成立，共有 47 家有法人资质的农药生产经营单位成为会员单位。行业协会的成立，加强农药生产经营单位自身监管，提高自律意识和农资行业产品质量。

【农资服务平台建设】 2016 年，为配合“智慧寿光”建设，进一步提高应对突发事件的能力，市农安办积极开展农产品质量安全监管和追溯体系建设。继续开发相关软件技术和购买打印机等硬件设施，对 2014 年开始建成的农资实名制服务平台进行完善和改进，至 2016 年累计投资达 200 余万元，农资实名制服务平台在部分农资店试运行后，逐步在全市推开，无偿为各农资经营户服务。至年底，全市共有 1400 多家农资门店安装运行该系统，安装率达到 90% 以上。

【案件查处】 2016 年 3 月，印发《寿光市农产品质量安全监督管理办公室、寿光市公安局、寿光市农业局、寿光市市场监督管理局关于严厉打击农产品质量安全违法犯罪的通告》，在全市开展惩治农产品质量安全违法犯罪活动，其中对寿光正和莱业有限公司配送水果黄瓜违禁农药问题进行调查处理。同时，结合群众举报，针对烟熏剂存在禁用成分比较严重的问题，组织公安、农业、市场监管等部门开展有关案件查处工作，先后依法查处纪台制假售假窝点、文家制售无标签产品案和侯镇售卖“三无”产品案、圣城制假售假窝点等，对全市农业投入品违法犯罪行为起到极大的震慑作用。

【示范城市创建工作】 农业综合标准化示范市创建。牵头组织市场监管局、农业局、农工办、畜牧局、林业局、经管局、公安局等部门开展创建国家农业综合标准化示范市创建工作，全力推进农业产业化、规模化、现代化，实现农业发展向高产、优质、高效、生态、安全的新跨越。2016 年，全市创建国家农业综合标准化示范市工作圆满结束，顺利通过国家标准委组织的达标验收。

国家食品安全城市、国家农产品质量安全县创建工作。协调各镇（街区）、市农业局、市场监管局等有关部门持续推进“双安”（即国家食品安全城市、国家农产品质量安全县）创建工作，先后对部分镇（街区）及农资门店进行督察指导，促进各项工作深入开展。

【举报奖金发放】 2010 年始，寿光市每年设立 10 万元农产品质量安全举报奖金，鼓励群众对经营、使用违禁农药行为进行举报，规定每举报一起制造、销售或使用剧毒、高毒农药等国家禁限用农业投入品，经查证属实的，对举报人给予相应奖励。同时，坚持做好相关案件线索的收集整理和保密工作。

【培训宣传工作】 专业人员培训。3月，分别邀请农业部和省标准化研究院专家到寿光市举办执法人员农药知识和农业标准化知识培训班，参加培训500人（次）。上半年，先后分2期对全市900多名村级监管员进行农产品和食品安全监督管理知识培训，进一步提高监管员的业务水平。

农产品安全宣传。市府办与寿光日报社签订报道协议，对蔬菜定向定位抽检、农资实名制服务平台建设以及案件查处等农产品质量安全工作进行专题报道，全年共30余篇次。同时，利用已建立的“农政通”飞信服务平台，对全市蔬菜专业合作社、农村蔬菜交易市场、农业基地（园区）、畜牧水产养殖小区等4500余名相关人员不定时发送农产品质量安全相关信息，保证全市农产品质量安全。

（赵丽）

市长公开电话

【管理机构】 寿光市市长公开电话值班室为市政府内设科室，办公地点在寿光市软件园，配有坐席人员10人，其中市政府办公室人员3人。

【主要工作】 2016年，市长公开电话继续围绕市委、市政府中心工作，关注民生、服务百姓，为群众实实在在地解决大量生产生活中的各类民生问题。市长公开电话值班室共受理群众有效反映事项41223件，其中电话受理18209件、寿光民声受理22611件、寿光随手拍受理403件，受理量较去年有较大增长。同时，提报《民情周报》49期，编印月通报12期。

完成与寿光民声整合工作。1月，根据工作安排，市纪委将寿光民声平台交市政府办公室，由市长公开电话值班室管理运行，两者整合后，在继续发挥市长公开电话作用的同时，充分利用寿光民声网络受理方面的优势，拓展市长公开电话的受理渠道，方便群众诉求。

完成市长公开电话服务外包。在之前与学院合作的基础上，9月份顺利完成寿光市长公开电话外包服务的招标工作，与中标单位山东贯恒科技有限公司签署外包服务协议。外包服务大厅设在寿光市软件园，配有坐席人员10人，其中3人市政府办公室。

完成寿光随手拍开发工作。根据市委主要领导要求，委托潍科软件公司开发寿光随手拍APP，并于11月3日召开新闻发布会，正式上线运行。同时，与寿光日报社、寿光电视台等部门（单位）策划寿光随手拍宣传事宜。

完成坐席人员培训工作。为保证服务质量，实现工作零投诉，会同外包企业进一步修改完善《5112345受理工作规范》《员工考核培训管理办法》等制度，要求坐席人员必须经过严格培训、考核，合格后才能上岗。同时，组织开展形式多样的培训活动，邀请承办量大的部门业务骨干现场授课；每周开展2次坐席人员专业素养和重要知识点例行培训，每月针对培训内容进行2次考核；组织有关人员赴较早开展便民服务工作的烟台莱山、蓬莱及昌邑等兄弟市县参观学习，提高工作人员整体素质和专业技能。

完成市长公开电话和寿光民声考核工作。根据寿发〔2016〕16号文件要求，完成市委“2016年寿光市镇(街区)和市直部门(单位)科学发展观考核”涉及群众通过市长公开电话和寿光民声平台反映问题办理情况考核工作，并对考核成绩进行公示。

（徐晓亮）

电子政务工作

【管理机构】 2016年6月，撤销寿光市信息产业管理办公室，将其承担的信息资源管理与开发利用、党政专用通信网络规划与管理、信息网络和信息系统安全等具体管理职责划入市智慧办，同时按照“人随职能走”的原则，从原市信息产业办划转5～6人到市智慧办工作，市智慧办行使职能得到进一步扩展。

【重点工作】 筹办第三届中国县域电子商务峰会。2016年5月25—26日，由阿里巴巴集团、市政府共同主办的“第三届中国县域电子商务峰会”，在潍坊寿光市菜博会成功举办，阿里巴巴集团总裁金建杭，市委副书记、市长赵绪春共同为峰会揭幕，潍坊市委常委、副市长孙起生在峰会上做重要发言，并对寿光市的电商经济发展做出高度评价。本届峰会与会嘉宾超过2000人，有300多个县市区领导出席会议。中国入世首席谈判代表龙永图、阿里巴巴集团副总裁高红冰、淘宝大学负责人叶挺、中国物流与采购联合会副会长贺登才等全国电商大咖共聚寿光，围绕“新经济·新县域”这一主题展开多元化、多层次的探讨，共绘产业发展图景。

筹建寿光市中心机房和政务云平台。根据第8次市长办公会会议精神和市政府主要领导意见，于3月全面启动市中心机房和政务网建设工作，7月组织智慧办人员赴外地考察学习政务机房建设先进经验。之后与20多家技术公司对接机房设计和设备选型方案，组织全市相关信息化专家召开专题论证会15次，与有自建机房的单位多次沟通，最终形成寿光市机房建设和整合思路，即按照5～10年总体规划，高标准分步建设市中心机房，将分散在全市各部门单位的机房硬件设备集中到市中心机房，软件整合到政务云平台。政务云平台将依托市中心机房搭建，建设目标是以云计算为基础，建设一个高可靠性、高安全性、高可用性的政府办公、业务协同和政务服务管理平台，为全市政府机关（部门、单位）提供优质服务。9月，完成市中心机房和政务云平台招标工作，市中心机房由青岛恒华机房设备工程有限公司负责施工，政务云平台由山东环球软件依托市中心机房搭建。

政务信息资源目录梳理。9月，潍坊市确定寿光市为潍坊市政务信息资源共享交换平台在县市区推广的首批3个试点市之一（寿光、诸城、临朐）。10月，与潍坊市政务信息资源共享交换平台建设单位——山东亿云信息技术有限公司签订协议，在潍坊市要求梳理的行政审批一类事项的基础上，对公安、国土、卫计、人社、民政、财政、住建、市场监管8个部门的行政审批、行政处罚、行政强制、行政给付、行政裁决、行政确认、行政奖励、行政监督、政务服务、基本信息等10类事项展开政务信息资源梳理和目录编制，至12月底完成全部工作。

电子政务平台日常维护和推广工作。2016年，共组织集中培训6次，单点培训和预约培训30余次。至12月，电子政务平台应用部门单位已达167个，注册用户3201个，累计登录612693人次，累计签收文件43514件，累计发送通知传真9894件，累计办件

607855人次（平均每日登录1293人次、流转文件235件次、办理2672人次）。市政府办公室与各镇街道、市政府各部门非涉密文件签批、流转等工作均通过平台进行。

推进智慧潍坊民生项目。按照潍坊市智慧办要求，年内推进一批智慧民生项目：一是新建5所智慧幼儿园。按照潍坊市智慧幼儿园示范标准，通过技术改造，实现示范园区Wi-Fi网络全覆盖、教学生活区安防摄像头全覆盖、学生入园离园智能考勤；通过“潍V”APP等方式将学生入园离园信息、接送人信息、学生在校实时视频等推送到家长手机客户端；将学校教学安排、重要通知公告及时通过“潍V”APP等方式与家长交流。二是完善巨淀湖和林海生态博览园2处智慧景区。在2015年智慧景区基础上，按照潍坊市智慧景区示范标准要求，完善各项管理和服务功能，主要实现景区全景影像、基于“潍V”手机APP等方式导游语音介绍等服务。

开发维护“寿光市人民政府”和“智慧寿光”两个微信公众号。按照市政府主要领导要求，开通“寿光市人民政府”和“智慧寿光”微信公众号，重点宣传寿光市在服务经济发展、改善民生等方面的方针政策、亮点工作，市领导活动和智慧城市建设等方面的内容，充分发挥新媒体在政府信息公开、服务群众、舆论引导等方面的作用。

评审论证全市信息化项目。2016年，组织专家84人次，先后对寿光市不动产登记信息平台、工业企业预警监测平台、公安局视频智能分析系统等17个信息化项目进行评审论证；11月，又组织专家对各单位上报的51个2017年新建信息化项目进行集中评审，从数据共享、资源整合、集约建设等方面提出意见建议，为财政部门准确制定2017年信息化项目预算提供依据，各项目建设单位按照专家意见整改后开展招标工作，有效提高财政资金使用效益。

（张海滨）

人事工作

【管理机构】 2016年，市人力资源和社会保障局为正科级行政单位，内设办公室、政策法规信息科、组织人事科、规划财务科、监察监督科、职业能力建设科、专业技术人员管理科、事业单位人事管理科、劳动关系科、机关事业单位工资福利科、养老和失业保险科、工伤保险科、就业促进科、信访科、网络科、外国专家综合管理科、公务员管理办公室、市军官转业安置办公室等18个科室。下辖山东农业科技人才服务中心、市人力资源管理服务中心、市社会保险事业管理中心、市职业技能鉴定中心、市劳动保障监察大队、市劳动人事争议仲裁院6个事业单位。

山东农业科技人才服务中心。为副处级全拨事业单位，内设办公室、人事代理部、信息交流部、素质测评部、培训部5个部室。

市人力资源管理服务中心。为正科级全拨事业单位，内设办公室、人力资源市场科、失业职工管理科、劳动人事代理科、就业管理科、创业指导科、综合信息科、档案科、农村劳动力服务科、人才引进科、大中专毕业生服务科11个科室。

市社会保险事业管理中心。为正科级全拨事业单位，下设办公室、基金管理科、审计稽核科、企业养老保险科、企业退休职工管理科、机关事业保险科、城乡居民养老保险科、城镇职工医疗保险一科、城镇职工医疗保险二科、计划统计科、工伤保险科、生育保险科、城乡居民医疗保险一科、城乡居民医疗保险二科、定点单位管理科、综合业务科、基金征缴科、档案管理科、信息宣传科、人事管理科20个科室。

市职业技能鉴定中心（挂市人事考试中心牌子） 为正科级全拨事业单位，内设办公室、职业能力培训科、人才开发科、职业技能鉴定科。

市劳动保障监察大队。为副科级参照管理单位，下设办公室、劳动保障监察一中队、劳动保障监察二中队3个科室。

市劳动人事争议仲裁院。为副科级全拨事业单位，下设办公室、立案与调解庭、争议仲裁庭3个科室。

【干部队伍管理】 2016年7月，全市党政机关工作人员2015年度考核工作全部完成，被确定为优秀等次奖的公务员（含参公人员）共计517人；其中，460人记政府嘉奖、每人奖励800元，56人记三等功，每人奖励1500元。

根据市委、市政府印发的《关于进一步规范机关事业单位人员调动工作的意见》，分别于8月和11月两次组织公开遴选（选聘），涉及11个单位，遴选（选聘）10人，考察调入8人。

10月，组织新考录公务员与单位见面会，标志着2016年公务员考录工作全部完成。共考录公务员45人，其中机关公务员5人、参公机关公务员7人、镇街机关公务员31人、司法局公务员2人。同月，2016年度事业单位公开招聘工作全部完成，共招聘183人。当年参加公开招聘考试5647人，为历年参考人员最多的一次。

12月，潍坊市人力资源和社会保障局、潍坊市财政局印发《关于调整企业军转干部差额补助标准的通知》（潍人社〔2016〕125号）文件，根据文件精神，调整和补发企业军转干部医疗保险、差额补助和医保补助，同时兑现退休企业军转干部和困难企业军转干部2015年度社会平均工资补差，共涉及291人。同月，召开2016年度军队转业干部安置工作会议，共有15个相关部门（单位）参加，市委组织部副部长、市人社局局长汪秀丽参加会议并讲话。2016年，全市共接收安置军转干部及随调家属20人，包括计划安置军转干部12人（团职3人、营职4人、连职3人、技术干部2人）、自主择业军转干部3人、随调家属5人。

严格中层干部任免工作。中层干部任免全部报经人社局局长办公会集体研究决定，并参照组织部做法，在干部任职前分别征求纪检、检察院、法院等部门的意见。全年共公布任命文件24个，涉及35个单位的275名中层干部。依法办理市政府提请市人大常委会决定任免工作人员的手续和市政府任免工作人员的有关事项，全年共公布任命文件16个（其中提交人大常委会议案5个），涉及250名副科级及以上干部。

【人才智力管理】 1月11日，市政府印发《关于命名表彰寿光市第十批专业技术拔尖人才的通报》（寿政发〔2016〕3号），命名表彰李金堂等31人为寿光市第十批专业技术拔尖人才。25日，印发《关于授予李广旭等43名同志"寿光市技术能手"荣誉称号的通报》（寿人社字〔2016〕6号），决定授予李广旭等43人"寿光市技术能手"荣誉称号。27日，印发《关于同意设立寿光康宁职业培训学校等民办职业培训学校的通知》（寿人社字〔2016〕8号），设立寿光康宁职业培训学校、寿光巧管家家政职业培训学校、寿光焕新职业培训学校、寿光大智职业培训学校4所职业培训学校。全市职业培训学校达到27家。29日，省政府印发《关于授予杨清敏等100名同志山东省有突出贡献的中青年专家荣誉称号的通报》（鲁政字〔2016〕25号），寿光市植物保护站的胡永军入选山东省有突出贡献的中青年专家，这是寿光市自2011年来入选的第4位山东省有突出贡献的中青年专家。

3月，为富康制药有限公司的彼得·普劳克斯教授申报2016年度中国政府友谊奖，并成功获批，至此全市共有3名外国专家获此殊荣。为欧利马（北京）农业技术服务有限公司寿光分公司的马岫·克雷佩成功申报鸢都友谊奖。

4月，推荐上报富康制药有限公司的宋伟国、山东菜央子盐场的魏景会为享受国务院颁发政府特殊津贴人员人选。7月1日，省人社厅在其网站进行公示《关于对山东省2016年度享受国务院颁发政府特殊津贴人员拟推荐人选进行公示的通知》，并通过考察，待人社部批复。

5月5日，省人社厅下发《关于公布第五届山东省有突出贡献的技师的通报》（鲁人社办发〔2016〕39号），山东寿光市坤隆石油机械股份有限公司李洪坤被授予“山东省有突出贡献的技师”称号。

6月，市人社局、教育局和潍坊科技学院组成3人考察小组赴浙江农林大学、中航工业北京航空材料研究院分别对杜洪臣、刘文慧进行考察，这是寿光市实施《英才回归》活动以来，首批决定回归家乡在外工作的高层次人才。同月14日，与北京大学工学院签署人才战略合作协议，市委副书记、市长赵绪春和北京大学工学院党委书记孙智利签署协议，市委常委、组织部部长、统战部部长徐莹，市委常委、副市长高翔，市委组织部副部长、市人社局局长汪秀丽等出席仪式。

9月9号，市人社局印发《关于认真做好2016年度潍坊市首席技师推荐选拔工作的通知》（潍人社字〔2016〕105号），全市共推荐10人参加市首席技师评选。11月7日评选结束，共有9人成功入选，其中潍坊市首席技师4人、潍坊市有突出贡献的技师5人。

12月13日，潍坊市政府命名表彰潍坊市第十三批潍坊市专业技术拔尖人才（潍政字〔2016〕49号），寿光富康制药有限公司的董良军、寿光职业教育中心学校的刘玉祥入选。

2016年，全市共引进硕士及硕士以上高层次人才386人。执行外国专家项目7个，引进外国专家智力192人次。国家“外专千人计划”、国家友谊奖分别新增1人，总数分别达到4人和3人，居全省县（市）首位。寿光市连续5年被省委、省政府授予“人才工作先进市”称号。全年共先后组织防水等3个行业的职业技能竞赛，先后有20多家企业自主承办职业技术大赛。

【工资 福利】 4月，印发《关于2016年度国家公务员晋升级别和级别工资档次、机关工人晋升岗位工资档次、事业单位工作人员正常增加薪级工资有关问题的通知》（寿人社字〔2016〕22号），自2016年1月1日起，全市公务员晋升级别和级别工资档次、机关工人晋升岗位工资档次、事业单位工作人员正常增加薪级工资。

5月，市人社局、财政局、房管中心、机关事务局联合印发《寿光市机关事业单位职工住宅物业服务补贴办法》（寿财综字〔2016〕55号），自7月1日起，全市机关事业单位在编在职工作人员及离退休人员发放物业服务补贴。

7月，市委组织部、市人社局联合下发《关于组织开展公务员职务与职级并行工作有关事项的通知》，对2016年上半年符合职务与职级晋升条件的人员进行统计。至12月底全部完成，全年共为30个单位的100余人晋升职级，并兑现工资待遇。

9月，转发潍坊市人社局、财政局潍人社办〔2016〕52号文件，对2014年10月1日至2016年8月31日期间已经退休、符合加发退休费条件的760余人重新审批退休待遇，并对这部分人员的一次性退休补贴进行审批。

11月，召开全市机关事业单位人事综合管理信息系统建设启动会议，全市160多个单位的240多名工作人员参加。至12月16日系统全部建成并启用，涉及全市机关事业单位572个、21991人。此后，全市机关事业单位工资调整等人事管理信息管理采用全省统一的软件和标准。同月，市人社局、财政局联合印发《关于调整机关事业单位工作人员基本工资标准和增加机关事业单位离休人员离休费有关问题的通知》（寿人社字〔2016〕78号），决定自7月份开始，调整机关事业单位在职人员工资标准、增加离休人员离休费。此次调资严格依据国家规定的标准。考虑到寿光市住房补贴政策（基本工资的35%）等因素，全市机关事业单位在职人员实际增资额约为人均每月483元；离休人员人均增加离休费约为人均每月420元。

全年共为1300多名工作调动、新晋升职务职称及新参加工作人员核定工资待遇；为教育、卫生系统1000余人审核教（护）龄补贴；为535人核定退休待遇（其中干部435人、工人100人），为141人办理遗属补助，为93人核定一次性抚恤金。

继续开展“吃空响”清理整治活动，全年为45名机关事业单位因病不能上班的工作人员核定病休工资，为16名被采取强制措施及受处分人员调整相关工资待遇。

【专业技术职称评定】 8月9日，市人社局印发《关于转发潍坊市人力资源和社会保障局关于转发<关于职称外语和计算机应用能力考试有关问题的通知>的通知》（寿人社字〔2016〕54号），职称外语和计算机应用能力考试不作为专业技术职务资格评审的必要条件。同时，市人社局印发《关于做好2016年度专业技术职务资格评审工作的通知》（寿人社字〔2016〕55号），部署年度专业技术职务资格评审工作。

【职业技能鉴定】 2016年，共完成职业技能鉴定7143人，其中高级工及以上高技能人员721人。完成卫生类、社会工作师、一级建造师等8项专业技术资格（执业资格）考试报名发证工作，共审核通过考生2685人，办理卫生、会计、经济等11项资格考试证书1435份。

政务服务

【管理机构】 2016年，寿光市政务服务中心管理办公室（挂市公共资源交易管理办公室牌子，以下简称政务服务中心），为市政府派出机构，正科级规格。内设综合科、审批服务科、考核监督科、公共资源交易管理科4个科室，共有干部职工共51人，其中在编20人（包括行政编制14人），具体负责对部门窗口审批及收费的组织、协调、监督和管理。下设寿光市公共资源交易中心，为正科级事业单位，编制8人；具体负责组织协调辖区内公共资源交易管理工作。

*寿光市公共资源交易中心。*隶属于市政务服务中心管理办公室，是市财政全额拨

款的正科级事业单位，核定编制数8人，实有7人。是全市进行公共资源交易的服务平台，主要职责是组织协调辖区内公共资源交易管理工作；制定交易管理制度、业务流程和运行规则；负责进场交易现场管理和考核，维护公共资源正常交易秩序等。交易事项主要包括政府采购、产权交易、土地交易、建设工程招投标4个业务板块。根据寿编发[2016]14号《关于调整公共资源交易职责事项的通知》的要求，将部分单位的交易职能划转到市公共资源交易中心。通过交易事项的整合，政府采购、社会投资类建设项目、公立医院医疗器械采购、国有资产处置等全部纳入市公共资源交易中心，实现在电子平台交易；特种经营权、路桥和街道冠名权、大型户外广告经营权，业务主管部门已明确承诺进场，但全年无交易业务。

【窗口服务】 市政务服务中心办事大厅在大楼的1层、2层和5层，面积共计19160平方米，分布有280个办事窗口。其中，1层面积为8200平方米，划分为A、B、C、D、E5个区域，其中A区为人社服务区，主要办理社会保障等业务；B区为不动产登记区，分布有国土局和地税局部门窗口，主要办理不动产登记证等相关业务；C区为公安及公积金服务区，分布有公安局、卫生和计划生育局和住房公积金部门窗口，主要办理户籍、再生育审批和公积金等业务；D区为综合服务区，分布有房管中心、残联和人管中心等窗口，主要办理房产和人事档案查询利用等业务；E区为企业设立综合服务区，分布有市场监管局、公路局、交通局、农机局、文广新局、教育局、商务局、民政局部门窗口，主要办理企业工商登记和农业机械（拖拉机、联合收割机）驾驶证核发、增驾等业务。2层面积7800平方米，为固定资产投资项目和出入境办理区，分布有发改局、环保局、经信局、水利局、规划局、住建局、人防办、地震局、气象局、安监局、经管局、公安出入境等窗口部门；5层面积3160平方米，分布有司法局、林业局、体育局、金融办、编办、油区办、畜牧局、外侨办、档案局、粮食局、民宗局、旅游局和中介超市区，涉及审批环节的35类中介机构进驻该区。

2016年2月，政务服务中心在寿光市2015年度市直部门（单位）绩效综合考核中获市委、市政府“一等奖”；3月，被潍坊市妇女“双学双比”“巾帼建功”活动领导小组、潍坊市妇女联合会评为“巾帼文明岗”；6月，申报的“寿光市政务联动服务标准化试点项目”被列入国家第三批社会管理和公共服务综合标准化试点项目，该项目获批是寿光市政务服务标准化工作取得的一次重大突破；7月，“非工作日预约服务”和“投资项目高效快速审批”分别被市委组织部、市直机关工委评为“优质服务项目”；12月，市政务服务中心推出“延时服务”，协调相关窗口延长工作时间为群众办事。同月，“三联合”（即联合测绘、联合图审、联合竣工验收）快速审批模式建设被潍坊市委市直机关工作委员会认定为“优质服务项目”；市政务服务中心被市精神文明建设委员会办公室评为2016年度新申报市级文明单位；

【审批服务】 2016年，进驻政务中心的审批部门共43个，涉及审批服务事项787项。全年累计受理各类办件293775件，办结293775件，办结率100%。5月，政务服务中心研发党群服务体系清单电子书，该电子书共计965页，涉及全市47个党政部门、852项审批服务事项，办事群众既可依单位查询，也可从类别查找，并提供模糊搜索功能。7月，政务服务中心探索实施政务服务“一口受理”的综合受理模式。深入推进否定报备制度。制定出台《寿光市行政审批否定报告备案制度》，全年共办理否定报备30余件，召集有关部门召开复核会3次。10月，大力推动省、市政务服务平台互联互通工作。组织集中性业务培训，对各部门和单位的行政许可系统操作人员约250人进行集中培训，对39个部门和单位共400余名审批工作人员分13个批次开展分散式业务系统指导，共受理各类办件12925余件。大力推行“一章模拟、两级代办（市政务服务中心代办窗口）、三项联合”审批模式，全年已采用“一章模拟”办理大型基础设施建设项目24个，较往年缩短审批时间6个月；全市共有两级代办员、专办员54人，全年已受理代办项目32个，落实投资80多亿元；“三项联合”共已受理项目118个，为企业节约审批成本近30%。

【公共资源交易】 交易流程。2016年5月，公共资源交易中心研究制定《寿光市公共资源交易中心政府采购项目交易流程（试行）》《寿光市公共资源交易中心建设工程项目交易流程（试行）》和《关于缴退投标保证金有关事项的暂行方案》，用制度确保各审批程序公开、公平、公正。

交易项目。2016年，共组织进场交易项目526笔，其中政府采购（含PPP项目）项目459笔，采购预算约37.39亿元，成交额约31.43亿元，节支率为15.94%；建设工程项目52笔，成交额约23.5亿元；产权交易项目9笔全部实现交易信息网上登记；国有资产出让项目6笔，底价额788.11万元，成交额1579.67万元，溢价额791.56万元，溢价率达100.43%。

中介代理机构管理。在借鉴潍坊及其他县市区经验的基础上，于2016年9月制定《寿光市公共资源交易中心中介代理机构场内管理办法》，11月制定《寿光市公共资源交易中介代理机构场内信用评价考核办法（试行）》，加强对中介代理机构管理。

信息化建设。为推进信息化建设，先后6次组织工作人员到其他县市区进行交流学习，并2次召开会议对代理机构进行业务培训，实现与潍坊公共资源电子交易系统的对接。2016年12月负责起草《寿光市关于深化公共资源配置改革的意见》，为深入落实潍坊市委、市政府关于全面深化公共资源配置改革的部署要求，充分发挥市场在资源配置中的决定性作用和更好发挥政府作用，提高公共资源配置质量和效率，加快推动经济转型升级奠定基础。

【其他重要工作】 引进国际物流公司，搭建中小企业外贸综合服务平台。2016年3月，由山东晟绮港储物流公司打造的中小企业外贸综合服务平台正式进驻中介超市，年报关单申报量3.6万票，占到潍坊海关报关总量的30%，全年完成进出口总额90多亿元。

全面推行建设工程项目“模块化”审批。2016年8月，通过整合流程环节，将项目审批整合为项目立项、供地规划、工程规划、施工许可、竣工验收5个模块，努力打造“流程最佳、环节最少、效率最高、服务最优”的项目审批流程。

探索实施政务服务“一口受理”的综合受理模式。2016年8月，在固定资产项目审批区设立综合受理窗口，对固定资产投资项目实行一口受理、内部流转、联合审批、一口送达。实行“跨部门、一窗式、分板块”的综合受理模式，至12月底，综合受理窗口已受理事项1000多件，按时办结率100%。

加快制度创新。2016年7月，市政务服务中心借鉴外地先进经验，结合寿光市实际，以市政府办公室名义制定并印发《寿光市建设项目联合图审暂行办法》《寿光市企业投资项目联合测绘暂行办法》《寿光市建设工程竣工联合验收实施细则（试行）》等7个实施办法，其中联合图审、联合测绘、联合竣工验收3个办法的制定，标志着与《寿光市推行投资项目高效快速审批实施意见》（寿政办发〔2015〕122号）相配套的6个具体办法已经全部制定完成，至此投资项目高效快速审批形成一个相对完整的创新性审批体系。

成立兼合式学习型党委。2016年4月，市政务服务中心创新成立兼合式学习型党委，下设6个党支部，加强对窗口党员的组织和管理。开展争创政务“星”服务活动和窗口服务“党员先锋岗”活动，并进行星级评定，激发广大党员的工作热情。

（沈建春）

市机关事务管理

【管理机构】 2016年10月，寿光市市级机关管理局更名为“寿光市机关事务管理局”，新增设公务用车管理科，正股级规格。至年底共设10个职能科室，均为正股级规格：办公室、财务科、房产基建科、设备管理维修科、卫生保卫科、后勤服务科、节能管理科、会议服务科、公务用车管理科。

【机关建设】 加强学习。认真开展“两学一做”教育活动，实行“一周双学”制度，即每周一上午局班子成员集体学习，周五由局长、副局长到分管科室带领科室人员学习并传达上级有关会议文件精神，认真学习省、潍坊市及寿光市纪委下发的关于违反作风建设问题的通报，确保学习效果。同时，组织全体党员干部完成潍坊干部学习网学分任务和德廉知识学习任务，受教育面100%。完成对餐厅职工的学习和培训工作，提升服务水平。

加强制度建设。4月，修订完善《寿光市市级机关事务管理局机关管理规章制度》《寿光市市级机关事务管理局机关工作人员奖惩办法》《寿光市市级机关管理事务局关于评选先进科室和先进个人的办法》，共5100多字。其中，完善奖惩细则73条，从机关管理、物业监管、餐饮会务、房产基建4个方面明确加分扣分标准，责任到人，奖罚分明。对会务、餐饮服务工作人员的工资进行改革，实行定员定岗定责制度，废止“大锅饭、一刀切”的做法，使工作人员工资达到公平、合理。

【后勤管理】 安全工作。圆满完成商务小区工作和各项重大会议安全保卫工作，确保市级党政机关办公安全良好的秩序，杜绝各种案件的发生。共维护群众上访秩序1049起、10485人次；其中个人上访512起、1096人次，群体上访537起、9389人次；共登记到商务小区办事群众18370人次。每月定期对餐厅内水、电、天然气、设备和各会议室内外进行安全检查，确保安全生产无事故。

设备设施维修。组织物业公司对空调、强电、供排水等九大系统设备设施进行春季、秋季2次集中维保，其中春季组织强电年度维修保护，更换冷却塔注水管及维修空调末端设备，保证商务小区空调系统良好运行。先后签署消防年度维修保护合同、灭火器材检修合同、电梯维保合同；完成柏油路面填充灌注、路面大理石更换、采光顶防水处理等工程；更换6#楼组合式空调，协助会务科对6#、4#楼会议室用房进行调整。对消防、强电、电梯等重要设备、设施及时进行安全大检查，消除一切安全隐患。

财务管理工作。先后完成2015年度部门决算编报工作；市委、市政府生活区、市委沿街房的水、电、暖费用的计算与收取工作；商务小区出各租户水电费及房租费的收取工作；各项工程款及费用的支付工作；2015年度的财务凭证、账簿装订及存档工作。对新餐卡系统进行升级改造，按时完成每月2400余人次的餐饮卡充值工作。

公共机构节能工作。在准确及时做好全市公共机构能源资源消耗统计系统网上填报工作的同时，根据潍坊市要求，对十二五期间全市公共机构节能改造项目和新能源利用情况进行调查，及时上报相关文件和数据。2月，市级机关事务管理局获国家机关事务管理局“国家级节约型公共机构示范单位”荣誉。为应对全省公共机构能源资源消耗统计系统即将更换为国管局开发的统计系统实际情况，对全市机关事业单位的能源资源消耗系统数据进行备份，对名录库进行更新维护，对全市120名联络员进行相关知识培训。

【餐饮会议服务】 餐饮服务。在设备科协助下，完成机关餐饮配套场地调整、设备配备、人员更新、机关餐厅内自助餐厅（圣明厅）改造。加强餐厅制度化、规范化建设，对餐厅职工进行日常专业技能培训，不断改善饭菜质量。加强成本控制，严把原料源头关，严格落实食品安全制度，确保食品安全。积极创建“食安山东”品牌餐厅，完成每半年一次的食品、餐具等抽样检验工作，合格率达到100%。

会议服务。对已有的27个会议室进行合理分配，包干到人。各会议室负责人对会议室卫生、设备设施全面负责，保证24小时正常运行。坚持每周对各楼座会议室逐一进行排查和督查，对工作中出现的问题及时反馈和整改，不断提高会议服务工作水平。至11月，会务中心共承办各种会议1572场次。

【环境卫生】 室内卫生保洁。卫生保洁委托物业负责，各项工作按照委托合同标准稳步进行。坚持卫生保洁标准化、规范化原则，对保洁项目细化再细化，严把各环节质量关。对保洁员进行严格业务培训，让保洁人员心中有标准，日常操作有规范。对工作中不足之处，已经发现立即下发《整改通知书》，及时整改到位，保证各楼座卫生洁净。

园林绿化。绿地草坪做到全年大修剪10遍，树木垂枝死枝遮挡视线枝及时进行修剪，病虫害及时防控，日常落叶及时清除，保持良好的景观效果。全天专人进行水系水面保洁，坝顶小路的破损缺失之处及时进行维修。全年小区内共补植法桐11棵，补植兰花、三七、玉簪鸢尾等花草4500余平方米，清运绿化垃圾400余车次。

垃圾清理。为保持环境卫生，不论刮风下雨，严寒酷暑，环卫工人早上5点开始扫路，清理垃圾箱、果皮箱，外运垃圾。全市每次大型参观或检查都从商务小区开始，每次都得到参观或检查者的好评。

【基建维修】 市政府生活区维修工作。在保证市政府生活区水、电、暖正常运转的基础上，先后完成生活区58个楼道灯泡、开关维修工作，小公园路面补修工作，9号楼暖气主管道更换工作，各楼房化粪池清淤工作，开水炉维修和养护工作，16号楼东头暖气主管道更换和路面恢复工作，28户楼顶防水补修工作，83户水表更换工作，暖气主管道维修和保养工作，2号楼东头冷水管道的修补工作，31个下水管篦子清淤工作，门球场人造草皮更换工作。

市委生活区维修工作。先后完成对市委老旧生活小区摸底改造工作，对部分宣传栏进行更换，对损坏路面进行修补，对楼顶进行防水修补，对门球场进行改造，对供暖系统进行维修保养，对院内食堂进行托管承包，对开水锅炉及供水系统进行维修保养。

【公务用车改革】 根据市委、市政府安排，推行公务用车改革。为满足各单位工作出行需要，市级机关管理局成立过渡性汽车租赁公司，从“市车改办”（即寿光市公务用车改革办公室）提供的封存公务用车辆中，挑选80辆车给租赁公司使用，为各单位提供有偿租赁服务，过渡期半年，公务用车性质为国有，实行市场化运作，自负盈亏。加强对租赁公司公用车辆管理，为每辆车建立详细的车辆档案，接收的车辆部分存放在各楼座架空层，其他的在2号楼东侧停车场集中停放。7月12日，召开有市纪委、财政局、审计局、车管所有关人员和市级机关事务局车管科全体人员参加的车辆处置小组全体人员会议，研究确定车辆评估拍卖采用公开招标的做法。会后，及时联系市财政局国资办、招标办、政法科及寿光市公共资源交易中心等相关部门（单位、科室），采用抽签的方式选中山东经纬工程管理有限公司为招标代理。根据市领导要求，为缩短招标时间，采取竞争性谈判的方式，竞标最低价中标。此次车改共计封存公务用车597辆，副县级留用7辆，事业单位留存13辆，拍卖328辆，流派27辆，公司留存37辆，未移交166辆，历史文化中心调拨1辆，关工委调拨1辆，事业单位代处理中轿2辆。10月底，完成对全市实物保障工作用车30辆、机要通信和应急用车109辆、接待调研用车3辆设计粘贴公务用车标识。

（王金城）

政协地方组织

中国人民政治协商会议寿光市委员会

【概 况】 2016年，寿光市政协在中共寿光市委领导下，以习近平总书记系列重要讲话精神为指导，认真学习贯彻中共十八大、十八届三中、四中、五中、六中全会精神，牢牢把握团结和民主两大主题，围绕中心，服务大局，继承创新，勇于实践，认真履行政治协商、民主监督和参政议政三大职能，努力建设“责任政协、有为政协、民生政协、文化政协、活力政协”，充分发挥协调关系、汇聚力量、凝聚共识、建言献策的作用，在建设品质寿光中做出积极贡献。

加强理论学习。市政协党组充分发挥领导作用，通过组织专题讲座、会议报告等多种形式，组织广大政协委员深入学习十八大以来中央重大方针政策和习近平总书记系列重要讲话精神，深入贯彻“四个全面”战略方针，全面落实“五大发展理念”，进一步增强政治意识、大局意识、核心意识、看齐意识，积极适应经济发展新常态，切实把思想和行动统一到党中央的决策部署上来。

积极融入全市发展大局。市政协领导班子成员按照市委统一安排，勇于担当、主动作为，扑下身子到一线，沉下心来干事业，积极参与包镇街区、包重点项目、包企业、包村、包学校等工作，帮助解决具体问题，推动相关工作顺利开展。

推进提案督办。市政协创新提案办理机制，将重点提案办理作为提案工作的创新点和突破点，在市委、市政府的大力支持下，继续实行市委书记、市长牵头督办重点提案。

深入开展课题调研。市政协探索创新“党政点题、政协答题”工作机制，紧密结合全市中心工作，每年都请市委书记、市长确定重大课题，交由政协进行专题调研，最大限度的发挥政协“智囊库”作用。

反映社情民意。市政协通过听取民声，搜集民意，理顺关系，化解矛盾，主动做好反映社情民意工作，助推党委政府决策的科学化和民主化。

加强组织机构建设。市政协围绕健全政协组织体系、巩固基层组织阵地、提升政协履职能力、完善政协工作制度，在协调关系、汇聚力量、服务大局中发挥积极作用。继续加强常委会、专委会建设，加强镇街政协组织建设。

加强委员队伍建设。市政协通过建章立制、搭建平台、引导激励，充分调动委员履职的主动性、积极性和创造性，提高政协委员的社会威望。

加强干部队伍建设。市政协不断加强机关作风建设，提高机关服务质量，党的建设、党风廉政建设、文明创建、老干部服务等工作进一步加强，为政协工作开展提供坚强保障。修订完善机关管理制度，形成主动担当、认真干事的工作氛围，确保各项工作有序推进。

【机构设置】 政协机关。政协第九届寿光市委员会办事及工作机构设置：市政协机关设办事机构2个，分别为办公室、研究室，机关老干部管理办公室（为正科级事业单位、隶属办公室）；工作机构5个，提案委员会、文教卫生和文史资料委员会、经济科技委员会、社会法制和人口资源环境委员会、港澳台侨和外事委员会。

镇街政协。2016年，圣城街道、文家街道、洛城街道、古城街道、孙家集街道、稻田镇、侯镇、纪台镇、化龙镇、上口镇、田柳镇、营里镇、台头镇、羊口镇14处镇（街道）均设有政协委员联络室，镇（街道）政协委员联络室主任由各镇长（街道办事处主任）兼任，各镇（街道）党（工）委宣传统战委员具体协助负责政协工作。

【政协寿光市委员会领导成员】 主席、副主席：

主 席：方新启

副主席：刘建安、袁昌彪、丁世波、崔建军、寇振彦、刘美霞

政协寿光市委员会党组成员：

书 记：方新启

副书记：王春吉

成 员：丁世波、崔建军、寇振彦、柴寿增、李庆友（12月任职）、魏广利、刘东亮

【全体会议】 市政协九届五次会议 2016年1月16—18日，中国人民政治协商会议第九届寿光市委员会第五次会议在晨鸣国际酒店召开，出席会议委员315人。市委书记朱兰玺到会并讲话，市政协主席方新启作常委会工作报告，市政协副主席刘建安作提案工作报告。增补王少春、王兴民、安泽柱、孙永春、李 燕、李义君、杨风信、张树军、张树信、岳重恩为九届市政协常委。与会的政协委员列席市十六届人大七次会议。

【常委会议】 市政协九届十六次常委会议 2016年1月5日，市政协九届十六次常委会议召开。会议专题协商讨论《寿光市国民经济和社会发展第十三个五年规划纲要（草案）》，市委常委、副市长李宝华就《纲要（草案）》编制情况作说明，各常委就草案内容分组进行协商讨论，提出意见建议。市政协主席方新启，副主席刘建安、袁昌彪、丁世波、寇振彦、刘美霞，党组副书记王春吉，党组成员柴寿增、魏广利，党组成员、秘书长刘东亮出席会议。

市政协九届十七次常委会议 2016年1月11日，市政协九届十七次常委会议召开。市政协主席方新启，副主席刘建安、袁昌彪、丁世波、崔建军、寇振彦、刘美霞，党组副书记王春吉，党组成员柴寿增、魏广利，党组成员、秘书长刘东亮出席会议，全体常委参加会议，各镇街政协委员联络室主任及市政协各室委主任列席会议。会议听取市政协九届五次会议筹备情况、九届市政协常委调整情况和九届市政协委员退出和增补情况的说明；协商讨论市政协常委会工作报告（征求意见稿）、提案工作报告（征求意见稿），并推举报告人；审议通过关于召开市政协九届五次会议的决定等有关事项；审议通过市政协干部任免事项；审议通过2015年度优秀政协委员、优秀提案和提案承办先进单位

名单。

市政协九届十八次常委会议 2016年3月25日，市政协九届十八次常委会议召开。会议学习全国政协十二届四次会议精神，协商通过2016年政协工作要点，市政协领导方新启就做好全年工作讲意见，市政协领导刘建安、袁昌彪、丁世波、崔建军、寇振彦、刘美霞、王春吉、柴寿增、魏广利，市政协党组成员、秘书长刘东亮出席会议。

市政协九届十九次常委会议 2016年7月2日，市政协九届十九次常委会议召开。会议听取市委常委、副市长李宝华代表市政府作的关于全市上半年经济社会发展的情况通报；听取市财政局、市社会保险事业管理中心、市住房公积金管理中心上半年工作情况汇报及有关政策解读；协商通过有关人事事项。市政协领导方新启、刘建安、袁昌彪、丁世波、崔建军、寇振彦、刘美霞、柴寿增、魏广利，市政协党组成员、秘书长刘东亮出席会议。

市政协九届二十次常委会议 2016年10月26日，市政协九届二十次常委会议召开。市委常委、副市长李宝华通报市政协九届五次会议以来委员提案办理情况；会议听取市住房和城乡建设局、市环境保护局、市体育局、市旅游局的工作情况通报；推荐提案承办先进单位。市政协领导方新启、刘建安、袁昌彪、丁世波、崔建军、寇振彦、刘美霞、王春吉、柴寿增、魏广利，市政协党组成员、秘书长刘东亮出席会议。

【重要活动】 *潍坊市委政协工作会议* 2016年1月6日，潍坊市委召开政协工作会议，会上寿光市委作题为《充分发挥政协作用，合力建设品质寿光》的书面发言，台头镇党委作为唯一的镇（街）党委代表作题为《发挥委员作用，凝聚发展力量》的典型发言。市委书记朱兰玺，政协主席方新启，市委常委、组织部部长、统战部部长徐莹，市政协党组成员、秘书长刘东亮，各镇（街）党（工）委书记参加会议。

市政协送文化下乡活动 2016年1月21—22日，市政协副主席寇振彦组织文化艺术界的部分政协委员、市内知名书画家，到文家街道大尧村、化龙镇马庄村开展送文化下乡活动。

镇街政协委员联络室主任、市直政协委员活动小组组长座谈会 2016年3月25日，市政协主席方新启在市政协201会议室主持召开镇街政协委员联络室主任和市直政协委员活动小组组长座谈会。市政协党组成员柴寿增，市政协党组成员、秘书长刘东亮参加。

潍坊市政协文史工作会议 2016年3月30日，潍坊市政协在潍坊市市级机关综合办公大楼召开潍坊市政协文史工作会议，寿光市政协副主席寇振彦参加。

“乡村记忆”纪实摄影工程启动仪式 2016年4月1日，全市政协文史工作会议暨“乡村记忆”纪实摄影工程启动仪式举行，安排部署寿光市“乡村记忆”纪实摄影工程等工作。市政协副主席寇振彦出席仪式并讲话，市政协党组成员、秘书长刘东亮主持，市“乡村记忆”纪实摄影工程领导小组部分成员，各镇（街道）党（工）委宣传统战委员、双王城生态经济园区党工委相关负责人，市直有关部门单位分管负责人参加仪式。

全市8个百亿级产业发展情况调研调度会 2016年4月6日，市政协主席方新启主持召开全市8个百亿级产业发展情况调研调度会，听取8个调研小组调研进展情况，各调研小组组长汇报调研情况，分析各产业发展现状和问题，并提出下一步调研方案。

潍坊市政协信息工作会议 2016年4月7日，潍坊市政协信息工作会议在潍坊市市

级机关办公大楼召开，寿光市政协副主席崔建军参加会议。寿光市政协被潍坊市政协授予2015年度全市政协信息工作先进单位荣誉，刘龙德、朱天森、王耀坤被评为2015年度潍坊市政协信息工作先进个人。

“乡村记忆”纪实摄影工程调度会 2016年4月15日，寿光市“乡村记忆”纪实摄影工程暨第三届“政协委员风采”摄影展拍摄工作调度会召开，市政协副主席寇振彦出席会议并讲话，市“乡村记忆”纪实摄影工程领导小组有关成员、部分摄影师、活动办公室工作人员参加会议。

市政协主席方新启参加全省政协委员队伍建设座谈会 2016年4月26日，全省政协委员队伍建设座谈会在济南召开，寿光市政协主席方新启参加会议并做题为《努力打造符合新时期特点的高素质政协委员队伍》的发言。

“两学一做”学习教育座谈会 2016年4月29日，市政协机关“两学一做”学习教育座谈会召开，会议学习市委办公室印发的《关于在全市党员中开展“学党章党规、学系列讲话，做合格党员”学习教育实施方案》，市政协党组成员、秘书长刘东亮就开展好“两学一做”学习教育活动讲了意见。

潍坊市政协文史资料室建设现场会 2016年5月27日，潍坊市政协文史资料室建设现场会在寿光召开，潍坊市政协副主席王继怀主持会议并讲话，与会人员参观寿光市政协文史资料展室、书画摄影室，观看寿光市政协文史信息平台的操作演示，听取寿光市政协副主席寇振彦关于“两室一平台”（文史资料展室、书画摄影室，文史信息平台）建设的情况介绍，潍坊市政协常委、文史委副主任孙克森安排当前工作，各县市区政协分管文史工作的副主席和文史委主任、潍坊市属各开发区政协工作室主任参加会议。与会人员参观菜博会主展区、生态农业观光园、历史文化中心。寿光市政协主席方新启，市政协党组成员、秘书长刘东亮陪同。

“两学一做”学习教育党课 2016年6月3日，市政协机关党支部举行“两学一做”学习教育党课，市政协主席方新启围绕“如何做一名合格的共产党员”，结合市政协机关工作定位和要求，为市政协机关全体党员干部讲党课。

《联合日报》到寿光市采访 2016年6月15日上午，联合日报社首席记者朱洪升到寿光市专题采访政协委员队伍建设情况，市政协主席方新启，副主席崔建军、寇振彦，秘书长刘东亮及部分政协委员分别参加采访活动。

开展“两学一做”学习教育“流动党校”送学活动 2016年6月22日，市政协开展“两学一做”学习教育“流动党校”送学活动，邀请市委党校党建教研室主任、高级教师左兰国为政协机关党支部全体党员讲了一堂“讲责任，有担当，做合格党员”的党课。

召开“提高公交车利用率”协商会议 2016年8月30日，市政协主席方新启市主持召开“提高公交车利用率”协商会议，就“提高公交车利用率”进行专题协商，市政协副主席刘建安、袁昌彪、丁世波、崔建军、寇振彦、刘美霞，市政协党组副书记王春吉，市政协党组成员柴寿增，市政协老领导、老干部代表，市政协部分常委、提案委员、相关委室主任，市交通局、市公交公司、市长运公司、寿光电视台、寿光日报社、圣城街道等5个街道的宣传统战委员和群众代表参加协商会议，市政府副市长王安文出席会议。此次协商会议分为社会关注、群众意见、委员观点、部门解答、提出建议5个环节，与会人员紧紧围绕“提高公交利用率”这一主题畅所欲言，各抒已见，出谋献策。

与贵州省铜仁市万山区政协缔结友好政协 2016年9月26日，寿光市政协与贵州省铜仁市万山区政协举行缔结友好政协签约仪式，助推两地经济、社会、文化等领域的交流合作。万山区政协主席吴泽军，副主席何祥猛、周勇、冯世刚、肖丽琴、刘洪森、冯冰；寿光市政协主席方新启，副主席刘建安，党组成员柴寿增，党组成员、秘书长刘东亮等参加签约仪式。

举办纪念中国工农红军长征胜利80周年笔会 2016年10月11日，市政协纪念中国工农红军长征胜利80周年笔会活动在田柳镇李植庭纪念馆举行，90余人参加。

举办第三届“政协委员风采”摄影展 2016年11月4日，市政协第三届“政协委员风采”摄影展在人民广场举办，展览着重围绕委员履职、参加“五个一”活动和“岗位建功”活动进行拍摄，展出95位委员的519幅照片。市政协主席方新启，市政协副主席刘建安、丁世波、崔建军、寇振彦、刘美霞，市政协党组副书记王春吉，市政协党组成员、秘书长刘东亮出席仪式并观看展览。

【重要工作】 议政监督。2016年，市政协不断完善制度，强化措施，积极拓展民主渠道，有力地促进作风改善。一是提案工作扎实有效。实行市委、市政府主要领导和市政协领导班子成员牵头督办政协重点提案制度，对所有提案采取领导班子成员集中督办、分工视察办理工作、承办单位与提案委员互评等方式，强化提案办理力度，确保全部提案做到件件有着落、事事有回音。7月20日，市政协副主席刘建安对《关于强化传统文化建设提升群众思想道德素养的建议》等12件提案进行督办。8月3日，市政协副主席袁昌彪召集教育、卫生等相关部门负责人，对市政协今年确定的12件重点提案之一《关于普及中学生心肺复苏急救知识的提案》进行督办推进。同月9日，市政协副主席崔建军对市政协九届五次会议确定的重点提案之一《关于推动特色文化镇村建设的提案》进行督办。16日，市政协主席方新启对《关于加强基层卫生队伍建设的提案》进行督办。18日，市政协副主席丁世波对市政协九届五次会议确定的重点提案之一《关于加强环境治理，避免雾霾天气的提案》进行督办。23日，市政协提案委员会对市委、市政府主要领导牵头督办提案的筹备情况召开对口协商会议，市委办公室、市政府办公室及该2件提案的承办单位分管领导参加会议。同日，市政协党组副书记王春吉对重点提案《关于进一步加强美丽乡村建设的提案》办理情况进行督办。9月6日，市政协副主席寇振彦对重点提案《关于进一步推进农民蔬菜合作社健康发展的提案》进行督办。同月8日，市政协党组成员魏广利对重点提案《关于加快我市农业生态旅游发展的提案》进行现场督办。16日，市政协副主席刘美霞对重点提案《关于促进电子商务发展的提案》进行现场督办。

调研视察。调研视察是政协的重要工作，也是参政议政的重要内容和手段。市政协坚持真协商、深协商，突出问题导向，深入调查研究，注重在“说得对、议得准”上下功夫，不断完善调研、视察、社情民意信息专报和协商成果的采纳、落实、反馈机制，提高协商成效，发挥政协作为协商民主重要渠道和专门协商机构作用，推进协商民主广泛多层制度化发展。

落实“党政点题、政协答题”工作机制。紧密结合全市中心工作，每年请市委书记、市长确定3～5个重大课题，交由政协进行专题调研，最大限度的发挥政协“智囊库”作用，全年先后完成市委书记、市长点办的

"八个百亿级产业发展""培植发展新动能"等13个课题调研任务。工作中采取全程跟踪、座谈了解、专题汇报、现场督办等形式，围绕民生热点开展调研视察活动，努力寻求全社会意愿和要求的最大公约数，推动惠民政策落地实施。

全市水资源状况及保护利用情况和"节水型社会建设"调研。2016年3月，市政协党组副书记王春吉组织部分政协常委、委员开展全市水资源状况及保护利用情况和"节水型社会建设"调研。

8个百亿级产业发展情况调研。2016年3—5月，根据市长赵绪春点题要求和市政协全年工作计划安排，开展8个百亿级产业发展情况调研，包括关于生物医药产业发展情况的调研、关于橡胶新材料产业发展情况的调研、关于石油装备产业发展情况的调研、关于木制品产业发展情况的调研、关于新能源产业发展情况的调研、关于新型防水材料产业发展情况的调研、关于生物基新材料产业发展情况的调研、关于清洁煤电产业发展情况的调研。

全市生态绿化情况视察。2016年5月，市政协领导班子全体成员组织部分政协常委、委员对全市生态绿化工作进行专项视察。

全市城市社区管理情况调研。2016年4—5月，市政协领导班子全体成员组织部分政协常委、委员开展全市城市社区管理情况调研。

全市薄弱学校改造情况视察。2016年5月，市政协主席方新启等领导班子成员组织部分政协常委、委员，对全市薄弱学校改造情况进行视察。

培植发展新动能情况的调研。2016年5—6月，市政协围绕培植发展新动能5个课题专门成立调研组，分别由5名副主席带队，组织部分政协常委、委员对培植发展新动能情况进行专题调研，包括关于进一步培强做大特色产业集群的调研、关于金融保险业发展情况的调研、关于以科技创新推动转型升级的调研、关于土地要素资源配置情况的调研、关于进出口企业发展情况的调研。

全市精准扶贫工作调研。2016年7月，市政协副主席刘美霞带领部分政协常委、委员，对全市精准扶贫情况进行专题调研。

全市大棚"两改"及沃土工程情况视察。2016年10月，市政协领导班子全体成员组织部分政协常委、委员对全市大棚"两改"及沃土工程情况进行视察。

文史资料。2016年，编辑出版文史资料选辑第三十辑《王文介和他的战友》、第三十一辑《寿光"乡村记忆"》精品集上卷、田柳卷，并举行首发式。举办纪念中国工农红军长征胜利80周年笔会。到文家街道大尧村、化龙镇马庄村开展送文化下乡活动。举办第三届"政协委员风采"摄影展。3月，文史资料选辑第二十八辑《王云生》获2015年度"农圣文化奖"出版奖二等奖。

团结联谊。政协是最广泛的爱国统一战线组织，"大团结""大联合""一盘棋"是基本的工作理念，坚持上下配合、左右联合，整体联动，形成合力，共同做好团结联谊工作。加强与党政涉外部门和有关人民团体的联合，保持与统战、台办、外事侨务办、工商联等涉外部门和团体的经常联系，加强不同系统之间的资源整合与信息沟通共享，实现优势互补、信息共享、资源共用，做好对外联谊工作。加强政协系统内部之间的配合和上下政协之间的联系与指导，联动做好联谊交往工作。加强与外地政协的联合与协作，通过外地政协引资引智，联合开展相关工作。加强专委会与本级政协各办、委、室的联动配合，齐心协力做好团结联谊工作。工作中，多部门、多渠道、多形式开展"三胞”暨眷属的走访和联谊活动。政协外事委自成立后，每年都开展“三胞”暨眷属的走访活动，利用清明节、中秋节、春节三大传统节日对回乡探亲“三胞”、定居台胞、台资、外资企业负责人、眷属登门走访或召开座谈会、茶话会，宣传寿光的改革开放形势、经济社会建设情况，征求“三胞”和眷属的意见建议，同时帮助他们解决工作、生活中遇到的困难和问题。同时，通过迎春茶话会、菜博会等平台，加强与市内外社会各界人士联络，加深感情，增进友谊，吸引他们到寿光投资兴业。2016 年 8 月，市政协被邀请参加全国二十县（市、区）政协工作交流会，对于促进工作创新、提高履职水平、推动人民政协事业发展具有重要意义。

参与一线。2016 年，市政协领导班子成员按照市委统一安排，勇于担当、主动作为，扑下身子到一线，沉下心来干事业，积极参与包镇街区、包重点项目、包企业、包村、包学校等工作，帮助解决具体问题，有力推动相关工作顺利开展。如市政协包靠的临港项目区，自指挥部组建开始，迎难而上，奋力开拓，积极探索“指挥部 + 平台公司”协调推进重点工作的成功模式，顺利化解重点工作、重点项目在手续办理、资金引进、施工单位招标、部门镇街协调等推进中的一系列难题。市政协机关扎实做好“第一书记”包村工作，包靠孙家集街道高松村，出资 5 万元，支持村里完成高铁线路所占大棚拆迁，装修村委办公室，为村里修路铺石子，整修改换高压线路，村容村貌焕然一新，走在全市包村联户工作的前列。市政协领导班子成员对所包靠的东方宏业等重点项目全程参与、及时调度、靠前指挥，形成“同唱一台戏、共谋一盘棋”的好局面。

机关工作。政协机关是人民政协的工作机构，承担着为人民政协履行政治协商、民主监督、参政议政职能服务的各项工作，是做好人民政协工作的重要保障。2016 年，市政协按照建设“责任政协、有为政协、民生政协、文化政协、活力政协”的总目标，转变作风、创新思路，较好地发挥人民政协在协调关系、汇聚力量、建言献策、服务大局等方面的作用，圆满完成各项工作任务，为全市经济社会健康发展做出积极贡献。

宣传工作成绩突出。全年在《联合日报》二版头条先后发表《寿光市政协多举措提高提案工作科学化水平》《寿光市政协发挥提案作用助推品质寿光建设实现新跨越》等文章、在《大众日报》二版发表《政协提案助推品质寿光建设》的文章，全面展现提案工作的新举措、新成绩；在《联合日报》头版头条发表《建章立制 以规矩求方圆—寿光市政协“抓委员队伍建设促委员作用发挥”工作巡礼（上）（下）》、二版头条发表《寿光市政协发挥优势服务“品质寿光”发展》，全面展现全市政协委员履职尽责、勇于担当、为民履职、主动作为的新形象；在《人民政协报》二版头条刊发《一场给力的“四方”议政会—山东寿光市政协提高公交车利用率专题协商会侧记》，生动展示寿光市政协工作的创新和亮点。同时，通过定时更新政协微信公众号、政协网站信息，讲好政协新故事，多种媒体互动，及时报道政协议政建言专题活动和创新做法。全年在《联合日报》一版发表头条新闻 2 篇，在《人民政协报》《大众日报》《潍坊日报》等市级以上主流媒体发表稿件 100 多篇。2016 年，市政协先后被省、潍坊市政协评为政协宣传工作先进单位。

反映社情民意。发挥政协协商民主的重要渠道作用，组织政协委员围绕全市经济社会发展的重要问题、关系群众切身利益的问题，以及带有苗头性、倾向性的问题，通过多形式积极反映社情民意信息。

服务基层。先后组织文化艺术界、农业界、医药卫生界委员200多人次，开展送文化、送科技、送卫生“三下乡”服务活动，服务群众800多人次，受到群众欢迎。

自身建设。市政协坚持把提高政治素质、转变工作作风、提倡求真务实、坚持创新提高、服务中心大局、确保廉洁高效作为加强自身建设的重点来抓，提高政协委员和机关干部贴近中心、贴近时代、贴近群众开展工作的积极性。一是加强理论学习，提高履职水平。市政协党组充分发挥领导作用，通过组织专题讲座、会议报告等多种形式，组织广大政协委员深入学习十八大以来中央出台的各项重大方针政策和习近平总书记系列重要讲话精神，深入贯彻“四个全面”战略方针，认真落实“五大发展理念”，进一步增强政治意识、大局意识、核心意识、看齐意识，积极适应经济发展新常态，切实把思想和行动统一到中央的决策部署上来。二是开展主题教育，提升思想境界。在“两学一做”学习教育中，通过学习党章党规和习近平总书记系列重要讲话，解决党员队伍在思想、组织、作风、纪律等方面存在的问题，增强党组织的创造力、凝聚力、战斗力。通过开展系列主题教育，进一步强化为民履职的宗旨意识，增强做好新时期政协工作的信心，提振广大政协委员的精气神。三是加强委员服务管理。在服务民生改善的同时，积极引导委员参与公益事业、履行社会责任。在全市开展的“干部直接联系服务群众”活动中，政协委员全员参与，主动协助镇（街道）党（工）委、政府（办事处）做好群众解疑释惑、化解矛盾工作，全市政协委员累计走访群众4000多人次，解决反映问题200多件。

（柴轶男）

社会团体

市总工会

【管理机构】 2016年，市总工会机关内设“六部一室”，分别为组织部、生产部、宣教部、保障部、女工部、财务部、办公室。其中办公室和保障部合署办公，组织部、民管部和女工部合署办公，生产部和宣教部合署办公。市总工会下辖副科级全额拨款事业单位1个，为寿光市职工服务中心；股级公益性自收自支事业单位1个，为寿光市工人文化宫，2016年工人文化宫编制数由2015年的4人减为3人，实有3人。

2016年，全市共有各类工会组织3277个，涵盖法人单位19470个。其中，镇（街道）总工会14个、市直系统工会12个、基层工会委员会2988个、工会联合会193个、联合基层工会70个，覆盖面100%。共有各类企业2702家，职工38.9万人，其中农民工28.9万人，工会会员38.8万人。市总工会先后获“全国职工互助保障先进单位”“山东省文明单位”2项省部级称号。

（张世全）

【历届代表大会】 市总工会十二届二次全委（扩大）会议。3月4日，在商务小区6号楼214会议室召开寿光市总工会十二届二次全委（扩大）会议，应到委员51名，实到委员46名。会议总结2015年全市工会工作，表彰先进集体和个人，并对2016年工会工作的主要任务进行安排部署。市委常委、宣传部部长、总工会主席袁世俊主持会议并作重要讲话。市总工会党组书记、常务副主席孙荣新代表市总工会第十二届委员会向大会作题为《强基础优服务，谋改革促发展，团结动员广大职工为建设品质寿光再立新功》的工作报告。市总工会第十二届委员会委员、经费审查委员会委员，不是“两委”委员的镇（街区）总工会副主席、市直系统工会主任（副主任）、受表彰单位代表、市总工会全体机关干部共计140余人参加会议。

市总工会十二届三次全委（扩大）会议。11月18日，在商务小区6号楼223会议室召开市总工会十二届三次全委（扩大）会议，应到委员51人，实到42人。市政协副主席、党组成员、总工会主席寇振彦出席会议，市委组织部常务副部长卢法贵到会作有关人事安排说明。根据市委提名，会议表决通过《关于袁世俊同志不再担任寿光市总工会第十二届委员会主席、常委、委员职务的决定和崔庆春同志不再担任寿光市总工会第十二届委员会委员、经费审查委员会委员、主任职务的决定》，增补寇振彦为工会委员会委员，李静波为经费审查委员会委员。根据市委提名，以无记名投票的方式，等额选举寇振彦为寿光市总工会第十二届委员会主席。同日，市总工会第十二届经费审查委员会召开第三次全体会议，以无记名投票的方式，等额选举李静波为寿光市总工会第十二届经费审查委员会主任。

（李振一）

【组织建设】 2016年1月，市委印发《关于切实做好党组织领导下的基层工会主席公推直选工作的通知》，深入推广党组织领导下的基层工会主席公推直选“四三八”（即会员推荐、组织推荐、会员自荐、会员联名推荐四个方面公推，公推直选、公推两选、公推竞选三种方式直选，申请、筹备、动员、推荐、协商、公示、选举、报批八项操作流程）模式，至年底，全市已有6个行业、153家企业成功开展直选，其中工会主席连选连任的22家，改选的28家，新推选的109家。1月、10月，全国总工会基层工作部两次到寿光进行专题调研。市总工会先后在全总《工会基层组织选举工作暂行条例》修订工作论证会、“深化职工之家建设增强基层工会活力”培训班上发言。《工人日报》《山东工人报》等头版进行宣传报道。开展“农民工入会集中行动”，在全市各类开发区（工业园区）和建筑业、物流（快递）业、电商企业、家庭服务业、农业专业合作组织及住宿餐饮业、制造业等重点区域及行业，共发展农民工会员27280人。10月，寿光市代表潍坊迎接全省工会组织建设工作检查。扎实开展实地实体型单位普查，对镇街2094家和市直170家实地实体型单位工会组织建立台账。联合市委组织部在非公有制企业和社会组织中广泛开展“党建带工建、党工共建”示范点创建活动，择优推荐潍坊市级“党工共建”示范点11家。遴选表彰工会工作优胜单位13个、工会工作先进单位13个、先进职工之家96个和优秀工会工作者96人。上口镇总工会等6家单位被评为潍坊市先进职工之家，卫东化工麻象胜等11名基层工会主席获潍坊市优秀基层工会主席荣誉，其中东宇鸿翔张贵忠被评为潍坊市最贴心基层工会主席，同时被授予潍坊市富民兴潍劳动奖章。

（李振一）

【劳动竞赛活动】 5月，市劳动竞赛委员会在商务小区6号楼214会议室召开庆五一暨“学习新理念、争做新贡献、促进新发展”活动动员会议，在全市职工中组织开展形势政策培训、创新创业技能培训、电子商务和信息化培训、先进管理模式培训、职工职业道德培训“五大培训”120场次，编印发放《创新创业资料读本》2000册；开展敬业奉献岗位竞赛、重点工程立功竞赛、生态环保达标竞赛、安全生产专题竞赛“四大主题”劳动竞赛1480场次。6月，启动第五届职工技能运动会，开展叉车、医务技能、幼师技能、教（模）具制作、乡镇财会业务技能、点钞大赛等形式多样的竞赛活动。组织44人参评潍坊市能工巧匠，国网供电郭光吉、晨鸣集团董联军、凯马汽车朱烈智、康跃科技周建章、富康制药甲宗青、昊华轮胎管华兵、泰丰制动张观会、国网供电魏晓东、圣都集团王在春、卫东化工刘瑞祥、农村商业银行杨友会、默锐科技于杰、人民医院李广连、旭锐新材王焕武等14名职工被授予潍坊市“能工巧匠”称号，其中郭光吉被评为潍坊市首届金牌职工，同时被授予“富民兴潍”劳动奖章。至2016年，寿光市已命名表彰寿光市金牌职工共20人，羊口镇、侯镇、田柳镇、纪台镇分别命名表彰该镇的十大金牌职工。6—11月，共组织申报潍坊市首届创新创业成果大赛31项。10月，文家财政所付学君获全省第二届乡镇财政业务技能大赛一等奖第1名，被推荐授予“富民兴鲁”劳动奖章。孙家集一中刘倩、纪台中心卫生院魏胜霞获潍坊市第七届职工职业技能大赛一等奖，被授予“富民兴潍”劳动奖章。组织14人参加潍坊市第七届职工叉车消防大赛，获一等奖2人、二等奖1人、三等奖7人，晨鸣集团刘延亮被授予“富民兴潍”劳动奖章。12月，国网供电郭光吉“便携式撑线器”项目获潍坊市首届创新成果大赛三等奖。山东神润发化工有限公司溴代三嗪车间一班被省总工会、经信委、科技厅等8个部门授予山东省创新型班组；寿光富康制药有限公司被潍坊市总工会评为潍坊市万众创新促发展竞赛活动示范企业。

（张 炜）

【劳动保护】 按照省总工会要求，将“查身边隐患、保职工安全、促企业发展”活动作为全市工会工作的“一号工程”，在2500家企业普遍开展“安全知识大培训、安全隐患大排查、安全应急大演练、安全管理大比武”4大专项行动，覆盖职工38.1万人，参与率95.7%。6月15日，联合安监局举办260家中小企业参加的全市“查保促”活动专题培训班，邀请国家安监总局专家金磊夫亲临授课指导；在全市重点举办3场应急演练活动。市总工会先后投入68万元，统一制作印发书刊画报、健康读本、教育光盘、口袋书、小册子6大类5万余本，发放安全知识宣传伞（扇）5000余把、拉画宣传笔2万余支。组织开展《漫画安全》征集活动，征集作品920余幅，印制成册发放职工。制作公益广告、法治漫画，通过主流媒体、微信公众号等持续开展警示教育。普推“三簿一卡一日志”，即隐患排查记录簿、隐患整改汇总簿、职工培训记录簿、安全生产“金点子”提案卡、督导日志，全年累计发放2.8万余本，该经验首次被《山东工运信息》采用报道。6月，市总工会命名表彰寿光市首届“查保促”活动“十佳工会主席”“十佳班组长”“十佳职工”。7月20日，潍坊市政府在羊口镇召开潍坊市深化“查身边隐患、保职工安全、促企业发展”现场推进会议，现场参观新龙集团、默锐科技2个企业现场。新龙集团工会主席李法敏、默锐科技工会主席张伟华被潍坊市政府评为潍坊市“查保促”活动十佳优秀工会主席，同时被潍坊市总工会授予“富民兴潍”劳动奖章。开展安全生产百佳“金点子”征集、“千场万人”电影进企业警示教育、“安全隐患随手拍”等活动，申报职工安全生产隐患排查“金点子”9项，其中获得省三等奖2项、潍坊市三等奖1项。在《寿光日报》上开设专栏推广新龙集团、默锐科技等7家企业安全文化先进经验。5月31日，新华社、中国安全报等9大主流媒体对寿光市“查身边隐患、保职工安全、促企业发展”活动进行专题采访报道。

（张 炜）

【弘扬劳模精神】 2016年，召开庆五一暨学习新理念、争做新贡献、促进新发展活动动员会议，对30个劳动奖状、51个奖章、30个工人先锋号进行表彰。推荐评选1名全国五一劳动奖章、2名“富民兴鲁”劳动奖章、24名潍坊市劳动模范、10名“富民兴潍”劳动奖章，以及3个“富民兴鲁”、2个“富民兴潍”劳动奖状。开展劳模创新工作室创评工作，推荐申报潍坊市劳模创新工作室3家，国网供电魏晓东工作室被命名为潍坊市劳模创新工作室。在《寿光日报》上开设专栏，宣传劳模先进事迹，共宣传劳模32人次。继续开展关爱劳模送健康、节日走访、劳模疗养等活动，为131名劳模免费查体，走访慰问各级劳模 58 人，发放慰问金 20.7 万元。市政府出台《关于进一步改善劳模待遇的通知》(寿政办发 [2016]139 号)，落实县级离退休劳动模范每月发放 100 元劳模津贴的待遇，对 118 名符合条件的离退休劳模申报劳模荣誉津贴，自 2017 年 1 月起实施。

（张 炜）

【工资集体协商】 2016 年，探索建立工资协商划型等级评价机制和“四色”预警机制，从工作管理、协商准备、协商程序等 6 个方面划分为示范型、标准型、普通型和后进型“四型”，通过企业申报、分类定级、精准评级、考核运用等形式，提高工资集体协商的质量和成效。全年新认定示范型企业 83 家，标准型企业 107 家，普通型企业 72 家，示范型、标准型分别比年初增长 58.8% 和 7.9%。“四型”等级评价机制实行“四色”预警动态管理，连续 2 年为后进型的，红色预警，考核、评先树优一票否决；连续 2 年为普通型的，橙色预警；连续 2 年为标准型的，黄色预警；示范型降至标准型的，蓝色预警。根据预警情况，市劳动关系三方(政府、工会、企业)四家（总工会、人社局、企业家协会、工商联)进行综合分析会诊，对亮“红灯”和“橙灯”的企业通过开展法律法规宣传教育、发放“两书”（即工会劳动法律监督意见书、建议书）等措施，督促企业工资集体协商工作转型升级。该做法在 7 月召开的山东省工会法律工会暨 EAP（职工成长计划暨心理关爱服务）工作会议和 12 月召开的潍坊市工会工资集体协商和 EAP 工作经验交流会议上分别作典型交流。洛城装备制造、台头防水 2 个行业优秀案例入选《山东省工资集体协商优秀案例选编》。潍坊市总工会下发《关于转发 < 寿光市防水行业加强行业工会建设，推进工资集体协商，实现劳资互利共赢的典型做法、主要成效和经验启示 > 的通知》（潍工发 [2016]41 号），推广寿光经验。公开选聘 4 名工资集体协商专职指导员，分赴全市企业开展宣传指导，全年先后推动 1148 家企业、行业（区域）按期开展工资集体协商。4 月，省委调研组针对“深入推进工资集体协商制度建设，促进和谐劳动关系建设”工作进行专题调研。2016 年，全市企业单独签订工资协议 679 份，区域协议 32 份，行业协议 41 份，涵盖企业 2578 家，惠及职工 29.1 万人，建制率达 95%。9—12 月，市总工会联合市普法办、人社局、司法局在《寿光日报》推出《“携法治同行，与和谐相伴”工会普法在您身边》专栏 14 期，印制发放普法宣传画册 3000 余份。在寿光微信公众号上开设工会科普—工资集体协商工作问答专栏，对推行集体协商进行答疑解惑。

（王 娟）

【厂务公开与民主管理】 2016 年，市总工会投资 4 万元创新开发“网上阳光厂务”监督平台，设立厂务公开、民主管理、金点子征集、安全安康、劳动竞赛、文体活动、党群公开、我要留言等 8 大模块共 16 个项目，围绕各类人才的生产生活需要，利用企业网上办公平台，将涉及职工切身利益的“工资表、奖惩、评先、创新、授予、入党、提干、采购、出售”等事项全部在网上平台公开，每位职工使用“姓名 + 密码”登陆账号可获得相关信息并进行监督。同步开发手机微信版，方便职工随登查看。深化“推行协商民主、强化社会责任”示范单位创建活动，对全市 70 家大中型企业进行打分筛选，从达到 4000 分以上的企业中培育选树供电、青啤、天成、凯马、东宇鸿翔、康跃科技、大地盐化、新龙电化、建设集团 9 家上报潍坊市品牌示范单位数据库。10月，开展“公开查隐患、民主保安全”专题职代会活动，围绕监督好企事业单位安全生产主体责任的落实、做好职工提案征集活动、签订完善《劳动安全卫生专项协议书》、建立职工代表巡视制度、实施职工代表问询安全工作制度、搞好厂务公开宣传教育6项活动召开一次安全专题职代会。实施职工代表素质提升培训工程，通过印制宣传册、以会代训、经验交流、观摩学习等形式进行职工代表培训，市总工会印制《职代会职工代表工作手册》、“两个条例”（即山东省企业职工代表大会条例、山东省厂务公开条例）宣传手册5000余册，发放到职工代表手中。12月，东宇鸿翔、新龙集团2家企业分别获潍坊市“推行协商民主，强化社会责任”典型案例一等奖、三等奖。

（陈凤华）

【服务职工“110”品牌】 2016年，市总工会整合利用现有职工服务体系资源，采取线上与线下、主动与互动、流动与固定等多种手段，科学设置平台，打造服务职工“110”品牌，为职工提供全方位服务。采取公开24小时热线电话、组建职工流动服务站、利用市镇街服务中心窗口、设置微信公众号和网上超市等5种形式，为职工提供24小时即时服务，随时受理职工诉求，答复解决问题。将服务职工“110”拓展到工会全部业务，从职工入会、帮扶救助、权益维护、就业指导、互助保障，到教育培训、心理疏导、安全生产“查保促”，以及职工日常生活等服务，全会纳入、全员参与，实行菜单化、一站式服务。建立首问负责、枢纽协调、跟踪问责3项管理制度，全程跟踪服务，对工会自身不能解决的问题发挥枢纽作用，协调有关部门的工会主席帮办，对已办结的进行满意度测评，并作为奖惩问责的重要依据。10月，投资22万元建设的职工服务“110”指挥调度平台在市职工服务中心正式启用，与各镇街联网，统一调度协调。服务内容包括心理辅导、教育培训、权益维护、就业指导、互助保障、法律援助、创新创业、困难救助、会员服务、劳动争议、文体活动、女职工服务、劳模服务、安全生产、技能比武、厂务公开等16项，实现服务内容全方位、服务跟踪全过程、服务方式全天候、服务网络全覆盖、服务管理全身心的目标。2016年受理企业与职工求助服务327件次，为职工提供服务1206人次，职工满意度达100%。（彭兴田）

【困难职工精准帮扶】 2016年，市总工会健全完善特困职工家庭档案，确定全市困难职工545名，其中139名特困职工家庭作为日常帮扶救助的对象。元旦、春节期间，市总工会共为420户困难职工发放慰问金、救助物资共计66万元。全市各级工会组织共筹资232万元，先后为各自确定的1669户困难职工发放慰问金及物资。将“金秋助学”活动作为“两学一做”（学党章党规、学习近平总书记系列讲话、做合格党员）学习教育为职工办实事的一项重要内容，为困难职工子女应往届大学生发放助学金102万元。为13名职工实施大病即时救助，每人救助5000元。6月17日，推行“互联网＋工会”模式，联合市电商协会举办困难职工及其家属电商创业培训班，帮助有创业意向的困难职工及其家属利用“互联网＋”现代化网络平台实施再次创业，逐渐脱贫脱困。8月，市总工会制定出台《关于开展困难职工解困脱困工作的实施方案》，确保到2018年全市困难职工同步实现小康。

（彭兴田）

【职工普惠服务】 2016年，实施工会“惠员工程”，扩大工会会员服务卡发放覆盖面和服务范围，办理潍坊工会会员服务卡达2.05万人。职工互助保障会员新增会员3000人，互助保障完成金额118万元，理赔928人次、金额52.8万元。1月26日，57名会员得到二次救助，救助金额7.1万元。3月26日，开展“春送岗位”活动，参加招聘会的求职者达1307人，69家企业为求职者提供237个就业岗位，509人达成求职意向。4月16日，举办庆“五·一”优惠回馈工会会员活动，与国美电器联合举办超低价优惠活动，给广大工会会员提供更多实惠。4月23日，举办“爱相约·庆菜博”2016寿光大型相亲会，来自全市机关、企事业单位的1012名单身男女参加活动，12对男女嘉宾现场牵手成功。6月13日，启动普惠职工暨特困职工爱心帮扶活动，139名特困职工领取全福元商业集团提供的米、油各1份；并举办由全福元百大家电城牵头开展的全市职工享会员家电补贴活动，补贴发放金额300万元。8月，全市各级工会组织筹资426万元，对一线高温条件下工作的职工开展“送清凉”活动，同时筹资108万元，对全市困难家庭子女开展“金秋助学”活动。

（彭兴田）

【职工文化建设】 2016年，市总工会以职工职业道德“双十佳”（十佳集体、十佳个人）评选活动为载体，引导职工牢固树立社会主义核心价值观，开展“中国梦·劳动美”“岗位学雷锋、争当好员工”等主题宣教活动，引导广大职工弘扬劳模精神，促进形成爱岗敬业、诚实劳动、勇于创新、奉献社会的高尚职业道德。参与潍坊市第八届职工职业道德“双十佳”评选活动，推荐上报的仙霞集团、侯镇总工会副主席任志文分别被授予职工职业道德十佳集体、十佳个人荣誉。出资35万元，免费为基层工会订阅《山东工人报》1708份、《职工天地》548份，为职工送上文化大餐。扎实推进企业道德讲堂和职工书屋创建达标活动。开展“齐鲁文化大道”工作品牌创建活动，建设集团、建设集团张学民分别被省总工会授予“齐鲁文化大道”品牌创建工作先进单位、先进个人荣誉。市地税局被评为全国职工书屋示范点。培育总结仙霞传统道德文化、新龙安全教育文化、康跃科技创新文化、青啤团队服务文化、供电班组建设文化、建设集团亲情和谐文化6种类型企业文化，提炼具有寿光特色的职工核心文化理念，丰富“美德寿光、信义菜乡”品牌内涵。

（李 冰）

【文体活动】 6月28日，选拔寿光市公共交通运输有限公司驾驶员合唱队参加潍坊市总工会举办的“中国梦·劳动美--颂歌献给党”全市职工合唱展演活动，市总工会获优秀组织单位荣誉。7月18—20日，组织优秀职工参加潍坊市总工会、潍坊市体育局联合举办的第三届潍坊市职工羽毛球比赛，寿光选手获得优异成绩，市总工会获第三届潍坊市职工羽毛球比赛优秀组织奖。9月8—10日，由市总工会主办，市羽毛球协会、市汇林健身服务有限公司联合协办的“创城杯”全市职工羽毛球大赛在寿光市汇林健身中心举行，全市24个企事业单位的102名羽毛球运动员积极参与，其中联盟集团、教育局、巨能集团分获团体比赛前3名；巨能集团张志峰、晨鸣集团郭钦雷、今朝农化付鹏分获男单比赛前3名；教育局李永杰、韩瑞莲，广电网络马晓丽分获女单比赛前3名。

（李 冰）

【女职工工作】 2016年，市总工会遴选表彰女职工工作先进集体17个、优秀女职工工作者22名、女职工建功立业标兵岗88个和女职工建功立业标兵100名，在《寿光日报》上开辟“三月花正红·最美女职工”宣传专栏，对22个先进女职工集体和个人进行集中宣传。青啤寿光、供电公司、天成集团女工委获潍坊市先进女职工集体荣誉，东宇鸿翔宋忠玲等4名女工干部获潍坊市先进女职工工作者荣誉。开展“写家书·传亲情”活动和“培育好家风——女职工在行动”主题实践活动，征集优秀家书36篇，建桥中学女职工张桂玲、张丽君分别获全国第四届“书香三八”读书活动征文优秀奖。推进“爱心妈妈小屋”建设，在东宇鸿翔建成全市首家“爱心妈妈工作室”。联合市妇联、体育局举办以“我运动、我健康、我美丽”为主题的寿光市第三届女子趣味运动会，来自全市各个行业的600多名女职工参加比赛。联合市卫计局开展“美丽三八·健康同行”活动，依托市妇幼保健院，为1.3万名女职工进行健康查体，减免查体费用18.5万元。晨鸣集团、建设集团、东宇鸿翔3家企业被省总工会评为山东省维护女职工权益先进企业。

（吉海萍）

【财务经审工作】 9月28日，省总工会经审工作现场会议在潍坊市召开，各地市总工会经审会主任、经审办主任，省大企业工会经审会主任、经审办主任共计60余人参加会议。全省有6个地级市总工会作典型发言，寿光市作为唯一县级工会作典型发言。会议期间，省总工会党组成员、经审会主任蒋石宝一行到寿光市康跃科技股份有限公司参观基层工会经审工作规范化建设现场，听取寿光市关于经审工作规范化建设市、镇、企三级联创活动情况，观看康跃科技工会经审工作汇报片。市委常委、宣传部部长、市总工会主席袁世俊出席会议并陪同参观。12月19日，市总工会经费审查委员会“2015年度中央财政专项帮扶资金审计项目”被中华全国总工会经费审查委员会表彰为2016年度全国工会优秀审计项目。

（刘 静）

【工会自身建设】2016年，市总工会围绕“作风建设提升年”，结合“两学一做”学习教育活动，开展强“三性”（政治性、先进性、群众性）、去“四化”（机关化、行政化、贵族化、娱乐化）、扩“四面”（健全组织，扩大工会覆盖面；开展活动，扩大职工参与面；普惠服务，扩大职工受益面；转变作风，扩大工作接触面）专题教育实践活动，集中治理机关“为官不为”“庸懒散浮”现象。全面落实机关党建和党风廉政建设责任制，严格执行中央“八项规定”，完善《寿光市总工会机关管理办法》《寿光市总工会机关差旅费、会议费、培训费管理办法》。创新设立“3×1+X”区域性工会工作组织架构，“3”即指将全市15个镇街区划分为东片、中片、西片3个区域（12个市直系统一并纳入）；“1”即每个片区成立1个团队，由1名工会班子成员＋分管部室人员＋所包靠镇街区和市直系统工会工作人员组成，作为一级区域系统性工作机构，负责领导、研发、落实该片区的工会工作，并延伸到企业，形成网格化管理；“X”即具体负责所包靠片区的工会全部业务工作，使工会力量真正沉到基层、深入一线。2016年，已在中片区进行规范化试点，制定片区工作人员职责和要求，定期展现片区工作实绩，推行重点工作量化推进积分制，完善片区管理四级网格，并延伸到企业，有效推进工作落实。4月15日，《工人日报》二版头条介绍其经验做法。开展干群直联和选派“第一书记”驻村工作，连续4年获全市一等奖第1名。6月，市总工会机关党支部被评为寿光市先进基层党组织。

（张世全）

共青团寿光市委员会

【管理机构】 2016年，团市委下设办公室、团务部、学少部3个部室，共有工作人员5人。同年，获得潍坊市级创业孵化示范基地荣誉称号。共青团中央基层组织建设部副部长曾锐、山东省副省长夏耕、共青团山东省委书记陈必昌、组织部部长刘少华等多位领导莅临寿光检查指导共青团工作。

【主要工作】 推进共青团深化改革工作。先后召开4次专题会议，对各级党的群团工作会议精神、《共青团中央改革方案》《中学共青团改革实施方案》等进行学习和研讨，分4个片区召开改革座谈会，团市委成员深入团员青年中宣讲改革精神，对镇村级团干部实现全覆盖。同时，利用青年之声、微信、微博、QQ等新媒体，及时发布改革内容，解读改革方案，为改革营造良好的舆论氛围。1月，争取市委支持，出台《关于加强群团工作的实施意见》，落实团市委书记列席市委常委会议、各镇街团委书记列席党委会和党政联席会等团干部待遇政策。3月，召开2016年度共青团工作会议，下发《寿光共青团2016年度工作评价办法》，细化镇街部门考核办法。完善镇、片、村三级团干部配备，市级共青团工作每年10万元经费及镇级团委每年2万元经费均得到落实，并认真落实团费返还政策。

直接联系青年和基层团组织建设工作。开展团干部直接联系青年工作，2016年全市共有专职团干部35人，共联系青年5658人，开展线下活动212次，线上互动372次，分享精华文章390篇，发表基层感悟215篇，评论数20181次，获得点赞43500个，总积分3500分，人均积分100分。开展“走进青年、转变作风、改进工作”大宣传大调研活动，到镇街区团组织开展调研3次，开展集中宣讲5次，镇街区团干部到社区、村、企业团组织开展调研和宣讲共36次，覆盖15个镇街区和500多个社区、行政村。将作风建设列入团干部培训课程和微博微信公众号发布内容，实现线上线下教育全覆盖。举办机关开放日活动4次，200余名青年受邀参加活动。成立青年之家建设工作领导小组，召开工作推进会4次，下发《寿光市青年之家创建活动管理办法》等文件，将青年之家建设工作纳入全年重点考核内容，组织人员深入镇街区督导青年之家建设，全市共建成青年之家13处，乡镇覆盖率达到87%，并向村（社区）延伸。其中，屯西社区、向阳社区、学院社区青年之家吸纳社会专业人才成为志愿者，对未成年人进行学业辅导、对留守儿童进行心理帮扶、对返乡大学生创业进行指导成为品牌工作。

互联网转型工作。保持“寿光新青年”微博、微信日常更新率，发挥共青团网络宣传员和青年网络文明志愿者队伍作用，引导广大青年在互联网上勇于正面发声。市级直属网络宣传员196人，全市青年网络文明志愿者7200人。开展“青年身边好榜样、最美微笑”等线上主题活动7次，推送微信352期、图文信息1408条，微信公众号粉丝达2万余人。加强青年文化建设，打造《青春不再见》MV等一批符合青少年特点、体现社会主义核心价值观内涵的文化产品，重点推动“青年之声”系列行动深入开展，探索实行回复响应机制、抢答奖励机制和疑难分理机制，创新线下活动“众筹”模式和“私人订制”模式,引入“专业团队+社工+志愿者”三方力量为青年需求提供对口服务。全年共组建高素质专家队伍3138人，实现线上提问23363条，回复14575条，点赞18313条，浏览量已达6530214次。开展“创想快乐·分享爱”公益彩跑、“我的城市我的家”主题征文、新媒体营销分享会等主题活动共计38次，覆盖青年8000人次。

打造创业孵化示范基地。青年电商创业大厦项目总投资1.2亿元，孵化面积1.1万平方米，于4月建成投用，可为300余名青年创业者提供免费创业基地和培训、会议、仓储、金融、网络推广等综合性配套服务，已组建起涵盖30余名“双百人才”、业内专家在内的青年创业导师库，实现阶梯型培训、陪跑式帮扶，2016年已开展各类主题活动70余次。该项目成为2016年5月25—26日第三届全国县域电商峰会亮点，被评为潍坊市级创业孵化示范基地。

打造善融商务寿光项目品牌。4月19日，举行第二届全国青年电商线下交易会，并促成全国首家善融商务线下体验馆落户寿光，争取金融机构支持，采取多种授信方式和渠道为企业提供资金扶持，全年共为入驻善融商务的80家企业发放贷款8000万元。

打造青年创业大赛品牌。8月，承办“鲁信杯”第五届山东省青年创新创业大赛现代农业和农村电商组比赛，为寿光创业青年走向全省搭建平台；10月，启动“智汇寿光·创赢未来”创新创业大赛，整合全市政策资源，设置最高300万元的创业扶持资金，为创业青年搭建资金扶持、银行贷款和创业辅导支持平台。

开展金融助力青年创业工作。密切团银合作，先后开展金融助力农村青年创业“金种子”“鲁青基准贷”及“金融进社区”等活动，全年共申请、落实一次性创业补贴4.5万元，创业担保贷款280万元，发放鲁青基准贷贷款760万元，解决青年创业的资金瓶颈。

【希望工程与少先队】 开展“牵手1+1”结对帮扶活动。组织省、潍坊市级文明号单位、部分青联委员、爱心团队等，与特困学生建立长期结对帮扶，年资助金额不少于1000元，入户联系不少于3次；塑造“微心愿”公益品牌。通过举办希望工程助学金发放、“和你在一起”圆梦行动等活动，筹集5万多元的物资帮扶贫困学生200多人。

开展少先队社会主义核心价值观宣传教育。与争创文明城市工作深度融合，通过征文演讲、志愿服务以及新媒体渲染等方式弘扬主旋律，全年举办学习报告会和青年座谈交流会12场，组织开展各类核心价值观、中国梦、传统文化教育活动25场次，全市各级团组织开展与信仰对话、红领巾相约中国梦等活动60余次。全年累计开展“学雷锋”志愿服务季、文明交通劝导活动等志愿服务50余场次，参与4500人。全市中小学开展“小手拉大手 共筑碧水蓝天”行动，团市委、市少工委、市教育局共联合召开专题会议、推进会5次，举办主题宣讲、辅导员培训6次，组织市级活动12次。全市发放《禁止燃放烟花爆竹的倡议书》76820份，倡导不运输、储存、销售、携带和燃放烟花爆竹；7万余名少先队员参加校园植树护绿活动；向市民发放《小手拉大手，低碳出行倡议书》3万余份，倡导低碳出行；开展“环保小卫士”“节约小明星”“低碳家庭”评选活动，有300多个家庭参与；举办“环保创意”作品展，共有100余份作品参展，通过分享创意成果，提高少先队员的环保意识。

【青年联合会与青年企业家协会】 青年联合会、青年企业家协会组织动员全市各个行业的优秀青年企业家和青年英才参与经济社会建设，发挥组织优势和委员的社会责任感，参与公益事业，以自身优势服务青少年。2016年，市镇两级均完成本级青联组建工作，团市委新吸纳青联委员20人，引导其参与青联委员服务千家脱贫行动。

（刘 静）

市妇女联合会

【管理机构】 2016年，寿光市妇联下设寿光市妇女儿童工作委员会办公室，为公益一类事业单位。共有机关行政编制5人，实有行政编制人员6人，另有派遣人员1人；共有事业编制3人，实有事业编制1人。辖15个镇街区妇联，975个村妇代会，14个社区妇联，60个市直妇（工）委会。2016年12月20日，崔凤芹接替王霞任市妇联主席。

2016年，市妇联先后被评为山东省新农村新生活培训工作先进单位、省“幸福进家”先进单位。

【主要工作】 巾帼扶贫工作。2016年，重视扶贫工作，先后深入10个省级贫困村调研（全市共有省级贫困村10个，分别是文家街道二黄村、稻田镇牛寨村、台头镇太平村、孙家集街道齐家村、上口镇程北上口村、侯镇黄疃村、古城街道徐家村、田柳镇朱崖村、纪台镇耿家村、双王城生态经济园区卧铺村）。3月，研究制定《寿光市巾帼扶贫行动实施方案》，召开全市巾帼扶贫动员大会，对全市巾帼扶贫工作进行全面安排部署。依托“新农村（社区）新生活” 面向贫困妇女开展培训，共开展法律维权、家政知识、工艺品加工、家庭教育以及种植技术等培训活动189场次，培训贫困妇女3000多人次，提高贫困妇女致富能力。开展“岗（企）扶贫活动”，8月召开全市“文明岗（企业）联系村（户）”精准扶贫工作推进会议，组织12个潍坊市级以上巾帼文明岗、43个女企业家协会会员单位，与12个省级贫困村和第一书记帮扶村以及12个贫困户结成帮扶对子，其中女企业家累计为12个贫困户捐资捐物计款3万多元，各文明岗为贫困村协调资金70多万元，做好事、实事20多件。协调女企业家协会出资1.6万元，购买大米、面粉和棉被，组织40多名女企业家和巾帼志愿者分组到10个镇街走访看望100个贫困家庭，带去社会的关爱。组织文家医院和市妇幼保健院分别到文家街道和古城街道贫困村开展巾帼志愿义诊服务，受到群众的欢迎和好评。积极救助羊口镇侯辛村患有眼疾的贫困妇女李贵云，联系光明医院专家为她免费做眼部手术，动员“聚爱公益”志愿者为她募捐爱心款2000元。认真落实巾帼扶贫行动计划，由全市10个贫困村扩展到全市贫困妇女，通过创业脱贫、健康脱贫、精神脱贫等多种举措，力争用3～5年的时间让全市贫困妇女基本实现脱贫。寿光市巾帼扶贫工作做法多次在中国妇女网、山东妇女网、齐鲁网、《齐鲁晚报》《潍坊日报》等媒体刊发推广。

巾帼志愿活动。配合创建全国文明城市，3月组建寿光市巾帼志愿者大队，下设38个分队，招募志愿者达2000人。同月，研究制定《巾帼脱贫行动实施意见》《巾帼志愿者管理办法》，使巾帼志愿扶贫行动制度化、规范化、常态化，在全社会树立巾帼志愿者扶贫帮困的良好形象。六一期间，开展“同悦书香、爱满圣城”亲子阅读暨公益图书捐赠活动，发动各级妇联组织和巾帼志愿者踊跃捐款 5100 多元，捐书 3600 多册，走访看望 336 名贫困儿童。组织教育系统和广电网络的 9 名爱心妈妈，与田柳镇、台头镇的孤儿结成帮扶对子，为他们带去母亲的温暖。先后组织志愿者为上口镇广陵一村患病的王青山父子捐款 8 万多元，为孙家集街道胡营王村的贫困妇女董玉秀捐款 2000 多元，为圣城街道患白血病的 4 岁女孩寇佳萱捐款 23260 元，为文家街道患重病的赵桂莲、姜越母女捐款 23900 元。

“两癌”免费检查工作。2016 年，积极申请将农村妇女宫颈癌、乳腺癌早期检查工作列为全市“民生十大实事”之一，抓早字、争主动，联合卫生局加强督导，共对 2.7 万名农村妇女进行“两癌”检查，提升全市妇女健康水平。联合民政局对其中确诊的 8 名贫困妇女进行救助，发放救助款 2.4 万元，保障农村妇女的健康权益。

妇女创业就业工作。注重加强女企业家协会建设，对寿光市女企业家协会及时进行换届，组织女企业家互相观摩学习、外出考察，搭建发展平台。注重提高家政服务职业化水平，推荐优秀家政员参加各级巾帼家政技能服务大赛。11 月，阳光大姐家政服务中心获潍坊市巾帼家政技能服务大赛团体三等奖，12 名家政员分别获省、潍坊市巾帼家政技能服务大赛个人技能二、三等奖和潍坊市百名巾帼家政服务明星，展示寿光市家庭服务业从业人员的良好形象。积极引导妇女发展庭院经济，组织田柳镇、羊口镇、双王城经济园区的贫困妇女到侯镇草碾村学习草编手工艺，每人每天可以增加收入 40 ~ 60 元。

妇女维权工作。4 月，筹备成立“寿光市婚姻家庭纠纷调解站”，吸纳 4 名有爱心、经验丰富的志愿者和 5 名专业律师、心理咨询师作为调解员，为市民提供无偿的婚姻纠纷调解服务，拓宽妇女维权渠道。以“反家暴法在身边”为主题，发动全市妇女组织开展《中华人民共和国反家暴法》集中宣传活动，提高妇女维权意识。认真接访处访，累计接待信访来访案件 137 起，处结率达 99%，较好地维护妇女儿童合法权益。

“最美家庭”创评。响应习近平总书记关于“注重家庭、注重家风、注重家教”的号召，9 月在全市开展“最美家庭”评选活动，全市各级妇女组织积极发动，城乡家庭积极参与，经过严格把关层层评选，最终有 25 个家庭分别被评为寿光市“最美家庭”和“和谐家庭”，市妇联在《寿光日报》专版刊登“最美家庭”事迹。积极推荐稻田镇孙爱霞家庭当选全国“最美家庭”，并在山东省《祝你幸福》杂志上大篇幅宣传他们的事迹；推荐苏乐利、韩金金 2 个家庭当选山东省文明家庭，倡树家庭文明新风尚。

妇联干部队伍建设。2016 年，市妇联工作以“强基础、求发展、增活力”为指导思想，扎实开展“两学一做”学习教育活动。9 月 26—30 日，联合山东女子学院举办寿光市妇联干部培训班，市妇联班子成员和 40 名镇街区、市直部门（单位）妇联干部参加培训。此次培训采取课堂教学、座谈交流、实地考察等形式，深入学习女领导干部心理素质和修养、管理沟通、执行力等方面的知识，通过培训学习，开阔眼界，提高综合素质和工作热情。认真落实党风廉政建设责任制。坚持把党风廉政建设与中心工作同部署、同落实，切实履行好“一岗双责、党政同责”责任。6 月 17 日，联合市纪委举办全市女干部廉政教育专题辅导讲座，让广大妇女干部筑牢思想道德防线，提高拒腐防变能力，增强遵纪守法自觉性。严格执行领导干部廉政自律的各项规定，班子成员严格要求自己，在用车、住房、公务接待等方面都严格执行有关规定；坚持勤俭节约，严把经费开支关，做到廉洁、勤政、务实、高效。

（王晓琪）

市文学艺术界联合会

【管理机构】 2016年，寿光市文学艺术界联合会(简称市文联)实行团体会员制。10月，取消文化艺术交流协会。至年底，下辖寿光市作家协会、诗词楹联艺术家协会、书法家协会、美术家协会、音乐家协会、舞蹈家协会、曲艺家协会、民间文艺家协会、摄影家协会、影视艺术家协会、画廊协会、京剧协会、国学研究会、仓颉研究会、庆典行业协会、传统艺术促进会、硬笔书法家协会、中外舞蹈交流协会、雕塑艺术协会、油画协会、插花艺术协会等21家协会，共有会员近5000人，其中国家级会员60人、省级会员172人、潍坊市级会员158人。

2016年，市文联始终坚持以贯彻党的历次代表大会、全国文代会和省、潍坊市文化建设工作会议精神为指针，以弘扬主旋律、构建先进文化为主题，以服务经济建设、活跃群众文化、激励文艺创作、打造精品工程为重点，明确提出并组织实施一系列品牌活动，使文联工作切实融入全市建设和发展大局。先后组织开展活动2100多项次，组织出版作品102册，在全国展览、征文、演出等各类赛展作品入选或获奖114件，获“泰山文艺奖”等省级奖项167件，有力提升寿光市城市形象和文化品位，为构建文明、富裕、和谐的现代化强市做出应有的贡献。

【主要活动】 践行价值观，传递正能量，开展“美德寿光”系列主题文艺活动。2016年，围绕贯彻全国文艺座谈会和《中共中央关于繁荣发展社会主义文艺的意见》精神，文联创新性地组织开展情暖福利院、美德春联进万家等5项活动，相继组织的这些活动，指向性强、主旨明确、贴近群众生活实际，形式为群众喜闻乐见，促进社会风气改进和群众文明素质提高，得到基层广大群众的欢迎和喜爱，对引领社会风气、培育传统美德和提高群众文明素质发挥积极作用。

在春节、重阳期间，开展“情暖福利院”“情献福利院”敬老孝亲系列主题公益演出，培育“敬老孝亲”传统美德，弘扬优秀传统文化。先后于1月份2次、10月份1次到市老年服务中心、市社会福利中心开展系列主题志愿演出活动，演出节目以弘扬母爱、孝敬、家庭和美等为主题，得到老人们的喜爱。8月，市文联和寿光日报社联合举办“发现寿光之美体味品质寿光——我与寿光共成长”纪念撤县设市23周年系列文化活动。

开展“春联大赛”和“美德春联进万家”活动，利用春联这种群众喜闻乐见、贴近百姓生活的独特形式，将核心价值观和传统美德融入百姓生活，在潜移默化中提高全市广大群众的道德素养和文明水平。1月，市文联组织举办“践行价值观、文明过大年”春联大赛活动，共征集到全市130多位楹联爱好者近300组作品，其中2组作品获一等奖、5组作品获二等奖、10组作品获三等奖、20组作品获优秀奖。在此基础上，开展“美德春联进万家”活动，为节日期间广大群众营造喜庆、文明的文化氛围。活动中，一方面组织全市有关书法名家对春联大赛活动中获奖作品进行书写和统一印制，送入千家万户；另一方面，组织全市有关书法名家或书法协会骨干会员深入到圣城街道、古城街道、孙家集街道、洛城街道、羊口镇、台头镇的

15个村庄（居委）、社区、福利院等基层单位，现场为群众创作书写赠送春联，受到基层群众欢迎。

开展“美德寿光·善行人生”身边好人故事纪实文学征文大赛活动。为进一步培育、挖掘、发现“我身边的好人”，褒扬凡人善举，传递社会正能量，弘扬时代新风尚，推进社会主义核心价值体系建设，全面提高公民道德素质，市文联于3月初开展“美德寿光·善行人生”身边好人故事纪实文学征文大赛活动。全市广大文学爱好者以及群众踊跃投稿，营造写好人、学好人，弘扬传递正能量的浓厚氛围，共收到参赛作品320篇，其中获一等奖2篇、获二等奖5篇、三等奖10篇。

创新文艺志愿服务活动平台，文艺志愿服务质量得到进一步深化和提高。2016年，文艺志愿服务活动坚持注重实效原则，创新组织方式，开展服务月与服务日系列活动，增强文艺志愿服务观念，提升文艺志愿服务水平，促进群众主题教育活动和“两学一做”活动深入开展。1月份和5月23日，分别集中组织开展文艺志愿服务活动月和活动日活动，组织全市影视、书法、楹联、美术、摄影、民间文艺等11支文艺志愿服务队伍，先后有270余人次参与，以“文艺五进”（进社区、学校、企业、镇村、公园绿地）活动为载体，采用“送文化”“种文化”相结合的方式，集中开展志愿活动50余项次。

兼顾品位，普及一般性文化活动，丰富全市群众的精神文化生活，提升城市形象和文化品位。对协会工作加强整体把握和领导，通过建立文联微信群、建设网上文联之家、举办座谈会、组织志愿活动等措施，统一思想，调动协会工作积极性，保证各项工作和活动的顺利开展。全年各协会共自主开展文艺活动110项次，其中京协8项、楹联7项、摄影协会4项、影视协会70余项次、作协3项、画廊协会4项、书法协会3项、音协和舞协各2项、中外舞协和流行舞协各2项、曲协1项；参加群体性活动3项，参加农圣文化节活动9项，参加周末大舞台11项，参加公益巡演60项次。

【重点作品】 2016年，市文联高度重视文艺创作，在普及的基础上抓提高，着力提升文艺创作水平。各协会采取请进名家举办讲座与组织走出去学习深造相结合的办法，认真做好学术研讨、交流和培训工作，同时利用已出台的激励、奖励政策，激发广大会员参加书展、发表作品、加强学术研讨的积极性。在系列措施的合力下，寿光文艺创作呈现出热情不减、精品迭出的良好局面。其中，电影《王伯祥》于7月获省委、省政府“泰山文艺奖”。

文学创作硕果累累。散文集《鲁院纪事》获第七届冰心散文奖、《梦里乡愁》获“首届蒲松龄文学奖”散文集一等奖、《清春笔记》获第六届全国校园文学成果展一等奖、《烟花若梦》获作家报·九龙峪杯全国文学艺术大赛一等奖。散文《明月曾经照密州》获“首届蔡文姬文学奖”散文类一等奖、《人生何处是归途》获《中华合作时报》2015年度优秀散文奖。小说《心灵触角》《春之歌》（组诗）分别获首届“夫之杯”全国文学征文大赛小说二等奖；短篇小说《小青鱼石笔》获潍坊市网络文艺作品选拔大赛中获网络文学作品二等奖。

书画创作成绩显著。11月，周月文书法作品成功入展全国新人新作书法展；1月，魏泮玮书法作品先后入展“沈商文化杯”全国书画大展，入选“杜甫千诗碑”当代杜诗书法篆刻作品集。10月，张安国获第五届山东省老年书画大赛一等奖、张冠勤获二等奖、杨保良和刘在芳分别获三等奖、李炳章获鼓励奖。先后有6件美术作品入选中国美协主办的全国性展览。其中，5月，孟令泉的《吉祥凝瑞》《四喜》分别入选丹青鹿城中国画展、荣宝斋双年展；9月，武春玉的《邱园清梦》入选逐梦威海全国中国画展；10月，王永的《前程》先后入选十届全国工笔画展、多彩云南全国画展、丹青鹿城中国画展、山东青年美展，《国画》获得省美协写生展优秀奖；武春玉的《邱园清幽》入选墨舞齐鲁风首届山东山水学术展；11月，武春玉的《西窗晨景》获潍坊第27届写生展一等奖，张立武、李晓明、张慧芳、杨全经、杨国春、张立军作品分别获二等奖，吴祥远、王清华、桑小军、赵敏、李玉涛、刘永军作品分别获三等奖。

古典诗词创作佳讯频传。在6月举办的第十三届“天籁杯”中华诗词大奖赛中，王殿永、孟庆平双双荣获银奖；在同月举办的第七届“华鼎杯”中华诗词大奖赛中，王殿永、孟庆平分别喜获铜奖。9月，在潍坊市举办的“华都颐年园杯”全国征联活动中，张乐增获二等奖，桑明堂获三等奖，苗锡训、刘志杰、王振海分别获优秀奖。

音乐舞蹈等表演艺术成绩喜人。群舞《雏鹰展翅》《摇到外婆桥》在5月举办的第九届山东国际大众艺术节和“山东省第十一届青少年舞蹈比赛”中分获幼儿组和少年B组一等奖。在“舞王杯”省体育舞蹈公开赛上，寿光市分别获得4项第1名、6项第2名、1项第3名；在省体育舞蹈锦标赛获上，寿光市分别获得9项第1名，2项第2名，1项第3名。

【各协会会员代表大会】 寿光市诗词楹联艺术家协会　成立于2006年3月，2016年11月召开第三次协会员代表大会，赵爱军当选协会主席，王树文、马清新、王殿永、张乐增、孟庆平分别当选为副主席。协会共有会员643人，其中中国楹联学会会员17人、省楹联协会会员40多人。

寿光市书法家协会　成立于2005年7月，2016年11月召开第三次会员代表大会，魏泮玮当选协会主席，刘在芳、范学刚、张振涛、潘桃辉、董言军、董磊、刘辉、郭汉亮分别当选为副主席。协会共有会员550多人，其中中国书协会员12人、省书协会员40人。

寿光市美术家协会　成立于2005年6月，2016年11月召开第三届会员代表大会，孙立当选协会主席，李大增当选常务副主席，梁伟松、王思成、桂华冰、李德祥、刘湘秋、张立武分别当选为副主席。协会共有会员163人，其中中国美协会员3人、省美协会员22人。

寿光市舞蹈家协会　成立于2005年8月，2016年11月召开第三次会员代表大会，黄冠群当选协会主席，王鲁当选常务副主席。协会共有会员270余人，其中中国舞协会员2人、省舞协会员8人。

寿光市摄影家协会　成立于2008年6月，2016年11月召开会员代表大会，王之阁当选协会主席，李炳泉当选常务副主席。协会共有会员197人，其中中国摄协会员18人、省摄协会员43人。

寿光市音乐家协会　成立于2005年10月，2016年12月召开第二次会员代表大会，孟庆帅当选协会主席，张荣智当选常务副主席。协会共有会员132人，其中中国音乐家协会会员1人、省音乐家协会会员2人。

寿光市京剧协会　成立于2005年6月，2016年12月召开会员代表大会，董宜顺当选协会主席。协会共有会员500余人。

寿光市国学研究会　成立于2010年5月，2016年12月召开会员代表大会，魏广义当选协会会长，孙国远、刘伟玉、蒋定科、徐洪信、张良才、王健分别当选为副会长。协会共有会员 2000 余人。

（王志亭、杨洪敏）

市科学技术协会

【管理机构】 2016 年，市科学技术协会内设办公室、科普部、学会部，均为股级规格。编制 7 人，实有干部职工 9 人。

【科普宣传】 2016 年，寿光市科协围绕《全民科学素质行动计划纲要》工作主题以及市委、市政府中心工作，开展科普宣传周（月）、食品安全宣传周、全国科普日、科普之冬（春）等活动。由市科协牵头，组织市直各学会、各镇街区科协及科普志愿者，开展科技咨询、科普讲座、科普展教、科普宣传、科技扶贫等服务活动，开展科技、文化、卫生“三下乡”和科教、文体、法律、卫生“四进社区”活动，通过举办各类科普讲座、科普巡展，使科普活动的覆盖面达到全市人口的 80% 以上。

市科协相继在向阳社区、学院社区、龙泉社区、温泉社区、仓圣社区 5 个社区建立社区科普大学教学点，成立社区科普大学讲师团，根据不同人群、不同时期选取不同内容开展有针对性的授课，以先进的文化教育人、引导人。4 月 16 日，市科协携手光大环保能源（寿光）有限公司联合举办“绿色环保公益行”活动，倡导绿色生活、低碳生活生态文明理念，提高广大市民的环保意识、节俭意识。利用“互联网 + 科普”的创新环境，搭建新型科普资源共享平台，开通“寿光科普”微信公众号，定期将科普内容、科普活动进行推送、推广。8 月 1 日—10 月 8 日，利用“寿光科普”微信平台开展“寿光市全民科学素质网络知识竞赛”活动，以“提升科学素质、创建文明城市”为主题，通过有奖竞答的形式面向全市推广科学技术，倡导科学方法，传播科学思想，弘扬科学精神，提升公众科学素质。7 月 21 日，寿光市“暑假科普小达人”系列活动启动仪式在洛城街道屯田社区科普大学教学点举行，为广大未成年人举办科普电影、科普讲座、自护教育、环保 DIY 制作、知识竞赛、科普游、科普网上行等系列活动。8 月 4 日，召开寿光市科普志愿者大队成立暨科普志愿者服务“五进”活动启动仪式，以“走进机关、走进企业、走进学校、走进农村、走进社区，服务企业、服务群众、服务社会、服务发展”为主线，在全社会广泛开展科技咨询、科普讲座、科普宣传、帮困助残等形式多样的公益活动。9 月 21 日，2016 年潍坊市暨寿光市“全国科普日”活动启动仪式在潍坊科技学院文化创意大厦举行，围绕“创新放飞梦想，科技引领未来”主题，深入宣传“创新、协调、绿色、开放、共享”发展理念，组织开展全国科普日主场活动、农村科普活动、社区科普活动、企业科普活动、校园科普活动、科普教育基地开放日活动、科普志愿者服务“五进”活动、科普文化进万家活动等多种形式的科普宣传活动，营造全社会共同参与创新创造创业，形成大众创业、万众创新的局面。10 月 29 日，联合市直机关党工委、市委编办、市育才集团，在圣城街道学院社区怡景花园广场举办科普宣传培训活动，为社区内的居民进行科普知识普及、生活生产与健康、心理保健与疾病预防等方面的知识宣传。

为把科普宣传工作做到人人皆知、人人参与，市科协充分发挥主流媒体的作用，以《寿光日报》《潍坊晚报·今日寿光》、寿光电视台、寿光电台、寿光宣传网为主阵地，与上述媒体合作，先后创办《全民科学素质科普宣传》《科普直通车》、生活频道科普阵地、电台“我们帮你办”、寿光宣传网——全民科学素质科普专栏等栏目，每周1期，在报纸主要版面刊登，在电视台、电台黄金时间播出。除主流媒体外，市科协还积极探索搞好科普宣传平台，与寿光日报社合作，在市区主要街道两侧设置灯箱宣传栏，滚动播出全面提升全民科学素质标语和科普知识，为市民提供24小时科技服务。与社区、村委合作，除由科协制作宣传栏外，利用他们原有的各类专栏，每季度定期张贴科学宣传挂图，宣传触角涉及到全市500人以上的行政村和社区。

【科普示范基地】 寿光是农业大市，蔬菜产业是农业的支柱产业，也是农民收入的主要来源。为加快农业科技成果的推广应用，推动农业产业和农产品结构的优化调整，促进农业增效、农民增收，市科协采取多种措施，加强农村科普示范基地建设。2016年，创建2处全国科普教育基地、4处潍坊市科普教育基地、3处潍坊市农村科普示范基地。利用已建成的市镇村科普示范网络，面向全市开展科普教育活动，普及科学知识、倡导科学方法、传播科学技术，推动科普工作的社会化、群众化、经常化，实现“做给农民看、领着农民干、帮着农民办”“以点带面、示范带动、全面推动”的目标，促进新产品、新技术、新品种的推广与普及。

【青少年科普】 2016年，市科协与教育局电教馆沟通协作，共同探讨青少年科技活动的组织实施工作，举办七巧科技竞赛、科技创新大赛、全民科学素质知识竞赛等系列科技活动。组织参加全国第十六届中小学生电脑制作活动，7件作品获全国一等奖，5件获全国二等奖，3件获全国三等奖；组织开展寿光市第十三届中小学机器人联赛，参加潍坊市决赛，全市12支代表队在潍坊市获奖，1支代表队获省一等奖。组织参加山东省科技创新大赛，获一等奖3项，二等奖4项，寿光一中获山东省优秀组织奖。组织开展寿光市七巧科技竞赛，414个选手和20个团队参加比赛并组织参加全国七巧科技比赛，获得个人项目金牌7块，团体项目金牌2块（全国县域第二名）。组织参加全国青少年信息学奥林匹克竞赛，全市共取得全国一等奖1项，二等奖9项。组织青少年接受科技教育、参与各项科普活动，组织参加潍坊市全民科学素质知识竞赛，共有2000余名教师、3万余名学生参加竞赛，获得潍坊市奖项20项，占潍坊市总获奖人数的1/5；组织参加潍坊市科技节，共组织5万余名学生参赛，获奖选手列潍坊市第一位；组织参加潍坊市创客大赛，共有30名选手获奖。2016年，寿光市一中、现代中学、世纪学校、留吕初中、北洛初中5所学校被命名为第五批山东省科普示范学校；文家西城小学成为山东省农村中小学课外科技活动试点学校；文家西城小学、实验中学、侯镇二中、卧铺小学入围为创建山东省青少年科学调查体验活动推广实验单位；寿光市实践基地、寿光世纪教育集团被省科协命名为全省科普教育基地。同时，积极拓展青少年科技教育渠道，开展科技学习和实践活动。

【农村科普】 2016年，市科协为解决农民“缺技术、缺信息、缺服务”的难题，积极开展技术培训、农业技术咨询、现场技术指导，免费发放技术资料，向农民宣传科普知识，促进农民科技文化素质的提高，全市95%以上的农村基层干部和80%以上的农村劳动者接受农业科技培训。4月21—28日，市科协聘请农业专家团队围绕农业生产开展农民科技培训，参训人员500余人，把最新最前沿的农业科技知识传播下去，培育农业科技带头人，带动更多农民依靠科技致富。8月1日—10月8日，开展“寿光市农民科学素质网络知识竞赛”活动，面向全市农村推广科学技术，倡导科学方法，传播科学思想，弘扬科学精神。为进一步提升寿光菜农种植水平，提高蔬菜产量和品质，发展农业生态循环经济，团结和带领全市优秀农技协技术员、农村科普带头人、农业科技专家深入蔬菜生产一线，开展系列科技下乡活动，共举办技术讲座、培训班、现场指导等23场次，发放各类科技资料4万余份。10月11日，召开各镇街区科协主任工作会议，围绕农村科普宣传、科技下乡、科普志愿者队伍建设、科普讲师团等科普工作做出具体安排部署。借助第十七届中国（寿光）国际蔬菜科技博览会，市科协先后接待青海省科协、安徽省科协、黑龙江省科协、内蒙古自治区科协、济宁市金乡县科协、淄博市临淄区科协等考察团，对全国各地农村科普工作起到推动作用。

实施“科普惠农兴村计划”，发挥科普惠农服务站、农村专业技术协会、农村科普示范基地在农民科技培训中的示范辐射作用，达到“培训一个人、致富一个户、带动一个村、示范一大片”的目的，推动全市农业产业化进程，促进农业产业结构调整。6月，寿光市农业技术推广协会获“山东省科普惠农兴村先进单位”称号。与寿光蔬菜协会创办的《山东科技报——寿光蔬菜科普周刊》连续编发284期，成为寿光市农村科普工作的重要媒介。每年菜博会期间举办“农业科技大讲堂”，邀请农业专家围绕农业生产开展农民科技培训；常年开通农业专家热线电话，全市20多名农业专家24小时免费服务。在全市实施数字科普工程，在镇街医院、邮政网点、联通营业厅安装100台数字科普电视，每天定期播放科普知识。

【科技交流与创新】 围绕全市科技、经济和社会发展，开展技术培训、技术研讨、学术报告、评选先进等工作，在提升学会服务能力、完善学术交流模式、服务广大科技工作者等方面都取得新进展。3月29日，经潍坊市科协批复同意，成立寿光市农业现代化产业联盟和寿光菜乡物流现代技术发展联盟，市科协支持两家联盟工作，积极搭建农业和物流业发展平台，为农业和物流业发展牵线搭桥，引进人才、技术，促进农业和物流业健康、快速发展。4月8日，市科协批复成立“潍坊科技学院科学技术协会”，发挥学院农业科技方面的博士、研究生等高科技人才队伍作用，定期组织开展农业科技下乡、农业科技指导、农业知识培训等活动，并开通农业专家技术服务热线，向农民传播最先进的科技知识，常年为全国各地农民提供技术服务。落实“互联网+农业”的号召，依托寿光市独有的蔬菜优势，寿光市蔬菜协会在中国农技协的具体指导和潍坊、寿光两级科协的领导下，联合点农成金（北京）网络科技有限公司共同推出“点农”农资电商平台。4月21日，“点农”农资电商平台上线新闻发布会在寿光市菜博会新闻发布中心举行，为企业、菜农打造集农技服务、农资购销为一体的一站式服务平台。9月12日，省科协批复成立寿光永康化学工业有限公司山东省院士专家工作站，搭建院士及专家团队与企业协作的长效服务机制，进一步提升企业的科研创新能力，构建以企业为主体，产学研相结合的创新体系。

（张万杰）

市工商业联合会

【管理机构】 寿光市工商联为正科级行政单位，核定编制4人，实有5人，无内设机构。2016年5月，市政协副主席刘美霞兼任市工商联主席，市政府副市长王安文不再兼任市工商联主席。全市隶属工商联的直属商会共有13个，分别为浙江商会、江苏商会、福建商会、畜牧业商会、盐业商会、橡胶轮胎业商会、纺织业商会、新生代企业家商会、物流业商会、租赁业商会、汽车配件用品商会、茶业商会、茶博古玩商会；共有会员企业1295个。2016年1月22日，召开市工商联五届四次执委会议，传达学习全市统战、群团工作会议精神，号召广大会员企业积极投身“品质寿光建设”工作。

【主要工作】 商会建设。一是组织成立寿光市新生代企业家商会。吸纳全市58名年轻企业家为会员，并与11月22日举行商会成立大会，选举跃龙集团董事长刘新刚为商会会长。二是开展基层商会“走访月”活动。3月，利用1个月的时间对13个直属商会逐一进行走访调研，帮助他们解决工作中的问题，并征求对工商联工作的意见建议。三是联合市委统战部于4月举办统战理论政策培训班，对直属商会负责人进行专题培训，加强对非公经济人士的政治引导。四是积极扶持商会阵地建设。1月，台头商会办公楼在台头镇驻地建成投入使用；福建商会办公大楼（厦）于2016年年底基本建成，进入装修阶段，总建筑面积8.6万平方米。

服务会员。一是搭建信息交流平台。5月建立寿光商会微信交流平台，及时发布政策、市场等信息，密切直属商会之间的联系。二是搭建融资服务平台。2016年，为帮助企业进一步拓宽融资渠道，协调民生银行、潍坊银行等金融机构主动为企业送政策上门，让更多的企业了解融资信息，拓宽企业融资渠道。全年多家金融机构累计为会员企业提供授信额度3亿多元。三是搭建发挥非公经济人士作用平台。年初组织工商联界16名政协委员积极开展“五个一”（即走访一次群众、开展一次调研、提交一件提案、报送一条社情民意信息、为群众做一件实事好事）活动，全年共计走访群众50余人次，撰写提案8个，收集社情民意20余条，为群众办实事好事12件。工商联界5名政协委员被表彰为2016年度优秀政协委员。同时，继续深入开展非公经济人士理想信念教育活动，以“三讲三提升”为活动载体，增强全市广大民营企业家的发展信心。

精准扶贫。2016年，研究制订《关于引导全市民营企业参与精准扶贫行动的实施方案》，下发至各直属商会及执委以上会员企业，向全市非公企业发出参与精准扶贫的《倡议书》。协调5家企业与省定贫困村结成帮扶对子，通过就业扶贫、公益扶贫等方式，积极主动帮助贫困村“脱贫摘帽”。各直属商会和会员企业踊跃参与扶贫扶困活动，全年为全市贫困家庭、困难学生捐款捐物累计达50余万元。

（孟庆正）

市残疾人联合会

【管理机构】 寿光市残疾人工作委员会（简称“市残联”），由市政府分管领导任委员会主任，下设办公室，办公室主任由市残联理事长兼任。市残联机关内设1室4部，分别是办公室、组织联络部、康复部、教育就业部、宣传文体部。下辖寿光市残疾人综合服务中心，为副科级事业单位；寿光市残疾人劳动就业服务所，为股级事业单位，2016年1月整体划转到残疾人综合服务中心。

2016年，市残联被市委、市政府评为2015年度市直部门（单位）绩效综合考核一等奖先进单位；被市委宣传部、市人力资源和社会保障局、市委普法办公室、市司法局评为2011—2015年全市普法依法治理工作先进单位，市政府被省政府残疾人工作委员会评为全省残疾人工作先进单位。

【调查与办证】 2016年，共为15139人办理各类残疾人证，分别为视力残疾1206人、听力残疾631人、言语残疾224人、肢体残疾8749人、智力残疾1400人、精神残疾1610人、多重残疾1319人。

【残疾人康复】 2016年，为改善残疾人生活状况，促进残疾人事业与寿光经济融合发展，让有康复需求的残疾人能够通过康复训练恢复功能，增强他们参与社会的能力，市残联狠抓对残疾人康复工作的投入，通过为听障患者配发助听器，为听力残疾儿童安装人工耳蜗，为白内障患者做复明手术，为肢体残疾人安装假肢、捐赠轮椅、做矫治手术，为0～9岁残疾儿童实施康复救助，为精神病患者实施服药、住院救助，为各类残疾人购买辅助器具等多种康复形式和康复手段，共投入康复资金312.2万元，使2516名残疾人得到不同程度的康复救助。

听力言语康复方面，投资9.25万元为137名听力障碍患者配备助听器。

视力残疾人康复方面，投资140万元，为700名白内障患者在市光明医院做白内障复明手术，脱盲率100%。

肢体残疾人康复方面，投资10万元购买轮椅300辆，捐赠给肢体残疾人；投资5.97万元，为21名肢体残疾人安装假肢。

0～9岁残疾儿童康复救助方面，投资54.72万元，为48名脑瘫、智力、孤独症残疾儿童实施康复救助，使他们的认知、自理能力等明显增强，达到较好康复效果。

精神病救助方面，投资28.4万元对275名精神病患者进行康复医疗救助。

康复管理人员暨盲人定向行走训练方面，11月1—4日，投资3.9万元在潍坊阳光大姐培训学校举行康复管理人员暨盲人定向行走训练骨干培训班，有35名康复管理人员参加培训。

其他康复救助方面，投资60万元为市人民医院康复指导中心、中医院康复指导中心、妇幼保健院残疾儿童康复中心和25个社区康复站配备康复医疗器械。

【残疾人教育】 以燎原果菜残疾人就业扶贫基地、崔玲肉鸽养殖基地、寿光市职教中心等为依托，建立种植、养殖、手工制作等技能教育就业培训基地，培养大批实用技术人才，全年共举办培训班3期，培训残疾人71人次。资助残疾学生和贫困残疾人子女上学，9月共为218名残疾学生和324名贫困残疾人子女发放助学金57.22万元。

【残疾人就业】 实施残疾人集中就业，2016年全市福利企业共15家，安置残疾职工1276人。实施残疾人分散安置就业，全年共分散安置残疾人就业597人。实施残疾人个体创业，2016年全市先后有124名残疾人自己创业，涉及服装加工、汽车装饰、机电器维修、家具制作与维修车辆、配钥匙、修鞋、修拉链、商品营销、创办盲人按摩诊所等多个行业，其中全市大部分残疾人生活在农村，利用农村主阵地从事种植业、养殖业，有的办果园、林场、建蔬菜大棚，有的建养猪、养羊、养鸡、养鸭、养肉鸽等高效养殖基地，全市从事农牧业种植、养殖的残疾人达到3000余人。

【残疾人文体活动】 2016年，根据残疾人的特点，开展丰富多彩的宣传工作和文化体育活动。在学习宣传方面，全年为残疾人和残疾人工作者订阅《中国残疾人》和《三月风》杂志各97本。在2016年助残日期间，围绕“关爱孤残儿童，让爱洒满人间”宣传主题，开展帮扶残疾人宣传活动，广泛宣传帮扶贫困残疾人的先进集体和残疾人自强自立、艰苦创业的典型事迹。在市特殊教育学校举行寿光市“一助一，送温暖”活动，探望学校的孤残儿童，为他们送去资助金、慰问品，呼吁全社会关心、关注、关爱这些孤残儿童。

在开展文化艺术活动方面，全年推荐6名残疾人的20幅书法、绘画作品，参加潍坊市残疾人文化艺术作品展，获书法类一等奖1件、书法类二等奖1件、书法类优秀奖5件，绘画类二等奖1件、绘画类三等奖1件、绘画类优秀奖8件，民间艺术优秀奖1件。推荐年内已发表的19件电视和报纸优秀稿件参加潍坊市残联5月开展的潍坊市残疾人事业好新闻活动。

在开展体育活动方面，9月27—28日，在寿光市建桥学校体育馆举办寿光市第二届残疾人运动会，该运动会由市政府主办，市残联、体育局承办，共有15支代表队、168名运动员参加，比赛项目有田径、羽毛球、象棋、飞镖、自行车、乒乓球、举重、盲人定向行走8个大项、69个小项，共角逐出金牌74枚、银牌50枚、铜牌35枚，以及团体总分奖、体育道德风尚奖。

【社会保障】 *残疾人养老保险*。2016年，全市共有15139名办证残疾人办理养老保险，参保率100%。全年共为2890名非低保重度残疾人缴纳最低档养老保险37.57万元。

为残疾人发放2项补贴。为保障残疾人的基本生活，提高残疾人的生活水平，2016年为全市3084名低保残疾人发放生活补贴382.34万元，为4925名重度残疾人发放护理补贴441.76万元。

开展残疾人托养工作。对无依无靠、无生活来源、无劳动能力的重度残疾人实行机构托养、居家托养的办法，保证其衣食住行。2016年，机构托养115人，补贴金额32.4万元；居家托养95人，补贴15.11万元。

实施无障碍设施改造。2016年，投资1.75万元为5户残疾人家庭进行无障碍设施改造，改善其生活环境。

发放残疾人机动轮椅车燃油补贴。2016年，对109名肢体残疾人机动轮椅车车主发放燃油补贴，补助金额12440元。

（李小亮）

法治 军事

公 安

【管理机构】 2016年3月，设立出入境管理科，撤销警务保障室，原警务保障室职能划转指挥中心。5月，设立市公安局警犬训练基地，同时撤销市公安局驾驶员考试中心，原驾驶员考试中心职能划转市公安局车辆管理所。至2016年年底，市公安局共设有14个处室：指挥中心、政工室、刑警大队（副科级）、交警大队（副科级）、治安大队（加挂食品药品与环境犯罪侦查大队牌子、副科级）、特巡警大队（副科级）、国内安全保卫大队（副科级）、禁毒大队（副科级）、经侦大队、监管大队、警务督查室、法制室、出入境管理科、审计科。下辖1个分局，即羊口分局；20个派出所，分别是圣城、城区、站前、工业区、文家、洛城、侯镇、稻田、上口、营里、田柳、古城、台头、化龙、孙家集、纪台、弥河生态农业观光园、市场、晨鸣、双王城水库派出所；3个事业单位：车辆管理所、物证鉴定中心（正科级）、警犬训练基地。共有行政编制547人，事业编制256人，机关工勤编制44人；实有公务员532人，事业干部256人，机关工勤44人、事业工勤3人，机关事业单位人员派遣中心派遣工勤27人。

2016年，市公安局在潍坊市县级公安机关业务综合考评中位列第一，在寿光市直部门向群众公开述职报告评议中名列第一。

【反恐维稳处突】 准确把握国际国内反恐形势，以反恐维稳处突为重点，完善反恐工作机制，组织反恐演练，实现突发事件快速有效处置。开展“重点人员”管理试点工作，实行等级评估、分类管控，该做法在5月召开的潍坊市公安局深化公安基层基础工作推进会上作经验介绍。健全敏感案事件处置机制，实行应急指挥、联动处置、舆论引导“三同步”，实现法律效果、社会效果有机统一，全年先后妥善处置千榕家纺火灾、热力管道施工事故等一批敏感案事件。以“两节、两会”、G20峰会等敏感节点和菜博会安保为核心，深入开展严打暴恐、破案攻坚、易制毒化学品整治、混乱区域治理及固边系列行动，综合运用多种手段深化破案惩治工作，全年共接处警650起，破获刑事案件9起，处结治安案件56起，惩治违法犯罪人员49名，破案数和惩治数同比分别增长114%和28%。顺利完成十八届六中全会、“G20”、“C20”峰会和寿光第十七届“菜博会”、第三届中国县域电商峰会等重大活动期间的安保任务，有力地维护社会稳定。

【打击破案工作】 坚持“打击主业”理念不动摇，2016年5月建成合成作战中心，成为县级公安机关样板，提升惩治破案整体效能。该中心实行“一键启动、一体作战、一战到底”工作机制，遇有大要案件、敏感性事件、重大警情，一键启动各类手段应用，实现指挥权威最大化、指挥调度扁平化、合成效能最大（佳）化。全年共刑事处理1750人，行政拘留1231人，逮捕427人，移诉1442人，惩治工作保持潍坊市先进，红色指令追逃位列潍坊第一。先后攻坚破获跨境伪基站电信诈骗案、部督“1·01”贩卖毒品案、省督“4·07”网络贩枪案、仓圣公园杀人案、任某传播政治谣言案等一批大案要案。成功侦破“4·12”故意污染环境案、“5·07”非法经营溴素案、“5·27”国标烟草案、“12·23”恶意欠薪案、系列撬盗车库储藏室案、系列盗窃电动轿车案等一批民生案件，保障群众生命财产安全。

【立体化防控体系建设】 2016年，为提升社会治安驾驭能力，建立“平安指数”每月发布制度，指导全市各镇（街区）推进立体化治安防控体系建设。全年新增村居视频监控9600余个，小区视频监控8100余个，全市视频监控探头达4.8万个，975个行政村、434个居民小区实现视频监控全覆盖。组建成立镇街区、社区、村居治安联防队1429支、8985人，搭建起三级治安防范组织体系。启动“电动车防盗工程”，为16万辆电动车安装“二维码”。搭建覆盖城乡微信群479个，辐射人员30余万，定期推送安全防范知识和宣传信息，进一步提升群众的防范意识和能力。

【公共安全监管】 以织密监管责任体系为重点，10月编制实施《公安机关公共安全监管责任体系》，开展“问题隐患排查整治”和“四严”（严检查、严整改、严执法、严追责）专项行动，对各类安全隐患实施“一站式”排查整治，全年查处交通违法行为16余万起，检查单位、“九小场所”（小商场、小学校（幼儿园）、小医院、小餐饮场所、小旅馆、小歌舞娱乐场所、小网吧、小美容洗浴场所、小生产加工企业）2万余家次，检查危化品企业320余家次，易制毒企业280余家次，曝光单位386家，查封企业18家，挂牌督办16家，行政拘留7人，影响群众安全隐患得到有效整改。新建4处消防站，完善原有城乡消防站布局，提升火灾救援能力。在国内率先研发使用实名制管理禁毒平台，开通有奖举报系统，全年兑付奖金89万余元，形成人人参与禁毒工作的社会氛围，全年没有发生造成重大影响的公共安全责任事故。

【道路交通管理】 2016年，全市机动车保有量40.5万辆，驾驶人42.5万人。全年共办理机动车挂牌21802辆，临时号牌13300辆，驾驶证补换证28443人，驾驶人审验5684人，机动车年审107824辆，各项业务考核在潍坊支队均名列前茅。

【信息化服务实战】 与北京以萨数据科技公司联合研发寿光公安视频警务云——“神眼”大数据系统，在全国首创“以图查车”模式，毫秒内精确锁定涉案车辆；搭建起辐射全国20个省的“车踪联盟”，民警在办公室即可侦办案件，大大提升跨地域侦查能力，该系统先后荣获山东公安科技进步一等奖、山东省科技进步三等奖。实战中实现“四个100%”，即尾随银行取款人盗窃车内财物案件破案率100%、交通肇事逃逸致人死亡案件破案率100%、未按规定线路行驶的危化品车辆发现率 100%、初次进入寿光市的套牌车发现率 100%。9 月，研发应用“小哨兵”伪基站侦测系统，铲断伪基站电信诈骗的链条，先后破获电信诈骗团伙 18 个，刑事处理 28 人，信息化服务实战能力明显提升。

【执法规范化建设】 建设启用执法办案中心，实行统一管理，全力保障审讯办案，增强执法公信力。同步使用警务服务中心，实现对外业务归口服务，方便群众办理业务。进一步提升“110”接处警、户籍、出入境、车驾管等窗口服务，全年接处警 8.3 万余起，办理户籍业务 30 余万次、出入境业务 1.5 万余次，办理车驾管业务 23 万人次。常态化开展法治进校园、交通助学岗、赃物返还等活动，回访群众 2 万余人次，征求意见建议 1300 余条，促进警民关系和谐，群众安全感和满意度进一步提升。

【基层社会治理】 年初，创新提出“公安工作积极融入党政大局，全力推进社会治理一体化”工作思路，主动融入镇（街区）党（工）委、党总支、村党支部三级党组织中，实行派出所党员民警担任镇（街区）党总支副书记、非党员民警担任副片长的做法，106 名社区民警担任全市 15 处镇（街区）的党总支副书记或副片长，实现治安联合防范、隐患联合检查、人口联合管理、矛盾联合调处，形成基层社会治理齐抓共管合力，该“一体化”工作经验被新华社、《人民公安报》等多家媒体进行报道，在 1 月召开的公安机关全省规范基层警务工作会议上作典型发言。全年共化解各类矛盾纠纷 8000 余起，破获影响基层稳定的霸痞团伙 35 个、181 人，处置突发案事件 386 起，有力地维护基层政权稳定。

【队伍正规化建设】 2016 年，为公安系统“能力建设年”，倡树“全局督查、督查全局、全警督查、督查全警”理念，固化“日点、周评、月结”工作机制，每月召开队伍问题数据分析会，形成严管公安队伍长效机制。组织规范执法、信息化应用、服务群众等教育培训，开展大队、科室与派出所“结对子”活动，提升全局民警综合素质。积极为干警排忧解难，解决历史遗留问题，并组织民警及家属进行免费健康查体。落实生日送祝福、心理健康咨询、警衔津贴发放等从优待警措施，进一步增强队伍凝聚力，提升民警职业认同感和满意度。

【出入境与往来港澳台管理】 2016 年，寿光出入境管理科以“民之快捷”填表系统投入使用和“出入境新服务大厅建设搬迁”为抓手，不断加强窗口软硬件建设，改善服务环境，大力提升新时期办证群众满意度。全市共受理公民证件申请 1.53 万余人次，同比增长 13%；上报各类情报信息 100 多条，宣传信息 120 多条；登记更新常住外国人员临时住宿信息 1050 人次，登记外国人临时住宿登记 1015 余条，报备不准出境人员 1200 余条，受理外国人居留许可、签证延期 70 余人次。同时，完成微信在线填表、智慧填表推广工作，实现网上预约办证服务，全年共实现网上在线填表 1.26 万余人次，智慧填表 9800 余人次，群众满意率达 100%。

【边防派出所工作】 2016 年，羊口边防派出所坚持反恐维稳服务发展一个目标，把握“两学一做”学习教育一条主线，打造最坚强支部班子、最过硬边防队伍两大支撑，深化组织规范、维稳固边、基础夯实、素质提升四大工程，公安边防工作和部队全面建设取得新成绩。同时，深入开展“守平安固海防”专项行动，加强出海船舶普查、信息采集、渔民服务、码头巡查，配套开展港区安全检查、海上治安秩序整治、反偷渡、制止越界捕捞行动，搭建港船管理服务微信交流群2个，开展法治教育、在线咨询、防范宣传、业务预约、预警提示等服务，有效增强港船管理服务效能。全年共普查船舶711艘，采集录入信息1546条，查处违规船舶35艘、处罚72人，处结海上案件17起，破获特大非法捕捞水产品案1起。羊口边防派出所先后被武警总队表彰为“先进基层党组织”，被武警支队表彰为“先进党支部”，被潍坊市政府表彰为“反走私工作先进集体”，被寿光市公安局表彰为“公安工作先进单位”，在边防支队军事业务关键指标考核中名列第一。

检察

【管理机构】 2016年，寿光市人民检察院内设：侦查监督科、公诉科、反贪局（内设综合科、侦查一科、侦查二科）、反渎局、民行科、控申科、刑事执行检察局、技术科、未检科、预防科、法警大队、案件管理科（与民生检察管理办公室合署办公）、办公室、政治处（内设组织人事科、宣传教育科）、研究室、行装科、信息中心、监察室、检务督察办公室（与人民监督员办公室合署办公）和派驻滨海（羊口）经济开发区检察室、派驻经济开发区检察室、派驻侯镇检察室、派驻洛城检察室、派驻圣城检察室、派驻台头检察室、派驻孙家集检察室。

共有政法专项编制95人、工勤编制8人；实有在职干警87人、工勤22人。其中，检察长、副检察长4人，纪检组长1人，党组成员11人；检委会专职委员3人，检委会委员15人，员额制检察官32人。

【刑事检察工作】 2016年，共受理提请逮捕748人，批准逮捕423人，不批准逮捕305人；受理移送起诉1432人，提起公诉1214人，不起诉39人。

【查办和预防职务犯罪】 全年共立查贪污贿赂犯罪13件16人、渎职侵权犯罪3件7人，全部是大案。所立案件已全部侦结并移送起诉，提起公诉22人，其中涉案县级干部1人、科级干部10人。结合办案发出检察建议2份、预防职务犯罪通报1份，开展警示教育和社会化预防宣传18次，提供行贿犯罪档案查询2144次，同比上升271%，促进腐败问题源头治理。

【立案监督和侦查监督】 全年共监督立案18人，监督撤案9件，追捕追诉漏犯49人，书面纠正违法19件。

【刑事审判监督】 全年共提请刑事抗诉案件6件，其中法院改判3件。

【刑罚执行监督】 全年共批准逮捕社区服刑人员重新犯罪案件2人，开展羁押必要性审查22次，依法变更强制措施22人，监督交付执行罪犯67人，看守所连续31年无超期羁押。

【民事行政诉讼监督】 2016年，共办理民事裁判监督案件5件，执行监督案件6件，行政执法监督案件9件；发出检察建议7件，再审检察建议2件；协助办理二审监督案件5件，均被采纳。

【控告申诉检察】 2016年，依法妥善化解矛盾纠纷，共接待群众来访142件、174人，受理控告、举报、申诉、民事监督等各类线索71件，均按规定分流处理；办理举报线索初核案件3件，对自侦部门不立案线索审查1件，办理刑事申诉案件5件，刑事被害人救助案件9件，息诉罢访率达到100%。

【执法规范化建设】 2016年，以迎接高级检察院抽样评估回头看为契机，开展案件质量评查工作。探索建立邀请第三方开展案件质量评查工作机制，开展案件质量评查4次，组织参加上级检察院案件质量评查2次，提升寿光检察院司法规范化水平。依托民生检察服务大厅、门户网站便民服务平台、“掌上检察院”APP公众版，打造实体、网上、掌上“一体化、一站式、一键通”三位一体民生检察服务平台，进一步完善网上、掌上控申举报、法律咨询、案件信息查询、律师阅卷预约、行贿犯罪档案查询预约等服务功能，让精准服务契合群众需求，既规范干警的司法行为，又提升服务效率。

【检察信息化建设】 4月，应用刑事案件信息共享平台，出台《寿光市政法部门刑事案件信息共享平台应用工作暂行规定》《寿光市人民检察院、寿光市公安局关于刑事案件受理和提捕移诉的规定》，公检法全部实现刑事案件信息共享。自主研发集法律监督、司法服务和职务犯罪预防三大板块于一体的民生检察综合业务管理系统，法律监督版块下设刑事法律监督、民行法律监督、刑事执行监督3项业务，司法服务版块下设智能接待、控申接待、预约服务、远程视频接访、远程视频讯问、案件管理、检察长接访7项业务。服务大厅受理的业务，能在窗口办理的现场办理，需要分流到其他部门处理的，通过民生检察综合业务管理系统网上分流到相关部门，相关部门办理结束通过系统将结果回复服务大厅，服务大厅进行反馈，实现民生检察服务中心、派驻检察室和检察院各业务部门业务工作互联互通、无缝衔接。

【派驻检察室建设】 2016年，继续依托自主研发的派驻检察室综合业务系统等系统平台，全面开启派驻检察室“四位一体”（公安派出所、基层法庭、派驻检察室、司法所）办理轻微刑事案件模式，共依法办理轻微刑事案件238件、241人。不断加强基层司法部门信息共享，共发现监督线索18件，职务犯罪案件线索3件，自侦部门从中立案1件、4人。“一室一品”工作持续开展，各派驻检察室根据辖区特点精准定位特色服务，派驻圣城检察室创新打造“互联网+社区检察”品牌，与所辖社区签订《社区检察工作协作办法》，共同开发“寿光e社区”手机APP，通过设立“社区检察”模块，为社区居民提供高效便捷服务。其中，派驻洛城检察室深度打造青少年法治教育品牌，开设网络法治课堂，建成青少年犯罪预防成果展厅，与市关工委、教育局等部门联合制定对辍学初中生的继续教育管理制度。发挥励志学校作用，搭建问题青少年帮教观护新平台，强化未成年人司法保护，该工作做法作为全省十大典型案例之一在全省未检（未成年人检察）工作新闻发布会上予以发布，未检工作得到最高人民检察院的通报表扬；派驻开发区检察室不断培育民行检察品牌新增长点，出台《关于保障和促进非公有制经济健康发展的措施》，依法保障和促进非公有制经济健康发展；其他派驻检察室也借助信息化手段分别擦亮各自特色服务品牌。

【检察队伍建设】 2016年，认真开展“两学一做”学习教育，注重以做促学，通过党组成员深入基层调研、“第一书记”驻村帮扶、干部直接联系群众等活动，丰富学习载体，确保学习教育取得实效。严格执行党组会、检察委员会、检察长办公会议事规则，深入推行问题导向工作法和领导干部一线工作法，增强班子凝聚力。以专业化建设为导向，认真做好检察官入额遴选工作。深化检校合作共建，聘请北京大学、浙江大学知名专家、教授成立专家咨询委员会，共开展寿检大讲堂、微讲堂等活动23次，举办和参加各类培训班34次、技能竞赛6次，有26人获得上级表彰。深入开展检察长创新课题研究，构建的“三位一体”（实体、网上、掌上）检察公共关系体系被评为潍坊市检察机关创新亮点工作。

（李少君）

法院

【管理机构】 2016年，寿光市人民法院内设机构有办公室、政治处、研究室、监察室、书管办、信息科、审判管理办公室、技术室、诉调对接办公室、人民陪审工作办公室、立案一庭、立案二庭、审判监督庭、刑事审判庭、少年法庭、民事审判第一庭、民事审判第二庭、民事审判第三庭、民事审判第四庭、行政庭、速裁庭、金融庭、法庭指导办、执行局（执行一庭、执行二庭、执行三庭、执行指挥办）、法警大队。下辖6处人民法庭，即稻田法庭、侯镇法庭、丰城法庭、田柳法庭、羊口法庭、胡营法庭。共拥有在编工作人员197人，其中中央政法编制人员145人、工勤31人、事业编制21人。

2016年，市人民法院充分发挥审判职能作用，紧紧抓住执法办案第一要务，坚持以人为本，着力于保障民生，维护人民群众的合法权益和社会公平正义。新收案件总数9330件；审执结10597件，其中审结刑事案件944件、审结各类民商事案件6884件、审结行政案件86件、执行各类案件2683件。

【立案 信访】 诉讼服务中心下设的立案一庭主要负责全院所有案件的审查、登记、机关各业务庭室管辖案件的分案排期；办理减、缓、免诉讼费的审批手续；法律文书送达、财产保全等审前准备工作。2016年，立案一庭切实转变工作方式方法，强化诉讼辅导功能，加大纠纷分流力度，通过非诉调解转诉调对接办及陪审办理2211件；转速裁庭速裁296件；辅导后直接立案2370件。充分发挥立案窗口作用，共审查立案4912（4812）件，其中民商事诉讼案件2710件、行政诉讼案件71件、各类执行1820件，诉前保全案件128件，公示催告案件20件，督促程序案件3件，民特35件，破产案件13件、申诉案件12件。立案二庭，主要负责信访案件的接待、登记、分流、督办以及协调处理；办理反馈检察建议，审查双方均为自然人或一方人数众多的民商事案件的申请再审，办理提交审委会研究提起再审的事宜，对符合受理条件的转立案一庭登记立案。全年共处理人民来信189件，接待群众来访221人次，回复国家信访局山东信访信息平台43件，办理司法救助10人，共救助金额294816元。

【刑事审判】 刑事审判工作主要由刑事审判庭和少年法庭承担。2016年，共处理各类刑事被告1287人，其中判处5年以上有期徒刑的49人、不满5年有期徒刑的49人、拘役204人、缓刑561人，单处罚金42人，并处罚金607人。刑事审判贯彻宽严相济政策，重点惩治故意杀人、强抢、强奸等严重危害公民生命健康和财产安全的犯罪；从严惩治发生在食品安全、环境保护等领域的违法犯罪活动，保障群众舌尖上的安全；依法严惩贪污贿赂、玩忽职守等职务犯罪，推动反腐败斗争纵深开展；对情节较轻、危害较小的518名被告人判处非监禁刑，对10名失足未成年人落实犯罪记录封存制度，最大限度的保护未成年人的合法权益。

【民商事审判】 民事审判工作主要由民事审判第一庭、第二庭、第三庭、第四庭和6处派出法庭承担。民事审判一庭主要负责审理婚姻家庭、继承纠纷，合同纠纷，权属、侵权纠纷及其他民事一审案件，较好的妥善调处和化解人民内部矛盾；民事审判二庭主要负责经济案件审判；民事审判三庭主要负责审理道路交通事故损害赔偿纠纷案件；6处派出法庭主要负责辖区内的各类普通民事案件审理；民事审判第四庭仍然承担原辖区内的各类民事案件审理。

民事审判始终坚持“调解优先、调判结合”原则，把契约自由、平等保护、诚实守信等标准贯穿民商事审判。通过认真处理涉及民生案件，利用巡回办案、就地开庭等便民方式调解家庭、人际关系，化解大量民间矛盾、纠纷，依法保护当事人的合法权益，特别是保护妇女、儿童、老人和弱势群体中受侵害方的合法权益，促进社会和谐稳定。2016年，共妥善调处民商事案件6850件。审结婚姻家庭、继承等家事纠纷765件，权属、侵权等纠纷1297件。审结劳动争议、劳务合同纠纷84件，规范劳资关系。审结民间借贷、金融借款等纠纷2039件，维护金融安全。审结买卖、租赁等商事纠纷564件，保障市场秩序。各人民法庭还围绕党委、政府的中心工作，妥善审理涉及土地调整、林木承包以及制售伪劣农用生产资料坑农害农等涉农纠纷案件，及时处理一批影响生产经营和农村生活的集团诉讼案件，较好的发挥第一道防线的作用。其中，胡营法庭妥善处结涉及孙家集街道因济青高铁修建而出现的多起涉土地、群体纠纷案件，保障济青高铁建设进度。

【行政审判】 在行政审判中，探索建立行政诉讼协调机制，创新行政审判应诉方式，努力在沟通协调过程中化解矛盾、解决纠纷、消除争议。从维护政群关系和谐出发，创新运用行政案件协调和解机制，使原告主动撤诉或在行政机关改变具体行政行为后撤诉的，占到行政诉讼结案总数的60%。执结国土、建设、安监、卫生等行政处罚非诉执行案件168件，支持行政机关依法履行社会管理职责。建立行政执法与行政审判双向沟通平台，先后召开联席会议12次，提供法律培训136人次。2016年，在潍坊市率先完全落实行政首长出庭应诉制度，形成司法与行政的良性互动，有力推动依法治市和法治寿光建设。全年共受理一审行政诉讼案件87件，审结86件；执行行政机关申请执行非诉行政案件168件。

【案件执行】 2016年，市人民法院被最高人民法院确定为“全国两到三年基本解决执行难示范法院”。市人民法院以此为契机，制定出台《失信被执行人名单信息认定、披露操作规程》等系列规章制度，通过信用登记、全媒体爆光等方式，多部门协作联动，严厉惩治拒执“老赖”。创新性采取张贴“黄红黑”榜模式，聚力解决执前督促程序案件。启动代号为“秋收”的百日执行会战，凌晨行动9次，出动干警360人次，警车90台次，拘留、拘传被执行人310人，执结5年以上积案270件、3年以上积案778件，执行标的4800余万元。开展“涉金融案件执行活动”，为银行收回大量资金；开展“执行案款清理”活动，将陈年挂账的过付款全部清理过付完毕。推进司法协助网络平台、执行指挥中心建设，利用网络平台查控被执行人财产，共查获1400余名被执行人银行存款4300多万元，大大提高执行效率。与相关部门联动，强化对被执行人的制约，全年向全国法院执行信息管理系统输入被执行人基础数据1.6万余人次，有780多人办理银行贷款受限；输入失信被执行人300余人，其中36人购票、消费等行为受限。与寿光日报社、寿光电视台建立战略合作关系，设立专栏曝光失信被执行人3000余人次。同时，通过这些媒体平台发布敦促履行通告7期，公开曝光未主动履行裁判义务当事人756人次。通过市内9块公共场所电子公告牌和26处公交站点宣传栏，曝光失信被执行人1.3万余人次。强化执行联动威慑机制，加大对失信被执行人的曝光惩戒力度。通过上述措施，执行局、法警大队以及负有执行任务的各人民法庭，共执结各类案件238件，办理执行裁决案件121件，异地执行和续行查封案件147件，在社会上创造良好的外部环境，形成一个有利于执行工作的良好氛围。

【审判监督】 建立健全以审判监督办公室为主体的审判流程管理网络，以审委办为主体的案件质量评价网络，以纪检监察室为主体的违法违纪查究网络，以政治处为主体的岗位责任考评网络，不断加强对司法活动的规范化管理。内部设立的“审判监督中心”，利用诉讼软件系统和数字视频技术功能，对案件审理流程各节点进行监控。在立案环节，重点跟踪监控案件是否符合法定受案条件及管辖规定，诉前保全是否符合法律规定，分配移送案件是否与审判庭职权、职责一致等事项；在庭前准备环节，重点跟踪财产保全、文书送达、立案调解的时效性和合法性；在审判环节，重点跟踪审限进度和办案程序，对相关案件及时予以时限警示和催办督办，特别加强对中止、中断、延长和扣除审限等4类案件的审批和监控。在庭审环节，重点跟踪办案人员是否按时开庭、庭审活动是否规范、是否遵守庭审礼仪等。审判监督中心还综合利用案件评查、庭审观摩、案件抽查、网络监控、视频监控等多种方式和手段，对案件进行实体监督。在不干涉审判组织独立办案的前提下，实现审判监督由被动监督向主动监督、静态监督向动态监督、事后监督向事前、事中、事后立体化监督的转变。通过主动邀请各级人大代表视察法院工作、定期召开座谈会、走访各级人大代表等方式，征求人大代表、政协委员和社会各界对法院工作的意见和建议。对市人大常委会批办、督办的事项，安排专人及时办理回复。通过主动接受人大监督，进一步密切人民法院与人大代表的联系，法院工作得到代表们的关心、支持和帮助，推动法院各项工作不断健康发展。

【司法公开】 坚持以公开促公正、以公正立公信、以公信树权威，深入贯彻落实司法公开、司法民主，切实保障公众的知情权和监督权。有序推进审判流程公开、裁判文书公开和执行信息公开三大平台建设，实现审判信息同步告知、案件进度同步查询、听证庭审同步直播、司法活动同步监督，构建起开放、动态、透明、便民的阳光司法机制。开通法院官方微博和微信，全年利用微博、微信发送工作动态2139条，直播案件庭审90余场次，在中国裁判文书网公布裁判文书 1.1 万余份，上网率超过 100%，在寿光民声网及时答复咨询共 319 件次。不断拓展法治宣传工作，组织志愿者服务队到晨鸣社区开展“法律进社区”活动，组织干警走上街头开展宪法日宣传活动，向群众宣传法治，解答法律咨询。定期开展“法院开放日”活动，主动邀请各级人大代表、政协委员和社会公众旁听庭审、视察法庭、参与听证、随视执行，赢得信任。

【队伍建设】 市人民法院始终坚持从严治院、人才兴院的治院理念，把队伍建设作为法院工作的重中之重，树立良好形象。认真落实“党建带队建、队建促审判、改革保发展”的工作要求，10 月市人民法院为在寿光市召开的潍坊市县市区委书记座谈会提供党建工作参观考察现场，受到与会代表的好评。以“公正、廉洁、为民”的核心价值观统一思想、凝聚人心、弘扬正气，进一步推动法院队伍建设。一是认真组织开展“两学一做”学习教育实践活动，制定实施方案、配档表，成立教育实践活动领导小组。二是全面落实“三严三实”和“五个严禁”的工作要求，严格执行“中央八项规定”和党风廉政建设各项制度。严格遵守执法办案工作纪律，杜绝违规违纪行为的发生。认真参加纪委廉政约谈，推进法官诚信司法机制建设，强化对干警执法办案和业外行为的监督。三是顺利完成法官员额遴选工作。作为司法责任制改革的重头戏，制定法官入额考核工作实施方案和考察工作方案，在院党组和改革领导小组的领导下，通过精心准备、精心组织，及时完成入额法官的动员、报名、审查、材料报送、考试工作，以及入额法官的民主测评、业绩考核、考察工作，经山东省法官检察官遴选委员会遴选，首批 54 名法官顺利入额。四是认真组织开展党员干部直接联系群众活动、“第一书记”驻村以及群众满意度提升工作，市人民法院派驻侯镇黄桥张西村第一书记利用诉外调解方式，为村集体清收土地承包尾欠 49 万元。在 2016 年上半年寿光市市直部门（单位）工作评价中，市人民法院获第 1 组第 1 名优秀位次。

（夏新鑫）

司法行政

【管理机构】 2016 年 1 月，寿编发〔2016〕12 号文件同意在市司法局加挂社区矫正管理局牌子，成立社区矫正管理科（在基层科加挂牌子），为司法局内设机构，规格股级，配备科长 1 人、副科长 1 人；同时为田柳司法所增加政法专项编制 1 人，司法所编制由 49 人增加到 50 人。至年底，市司法局（加挂社区矫正管理局牌子）内设办公室、基层科（加挂社区矫正管理科牌子）、公律科、法制宣传科、审批服务科。下辖市法律援助中心（加挂市“148”法律服务协调指挥中心牌子），为股级事业单位，编制 7 人。局机关共有行政编制 20 人，实有干部职工 21 人。全市每个镇（街道）均建有司法所，共计 14 个。

2016 年，市司法局被评为“2011—2015 年全省普法依法治理工作先进单位”，时任司法局局长王宏志被评为“2011—2015 年全国法治宣传教育先进个人”。6 月，寿光市公共法律服务中心党支部被潍坊市委评为“先进基层党组织”。2017 年 1 月 5 日，寿光市公共法律服务中心被山东省司法厅命名为全省首批“山东省公共法律服务示范中心”，全潍坊市仅有寿光和昌乐 2 家。

【普法宣传】 在“六五”普法基础上，2016年是中央宣传部、司法部实施在公民中开展法治宣传教育第七个五年规划（简称“七五”普法）的开局之年，各项工作健康有序开展。

健全普法机制。调整寿光市全民普法依法治理工作领导小组，进一步明确“谁执法、谁普法”的原则，制定镇街区、市直部门关于法治宣传教育实际效果考核细则，对普法宣传效果进行量化考核。制定《关于在全市公民中开展法治宣传教育的第七个五年规划（2016—2020年）》，并经市十六届人大常委会第三十六次会议审议通过。12月27日，召开全市普法依法治理工作会议，对“六五”普法依法治理先进单位和个人进行表彰，对“七五”普法依法治理工作进行安排部署。

强化科技普法。2016年，公共交互平台共接受、解答法律咨询2100人次；短信平台发送普法短信50余万条次；播放电视栏目《联线司法》6期；联合市电视台《菜乡播报——播报有礼》电视栏目播发普法知识46期；刊发报纸专版《与法同行》6期，《法律知识1000问》《道德法庭》调解专版24期；6月正式启用“潍坊市在线学法平台”，组织全市5000余名干部职工在线学法、考法，考试合格率100%。

深化常规普法。2016年，与寿光市电视台举办“法律知识竞赛暨法律六进活动”。联合市教育局、人社局在全市选拔、聘任法治校长97人，并对其进行任前培训。印发“法治交运、平安驿站”交通地图与《身边法律》书籍3万余册。深入开展“法律服务千村行”和“法律六进”活动，先后走访村（社区）220余个。积极开展以案释法工作，共收集整理案例近300余个。

【依法治理】 2016年，继续推进“一村一顾问”工程，全市共有400多个村聘请法律顾问。牵头实施“百村百名法治副主任”工程，从政法各部门及律师、基层法律服务队伍中遴选法律专业人员100名到100个行政村（居委会）担任法治副主任，推进基层工作的依法治理。全市有10个村（社区）被潍坊市民政局、潍坊市司法局评为“潍坊市民主示范村”，分别是圣城街道北关社区、文家街道仉家庄村、洛城街道李家村、古城街道庵头村、孙家集街道三元朱村、侯镇刘家官庄村、台头镇东庄村、营里镇李家湾村、化龙镇钦西村、上口镇西方吕东村。

【人民调解】 2016年，行业性调解组织建设有新突破，与市民政局、市妇联联合成立婚姻家庭纠纷人民调解委员会，行业性调解组织达到28个。与市政法委共同指导警民联调工作，全市共建立警民联调工作室22个，实现人民调解和治安行政调解的有效衔接。寿光日报人民调解委员会职能有效发挥，全年调解纠纷180余件。调解体系不断完善，新增个人命名的调解室2个。2016年，全市各级人民调解组织共调解矛盾纠纷1500余件。

【社区矫正】 2016年上半年，制作完成《<社区矫正实施办法>选读》和《社区矫正人员须知》电子相册，并配备真人语音，在社区矫正报到学习区滚动播出，每个新入矫的社区矫正人员报到后学习半小时，从而提高社区矫正报到工作效率，规范报到程序。组织政法干警和社区矫正工作者20余人进行社区矫正业务知识培训。组织18人参加潍坊市司法局组织的心理咨询师培训考试。3月组织有关干部职工先后到江阴、上海徐汇等地学习社区矫正先进工作经验，提升社区矫正工作水平。做好社区矫正人员和刑满释放人员台账管理工作，集中查评卷宗150余份。先后举办社区服刑人员心理讲座6场，对社区服刑人员进行集体心理辅导390余人次。全年共新接收社区矫正人员500人，新解除矫正人员413人，变更居住地8人，警告142人，手机定位800余人，在册人员866人，新接收刑满释放人员149人，社区矫正监管职能和监管效率进一步增强。

【安置帮教】 2016年，对全市服刑人员进行信息核查和反馈，并对服刑人员的未成年子女进行排查，开展帮扶活动。做好服刑人员释放前衔接，认真开展刑满释放人员的安置帮教工作。

【基层法律服务】深入开展“爱岗敬业为民”主题教育实践活动，加强基层法律服务工作者教育整顿，借助年检机会，注销法律服务工作者5人。引导部分法律服务所选派人员轮流进驻城市新型社区，帮助解决纠纷，拓展案源。发挥基层法律服务协会的作用，先后组织专业培训班3期，组织外出学习2期，共计60余人次。加强自身规范化建设，所有法律服务所全部进行税务登记，促进基层法律服务队伍健康发展。

【司法所建设】 2016年，制定《关于构建完备公共法律服务体系、推动司法行政工作融入当地党委政府工作一体化的意见》，将司法所行政工作和党委政府工作结合起来，在洛城街道、文家街道、圣城街道进行试点的基础上，建设司法行政工作室示范点5个。依托司法所、法律服务所、寿光市基层法律服务者协会，在文家街道建设西城公共法律服务中心，12月建成投入使用，面积800余平方米，设有法律服务大厅、调委会、社区矫正、普法宣传、法律援助、司法所、法律服务所、法律服务协会、招投标大厅等多个功能办公室。2016年，古城司法所搬迁新址，办公条件较之以前有明显改善。

【律师工作】 2016年9月14日，经省司法厅批准，成立山东锦鸿律师事务所，为个人律师事务所，山东博卿律师事务所正在注销中。至年底，全市共有律师事务所12家，其中合伙所5家、个人所7家；共有执业律师116人，其中二级律师1人、三级律师12人、四级律师39人；有9人是潍坊市优秀律师，1人为潍坊市人大代表，1人为潍坊市党代表，1人为潍坊市政协委员，1人为寿光市人大代表，4为寿光市政协委员。

2016年，引导各律师事务所对律师进行律师执业险投保，提高律师抵御意外风险的能力。先后安排律师陪同市领导接访229人次，安排律师在市公共法律服务中心值班200余人次，共解答法律咨询1000余人次。加大行风整治，保证律师事业健康发展，全年律师担任法律顾问303家。先后新成立律师事务所联合党支部3个，分别为德泽律师事务所联合党支部、寿城律师事务所联合党支部、优克律师事务所联合党支部，实现党组织对律师所的全覆盖。

【法律援助】 2016年2月，随着寿光市公共法律服务中心的建成投入使用，法律援助中心整体进驻公共法律服务中心，新增热线电话1部，号码“5555148”。新建市公共法律服务中心按照“一站式组合、多窗口服务”的理念，整合法律援助、律师咨询、公证、人民调解、特殊人群管控、法治宣传等服务窗口，寿光司法面对面公共交互平台整建制并入，“12348”法律服务协调指挥中心热线全线并网，形成实体平台、网络平台、热线平台的“三台合一”。至年底，该中心先后迎接省内外各级领导和兄弟单位参观学习交流300余人次。4月28日，市委书记朱兰玺到中心调研，对中心工作给予高度评价。继续推行法律援助“点援制”，新制作影集版律师执业超市20本，并制作电子版在公共服务大厅播放。完善法律援助律师“自选超市”，由当事人自行选择律师为自己服务，提高援助效果。推行律师值班制度，每天安排1名律师参与法律援助在岗解答工作。继续推行农民工法律援助“绿色通道”，免于条件审查。建立低保2倍困难群众信息库，实现法律援助动态管理。制作法律援助直通卡2万份，对困难群众免费发放。建立完善法律援助经费动态调整机制，适时提高办案补贴，标准达每件500元以上，并及时足额支付。建立完善法律援助质量监管机制，公布监督投诉电话，设置办案评价投票箱，确保援助案件质量。将符合条件的上访、信访案件当事人纳入优先援助范围，有力地维护寿光社会和谐稳定大局。全年共受理各类法律援助案件235件，办结131件，解答各类法律咨询3100余人次。2016年，市法律援助中心被潍坊市老龄委推荐为“全国敬老文明号”单位，潍坊市仅此1家。

【司法鉴定】 2016年，按要求做好全市司法鉴定机构和司法鉴定人考核工作、年度注册工作。组织鉴定所开展2016年度司法鉴定领域能力验证网上报名工作。认真督导司法鉴定所开展潍坊市司法局组织的在司法鉴定行业开展“诚信规范为民”活动，建立司法鉴定机构和司法鉴定人诚信档案，以规范化管理促进鉴定所规范化建设。全市共有司法鉴定机构1个，地点在市中医医院。

（刘利华）

军事

【概况】 2016年，寿光市人武部以中共十八大和十八届三中、四中、五中、六中全会精神为指导，全面贯彻军委扩大会议精神，紧紧围绕习主席强军、兴军系列重大战略思想，落实军委国防动员部、北部战区和省军区、军分区党委决策部署，以新形势下军事战略方针为统揽，以使命、任务为牵引，积极适应领导指挥体制新变化，着力聚集实战、创新驱动、体系建设，突出备战落实，突出实战练兵，突出动员准备，突出依法治军，突出人武部全面建设，努力在新的起点上推动人武部各项工作任务高标准完成。

思想政治建设富有成效。落实廉洁自律各项规定，严格按原则、按政策、按规矩、按程序办事，培塑快、准、细、严、实的工作作风，狠抓各项工作落实。突出抓好首长、机关理论学习，继续采取“1+3”学习模式，坚持“专题式设计、问题式牵引、课题式研讨、对策式深化”方法、路子，开展以“建设一批民兵思想政治教育阵地、编写一套民兵思想政治教育教材、举办一期民兵政治教员培训、组织一次民兵政治教员比武、出台一部民兵思想政治教育检查考评细则”为主要内容的“五个一”活动，完善基本设施、培养骨干队伍、健全制度机制，增强民兵预备役部队思想政治教育实效。组织机关现役干部开展“新体制、新职能、新使命”大讨论，统筹抓好主题教育、基础教育、经常性思想教育和形势、政策教育，积极培育新一代“四有”革命军人。

战备训练质量全面提升。年初开始，以北部战区作战方案为依据，搞好作战方案对接，进一步修订完善重大事变军事行动方案，确保形成纵向衔接、横向配套的方案体系。结合担负任务，充实完善处置防火、防汛等突发事件应急预案。加强战备通信值勤保障，组织执勤单位等级评定，确保通信网系统运行稳定。强化人武部首长、机关军事理论学习、业务技能和基础体能训练，按照军委国防动员部编制的《省军区首长、机关训练手册》扎实搞好训练落实。加强海上民兵问题研究，探索海上民兵编组、训练、管理、使用的方法、路子。坚持依法治军、从严治军，积极开展条令、条例学习月活动。抓好小、散、远、直单位和首长、机关驻地，武器装备仓库，单独执勤点、弹药库、兵器室等重要目标的安全管理和警戒防卫，制定完善反恐方案，定期组织针对性演练。推进安全保密信息化建设，加强保密常识教育，落实政治考核和离岗脱密制度，并定期对各类涉密载体和文件资料进行全面清理、清查。突出学习研究、组织指挥、业务能力培训，持续推进“学、研、训、考、评”工作。践行“三严三实”要求，不断强化当兵打仗、带兵打仗、练兵打仗思想，把主要精力放在部队战斗力建设上。从日常工作和点滴细节入手，量化奖惩，激励、督促机关干部、职工写好每一文、干好每一事、值好每一班。

国防后备力量建设成效明显。着眼征兵时间调整、定兵方式调整、改革，和征兵主体向应届毕业生转移的目标、要求，突出抓好适龄青年的网报关、学历关、体检关、政审关，着力提高兵员质量，减少退兵数量，杜绝责任退兵，圆满完成496名新兵征集任务。组织民兵整组工作，严格落实组织整顿、创先评优、档案资料、集结点验等各项制度，调整和健全民兵组织。坚持党委议训制度，严格进行军事训练，全年共训练基干民兵444人。全年军训学生18846人。组织军队院校招收普通高中毕业生和普通高等学校招收国防生工作，共有500余名应届高中毕业生参加政审。开展“全民国防教育日”活动和民兵刊授教育。坚决贯彻深化国防和军队改革总体部署，着眼建设法治后勤，围绕解决后勤建设、发展深层次矛盾、问题，规范管理秩序，创新保障方式，挖掘保障潜力，积极运用“人武部经费结算管理系统”，将经费结算、报销与预算管理结合起来，对预算执行、经费支出、资金管理等实施动态化实时监控，进一步激发后勤工作的生机、动力。

【国防动员】 开展民兵整组暨征兵工作。2月19日上午，利用军分区视频系统，市人武部组织机关全体官兵暨境域5个街道、9个镇、市直、双王城生态经济园区、潍坊科技学院武装部部长和市民兵应急维稳连所属4个企业武装部部长，参加军分区召开的2016年度民兵整组暨征兵准备工作任务部署会。会议要求，2016年民兵整组工作，以上级关于民兵组织整顿的一系列指示要求为依据，以省军区《组织整顿实施手册》和《组织整顿流程图》为指导，认真贯彻《关于加强新形势下国防动员实战化建设的意见》，聚集实战要求，突出建设重点，按照“一专多能、一队多用”要求，重点抓好1个民兵应急维稳连、10个民兵应急维稳排、海防战备执勤分队和3个民兵应急救援排的建设；严格按编制落实人员，配齐装备、器材，围绕维护社会稳定、抢险救灾等任务，完善应急管理和指挥机制，健全维稳处突、防火、防汛行动预案，强化针对性训练、演练，切保能够掌握一支精干、集中、高效的“拳头”力量。

2016年征兵工作，与往年比，兵役登记和应征报名工作节点提前，工作提前，标准提高，继续以“全国征兵网”为主要平台实施网上应征工作。2月1日已经开通网上兵役登记和应征报名系统，兵役登记时间为2月1日—6月30日，男青年应征报名时间为2月1日—8月5日。其中，兵役登记以集中登记为主，个人自主登记为辅。集中登记时间为2月24日—3月18日，零散登记时间为3月18日—4月1日。集中应征报名结合兵役登记一并开展，5月份至8月5日为零散报名时间。

加强学校征兵工作领导。为增强全民国防观念和适龄公民依法服兵役意识，进一步激发广大青年学生关心国防、支持国防、投身国防热情，规范学校征兵工作，提高学校征兵质量，根据《中华人民共和国兵役法》《征兵工作条例》暨《征集各级各类学校应届毕业生工作暂行规定》（参动〔2009〕88号）等法律法规和潍坊军分区司令部、潍坊市教育局、潍坊市人力资源和社会保障局《关于成立各级各类学校征兵领导机构的通知》(潍司〔2016〕6号）要求，境内各相关学校加强对征兵工作的组织领导，寿光一中、寿光二中、寿光中学、寿光五中、现代中学、寿光市职业教育中心学校和潍坊科技学院7所全日制公办（民办）学校，分别于4月4日成立由1名主要领导任组长、1名副职领导任副组长、相关部门领导为成员的征兵领导小组，下设征兵办公室，办公室主任由征兵领导小组副组长兼任，指定1～2名专（兼）职人员具体负责组织实施征兵有关工作。学校有关部门各司其职，密切配合，协同做好征兵工作。高中、中专、技校采取挂靠方式设置学校征兵工作办公室，其中高中挂靠到政教处，中职挂靠到学生处（科），技校挂靠到招生就业科。学校征兵工作，按照属地管理的原则，接受学校所在地征兵办公室领导，协助兵役机关开展好相关工作。

加强应届高中毕业生征兵宣传工作。通过向每位学生发放征兵宣传手册、举办征兵政策咨询现场会，运用QQ群、微信群、校园网等平台开辟征兵“微课堂”，组织征兵“宣传片、微电影、小动漫”进课堂，开展征兵文艺宣传演出、大学生进军(警)营、优秀大学生士兵事迹交流会等系列活动，鼓励应届高中毕业生参军、入伍。同时，各相关学校利用1周时间，借助食堂电视、学校电子屏循环播放等形式，对征兵宣传片《战斗宣言》进行。5月23—29日，市政府征兵办公室结合年度征兵宣传活动方案，安排专人到寿光一中、二中、五中、现代中学、寿光中学，对5所学校当年6月份毕业的高三学生进行征兵宣传，营造应征报名氛围。

潍坊科技学院挂牌设立征兵工作站。根据军分区《关于在高校挂牌设立征兵工作站的通知》（潍征传〔2016〕6号）精神，设立潍坊科技学院征兵工作站，6月2日举行揭牌仪式。征兵工作站建立学习培训、会议、值班等制度，常态化地开展征兵工作。市政府征兵办公室注重加强对征兵工作站的经常性帮抓指导，适时组织相关人员业务培训，全面提高能力素质，推进各项征兵工作。征兵工作站运行经费纳入学校年度经费预算，市政府征兵办公室根据高校征兵工作开展情况给予必要的经费保障。潍坊市征兵办公室自2017年起为每个高校征兵工作站划拨专项征兵工作经费。

完成大学新生征兵工作。为深入贯彻全国、山东省征兵工作会议精神及军委国防动员部和教育部《关于进一步做好大学生征兵工作的通知》，激发广大适龄青年学生关心国防、支持国防、投身国防热情，提高全市大学生征集比例和征兵质量，5月26日，市政府征兵办公室、市教育局联合下发《关于认真做好从大学新生中征集新兵的通知》

（寿征〔2015〕8号），各相关学校按照市政府征兵办公室年度征兵宣传计划，充分利用高三毕业典礼、高考后集中返校、填报志愿等时机，组织开展征兵政策宣传工作。6月8日市政府征兵办公室安排专人组成3个宣传组，分别到寿光一中、现代中学、寿光中学，对当年参加高考的高三学生进行征兵政策宣传，各相关学校共张贴征兵宣传横幅6幅，发放《2016年度征兵宣传政策解读》3000余份，现场解读学生提问2000人次，增强大学新生（参加当年高考，被国家教育部承认的大学录取并发放入学通知书的高三毕业班学生）参军报国、无上光荣的荣誉感。认真做好毕业班学生的应征报名发动工作，将征兵工作责任落实到年级和班级，明确具体负责老师。配合市政府征兵办公室做好应征报名学生在校期间的现实表现审查、病史调查、学历审核等工作。按规定做好应征入伍学生的相关手续办理、毕业证发放和学籍档案迁移等工作。市政府征兵办公室指导各相关学校征兵领导机构开展好国防教育和征兵宣传工作，落实优先报名应征、优先体检、政审，优先审批定兵和优先分配方向“四优先”政策，积极为入伍大学新生办理学籍保留手续、复学后的学费补偿手续等系列优惠政策，落实军属优待政策，确保优抚金按时发放。建立市政府征兵办公室、教育局和学校联合办公制度，共同研究部署征集大学生新兵工作，协调征集过程中遇到的矛盾和问题。建立监督考评机制，学校征兵领导机构根据征兵工作情况对本校毕业年级级部主任、班主任、任课老师做出评价，评价结果纳入年度考核成绩，对征兵工作表现突出的个人，年度考核优先评选优秀。同时，对征集任务完成好的学校和工作人员，纳入各级征兵工作先进单位、先进个人和关心国防建设“双十佳”评选表彰。

完成国防动员潜力调查和数据统计任务。5月19日，在市人武部作战室，市国防动员委员会综合办公室组织各相关成员单位负责人，召开全市国防动员潜力调查任务部署会，对《北部战区国防动员潜力数据采集系统》完成时限和如何做好国防动员潜力统计、调查进行安排部署，市国防动员委员会副主任、市人武部部长胥永利，政委李志平出席会议。胥永利指出，国防动员潜力调查的范围、内容，均按照北部战区联合参谋部统一制定有关表册和卡片格式要求执行，并及时输入国防动员信息系统。李志平要求，各部门、单位要积极协调本级政府及有关部门进行国防动员能力评估，掌握辖区国防动员潜力数据、质量和分布情况，制定国防动员潜力储备计划，认真抓好国防动员潜力调查工作落实。10月10日，根据国家国防动员委员会统一部署和省国防动员委员会要求，依据潍坊市国防动员委员会《关于组织全市国防动员潜力调查和数据统计业务培训的通知》（潍国动〔2016〕11号）精神，市国防动员委员会组织境域各相关成员单位负责人和基层武装部部长进行业务培训，主要学习军委国防动员部国防动员潜力信息系统操作使用和功能应用、国防动员潜力调查组织实施、国家国防动员委员会潜力调查统计指标体系等内容，对搞好全市国防动员潜力调查和数据统计工作进行安排部署。市人武部部长胥永利上校主持会议并要求严格落实安全保密规定，切实做到专机专用，妥善保管好有关数据。至年底，及时圆满完成国防动员潜力调查和数据统计任务。

完成“天宫二号”与“神舟十一号载人飞行”应急搜救任务准备工作。10月10日，市人武部对天宫二号与神舟十一号载人飞行应急搜救任务准备工作进行安排部署，信托作战值班室建立应急搜救专项值班，在每日值班综合报告中增加应急搜救部队备勤内容，主要包括当日、次日主要工作安排及本单位备勤分队数量、兵力总数、保障车辆数量和备勤状态等情况。组建5个备勤分队，总兵力100人，配有吊车1辆、货车2辆、运输车5辆。其中，圣城街道应急维稳排20人、大货车1辆（运输返回舱及散落物品，返回舱：钟型，底部直径2517毫米，总长2500毫米，质量3300公斤）、民兵运输车1辆，稻田镇应急维稳排20人、大吊车1辆（8吨以上）、民兵运输车1辆，羊口镇海防战备执勤分队20人、大货车1辆（运输返回舱及散落物品）、民兵运输车1辆，纪台镇应急维稳排20人、民兵运输车1辆，化龙镇应急维稳排20人、民兵运输车1辆。10月17日，飞船发射前1小时，各任务分队和车辆在相关镇（街道）集结完毕，做好随时出动准备。发射成功后，转入待命状态。11月17—18日，各相关任务分队继续做好随时搜救准备工作。

【兵役工作】 开展大学生征兵体检工作。为切实推进大学生征兵工作创新发展，更好地服务大学生，根据中央军委国防动员部和教育部联合下发的《关于进一步做好大学生征兵工作的通知》，市人武部将大学生征兵设为放假前和开学后两个阶段进行，第一阶段将辖区高校大学生征兵体检时间提前至6月下旬，在暑假开始前完成征兵体检。主要是面向高校在校生，应届毕业生，经市政府征兵办公室体格检查、政治考核合格后，确定为预定兵，发放《大学生预定兵通知书》。第二阶段在9月底前完成，主要面向高校新生，以及高校应届、往届毕业生，确保合格的大学生都能够入伍。境内各级兵役机关、教育部门和高校进一步强化使命意识、责任意识，切实将大学生征兵工作摆上重要位置，依法履行征兵工作职责，真抓实干，务求实效；健全征兵工作定期会商机制，细化分解任务，明确责任分工，加强督导检查，及时发现和解决问题，确保大学生征兵工作顺利开展。6月21日，潍坊科技学院大学生体检工作正式启动，共有47名应征大学生接受内科、外科、心理测试等多个项目的检查。

开展适龄青年征兵工作。7月22日，市政府征兵办公室组织境域各镇（街道）、市直、双王城生态经济园区武装部部长召开全市征兵工作协调会议，对适龄青年上站体检工作提出具体要求，对如何搞好新兵政审工作进行安排部署。

完成2016年度征兵体检工作。为保证向部队输送优质兵源，保质、保量地完成2016年征兵工作任务，市政府征兵办公室协调市卫生局组建专业体检队伍，并对每名参加体检的医务人员进行业务培训，严格把握征兵体检标准，确保向部队输送的每名战士都能做到身体、心理素质健康、过硬。7月28日—8月7日，市人武部对全市各个镇（街道）和市直、潍坊科技学院、双王城生态经济园区等17个单位的1021名适龄青年进行集中体检，在各基层武装部对所有应征青年进行血压、心跳、身高、疤痕、视力、胸透、心电图、B超等初步检查的基础上，市征兵体检站又逐一进行视力、听力、嗅觉、口腔、耳鼻喉、内科、外科、心理测试，暨血检、胸透、心电图、B超等项目的进一步检查。体检医务人员对每名应征青年进行登记、身份核对，确保征兵工作的真实性、公平性。

开展义务兵征集工作。2016年全市兵役登记新增9675人，网上报名符合条件者1992人，经初检、初审后确定预征对象1030人，实际上站体检1021人，其中体检合格人数583人；参加政治考核1000余人，政审合格930人；体检、政审“双合格”人数为530人（不含17岁高中、中专完成两年学业的）。经全市定兵会议集体定兵，共向部队输送优抚兵员502人，其中大学生311人（毕业生21人、在校生69人、大学新生149人）占任务数的62%。工作中，廉洁征兵，严格标准、要求，做到不揽事、不承诺、不支招、不乱来，严把各个环节、关口，统筹协调，坚持原则，树立良好形象。在基层对初定兵员进行逐个走访、调查的基础上，9月5日召开全市定兵大会。按照各接兵单位的新兵运输计划，制定落实相关保障措施，保证新兵按时起运。

为端正应征入伍青年的入伍动机，帮助他们迈好军旅生涯第一步，根据省军区《关于在预定兵中开展役前教育、训练的通知》（鲁军传〔2016〕132号）精神，市人武部成立由部长胥永利、政委李志平任组长，政工科科长赵永亮中校为副组长和各基层武装部部长为成员的预定兵役前教育、训练领导小组，抽调精干人员担负组训任务，科学制定组训方案，9月4—8日，对全市502名“双合格”（体检、政审均合格）适龄青年，在稻田镇中学生综合实验基地（原稻田七中）进行为期5天的役前教育、训练。共设1个新兵营、5个新兵连，每连8个班，由军事科参谋王送宾上尉担任营长、政工科干事张鑫少校担任教导员。教育、训练内容以政治教育，谈心、交心，廉洁征兵问卷调查、观看教育片、基础队列和体能训练为主，进一步激发应征入伍青年的参军热情，帮助他们尽快适应军营生活，为其自觉投身军营打下思想和身体基础。在教育方面，主要围绕《如何迈好军旅生涯第一步》《吃下十种苦才能当好兵》《你了解我们这支军队吗》进行授课，并与入伍新兵逐人谈心、交心，向他们介绍即将面临的部队生活，要求每名青年从现在开始加强身体锻炼，培养良好的生活习惯，坚定理想信念，克服困难，为尽快适应部队生活、成为一名优秀军人打下基础。教育新兵正确认识当前国际、国内形势，牢固树立当兵光荣的荣誉感；入伍后要积极创先、争优，在树立建功立业人生目标的同时，自觉献身国防事业，担负起保家卫国的重任。组织观看录像《胜利大阅兵》，使新兵认识到参军、入伍是正确的选择，无悔的人生。在训练方面，进行条例、法规学习，体能和队列训练、一日生活适应性训练等。通过训练，让广大新兵提前感受军营氛围，掌握基本的军事知识和技能，全面锻炼和提高政治素质、思想素质、身体素质、自我管理能力，为更好地适应部队生活打下坚实的思想基础，确保年度征兵任务圆满完成。坚持每天进行队列会操、内务讲评。教育训练结束时，组织进行入伍宣誓，逐人签订承诺书。市征兵办公室体检、政考负责人和主检医师全程参与，跟踪掌握预定兵身体情况，对确实不适合服役的及时进行调换。

【国防后备力量建设】 3月26日—4月3日，市人武部从以下3个方面对基层各单位的民兵整组工作进行检查督导，一是年龄问题。国家规定基干民兵年龄为18～28岁，2015年起基干民兵信息要录入民兵信息管理系统，年龄要求非常严格，即将符合年龄的18～28周岁青年全部编入基干民兵组织，特别是在本地或就近工作的退伍兵要编入应急队伍，其他的纳入支援、储备队伍。除供水、电力、燃气、护路、医疗、维修等专业性很强的行业和民兵骨干外，均编组28岁以下的。二是有关花名册基干民兵信息方面的问题。2015今年起，基干民兵信息录入民兵信息管理系统后，数据除逐级上报外，若遇有急、难、险、重任务或上级检查、拉动时，将直接从系统中打印花名册进行点验和核对信息的真实性。通过对花名册内容进行逐一检查、核实，包括各单位基干民兵姓名、民兵职务、身份证号、性别、出生年月、民族、政治面貌、文化程度、是否经过军事训练、是否是退伍军人（退伍时的职务、退伍时间）、地方工作单位、地方工作职别、身体状况、专业特长、家庭住址、联系电话等，确保真实性。三是有关时间、节点的把握问题。各单位根据全市民兵整组实施计划、安排，严格按照规定的时间、标准、要求和节点上报有关资料，确保工作有效落实。

【全市民兵预备役工作暨党管武装书记述职】 4月14日，市人武部组织境域各镇（街道）党（工）委书记、市直机关党（工）委书记、武装部部长，市国防动员委员会各成员单位负责人和设有武装部的相关企业负责人，召开全市民兵预备役工作暨党管武装书记述职会议，总结2015年度民兵预备役工作基本情况，部署2016年主要工作任务。军分区政委郝树东、政治部组织科科长刘广富，寿光市委书记朱兰玺，市人武部部长胥永利、政委李志平、副部长徐考成中校出席会议，并分别讲话。田柳镇、营里镇、台头镇党委书记崔欣、范福民、吴振山先后述职。会议还对2015年度全市民兵预备役工作先进单位和先进个人进行表彰通报，并颁发奖牌和奖状。

【公祭烈士】 9月30日，为全国第三届烈士纪念日。9时许，境域公祭烈士仪式在寿光市烈士陵园举行，市委常委、市人武部政委李志平主持公祭仪式，市委常委、纪委书记侯法强等市级领导班子及市区各部门、单位和部分中（小）学学生代表计700余人参加活动。在公祭仪式上，全体人员齐唱《中华人民共和国国歌》，向烈士默哀，少先队员献唱《我们是共产主义接班人》，礼兵向革命烈士敬献花篮，军地领导整理缎带，公祭人员共同瞻仰革命烈士纪念馆等，表达对在不同历史时期英勇牺牲的境域3561名革命烈士的无限敬仰和深切哀思，共同缅怀烈士功绩，弘扬烈士精神，培育全体公民的爱国主义、集体主义精神和社会主义道德风尚，自觉践行社会主义核心价值观，凝聚全市人民力量，激发团结奋斗精神，进一步推动实现更高层次新发展和爱国主义教育常态化，强化民族自尊心和责任感。

【双拥共建】 退役士兵教育培训工作。2015年9月，全市共接收退伍义务兵215人，全部填写《山东省退役士兵教育培训申请表》，有97名退役士兵选择政府组织的免费技能培训，退役士兵培训知晓率100%，意愿参训率100%。培训专业为电工、计算机，2015年11月6日开班，2016年2月5日培训结束。经过3个月的培训，有63名退役士兵取得电工证，97名退役士兵取得计算机初级证书，培训合格率100%，双证取得率65%。有82人被不同企业录取，培训后上岗率达85%。

退役士官教育培训工作。2015年12月接收退役士官175人，其中自主就业退役士官138人，全部填写“山东省退役士兵教育培训申请表”，63名退役士兵选择政府组织的免费技能培训，做到退役士兵培训知晓率100%。培训专业为电工、电子商务，经过3个月的培训，有40名退役士官取得电工证，23名退役士官取得计算机证，培训合格率达100%。

发放义务兵家庭优待金。根据省民政厅《关于做好义务兵家庭优待金发放工作的通知》（鲁民〔2016〕18号）及寿光市《关于进一步规范义务兵优待金发放工作的通知》

要求，2016年寿光市义务兵家庭优待金由2015年的16065元调整为16218元，其中对高原（含进藏）义务兵家庭优待金按3倍标准发放，标准为48654元，经审核全市共计为1143名义务兵（含高原条件兵）发放优待金1951万元，至6月10日义务兵家庭优待金全部发放完毕。此次是寿光连续第6年大幅度调整义务兵家庭优待金标准。

开展“慈心一日捐”活动。8月10日，全市举行“慈心一日捐”活动启动仪式后，市人武部党委根据《寿光市2016年“慈心一日捐”活动实施方案》，本着“政府推动、慈善组织运作、社会各界广泛参与”和“个人捐款数额不低于一天的收入”原则，在机关全体干部、职工队伍中开展“慈心一日捐”活动，共捐款1800元。其中，市委常委、市人武部政委李志平捐款500元、地方编制的1名副科级干部300元、其他5名职工每人200元。

为退伍军人发放经济补助金。全年共发放2次，第一次至2月20日结束，先后为2015年9月退伍的自主就业退役士兵全部发放地方一次性经济补助金，共有217人享受经济补助，全市共发放地方一次性经济补助金206万元。第二次至4月28日结束，先后为2015年冬季退伍的自主就业退役士兵发放地方一次性经济补助金，共有138人享受经济补助，全市共发放地方一次性经济补助金510万元。

为立功受奖军人发放资历资金。全年共为全市238名在部队表现突出而立功受奖的寿光籍现役军人发放奖励资金21.36万元。

荣誉。7月29日，寿光市再次被省委、省政府、省军区表彰为“双拥模范城”，这是自2007年以来连续第3次获此称号。市双拥办主任李冬梅被省人力资源和社会保障厅、民政厅、省军区政治部表彰为双拥工作“先进个人”，并记三等功1次。

（于海庆）

人防工作

【管理机构】 寿光市人民防空办公室是2002年4月经寿光市机构编制委员会批准成立的正科级事业单位，实行市政府和同级军事机关双重领导制度，人民防空经费由国家和社会共同承担。2005年，内设综合科、业务科；2007年加挂民防局牌子；2014年业务科加挂审批服务科牌子，入住市政务服务中心窗口。主要职责是组织编制和实施全市人民防空建设规划和计划；会同有关部门审批人民防空建设与城市建设相结合规划；担负人民防空组织指挥工作；组织管理人民防空通信警报建设；组织管理人民防空工程建设；组织开展人民防空宣传教育；管理人民防空经费和资产；战时组织开展城市防空袭斗争；平时组织开发利用人防工程和设施为经济建设和人民生活服务。2016年，共有干部职工10人。

【宣传、贯彻落实《中华人民共和国人民防空法》】 《中华人民共和国人民防空法》于1996年10月26日颁布实施后，多形式宣传和落实好《人民防空法》。一是通过寿光市中小学生综合实践基地向全市中小学生宣传人防民防知识，每年发放《人民防空知识》读本约5000册。二是利用农村大集组织开展“人防知识赶大集”活动，普及人防、民防知识，将人防知识宣传面延伸到郊区、农村，扩大受教育范围。同时，不断完善田柳镇北岭村2013年建成的国内首家村级“三防”（即国防、人防、民防）教育基地，使其发挥更大的教育效果。三是每年结合“5·12”全国防灾减灾日和“6·15”警报试鸣日，组织到城区人员密集场所开展人防法律和防空防灾知识宣传，通过在街道悬挂横幅、摆放展板、发放宣传资料、现场接收市民咨询等方式向广大市民宣传防空防灾应急知识。四是利用广播、电视、报纸、《齐鲁民防》杂志、寿光民声、人防网站等多种宣传平台，宣传人防民防法律法规和防空防灾知识，全面提高党政干部和广大市民的国防观念和人防意识。五是定期座客“行风热线”，向社会各界宣传人防政策、法规，公开工作职责范围、服务承诺、办理“结建”手续等事项，自觉接受社会和群众的监督。六是开展人防民防宣传“进企业”活动，对墨锐科技有限公司员工进行人防宣传及防空防灾应急常识培训 5 次。

【依法行政】 2016 年，根据《中华人民共和国人民防空法》《山东省实施〈中华人民共和国人民防空法〉办法》《人民防空工程建设管理规定》([2003] 国人防办字第 18 号)等文件有关规定，继续对在寿光市城市规划区及开发区（含工业园）内所有新建民用建筑，按照国家颁布的《人民防空工程技术要求》和《人民防空地下室设计规范》的规定，依法同步修建防空地下室。新建民用建筑均按照下列标准修建防空地下室：新建 10 层（含）以上或者基础埋深 3 米（含）以上的民用建筑，按照地面首层建筑面积修建 6 级（含）以上防空地下室；新建除一款规定和居民住宅以外的其他民用建筑，地面建筑面积在 2000 平方米以上的，按照地面建筑面积的 2 ~ 5% 修建 6 级（含）以上的防空地下室；开发区、工业园区、保税区和重要经济目标区除一款规定和居民住宅以外的新建民用建筑，按照一次性规划地面总建筑面积的 2 ~ 5% 集中修建 6 级（含）以上防空地下室；新建除一款规定以外的人民防空重点城市的居民住宅楼，按照地面首层建筑面积修建 6B 级防空地下室；人民防空重点城市危房翻新住宅项目，按照翻新住宅地面首层建筑面积修建 6B 级防空地下室。

根据《国家计委、财政部、国家国防动员委员会、建设部印发〈关于规范防空地下室易地建设收费的规定〉的通知》（计价格 [2000]474 号）第二条：对按规定需要配套建设，但确因下列条件限制不能同步配套建设的，建设单位可以申请易地建设：采用桩基承台顶面埋置深度小于 3 米（或者不足规定的地下室空间净高）的；按规定指标应建防空地下室的面积只占地面首层建筑局部，结构和基础处理困难，且经济很不合理的；建在流沙、暗河、基岩埋深很浅等地段的项目，因地质条件不宜修建的；因建设地段房屋或地下室管道设施密集，防空地下室不能施工或难以采取措施保证施工安全的。不能修建防空地下室的建设单位，经人防主管部门批准后，应按应建防空地下室的建筑面积和规定的易地建设费标准交纳建设费用，由人防主管部门统一就地就近安排易地建设人防工程。

2014 年审批服务科入驻新建政务服务中心后，与市发展改革局、规划局、建设局、房产管理服务中心等密切合作，建立联审联批制度，严把结建工程审批关。根据山东省财政厅、省物价局《转发〈财政部、国家发改委关于公布取消 253 项涉企行政事业性收费的通知〉的通知》（鲁财综 [2012]8 号）规定，取消征收人防工程建设费。2016 年，根据上级规定全面理顺人防权力清单和服务清单并依法对外公布，经市政府批准，人防行政许可项目保留 6 项和 4 项其他权力类事项，缩短办理时限。审批窗口实行“一门对外、一表受理、一窗办理、一网运作、一口收费、一次发证”，构建起“审管分离、权责挂钩”和“审批一条龙、服务一站式”的人防行政审批工作新机制。向全社会公开《办事指南》《责任清单》《行政权力清单》和《服务清单》《行政审批事项目录清单》，制定《事中事后监管制度》《责任追究制度》等，接受全社会的监督。2016年，人防办共有7名工作人员通过培训考试，先后取得行政执法资格，做到持证执法。

2016年，市人防办纳入寿光市规划建设项目联合会审和寿光市建设工程竣工联合验收成员单位，为落实“应建必建”的要求，提供保障。同时，市人防办完成政务服务平台数据采集工作，根据省政府有关文件要求，严格按照行政权利清单的内容，将人防办行政许可事项全部纳入政务服务平台管理，优化行政许可事项网上申请、受理、审查、决定、送达等流程，实现全市主要行政权力“一张网”运行，企业、群众办事“一网通”，缩短办理时限，提高办事效率。4月，潍坊市人防办组织的潍坊市人防工程建设管理专题调研二组到寿光市人防办调研人防工程建设情况，对寿光市人防办“十二五”期间人防工程建设和应急疏散体系建设取得的成绩给予高度评价。9月，潍坊市人防办检查一组到寿光市检查人防工程，在听取市人防办人防工程建设情况汇报和实地查看港苑新空间、银丰新都结建式人防工程后，对寿光人防工程建设提出意见和建议。

【人防组织指挥和通信警报建设】 市人防办以“防空防灾一体化”为切入点，注重加强人防组织指挥和通信警报建设。2016年，市人防办及时增加安装防空防灾警报器，并与安放点所在单位签定《警报设备社会化管理目标责任书》，明确具体管理人员和责任，2016年通过政府购买服务的方式购买人防警报通信系统的日常维护服务，加强警报器设备的日常维护和安全管理，不断提升城市防空防灾警报预知报警能力。同时，市防空防灾应急指挥室利用2015年加装的远程视频会议终端，加强与机动指挥车及潍坊市人防办和其他兄弟县市的视频音频互连互通。

【人防工程建设】 为解决寿光市人防工程建设离国家要求还有较大差距的问题，市人防办坚持“两建同步”（即人防与城市建设）、“以建为主”的原则，把人防工程建设规划与城市总体规划有机结合起来，把人防建设纳入城市建设之中，充分挖掘和利用地下资源，推进人防工程建设与城市化进程同步发展。2016年，对港苑新空间、银丰新都、学院路万和尚街3处人防工程进行竣工验收备案，通过扩大人防工程面积总量，进一步提升全市的综合防护能力。为更好的承接潍坊市人防办下放的人防工程质量监督管理和竣工验收备案职责，推行人防工程质量监督、竣工验收及安全生产政府购买服务项目。强化人防工程质量安全管理，与全市人防工程建设及使用单位签订《年度安全生产管理责任书》，做到责任到人、措施到位、科学防范。对施工各阶段进行定期检查，发现问题现场发放整改通知，限期整改后报人防办复核，从建设图纸重新设计到整改，人防部门全程跟踪监督指导，严把工程质量关。

【寿光市防空袭方案及应急疏散场所建设】 2016年，根据寿光市城市发展实际，为应对信息化条件下局部战争城市防空袭和平时防灾应急救援的要求，通过政府购买服务的方式重新编制《寿光市防空袭方案》，为有效的开展防空袭斗争和抢险救灾应急救援提供重要依据。2016年，在弥河公园36万和农圣公园12万新建立应急疏散场所，面积约平方米。

【“准军事化”建设】 2016年，寿光市人防办始终以“准军事化”建设为标准，按照“政治坚定、业务精湛、纪律严明、作风过硬、廉政高效”的要求，切实加强机关作风建设。进一步完善具有人防特色的战备、训练、工作等各项规章制度，严格执行24小时战备值班制度，规范机关业务管理和行政管理秩序。对干部职工定期组织理论和业务学习，利用每周五下午集中学习法律法规和人防民防知识，并定期进行考核，机关人员综合素质和执法能力全面得到提高。全年先后选派8人次分别参加潍坊市法制服务中心在潍坊创业大学举办的全省法治政府建设专题培训班、潍坊市人防办组织的新大纲集训班、潍坊市国动委组织的国防动员潜力调查和统计业务培训班。

（吕雯）

经济监督管理

经济结构

【地区生产总值结构】 2016年，全市紧紧围绕“建设品质寿光，创造美好生活”总目标，树立创新、协调、绿色、开放、共享的发展理念，大力实施去产能、去库存、去杠杆、降成本、补短板，全市经济缓中趋稳，稳中向好。工业生产低速增长；固定资产投资增速趋稳；国内贸易平稳较快增长；财政收入稳定增长，年内新增贷款同比回落；实际到账外资和对外贸易同比增长。经初步核算，2016年全市完成地区生产增值（GDP）856.8亿元，按可比价计算，同比增长7.6%。

【产业比重结构】 2016年，第一产业增加值97.3亿元，同比增长4.4%；第二产业增加值364.1亿元，同比增长7.2%；第三产业增加值395.3亿元，同比增长8.7%。三次产业机构比为11.4 : 42.5 : 46.1，三产比重同比提高1.91个百分点。

【投资结构】 2016年，固定资产投资作为拉动经济增长的主要动力，保持着快速增长，不断迈上新台阶。全市完成固定资产投资630.9亿元，占潍坊市投资总量的比重为12.3%，投资总量列潍坊市各县市区第2位，增速为10.5%，低于同时期潍坊市平均水平2.7个百分点。分产业看，第二产业投资平稳发展，第一产业、第三产业投资增长迅速，三次产业投资占比由2015年的5.0 : 57.5 : 37.5调整为2016年的5.7 : 54.5 : 39.8。其中，第一产业完成投资35.8亿元，同比增长23.5%；第二产业完成投资344.0亿元，同比增长3.9%，第二产业投资不断加大，以优质增量带动工业结构的转调，加快工业企业腾笼换鸟、机器换人、科技换芯的步伐；第三产业完成投资251.1亿元，同比增长16.5%，其中房地产开发投资61.4亿元，同比下降9.3%。投资结构呈现出三次产业融合互动，二、三产业齐头并进、协调发展的好局面。

计划管理

【管理机构】 根据市委、市政府有关文件精神，市发展和改革局下设办公室、发展计划综合科、固定资产投资科、外经贸与社会事业科、经济合作科（挂高新技术科牌子）、审批服务科共6个职能科室；下辖寿光市战略性新兴产业推进办公室（2014年设立同时撤销寿光市重大项目办公室）、寿光市服务业办公室、寿光市"三区"建设办公室（黄河三角洲高效生态经济区、山东半岛蓝色经济区、胶东半岛高端产业聚集区）、市粮食局4个正科级事业单位及寿光市社会信用管理服务中心1个副科级事业单位，市物价局1个所属副科级行政机构。

【计划编制与执行】 计划编制。2016年1月17日在寿光市第十六届人民代表大会第七次会议上审议通过2016年经济社会发展的主要预期目标，制定的2016年经济社会发展的主要预期目标是：

地区生产总值增长8%左右；一般公共预算收入增长8%左右；全社会固定资产投资增长10%左右；规模以上工业企业主营业务收入、利税、利润均增长6.5%左右；进出口保持稳定；社会消费品零售总额增长10.5%左右；城乡居民收入增长8%左右；粮食、肉类、水产品总产量与上年基本持平；设施蔬菜面积稳定增长；城镇调查失业率控制在3.5%以内；人口自然增长率完成上级下达计划；万元地区生产总值能耗、二氧化硫、氮氧化物、氨氮和COD（化学需氧量）排放量完成任务目标。

计划执行。2016年，紧紧围绕"深入推进产业强市、加快建设品质寿光"这一目标，把握引领新常态，贯彻落实新发展理念，着力推进供给侧结构性改革，经济运行稳中有进，各项社会事业取得新进展，各项指标符合预期，实现全市"十三五"良好开局。

⑴经济运行稳中提质，综合实力持续增强。一是经济保持平稳增长。完成地区生产总值856.8亿元，同比增长7.6%；一般公共预算收入94.7亿元，同比增长6%；社会消费品零售总额296.4亿元，同比增长10.3%；进出口总额253亿元，同比增长14.4%。二是投资和重大项目拉动作用增强。把重大项目建设作为促进投资增长的"牛鼻子"，多举措鼓励和吸引社会投资，全年完成项目立项430个，总投资521.8亿元，固定资产投资完成630.9亿元，同比增长10.5%。国华电厂、现代蔬菜种业和物流基地暨电子商务园等重大事项列入省"十三五"规划。潍坊港西港区5000吨级航道开工建设。国华电厂一期、墨龙铸造分厂整体搬迁等15个项目投产运营，特别是国华电厂一期的投产运营，年可新增税收7亿元~8亿元。三是就业和居民收入稳定增长。全市城镇新增就业1.47万人，农村劳动力转移就业9360人，城镇登记失业率控制在1.4%以内。全市城乡居民人均可支配收入27324元，同比增加2203元，同比增长8.8%。全市金融机构本外币各项存、贷款余额分别达到857亿元、725亿元。

⑵结构调整步伐加快，质量效益同步提升。深入推进重点行业转型升级，三次产业结构比调整为11.36∶42.50∶46.14。一是农业基础地位更加巩固。创成首批国家农业综合标准化示范市和农产品质量安全县。粮食、肉类、水产品总产量分别达到64.7万吨、17.0万吨和22.8万吨。落实各类支农惠农政策，兑付各类补贴1.5亿元。实施耕地质量提升、大棚"两改"等一系列工程，"沃土"工程推广面积达到3.8万亩，新增土地流转面积5.1万亩，新建大棚"两改"面积6万多亩，大棚1.1万多个。新发展农民专业合作社310家，家庭农场106家，新认定"三品"（无公害农产品、绿色食品、有机农产品）农产品40个。强化蔬菜种业发展，种业研发中心一期工程基本建成，新建育繁基地8个，3个新品种获农业部品种权保护。建成农业大数据平台，农业科技服务水平大幅提升。二是工业经济量质齐升。深入实施"强企"工程和"百企转型升级计

划”，搭建寿光市工业企业预警监测平台，保障工业平稳运行，规模以上工业企业实现主营业务收入1901.1亿元、利税139.4亿元、利润98.1亿元，分别同比增长2.4%、3.9%、1.4%。率先在潍坊市完成化工企业“四评级一评价”，羊口渤海化工园、侯镇海洋化工园和田柳精细化工园被确认为全省首批保留类化工园区。“八个百亿级新兴产业”集聚壮大，实现主营业务收入490亿元，占工业比重超过四分之一。狠抓技术创新，100个项目入选省级技术创新项目计划，项目产业化后，年可新增销售收入97.2亿元，利税26.1亿元。三是现代服务业提档升级。着力推进110个潍坊市重点服务业项目，商贸、金融、物流等六大服务业集聚区初具规模。实现服务业增加值395.3亿元，占地区生产总值比重达46.1%，较上年同期提高1.8个百分点。三产税收占比达到54%，超过工业税收贡献8个百分点以上。电子商务发展迅猛，完成电商交易额163.7亿元，成为首批省工业电商示范县，4月在寿光市蔬菜博览园成功举办第三届中国县域电商峰会，增强寿光市在电商领域的影响力。文化旅游产业上档升级，市旅游局出台进一步加快旅游业发展意见，联合支付宝建设“寿光智慧旅游”，美术馆、历史文化中心等重点文化项目建成启用，成功举办第十七届菜博会和第四届文博会。

⑶重点领域改革深入推进，新的发展动能加快成长。一是行政审批制度改革不断深化。全年承接上级下放行政许可事项8项，取消6项，保留行政审批事项274项、中介服务收费22项、涉企行政事业性收费及政府性基金30项。大力推行“一章模拟、两级代办、三项联合”审批模式，加强事中事后监管，稳步推进“双随机、一公开”监管方式。深入推进商事制度改革，实施“五证合一、一照一码”。二是供给侧结构性改革扎实推进。先后出台兼并重组、房地产去库存、降低企业成本等一揽子政策，供给侧结构性改革初显成效。通过棚改货币化安置、鼓励农民进城购房、发展房产新业态等措施消化存量房1.2万套。打好营改增、清费减税、电价调整等政策“组合拳”，为企业减负16亿元，促进企业成本下降和利润回升。创新分期还款、贷款展期、借新还旧等手段，探索实行“以资抵债、返租返用”处置不良资产办法，有效化解企业金融风险，规模以上工业企业资产负债率同比下降2个百分点。三是投融资体制持续创新。全年完成规模企业规范化公司制改制159家，新增上市挂牌企业105家，实体经济直接融资突破180亿元。新设立生物基、新材料、城市运营等3支总规模39亿元政府引导基金。实施10个PPP项目，利用财政资金撬动48亿元社会资金。综合利用动产抵押、股权质押、商标权质押等手段帮助企业融资82.7亿元。创新推出大棚“两改”扶持贷款，推行“政银保”合作机制，发放贷款1.2亿元。深化政银企合作，引导企业开展“无缝隙”衔接服务，全年累计为企业办理“无缝隙”贷款77.4亿元。四是创新势能加速释放。实施科技创新“提档升级”工程，吸引集聚创新要素，提升产业竞争力，新增潍坊市级以上企业技术中心、工程实验室等各类创新中心49家，富康制药制剂国际化项目列入泰山产业领军人才支撑计划。深入实施“双百计划”和“桑梓人才计划”，新增国家千人计划、泰山产业领军人才等高层次人才6人，院士、院士专家、博士后工作站达20家。高新技术企业达到45家，形成以新材料、新能源与高效节能、生物与新医药等为主体的高新技术产业群，高新技术产业产值占比达到40.3%。

⑷城镇建设有序推进，城乡面貌焕然一新。一是城市功能全面提升。新一轮城市总体规划获省政府批复，编制完成海绵城市、地下综合管廊等专项规划。组织实施铁路公园、幸福路打通等52项市政工程，拓展城市发展空间，提升城市承载力。顺利完成三里、南关2个老旧小区改造。二是交通条件持续改善。羊田路、南大路、潍高路寿光段改造等工程竣工通车，G308文石线改建工程开工建设。金光街跨弥河大桥工程获潍坊市批复。新建改造城市道路14公里、镇村道路100公里、排水管道42.7公里。优化调整公交线路，新增城市、城乡公交线路13条。三是新型城镇化建设深入推进。围绕省新型城镇化试点要求，在管理模式、体制机制等方面积极探索，出台加快推进人口市民化意见，完成镇村建设投入25亿元，城镇功能不断完善，城镇管理水平不断提高，常住人口城镇化率预计超过59%，被确定为全省中等城市试点市。洛城街道成为潍坊产城融合示范区，羊口镇成为首批中国特色小镇试点和省级新生小城市试点，台头镇入选全省特色产业镇创新发展20强。四是"美丽乡村"建设不断深化。突出村庄"五化提升行动"，不断完善农村环境整治长效管理机制，全市美丽乡村建设累计投入5.8亿元。全年新建农村社区8个，完成农村危房改造457户，建设提升农村社区服务中心30个，完成农村无害化厕所改造4.7万多户，15个农村实现管道天然气集中供气。农村移风易俗工作经验在全省推广。

⑸社会事业全面发展，民生保障更加有力。全市财政用于民生领域的支出达到81.9亿元，占全市一般公共预算支出的84.3%。一是社会事业均衡发展。教育重点工程进展顺利，"破解大班额"和"全面改薄"项目学校建成启用23处。先后创成国家级农村职业教育和成人教育示范县、全国社区教育示范区，市职教中心被确定为首批山东省中等职业教育发展示范学校。医疗卫生事业加快发展，东城医院、中医院病房大楼建设有效推进，新建高标准村卫生室43处；医疗集团建设不断深化，实施"互联网+健康寿光"项目，实现"智慧医疗"。大力实施文体惠民工程，为100个村文化大院配备文化设施，975个行政村实现体育健身设施全覆盖。二是保障体系日臻完善。社保覆盖面持续扩大，城乡居民基础养老金、医保补助等持续提高，民生综合保险实现全覆盖，为1144名乡村医生办理养老保险。就业创业工作有效开展，新建创业载体4处，大学生创意创业孵化中心入驻创业实体89家。深入开展创业担保贷款"快易贷"行动，发放贷款1.3亿元，直接扶持创业853人，带动（吸纳）就业4100人。养老服务体系不断完善，城乡低保、五保供养标准大幅提标，探索打造医养融合发展新模式，城投·太阳城一期试运营。扎实开展精准扶贫、精准脱贫，全面完成10个贫困村摘帽和1751户贫困户脱贫任务。三是生态环境更加优美。新增城市绿化面积150公顷，完成成片造林2万亩，空气质量优良天数同比增加47天，寿光市被正式授牌国家生态园林城市。深化"三八六"环保行动，顺利完成196项环保治理工程，治污减排、固废综合整治扎实推进，启动实施"一企一管"和污水第三方治理，率先在非国家授权试点地区开展排污权交易。丹河、小清河等重点河流治理成果进一步巩固。四是社会治理不断创新。寿光市成功入选省社会信用体系建设试点市，全面实行信用信息"双公示"和红黑名单发布制度，社会信用意识广泛增强。以创建全国文明城市为抓手，深入开展核心价值观"六进六讲"等活动。认真开展"四严"（严守

法规和标准、严格监管、严厉处罚、严肃问责）、食品药品、易制毒化学品等专项整治行动，严格落实安全生产责任制，突发公共事件应急防范和处置能力进一步提升。扎实开展“两学一做”学习教育、双联双评等活动。工会、司法、气象、共青团、民族宗教、妇女儿童等各项事业取得新进展。

2016 年，全市经济社会发展存在的一些矛盾和问题主要是：产业结构矛盾依然较为突出，传统产业仍占有较大比重，战略性新兴产业、高端服务业规模偏小；受用工、资金、政策等制约因素影响，部分企业经营困难、效益下滑，就业增收难度加大；全社会创新创造活力有待加强，产业领军人才、高技能人才紧缺；资源环境约束趋紧，污染防治任务艰巨；安全生产、金融风险防控压力依然较大，社会治理、行政效能和公共服务水平需要进一步提高等。这些矛盾和问题，必须采取措施，切实加以解决。

【项目审批管理】2016年，市政府按照国家、省、潍坊市统一部署，稳步推进政府职能转变科学发展投资审批改革，市发改局牵头联合有建设项目审批事项的 12 个部门，整合其事项并全部纳入山东省投资项目在线审批监管平台管理，通过建设项目全流程的信息共享，搭建项目并联审批框架，进一步实现建设项目的全程监管。市编办及政务服务中心牵头，高质量完成省级政务服务平台互联互通先行先试试点工作。作为模板单位，寿光市先后梳理县市级行政许可事项及公共服务事项并相继完成省、潍坊市行政权力事项动态管理系统的填报及完善，对省、潍坊市政务服务通用审批平台进行试运行，正式运行后部门审批事项纳入平台管理，并进一步实现网上审批。继续探索实行模拟审批、非制造业“告知承诺”审批、模块化审批等新型高效审批模式，进一步扩大告知承诺制审批适用范围，助推项目审批提速。全年共审批、核准、备案项目 430 个，总投资 521.8 亿元。

（王宏伟）

国土资源管理

2016年，市国土资源局围绕“品质寿光”建设，坚持“高定位、争第一、创一流、求卓越”工作理念，尽职尽责保护国土资源、节约集约利用国土资源、尽心尽力维护群众权益，为全市经济社会发展做出积极贡献，先后获省级文明单位、省国土资源科技工作先进集体、潍坊市国土资源工作先进单位、寿光市服务发展十佳单位等荣誉称号84项。

【管理机构】 市国土资源局是负责寿光市土地、矿产资源的规划、管理、保护与合理利用，测绘地理信息管理，不动产统一登记的政府工作部门。2016 年，市国土资源局内设 10 个科室，分别是办公室、督查室、组织人事科、政策法规科、财务审计科、耕地保护科、地籍管理科（不动产登记管理科）、土地利用科（审批服务科）、矿产开发管理科、测绘管理科。直属管理 3 个正科级事业单位，分别是市矿产资源管理中心、市土地储备中心、市国土资源执法监察大队；3 个副科级事业单位，分别是市土地整理中心、市地理信息中心、市不动产登记中心；4 个股级事业单位，分别是市土地勘测规划站、市国土测绘院、羊口矿产资源管理所、市土地资产服务中心。下辖 15 处国土资源所（分局）。共有干部职工 277 人。

【土地资源管理】 2016 年，上报 2 个单独选址项目和17个城市分批次用地材料，报批用地总面积4953亩。调整修改10个镇（街道）土地利用总体规划，调整修改面积3000亩。预审（初审）建设用地项目8个，用地面积3714亩，为87个建设项目出具用地审查意见。储备土地95宗、面积7117亩，“招拍挂”出让土地78宗、面积6884亩，成交总价款18亿元。工业用地“先租赁后出让、弹性年期出让、长期租赁”改革试点取得突破，成功挂牌租赁1宗工业用地，面积120亩，为企业减少前期置地投入1400万元。供应土地104宗、面积7489亩。1月21日，公布实施新一轮城镇土地级别和基准地价。5月9日，市政府出台《寿光市新兴产业项目用地地价指导目录》，对10类新兴产业项目实行差别化地价政策，至12月底有2个项目受益，共节省用地成本1490万元。完成2016年度开发区土地集约利用评价更新工作。开展盘活闲置低效用地3年专项行动，至12月底已盘活利用5258亩，顺利完成第1年任务，其中通过兼并、重组方式流转12宗、1658亩，通过对外租赁方式盘活6宗、837亩，通过调整土地用途、规划条件重新出让方式盘活12宗、138亩，通过自主开发方式盘活13宗、1874亩，通过其他方式盘活6宗、751亩。实行征地预存款和建设项目履约保证金制度，收取履约保证金2135万元、征地预存款1.15亿元。迎接国土资源部工矿废弃地复垦利用调研，上报盐田复垦潜力分析报告。新获批4个城乡建设用地增减挂钩项目区，规划节余指标1679亩；14个增减挂钩地块通过验收，节余指标2827亩，建成公寓楼136幢，2724户9142人搬迁新居。严格落实市镇两级政府耕地保护责任目标，注重源头防控和政策引导，落实耕地保护措施，实现全市耕地占补平衡和总量动态平衡。完成耕地后备资源调查评价，划定城市周边永久基本农田9.79万亩。备案设施农用地27宗，面积1212亩。抓好土地整治项目建设，规范招投标管理，实行隐蔽工程关键节点告知和现场核查制度。至12月底，2014年、2015年高标准农田、2个潍坊市级和8个县级土地整理项目竣工并通过县级验收，总投资17986万元，新增耕地2871亩，建成高标准农田24万亩；在建的2个潍坊市级基本农田整理项目完成80%工程量，2016年高标准农田建设项目完成规划设计和预算编制。

表2　　2016年寿光市城区土地级别基准地价表

单位：元／平方米

<table>
<tr><th>土地级别</th><th>商服用地</th><th>住宅用地</th><th>工业用地</th></tr>
<tr><td>一级</td><td>2285</td><td>1672</td><td>424</td></tr>
<tr><td>二级</td><td>1628</td><td>1295</td><td>386</td></tr>
<tr><td>三级</td><td>1222</td><td>1020</td><td>361</td></tr>
<tr><td>四级</td><td>845</td><td>706</td><td>334</td></tr>
<tr><td rowspan="2">五级</td><td rowspan="2">586</td><td rowspan="2">550</td><td>控制区一级 616</td></tr>
<tr><td>控制区二级 519</td></tr>
</table>

续表 2　　寿光市各镇（区）土地级别基准地价表

单位：元 / 平方米

镇（区）	商业用地		住宅用地		工业用地	
	一级	二级	一级	二级	一级	二级
化龙镇	340	265	307	241	250	200
纪台镇	428	263	335	250	252	203
田柳镇	388	265	303	246	247	199
台头镇	390	275	324	242	249	206
营里镇	340	251	328	242	243	210
上口镇	515	270	360	266	250	214
侯 镇	529	292	380	280	254	205
稻田镇	495	270	373	265	269	209
原田马	486	272	370	269	248	208
原留吕	434	281	331	260	250	210
羊口镇	443	278	357	265	252	203
双王城	323	219	270	215	233	198

【地质矿产管理】 2016年，共办理采矿权登记31宗、矿业权压覆查询33宗，下调采矿权基准价款，征收矿费1908万元，采矿权年检工作顺利通过潍坊市国土资源局验收。编制完成新一轮矿产资源总体规划。落实强制性保护开采措施，连续第12年在原盐生产淡季（12月1日至次年2月28日）对辖区内28家企业的全部52条溴素生产线实行冬季停产限产，提升卤水资源综合利用水平。建立基本盐田保护制度，划定盐田保护区10.5万亩。加快海（咸）水入侵监测预警系统建设，新打3个监测井，编制完成2015—2016年度海（咸）水入侵调查与监测报告。申报并获批化龙镇北柴东村废弃砖场采坑恢复治理项目。从7月25日起，北部地下卤水开采企业不再缴矿山地质环境恢复治理保证金，每年为企业减轻负担1200万元。

【测绘地理信息管理】 5月9日，修订公布《寿光市测绘市场管理办法》，开展测绘资质巡查和保密检查，对辖区内6家测绘资质单位进行信用综合评价。编制完成《寿光市“十三五”基础测绘规划》，于12月28日获市政府批复实施。加强测量标志巡查维护，完成测绘项目登记及成果汇交工作。对外提供基础测绘数据、国土资源数据34次，制作专题地图6种。出版发行2016版《寿光市地图》《寿光城区图》，方便群众生产生活和日常出行，并免费发放到全市党政机关、企事业单位和行政村、社区。市国土测绘院获批增加业务范围，全年勘测土地935宗，勘测总面积10.6万亩，获山东省测绘行业先进集体称号。加大地理信息公共服务平台数据更新和推广应用力度，核查地名地址数据11.2万条，建成拥有7.6万条地名地址数据和1.8万条法人数据的基础地理信息数据库；新开发完成4个应用项目，至年底有13个部门的23个系统实现在线应用，并汇集完成31个部门的167种专题数据，成为“智慧寿光”建设的主要支撑平台。

【地籍管理与不动产登记】 2016年，完成年度土地变更调查和遥感监测工作，代表全省通过国土资源部内外业核查。完成市不动产登记中心内部机构设置、人员调配和电子数据移交，建成不动产登记管理信息平台，并导入历史数据，组织人员培训，整合服务窗口，于8月29日全面开展统一登记工作。至12月31日，共受理业务2.37万宗，发出证书证明6581本，出具查询证明8350件，实现新旧业务平稳衔接过渡。实行不动产“调查、登记”同时受理，提前开展房产落宗和外业权籍调查，改革土地分割办法，推出延时办公、预约服务和上门服务等便民举措，不动产登记工作赢得群众好评。

【国土资源法治建设】 2016年，加大执法巡查力度，实行镇（街区）属地管理和相关部门联合执法，共立案查处违法占地89起，依法拆除60起，退回复耕土地130亩，卫片执法检查工作顺利通过潍坊市、省两级验收。共受理信访135起，同比下降24.8%。推进“法治国土”建设，落实行政负责人出庭应诉制度，加大信息公开力度，主动公开信息2000余条，受理信息公开申请11起，国土资源网上信息公开工作考核位居全省前列。实行联动调处机制，共调处土地权属纠纷2起，完成11起土地权属争议案件的复议应诉工作。开展普法宣传“六进”活动，组织策划世界地球日、全国土地日、测绘法宣传日等主题宣传活动，举办国家版图知识、少儿手绘地图比赛、“珍惜资源爱我国土”有奖征文比赛和寿光市“文明国土·地利人和”书画展等活动。通过新闻媒体大力宣传新政策新法规，主动回应不动产登记热点问题，营造保护耕地、依法用地的良好氛围。

【机关建设】 2016年，开展“两学一做”学习教育，组织党员干部到北京大学、山东农业大学等高校学习培训，干部队伍政治业务素质明显提升。严控“三公”经费支出，规范财务管理，严格执行公务接待、公务用车等规定，推进机关节能降耗，促进机关高效运转。坚持不懈抓好党风廉政建设，细化分解党委主体责任、纪委监督责任，市国土资源局党委与35个科室(单位)签订责任书。推行廉政谈话提醒制度，建成廉政文化展示中心，组织党员干部观看电影《王伯祥》、警示片《潍水镜鉴》，并到河北西柏坡、寿光看守所接受现场教育。推行一线工作法，征求百强企业和镇街区的意见建议，对全市重点项目用地实行“一对一”服务。开展“双联双评”活动，177名干部联系帮扶5751户农民。开展“慈心一日捐”活动，职工捐款4.35万元。加大“庸懒散浮”整治力度，实行明察暗访和督查问效。改造提升5个国土资源所的硬件设施，召开现场会进行调度督促，基层工作环境、硬件设施和服务水平明显提升。

【信息化建设与科技创新】 2016年，市国土资源局完成行政审批系统升级和简版“一张图”开发，在全市率先完成与市政府网站的整合，业务审批信息实现实时更新发布，并作为县级局代表在12月26日全省国土资源信息化建设会议上作典型发言。科技创新取得丰硕成果，“寿光市国土资源三维可视化综合管理系统”获山东省国土资源“十二五”信息化应用成果奖；“寿光市3+3+1土地权属纠纷调处模式”获山东省国土资源科学技术奖一等奖；“基于多部门配合的县级变更调查模式研究”获山东省国土资源科学技术奖二等奖；“新型城镇化进程中基准地价更新的探索与实践”“寿光市北部沿海地下卤水开采对地质环境影响评价报告”获山东省国土资源科学技术奖三等奖；“新建济南至青岛高速铁路工程（寿光段）土地勘测定界”项目获2016年度山东省优秀测绘地理信息工程三等奖。

（钟云山、田庆儒）

统计工作

【管理机构】 2016年，寿光市统计局内设办公室、综合科、工业交通能源统计科、服务业统计科4个职能科室，行政编制12人。下辖市综合经济调查队、市普查中心2个副科级全拨拨款事业单位。其中，综合经济调查队内设城镇住户调查科、固定资产投资调查科、企业调查科4个科室，编制15人；市普查中心加挂市社情民意调查中心牌子，编制5人。全市各镇街区配备专（兼）统计员。

2007年6月，成立国家统计局寿光调查队，是国家统计局的派出机构，为参照公务员法管理的正科级事业单位，内设综合、农村调查和产业调查3个科室，编制9人。该机构业务工作与市统计局互相配合，无隶属关系。

【专业统计调查】 第三次农业普查。2016年始，开展全市第三次农业普查，普查对象是在全市境内的个人和单位：农村住户，包括农村农业生产经营户和其他住户；城镇农业生产经营户；农业生产经营单位；村民委员会；乡镇人民政府。目的是查清全市农业、农村、农民基本情况，掌握农村土地流转、农业生产、新型农业经营主体、农业规模化和产业化等新情况。此次农业普查数据为2016年年度资料，但普查安排时间跨度较长，其中2016年为普查准备阶段，2017年为普查登记和数据处理阶段，2018年为资料发布和开发使用阶段。2016年普查准备工作已经按时完成。

国民经济核算。国民经济核算体系是一个国家或地区对社会经济发展的测量系统，包括人力、物力、财力、资源与利用，生产、分配、交换和消费，以及经济运行的总量、速度、比例和效益。1993年开始，国民经济综合核算方式由物质产品平衡表体系（MPS）改为国民账户体系（SNA），分别采用生产法、收入法、支出法核算地区（国内）生产总值（GDP）。2016年寿光市国内生产总值是856.8亿元。

农业统计。农业统计主要包括农业生产统计和乡村区域经济统计。农业生产统计包括种植业、林业、牧业、渔业和农林牧渔业服务业等5个行业大类的统计。乡村区域经济统计包括乡（镇）社会经济基本情况和县域经济基本情况的统计。1998年后，农业生产统计实行全面统计和抽样统计并行，对粮食、蔬菜、水果等农产品播种面积、产量情况及畜牧业养殖规模、畜产品产量情况进行统计。2012年增加山东半岛蓝色经济区海洋产业调查统计。2016年，全市粮食总产64.7万吨，瓜菜总产456.6万吨，水果总产量4.5万吨。年末生猪存栏60.8万头，出栏101.9万头。全年肉类总产量17.0万吨，禽蛋产量2.2万吨，奶类总产量1.1万吨。

工业统计。工业统计主要包括规模以上企业生产、财务状况、景气调查的统计。2013年开始进行战略性新兴产业统计。规模以上工业企业标准，2011年开始为年主营业务收入达到2000万元及以上的工业法人企业，同时开始实行联网直报。2016年全市规模以上工业企业共500家，年实现主营业务收入达到1901.1亿元。

能源统计。能源统计主要包括能源消耗和用水情况统计。2011年开始对于主营业务收入2000万以上的工业企业实行联网直报工作；2013年开始对资源、环境、气候开展统计，向能源、资源、环境、气候“四位一体”统计全面推进。

工业生产者价格调查。工业生产者价格指数，反映全部工业生产者出厂和购进价格变化趋势和变动幅度。调查流程包括确定调查产品目录、确定调查企业、确定各类调查产品代表权数、搜集基础数据、计算各类PPI。2014年开始对涉及工业生产者价格调查的企业实行联网直报，2016年年末全市采集价格企业为20家。

投资统计。2016年，根据国家投资统计制度要求，500万元~5000万元项目由企业填报基层报表，通过“和利时”程序上报，5000万元以上项目通过“一套表”联网直报。增加非金融资产调查统计半年报，要求所有的联网直报企业上报非金融资产情况。2016年全市固定资产投资630.9亿元。

建筑业统计。境内有资质的所有独立核算建筑业企业及所属产业活动单位按照法人单位注册地原则进行统计。建筑业企业资质执行住房和城乡建设部新的资质管理办法。2016年年末，资质以内建筑业企业达68家，完成建筑业总产值168.4亿元。

房地产统计。1996年起，开展房地产开发经营业统计调查，境内全部房地产开发经营业法人单位及所属的产业活动单位按照法人单位注册地原则进行统计。2016年年末，全市房地产开发经营企业共77家，房地产开发投资61.4亿元，商品房销售面积121.7万平方米。

贸易业统计。贸易统计调查单位分为限额以上单位和限额以下单位。其中，限额以上单位实行全面调查，限额以下单位实行抽样调查，后增加亿元市场调查。2011年，限额以上贸易企业开始网上直报。同年始，与旅游局联合开展旅游统计调查。开发区统计、外资企业联合年检等各项调查工作继续开展。2016年全年社会消费品零售总额296.4亿元。

服务业统计。2015年，规模以上服务业报表频率由季报改为月报，报表范围又新增房地产业门类中的自有房地产经营活动和其他房地产业两个门类。报表种类也不断增加，由2012年的2种报表增加到2015年的6种报表。2016年年末，寿光市规模以上服务业企业达到275家，实现营业收入118.3亿元。

企业景气调查。企业景气调查是利用企业家对所在行业运行状况和企业生产经营状况的判断和预期编制景气指数，来反映宏观经济运行和企业生产经营状况。调查内容包括上季和本季企业生产经营情况、企业盈利与资金使用情况、企业用工情况和相关政策落实情况，以及对下季度本企业、本行业运营和国民经济宏观形势的预期。报表由工业、建筑业、房地产业、批发和零售业、住宿和餐饮业企业法人填报。2012年工业企业景气调查实行网上直报，2014年开始建筑业、房地产、批零和住餐企业景气调查实行联网直报。

社会科技统计。社会统计从以劳动工资统计为主，逐步转向社会事业各项统计。2016年始，每年一次全省1%人口抽样调查，同时从2016年开始每年开展一次企业创新调查，科技统计由原来的工业科技统计扩大到全行业统计。

企业用工情况调查。企业用工情况调查是为了解当前企业用工及其变化状况，准确判断就业形势，采取抽样的方法从制造业、建筑业、批发和零售业、住宿和餐饮业抽取部分样本企业开展的调查。调查周期每季度1次，调查内容包含企业用工基本情况、用工变化的主要原因、新招普工月底薪及用工预期等。2016年年末，全市涉及用工情况调查的企业共8家。

社情民意调查。寿光市社情民意调查主要包括对15个镇（街区）的科学发展综合考核群众满意度电话访问和市直部门（单位）绩效综合考核群众满意度电话访问。调查对象年龄在18～65周岁范围内，在境内居住1年以上的居民，调查使用计算机辅助电话访问系统，从号码库中随机呼叫。调查过程实行全程录音，进行现场监听。2016年，全市15个镇（街区）共有效访问6000个，63个市直部门（单位）共访问有效样本1.89万个。

农作物对地调查。该调查综合运用抽样技术和现代空间信息技术，通过创新方法、完善制度、再造系统，探索建立的集天、地、人多源信息采集方式于一体的新型农作物调查监测系统。调查自2015年10月份启动，原山东省县级粮食产量抽样调查停止运行。调查按类型分为面积调查和产量调查，面积调查又分为意向面积调查（全年播意向、秋冬播意向）和实际面积调查（春播实际、夏播实际、秋冬播实际）；产量调查分为夏粮预产、实产调查，秋粮预产、实产调查。2016年年末，农作物对地调查共抽中全市20个村，主要分布在中部和北部的9个镇（街区）。该调查由国家统计局寿光调查队具体组织实施。

畜禽监测调查。该调查根据品种不同分为生猪调查和牛羊禽调查，其中生猪调查为月报，牛羊禽调查为季报。2016年年末，畜禽监测调查寿光共抽中10个普查小区、16个中小规模养殖村以及98家大型养殖户，分布在14个镇（街区）。2015年9月增加万头猪场联网直报调查，此项调查针对辖区内饲养量达到1万头以上的生猪生产单位或养殖户开展联网直报。至2016年年末，全市共有4家企业开展该调查，报告期别为季报。该调查由国家统计局寿光调查队具体组织实施。

中间消耗统计调查。该调查是为了掌握农林牧渔业中间消耗水平变动情况，满足农业增加值核算和国民经济核算的需要。此项调查根据调查品种不同分为半年报和年报，其中生猪、活羊、肉鸡为半年报，棉花为年报。调查由国家统计局寿光调查队具体组织实施。

规下服务业抽样调查。该调查是为反映全国规模以下服务业企业的经营状况、经营环境，为政府宏观经济政策提供参考依据而开展的一项调查。调查范围是辖区内年末从业人员50人以下，且年营业收入1000万元以下的服务业样本法人单位。调查内容包括规模以下服务业法人单位的基本情况、经营状况、经营环境、遇到的困难及建议等。调查频率为季报。2016年年末，全市规下服务业抽样调查共涉及企业31家。该调查由国家统计局寿光调查队具体组织实施。

建筑业小微企业抽样调查。为反映建筑业小微企业生产经营基本情况而设立的一项调查，其范围是建筑业小微企业（资质外），调查内容包括企业基本情况、主要经济指标、生产经营情况及调查问卷，调查频率为季报。2016年年末，寿光市建筑业小微企业调查共涉及企业10家。该调查由国家统计局寿光调查队具体组织实施。

新设立小微企业和个体经营户跟踪调

查。为反映工商登记制度改革实施后，新设立小微企业和个体经营户的成长情况，定期向国务院报告跟踪监测信息而开展的一项调查。调查对象是从2014年3月至7月新设立的小微企业和个体经营户（此次调查的个体经营户指在工商注册登记的个体工商户）中抽选的。调查内容包括新设立小微企业和个体经营户的基本情况、经济指标和问卷3个部分。此次跟踪调查为期3年，调查频率为季报。2016年年末，寿光市新设立小微企业和个体经营户跟踪调查共涉及企业33家。该调查由国家统计局寿光调查队具体组织实施。

采购经理调查。采购经理调查对象为制造业企业的采购（或供应）经理，即企业主管采购业务活动的副总经理或负责企业原材料采购（包括能源、中间产品、半成品和零部件）的部门经理；非制造业法人企业以及视同法人的非制造业产业活动单位主管企业运营的负责人或采购经理。调查内容是制造业企业的采购(或供应)经理对企业采购及其相关业务活动情况的判断，以及企业采购过程中遇到的主要问题及建议；非制造业企业主管企业运营的负责人或采购经理对企业经营活动、采购及相关业务活动情况的判断，以及企业生产经营和采购过程中遇到的问题及建议。调查采取抽样调查的方法进行，每月由企业通过联网直报的方式报送调查数据。2016年年末，寿光市采购经理调查共涉及企业14家，其中制造业企业9家、非制造业企业4家。该调查由国家统计局寿光调查队具体组织实施。

劳动力抽样调查。调查内容包括本户人口数、现住房来源，姓名、性别、出生年月、居住时间、受教育程度、婚姻状况等基本信息和从业情况等34个项目。调查以户为单位进行登记，既调查家庭户，也调查集体户，采取手持电子终端（PDA）采取和报送数据的方式进行，调查的频率为月度。2016年年末，寿光市共有12个村（居）参与劳动力调查，每个村（居）每月抽取4户进行调查。该调查由国家统计局寿光调查队具体组织实施。

农产品生产者价格抽样调查。调查对象包括农业生产单位和农户。调查内容包括抽中生产者生产并出售的主要农产品名称、出售数量、价格、金额。调查采取抽样调查和重点调查相结合的调查方法进行。2016年年末，寿光市共抽取样本单位30个，其中农业生产单位11个、农户19个。该调查由国家统计局寿光调查队具体组织实施。

城乡住户一体化调查。2013年，国家统计局对长期分开进行的城镇住户调查和农村住户调查实施一体化改革，将独立开展的城镇住户调查和农村住户调查合二为一，按照统一调查指标、统一抽样方法、统一调查过程、统一数据处理和统一数据发布的原则，制定城乡一体化住户收支调查制度。季度发布现金可支配收入和现金消费支出指标，年度发布可支配收入、现金可支配收入指标、总消费支出和现金消费支出指标。2016年年末，寿光市共设有15个调查点，抽取150个城乡住户开展调查。该调查由国家统计局寿光调查队具体组织实施。2016年，全市城乡居民人均可支配收入27324元；人均生活消费支出16781元。

农产品生产者价格抽样调查。调查对象包括农业生产单位和农户，调查内容包括由调查对象生产并出售的主要农产品名称、出售数量、价格、金额，调查采取抽样调查和重点调查相结合的方法进行。2016年年末，寿光市共抽取样本单位30个，其中农业生产单位11家、农户19个。该调查由国家统计局寿光调查队具体组织实施。

【咨询服务】 2016年，编印《寿光统计年鉴2015》，全面收录全市国民经济和社会事业发展方面的统计数据，是认识和研究寿光市市情、交流社会经济信息、制定政策、指导工作的重要资料工具书。印发《2016年寿光市国民经济和社会发展统计公报》。每月编印1期《寿光统计月报》，提供上月及上年度全市经济运行情况。

（方建新）

价格管理

【管理机构】 2016年，市物价局列为市发改局直属机构，副科级规格，核定行政编制9人。共设3个职能科室：办公室、成本监审科、收费管理科。下属机构3个：市物价检查所行政副科、事业股级市价格监测中心、市价格认证中心。寿光市人民政府价格调节基金征管办公室挂靠市物价局，事业股级。

【价格管理】 2016年，依据《潍坊市住宅物业服务收费管理实施办法的通知》要求，对巨能嘉园、金海花园、丽景花园、美林御苑4个小区物业服务收费标准实行备案管理。1月，市物价局同意山东巨能热电有限公司与用汽企业协商确定工业用蒸汽价格为每吨130～184元。按照山东省物价局要求，1月1日起全市居民峰谷分时电价开始执行试点政策；1月1日起，降低一般工商业电价，每千瓦时平均降低0.0415元；1月1日起，超低排放电价实行电价补贴，此日前并网运行的机组上网电量每千瓦时加价1分，此日后并网运行的加价0.5分。2月，按照市政府安排，对侯镇工业园区金太阳热力公司、联盟磷复肥有限公司工业蒸汽成本进行监审，降低蒸汽价格，由原来每吨196元下调为175元。7月，与市卫计局联合对市中医院、羊口医院、丰华医药寿光利达药店，就有关药品价格政策改革情况、药品监管措施及取得的成效进行调查，形成调查报告。同月1日起，居民生活污水处理费由每立方米0.70元调整为0.85元。8月，为缓解全市水资源供需矛盾，出台寿光市城区非居民特种用水超定额累进加价制度，即第一级水量执行基本水价、污水处理费、水资源费征收标准；二级加价1倍；三级加价2倍。12月31日起，全市非居民天然气价格为每立方米3.1元；供需双方可在基础价格上上浮20%，下浮不限。按照国家发改委、省物价局关于制定和调整污水处理费有关问题的通知要求，城区居民污水处理费标准由每吨0.85元调整为0.95元。

【收费管理】全面推进医疗服务价格改革。6月30日起，对全市公立医院提高诊察费、手术费、护理费、床位费、中医收费等体现医务人员技术劳务价值的服务项目价格，降低CT、磁共振等大型医用设备检查和医学检验价格。放开部分医疗服务项目价格，对市场竞争比较充分、个性化需求比较强的医疗服务项目实行市场调节价。

清费治乱减负。5月，与市编办重新审定寿光市市直部门（单位）行政审批前置中介服务收费项目清单，经第5次市政府常务会议研究通过，以寿政办发〔2016〕74号文件进行公布。与市财政局出台暂缓征收、减半征收涉企政府性基金、行政事业性收费政策，以寿财综〔2016〕42号文件公布，5月1日起执行。6月，与市财政局编制寿光市涉企行政事业收费及政府性基金目录清单，经第5次市政府常务会议研究通过，以寿政办发〔2016〕74号文件进行公布，并在寿光市政府门户网站予以公开。9月，进一步清理规范经营服务性收费，对全市实行政府定价、政府指导价的涉企经营服务性收费项目进行清理规范，编制出台《寿光市政府定价或政府指导价经营服务性收费目录》，使企业及时了解和掌握经营服务性收费的相关情况。10—11月，对全市部分行政事业性收费单位的收费情况进行查验复核，先后抽查环保系统、人社系统、教育系统、市场监管局等15个部门（单位）的收费执行情况，从而规范收费行为。

【价格监督检查】元旦、春节、五一、中秋、国庆等节假日和菜博会期间，以推进商品和服务明码标价工作为重点，开展市场检查，明码标价率达到90%以上。以建设、国土、农机、农业、畜牧、地震、气象等部门为重点，开展涉企收费检查，对上级明令取消、暂停、合并的行政事业性收费项目进行重点检查，其中对潍坊益光工程设计审查咨询有限公司违规继续收取明令取消的施工图审查费等问题进行查处。对医疗卫生收费和药品价格进行不定期检查，杜绝乱收费问题发生。按照省、潍坊市价格检查部门统一安排，对寿光市恒德机动车检测公司及寿光市德隆机动车检测公司涉嫌价格垄断一案进行调查。对全市商品房明码标价销售情况及时进行检查和整改，明码标价率得到进一步提升，全年共有20余家开发商的90余个楼盘在市物价局进行价格备案。利用寿光“民声”“12358”价格举报电话以及市长公开电话受理解决民生价格问题，共回复寿光民生和接处来电来人举报、市长公开电话200余份次，回复及处结率100%。同时，借助“12358”全国四级联网平台处结6起网络举报案件。

【价格监测和成本监审】 执行价格监测报告制度。市价格监测中心承担国家发改委安排的小杂粮、调料干货、蔬菜实时价格应急监测，工业生产资料、劳动力市场价格监测4项任务和省物价局安排的公路货运价格、蔬菜批发价格、蔬菜批发价格周报、山东蔬菜价格指数监测4项任务，以及潍坊市物价局安排的蔬菜批发价格、特色农产品价格监测2项任务，其中2016年新增加劳动力市场价格监测任务，新设置鲁丽集团、首农集团、建设集团3个监测点，新确定3项监测内容，全年按计划完成各项价格检测并上报监测表格468份。

开展价格监测调查巡视。2016年，每天在寿光市物价网站发布最新的蔬菜批发价格，为市民采购和销售蔬菜提供参考。开展粮油和肉蛋预期价格、蔬菜价格、面粉加工企业成本、新交规实行后运价变动等调查，出据相关调查报告、报表，为政府和有关部门决策及时提供信息资料，得到市委、市政府和上级部门的肯定。

开展价格预警和应急监测工作。按照上级物价部门部署，开展大蒜价格应急监测工作，及时给上级物价部门提供有关监测数据。认真做好春节、劳动节、国庆节等时段的价格监测工作，加强节日期间市场价格巡视。密切关注粮油、肉蛋等食品价格及旅游交通商贸等与群众生活密切相关的重要消费品市场价格，做好价格监测预警。

学习提高价格监测水平。2—3月，先后完成接待省内外物价部门（南京玄武区、经济导报山东站、滕州市）到寿光市调研大棚建设、蔬菜生产与销售及蔬菜价格指数开展情况等任务。6月，安排2名价格监测人员专门赴泰安市、滕州市物价局学习价格监测平台建设经验。

开展成本监审工作。8月15日起，全市农村居民生活用水价格执行每立方米2.38

元，非居民生活用水为 2.60 元。11 月，为引导居民合理用气、节约用气，制定居民生活用气阶梯价格政策。对寿光实华、宝力隆、华桑燃气有限公司 3 年供气成本进行监审，根据成本监审情况，组织召开寿光市城区居民生活用气阶梯价格听证会，出台城区居民生活用气阶梯价格政策，即一档执行基本气价，标准每立方米 2.5 元，二档标准每立方米 3.0 元，三档标准每立方米 3.75 元。

【价格鉴证及价格服务】 2016 年 10 月，完成岔河富源盐场社会委托业务 3 起，标的额 15.8 万元；完成侯镇政府委托车辆标的认证 1 起，认证额 39200 元。全年共办理涉案物品价格认定案件 368 起，标的额 698 万元。

（王海鸣）

农村经济管理

【管理机构】 2016 年，寿光市农村经济管理局为市农业局主管的直属事业单位，正科级规格，经费由市财政全拨，共有编制 18 人，实有干部职工 16 人。内设 5 个股级职能科室：综合科、农村财务管理科、农村土地承包合同管理科、农村合作经济管理科、农村产权服务中心。

【“三资”管理】 继续完善农村经济管理网络平台。依托市政府信息化网络平台，建立的农经财务记帐与监督管理网络化平台运行良好，全市各镇（街区）全部实行会计网络记帐联网运行，通过该平台可及时监督各镇（街区）账务登记、结转、公开等情况，实现“村级报账、镇级记账、市级监管”的全过程动态管理，促进全市农村财务管理规范化和民主化。

加强农村会计培训。2 月 26 日—3 月 8 日，分 4 期举办全市农村会计培训班，对全市农村会计和各镇（街区）经管业务人员进行农村“三资”（即资产、资源、资金）管理、农村土地承包及流转、农民合作社建设及农村产权交易等方面业务知识培训，提高农村经济管理水平和农经人员的业务素质。

加强农村集体经济审计。认真落实省委办公厅印发的《关于深入推进基层服务型党组织建设的实施意见》精神，通过政府购买服务的方式，聘请社会中介审计机构加强农村集体经济审计工作。2016 年，在全市共选取 340 个村进行经济责任审计。

农村产权交易工作。2014 年 2 月，成立齐鲁农村产权交易中心寿光分中心，至 2016 年年底，共累计办理业务信息 8951 笔，包括转出方挂牌信息 1232 笔、受让方挂牌信息 1058 笔、达成交易信息 230 笔、稿件信息 6431 条，鉴证土地交易 3.5 万亩；其中，2016 年平台发布信息 17579 条，包括转出方挂牌信息 388 条、受让方挂牌信息 340 条、达成交易信息 427 条、稿件信息 16424 条，鉴证土地交易 1.8 万亩。为提高经营权收益的财产价值，主动与银行合作，办理土地承包经营权抵押登记业务 129 笔，贷款 575.1 万元。办理大棚所有权抵押登记业务 39 笔，贷款 1462 万元；办理集体股权质押业务 7 笔，贷款金额 2610 万元。其中，2016 年办理土地承包经营权抵押登记业务 41 笔，贷款 456.2 万元；办理大棚所有权抵押登记业务 38 笔，贷款 1437 万元；办理集体股权抵押登记业务 6 笔，贷款金额 2460 万元。

【农村土地承包管理】 土地经营权流转工作。坚持“依法、自愿、有偿”的原则，以发展高效农业、开展适度规模经营、促进农民持续增收为目标，结合全市2016年推行的大棚“两改”工作，探索农村土地承包经营权流转新机制，推进农村土地流转工作。2016年，全市开展整村土地流转的行政村共12个，土地流转面积达到50%以上的行政村共66个。全市土地流转总面积40.5万亩，其中2016年新增土地流转面积3万亩。

强化金融信贷支持。为有效改善农民有效抵押物不足的问题，市经管局继续利用大棚所有权证为农户和流转土地的受让方提供金融贷款支持。2016年，共办理大棚所有权证185个，评估值12405万元。

【农民专业合作社】 加强农民专业合作社建设。重点围绕全市主导产业和具有地方特色的名特优农产品，组建农民专业合作社，提高优势产业的产业化经营水平和农户组织化程度，把主导产业和特色产品做优做强。同时，对合作社管理人员尤其是合作社领头人进行经营管理、财务管理、市场营销等业务知识培训，提高业务素质和经管能力，为合作社健康发展提供保障。全市共建成农民专业合作社2425个，其中2016年建成73个。

合作社信用互助业务试点工作。根据2015年3月市政府办公室出台的《寿光市农民专业合作社信用互助业务试点方案》要求，在全市开展农民专业合作社信用互助业务试点工作，坚持服务“三农”，着眼解决农业农村“小额、分散”的资金需求；坚持社员制、封闭性、民主管理原则，不对外吸储放贷，不支付固定回报，不对外投资，不以盈利为目的。2016年，先后在符合条件的国家级和省级示范社中，优先推荐洛城街道斟都果菜专业合作社等7家合作社参与合作社信用互助业务，参与农户数756户。

创建农民专业合作社示范社。2009年始，从完善制度、扩大规模、提高效益、规范化管理、示范社建设等方面，建立引导考核机制，鼓励农民专业合作社积极申报农民专业合作社示范社。通过开展合作社普查备案、编制合作社名录和引导规范工作，摸清各合作社的合作方式、规模、风险控制等情况，健全和完善合作社各项制度、建立和规范有关账簿，促进合作社健康发展。至2016年年末，全市已创建国家级示范社4家，省级示范社23家，潍坊市级示范社68家，寿光市示范社120家；其中，2016年新创建省级示范社5家，潍坊市级示范社14家，寿光市示范社15家。

（任兴坡）

市场监督管理

【管理机构】 2016年，寿光市市场监督管理局（简称市市场监管局）内设立15个科室，分别是办公室、组织人事科、装备财务科、食品安全综合协调科、食品监管科、药品和医疗器械监管科、餐饮保健食品化妆品监管科、市场合同管理科、商标广告管理科、消费者权益保护科、特种设备安全监察科、产品质量综合监督科、审批服务科、标准计量科、安全生产管理办公室，规格均为股级。下辖2个直属局，分别是寿光市市场监督管理局企业注册局、寿光市市场监督管理局公平交易局，均为行政副科级单位；4个事业单位，分别是寿光市市场监管信息中心，规格股级；寿光市市场监管执法大队，规格副科级；寿光市计量测试所，规格股级；寿光市消费者投诉维权中心，规格股级；15个与各镇（街区）相对应的市场监管所和1个寿光市蔬菜批发市场市场监管所，均为股级行政派出单位。全系统行政编制总额250人。实有在职干部职工363人，其中国家公务员247人、事业人员116人。

2016年，市市场监管局先后被山东省标准化研究院评为“2015年度标准化研究与服务工作先进单位”，被市委、市政府授予“寿光市文明单位”荣誉。

【企业注册登记管理】 2016年，继续推进商事制度改革，激发市场主体活力。一是进一步下放许可权限，将个体工商户设立、变更、注销、登记等5项权限下放到镇街，下放力度在潍坊各县市区最大。二是简化住所登记手续，释放现有场地资源；实施名称、经营范围登记改革，缓解“起名难”问题，进一步降低准入门槛。三是全面实施“五证合一、一照一码”（即营业执照、组织机构代码证、税务登记证、社会保险登记证、统计登记证整合为营业执照，1个证照、1个编码）登记制度改革和个体工商户“两证整合”（即个体工商户营业执照、税务登记证合为营业执照）改革，压缩注册登记成本。全年共新登记市场主体13421户（企业4584户、农民专业合作社333户、个体户8504户），新登记注册资本240.03亿元；市场主体总数达90202户。四是开展市场主体信息公示工作。6月30日完成市场主体信息公示工作，全市2015年度企业年报率达99.09%，农民专业合作社年报率达100%，均列潍坊市第一位。五是优化审批流程，提高服务效能。坚持“四情服务”（即亲情接待、温情指导、真情办理、有情提醒）工作法和重要事项“温情提示卡”服务；进一步强化“即时办结”业务，畅通“末端服务”。全年共办理各类市场主体业务22960余家次，更换新版营业执照2298份，完成预约“延时服务”45项。收到锦旗4面，感谢信5封；在2016上半年寿光市政务服务中心“群众满意窗口评选”活动中，市市场监管局服务窗口获第1名。

【商标广告管理】 实施品牌发展战略，树立寿光品牌形象。一是开展“千百企业商标规范提升行动”，提升商标注册、运用、保护和管理水平；协助政府落实好商标扶持奖励政策。全年新增注册商标800余件，全市有效注册商标达到7440件，居潍坊市首位；马德里商标国际注册达18件，居潍坊市首位；新增著名商标3件，分别是潍坊市晨鸣新型防水材料有限公司的“晨鸣及图”商标、潍坊市宝源防水材料有限公司的“宝源及图”商标、潍坊市华光防水材料有限公司“圣奥”商标；新申请地理标志著名商标2件，分别是寿光蔬菜瓜果产业协会申请的“寿光绿光苹果”“寿光羊角黄辣椒”；新增驰名商标2件，分别是潍坊市金源防水材料有限公司“誉源及图”商标、山东宏恒达防水材料工程有限公司“益龙及图”商标，驰著名商标、地理标志证明商标数量均保持在潍坊市各县市区前列。加强商标广告监管，加大广告监测力度，发现违法广告22条，立案3起，责令改正19起；查处商标侵权案件3起。

【经济合同管理】 2016年，突出成品油、生资监管等工作重点，先后对2家炼油企业和67家社会加油站开展质量抽检；检查农资生产经营主体1423家，抽检生资样品546个，查处农资违法案件43起。开展网络市场主体搜索和建档工作，2016年全市网络市场主体搜索率达到100%，建档率达86.32%；查处网络市场违法案件1起，实现此类案件零的突破。做好拍卖监管工作，共审查各类拍卖活动备案17份，拍卖标的31件。加强流通领域商品质量监管，共检测各类样品101个批次，其中不合格10批次，立案13起。加强企业信用体系建设，开展“守合同重信用”活动，寿光巨能电气有限公司获国家级守合同重信用企业称号，另有5家单位（即山东千榕家纺有限公司、山东巨兴塑业有限公司、潍坊欣欣食品有限公司、潍坊雅格丽家纺有限公司、寿光市瑞丰农药有限公司）获省级守合同重信用企业称号；全市国家级、省级“守重”企业分别达4家、52家，均居潍坊市各县市区首位。

【打击传销、规范直销】 按照“1345”工作思路和《创建无传销城市工作手册》要求，与公安、社区密切配合，全面排查防控，开展打击传销、规范直销专项活动，共受理处结涉嫌传销线索28件，5月顺利通过潍坊市创建“无传销城市”考核验收。深入实施“六个一”（即联合直销企业开展一次户外宣传、联合媒体开展一次访谈、联合电信发送一批公益短信、制作安装一批户外公益广告、开展一次防止传销进校园活动、每月发表一篇打传宣传报道）活动，联合安利（中国）日用品有限公司开展“共同防范传销，共建和谐社会”宣传，并进行万人签名活动；联合潍坊科技学院开展“防范传销从我做起”主题活动；制作发送打传公益短信5批次，覆盖全市市民；发放《致全市市民的一封公开信》《致出租房主的一封公开信》4万余份。

【消费者权益保护】 开展2016年度“3·15”国际消费者权益日活动，评选出2015年度“寿光市消费者满意单位”50家。继续开展服务领域预付式消费侵权专项整治，强化品牌服装、羊绒制品、汽车配件、床上用品、液化石油气、食品包装制品等重点行业监管。全年共接待消费者来信、来访2671人次；受理消费者投诉案件1132起，处结1132起；处理“12315”热线37起，信访案件18起，市长公开电话428起，寿光民声224起，为消费者挽回经济损失800余万元。

【产品质量】 2016年，制定《寿光市工业产品质量监督抽样计划》，委托寿光市检测中心对防水卷材、肥料进行监督检查。结合“打非治违”工作，对辖区内的58家化工企业进行检查，同时结合化工行业“四评级、一评价”工作，对获证企业开展全面监督检查。开展生产许可证分类监管，重点加强生产许可证年度报告审查工作，督促165家获证企业进行网上材料申报；强化认证企业检查执法，对列入国家强制性产品认证目录的生产企业进行摸底，建立起辖区内强制性产品认证企业及产品档案，进一步推动和完善资质认定实验室建设和安检机构分类监管工作。

【标准化管理】 标准化试点工作取得新突破。2016年，“国家农业综合标准化示范市”项目顺利通过验收，“寿光市政务联动服务标准化试点”项目被列入国家第三批社会管理和公共服务综合标准化试点项目；“基层人民检察院检察业务规范化综合标准化试点”已通过专家论证，并向国家标准化委员会提交申请书。

帮助企业实施标准化战略。2016年，富康制药主导修订2项欧洲药品质量理事会（EDQM）国际标准，修订国际标准已达4项，巩固在国际原药行业的主导地位；宏源防水主导制定的《防水卷材生产企业质量管理规程》行业标准获得发布。

企业产品标准网上声明工作全面开展。至11月，全市共有310家企业进行企业产品标准自我声明，发布标准1394项，涵盖产品2368种。全市有6家企业通过“AAA级标准化良好行为”确认，总数达16家。

【行政执法】 严格规范公正文明执法，重拳打击工商行政、产品质量和食品药品领域违法行为，为经济健康发展保驾护航。2016年，共查处行政处罚案件985件，较2015年增长153.9%。

【计量管理】 开展“一机二器四表”（即加油机，衡器、出租车计价器，水表、热量表、电能表、煤气表）的专项检查工作，强检计量器具备案登记10781台件。对全市90多家眼镜店、6000多只燃气表、热量表和105个加油站的465台加油机等计量器具进行登记备案。组织对辖区内的8家寄递物流行业、2家新闻出版、广播电视单位和21家医疗机构进行调查摸底和专项检查，确保在用计量器具准确可靠。对全市危化品生产企业的安全防护计量器具进行检查，共抽查企业7家，计量器具485台件。检定校准各类计量器具26308台件，出检企业1070家。2016年5—6月，潍坊市质监局对全市压力表、燃气表、F2等级砝码、千分尺、酸度计5项社会公用计量标准进行量值比对，寿光市计量测试所是潍坊市各县市区唯一5项全部参加并且全部以深意结果通过的单位。

【特种设备安全管理】 加强制度建设，落实主体责任。将特种设备安全管理纳入镇(街区)政府工作考核，促进各镇（街区）政府安全生产属地管理职责的落实。在潍坊市范围内率先实施约谈制度，共约谈特种设备使用单位208家。完善重大安全隐患挂牌督办制度，确保特种设备安全隐患得到及时有效整改。

强化监督检查，狠抓隐患整改。至2016年12月，全市在网登记特种设备16433台，其中2016年新登记1475台；在网特种设备作业人员3978人；全年新办理特种设备开工告知420家、1124台。2016年，市市场监管局开展安全生产隐患“大快严”（即大排查、快整治、严执法），电梯安全、特种设备“四严”（即严检查、严整改、严执法、严追责）等10个专项整治，共检查单位519家，设备4100余台件，检查发现安全隐患720余项，下达《安全监察指令书》128份，隐患挂牌督办345个；至12月完成隐患整改660个，挂牌销号341个。开展全市锅炉安全与节能集中排查整治攻坚战，对全市911台锅炉安全状况及能效情况进行摸底统计。

强化宣传培训。开展以“强化安全发展观念，提升全民安全素质”为主题的2016年安全生产月活动。6月30日，联合市安委会办公室在全福元东城城市综合体举行2016年度大型游乐设施应急演练活动，积累特种设备应急救援实战经验。提高作业人员持证上岗率，培训考核作业人员1115人次，复审作业人员779人次。

【食品监督管理】 餐饮环节监管方面。抓好餐饮许可、流通许可、卫生许可“三证合一”的整合工作，2016年新办理餐饮服务单位230家，流通经营业户1960家。在全市餐饮业实施“七统一两提高”（即统一悬挂监管公示牌、统一悬挂公示栏、在统一位置对切配工用具进行标识区分、统一制作食品安全桌牌、在餐饮单位统一张贴宣传画、统一台账记录格式和内容，统一餐饮单位现场监督检查内容，提高餐饮服务单位规范经营的主体意识和提高餐饮服务食品安全管理水平）及“明厨亮灶”工作，打造“明厨亮灶”的餐饮单位30家，圆满完成国际蔬菜博览会及高考等重大活动食品安全保障。开展校园食堂、季节性食物等8个方面专项整治。

联合教育部门，在全市公办学校全部普及农残快检室，实现大、中、小学食堂覆盖率达到95%以上，并将工作逐步向托幼机构延伸。深入开展“清洁厨房”行动，城区持证餐饮单位清洁厨房达到98%以上，乡镇持证餐饮单位清洁厨房达到90%以上。

流通环节监管方面。积极推进快检托管工作，已有全福元商业集团、寿光地利农产品物流园等7家市场、超市的快检室实现第三方检测机构进驻。制定并实施《寿光市食用农产品批发市场准入制度》等相关制度，进一步落实市场开办者、入场经营者和监管者三方责任。集中开展校园周边、“六小”（即食品小作坊、小食品店、小摊贩、小餐饮店、校外托管机构、鲜奶吧）整治、端午节、进口食品等8项专项整治活动，配合国家、省、潍坊市食药监各部门监督抽样441批次，检查单位720余家，下达责令整改42份。进一步规范索证、索票制度，全面推广实施“一票通”“一本通”。全市食品供货商一本通备案达586家，使用“一本通”经营业户5200余家。在农产品物流园全面实行电子“一卡通”，使追溯体系更加科学便捷。

食品生产监管方面。加强对食品生产企业日常监督检查工作，严抓产品质量安全，全面实施风险分级分类管理，完善获证食品生产企业和小作坊电子档案，制定《寿光市关于加强食品生产加工小作坊监督管理的工作意见》等一系列制度文件。开展饮用纯净水、肉制品等6个专项整治活动。帮扶引导小作坊转型升级，已办理食品生产加工小作坊告知备案证明5家。推行食品生产企业赋码追溯机制，全年共有25家食品生产企业实现赋码追溯。完成食品生产企业监管飞信平台建设，发布各类法规信息、通知等196条。配合潍坊市及以上部门监督抽样289批次，市检110批次产品，自抽检样品89批次。

【药品药械监督管理】 加强药械规范化管理。在强化日常监管的基础上，先后开展GSP认证企业的飞行检查、医疗机构制剂专项检查、定制式义齿专项检查、高风险医疗器械专项检查等多项专项检查。建立健全监管相对人基础档案2163家，严抓药店“六统一、六禁止、六承诺、三服务”[“六统一”：统一悬挂公示栏、统一药品宣传内容、统一摆放警示语牌、统一店内人员着装、统一药品分类布局、统一药品采购配送流程。“六禁止”：禁止出租或转让柜台，禁止不凭处方或药学技术人员不在岗时销售处方药，禁止非本店人员在店内从事药品宣传或推销活动，禁止药品与非药品混放，禁止销售终止妊娠及促排卵药品、蛋白同化制剂、肽类激素（胰岛素除外），禁止擅自悬挂或向消费者发放未经审批或以非药品冒充药品的广告宣传。“六承诺”：承诺确保药品经营质量，承诺提供优质服务，承诺卫生整洁，承诺诚信经营，承诺价格公道，承诺合理宣传。“三服务”：开展法律服务、药学服务、上门服务]的药店规范提升工作。将药械化安全性监测工作与日常监督检查、专项检查、认证检查等工作有机结合，完善督查通报制度，上报药品不良反应报告1281例，其中新的药品不良反应病例168例和严重不良反应报告228例；上报医疗器械不良事件580例，其中严重报告180例；上报化妆品不良反应报告50例。

（林 健）

安全生产监督管理

【管理机构】 2016年，市安全生产监督管理局内设办公室、工商贸安全监督管理科、危险化学品安全监督管理科、职业健康监督管理科、审批服务科 5 个职能科室，行政编制 9 名，实有干部职工 21 人。下辖 2 个事业单位：寿光市安全生产监察大队，规格副科级，性质参公事业，编制 12 名，实有干部职工 14 人；内设 5 个中队。寿光市安全生产应急救援指挥中心，规格股级，性质事业，编制 26 名，实有干部职工 27 人。

【宣传与培训】 开展安全生产大培训。12 月 22 日，邀请国务院参事室特约研究员黄毅为全市领导干部及大中型企业主要负责人进行安全生产专题辅导。为提升全市安全生产培训的质量，借鉴外地先进经验，整合全市安全生产教育培训资源，11 月组建寿光市安全生产培训中心（民办非企业），主要职能是对安监、住建、交通、特种设备、消防、海洋渔业等涉及有关安全生产领域人员开展“全员培训”培训工作。11 月始，利用 2 年时间，对全市纳税额百万元以上涉危企业的相关人员全部轮训一遍，市财政承担培训费用 30%，至年底市安全生产培训中心共培训班组长（含工段长、值长）330 人。全年共组织开展消防宣传培训 225 场次，参训人数达 2 万余人，发放消防宣传资料 15200 余册，组织 200 名消防志愿者开展培训 85 次。12 月 8—15 日，市财政投入专项经费，依托职教中心，分三期对全市 500 多家人员密集场所、劳动密集型企业以及物业服务企业等社会单位的 600 余人进行消防安全集中培训。同时，全市各行业主管部门指导各自培训机构多形式培训干部职工 11024 人，确保持证上岗率 100%。

安全宣传工作。6 月，是全国第 15 个“安全生产月”，市安监局投入经费 40 万元，在寿光电视台创办《安全在线》节目，在《寿光日报》开辟《安全聚焦》专栏，推广经验，曝光隐患。利用市电视台《百姓关注》栏目播出安全知识 4 期，“安全知识进家庭”有奖问答 15 期，安全生产“一把手”访谈 9 期；利用《现场直击》栏目播出安全生产现场 7 期，营造浓厚的安全生产氛围。

查隐患保安全。2016 年，以工会系统“查保促”活动为载体，在全市 3500 余家企业普遍开展安全知识大培训、安全隐患大排查、安全应急大演练、安全管理大比武“四大专项行动”，覆盖职工 38.1 万人，职工参与面 95.7%，全面提升职工的安全素质。

【安全生产监管与整治】 2016 年，通过干部包靠、聘请专家或中介机构检查等方式，对各类生产经营单位开展“拉网式”全覆盖检查，共排查生产经营单位 6985 家，查出隐患 13567 条，立案处罚 142 家（次），共罚款 269.34 万元，对 4 家生产经营单位的法人进行追责。在《寿光日报》上设立曝光台，对 89 家生产经营单位的 277 条隐患进行公开曝光。同时，对重点行业领域的安全生产进行专项治理。

危化品领域。聘请中介机构对危化品企业坚持每季度检查 1 次，对构成一、二级重大危险源的危险化学品罐区和 3 家石化企业、2 家氯碱企业进行专项检查。强力推进化工企业转型升级，市财政提供预算资金 913 万元，聘请国内知名中介机构，组织专家力量对全市所有化工企业从安全生产、环境保护、节能降耗、节约用水四方面进行评级评价（即四评级一评价）。至 10 月底，对完成有效“四评级一评价”的 218 家企业均下达整改通知书，督促企业对每个问题制定整改措施并限期整改到位。

道路交通领域。全市开展和自行组织各类集中整治专项行动 40 余次，查处各类交通违法行为16.4万余起，非现场查处交通违法近42.8万余起；检查运输企业601家，查出隐患510处，并全部完成整改工作。

建筑施工领域。10月始，聘请安全专家12人，成立7个安全生产检查小组，开展建设领域百日集中行动，共检查单位442家，发现隐患480余处，并全部完成整改工作。

消防领域。检查各类生产经营单位2762家次，下达《责令改正通知书》1175份，下达《行政处罚决定书》248份，查改“九小场所”（即小学校或幼儿园、小医院、小商店、小餐饮场所、小旅馆、小歌舞娱乐场所、小网吧、小美容洗浴场所、小生产加工企业）火灾隐患28420条，并确保整改率达98%以上。

特种设备领域。继续对全市特种设备开展执法检查工作，先后检查相关单位287家，对存在较大安全隐患的6家单位进行立案查处。公开招标3家安全评价机构，对全市确认的144家涉氨制冷企业进行安全评估检查，对复查整改仍不到位的91家企业进行立案处罚。

职业卫生领域。通过全市用人单位职业卫生摸底排查和职业卫生专项执法检查，对存在职业病危害的用人单位按照职业病危害程度不同，采取不同的监管模式，共检查企业1030家次，完成申报860家，检测673家、现状评价296家、查体2.3万余人，对违反职业病防治病法等有关规定的7个用人单位依法予以处罚。

【创新安全监管新模式】 设立安全生产首席专家。2016年，市政府聘请3名省级安全专家作为安全生产首席专家，常年对重点危化品企业进行“诊断式”检查，开展专业技术研讨、危险源评估、安全培训等活动，并对中介机构的服务质量进行监督评估。首席专家全年共检查企业32家，查出问题562项，提供指导26次。

第三方参与安全监管。2016年，采取政府购买服务的方式，出资130万元，委托6家国内知名中介机构，对全市危化品企业每季度开展一次专业化、精细化安全检查和复查，帮助企业查找隐患，并制定整改方案和措施，指导企业有效提升管理水平。全年共检查危化品企业362家（次），整改隐患2900余条。

实施派驻督导。从15个市直部门各抽调1名副科级干部和1名工作人员，“一对一”派驻到15个镇街区，对各镇街区进行全天候督导，促进基层安全生产工作。“四严”（严检查、严执法、严整改、严追责）行动期间，将15个督导组扩展为18个，改由派出单位主要负责人任组长，每周至少1次对包靠镇街区安全生产情况进行现场督导，并负责行业领域的安全生产。市委、市政府主要领导全年召开5次调度会议，对督导情况进行调度。

（国明艳）

检验检测中心

【管理机构】 2014年2月，寿光市整合市质监局产品质量监督检验所、食药监局食品药品检测所、市农产品检测中心、市渔业产品检测站、畜牧局畜牧产品检测站组建成立寿光市检验检测中心，办公地点设在原市质监综合检测大楼，为市政府直属正科级全额拨款事业单位，配备主任1人、副主任3人；内设办公室、财务科、质检一科、质检二科、质量控制科、收发室6个科室。中心编制27人，实有干部职工60人，其中专业技术人员52人（包括高级工程师2人、工程师13人）。拥有各种检测设备272台套，设备原值2000余万元。是国家食药监总局确定的全国首批县级食品安全检验检测资源整合试点单位；山东省农业科学院农业质量标准与检测技术研究所技术培训中心；山东省建筑防水材料质量检验中心；山东省农副产品质量检验中心（寿光）；山东省蔬菜大棚用品质量检验中心；山东省农产品质量安全监督检验测试中心（寿光）；安捷伦科技区域合作示范实验室；寿光市公安局涉案食品检验检测中心。至2016年年底无变化。

【业务工作】 资质认定评审。2016年4月，完成中心首次扩项，9月顺利通过3个省级中心资质评审，分别是山东省建筑防水材料质量检验中心、山东省农副产品质量检验中心（寿光）、山东省蔬菜大棚用品质量检验中心，11月完成中心第2次资质扩项及换证工作，具有对136个产品的全部参数、344个产品的7249个参数的检测能力，其中还具备检测食品中2个产品全部参数、256个产品6132个参数和非食品中134个产品全部参数、88个产品1117个参数的检测能力。

能力建设。该中心综合实验室建筑面积7300平方米，其中实验室面积4750平方米；设有食品及农产品检测室、建材检测室、微生物检测室等30个专业检测室。2016年，市财政投资246万元，购进气相色谱串联质谱仪、空气检测设备，室内空气质量检测、污水与污泥检测从无到有，通过计量认证。农药残留检测能力由原来66项扩展到189项。

检测抽样工作。2016年，共完成委托抽检任务1979批次、检测任务5603批次，其中检测蔬菜3700批次。

（方迪）

审计工作

【管理机构】 2016年，寿光市审计局内设办公室、法制与计算机审计管理科、财政金融审计科、行政事业审计科、经贸与外资运用审计科5个职能科室，下属寿光市经济责任审计办公室、寿光市政府投资项目审计中心2个副科级事业单位。行政编制17人，事业编制28人；实有41人，其中行政13人、工勤2人、事业26人。

【国家审计】 2016年，市审计局共完成审计项目117个，查处违规违纪问题金额7283万元，查处损失浪费和管理不规范问题金额270373万元，促进财政增收节支7424万元。2月，被评为全市党风廉政建设工作先进单位；4月，计算机审计方法获省审计厅一等奖1篇、二等奖3篇；6月，被评为全市先进基层党组织；7月，“民生工程审计全覆盖”工作被评为市直机关优质服务项目；9月，被评为全国审计宣传工作先进单位；12月，顺利通过省级文明单位复查。

政策跟踪审计。2016年，为保障中央和省、市重大政策措施落地生根、开花结果，深入开展稳增长、促改革、调结构、惠民生、防风险等政策措施落实情况跟踪审计。各项审计都聚焦重大决策部署的落实情况，并全力做好跟踪审计，完成精准扶贫、解决城镇中小学大班额、城市地下管线基础设施建设、创新支撑引领经济结构优化升级、改进科技资金和项目管理等9个方面的政策落实情况跟踪审计，做到边进行审计、边督促整改，按要求报告审计结果，推动供给侧结构性改革，促进政令畅通。

财政审计。全年先后组织开展预算执行、税收征管等审计，持续对转移支付、财政收支质量、存量资金和中央八项规定精神落实等情况进行审计，查处违规违纪问题金额7025万元，查处损失浪费和管理不规范问题金额35784万元，促进深化财税改革、优化支出结构和提高资金绩效。市十六届人大常委会第三十五次会议审议通过市审计局受市政府委托作的审计工作报告。

政府投资审计。2016年，紧抓、抓实初审和复审，既强化审计质量控制，又着力提高审计效率，收到较好效果。先后完成生态文明乡村建设、道路维修改造、市政基础设施、水利和绿化等44个政府投资建设项目的审计，送审60576万元，审减4660万元，总审减率7.7%，促进和规范政府投资项目的建设与管理，提高建设资金使用效益。

经济责任审计。3月，召开全市经济责任审计联席会议，对做好新形势下经济责任审计工作作研究部署。全年完成经济责任审计项目35个，查处违规违纪问题金额258万元，查处损失浪费和管理不规范问题金额213908万元，向有关部门移送违规违纪问题线索4件，规范权力运行，促进领导干部履职尽职。

开展领导干部自然资源资产离任审计试点工作。按照省审计厅和潍坊市审计局的部署要求，开展领导干部自然资源资产离任审计试点工作并取得初步成效。10月，在经济责任审计办公室加挂寿光市自然资源资产审计中心的牌子，第11次市政府常务会议专题听取市审计局试点工作汇报；11月，市委办公室、市政府办公室印发通知建立试点工作联席会议制度。寿光市试点的双王城审计项目得到省审计厅和潍坊市审计局的肯定，并作为县级试点单位在全省审计试点工作调度会上作经验介绍，潍坊市各县市区仅有寿光市参加。

其他工作。全年先后完成慈善总会财务收支、消防大队财务收支、全国农业科技会议费、人大会议费、政协会议费等审计，查处损失浪费和管理不规范问题金额631万元，移送处理违规违纪问题线索1件。先后完成2016年财政收入状况专项审计调查，对15家重点税源企业税收征管情况进行延伸审计调查，摸清地方税收状况，提高税收征管质量，促进财政收入持续稳定增长。先后完成对2家公交公司、4家出租车公司、4家驾校运营情况的审计调查，为市委、市政府科学决策提供参考依据。牵头完成全市财政资金管理使用情况专项检查，迎接潍坊市对寿光市的检查，维护财政资金安全。积极配合上级审计机关对寿光市的保障性安居工程、购建职工住房等情况开展审计工作，促进相关政策措施的落实。

【内部审计】 2016年1月，潍坊科技学院审计处被评为山东省2015年度山东省内审机构先进单位；康跃科技股份有限公司审计部、寿光卫东化工有限公司审计部、山东寿光天成食品集团有限公司审计部，分别被评为潍坊市2015年度内审机构先进单位。10月，寿光市内部审计协会被评为山东省内审信息宣传工作先进单位。12月，寿光市内部审计协会单位会员达到175个。

（马效伟）

油区管理

寿光市境内有清河油田，隶属于江汉石油管理局，重点生产区域在小清河以南的羊口镇，油、气、水井主要分布在菜央子盐场、卫东盐场、清水泊农场、国营机械林场、曹辛村、候辛村、八面河村、桃园村、郭井子村、北木桥村、官台村。

【管理机构】 寿光市油区工作办公室（以下简称“油区办”）成立于1985年7月，规格为副科级事业单位，1994年升格为正科级事业单位，是市人民政府油区工作的主管部门，2012年开始负责市境内输油气管道监管工作。2016年，内设科室有综合科、财务科、工农科、稽查科、管道监管科、劳务工程管理科。编制24人，实有干部职工26人。2016年，被山东省人民政府授予“油气管道隐患整治先进集体”荣誉。

【法规宣传】 为确保油区和输油气管道安全运行，7月份开展为期1个月的涉及油区范围内和输油气管道沿线的法律法规宣传活动，共出动宣传车50余台次，张贴标语50余条，进一步提高油区和管道沿线群众对涉及油区范围内和输油气管道沿线的法律法规的认识，有力地配合油区秩序整治和管道安全隐患整治行动。

【油区稽查】 2016年，在油区内联合清河采油厂治保大队、工农办及相关单位开展油区秩序专项整治行动，工作中加强防控机制和队伍建设，充分发挥油、地保卫队伍作用，并搞好与公安、安监、工商等部门联合执法，进一步完善油、地一体社会治安防控体系。全年共联合清河采油厂治保大队开展联合稽查2次，井场打孔盗油和井口盗油发案率为零，有力地维护油区生产生活秩序。

【工农关系协调】 工农协调工作是寿光市油区办主要职责之一，内容是油区钻井、地质勘探、征占地、污染所引发的工农矛盾。一是坚持公开、公正、合理、合法的工农协调原则，及时化解各类工农矛盾，密切工农关系，实现油地均衡发展。全年共协调各类矛盾纠纷200余起，各类补偿款均及时兑付到位，有效地调处事关工农关系的争执和矛盾，获得油、地双方的充分肯定。二是进一步提高服务意识、大局意识，增强与清河采油厂工农办、胜利油田钻前、钻井、物探及相关单位的关系，真正成为油、地之间的桥梁和纽带。三是工农科协助清河采油厂施工队按照规定程序对6眼废弃的油井进行封堵，杜绝存在的环境污染，消除安全隐患。四是协助清河采油厂完成2015年下半年及2016年上半年的12宗油田建设用地测绘维权等工作，发放2008—2010年油田建设用地土地证100余本，规范油田用地程序，有效防止非法侵占圈占油井井场，形成和谐、可持续的油、地发展局面。

【安全隐患治理】 一是在2015年开展的全市输油气管道安全隐患整治行动基础上，针对排查出的12处安全隐患，积极协调相关部门、镇街区，制定符合多方利益的整改方案，扎实推进整改工作，至10月底12处安全隐患已消除11处，剩余的1处为西城菜业管道上方占压也已拆除，安全距离不足的问题正在协商解决。二是摸清蔬菜大棚占压情况，开展管线维修。蔬菜大棚占压东黄复线近10公里，由于时间长久导致大棚下方管道覆土深度严重不足，对防腐层造成严重破坏，甚至有些大棚内管道本体露在外面，防腐层脱落，管道锈蚀严重。6月，与江苏徐州管道储运局、潍坊输油处、寿光输油站联合徒步对该段管道进行详细摸排，并制定出切实可行的整治方案，进行全面治理。三是积极协调东黄输油管道改线工作。为彻底消除市区安全隐患，陪同市领导多次到省油区办、中石化集团总部、中石化管道储运有限公司等单位就东黄复线搬迁工作进行多次沟通、协调。5月12日，省政府与中国石化、徐州管道局、省直有关部门等联合召开专题会议，省油区办杨希珍主任在会议上重点提出寿光改线工作，赵绪春市长作发言，张务峰副省长与中石化领导确定，对寿光城区段管线遇城环绕改线。会议纪要下发后，市油区办又主动到中石化总部、徐州管道局进行对接，至年底寿光输油站搬迁工作已进入选址、设计阶段。同时，根据寿光世纪凤华学校南侧体育场一角与东黄复线k83-100至k83+150米处交叉占压250米的实际情况，按照规划局提供的局部改线方案，督促落实世纪凤华学校与东黄复线改线工作，至12月份全部完成相关改线任务。四是争取省政府油气管道隐患整治专项资金181.18万元。

（刘涛）

潍坊海关驻寿光办事处

【管理机构】 2016年，潍坊海关驻寿光办事处仍为潍坊海关内设副处级机构，内设综合业务科、通关科、监管科，共有关员7人，其中党员6人、团员1人。管辖区域为寿光市、青州市和临朐县，业务范围为除稽查和减免税之外全部海关业务，主要进出口商品为原油及燃料油、废纸及铜版纸、橡胶轮胎、塑料产品、化工产品、成品板材、蔬菜等。

辖区内现有1家海关监管场站，即寿光晨鸣现代物流有限公司海关监管场站。2家公用型保税仓库，分别是寿光晨鸣现代物流公用型保税仓库、寿光鲁清石化物流公用型保税仓库。

【业务工作量】 2016年，共审核进出口报关单1299万票；征收税款2.77亿；监管货运量93.7万吨，集装箱1.9万标准箱；设立加工贸易手册315份，备案总值8.38亿美元；手册核销结案377份；保税仓库出入库货值4668万美元。

【服务地方发展】 办事处将执行海关政策和促进地方经济发展有机结合，深化工作理念，发挥职能作用，将海关工作融入寿光“十三五”发展规划、融入寿光产业转型升级实际需求、融入关企合作实现共赢的发展道路，促进寿光外向型经济健康发展。

优化通关环境，提高通关效能。认真落实海关总署、总关各项业务改革措施，实行丝绸之路经济带海关区域通关一体化改革。制定完善关检“三个一”工作方案，多次组织召开关检合作会议，协调检验检疫局做好企业通关“三个一”工作，为企业营造可预见、低成本、高效便利的通关环境，降低企业通关成本，提高企业通关效率，为企业节省通关成本20%～30%。

落实改革措施，促进外贸增长。办事处抓紧重点项目，对鲁清石化燃料油沥青进口、墨龙机械进口熔融还原铸锻生产线、晨鸣废纸进口等重点项目，实行专人服务、提前介入、全程指导的“紧贴式服务”和“无障碍通关”。通过知识产权日、政策宣讲会，宣传海关的政策措施，积极听取企业的诉求，了解企业在外贸新形势下面临的困难，创新利用“业务咨询微信群”对企业开展业务指导和交流，支持企业用足用好海关优惠政策，促进企业健康发展，为寿光市外向经济的发展增添活力。指导晨鸣纸业运用汇总征税制度，缓解企业流动资金压力。汇总征税制度，不仅缓解海关逐票征管的通关瓶颈，也提高企业的资金使用效率，降低企业贸易成本，因此被广大外贸企业形象地称为通关“信用卡”。

深度融入，服务地方经济。办事处针对原晨鸣场站因海关监管设施长期不达标，面临停业整顿的境况，一方面克服监管力量不足现状，加强人工巡查，一方面积极探索创新监管模式，为企业量身打造相关监管制度，既保证海关监管，又方便企业快速通关。结合寿光地区加工贸易量大的特点，针对企业容易发生的问题，编发《加工贸易业务提醒》，用平实易懂的语言把加工贸易政策和误区阐述明白。提高窗口服务水平，落实首问负责制，把便利留给企业，把困难留给自己，打造为民服务窗口单位。深入辖区开展调研，根据调研情况撰写的《寿光市轮胎行业发展调研报告》，得到寿光市委书记朱兰玺、市长赵绪春的批示。加强对重点商品和重点企业的监测分析，定期形成统计分析报告上报市政府，为政府部门及时、正确决策提供支持。

农 业

蔬菜产业

【蔬菜品种】 菜类。2016年，冬暖大棚蔬菜品种主要有黄瓜、西葫芦、丝瓜、苦瓜、芸豆、豆角、扁豆、油豆等；拱棚蔬菜品种主要有韭菜、茄子、辣椒、西红柿、黄瓜西葫芦、芸豆、豆角、芹菜、青萝卜等；露地蔬菜品种主要有胡萝卜、青萝卜、大白菜、大葱、韭菜等。黄瓜品种：津绿21-10、德瑞特D19、德瑞特B79、787、津优、园春一号、冬冠、冬棚309、冬棚巨丰308、沃林2号、721-B、津绿、乾德2号和乾德80等。茄子品种：布利塔、765、超利901、702、大龙、二苠、快圆和六叶圆茄等。番茄品种：齐达利、拉比、瑞星五号、妞盾、欧曼、凯泽168、爱农9号、中奥二号、美粉398、美粉克线一号、粉安娜、千禧、春桃、富红宝、黄榕、粉贝贝、罗曼和112等。辣椒品种：曼迪、黄太极、塔兰多、红方、世纪红、红罗丹、雅迪、纳塔利、威丽、奥林匹亚、喜洋洋、长剑、格雷、37-74、37-82和中寿12等。丝瓜品种：中黄、中绿；苦瓜品种：新农村、土财主、疙瘩绿。西葫芦品种：黄皮西葫芦、黑皮西葫芦、京葫38。豆类品种：之豇28-2、九粒白、将军一点红、绿丰和架豆王等。萝卜品种：潍县青；韭菜品种：汉中、冬韭、雪韭、独根红。胡萝卜品种：黑田五寸。白菜品种：义和白菜、北京三号、皇冠、菊锦。大葱品种：八叶齐、梧桐葱、日本铁杆。芹菜品种：玻璃翠、文图拉、桂河绿和桂河黄等。

瓜菜。2016年，境内瓜类主要是甜瓜、西瓜。甜瓜分薄皮甜瓜和厚皮甜瓜等种类，厚皮甜瓜集中于稻田镇田马村一带，田马“王婆”香瓜。是中国甜瓜之乡。薄皮甜瓜境内各地均有零星种植，以圣城街道刘旺村及其周边种植面积最大。露地西瓜主要分布寿北，保护地西瓜主要分布在纪台镇一带。推广的甜瓜品种主要有：伊丽莎白、哈密、西周密、长香玉、雅典、流星、状元、金玉、绿宝、甜宝和羊角蜜等。西瓜品种：京欣、风光、红宝丰和红和平等。

食用菌。2016年，境内仍以平菇栽培为主，金针菇次之，有少量的白灵菇和双孢菇。主要分布在洛城街道、田柳镇、侯镇、营里镇的150多个村，涉及1300多农户。平菇品种主要有：早秋609、早秋黑平125，秋冬8002、丰抗4号、低温9001、北风1号和寿平007等。金针菇黄色品种主要是寿光食用菌研究所选育的金针2619、260等。白色品种主要是白金HE-1，HE-2优丰14和2304等。白灵菇品种主要有：白灵1号，白灵720、白灵801和白灵6号等；双孢菇主要为双孢菇 2796。

【蔬菜种植】 露地蔬菜种植。2016 年，全市露地蔬菜播种面积 7.83 万亩，产量达到 4.33 亿公斤。胡萝卜、萝卜、大白菜、大葱和山药，约占露地蔬菜播种面积的 80%。

冬暖大棚蔬菜种植。日光温室结构不断改善，性能越来越好，单位面积产量越来越高，但播种面积变化不大。2016 年全市日光温室蔬菜播种面积 26.32 万亩，产量 14.54 亿公斤。

拱棚蔬菜种植。2016 年，全市拱棚蔬菜播种面积 5.12 万亩，产量 2.84 亿公斤。拱棚蔬菜的主要栽培种类有：韭菜、胡萝卜、萝卜等。

【蔬菜病虫害防治】 主要病虫害。2016 年，随着全市菜农对蔬菜种植技术水平的不断提高，大多数传染性病害对蔬菜生产影响较小，番茄晚疫病、黄瓜霜霉病等容易爆发成灾的病害也没有形成，但一些世界性疑难杂症如线虫、双生病毒、退绿病毒、白粉虱等，对蔬菜生产的影响较大，每年都有数万亩蔬菜因此减产。另外，由于环境调控不到位或用药用肥不合理所造成的生理问题经常发生，以及由此破坏土壤导致的根腐病和缺素症也比较普遍。

治疗方法。在病虫害防治上，甲基溴被彻底淘汰，威百亩、氰铵化钙、大扫灭等土壤处理技术以及嫁接等，成为病虫害防治的基本技术。在此基础上，菜农多采用释放天敌、定期喷施生物农药和化学农药的办法进行防病，使用粘虫板和防虫网进行防虫。所用的农药多为高效低毒产品。丽蚜小蜂、扑食螨等天敌在保护地蔬菜上已广泛使用。寿光市病虫害防治技术在逐步完善，并向绿色环保的防控技术过渡。

【蔬菜研发与推广】 种苗研发推广。⑴良种研发。2016 年全市种业研发能力进一步提升，省级研发中心发展到 5 家（蔬菜工程中心、蔬菜种业集团、新世纪、三木种苗、永盛种子），自主研发的 3 个品种（寿菜 HG1 号黄瓜、寿菜 HG2 号黄瓜、寿菜 XG1 号西瓜）获农业部新品种保护权，全市自主培育新品种达到 46 个。

⑵种苗培育。2016 年，全市种子经营业户达 429 家，蔬菜种业集团和新世纪种苗带动全市种苗繁育基地发展到 200 多家，种苗年繁育能力达到 14 亿株。主要品种有黄瓜、番茄、辣椒和茄子，其中黄瓜和茄子实现嫁接 90% 以上，不仅满足供应全市蔬菜生产用苗，而且销往全国各省市自治区。

⑶良种推广。2016 年成功举办春、秋两季“设施蔬菜品种展”，对征集的 370 多家单位的 3000 多个品种进行集中定植展示，为菜农提供品种展示对比平台。全市蔬菜良种应用率达 96% 以上，为菜农增产增收提供保障。

蔬菜种植技术推广。2016 年，进一步完善农技推广体系，实施基层农技推广项目，建立 10 个农业科技示范基地，确定 1000 个科技示范户，推广蔬菜生产新技术 30 多项。大力加强蔬菜新科技、新成果试验示范，积极引进自动化微机管理、沼气综合利用、荷兰智能模式、太阳能光伏大棚、生物菌肥培肥地力、无土栽培等科技型、精准型创意农业项目，加快蔬菜产业发展向科普、生态、观光农业转型。2016 年，农业部在寿光市设立的国家蔬菜产业技术体系综合试验站实施第二个 5 年技术推广规划。继续与杜永臣等 43 位岗位科学家常年（2012 年开始）开展技术合作。承接并配合开展方智远院士等岗位专家科研任务 37 项，增强现代农业的科技创新能力。

【标准化生产】农业现代园区建设。2016年，全市按照“集中连片、规模经营、绿色有机”的原则，加快推进现代农业园区建设，全市规模蔬菜园区达99处，有力地推进农业经营由分散向园区化转变。

农业投入品安全监管。2016年，市农业局累计出动执法人员4000余人次，检查相关单位2000多个次，立案查处违法案件125起，最大程度的降低农民损失；抽检肥料样品240个，农药135个，蔬菜样品3736个，有效保障蔬菜质量安全。

品牌农业。2016年，新申报绿色产品20个、无公害产品20个，全市有机、绿色、无公害农产品基地面积达到71万亩，有机、绿色、无公害农产品品种达到552个，地理标志产品16个。

龙头企业。2016年，全市各类龙头企业发展到93家，其中省级10家，市级80家。

【大棚升级改造】 2016年，积极开展大田改大棚、旧棚改新棚的蔬菜大棚“两改”工作，全市共建成“两改”区6.3万亩、大棚1.1万个，100亩以上的园区100多个。针对农户在种植过程中的疑难问题，成立专家团队，通过电视讲座、田间课堂等方式，对农户进行培训，全年共举办培训班310余场次。

【农作物秸秆循环利用】2016年，针对全市蔬菜秸秆处理难题，市政府出台蔬菜秸秆循环利用补贴政策，凡蔬菜秸秆处理企业加工量达到5000吨以上的，给予处理藤蔓类每吨补贴50元，茄科类每吨补贴30元，打包送生物发电厂的每吨补贴30元。共引进蔬菜秸秆处理技术5项，已建在建秸秆处理企业达到19家，年设计处理能力达到105万吨。制定蔬菜秸秆暂存点建设标准，全市共建成暂存点700多处，秸秆综合整治率达70%以上。

【农业大数据平台】 2016年5月始，筹建寿光市农业大数据平台，已在纪台镇完成试点工作，其余镇（街道）的种植信息也已采集完毕。该平台可整合现有的农业信息资源，对全市15处镇（街区）蔬菜质量检测、1800处农资经营店交易、900家蔬菜市场交易和全部农户蔬菜种植等信息数据进行集中采集、分析和使用，进一步推进全市农产品质量安全监管和农业科技推广服务。

【蔬菜加工】 寿光蔬菜以深冬保护地种植为主体，新鲜蔬菜销售价格一直很好，而多数适合蔬菜深加工的品种多为露地菜，如菠菜、油菜等，因此蔬菜深加工发展缓慢。为解决这一问题，寿光市始终把发展农业龙头企业作为提高产业效益、提升产业化水平的重要环节来抓，扶持壮大重点农业龙头企业，增强辐射带动功能，实现企业增效与农民增收的双赢。2016年，全市深加工企业有山东省寿光蔬菜产业集团有限公司、山东寿光天成食品集团有限公司、山东赛维绿色科技有限公司等。

（胡永军）

【蔬菜名优特产】 化龙胡萝卜。主产于化龙镇国家级胡萝卜农业标准化示范区，全年出口韩国、日本达15万吨。化龙胡萝卜外观特征：短缩茎突出，枝叶少，肉质根大，呈橘黄色，圆柱型，尖削度小；不分杈、无裂痕；光洁度好，色泽鲜艳，易做高档菜造型；历经三寒身不损，熟置三日而色不变。内在特征：除具有一般胡萝卜的营养成分外，其糖类和维生素C的含量较高，其中每百克含维生素 C ≥ 6.8 毫克、总糖 ≥ 3.2%、钙 29.3 ~ 42.6 毫克；每千克含铁 2.7 ~ 4.5 毫克、锌 1 毫克 ~ 1.7 毫克。化龙胡萝卜口感极为甜脆，风味独特，深受客商青睐。在注册“参源”商标的基础上，又被农业部授予“中国胡萝卜第一镇”称号。

2012 年 8 月，被农业部认定为农产品地理标志产品。

寿光樱桃西红柿。古城街道被美誉为“西红柿之乡”，是樱桃西红柿主产区。西红柿生产主要有大果类型、樱桃类型、中果类型三大类，其中樱桃西红柿是该街道特色农业产业，年培育樱桃西红柿种苗 1 亿株，年产优质樱桃西红柿 20 万吨，种植品种有“圣女”“罗曼”“紫玉”“粉姑娘”“黑贵妃”“佩坦赞”等颜色、形状、大小各异的国内外名优樱桃西红柿品种 100 多个，是全国最大的樱桃西红柿生产经营集散地。自 2007 年起承担国家 1.5 万亩西红柿标准化种植示范区建设任务，2010 年 10 月顺利通过中国标准化生产委员会验收。“古城”樱桃西红柿大小如樱桃，有球形、洋梨形、醋栗形等多种果型，果色分红色、粉色、黄色、橙色及紫色，大小均匀适中，果实硬度高，抗病高产，耐储运，不裂果，具有入口微酸，嚼起来甘甜，口味鲜美，风味独特，回味余香无穷的特点，其维生素 C、番茄红素、糖、可溶性固形物、糖酸比均超出规范规定值的 20% 以上，总酸低于规范规定值 30%。良好的口感和丰富的营养价值深受广大消费者的青睐。

2012 年 12 月，被国家工商总局确定为地理标志证明商标。

羊角黄辣椒。该品种生长势强，株高 60 ~ 80 厘米，开展度 50 厘米。叶片披针形，长 10 厘米，最宽处 4 厘米，节间较长。果实呈羊角形，长 18 ~ 22 厘米，横径 3 ~ 4 厘米，子房 2 ~ 3 室，因果色呈黄绿色而得名羊角黄。羊角黄皮薄、肉厚、色鲜、味香，含有丰富的营养成分和微量元素，如维生素、磷、钙、铁、胡萝卜素、抗败血素等，其中每百克含维生素 C ≥ 124.9 毫克、钙≥ 12 毫克、磷≥ 40 毫克、铁≥ 0.8 毫克、胡萝卜素≥ 0.73 毫克、抗败血酸≥ 185 毫克。故适量食用辣椒及其制品，不仅能促进消化液分泌，增强肠胃蠕动，增加食欲，有利于食物的消化与吸收，而且能促进人体细胞间质中胶原的形成，对预防感冒、动脉硬化、夜盲症和坏血病具有显著的食疗效果。

2012 年 12 月，被农业部认定为农产品地理标志产品。

上口冰果。上口冰果是苹果的一种，皮有红绿两种，因剖开果肉形如冰凌、甜脆可口、含糖较高而得名。全市沿弥河各村均有种植，以上口镇最多。

2013 年 1 月，被国家工商总局确定为地理标志证明商标。

寿光小枣。栽植历史悠久，据 1935 年《寿光县志》记载，小枣列县内果品之首，“枣逐处皆有，碱地多植之成行，以小枣、铃枣为最美”，现营里镇北岔河村的枣园里仍生长着明代的枣树。

2013 年 6 月，经国家工商总局商标局认定“寿光小枣”为地理标志证明商标。

寿光韭黄。寿光韭黄生长在历史悠久的跃龙河两岸，以其特有的脆、香、甜成为高品质的礼品蔬菜，已进入威海、烟台、青岛、北京等各大中型商场，韩国等客商也慕名到寿光订购。传统医学认为韭黄性温，能温肾助阳，益脾健胃、行气理血，可养肝、增强脾胃之气；韭黄中含有的硫化合物，具有降血脂及扩张血脉作用，韭黄中含膳食纤维能兴奋生殖器官，在药典中有起阳草之称。

2013 年 6 月，经国家工商总局商标局认定“寿光韭黄”为地理标志证明商标。

寿光小黄瓜。寿光小黄瓜主产于孙家集街道，又名水果黄瓜。四季均产，瓜本小，通身绿，顶花无刺，瓜脆汁多，味甘清香，为生食水果。

2014 年 1 月，被国家工商总局认定为地理标志证明商标。

寿光香瓜。主产于市境东南部原田马镇一带，一般用香瓜大棚种植，年产量约 1.5 亿公斤。种植品种有伊丽莎白、状元、台农、丰甜、蜜露等 30 多个系列，100 多个品种。所产香瓜个大皮薄肉厚、含糖丰富、汁液粘稠。产品销售射辐全国所有省（直辖市、自治区），并出口日本、韩国、俄罗斯以及东南亚等国家，已成为全国最大的香瓜集散中心，价格平抑中心。2001 年该镇被中国农学会特产专业委员会命名为“中国香瓜第一镇”。2000 年被中国果菜大赛组委会授予“中国百姓喜爱的名产名品”称号，2001 年 3 月，“王婆”香瓜无形资产被上海新世纪投资服务公司评估为 3.3 亿元。

2014 年 7 月，被国家工商总局认定为地理标志证明商标。

寿光绿实杆芹菜。寿光绿实杆芹菜与韭菜齐名。植株粗壮，高者可达 1.5 米，叶柄充实，抗倒伏，水分多，质脆嫩，味较淡，不易抽苔，耐贮藏运输，适于秋种和越冬保护栽培，亩产 7500 公斤左右。绿杆芹菜收获后，置于地窖之中靠实，洒水避光，以低温促其二次发育，抽筋丝，2 个月窖藏之后，使其酥脆，柔弱无骨，刀拍八瓣，炒、拌皆宜，成为地产一绝。

2014 年 7 月，被国家工商总局认定为地理标志证明商标。

寿光茄子。寿光茄子高可达 1 米，小枝，叶柄及花梗均被 6-8-（10）分枝，平贴或具短柄的星状绒毛，小枝多为紫色（野生的往往有皮刺），渐老则毛被逐渐脱落。叶大，卵形至长圆状卵形，叶柄长约 2 ~ 4.5 厘米。能孕花单生，花柄长约 1 ~ 1.8 厘米，毛被较密。果的形状有长或圆，颜色有白、红、紫等。根、茎、叶可入药，为收敛剂，有利尿之效；种子为消肿药，也用为刺激剂；果生食可解食菌中毒。

2016 年 11 月，被国家工商总局商标局认定为地理标志证明商标。

古城西红柿。寿光古城街道西红柿种植历史悠久，自明朝中期即开始种植。20 世纪 90 年代初期，寿光蔬菜大棚开始兴起，古城街道的大棚西红柿种植逐渐发展成为当地支柱产业，是农民收入的重要来源，被群众誉为“西红柿之乡”，是寿光最大的西红柿生产经营集散地。

古城街道具有得天独厚的地理条件，地处寿光中部，属平原地区，暖温带季风区大陆性气候，阳光充足，地势平坦，排灌方便，为微酸性砂姜黑土，土质疏松、肥沃，土层深厚，富含有机质，造就古城西红柿酸甜爽口沙瓤特性，口味独特，生食熟食皆宜，既是蔬菜，又能当做水果食用。尤其是樱桃西红柿，已完全当做水果食用。樱桃西红柿玲珑剔透，似樱桃，又似葡萄，当之无愧是蔬菜中的水果。古城西红柿性平，味道甜中带酸，营养丰富，是夏、秋最畅销的蔬菜。

古城西红柿植高 150 ~ 160 厘米，茎为半直立性，一般为无限生长型，其茎、叶表面密生白色长绒毛，具有形态抗蚜特征，大大减少病虫害的传播。

古城西红柿种类繁多，主要有“大红”“毛粉”“樱桃”等 200 多个品种。“大红”西红柿果实为红色浆果，栽培主要品种有齐达利、红双喜、红萝蔓等 30 多个。“毛粉”西红柿皮较一般西红柿厚，耐储运，果形较大，单果重 250 ~ 400 克，一年四季皆可大棚种植，夏季能露地种植，果实为粉红浆果，栽培主要品种有粉状元、凤凰216、凤凰218、欧盾、惠福、优美、昊德107、昊德168、A18、A8、粉瑞、比利等50多个。“樱桃”西红柿大小如樱桃，有球形、洋梨形、醋栗形等多种果形，果色分红色、粉色、黄色、橙色、紫色及黑色，大小均匀适中，果实硬度高，耐储运、不裂果、不腐果、单果重16 ~ 18克，果实可溶性固形物和可溶性糖分含量高、品质好，果形色泽好、美观。境内主要栽培品种有千禧、粉贝贝、粉桃、黄桃、紫桃、迷彩、夏日阳光、万紫千红、草莓、绿宝石、春桃等100多个。

古城西红柿含有多种维生素和营养成份，除含有丰富的维生素C、可溶性固体物外，钙、锌、钾等营养元素含量较高，每百克含有维生素C ≥ 10毫克，可溶性固体物 ≥ 2.9%，每千克含锌0.23 ~ 0.91毫克，每百克含钙4 ~ 13.8毫克、钾≥ 130.6毫克。

2016年，古城西红柿主要种植发展的品种有黄色、紫色、绿色、黑色西红柿及草莓西红柿、香蕉西红柿等。随着新品种、新技术不断推广应用和标准化生产的进一步规范，古城西红柿质量不断提高，不但口感纯正、色泽鲜艳、品质优良，且颜色、形状、大小各有特色，充分体现“绿色与科技”的主题，深受广大消费者青睐。古城西红柿年种植面积4万余亩，年产量31.5万吨，远销全国31个省（市、自治区）和香港特别行政区，尤其在北京、上海、广州、天津、香港等大城市的销量甚为可观。

第十七届蔬菜博览会

【概 况】 中国（寿光）国际蔬菜科技博览会（简称菜博会）自2000年至今已连续成功举办十六届，先后有来自50多个国家、地区和31个省、市、自治区2200多万人次参展参会，已成为国内外极具创新和广泛影响的国际性蔬菜产业品牌展会，是国家AAAA级旅游景区、AAAAA级农业专业展会。

第十七届菜博会主办单位：中华人民共和国农业部，中华人民共和国商务部，中国国际贸易促进委员会，山东省人民政府，中国农业科学院，国家标准化管理委员会，中国农业大学。协办单位：美国、德国、英国、俄罗斯、意大利、荷兰、澳大利亚、新西兰、智利、克罗地亚、保加利亚、韩国、乌克兰、墨西哥、比利时、秘鲁等驻华使馆，联合国粮农组织驻华代表处、联合国亚太农业工程与机械中心、联合国计划开发署驻华代表处、欧洲联盟委员会驻华代表团、澳大利亚贸易委员会、墨西哥华人商会、加中贸理事会、俄罗斯在华商会、美中联合商会、中国丹麦商会、意大利对外贸易委员会、英中贸易协会、德国工商总会等国际商协会组织，中国蔬菜协会。承办单位：山东省农业厅，山东省商务厅，山东省质量技术监督局，山东省贸促会，山东省农业科学院，潍坊市人民政府，寿光市人民政府。

第十七届菜博会于2016年4月20日—5月30日在山东省寿光市蔬菜高科技示范园举办，4月20日上午举行开幕式，山东省副省长赵润田，中国农产品市场协会会长、国务院参事室特约研究员、农业部原党组成员张玉香，潍坊市委副书记、市长刘曙光，商务部外贸发展局副局长刘寄萍，市委书记朱兰玺共同启动第十七届中国（寿光）国际蔬菜科技博览会开幕式水晶球。潍坊市及寿光市领导王献玲、苏立科、刘建国、王继怀、赵绪春、邱旺等出席开幕式。中国贸促会、国标委、中国农科院、台湾二十一基金会等相关负责人也应邀出席。此届菜博会秉承“绿色·科技·未来”的办会主题，以服务“三农”为宗旨，坚持创新、协调、绿色、开放、共享的发展理念，把握现代农业发展新趋势，全面提升国际化、专业化、市场化水平。菜博会总展览面积45万平方米，其中室内16.5万平方米，建有展馆12个、大棚优质高效生产示范区、蔬菜博物馆及广场展位区，共展出国内外蔬菜品种2000多个，新增品种210多个，新技术100多项，栽培模式80多种，上万名国内外客商参会参展。

展馆展示内容各具特色，世界农业发达国家的蔬菜良种和寿光自主研发的蔬菜新品种得到全面展示，国内外先进的生产资料、国际精品农产品以及工业产品受到广大客商的青睐。实地种植的多品种蔬菜长势喜人，鲜脆欲滴，笑迎络绎不绝的游客。新建面积1万平方米的大棚优质高效生产示范区，包括6个现代化冬暖式大棚、1个蔬菜拱棚，成为新品种新技术新成果的“试验田”，成为农民学科技用科技的大讲堂。现代化原生态的采摘园（12号馆），在小黄瓜、樱桃西红柿种植的基础上新开辟草莓种植区，置身园中，游客可以在此体验劳动乐趣，品味田园情调，共享收获喜悦。以及穿越历史时空的蔬菜博物馆，给参观者奇丽的菜景和憧憬美好未来的绿色梦想。

展会采取展位展示和实地种植相融合的展览模式，全面、立体汇集展示和交流共享国内外蔬菜产业领域的新技术、新品种、新成果、新理念，推动农业科技进步和成果转化，加快农业现代化发展步伐。植物工厂蔬菜生产不靠太阳，在红、蓝、紫人造光源下茁壮成长；生物组培实现无性无种化育苗，甚至繁育冬虫夏草等稀有珍菌；机器人采摘、嫁接等代替人工，实现智能化管理蔬菜；全自动水肥一体化系统，通过净水施肥系统将科学配方的营养液输送到各蔬菜区域供蔬菜生长；蔬菜补光则利用光伏太阳能电池板分光技术，分为植物需要的光能和用于发电的光能，达到低碳、节能、高产、优质、高效的目的；采用先进建造技术和现代保温墙体，利用水肥一体化技术有机种植各种时令蔬菜及果树，同时引入电商物联网模式，引导菜农探索现代农业种植、管理、营销新模式。这些科技成果，无不彰显高端农业科技含量，同时代表着现代生态农业发展方向。

展会的实地种植是寿光现代农业标准化、基地化、品牌化、种苗化、高端化的缩影。馆内椰糠栽培是用纯天然的椰糠作为介质，含有丰富的可溶性营养，具有较强的保水、保肥能力，植株健壮，抗病性强，蔬菜果形整齐，产量高和质量好。岩棉栽培是基质栽培的宠儿，能打破土壤条件限制，避免土传病害发生，克服土壤的连作障碍，发挥植株无限生长潜力，便于蔬菜工厂化、自动化、集约化生产。树式栽培是展会一大看点，利用营养液栽培的特大西红柿树和将红薯根系功能分离培育的空中红薯树，单株冠幅达到160平方米、产量3000多公斤，代表蔬菜栽培最高成果。

文化创意与蔬菜的融合成展会创新亮点，共创制蔬菜文化艺术景点200多个，优秀的传统文化、现代文化、世界文化被融入展会的各个领域，为展会增添无穷魅力和传奇色彩。蔬菜文化景点集中的八号馆内，气势恢宏的“绿染海国”再现郑和下西洋开辟“海上丝绸之路”的灿烂历史场景，景观紧扣时代脉搏，把国家战略构想与蔬菜文化融为一体，展现菜乡人的博大胸怀和开阔的历史视野。“绿韵书香”用创意农业的独特手法，诠释中国四大古典名著“忠、义、情”等核心内容。“绿传文明”则精致入微的展现中国古代四大发明，呼唤人们传承文明，为实现中华民族的伟大复兴而创业创新。“绿播五洲”将古今中外40多个著名的自然人文景观融为一体，用鲜活的菜果展现出来，它契合现实的需求和未来的方向，凝聚菜乡人民对世界生态文明的共同关注和历史责任，以此为平台，传播绿色理念，加快绿色发展，加强国际交流、合作，共同建设天蓝地绿水净、宜居美丽的绿色化地球家园。

三号馆的蔬菜栽培以天安门城楼、绿色长城、民族文化宫等世界著名建筑为载体建成33个组合景观，创造出独具特色的蔬菜园艺。四号馆内，荟萃上百种大江南北名优稀特果树和盆景，硕果累累、芳香迷人，高低错落的生长在假山、廊亭之间，文化景观“千手观音”“寿光三圣”等穿插其中，将山、菜、果、人文历史融为一体，更加体现寿光深厚的文化历史底蕴，令游客如梦菜乡。五号馆将一个个名优稀特的蔬菜新品种融入雕塑艺术、书法艺术，与园林造景艺术为一体，民俗气息浓郁，突出乡韵乡情。另外，中华农圣节，组织与蔬菜相关的大型活动达40多项，提升蔬菜文化品位，挖掘蔬菜文化内涵，为广大游客奉献一道道“文化大餐”。

展会适应经贸发展新常态，坚持专业化、国际化、品牌化、信息化方向，培育壮大市场体系。展会筹备期间，组织专业人员了解市场动向，把握客户需求，制定客商专业数据库，组织开展形式多样的项目推介、客商洽谈活动。在办展方式上，从过去单一的展示交流，到突出转化成果、交易洽谈；从找展商布展，到按专业化、现代化展会艺术布展，健全展览产业链，形成行业配套、产业驱动、定位高效的服务体系。在菜博会期间，同期举办第二届国际精品农产品展、第三届中国县域电子商务峰会、第三届中国盆景精品邀请展、第四届中国（寿光）文化产业博览会、2016中国（寿光）遮阳窗饰展览会等多种形式的会中会、展中展，进一步带动中外经贸交流，拉动和推进区域经济协调发展。

菜博会坚持“政府主办、专业组织、市场运作、社会参与”的运作思路，大力推进展会市场化进程，对广告权、经营权、冠名权等，实行商业运作，逐步加大政府向社会购买服务的力度。展会外的道路四通八达，东侧停车场占地面积3.6万平方米，园林式停车场既方便游客停车又可休息小憩；10多个售票亭遍布展区四周，参观票随到随买。展馆入口处设立老弱残便捷通道，60岁以上老人及特殊人群可免费参观，并为旅行社、旅游团体设立服务区，为参观团的游客提供方便和优惠。同时，在客商服务、安全保卫、观光导览、志愿者服务、停车管理、卫生保洁等方面营造有序的参观环境，提供一流保障和优质服务，提升展区“软实力”，全面展现寿光文明的城市形象，实现着现代农业的可持续发展、品质发展。

【展销内容】 第十七届菜博会展览展销主要展销蔬菜、瓜果、花卉、食用菌、种子、种苗及育种育苗设施器材和种子处理专用药剂等；新型高效复合专用肥料、生物菌肥、腐植酸肥、微量元素肥，植物生长调节剂、保水剂、营养剂、草碳、介质土、土壤添加剂以及生产包装技术、材料、施用器材等；现代农业机械装备及各类农用设施、农膜、新型农具、园艺器械、温室大棚材料、节水灌溉技术及设备等；蔬菜、瓜果、食用菌等农产品及其加工产品、加工技术、生产设备和包装技术及材料等；生物农药、低毒高效农药、农用生物制剂为主的各类植保产品，农药生产、加工、包装、检测技术与设备，以及农用药械、防虫网、农药分析测试仪、残留测试仪器技术等；绿色有机蔬菜、瓜果的标准化生产实用技术，植物工厂等前沿高新技术、先进栽培模式等；地方特色农产品、农副产品、特色食品、保健食品及其加工、包装技术，包装材料等；其他农业高新技术项目、成果及产品。

【展馆简介】 一号馆：该馆建筑面积5.1万平方米，为参展主展馆。展览大厅分上、下2层，由800个特装展位和国际标准展位组成，集中展出国内外农业及相关领域的新技术、新产品。1层东区设国际精品农产品展区，由16个国家的100多家知名企业参展，主要展示展销各国精品食品及加工品、特色产品、生活日用品、水果、饮品、金银珠宝、化妆品等。

二号馆：该馆面积5000平方米，为寿光优秀企业精品展区。主要展示寿光企业形象及综合实力，为企业搭建起产品展示、洽谈交流、合作贸易的平台。5月25—26日为第三届中国县域电商峰会主会场。

三号馆（蔬菜奇观）：该馆面积8500平方米，为景点式管道栽培展馆。展馆分12个区，由盛世中华、绿色长城、国泰民安、绿赢五洲、鼎立天下等33个景点组成，共展示66个蔬菜品种，10万株蔬菜。展馆景点集管道艺术造型展示与蔬菜水耕栽培模式于一体，充分体现农业现代科技与人文景观的有机融合，亮点突出，精彩纷呈。

四号馆（南国风情）：该馆面积8500平方米，为果树高科技栽培展示馆，主要展示上百种南方常绿果树、北方适合反季节栽培的优良落叶果树及市场发展前景好的各种果树盆景。该馆将休闲观光与果树种植融为一体，是集农业科学研究、科普教育、示范推广、观光旅游于一体的农业生态展馆。

五号馆（廊架栽培）：该馆采用高低错落不同造型的廊架，选择600多个蔬菜品种进行栽培，既彰显立体种植、垂直农业的发展潜力，又展现出廊架蔬菜的艺术之美。

六号馆：该馆于4月20日—5月3日举办第八届房产展示交易会，全市16家实力房企在该馆进行推介活动，为广大市民和不同人群提供宜居房源。同时举办青岛海底世界海洋生物展，游客可尽情领略海洋世界的无限乐趣。5月8—20日，举办第三届中国盆景精品邀请展，集中展示杨派、徽派、浙派、鲁派等中国精品盆景，品种繁多，呈现出“缩龙成寸”“小中见大”的艺术效果，被誉为“立体的画”和“无声的诗”。

七号馆（无土栽培）：该馆集中展示无土栽培种植模式，水培、雾培、管道培、立柱培、复合式培、苗床式培等多种栽培模式，错落有致，形式多样，造型美观，立体展示蔬菜无土栽培的前沿科技。

八号馆（蔬菜文化）：该馆集萃展示蔬菜文化艺术景观，“绿播五洲”“绿染海国”“绿韵书香”“绿传文明”等大型蔬菜景观，气势恢弘，令人震撼；趣味蔬菜文化小品妙趣横生，引人入胜，尽显蔬菜与文化相融合的蓬勃魅力。

九号馆（优良品种）：该馆为潍坊科技学院自主研发的蔬菜新品种及国内外最具推广价值的蔬菜新品种展示馆，共展示番茄、丝瓜、西瓜、甜瓜等246种蔬菜新品种栽培技术，是广大菜农选择优良品种，学习蔬菜先进生产技术，提高农产品质量的理想平台。

十号馆（蔬菜硅谷）：该馆集中展示当前最先进的蔬菜栽培技术。植物工厂让观众感受蔬菜在人工环境下健壮生长的魅力；特大西红柿树、黄瓜树、多年生茄子树和巨人南瓜等，让观众感受蔬菜生产的巨大潜力。蔬菜自动化管理系统，物联网操控系统及技术运用，水肥一体化应用，环保沼气循环利用等前沿技术，彰显蔬菜科技的神奇和蔬菜发展的美好前景。

十一号馆(基质栽培)：该馆展览面积3050平方米，为基质栽培展示交易馆，采用当今最为流行的椰糠栽培技术，生态环保，所产蔬菜品质上佳，采摘期长，引领现代化蔬菜生产方向。

十二号馆（采摘园）：该园面积2万平方米，由菜博会展览部与山东万象生物科技有限公司合作，采用椰糠栽培技术种植，实行水肥一体化管理，有机栽培西红柿、无刺黄瓜、草莓，果实鲜美、好吃、安全、健康。4月20日—5月30日期间轮流开放，让观众亲手采摘，有偿享用，亲身体验收获的欢乐。

【大棚优质高效生产示范区】 该示范区由6个现代化冬暖式大棚和1个特大蔬菜拱棚组成，总面积1万平方米。其中，冬暖式大棚采用先进建造技术和现代保温墙材建造而成，特大蔬菜拱棚采用无立柱全钢架建造。棚内利用现代化水肥一体化自控技术，有机种植各种时令蔬菜及果树等，同时引入电商物联网模式，引导菜农探索现代农业种植、管理、营销新模式。

1号棚：为草莓立体无土栽培展示棚，主要展示草莓立体无土栽培技术。棚内种植的从欧美、日本等国引进的杜特丽、薄雾等草莓品种，采用A字架构立体无土栽培种植模式，使用叶肥和根肥，既能充分保证草莓生长所需营养，又能达到节水节肥的效果，还可以最大程度上节约劳动力，降低生产成本。草莓质量环保、健康、好吃、安全，大小均匀，色泽美观，能达到最优效果。

2号棚：为蔬菜新品种栽培试验及农产品安全监控追溯棚，蔬菜新品种栽培试验采用先进滴灌设备，定植圆椒、大西红柿、小西红柿、黄瓜、甜瓜、西瓜等10余个品种进行对比试验。还采用农产品安全追溯体系进行标准化管理，将蔬菜种植过程中的施肥、用药等农化投入品的使用信息上传至“中农寿光农产品质量安全监控追溯平台”，形成标准化蔬菜种植日志，生成特有的蔬菜“身份证”二维码，消费者可通过扫描二维码获取蔬菜的生产过程、检测、物流、销售等信息，从而为百姓舌尖上的安全保驾护航。

3号棚：为桃树“一边倒”种植技术展示棚，该种植技术解决大棚桃树授粉难、采光难、落花落果、产量不高等众多技术难题，实现今春栽树，明春卖果，亩产5000斤以上，最高可达万斤的高产，第三年亩产量1.5万斤以上，最高产量2万斤。“一边倒”种植技术已辐射到全国20多个省市区，仅试验示范基地面积就达1万多亩。

4号棚：该棚为大棚果树早熟栽培展示棚，主要展示大棚葡萄高产栽培与大棚桑葚、无花果“一边倒”技术及其菜果“草莓”等套种技术。通过该技术可实现葡萄今春栽树，明春结果，亩产5000 ~ 8000斤，无花果亩产可达1.5万斤。由桃树“一边倒”技术延伸到杏、李、樱桃、桑葚、西梅等北方果树，形成“一边倒”树形早产高产系列。

5号棚：为复合椰糠基质栽培技术展示棚，复合椰糠基质栽培种植模式改善传统种植模式的诸多不足，不受重金属、农药、抗生素、激素等有害物质对土壤和水体的污染限制，大幅度减轻土传病、细菌、根线虫、微量元素等对植物的危害，解决水体流失、过度使用化肥农药对环境的严重污染，既降低成本又提高产量，并生产出真正的无农药残留、无有害重金属残留的绿色健康蔬菜。

6号棚：为蔬菜新品种示范展示棚，主要展示蔬菜新品种，推广出番茄品种“欧罗娜”“贝莱多”“莱曼”，椒类品种“高盛”“克劳斯”等高端品种，通过示范展示，蔬菜新品种将进一步赢得广大菜农与市场的青睐。

7号棚：该拱棚种植展示近百个国内外蔬菜优良新品种，包括番茄品、椒类、黄瓜、茄子。通过实地种植对比展示，直观地观赏蔬菜新品种的长势、果型、色泽和品质等，为广大菜农和种子客商有效选择蔬菜品种提供参考。该棚还采用物联网技术，智能管理大棚。智能放风机和智能卷帘机，可通过手机对大棚进行放风和盖帘等操作；水肥一体化系统、智能控制系统可监测土壤温、湿度，自动控制水肥一体化设备，直接均匀、定时、定量地浸润于作物根系发育生长区域。该棚保证蔬菜最优的生长环境和品种的优良特性，实现对蔬菜的有效管理，代表蔬菜大棚未来集约化生产的方向。

【主要活动时间与内容】

2015年12月1日—2016年5月30日，第十七届菜博会“德润绿城杯”全国摄影大展活动。

4月15—23日，“菜王、瓜王”评选活动。

4月17—19日，来宾及展商报到，展商布展。

4月19—23日，第五届海峡两岸休闲观光农业交流会暨齐鲁百强台湾企业董事长寿光行活动。

4月20日上午，第十七届菜博会开幕。

4月20日—5月3日，第二届国际农产品精品展。

4月20日—5月30日，第七届中华农圣文化节。

4月21日，投资贸易洽谈暨大项目签约；中国番茄种业联盟专业技术交流会。

4月21—22日，全国农村科技工作会议；第五届中国(寿光)设施蔬菜品种展。

4月21—28日，现代农业科技大讲堂。

4月21日—5月30日，农业观光旅游活动。

5月1—3日，第十届市民节。

5月8—12日，2016中国（寿光）遮阳窗饰展览会；“艺术中国行走进寿光”文化大讲堂。

5月8—20日，第四届中国（寿光）文化产业博览会;第三届中国盆景精品邀请展。

5月11日，第七届中华农圣文化国际研讨会。

5月17—18日，全国新型职业农民专业人才培养论坛。

5月25—26日，第三届中国县域电子商务峰会。

5月30日，第十七届菜博会成果新闻发布会。

【第七届中华农圣文化节】 文体演艺（4月20日—5月20日）：节目有群众性文艺演出及体育健身活动；建设品质寿光，舞动魅力菜乡；“艺术中国行走进寿光”京剧晚会；“倡和谐文化，展巾帼风采”文艺展演；唱响春天，舞动菜博；琴歌漫舞，倾情菜博。

才艺大赛（4月20日—5月20日）：节目有第十届庄户剧团大奖赛；“相约春天”音乐舞蹈大赛；“碧龙食品杯”京剧票友大奖赛；寿光市首届吕剧票友演唱大赛；寿光市“乡音乡韵”方言土语说唱大赛；“创新花艺，品质生活”花艺展示。

书画摄影艺术精品展及菜博会赋征集活动（5月8—20日）：节目有“艺术中国行走进寿光”中国书画名家精品展；“品质寿光，健康生活”摄影大赛获奖作品展；“谁不说俺家乡好”寿光——青州摄影作品联展；“爱我家乡，快乐成长”“未来农业”绘画、摄影展；“我爱寿光，我爱菜博会”全国祝福大型征集活动；艺术精品展。

媒体聚焦（4 月 20 日—5 月 30 日）：艺术中国行走进寿光“艺术采风”；第四届中国网络媒体菜乡行活动；第十七届菜博会绿色小记者、绿色小导游选拔大赛；掌上寿光《点赞菜博会——APP 大型报道互动活动》；寿光日报全媒体平台中国寿光网“网上直播菜博会”；全国小记者，欢乐菜乡行。

【主要成果】 第十七届中国（寿光）国际蔬菜科技博览会期间，先后有 200 多个重要代表团参会参展，吸引 220 万人次到会参观，展会取得预期效果。

科技创新，集聚推广蔬菜产业前沿技术。本届菜博会采取实地种植展示和企业参展的模式，集中展示椰糠基质栽培、水肥一体化、信息化温室远程控制等先进技术 100 多项，各种栽培模式 80 余种，从种植基质、品种、管理到设施、装备、技术手段等各个方面，全面汇集展示和交流共享国内外蔬菜产业领域的新品种、新技术、新成果、新理念，促进设施农业、精准农业、智慧农业、低碳农业等科技新成果的转化和推广。其间，还举办第五届设施蔬菜品种展、番茄种业联盟专业技术交流会等一系列高规格专业展会，科技部还在寿光市召开全国农业科技工作会议。菜博会已经成为国内外蔬菜产业科技成果集聚与推广的平台和窗口。

注重实效，拓展服务“三农”更广领域。此届菜博会贴近菜农种植实际，新建大棚优质高效生产示范区，系列化全面展示从露天、拱棚、冬暖式大棚种植，到阳光板智能温室、信息化自控玻璃温室种植过程，让菜农看得懂、学得会，满足农民群众的不同学习需求。此届菜博会还适应市场新需求，展示食品溯源防伪、农业信息服务等电子商务实用技术。同时，举办全国新型职业农民专业人才培养论坛、农民科技大讲堂、实用技术讲座等，面对面向农民传授农业技术，增强农民学科学、用科学的积极性，群众称菜博会是“政府搭台、农民唱戏”。

延长产业链，构建经贸合作交流大平台。本届菜博会充分发挥展会的品牌效应，整合区域优势产业，组织举办各类专业展览，拉长展会经济产业链，形成行业配套、产业驱动、定位高效的会展经济格局。2000 多个室内外展位供不应求，现场交易火爆。来自美国、荷兰、以色列、日本等 47 个国家和地区以及国内 29 个省、市、自治区的近万名客商踊跃参展，实现各类贸易额 161 亿元。第二届国际农产品精品展，吸引 17 个国家的 110 家外商参展，国际化程度明显提高；第三届中国县域电子商务峰会，以“新经济、新乡村”为主题，来自全国的近 2000 位“县官”和电商人才共同探讨县域电商发展新模式，为经济发展注入新活力。举办现代农机装备展、优秀企业精品展、遮阳窗饰展、房产展等多项专业展览活动。全市各镇（街区）、各部门（单位）充分利用菜博会平台招商引资，集中签约重点项目 30 个，总投资额 98.3 亿元，引资额 79.2 亿元。菜博会作为多领域交流与合作大平台的作用日益突出，促进会展经济和多个产业的融合发展。

精彩创意，打造蔬菜与文化相融合的展览新形态。此届菜博会注重文化创意开发，深化蔬菜与文化的融合，将优秀传统文化、现代文化、世界文化融入蔬菜展览，设计制作蔬菜文化艺术景观 200 多个，使每个展馆都有丰富的文化内涵和完美的艺术造型，吸引大批外地游客赴会参观，仅五一假期 3 天，游客人数突破 70 万人次。展会将“蔬菜文化”渗透到各个领域，会中会活动内容丰富，第四届文化产业博览会、第七届中华农圣文化艺术节、第五届海峡两岸休闲观光农业交流会、第三届盆景精品邀请展、第七届中华农圣文化国际研讨会、全国摄影展、菜博会楹联大赛等50多项文化交流活动亮点纷呈，为广大游客奉献一道道“文化大餐”，使菜博会不仅是农业盛会、科技盛会、商贸盛会，同时又是文化盛会、旅游盛会。

以人为本，完善优化服务供给。此届菜博会从大处着眼，从细节着手，不断提升展会“软实力”，为参展客商和游客提供优质服务。采取“走出去”服务措施，开展“菜博会走进17地市” 推介系列活动；开通“网上菜博会”，实现实体展览与网上展览同步进行。通过扩建停车场、增设售票亭、设立服务区和便捷通道、实行60岁以上老人及特殊人群免费参观等措施方便游客参观；通过室外统一搭建钢构固定展棚、网络办理参展证、开展青年志愿者服务等措施为展商优化服务。同时，健全监测预警应急机制，增设警亭警室，确保展会安全顺利进行。

【保持5A级农业展会荣誉】 12月13日，在中国国际贸促会农业行业分会与农业部农业贸易促进中心联合举办的2016中国农业展会分类认定工作研讨会上，宣读2015年中国农业展会分类认定结果，中国（寿光）国际蔬菜科技博览会在参与评选的全国51个农业展会中脱颖而出，继续被认定为5A级农业专业展会，成为展会中最高的一级。

研讨会上，菜博会特别受邀就展会举办经验做交流发言。菜博会的成功举办，促进国际间农业科技信息、经济贸易的交流与合作，推动寿光市经济社会又好又快发展。

（李景民）

种植业

【管理机构】 2016年3月，根据寿编发【2016】20号《关于设立种业发展服务中心的批复》中同意设立寿光市种业发展服务中心为市农业局所属副科级财政拨款公益一类事业单位。同时撤销市农业资源区划办公室，愿承担的职责调整到市农业局内部科室承担。市农业综合执法大队不再挂市种子管理站牌子。至年底，市农业局下设办公室（加挂计划财务科牌子）、组织人事科、生产与经济信息科（加挂科教与企业管理科牌子）、农产品质量安全监管科、安全生产监管科5个科室；下辖4个副科级以上事业单位，分别是寿光市农业技术中心、山东省农业广播学校寿光分校、寿光市种业发展服务中心和寿光市农业综合执法大队。编制111人；实有干部职工134人。

2016年3月，市农业局被市委、市政府评为“2015年度新闻报道先进集体”。9月，市农业局实施的“新型日光温室及环境调控装备”项目获潍坊市科学技术奖奖励委员会颁发的技术发明奖二等奖。12月，寿光市被农业部评为“国家农产品质量安全县”。

【主要粮棉作物】 小麦。2016年全市小麦种植面积61.32万亩，亩产501.8公斤，总产量6.09亿斤。主要品种布局是济麦22、山农27、鲁原502、济南17等。2016年中央财政良种补贴改为小麦良种统一供应，由市农业局组织招标，确定寿光市农圣种业公司将良种供应到户。在生产过程中主要推广冬小麦宽幅精播高产栽培技术、小麦规范化播种技术、小麦氮肥后移高产栽培技术、冬小麦精播半精播高产栽培技术、小麦深送免耕镇压节水栽培技术、冬小麦—夏玉米节水省肥高产高效栽培技术。小麦“一喷三防”（即打一次药，防虫害、病害、干热风）由寿光市植保站组织实施，小麦受茎基腐病危害较重。

玉米。2016年全市玉米种植面积59.58万亩，亩产504.5公斤，总产量6.01亿斤。主要品种布局是郑单958、登海5号、浚单20、德农958、先玉335、金海5号、伟科702、隆平206。主要推广夏玉米高产简化栽培技术、玉米适期晚收增产技术、玉米超高产关键栽培技术。玉米受细菌性顶腐病危害严重，在营里镇、台头镇、侯镇均有不同程度发生。

棉花。2016年全市棉花种植面积14.01万亩，亩产皮棉80.2公斤，总产量1.1222万吨。主要品种布局是棉研28、鲁棉研22、鲁棉研12。主要推广棉花轻简化生产关键技术、抗虫棉超高产栽培技术。

【粮棉“十、百、万”高产创建活动】2016年，农业部继续在寿光市实施粮棉“十、百、万”（十亩试验田、百亩高产攻关田、万亩高产创建示范片）高产创建活动，寿光市在粮食高产整建制推进镇田柳镇实施2个万亩小麦示范片、2个万亩玉米示范片（邢姚片、王高片），在营里镇实施2个万亩小麦示范片(鹿家片、吴营片)、2个万亩玉米示范片(鹿家片、吴营片)，在上口镇实施1个小麦万亩示范片(广陵片)、2个玉米万亩示范片(下口片、南半片)；在棉花高产整建制推进镇羊口镇实施3个棉花高产创建示范片(官台片、杨家围子片、清水泊农场巨淀湖分场片)，每个万亩高产创建示范片设立十亩试验田，安排百亩高产攻关田，在示范片显著位置设置万亩高产创建示范片标志牌，注明示范片的面积、种植品种、应用的关键技术、达到的产量目标、行政负责人和技术责任人的姓名、联系电话等，促进相关技术在周边地区的应用，推动寿光市粮棉产量的稳步提高。2016年，根据省财政厅、省农业厅《关于调整完善农业三项补贴政策的实施意见》和潍坊市农业局、财政局《关于印发潍坊市2016年耕地地力保护工作试点项目实施方案的通知》要求，开始实施耕地地力保护工作试点项目，结合寿光实际，制定《寿光市2016年耕地地力保护工作试点项目实施方案》，按照方案要求，认真组织政府采购，在项目实施上，坚持向粮食高产创建示范方集中的原则，在省规划建设的上口镇、侯镇粮食高产创建示范方内组织实施，实施面积104672.275亩，其中侯镇计划实施62664亩，涉及65个村、15763户；上口镇计划实施面积42008.275亩，涉及51个村、10972户。

【农业技术推广】 农作物良种化。2016年，坚持引进、试验、示范、推广的原则，共引进小麦品种3个，玉米品种9个，并建立健全市、乡、村三级良种繁育供应体系，在主要农作物品种上由寿光市农圣种业有限公司统一供种。全市种植的小麦品种有山农32、烟农999、冀麦418；玉米品种：联创808、滑玉168、农大372、NK718、连胜208、连胜2018、大成168、登海685、登海3737。全市主要农作物的良种覆盖率达到99%以上。

植物保护。⑴设施蔬菜根结线虫病综合防治。2016年，市财政投入300万元，继续实施设施蔬菜根结线虫病综合防治工程，对4种防治根结线虫的中标药剂在全市12个设施蔬菜生产重点镇（街道）进行推广销售，共计推广药剂达5228亩，防治效果突出。

⑵小麦“一喷三防”。2016年，市农

业局对全市实施“一喷三防”的61.32万亩小麦给予补助，先后采购实施15%高效氯氟氰菊酯·吡虫啉悬浮剂等3种杀虫剂、80%戊唑醇可湿性粉剂等3种杀菌剂和98%磷酸二氢钾等3种叶面肥，在全市小麦产区共计发放杀虫剂11.826吨、杀菌剂12.087吨、叶面肥51.1吨，顺利完成全市小麦穗期“一喷三防”工作，确保小麦丰产。

⑶蝗虫统防统治。根据蝗虫的发生区域和危害特点，2016年委托市政府采购中心通过询价方式采购1台悬挂式风送喷雾机作为防治储备药械，中标单位为山东诺德农林科技股份有限公司。剩余资金直接采购60瓶5%的高效氯氟氰菊酯作为防治储备药剂。按照实施方案要求，与牛头镇村村委签订采购药械委托代管协议，适时防治，确保飞蝗不起飞、无危害。

⑷病虫测报。2016年3—9月，每周1期病虫周报，全年共计上报病虫周报24期；全年在寿光农业信息网上发布寿光植保信息10期，同时在“寿光植保”微信公众号上发布植保信息10期。

⑸农作物受灾鉴定。配合人民保险公司和太平洋保险公司，完成对营里镇、双王城生态经济园区等北部镇（园区）的小麦、玉米受风灾、雹灾等的损失鉴定。

土壤改良与科学施肥。⑴土壤肥料动态监测和测土配方施肥。全年完成403个土壤样品的采集、处理和检测，检测分析3806项次。同时，对采样地块施肥情况进行调查。

⑵推广水肥一体化。向财政部门上报设施蔬菜水肥一体化技术示范区建设实施方案，借助省政府“设施蔬菜水肥一体化高效节水节肥技术”80万元项目，共完成项目水肥一体化面积600多亩。同时，在项目区外，通过滴灌、微喷等形式推广水肥一体化技术，全年推广面积1.6万亩。

⑶土壤改良。2016年，实施沃土工程，大力推广微生物肥料。一是先后3次组织召开各镇（街区）农技站长及中标企业代理商参加的调度会，部署推广工作。二是督促各镇（街区）及时填报中标肥料推广管理台帐及相关材料，对各镇（街区）上报的沃土工程实施情况汇总整理，并根据台账对每个镇（街区）随机抽取20户进行电话抽查核实，确保落实到位。同时，各镇（街区）对沃土工程实施过程中存在的问题进行入户调查，市土肥站到洛城街道东斟灌村实地调查沃土工程实施情况，并对10户使用中标肥料的农户以问卷形式进行现场调查。全市全年共推广微生物肥料1.9万余吨，推广面积3.8万亩；积极实施设施土壤改良工程，全年共推广高碳有机肥料0.5万吨。

⑷耕地质量验收评定工作。全年共完成6个镇（街区）7个项目的补充耕地质量验收工作，实地勘察7次，采集土壤样品25个，检测175项次，组织相关专家现场鉴定7次，出具验收报告7份，补充耕地面积1214.6亩。

⑸新型肥料及土壤调理剂试验、示范工作。2016年，全市共安排实施试验、示范16处，其中全国农技中心安排4处、省农业厅安排2处、潍坊市农业局安排10处。为搞好试验、示范工作，根据上级业务部门要求，先后陪同河南火车头公司、山东泉林嘉有公司等企业技术人员先后到洛城街道洛城试验基地、西斟灌村示范基地和古城街道罗家庄村试验基地、南孙云子村试验基地进行考察指导。

果树生产。2016年，全市果品生产总面积相对稳定在61250亩，总产量约计14.54万吨。其中，苹果20920亩，总产量约计5.24万吨；梨3600亩，产量约计1.13万吨；桃18630亩，产量约4.57万吨；葡萄8500亩，产量约2.58万吨；大樱桃2000

亩，产量约0.21万吨；杏1700亩，产量约0.26万吨；枣4500亩，产量约0.38万吨；其它1400亩，产量约0.16万吨。保护地栽培果树面积1.57万亩，产量3.78万吨。全市共有果树专业合作组织57家，果品储藏能力4.84万吨，果品加工能力0.55万吨。寿光市晟浩果品专业合作社完成高纺锤形栽培技术上档升级示范园200亩建设任务，在首届2016年潍坊苹果评优中寿光晟浩苹果荣获三等奖；上口镇齐家村葡萄菜式栽培技术，形成100亩集商品果生产、储藏、观光、采摘于一体的葡萄生产示范基地；寿光市润源瓜果专业合作社苹果在首届2016年潍坊苹果评优中荣获优秀奖，成为寿光特色高效水果的管理示范单位；国营寿光清水泊农场承担的2016年潍坊市水果标准化示范园创建工作于12月顺利通过验收，为寿北盐碱地水果开发奠定技术基础。2016年全市有影响的基地示范带动园共3处，分别是寿光市晟浩果品专业合作社高纺锤形栽培技术示范园、上口镇齐家村葡萄菜式栽培技术示范基地、国营寿光清水泊农场水果标准化示范园。

【农业培训】 2016年，寿光市承担农业部新型职业农民培育任务220人，市政府印发《寿光市2016年新型职业农民培育工作实施方案》，根据农业部新型职业农民培训规范和实施方案要求，制定培训计划，至年底圆满完成培育任务，先后有120余人获得证书。组织80名农业技术指导员对其负责的800个科技示范户进行经常性的技术指导服务，指导农户近万人次。组织80名技术指导员分别参加山东省、潍坊市能力提升培训班；组织开展县级培训班，有效提高全市农技人员的知识水平；按照中央农广校《关于做好2015—2016年度冬春农业科技大培训的通知》要求，重点在蔬菜种植区培训农民1000多人次，增强全市菜农蔬菜质量安全生产意识和技术水平；根据市委、市府要求，联合市科技局、市科协从4月21日开始，每天1期，连续举办菜博会农业科技大讲堂培训班8期，全市15处镇（街道、园区）的农技人员和科技带头户参加培训。

【农村能源】 全市已经实施的2014年耕地质量提升项目、2014年农村沼气村级服务网点项目和小型沼气项目，于2016年全部通过上级验收；组织实施2016年潍坊市生态循环农业和休闲农业示范项目，经过实地考察，编制完成寿光市2016年生态循环农业和休闲农业示范建设项目实施方案，其中生态循环农业示范基地7处、投资162万元；休闲农业示范基地3处、投资67万元。项目总投资229万元，其中申请市财政扶持资金110万元、企业自筹资金119万元；组织申报2017年耕地质量提升储备项目、2017年山东省生态循环农业示范储备项目、2017年国家大型沼气项目；认真落实《寿光市蔬菜废弃物循环利用暂行管理办法》，通过宣传带动，全市从事农业生产废弃物加工企业达到19家，年设计处理农业生产废弃物105万吨，2016年建成投产的已达13家。通过第三方评估，有6家企业达到补贴标准，年处理蔬菜废弃物5000吨以上，享受财政补贴300多万元；积极创建山东省农业废弃物资源化利用示范市，完成《寿光市农业废弃物资源化利用示范市建设实施方案》编写和呈报省农业厅创建相关资料等工作。

【农业综合执法】 2016年，累计出动执法人员4000余人次，车辆800余辆次，检查农资单位1800多个次，查处各镇（街区）兽药经营门店和饲料厂、兽药厂违法违规案件2起，检查各类农业机械200多台次。全年共立案查处涉农案件125起，其中种子案件13起、农药案件58起、肥料案件37起、农产品质量案件15起、饲料案件2起，罚没款53.75万元。共受理农业生产事故投诉、举报、市长热线、民生问题等109起，挽回经济损失600多万元，有效地保护农民的合法利益。加强种苗检疫，全年开具种苗调运检疫92批次，共计检疫种苗1732.08万株。大力开展蔬菜质量安全抽检，全年共抽取蔬菜样品3736个。

【农业局企业选介】 山东省寿光蔬菜产业集团有限公司。组建于1998年，注册资本5000万美元，经营业务涵盖种苗繁育、基地标准化种植、高科技蔬菜种植、批发市场经营等整个蔬菜全产业链的农业产业化国家级龙头企业，是山东省设施蔬菜产业技术创新战略联盟、寿光农业专家协会、寿光蔬菜瓜果产业协会等产业合作创新和行业协会组织的主要成员。集团公司下设2家子公司，分别是七彩庄园种业科技公司、寿光市七彩庄园蔬菜食品基地有限公司。集团公司产品主导品牌“七彩庄园”是中国驰名商标，主导产品有种苗、礼品菜、套菜、精品蔬菜等。2016年主营业务收入106075万元。

寿光市农圣种业有限公司。公司前身为寿光市种子站、寿光市种子总公司，隶属寿光市农业局。2003年7月，作为寿光市首批事改企试点单位，改制成立寿光市农圣种业有限公司，注册资金506万元，为寿光市农作物良种生产经营龙头企业。公司主要从事玉米、小麦等大田作物良种的生产、加工、经营，引进、试验、示范、推广适合寿光市农业生产的玉米小麦新品种、新技术。2016年完成销售额1400余万元。

（胡永军）

水利

【管理机构】 2016年1月26日，寿编办发〔2016〕34号批准水利局组织人事科加挂水政法规科牌子。3月25日，寿编发〔2016〕23号批准市弥河管理处更名为市河道管理处。5月19日，寿编发〔2016〕31号批准市水利勘测设计室更名为市水利发展规划研究中心，加挂市水利移民服务中心牌子；在市水利工程建设管理站加挂市水利工程建设质量与安全监督站牌子。至年底，寿光市水利局内设机构共5个，分别为办公室、组织人事科、财务科、农田水利科、防汛抗旱综合办公室。局属事业单位10个，其中正科级事业单位1个，为河道管理处；副科级事业单位1个，为水政监察大队；股级事业单位7个，分别是市水利工程建设管理站、水利发展规划研究中心、水资源管理办公室、节约用水办公室、水土保持监督站、农村公共供水管理办公室、小清河扬水站，

未定级别事业单位1个，为南水北调工程建设管理处。

【水利设施建设】 寿光市农田水利项目县项目。5月开工建设，8月底竣工。项目区位于双王城、孙家集2个街区，主要建设管道输水、大棚蔬菜作物微灌和露天蔬菜喷水带喷灌，共发展节水灌溉面积1.74万亩，工程总投资2300万元。9月26日，该项目在省水利厅、财政厅组织的验收中获得优秀等次。

寿光市利用亚行贷款地下水漏斗区域综合治理示范工程。是山东省利用亚行贷款漏斗区域综合治理示范项目的建设项目之一，项目以巨淀湖湿地为核心，包括巨淀湖湿地

生态修复、塌河水系诸河流生态治理等。项目批复概算总投资5.07亿元，其中利用亚行贷款4900万美元，其余资金由地方财政配套解决。11月17日，山东省利用亚行贷款漏斗区域综合治理示范项目启动仪式在寿光召开；同月29日，寿光市项目建设实施代建及土建一期工程监理完成招投标；12月22日，寿光市项目一期工程施工及质量检测完成招投标，即将进入具体施工阶段。

农村公共供水。7月1日，潍坊市水利局将寿光市锦源供水有限公司后疃水厂定为潍坊市农村公共供水规范化管理先进单位。12月28日，省水利厅将寿光市锦源供水有限公司后疃水厂定为省级农村公共供水单位规范化管理先进单位。

【河道治理】 寿光市丹河人工湿地水质净化工程。该工程于2015年12月开工建设，2016年7月竣工。工程采用湿地生态修复技术和采用溢流坝+河道走廊湿地多级串联组合工艺，湿地处理规模为每天14万立方米，主要建设溢流坝37座，种植水生植物505亩，垃圾外运2.9万立方米，桥梁边缘及两侧河岸安装防护栏5688米。工程总投资760万元。

弥河管理。由市河道管理处负责，配有20名在职在编工作人员和50名“三管”队员，对70公里河道及167公里堤防及堤防林木实行河道规范化管理，每月进行一次弥河堤防规范化管理考评。对丹河、东张增河、西张增河、工业污水沟、尧河、岳家沟等已治理河道，按照《寿光市河道维护管理考核办法》，由河道所属的镇街区具体负责管理，市河道管理处作为监管部门，每月组织一次考评，每年由市财政根据考评结果给予补贴，标准为有堤防的河道按堤防长度每公里3600元补贴，无堤防的河道按河道长度每公里3120元补贴。

【水资源管理与水土保持】 水资源管理。2016年，继续落实最严格的水资源管理制度，加强水资源论证、取水许可、计划用水、计量用水等工作，对全市397个取用水户下达年度取用水计划，共征收水资源费5400多万元。加强地表水综合利用调度管理，共调供黄河水、长江水约2600万立方米；鼓励企业开发利用非常规水约2200万立方米。3月23日，寿光市被省水利厅授予水资源管理规范化建设示范县荣誉。同月24日，寿光市被省水利厅确定为省地下水超采区综合整治重点县，市水利局根据省综合整治要求，制定实施方案，扎实开展地下水超采综合整治工作。通过工程措施、管理措施和水源转换措施全面推进，全年完成浅层水压采量1200万立方米，工业企业利用外调客水3700万立方米，封停非农业自备井125眼。3—9月，组织开展化工企业“节水评级”工作，共审核企业226家。8月，共历时1年，建成投运水资源监测监控系统和信息化管理系统，实现全市22家较大取用水企业的取水实时在线监测。

加强南水北调工程管理。8月12—13日，由国家水利部、国土资源部、南京水利科学研究院等单位人员组成的南水北调东中线一期工程受水区地下水压采检查评估技术核查组，在省水利厅、潍坊市水利局领导陪同下，对寿光市地下水压采工作进行检查评估。工作组专家先后到南水北调寿光续建配套工程双王城泵站、杨庄泵站，现场检查评估南水北调寿光配套工程完成情况，对南水北调寿光续建配套工程完成情况及运行状况给予充分肯定。

大力实施工农业节水工作。9月2日，中国水科院水资源所所长王建华等一行7人组成的专家组，对寿光市工农业节水工作进行调研，专家组先后调研欣欣农业科技示范园和稻田镇崔龄村水肥一体化蔬菜大棚高效节水灌溉项目、山东寿光巨能金玉米开发有限公司中水深处理项目，对寿光市节水工作给予充分肯定。

水土保持。2016年，继续依法开展水土保持监督管理，推进水土流失综合治理，征收水土保持补偿费，水土保持工作取得长足发展。全年共审查寿光市生产建设项目水土保持方案74件，其中报告书39件，报告表35件；征收水土保持补偿费218万元。5—6月，对2015年以前省级以上批复的13个生产建设项目和潍坊市批复的14个生产建设项目，进行水土保持情况集中监督检查，共撰写督查意见27份。9月，对2016年8月份以前市县两级批复的生产建设项目水土保持补偿费征收情况进行自查统计，摸清历年来寿光市水土保持补偿费征收的有关数据。

【水政执法】 2016年，水政监察大队执法人员加大工作力度，对无证取水、非法打井、乱倒垃圾、破坏水利设施等违法行为及时进行查处。全年巡查河道1200公里，稽查企业100家，出动人员550余人次、车辆200余车次，查处无证取水、非法打井等水事违法案件30起，罚款30.1万元。3月22—28日，利用“世界水日”和“中国水周”，多形式开展水法律法规宣传活动。3—10月，市水政监察大队、公安部门协助引黄济青部门对引黄济青干渠寿光段先后进行联合执法30余次，有效制止干渠沿岸部分村民非法引水、提水行为，维护胶东调水的正常秩序。

【其他工作】 防汛抗旱工作。年初市政府与各镇街区、防指成员单位签订防汛责任书，落实领导干部、工程技术人员包靠重点度汛工程设施责任制，制定各河道、水库、防潮堤等水利工程设施防汛应急预案，确保安全度汛。5—10月，投资90万元，对防汛仓库进行维修改造。6—8月，利用2015年、2016年下达给寿光市的中央财政特大防汛抗旱补助费共75万元，新打机井21眼，维修5眼，解决部分镇街的抗旱缺水问题。

移民工作。2016年，共发放三峡移民直补资金25.8万元。7—12月，按照大中型水库后期移民扶持十三五规划，对寇家坞三村村内排水沟进行维修改造，完成投资40万元。

（李全德）

畜牧业

【管理机构】 2016年，市畜牧兽医管理局（简称市畜牧局）内设办公室、审批服务科、计划财务科、畜牧生产管理科、兽医兽药与饲料管理科，编制11人。下辖寿光市动物卫生监督所、寿光市动物疫病预防控制中心2个副科级全额拨款事业单位。

【畜禽饲养】 2016年，为解决全市生猪加工龙头企业数量少、养殖户信息不对称、经济效益低的问题，以寿光惠农牧业有限公司为依托，设立山东生猪养殖网、山东生猪交易网，成立“山东省诸事顺养猪专业合作社”，成为全省第二家省级养殖专业合社，合作社成员已达到1700余家，辐射到全省20多个县市区。该合作社与万福、华宝、得利斯、金锣、龙大等生猪加工企业建立业务关系，成为上述企业在寿光的采购总代理，从而初步掌握生猪市场定价权。同时，建立信息推送平台和公众微信号，每天为养殖户推送生猪价格、饲料价格等信息。与市农业银行合作，开展“养猪贷款”业务，方便养殖户的生产和交易。

2016年，猪存栏639097头，出栏897037头；牛存栏7450头，出栏2379头；羊存栏139180只，出栏148614只；马、驴、骡存栏80匹，出栏50匹；兔存栏59814只，出栏186470只；鸡存栏7779950只，出栏62627157只；鸭存栏5020420只，出栏49272156只。

【养殖服务】 兽药。2016年，全市兽药生产企业有寿光富康动物药业有限公司、山东乾德生物有限公司和山东荣源药业有限公司共3家，主要以生产化药跟中药类兽药为主。化药类年产量230.95吨，中药类年产量30吨，工业总产值2815万元，年销售额2523万元。全市兽药经营单位29家，年销售额964.9万元，利润总额100万元。

饲料。2016年，全市有潍坊益昊生物技术有限公司、山东巴夫牧业科技股份有限公司、寿光中慧生物饲料有限公司、寿光慧众金谷饲料有限公司、寿光中慧生物饲料有限公司第二分公司、寿光明德中慧饲料有限公司、寿光天成饲料有限公司、潍坊六和饲料有限公司寿光分公司、寿光六和鼎泰饲料有限公司、潍坊大农丰饲料有限公司、潍坊市布恩饲料有限公司、寿光市益新饲料有限公司、寿光市浩正饲料有限公司、寿光市舜兴饲料有限公司、寿光市名晟饲料有限公司、潍坊市普润生物科技有限公司、寿光和慧饲料有限公司、寿光和实中润饲料有限公司、寿光市安丰油脂有限公司、寿光市优慧油脂有限公司等31家，配合饲料年产量119.8万吨，浓缩饲料年产量7284.2吨，饲料添加剂年产量17.5万吨，预混合饲料年产量1.4万吨，单一饲料年产量33.1万吨，工业总产值51.5亿元，年销售总额52.7亿元，利润总额1.3亿元。2016年，全市饲料总产量达到172.5万吨，同比上升9%。

【动物卫生监督】 建设畜牧视频监控系统。2016年，为改进动物卫生监管方式，提升监管效能和畜产品质量，通过招标方式，由联通公司承建，建设畜牧视频监控系统。项目一期工程共涉及100家企业，包括4家生猪定点屠宰企业、1家蛋鸡养殖场、1家病死畜禽无害化处理场、11家禽类屠宰加工企业、19家年出栏5000头以上生猪的大型养殖场、58家年出栏肉鸡50万只以上的大型养殖场、6家享受“粮改饲”项目补贴的大型养殖企业，对这些企业分别安装监控系统，主控室设在市畜牧局，实现对重点企业、重点部位的实时监控、全面覆盖，初步改变以人工监管为主的传统模式，走出一条技术监管与人工监管相结合的新路子。

对病死畜禽实行无害化处理。寿光市金盛源无害化处理厂于2013年5月正式投入使用，至2016年配有8台病死畜禽处理设备和病死畜禽专用密封运输车5辆，设立19处病死畜禽收运点，每天按固定路线进行集中收运。进一步完善2015年5月开发建成的病死畜禽无害化处理回收监控系统，实现自动实时上传信息并自动打印4联单据。该监控系统存有全市每位养殖户的档案，并为养殖户分配唯一识别符的NFC智能卡，做到一户一档、一户一卡，从而实现公司、养殖户和政府监管部门三方对病死畜禽收集过程的安全化管理和数字化分析，确保全市所有病死畜禽都做到无害化处理。2016年，共处理病死猪27.39万头、鸡553.95万斤、鸭385.8万斤、羊2658只。

【标准化基地建设】 2016年，寿光市映康牧业发展股份有限公司、寿光市利邦养殖专业合作社、山东源泰牧业有限公司、寿光市学堂家庭农场、寿光市裕康畜牧发展有限公司、寿光凯伦牧业发展有限公司、寿光市利波养殖合专业作社、寿光市华银食品有限公司、寿光市金地养殖有限公司、寿光市惠民养猪场10家养殖场在养殖废弃物无害化处理、资源化利用以及猪场信息化生产体系建设方面完成升级改造，推动全市农牧一体、资源节约、循环利用、生态高效畜牧业的发展。另外，寿光天园牧业有限公司、寿光益涵养殖有限公司、山东源泰牧业有限公司、寿光市鹏嘉生态农场、山东省小萌驴畜牧科技有限公司、寿光市旭东家庭农场、寿光市顺博养殖厂、寿光市涌鸿养殖场、寿光市春谷畜牧业有限公司9家养殖场户新申报无公害农产品认证，为全市逐步打造现代化畜牧业树立典范。

【重大动物疫病防控】 2016年，市政府共拨付重大动物疫病防控经费264.64万元，其中疫苗配套经费132万元、监测经费5万元、基层动物防疫经费100万元。全年共计使用口蹄疫苗254万毫升，高致病性禽流感疫苗1900万毫升，猪瘟疫苗98万头份，猪高致病性蓝耳病疫苗190万毫升。免疫注射家禽3160万羽，生猪96万头，羊10万只，牛1.2万头。免疫率、免疫卡发放率、牲畜耳标佩戴率、免疫档案建立率均达100%。共计抽取猪、牛、羊、鸡、鸭、鹅等畜禽血清样品2900份，对口蹄疫、猪瘟、猪蓝耳和禽流感等4种重大动物疫病免疫抗体检测合格的样品达到2653份，总合格率达到91.5%。

【畜禽产品】 2016年，全市继续保持以往畜禽养殖模式，畜禽产品无变化，主要有生猪、羊、肉鸡、蛋鸡、鸭等16种左右。其中，生猪存栏63.9万头、出栏89.7万头，羊存栏13.91万头、出栏14.86万头，肉鸡存栏661.59万头、出栏6262.7万头，蛋鸡存栏116.4万头、出栏23.17万头，鸭存栏502万头、出栏4927.2万头。

巨淀湖鸭蛋。主产于巨淀湖鸭蛋养殖保护区，位于台头镇牛头镇村及周边62个行政村，养殖面积达3000公顷，存养鸭100万余只。外在感官特征：巨淀湖鸭蛋蛋壳呈青色，外形美观，圆润光滑，蛋壳呈青色，个大均匀，单个约重160克，切开后蛋青透明，蛋心呈浅红色。内在品质指标：蛋心为浅红色、营养丰富，味道鲜美，老少皆宜；富含脂肪、蛋白质以及人体所需的各种氨基酸，还含有钙、磷、铁等多种矿物质和人体必需的各种微量元素及维生素，容易被人体所吸收，每百克含蛋白质≥12.2%、脂肪≥11.6%、钙≥35毫克、铁17.9～20.6毫克，其中钙质、铁质等无机盐含量丰富，含钙量、含铁量比鸡蛋、其他鸭蛋都高。

2012年6月，被国家工商总局商标局审定为地理标志证明商标。

（李法增）

林果业

【管理机构】 寿光市林业局为市政府直属事业单位，负责全市林业事业发展工作，参照公务员法管理，正科级规格，定编12人，内设办公室、资源和林政科（审批服务科）、产业发展与项目科3个股级职能科室。下辖寿光市森林公安局副科级单位1个，寿光市林业技术推广站、寿光市森林保护工作站2个股级事业单位。2016年，寿光市林业局被全国绿化委员会、人力资源和社会保障部、国家林业局联合表彰为“全国绿化先进集体”。

【林政管理】 根据国家林业局林资发[2013]96号《关于规范木材运输检查监督管理有关问题的通知》要求，从2013年8月1日起至2018年7月31日止，除国家标准、行业标准所列圆木、锯材、竹材和木片外，胶合板、纤维板、刨花板、以木（竹）材为主辅原料的家具和木（竹）制工艺品不纳入凭证运输范围，即上述木制品在此期间不再办理运输证。自2013年6月起，在全市范围内免征森林植物检疫费。2016年，共办理林木采伐许可证256份，采伐量6000余立方米；办理木材运输证106份，木材经营加工许可证56份，森林植物检疫65份，办理征占用林地手续6份。

【育苗造林】 2016年，按时完成羊青路绿化改造工程、新海路行道补植、织女河与张僧河水系绿化和308个村庄的绿化提升工程。继续实行《寿光市社会力量投资造林绿化补助办法》，达到享受补助标准的企业、个人共16家，造林面积近8000亩，市财政补贴近400万元。全年完成成片造林1.55万亩，总植树1200万株。

【国营场圃】 寿光市国有机械林场于1959年10月经省政府批准建设，位于寿光市西北部双王城生态经济园区，属生态公益型林场，总面积2.9464万亩，是省级森林公园、全国首批农业旅游示范点、国家AAAA级旅游景区。2016年，市国有机械林场获“全国国有林场场级干部挂职基地优秀工作奖”。

【森林旅游】 山东寿光滨海国家湿地公园（寿光林海生态博览园）。该公园地处寿光市双王城生态经济园区，总面积945公顷，是国家AAAA级景区、全国农业旅游示范点、国家级休闲渔业示范园区，2016年湿地公园荣获“中国森林氧吧”称号，林海生态博览园被评为“寿光市消费者满意单位”；先后举办第七届林海荷花节、第四届新年祈福庙会和林海果蔬采摘节、林海摄影展、山东省老年人（农民）门球比赛等文体活动，全年景区累计接待游客55万人次。

洰淀湖湿地公园。该公园为省级湿地公园，湖区面积2.5万亩，东临大西环，北距荣乌高速寿光西出口2公里，交通便利，区位优越。先后被评定为国家级水利风景区、国家AAAA级旅游景区、全国休闲渔业示范基地。2016年，开展“践行生态文明·畅游美丽湖泊”主题活动，通过春季植树造林、家庭认养树木、“水上王城·智者之旅”等生态文化旅游活动，接待游客达到30余万人次。

【林业科技】 2016年，在搞好林业技术推广的同时，科技人员还积极进行科学试验，撰写论文，推广林木保护地栽培技术，如大棚香椿丰产栽培、大棚葡萄、大棚樱桃、油桃、李子、凯特杏等。林业局完成的《滨海盐碱地地区利用容器节水技术营造柽柳林的研究》获山东省林业科技成果奖一等奖。在《林业科技通讯》《山东林业科技》《植物医生》《防护林科技》上先后发表论文11篇。

【果品生产】 2016年，寿光市果品生产面积共计6.13万亩，产量14.54万吨。其中，露地果品（水果）面积4.11万亩，总产量10.38万吨，主栽树种中苹果树面积2.09万亩、梨树面积0.36万亩、桃树面积1.86万亩、葡萄树面积0.85万亩、杏树面积0.13万亩、樱桃面积0.2万亩、其它水果0.16万亩；保护地果品面积1.57万亩，总产量3.78万吨，包括桃面积0.72万亩、杏面积0.14万亩、葡萄面积0.49万亩、樱桃面积0.15万亩、其它面积0.07万亩；枣面积0.45万亩。

【古树名木】 2016年，寿光市有古树名木单株数量共计154株，枣树古树群2组、183株；其中，单株古树名木树龄达到500年以上的有44株，300年以上的84株，300年以下的26株，主要以国槐为主。

表3 **潍坊市古树名木挂牌明细表**

序号	古树名木编号	树种	树龄（年）	保护级别	科	属	胸径（厘米）	树高（米）	冠幅（米）	生长状况	坐落位置	散生/群状
1	潍SG Ⅲ −0001	国槐	200	Ⅲ	蝶形花科	槐属	48.7	5	4.3	较差	文家街道文家村桑佩海宅内	散生
2	潍SG Ⅲ −0002	国槐	200	Ⅲ	蝶形花科	槐属	65.9	23.7	14.1	旺盛	文家街道文家村桑子军宅西	散生
3	潍SG Ⅲ −0003	国槐	200	Ⅲ	蝶形花科	槐属	79.6	16.7	10.9	旺盛	文家街道北付村李益军宅内	散生
4	潍SG Ⅱ −0004	文冠果	300	Ⅱ	无患子科	文冠果属	26.1	7.2	4.1	旺盛	文家街道北付村李益军宅内	散生
5	潍SG Ⅰ −0005	国槐	600	Ⅰ	蝶形花科	槐属	93.0	14.9	11.3	一般	文家街道北马店李春景宅前	散生
6	潍SG Ⅱ −0006	国槐	400	Ⅱ	蝶形花科	槐属	9.6	19.6	18.7	旺盛	文家街道刘家中心街	散生
7	潍SG Ⅰ −0007	国槐	600	Ⅰ	蝶形花科	槐属	109.9	16.7	11.6	一般	文家街道南潘村胡兴德宅前	散生
8	潍SG Ⅱ −0008	国槐	300	Ⅱ	蝶形花科	槐属	82.8	9.6	10	较差	圣城街道后朴村张书明宅前	散生
9	潍SG Ⅱ −0009	国槐	400	Ⅱ	蝶形花科	槐属	92.4	8.6	9.8	较差	圣城街道后朴村张嘉庆老宅内	散生
10	潍SG Ⅱ −0010	皂荚	300	Ⅱ	苏木科	皂荚属	54.1	15.6	13.3	旺盛	圣城街道赵旺铺村委前	散生
11	潍SG Ⅱ −0011	国槐	300	Ⅱ	蝶形花科	槐属	82.8	15.6	14.5	旺盛	圣城街道李仕村李道春宅前	散生
12	潍SG Ⅲ −0012	国槐	130	Ⅲ	蝶形花科	槐属	42.7	7.5	7.4	一般	羊口镇宅一村常伟茂宅东	散生
13	潍SG Ⅲ −0013	国槐	130	Ⅲ	蝶形花科	槐属	56.1	8.6	8.3	一般	羊口镇李家坞村徐守福宅内	散生
14	潍SG Ⅰ −0014	国槐	600	Ⅰ	蝶形花科	槐属	140.1	11	7.6	较差	纪台镇殷家村段清亮宅前	散生
15	潍SG Ⅰ −0015	国槐	700	Ⅰ	蝶形花科	槐属	104.5	16.6	11.2	旺盛	纪台镇孙家村张宏升宅东	散生
16	潍SG Ⅰ −0016	国槐	700	Ⅰ	蝶形花科	槐属	88.2	12.6	9.1	一般	纪台镇孙家村孙兴义宅东	散生
17	潍SG Ⅰ −0017	国槐	630	Ⅰ	蝶形花科	槐属	64.6	16.6	13	旺盛	纪台镇孙家村孙凤高宅西	散生
18	潍SG Ⅲ −0018	国槐	200	Ⅲ	蝶形花科	槐属	73.2	15.6	12	一般	纪台镇后曹村张乐森宅东	散生
19	潍SG Ⅱ −0019	国槐	400	Ⅱ	蝶形花科	槐属	76.4	10.2	11.6	一般	纪台镇远水村张连堂宅前	散生
20	潍SG Ⅲ −0020	国槐	120	Ⅲ	蝶形花科	槐属	49.4	12.6	10.8	一般	纪台镇房家村房德荣宅后	散生
21	潍SG Ⅲ −0021	国槐	200	Ⅲ	蝶形花科	槐属	51.0	10.2	10.4	旺盛	台头镇桥子村王潘林宅后	散生
22	潍SG Ⅱ −0022	国槐	300	Ⅱ	蝶形花科	槐属	63.7	12.2	11.5	旺盛	台头镇蔺家村马德三宅东	散生
23	潍SG Ⅲ −0023	国槐	150	Ⅲ	蝶形花科	槐属	38.2	9.6	5.8	一般	台头镇马家庄于汝东宅东	散生

续表 3　　潍坊市古树名木挂牌明细表

序号	古树名木编号	树种	树龄（年）	保护级别	科	属	胸径（厘米）	树高（米）	冠幅（米）	生长状况	坐落位置	散生/群状
24	潍 SG Ⅰ -0024	国槐	600	Ⅰ	蝶形花科	槐属	86.0	14.2	10.8	旺盛	台头镇三楼村张海龙宅东	散生
25	潍 SG Ⅰ -0025	国槐	500	Ⅰ	蝶形花科	槐属	89.2	16.7	11	旺盛	台头镇三楼刘来川宅内	散生
26	潍 SG Ⅱ -0026	国槐	430	Ⅱ	蝶形花科	槐属	119.4	18.6	16.3	旺盛	田柳镇常家小学院内	散生
27	潍 SG Ⅱ -0027	国槐	300	Ⅱ	蝶形花科	槐属	70.1	16.8	14.5	旺盛	田柳镇常家村常升田宅内	散生
28	潍 SG Ⅰ -0028	国槐	600	Ⅰ	蝶形花科	槐属	79.6	12.7	9.1	旺盛	田柳镇王高街尹荣福宅后	散生
29	潍 SG Ⅰ -0029	枣树	720	Ⅰ	鼠李科	枣属	79.6	9.6	7.2	旺盛	洛城街道留吕村张树朋宅内	散生
30	潍 SG Ⅰ -0030	国槐	500	Ⅰ	蝶形花科	槐属	97.1	12	10.9	旺盛	洛城街道高东村李朋良宅东	散生
31	潍 SG Ⅰ -0031	国槐	600	Ⅰ	蝶形花科	槐属	117.8	11.6	14	一般	稻田镇宋四村唐明生宅内	散生
32	潍 SG Ⅰ -0032	国槐	700	Ⅰ	蝶形花科	槐属	116.2	20.6	17.5	旺盛	上口镇后牟村牟延吉宅内	散生
33	潍 SG Ⅰ -0033	国槐	700	Ⅰ	蝶形花科	槐属	77.1	17.6	10.8	一般	上口镇后牟村牟延吉宅南	散生
34	潍 SG Ⅲ -0034	国槐	200	Ⅲ	蝶形花科	槐属	60.5	12.6	10	旺盛	上口镇河疃村张守成宅南	散生
35	潍 SG Ⅰ -0035	国槐	600	Ⅰ	蝶形花科	槐属	92.4	8.6	5.4	较差	上口镇东堤村刘金升宅西	散生
36	潍 SG Ⅱ -0036	国槐	300	Ⅱ	蝶形花科	槐属	70.1	10	10.7	一般	上口镇兴旺村程乐友宅西	散生
37	潍 SG Ⅱ -0037	国槐	300	Ⅱ	蝶形花科	槐属	66.9	12.6	13.2	旺盛	上口镇兴旺村程思贤宅南	散生
38	潍 SG Ⅱ -0038	国槐	300	Ⅱ	蝶形花科	槐属	70.1	12.6	8.6	旺盛	化龙镇埠一村孙向民宅南	散生
39	潍 SG Ⅱ -0039	国槐	300	Ⅱ	蝶形花科	槐属	57.3	13.6	12.7	一般	化龙镇丰二村聂全福宅后	散生
40	潍 SG Ⅲ -0040	国槐	250	Ⅲ	蝶形花科	槐属	47.8	12.6	9	旺盛	化龙镇丰二村张立友宅西	散生
41	潍 SG Ⅱ -0041	国槐	300	Ⅱ	蝶形花科	槐属	79.6	13.6	11.2	一般	化龙镇丰二村张百玉宅后	散生
42	潍 SG Ⅰ -0042	国槐	600	Ⅰ	蝶形花科	槐属	98.7	20.1	14.8	一般	化龙镇辛店村王庆忌宅后	散生
43	潍 SG Ⅱ -0043	国槐	300	Ⅱ	蝶形花科	槐属	76.4	14.6	16.8	一般	化龙镇辛店村张万才宅内	散生
44	潍 SG Ⅰ -0044	国槐	500	Ⅰ	蝶形花科	槐属	63.7	12.1	11.1	一般	化龙镇三合村张永宅前	散生
45	潍 SG Ⅱ -0045	国槐	300	Ⅱ	蝶形花科	槐属	159.2	17.2	14.4	一般	化龙镇三合村李茂政宅东	散生
46	潍 SG Ⅲ -0046	国槐	200	Ⅲ	蝶形花科	槐属	60.5	17.6	8.8	一般	化龙镇裴岭村张乐文宅内	散生
47	潍 SG Ⅱ -0047	国槐	300	Ⅱ	蝶形花科	槐属	60.5	14.1	9.5	一般	化龙镇务本村张金乡宅西	散生
48	潍 SG Ⅱ -0048	国槐	300	Ⅱ	蝶形花科	槐属	82.8	20.6	10.7	一般	化龙镇魏家村委院前	散生
49	潍 SG Ⅱ -0049	国槐	300	Ⅱ	蝶形花科	槐属	57.3	19.6	9.5	一般	化龙镇魏家村委院东	散生
50	潍 SG Ⅱ -0050	国槐	300	Ⅱ	蝶形花科	槐属	66.9	14.6	15.5	旺盛	古城街道顶盖村刘公伦宅前	散生
51	潍 SG Ⅱ -0051	国槐	300	Ⅱ	蝶形花科	槐属	98.7	12.5	9.3	旺盛	古城街道桑官村桑大烈宅后	散生

续表 3　潍坊市古树名木挂牌明细表

序号	古树名木编号	树种	树龄（年）	保护级别	科	属	胸径（厘米）	树高（米）	冠幅（米）	生长状况	坐落位置	散生/群状
52	潍 SG Ⅱ −0052	国槐	300	Ⅱ	蝶形花科	槐属	136.6	18.6	16.3	旺盛	古城街道桑官村桑志枫宅后	散生
53	潍 SG Ⅰ −0053	银杏树	650	Ⅰ	银杏科	银杏属	154.5	28.5	28.3	旺盛	孙家集街道寨子村银杏小学院内	散生
54	潍 SG Ⅲ −0054	皂荚	100	Ⅲ	苏木科	皂荚属	70.1	18.6	16.7	旺盛	孙家集街道汤家村卫生所院内	散生
55	潍 SG Ⅱ −0055	枣树	300	Ⅱ	鼠李科	枣属	39.8	6.6	5.5	一般	稻田镇河东里村李广军宅内	散生
56	潍 SG Ⅰ −0056	国槐	500	Ⅰ	蝶形花科	槐属	79.6	12.6	9.5	旺盛	古城街道代家村委院内	散生
57	潍 SG Ⅰ −0057	国槐	500	Ⅰ	蝶形花科	槐属	82.8	11.5	9.5	旺盛	古城街道代家村王继章宅前	散生
58	潍 SG Ⅱ −0058	国槐	300	Ⅱ	蝶形花科	槐属	70.1	10.8	10.2	旺盛	古城街道代家村杨文友宅西	散生
59	潍 SG Ⅱ −0059	国槐	300	Ⅱ	蝶形花科	槐属	73.2	18.1	11.6	旺盛	古城街道野虎村刘炳银宅前	散生
60	潍 SG Ⅱ −0060	国槐	300	Ⅱ	蝶形花科	槐属	63.7	14.1	10.7	旺盛	古城街道杨家村杨恩亮宅后	散生
61	潍 SG Ⅰ −0061	国槐	500	Ⅰ	蝶形花科	槐属	89.2	14.6	9.2	较差	古城街道曹家村小学院内	散生
62	潍 SG Ⅱ −0062	国槐	400	Ⅱ	蝶形花科	槐属	60.5	12.6	12.5	旺盛	古城街道临二村燕永青宅后	散生
63	潍 SG Ⅲ −0063	国槐	230	Ⅲ	蝶形花科	槐属	66.9	6.5	6.2	较差	圣城街道田家村李德兴宅后	散生
64	潍 SG Ⅱ −0064	国槐	400	Ⅱ	蝶形花科	槐属	51.0	13.2	8.2	旺盛	圣城街道燕家村魏兴商宅东	散生
65	潍 SG Ⅱ −0065	国槐	400	Ⅱ	蝶形花科	槐属	79.6	14.1	9.3	旺盛	圣城街道燕家村魏兴商宅东	散生
66	潍 SG Ⅱ −0066	国槐	400	Ⅱ	蝶形花科	槐属	63.7	14.1	7.5	旺盛	圣城街道燕家村魏兴商宅东	散生
67	潍 SG Ⅰ −0067	国槐	500	Ⅰ	蝶形花科	槐属	74.2	11.6	9.5	旺盛	圣城街道岳家村张学成宅东	散生
68	潍 SG Ⅰ −0068	国槐	500	Ⅰ	蝶形花科	槐属	74.2	9.6	7	旺盛	圣城街道岳家村岳家祥宅后	散生
69	潍 SG Ⅰ −0069	国槐	1800	Ⅰ	蝶形花科	槐属	210.8	11.7	8	旺盛	市区槐香公园内	散生

农业机械

【管理机构】 寿光市农业机械管理局为寿光市农业局直属事业单位，正科级规格。2016 年 1 月 21 日，寿编发〔2016〕9 号文件将市农业机械化学校调整为寿光市农机技术推广站挂牌机构，人员编制整体划转到农机技术推广站。至年底，市农业机械管理局内设办公室、财务科、审批服务科 3 个职能科室；下辖农机管理服务站、农机技术推广站 2 个全额拨款股级事业单位。局机关和下辖单位共定编 31 人，实有干部职工 30 人。

【农用机械装备】 2016 年，随着全市农业的快速发展，农业装备总量大幅增加，整体质量明显提高。至年底，全市农业机械总动力达到 1134113 千瓦，农业机械原值达到 118934 万元，农业机械净值 86368 万元；农用拖拉机 15334 台，农用拖拉机总动力

243977 千瓦；农用柴油机 4736 台，农用柴油机总动力 59215 千瓦; 联合收割机 2569 台，联合收割机总动力 106214 千瓦，其中自走式玉米联合收割机 1164 台。作为蔬菜之乡，寿光设施农业机械随着蔬菜温室大棚的发展而不断增加，其中耕整机增至 4652 台，动力达到 39145 千瓦。

【农机管理】 2016 年，寿光市农机管理服务站依法履行农机监理、维修职责，加大农机安全生产隐患排查整治，多举措促进农机生产安全形势好转，提高农机“三率”（即机耕、机播、机收）水平，规范农机牌证管理，加强农机维修市场监管，提升农机维修服务质量，各项农机管理服务工作取得进一步发展。全年验收农机驾驶员 219 人，登记发放各类农机牌照 1081 台，完成驾驶员培训 263 人，农机年审检验共计 1327 台。

【农机技术推广】 推广玉米直播机械。随着玉米品种和玉米种植机械的发展，全市夏玉米种植逐步由机械直播代替人工套种，为满足农民需求，积极推广玉米直播机械化技术，主要机械是玉米免耕播种机，该机械的推广使玉米播种由人工点播和半机械化套种被机械播种代替，改善生产条件，降低作业劳动强度，掌握用人工无法实现的密植技术，使玉米亩株数达到高产要求，为玉米高产奠定基础。

推广小麦联合收获机。小麦联合收获机的使用，改变过去割、捆、运、脱分段收获方式，实现小麦联合收获机械化作业，效率大大提高，减少多环节收获造成的损失，减轻农民的劳动强度。到 2016 年年底，全市小麦联合收获机保有量 1353 台，其中自走式小麦联合收获机达 1255 台，全市小麦全部实现用联合收获机收获。

推广玉米联合收获技术。寿光市玉米联合收获机发展迅速，从最初引进背负式玉米联合收获机收获，发展到自走式玉米联合收获机和与自走式小麦联合收获机配套的玉米割台。到 2016 年年底，全市玉米联合收获机保有量达 1216 台，玉米机收率达 99% 以上。

推广蔬菜机械化生产新技术、新机具。2016 年，全市耕整机保有量达 4652 台，蔬菜大棚电动卷帘机保有量达 20 多万台，蔬菜生产全部实现机械化耕作，蔬菜大棚温室卷放保温被机械化率逐年上升。根据省农机局下达的农机化创新示范工程项目要求，积极试验新技术、新机具，先后引进 CO2 精准施肥器、臭氧发生器、声频仪、补光设备、空间电场等技术，全市设施农业机械化水平在全省名列前茅。

动员农机户组建农机专业合作社。农机专业合作社是以从事农业生产和各类农机作业服务的农民为主体，组织完成机械化生产、收割和农产品初加工等工作，并提供全过程的信息、技术、维修、培训、咨询等服务，从而整合农机资源，实现农业机械市场化、效益化，解决一家一户购买农机浪费资金和使用效率不高的问题，使农机作业逐渐向规模化、专业化、市场化方向发展。市农机局因势利导，鼓励农机大户、农机专业户牵头组建农机合作社，到 2016 年底，全市农机专业合作社达 65 家。

组织农机手参加跨区作业。在每年的“三夏”“三秋”农忙季节，利用各地农作物成熟时间不同，为全市农机手及时提供全国各地的农作物收获和机具需求市场信息，并免费发放跨区作业证，引导农机手到外地进行农机跨区作业，待寿光市农作物成熟时，再回寿光进行机械作业。同时，积极引进外地农机到寿光市参加跨区作业，更好的满足全市农业生产对机械的需求。每年全市有 100

余台机械到外地参加跨区作业，外地大约有200台农机到寿光市进行跨区作业，为农作物增产增收、提高机械利用率和增加农机手经济收入提供有利保障。

推广保护性耕作技术。保护性耕作是以机械化作业为主要手段，采取少耕或免耕的方式，将耕作减少到只要能保证种子发芽即可，用农作物秸秆及残茬覆盖地表，并主要用农药来控制杂草和病虫害的一种耕作技术。保护性耕作具有减轻劳动强度，节省时间、节约燃料、减少机器磨损、改善土壤的可耕作性、增加土壤有机质、锁住土壤水分、提高水分利用率、减少土壤侵蚀等作用。保护性耕作减少拖拉机进地次数，减少燃料废气的排放。寿光市从2005年开始，先后在羊口镇、侯镇、化龙镇等推广保护性耕作技术，收到一定成效。

继续推广棉花铺膜、播种、施肥复式作业机械。寿光市从1994年开始引进棉花铺膜、播种、施肥机械，该机械不仅作业效率高、播种均匀、行距一致，还有利于防治病虫害。到2016年底，全市14.58万亩棉花播种全部实现铺膜、播种、施肥复式机械作业。

引进推广一批先进、适用的农机新技术、新机具。2016年，先后引进推广凯斯纽荷兰机械（哈尔滨）有限公司生产的4MZ-5(420)型棉花收获机，在双王成生态经济园区进行采摘棉花作业1200亩，效果良好。引进低温干燥机12台，在全市多个合作社使用，2万多亩粮食在低温干燥机烘干，谷物色泽鲜亮、杂质少、含水量均匀，使谷物品质大幅度提升，干燥机使用效果良好。推广臭氧消毒杀菌技术，共推广臭氧消毒杀菌机30多台。引进二氧化碳气体精准施肥仪、热风炉等先进的日光温室应用技术，使日光温室内的新技术、新机具不断更新，为在全国保持设施农业机械化领先水平奠定基础。

开展农机深松整地作业补助试点工作。深松整地是指通过拖拉机牵引深松机具疏松土壤，打破犁底层，改善耕层结构，增强土壤蓄水保墒和抗旱排涝能力的一项耕作技术。为推广该技术，2016年出台每亩补助40元的政策，鼓励农户实行深松耕地作业。全市完成农机深松整地作业面积3万亩，共补助资金120万元。

继续开展玉米籽粒机收工作。寿光市夏玉米籽粒机收试点工作开始于2015年，在上口镇开展试点后在全市进行推广。使用玉米籽粒收获机一次能完成玉米摘穗、脱粒、清选、集箱等作业，进一步提高夏玉米籽粒收获水平，达到预期效果。

继续落实国家农业机械购置补贴政策。2016年，市农机局不断细化工作举措，对全市15个镇（街道）和直接从事农业生产经营组织，积极落实国家农机购置补贴资金，全年落实补贴资金2320万元，补贴机具1153台，受益农户1039户，拉动农机消费7600万元。

（汤砚岗）

海洋与渔业

【管理机构】 2016年，市海洋与渔业局内设办公室、财务科、渔业科、组织人事科4个职能科室；下辖渔政监督管理站、渔船渔港监督管理站、渔业技术推广站、海洋环境监测站（2015年10月加挂寿光市海洋预报与减灾中心牌子）4个副科级局属事业单位和海洋管理站1个局属股级事业单位。共有干部职工99人，其中局机关18人、事业单位59人、派遣人员12人、特岗人员10人。同年5月，下属寿光市海洋信息中心由自收自支事业单位整体改制为企业，与市海洋与渔业局脱离隶属关系。同年8月，海域使用权登记和抵押登记业务移交市不动产登记局。

2016年1月，寿光市被农业部、国家安全监管总局评为2014—2015年度“全国平安渔业示范县”。全年全市水产品总产量22.75万吨，渔业总产值23.02亿元。

【海洋捕捞】 2016年，寿光市海岸线长30公里，海域总面积43万亩。全市拥有各类渔船660余艘，计10万马力，其中捕捞渔船555艘、9.1万马力，450马力以上大马力拖网渔船76艘、3.6万马力，全年完成捕捞产量14.85万吨，产值15.44亿元。加快改造、更新老旧渔船，先后组织报废渔船51艘，建造标准化钢质渔船33艘。木质渔船和大部分中型钢质渔船主要在渤海内各渔场生产，捕捞方式以弓子网为主，主要捕捞品种有梭子蟹、虾蛄、光鱼、梭鱼、毛蚶等，少数中型钢质渔船在黄海北部各渔场从事拖网生产。450马力以上的大马力钢质渔船常年在黄海、东海各渔场从事拖网生产，拖网渔船主要捕捞品种有鳀鱼、鲅鱼、鲐鲅、鱿鱼等。在巩固近海捕捞的同时，鼓励渔民更新改造渔船发展远洋渔业。积极引导各大渔业公司成立远洋公司，并帮助办理相关手续。全年组织全市涉外大马力作业渔船80余艘，到涉日、涉韩水域从事捕捞生产，年涉外捕捞产量1000余吨。

【海水养殖】 *发展浅海滩涂业。*2016年，全市海淡水增养殖面积17.3万亩。养殖业注重发展浅海滩涂护养、贝类增养殖及新品种的引进与推广，全市滩涂贝类增养殖面积保持在23.8万亩左右，贝类养殖产量7.1万吨，产值6.88亿元。

*南美白对虾工厂化养殖。*为解决往年大量海水养殖池塘改为盐田后，盐及盐化工利润下降甚至亏损的问题，市海洋与渔业局积极倡导带领养殖大户进行“盐改虾”的探索，创建渔业科技示范基地，培育示范户，开展南美白对虾养殖示范工作，全年全市共培训新型渔民63人。同时，根据水源特点，开展南美白对虾工厂化养殖方式的技术研究和推广，进行以工厂化循环水养殖为重点的南美白对虾高产高效养殖，效益明显。以祥润为例，最高每平方米产量20斤，亩产1.2万斤，实现一年养殖5茬，年亩产商品虾5万多斤，亩纯利达到60万元。9月，中央电视台七频道对寿光市地理标志产品老河口白蛤滩涂底播增养殖和挑选进行录制报道，11月协调中央电视台二频道录制并报道寿光市大棚养殖南美白对虾的经验。市电视台、寿光日报社也相继对寿光市工厂化养殖南美白对虾的做法进行系统全面报道。

*渔业资源增殖和保护工作。*实施近海渔业资源修复行动计划，在往年增殖放流三疣梭子蟹、梭鱼、牙鲆鱼、半滑舌鳎鱼、毛蚶等各种海洋生物近10亿尾（粒）的基础上，2016年投资177万元，共进行海洋增殖放流6次，增殖品种有鲢鱼、鳙鱼、鲤鱼、草鱼、牙鲆鱼、三疣梭子蟹等，共1429万尾。

【淡水养殖】 2016年，全市淡水养殖面积1.05万亩，养殖品种既有传统的鲤鱼、草鱼、鲢鱼、鳙鱼、鲫鱼、南美白对虾，还有淡水白鲳、革胡子鲇鱼、黑鱼、河蟹等名优品种，年产量8010吨。全市已通过无公害认证的渔业产地达10家，有38个水产品通过农业无公害产品认证，其中2016年通过认证的3家、6个水产品。全市拥有农业部水产健康养殖场8家；拥有省级水产健康养殖示范场5家，其中2016年建成1家；养殖总面积达 6.8 万亩。另有省级现代渔业园区 4 个，潍坊市水产品质量安全生产示范园区 6 家，位居潍坊市各县市区前列。

2016 年，在完成 2014 年、2015 年基层渔技推广体系改革与建设项目的基础上，又申报 35 万元的寿光市基层渔技推广体系改革与建设项目，并得到批复。完成省财政厅投资 20 万的南美白对虾健康养殖技术推广项目，养殖周期 3 个月，9 月通过初步验收，达到平均每立方米水体产 8 公斤的好成绩。

【海洋与渔业管理】 渔政管理。一是进行宣传教育。通过有线电视、广播、出动宣传车、张贴标语、发放明白纸、致市民公开信及召开座谈会等多种形式，在渔港码头、重点渔村等宣传国家有关渔业法律、法规，力争达到家喻户晓，人人皆知。全年共出动宣传车 30 多次，张贴标语 400 多幅，发放明白纸 3000 多份。二是加强监督检查工作。通过实施海、陆联合执法检查，不断加大对渔业资源的管理力度，严格查处各类违法行为，促进渔业生产有序健康发展。全年渔政船出海巡查达 90 多天，共查处各种违规渔船 18 多艘次。三是强化伏季休渔管理。在每年伏休期间集中一切力量，认真组织落实伏休的各项规定，在海上借助渔政船昼夜进行检查，在陆地加强对供油、供冰业户以及水产品市场的管理，对违规行为依法从严从重进行处罚，确保全市伏休秩序保持良好状态。四是实施抢险救生工作。2 月，制定全市海洋渔业抢险救助应急预案，成立市海洋渔业抢险救助应急工作领导小组，设立安全值班电话 24 小时值班，接到求救信号及时出动进行救援。进一步加大海上抢险救生能力建设，配备 1500 马力和 360 马力渔政海监船各 1 艘，300 马力摩托艇 1 艘。7 月，组建寿光市海上抢险救生船队，配有渔船 10 艘。

渔港监督。（1）签证管理。2016 年，按照省总队的要求和考核标准，为辖区内渔船共办理进港签证 900 艘次，及时掌握渔船动态。（2）船舶检验监督。为提高渔船适航率，保障渔业安全生产，按照检验条例规定，全年共检验 75 千瓦以下合格渔船 278 艘次，年审率达 100%，被山东渔业船舶检验局授予“突出贡献检验机构”荣誉称号。（3）舆论宣传。充分利用广播、有线电视、标语、宣传车等多种形式开展宣传工作，全年共张贴、发放宣传材料 1600 余份，发布海浪、海风、安全生产等短信 4.7 万余条，营造良好的安全氛围。（4）安全设施监督检查。突出消防、救生、通讯等安全设施配备和证书证件检查 2 个重点，全年共组织检查 30 余次，查出安全隐患 60 多起，全部整改到位。同时，为渔民发放救生衣 3400 件，补配各种消防救生设施 160 余件，全市渔船安全设施配备率达到 98% 以上。（5）船员培训。每年利用伏休举办职务船员及普通船员培训班。全年共举办普通船员培训班 1 次，培训 38 人次，全市船员培训率 100%。（6）抢险救生。建立以中国渔政 37307 为主，包括各渔业公司渔船在内的渔船抢险救生船队，制定海上重大事故应急预案。全年共组织海上抢险救生 4 次，救助 28 人，挽回直接经济损失 35 万元。（7）开展船东互保工作。2016 年先后受理互保理赔案件 117 余起，赔付资金 170 余万元，6 月获中国渔业互保协会 2016 年度“全国渔业互保工作先进集体”荣誉称号。利用渔业互保储备金反哺，探索渔民会员小额信贷业务的发展，共办理小额贷款 148 起，发放贷款额 1480 万元，有效地解决渔民发展资金“瓶颈”问题。（8）渔港认定和经济区建设。继续开展渔港认定工作，已完成 4 家渔港认定上报工作，其中 2016 年认定上报 4 家。积极推进渔港经济区建设，12月制定羊口渔港开展综合性渔港经济区建设实施方案，提出的关于开展综合性渔港经济区建设的实施意见，已获省海洋与渔业厅批复。

浅海滩涂管理。根据2016年潍坊市政府与省海洋与渔业厅联合批复的《寿光市海域使用（2013—2020年）》，全面加强浅海滩涂管理。（1）海域管理工作。2016年，潍坊港西港区5000吨级航道工程已取得环评核准意见，潍坊寿光龙港110千伏输变电工程、国华寿光电厂生活服务设施用海项目、寿光墨龙物流有限公司散杂货堆场项目及潍坊港西港区羊口作业区37–40#多用途泊位工程等4个用海项目已获得省政府批复。为减轻盐业用海企业经济负担，市海洋与渔业局主动反映寿光市盐业用海企业目前存在的困难，得到上级主管部门批复，确定寿光市2016年度盐业用海海域使用金自5月1日起减半征收，共减少征收资金151.17万元。积极协调各方开展海域使用权抵押贷款登记工作，完成海域使用权抵押贷款2000万元。（2）海洋监管工作。开展“海盾2016”和“碧海2016”两大专项执法行动，全面掌握辖区海域使用和海洋环境保护动态，掌控海洋违法活动发生状态，实现随时监管、全程监管，有效维护海域使用秩序。4月，结合寿光市海域管理工作实际，编制《寿光市海洋与渔业局海域动态监管能力建设项目实施方案》，主要为县级海域使用动态监管中心配备监管设备，提高海域使用动态监管能力。3—5月，对寿光市海岸线内防潮堤坝进行监视监测，实地勘查、测量防潮堤坝，并按每50米一个点进行位置、高程的测量，形成寿光市海岸线内堤坝数据库。7月，对视频会商室进行改建，改建后的视频会商室面积由50平方米增加到140平方米，机房面积由5平方米增加到25平方米，视频会议可容纳人员由20人增加到40～50人。（3）海洋环境监测。2016年7月，市海洋环境监测站参加省海洋环境监测中心组织的能力验证，考核项目为水质硝酸盐和水质砷，结果均为合格。3月、5月、8月、10月，分别完成4次近岸趋势性监测，共采集样品392个，获得监测数据1184个，全部上报省海洋环境监测中心；分别完成小清河入海污染物监测，采集样品88个，获得监测数据240个。5月、8月、10月，分别完成岸线修复项目的跟踪监测和寿光市海洋建设项目海洋环境影响跟踪监测。

防灾减灾工作。2016年，制定出台《寿光市风暴潮、海浪、海冰和海啸应急预案》，建立由120多名志愿者和30艘船舶组成的应急救援队伍。10月，建立满足精细化预警报观测系统及观测数据共享机制，不断完善海洋灾害预警报产品和发布设施，拓宽预警报产品发布渠道，提高寿光市海域精细化数值预报系统建设和业务化运行质量。11月，建立具备海洋灾害综合分析研判功能的业务平台，通过完善灾害应急管理与救援措施，实现相关信息的互联互通。12月，寿光市沿海岸段警戒潮位核定技术报告已通过国家海洋局北海分局初审和国家海洋局海洋减灾中心组织的技术指导专家组技术审查，待省政府颁布实施后正式启用。同月，完成寿光市风暴潮灾害区划，通过专家评审并应用于海洋减灾工作。

【基础设施建设】 项目建设。2016年，先后组织完成林海生态博览园湿地可持续利用示范项目、弥河分流道河口海岸带综合整治修复项目可行性研究报告及初步设计方案编制、小清河与弥河交汇处生态修复项目的招标工作；向省海洋与渔业厅完成“海上粮仓”建设项目、老河口海岸带综合整治修复项目、渔港经济区建设项目的申报工作，其中批复老河口海岸带综合整治修复项目省级海域使用金1700万元。

发展休闲渔业。2016年共申报1处省级洰淀湖休闲渔业公园，建成1处渔业博物馆和1处标准化休闲垂钓基地，均通过初验。8月23日，组织完成首届“洰淀湖杯”自然水域垂钓大赛，参赛100余人。

【渔业品牌建设】 2016年，全市共有通过无公害认证的渔业产地达10家，有39个水产品通过农业无公害产品认证，水产类无公害覆盖主产区率达到90%以上。全市拥有农业部水产健康养殖场5家，省级水产健康养殖示范场7家，总面积达6.8万亩。有潍坊市水产品质量安全绿色生产园区6家，位于潍坊市前列。全市先后成功申报寿光毛蚶、羊口咸蟹子、寿光蚂蚬、寿光文蛤、寿光缢蛏、老河口白蛤、巨淀湖泥鳅、羊口虾酱8个水产品为国家农产品地理标志产品，列全省县级第一。文蛤、四角蛤获国家级绿色食品A级证书。

寿光缢蛏。寿光羊口镇沿海地滩涂地势低洼平缓，滩阔水浅，为泥沙质地，水质肥沃，浮游动植物种类多且密度大，非常适宜缢蛏的生长，当年投苗，当年就可达到商品规格。寿光缢蛏已被认定为无公害农产品，发展养殖面积约16万亩。

2011年12月，被农业部认定为农产品地理标志产品。

寿光文蛤。主要分布于营里镇北部沿海地区，具有花纹清晰、绚丽、肉色白玉、肉质肥满细腻，富有弹性、口感清脆、口感清脆、汤汁浓郁、海鲜味浓郁别致、壳厚保水性强、耐存活等诸多优点，深受国内外消费者的青睐。

2011年12月，被农业部认定为农产品地理标志产品。

老河口白蛤。学名为四角蛤蜊，山东地区统称蛤蜊(gé lí)，在寿光一带又习惯称为白蛤啦(bei ga la)，简称白蛤。主要生活于潮间带中下区及浅海的泥砂滩中，分布在营里镇老河口沿海一带，这一带的白蛤肉质鲜美，味道独特，被称为“百味之冠”，在当地更流传着一种“吃了白嘎啦肉，百味都失灵”之说。地域总面积2万余亩，年产量1.5余吨。外在感官特征：贝壳薄，略呈四角形，两壳膨胀；生长线明显，形成凹凸不平的同心环纹。老河口白蛤最大的外观特征是壳面颜色较深，呈黑色或灰黑色，肉质肥满，味道鲜美，是因为这一带海区滩涂底质平坦，水流较缓，粉砂型滩泥，饵料生物丰富等特定的因素所造就的，为蛤中上品。白蛤的营养特点是高蛋白、高微量元素、高铁、高钙、少脂肪；含有蛋白质、脂肪、碳水化合物、铁、钙、磷、碘、维生素、氨基酸和牛磺酸等多种成分，是防治中老年人慢性病的理想食品。《本草经集注》中记载：白蛤肉和韭菜经常食用，可治疗阴虚所致的口渴、干咳、心烦、手足心热等症；常食蛤蜊对甲状腺肿大、黄疸、小便不畅、腹胀等症也有疗效；白蛤肉炖熟食用，一日三次可治糖尿病。中医认为还具有滋阴明目、软坚、化痰之功效。

2012年8月，被农业部认定为农产品地理标志产品。

羊口虾酱。羊口虾酱的制作具有悠久的历史，早在北魏时期中国杰出农学家贾思勰(寿光人)所著的《齐民要术》中就有记载：“作蝦醬法蝦一斗飯三升為糁鹽一升水五升和調日中曝之經春夏不敗”。采用古老传统方法腌制而成的“羊口虾酱”以其口味独特、工艺讲究、咸而不涩、鲜而不淡的优良品质，依然深受消费者的青睐，产品销往全国各地，是值得寿光人骄傲的地方特产，已成为“寿光十大名吃”之一。先后获得山东名吃、山东标志性特产品牌、全国名优特产十佳品牌、全国特产食品放心品牌等荣誉称号。

羊口虾酱颜色酱紫，呈黏稠状，气味鲜香，无腥味，酱质细腻，无杂质。祖国医学认为，蜢虾味甘、咸，性温，有壮阳益肾、补精、通乳之功。凡久病体虚、气短乏力、饮食不思、面黄羸瘦的人，都可将它作为滋补和疗效食品，常人食虾也有健身强力效果。羊口虾酱保持蜢子虾固有的营养成分，味道别致，气味鲜美，是一种高蛋白、低脂肪、低热量的营养食品，虾酱中含有丰富的蛋白质、钙、铁、硒、维生素A等营养元素，还含有一项很重要的营养成分——虾青素，虾青素是迄今为止人类发现自然界最强的抗氧化剂。天然虾青素清除自由基的能力是维生素C的6000倍，天然VE的550～1000倍，被称为超级维生素E；另外，天然虾青素还有一个明确的特点是唯一能通过血脑屏障的一种类胡萝卜素。虽然虾酱营养丰富，一般人都可食用，但虾酱为发物，宿疾者、正值上火之时不宜食之；患过敏性鼻炎、支气管炎、反复发作性过敏性皮炎的老年人不宜多食虾酱。

2013年4月，被农业部认定为农产品地理标志产品。

巨淀湖泥鳅。泥鳅主要分布在寿光巨淀湖及其周边芦苇湿地，寿光坊间有如许一种说法：吃泥鳅必然要去巨淀湖！巨淀湖泥鳅体长偏圆形，特别尾部更加侧偏，腹部圆，头小，口小、马蹄形，眼小，无眼下刺；须5对，其中吻端1对、上颌1对、口角1对、下唇2对，泥鳅的这5对须，对触觉和味觉极敏锐；鳞极其细小，圆形，埋于皮下；体背部及两侧黑色，全体有许多小的黑斑点，头部和各鳍上亦有许多黑色斑点，背鳍和尾鳍膜上的斑点排列成行；口须最长可伸至或略超过眼后缘；体表黏液丰富；体背及体侧三分之二以上部位呈灰黑色，布有黑色斑点，体侧下半部灰白色。泥鳅肉嫩质鲜美，营养丰富，富含蛋白质，蛋白质含量18%以上，还含有人体易吸收的各种氨基酸和多种维生素及钙、钾、镁、磷、铁等多种人体必需的矿物质，所含脂肪成分较低，胆固醇更少，属高蛋白低脂肪、低胆固醇食品，且含一种类似廿碳戊烯酸的不饱和脂肪酸，有利于人体抗血管衰老，故有益于老年人及心血管病人，并具有药用价值，是淡水鱼类中的上品，有水中“人参”之誉。泥鳅其味甘，性平，有补中益气、养肾生精功效，对调节性功能有较好的作用；有暖中益气、清利小便、解毒收痔之功效；泥鳅其滑涎有抗菌消炎的作用，可治湿热黄疸、小便不利、病后盗汗等症，除一般人群均可食用外，特别适宜身体虚弱、脾胃虚寒、营养不良、小儿体虚盗汗者食用。

2013年4月，被农业部认定为农产品地理标志产品。

老河口狗光鱼。又叫沙光鱼。沙光鱼又名推浪鱼、沙光鱼、地龙鱼、天浪鱼、光鱼，学名矛尾刺虾虎鱼(Acanthogobius hasta)。沙光鱼嘴大贪食小鱼、小虾、沙蚕之类，凡能吞下的东西都吃。因此，它长得特别快，每年清明时节产卵，孵化后生长迅速。待到霜降时，有的可长近1尺，重4两多。尽管沙光鱼长很快，却只能一年一换代，只能长尺把长。

2016年上半年，被农业部认定为农产品地理标志产品。

（燕同祥）

胶东调水工程

【管理机构】 2016年，山东省胶东调水工程寿光管理站，为正科级省属事业单位，下设宋庄泵站、弥河、塌河3个副科级管理所，内设办公室、工程管理科、计划财务科、事业发展科、水政科5个股级科室。共有干部职工63人。

【工程概况】 引黄济青工程寿光段全长40公里，横贯寿光北部咸水区，自羊口镇李家坞村入境，经台头镇、田柳镇、营里镇、上口镇，从候镇赵辛村出境，流入寒亭区。工程1986年6月始建，1989年10月竣工通水，总投资近亿元人民币。主体工程位于田柳镇境内，称宋庄泵站，是引黄济青工程寿光段的主体工程，装有9台扬水泵，扬程9.5米，设计流量34.5立方米每秒，总装机容量5440千瓦。在输水河与境内河流塌河、西张僧河、东张僧河、弥河、官庄沟、新丹河、丹河交叉处建有大倒虹吸7座，分水闸9座。沿途建有公路桥5座，铁路桥1座，生产桥30多座，分水涵管20多处。

【工程效益】 2015年11月至2016年11月，宋庄泵站累计过水超12亿立方米，有效缓解青岛、烟台、威海、潍坊等城市严重缺水现状。在保证胶东地区4个城市用水的同时，管理站积极配合寿光市委、市政府破解寿光市水资源紧张难题，2016年向上级争取、协调胶东调水用水指标，累计为龙泽水库、大地盐化、联盟化工供水近2000万立方米。

【工程管理】 完成工程大修任务。2016年，投资300多万元，按时完成山东省胶东调水局安排寿光管理站的大修项目，包括输水河弯道清淤，宋庄泵站1#、2#、3#、6#、7#机组不锈钢叶轮外壳更换，4#、5#机组及9#机组大修。

加强水政执法。为解决青岛、潍坊等城市居民生活用水严重不足问题，按照上级先保城区生活用水，后保工业、农业用水的要求，管理站加强水政巡逻，白天水政执法人员沿线巡查，夜晚水政值班人员及调度值班人员共同进行巡查，坚决预防和制止偷水事件发生，确保青岛等城市居民生活用水不出问题。寿光市委、市政府高度重视，专门就此召开输水河沿线5个镇党委书记会议，要求保证各自段送水秩序。同时，与寿光市公安局、水利局开展联合执法，昼夜轮班巡查，坚决惩治制止偷水事件，没收违法偷水人员取水机器，并拘留情节严重的极个别人员，依法维护正常送水秩序。

【工程绿化】2016年，以残次林改造为重点，加强干渠绿化林带建设，构建人与自然和谐统一的现代化水利示范工程，全年两个河道管理所共种植毛白腊、国槐、黄山栾等大小苗木近2万株，生态效果明显改善。

（马清新）

小清河管理

【管理机构】 2016年5月，潍坊市小清河管理处由潍坊市水利局管理下放寿光市管理，调整为寿光市政府直属事业单位（公益一类），实行财政全额拨款，规格为副处级，核定事业编制14人，配备主任1名、副主任2名。内设综合科、征管科、工程管理科，均为正科级规格，各配备科长1名、副科长1名。主要负责小清河潍坊段的工程设施建设、日常管理维护及防洪安全、河道综合治理等工作。

【主要工作】 完成东桃园后小清河右堤土

方绿化工程。该工程全长3800米，总投资64.2万元，3月开始动工建设，6月底结束，共完成大堤土方1.2万立方米，植树7610棵。

完成小清河中堤芦清沟口加固工程。该工程总投资31.8万元，3月开始动工建设，5月结束，共完成工程量1800立方米，建石墙300米。

完成老干河穿堤涵闸维修任务。11月初开始维修、11月底结束，共投资2万元。

完成分洪道泄水闸生产生活用深井更新。投资20万元，更新深井1眼。11月20日开始动工打新井，12月5日结束。

（郝导华）

工　业

综述

2016年，全市规模以上工业实现主营业务收入1901亿元，利税139.4亿元，利润98亿元。其中，实现主营业务收入过10亿元的企业30家，利税过亿元的企业23家，利润过亿元的企业18家；在建工业项目177个，其中34个建成投产；全年累计完成工业投入343.2亿元。

2016年，市经信局被评为“2016年度山东省技术创新和产学研合作先进单位”；寿光市威能陈忠伟、默锐赵进才、健元春王乙潜、泰丰王志福、康跃陈化5位专家入选潍坊市2016年度鸢都产业领军人才；9月，市经信局被市委宣传部、市文明办评为“合家欢杯”2016文明之夏广场系列文化活动组织工作先进单位；11月，市经信局推荐的康跃孙金辉、威能陈忠伟入选山东省泰山产业领军人才（传统产业创新类）名单；11月，市经信局被潍坊市经信委授予潍坊市首届“市长杯”工业设计大赛优秀组织奖荣誉；12月，市经信局被省政府授予“山东省资源综合利用先进单位”荣誉。

市晨鸣、鲁清、鲁丽、联盟4家企业入选2016年山东企业100强。巨能控股于英泉、大地盐化孙文勇、青啤寿光何艳、鲁清石化崔立勇、联盟磷复肥苗乃兵、菜央子盐场王星堂、东宇鸿翔陈学山、跃龙橡胶刘新刚、鲁丽木业钟笃章9人获潍坊市第二十三届优秀企业家称号。晨鸣纸业被授予“潍坊市节能突出贡献企业”荣誉称号并奖励20万元；联盟化工集团、新龙集团被授予“潍坊市节能先进企业”荣誉。山东仙霞服装有限公司“匠心男西服套装”获得首届“省长杯”工业设计大赛铜奖。环球软件科技有限公司“e企+”企业独立营销平台、仙霞服装有限公司新型环保抗皱耐磨“军风”系列服装分获潍坊市首届“市长杯”工业设计大赛二、三等奖。

【管理机构】2016年，市经济和信息化局（简称市经信局）内设6个职能科室：

办公室、组织人事科、财务审计科、技改投资科、企业管理科（挂市减轻企业负担办公室牌子）、行业发展科；局机关行政编制24人。下辖参照公务员管理副科级事业单位1个，为寿光市中小企业管理办公室，编制11人，实有9人。正科级事业单位 个，分别是寿光市经济运行调度中心（挂寿光市工业转型升级办公室牌子），编制10人，实有8人；寿光市资源节约综合利用办公室（挂寿光市节约能源执法监察大队牌子），编制8人，实有9人；寿光市信息产业管理办公室，编制12人，实有13人。股级事业单位1个，为寿光市电力监管办公室（挂寿光市电力执法大队牌子），编制6人，实有7人。5月，撤销市信息产业管理办公室，将其承担职责划入市智慧城市建设办公室，市经信局继续承担研究拟定信息化建设发展规划、落实信息产业技术规范与标准、发布行业统计和行业信息等行业管理职责。

【提质增效】2016年，先后建设“企业之家”服务平台和工业信息发布平台，其中“企业之家”服务平台围绕“畅通信息渠道、回应企业诉求、精准服务企业”宗旨，创新服务机制，拓展服务渠道，畅通企业与政府及部门、企业与企业之间信息沟通渠道，及时了解企业项目建设、生产经营中的问题和需求，广泛收集企业建议和意见，强化政策信息宣传，为企业提供便利、快捷、有效的服务；工业信息发布平台主要发布最新工业优惠政策与涉企信息。实行企业问题直联和项目跟踪服务制度，为工业经济稳增长和提质增效创造良好环境。全年共收集企业反映重点问题168个，其中市经信局自行办理133个，报市委、市政府解决35个。

【转型升级】 开展“四评级一评价”工作。全市开展化工生产企业“四评级一评价”（安全评级、环保评级、节能评级、节水评级，综合评价）工作的企业247家，各企业均按时完成评级评价工作。

重新规划申报化工园区。对全市原有的侯镇海洋化工园、羊口镇渤海化工园、田柳镇精细化工园3家化工园区，重新向潍坊市政府申报并获批。同时，建立入园项目评估制度，督促其他园区和未进入园区的企业进行搬迁，力争全部进入化工园区。入园化工企业共126家，占应入园化工企业的80.8%。

严格实施“打非治违”。对排查摸底的247家化工企业，逐个企业、逐个项目进行排查，其中对103家企业下达限期整改通知书，对4个项目进行取缔关停。

【企业技术创新】组织企业建立研发平台。2016年，全市新增6家省级企业技术中心、10家市级企业技术中心、6家市级工业设计中心。

组织企业开展技术创新。2016年，康跃科技高性能柴油乘用车用涡轮增压器等100个项目先后入选省级技术创新项目计划。

推进产学研合作。全年先后组织30多家企业分批次赴中国科学院、浙大等地进行产学研合作对接。

【企业人才建设】 开展企业人才培训。2016年，组织企业参加山东省中青年企业家培训班、潍坊市新生代企业家培训班、现代企业经营管理进修班等省、市培训近20期，培训各类企业经营管理人才近2000人次。

推荐优秀人才。2016年，全市有3名专家被评为省泰山产业领军人才，有5名专家被评为潍坊市鸢都产业领军人才。

【节能降耗】 以创建潍坊市创建国家循环经济市为契机，全力配合潍坊市创建工作，有8个项目列入潍坊创建重点支撑项目并建成投产；有1家企业循环经济教育示范基地基本建成。梳理和培植出晨鸣集团、联盟化工、蔬菜秸秆利用等一批循环经济典型企业。全市资源综合利用企业达到18家，自愿清洁生产审核企业达到101家，其中山东光耀超薄玻璃有限公司实施的窑炉烟气脱硝除尘项目，入选2016年中央预算内投资计划；文家中学、建桥中学、世纪凤华学校、城投·太阳能老年服务中心4个单位列入省太阳能集热系统计划。完成230家化工企业节能评级工作；组织全市10家国家万户企业填报年度能源利用状况报告。

【减负降成本】 加大对大型以上企业的培育力度。2016年，制定实施《关于支持大型以上企业发展的十条优惠政策》《关于加快淘汰落后产能鼓励和引导企业兼并重组的意见》等政策，帮助大型以上企业解决土地、资金、手续等问题18个，推动完成企业兼并重组16家，为企业减免兼并重组税费近2亿元。

解决企业遗留问题。制定完善工业企业房屋产权登记手续，积极为企业补办房产证，解决企业有房屋无产权、无法抵押融资等问题，全年累计办理房产证11批次57件。

帮助企业降低用电成本。2016年，组织推动12家企业入围省直供电试点，总交易量超过26亿千瓦时，为企业节省电费1.3亿元。12月，组织24家企业与国华电厂签订战略合作协议，预计年可为企业节约成本1.1亿元。

【名优产品】 2016年，帮助菜央子盐场、宏源、宇虹等10家企业的10个产品获得山东名牌，当年新增名牌产品数量居潍坊市首位。全市有效期内的“山东名牌”产品已达75个。台头镇“全国知名品牌示范区”项目获得国家质检总局立项，10月份国家质检总局监督司处长王军到台头视察防水卷材质量项目，并给予较高评价。

【党建工作】 夯实基层党建督导机制。先后召开经信系统企业党建工作调度会14次，对未建党组织的“两新”组织，通过单建、联建等方式建立党组织，强化督促指导。同时，做好换届期间相关工作，2016年经信系统内5个党委、9个党总支、71个党支部全部完成换届。

严格党员管理机制。严把党员关系、党费管理关，全年共收缴党费23万余元，新发展党员8人，排查长期失联党员8人，对长期失联党员均给予开除党籍处分。

开展送温暖活动。组织职工医院医务人员对化龙镇信家桥村100多名60岁以上老人进行免费健康查体；同时，召开“三老一优”座谈会，开展送温暖活动，走访慰问老党员125名、困难党员26名。

推介先进典型。组织系统内各企事业单位推荐评选寿光市级“先进基层党组织”2个，“优秀共产党员”5名，“优秀党务工作者”1名；积极参加市委开展的“两学一做”演讲比赛，获二等奖1名、三等奖1名。深入挖掘党建工作经验做法，全年在各级媒体发表党建报道79篇。

【特大型企业简介】 山东晨鸣纸业集团股份有限公司：是以造纸、金融、纤纱、林业、地产五大产业板块为主体，同时涉足矿产、能源、物流、建材、酒店等领域的大型综合性现代化企业集团，是全国唯一一家A、B、H三种股票上市公司，以及造纸行业内第一家拥有财务公司和融资租赁公司的产融结合企业。先后在山东、广东、湖北、江西、吉林等省地建有生产基地，集团总资产近900亿元，年浆纸产能850多万吨。企业经济效益主要指标连续20年在全国同行业保持领先地位，不仅是世界纸业十强、中国企业500强，还被评为中国上市公司百强企业和中国最具竞争力的50家蓝筹公司之一，被誉为中国造纸业引领企业。2016年，品牌价值突破100亿元，荣获“中国轻工业百强企业”，再次入选山东造纸“十强企业”，自购铁路专线机车和湛江分公司液体纸包装生产线均投入运行，成功通过国家两代融合管理体系评定。2016年集团实现主营业务收入738.9亿元，其中属地实现收入176.4亿元；实现利税41.6亿元，其中属地12.2亿元；实现利润26.2亿元，其中属地8.6亿元。

山东寿光巨能控股集团有限公司：成立于2005年10月，2016年共有员工6620人，是一家资产管理性企业，经营范围涵盖特钢、玉米淀粉加工、电气制造、房地产开发等领域。巨能集团秉承“坚持创业、持续创新、努力创优”的企业精神，以科学发展观为指导，在优势领域发展优势产业，为地方经济和社会发展作出贡献。集团始终秉持多元化发展战略，以2007年巨能金玉米公司在香港联交所主板上市为标志，进入快速发展期，培植形成特钢、淀粉、电气三大核心产业。集团年产特种管材200万吨，淀粉120万吨，变性淀粉10万吨，是山东省特种钢材首选供应厂商，也是国内生产玉米淀粉和变性淀粉市场份额最大的企业之一。集团拥有中国名牌产品1个，山东省名牌产品8个，产品畅销国内20多个省（直辖市），并出口欧洲、美洲、非洲、东南亚以及日本、韩国、马来西亚、越南等国家和地区。2016年，特钢公司顺利通过TS16949汽车用钢质量管理体系年度审核，API、5CT、5L证书审核二级安全标准化现场审核质量技术中心实验通过CNAS换证审核，原料厂全封闭工程开工建设，获全省资金系统质量管理成果组织奖。2016年度集团实现主营业务收入124.3亿元，其中属地实现收入102.2亿元；利税实现5.7亿元，其中属地4.2亿元；利润实现3.8亿元，其中属地2.6亿元。

山东联盟化工集团有限公司：是以化肥产品为主导，集煤化工、石油化工、生物化工、机械装备于一体的大型化工企业，是中国化工百强、中国企业千强、全国肥料制造业十佳企业之一。企业成立于1970年，2016年总资产达90亿元，拥有自营进出口权，员工近7000人。集团下辖联盟股份、联盟磷复肥、联盟石化、天力药业、联盟特种装备、新丰淀粉6个生产公司和新科燃料公司、联盟投资公司、物流公司、国际贸易公司、置业公司5个经营公司。主要产品有合成氨、尿素、复合肥、硫酸、甲醇、乙撑胺、成品油、山梨醇、甘露醇、葡萄糖、淀粉等30多种。“联盟”品牌被中国磷复肥工业协会评为“2016年农民信赖的肥料品牌50强”，天力药业参与甘露醇、山梨糖醇和山梨糖醇液等国家标准制定，甲醇制造工艺关键技术通过中国石油和化学工业联合会组织的成果鉴定，甲醇羰基化单管实验圆满完成，股份二厂地表水处理项目试车成功等。2016年度集团累计实现主营业务收入110.3亿元，利税5.9亿元，利润3亿元。

山东大地盐化集团：始建于1956年，位于寿光市北部，是集盐及盐化工生产、经营、科研、内外贸为一体的、有30余种产品的综合性、现代化大型企业集团。集团占地26.17平方公里，2016年总资产达55亿元，员工2000多人，资产负债率为61.8%。集团下设20多个子公司、6个化工厂、5个制盐分厂，年生产烧碱90万吨、液氯75万吨、原盐100万吨、溴素1万吨、白炭黑2万吨、溴系列阻燃剂1.2万吨、染料中间体1.5万吨，是国内同行业具有较大规模和较强竞争实力的盐化工产品生产、研发、出口企业之一。集团是省级“高新技术企业”、中国专利“明星企业”、中国海洋化工（寿光）“产业基地重点企业”“省AAA级信誉企业”、山东省质量奖获得单位。集团秉承“诚信为本、客户至上、强化控制、质量第一、持续改进、争创一流”的经营理念，不断加强经营管理力度，改进和完善经营管理措施，狠抓工业投入和大项目建设，开展以提升企业市场竞争力为目标的企业信用建设，取得显著成绩。2016年度集团实现主营业务收入65.0亿元，利税实现7.2亿元，利润4.7亿元。

山东寿光建设集团：集团下辖山东寿光恒基地产有限公司、寿光市宏安新型节能材料有限公司等企业10多家，2016年拥有员工500多人，是集建筑工程施工、房地产开发、建材生产、物流于一体的特大型企业，具有建筑工程施工、玻璃幕墙设计与施工3项壹级企业资质。其中，山东寿光恒基地产有限公司具有房地产开发壹级资质，寿光市宏安新型节能材料有限公司具有预搅拌混凝土二级资质等多项资质。公司设有山东省技术研发中心，施工能力、开发能力均居潍坊市前列，先后荣获国家优质工程“鲁班奖”1项，国家优质工程5项，山东省建筑工程质量最高奖“泰山杯”27项，以及“全国守信用、重合同企业”、全国优秀施工企业、全国用户满意施工企业、全国安全生产优秀施工企业、山东省诚信示范企业等荣誉称号。2016年度集团实现主营业务收入48.3亿元，利税3.3亿元，利润1.7亿元。

山东墨龙石油机械股份有限公司：是一家专业从事能源装备制造与销售服务的上市公司，是中石油、中石化、中海油、延长石油四大石油集团公司的合格供应商，是“山东省机械工业百强企业”“山东省高新技术企业”“省级守合同重信用企业”“山东省重点培育和发展的国际知名品牌企业”；拥有“山东省级企业技术中心”“墨龙博士后科研工作站”等科研平台，是国家火炬计划重点高新技术企业，2016年公司技术中心被认定为潍坊市工业设计中心。公司产品产业链完善，技术实力雄厚，拥有复杂地质条件下高抗腐蚀、抗挤毁等多项国内行业领先的核心技术，先后获得国家授权专利47项，产品涉及石油钻采机械装备、石油天然气输送装备、页岩气和煤层气的开采装备及主要关键部件等，主导产品有油套管、管线管、钻杆管体、“三抽”设备、阀体、泥浆泵缸套、液压支柱管、石油机械配件及井下工具等，其中高端装备产品主要有海洋采油用油套管、钻杆管体、页岩气开采用专用管等，产品畅销大庆、克拉玛依等国内各大油田和欧洲、美洲、非洲、东南亚等世界主要产油区。2016年度公司实现主营业务收入74.1亿元，利税实现1.3亿元，利润0.7亿元。

寿光富康制药有限公司：成立于1997年，是全球最大的原料药TMP生产企业，国家综合性新药研发技术大平台产业化示范企业，2016年共有员工2000多人，其中各类技术人员856人。公司主要从事原料药、医药中间体、医药生物制剂、热敏染料、溴化物五大系列40多个产品的开发、生产和销售，其中原料药甲氧苄啶已建立全球最完善的产业链，产销量占全球市场份额的60%以上，ODB、SMZ、奥美拉唑、盐酸二甲双胍的产销量分别居全国首位。公司拥有完善的质量体系，6个产品通过美国FDA认证，以及中国（CFDA）、欧盟（EDQM）、世界卫生组织（WHO）等多个国家的质量认证，连续10年跻身中国制药工业百强企业，2015年列入中国制药百强企业第49位。公司技术力量雄厚，设有国家级企业技术中心、博士后工作站、院士工作站、山东省工程实验室等7个省级以上科研创新平台，获得省部级以上奖励8项，其中国家科技进步二等奖1项、山东省科技进步奖一等奖1项。2016年“鹤寿”商标荣获“中国驰名商标”。2016年度公司实现主营业务收入48.0亿元，利税5.1亿元，利润3.9亿元。

山东新龙集团有限公司：是以海洋化工

为主的高新技术企业，注册资本5000万元，2016年总资产达25.2亿元，拥有职工1500人，总资产负债率39.6%。主导产品年产氯碱25万吨、PVC 15万吨、三氯氢硅6万吨、三氯乙烯6万吨、四氯乙烯3万吨、电子级氯化氢1000吨、PVC塑钢门窗型材2万吨、液体山梨醇4万吨，年发电能力16亿度。集团下设氯碱公司、热电公司、科技股份公司、双氧水公司、精细化工公司、生物工程公司、节能设备公司、国际贸易公司、宁夏新龙蓝天科技公司9个分公司。集团是中国三氯氢硅专业委员会主任单位、山东省三氯氢硅协会会长单位，是三氯氢硅国家标准、低汞触媒国家标准起草单位。集团先后被授予中国化工行业技术创新示范企业、全国优秀民营企业、全国化工节水先进单位、全国基础化工原料行业百强企业、全国守合同重信用企业等荣誉称号。2016年度集团实现主营业务收入48.8亿元，利税4亿元，利润2.8亿元。

山东寿光鲁清石化有限公司：成立于2000年8月，是以石油深加工为主的股份制民营企业，拥有国家发改委批复的进口原油和成品油出口资质。公司始终按照企业管理现代化、生产技术高新化、市场营销国际化的目标发展，鲁清品牌正以高速成长之势走向国际舞台。企业先后荣获“全国质量诚信优秀企业”“全国工业品牌培育试点企业”“中国民企五百强”“中国化工企业五百强”“山东省守合同重信用企业”“山东省百强民营企业”等荣誉称号。公司生产的”鲁清牌”产品被评为“全国质量检验稳定合格产品”，“鲁清牌”沥青和聚丙烯被评为山东省著名商标和名牌产品。公司主要从事汽油、柴油、聚丙烯、液化气、石油焦、丙烯、硫磺、MTBE等产品的生产销售，生产的汽油、柴油均已达到国Ⅴ及国Ⅴ以上标准。公司在发展壮大的同时，始终将安全环保放在重要位置，在原有环保设施的基础上，新建烟气脱硫脱硝、再生水回收利用、废气综合治理、干气综合利用、硫磺回收等环保装置，实现污水、废气达标排放。2016年度公司实现主营业务收入212.3亿元，利税13.7亿元，利润4.6亿元。

青岛啤酒（寿光）有限公司：位于山东半岛中部，其前身是山东省寿光啤酒厂，1985年立项筹建，占地面积11万平方米，1987年正式投产，2001年加盟青啤集团，2016年拥有岗员工562人。公司主导产品青岛冰醇、瓶装崂山啤酒系列，500毫升、330毫升听装崂山啤酒。产品均采用青岛啤酒的技术和工艺，选用优质麦芽、啤酒花精心酿制而成，口味香醇爽口、泡沫洁白细腻，深受广大消费者喜爱。2001年加盟青啤之初，公司产量6万千升，2005年，公司产销量突破10万千升。2006年公司进行产销分离，主打品牌由“蓝仔”向“崂山”全面过渡，产销量突破16万千升。2007年后，公司不断加大技改、更新设备，结合高浓高辅工艺的成功运用，产销量逐年提升，至2016年已连续7年突破20万千升，其中2014年突破23万千升，创历史最高。公司先后荣获寿光市突出贡献企业、市长质量奖，潍坊市纳税五十强企业、五星级消费者满意单位、安全文化创建示范企业、环境友好企业，山东省AAA级纳税信用企业、守合同重信用企业、轻工行业安全生产先进单位等荣誉称号；多次荣获青啤集团“经营管理奖”“经营管理进步奖”“最佳市场支持奖”“最佳产品质量奖”“安全管理模范工厂”“能源环保模范工厂”“成本管理奖”“先进基层党组织”等荣誉称号，连续4年获得“消费者最喜好的青岛啤酒”第二品牌前三甲。2016年度集团实现主营业务收入4.9亿元，利税 1.9 亿元，利润 0.9 亿元。

寿光卫东化工有限公司：始建于 1956 年，是一家集科研、生产、加工、销售于一体的大型综合性化工企业。公司地处莱州湾畔、寿光北部，环抱海滨重镇—羊口镇，占地面积 20 平方公里，注册资本 5000 万元，2016 年拥有员工 1500 余人，下辖 13 部 1 室，4 个化工基地，5 个制盐工区。属省级高新技术企业，为国内最大的阻燃剂开发生产基地、中国海洋化工产业基地和国家卤水资源综合利用示范基地。公司产品近 30 种，年可生产溴系阻燃剂 2.75 万吨、氮磷系阻燃剂 3 万吨、工业盐 50 万吨、工业六氟化硫 1000 吨，以及其他化工产品。2016 年度集团实现主营业务收入 16.3 亿元，利税 2.2 亿元，利润 1.4 亿元。

山东全福元商业集团：创建于 1981 年，是一家跨地区、多业态、综合性商贸集团。集团下设商贸流通、商业地产、金融投资三大支柱产业，2016 年总资产 50 亿元，从业人员 1.5 万人。建有常温配送、生鲜冷链、家电配送、便利配送四大配送中心，营业网点遍布寿光、昌邑、昌乐、临朐、广饶、滨海、滨州等周边地区。集团列中国连锁百强第 69 位、中国快速消费品百强第 36 位，连续 14 年列全国县级同行首位。作为全国万村千乡、家电下乡、农超对接优秀试点企业和山东省重点培育的大型流通企业之一，集团先后被授予“全国商业信誉星级企业”“全国优秀无假货示范点”“全国商业顾客满意企业”“富民兴鲁劳动奖状”“山东省流通改革发展三十年功勋企业”“山东省著名商标”“山东省守合同重信用企业”“山东省消费者满意单位”“山东省商业名牌”“山东省服务名牌”等荣誉称号。2016 年度集团实现主营业务收入 70 亿元，利税 2.1 亿元，利润 1.1 亿元。

【市企业家协会工作】开展爱心助学活动。按照协会确定的办会精神，2016 年 8 月开展爱心助学活动并成立企业联盟教育基金，出资 20 万元，资助困难家庭大学生 56 名，助学金一次性拨付市教育局代发到学生手中；同时，协会倡导 11 家企业捐资 110 万元作为企业联盟教育基金。

开展教育学习活动。2016 年，赴南京工业大学举办 2 期化工企业高管人才研修班，部分化工企业负责人、化工园区负责人共 76 人参加培训。5 月，邀请北京和盛世纪管理咨询有限公司董事长孙博伍、华科智造数据科技公司总经理黄逸华等专家到寿光市举办“互联网 +”、工业大数据发展讲座，200 余名企业高管听取演讲。邀请寿光市优秀企业家传经授艺，成功举办 4 场主题为“安全环保，从制度到信仰”的专题报告和一场降成本经验交流会，1200 余名管理人员参加会议听取报告。充分利用省、潍坊市有关培训资源，重点组织新生代、创二代企业家参加山东中青年企业家培训班、潍坊市新生代企业家培训班、现代企业经营管理进修班等近 20 期，参训 500 余人次。

重新启动企业家查体活动。沟通协调北京 301 医院、山东省立医院，组织大中型企业家分三批赴北京 301 医院、省立医院进行查体，其间全程跟踪服务，做好组织协调和后勤服务工作。

开展管理创新活动。参与起草加强企业家队伍建设的指导意见，明确人才培养和引进重点，拟定激励政策，强化组织领导，加大经费保障，为培养造就具有世界眼光、战略思维和创新创业精神的优秀企业家提供保障。开展工业企业品牌培育活动，组织试点企业完成中国工业产品质量网上备案，指导试点企业品牌管理体系自我评价，对寿光市企业品牌培育情况进行调研。推进企业诚信示范体系建设，参与起草建立诚信示范企业评定标准、激励政策和诚信制度；适应供给侧改革要求，倡导企业进行规范化公司制改造，适时进行兼并重组，对接资本市场；按照市里出台的企业自主降成本工作要点、潍坊市关于引导企业挖掘内部潜力降低企业内部成本的意见，召开企业自主降成本助力产业强市研讨会，组织重点企业进行经验交流，引导企业自主降成本，有3家企业经验入选潍坊市自主降成本典型材料汇编。

继续做好三方协调职能工作。积极发挥桥梁纽带作用，通过走访调研、召开会议等形式，与市人社局、总工会、工商联等部门共同开展工资集体协商、和谐企业劳动关系、稳定职工队伍等活动，维护企业家合法权益。

继续做好自媒体建设宣传工作。注册、建设并利用寿光企业家、寿光企业之家、寿光工业等微信公众号自媒体，宣传解读各级党委、政府出台的系列政策和扶持措施，引导企业吃透领会政策精神，明确企业发展方向，助力企业加快发展。同时，更加注重会刊编印质量，丰富会刊宣传内容，全年共编印会刊6期3000多本，及时发送有关部门负责人和邮寄给会员单位主要负责人。9月13日，市企业家协会与市青年企业家协会在《寿光日报》上发表联合宣言，争做产业强市的弄潮儿。

中小企业发展

【加强经济指标运行调度】 2016年，寿光市共有41家中小微企业进入“全国中小企业生产经营运行监测平台”，成为工信部直报点。通过及时调度企业运行情况，积极做好运行监测分析，全面反映企业在经营中遇到的问题和困难，完成监测平台数据审核和报送工作。

【创业补助、奖励资金】 根据《山东省中小企业创业补助创新奖励资金管理暂行办法》，专项资金采取无偿补助的方式，对公共服务平台和企业孵化器实施的服务场地改造、软硬件设备及服务设施购置等建设项目，按照不超过项目总投资额40%给予补助。全年先后为寿光市防水协会申报“2016年度潍坊市中小企业创业补助创新奖励专项资金”30万元；为洛城特色镇争取资金30万元；另有孙家集镇被潍坊中小办命名为特色产业镇。

【协助举办省中小企业大讲堂潍坊班】 在市中小企业管理 + 办公室积极协调帮助下，由省中小企业局主办、潍坊市中小企业办公室组织实施的2016年山东省中小微企业巡回大讲堂潍坊班，于6月3日在山东省创业创新学院（潍坊科技学院）成功开班。潍坊各县（市区）主管部门领导、中小微企业管理者代表、山东省创业创新学院创业学生代表以及各中小企业服务机构代表共480多人参加培训学习。

【中小企业服务平台建设】 2016年年初，依托市中小企业管理办公室已有的服务平台资源，按照互惠共赢的原则，与人才技术优势明显的山东潍科软件科技有限公司合作，不断建设和完善寿光市中小企业公共服务平台。至年底，建成集网站、微信公众平台、公共服务呼叫中心等于一体的多途径多维度中小企业公共服务体系，促进中小企业可持续发展。

【加强民营企业家队伍建设】 2016年4月，

组织全市民营企业家协会常务理事出席潍坊市民营企业家联合会四届二次常务理事会议，并参加潍坊市“市场经济新形势与企业发展战略”培训班。5月，组织4名中青年民营企业家到北京参加北京大学继续教育学院举办的寿光市优秀民营企业家综合能力提升培训班。10月，推荐3名企业负责人担任省中小企业协会副会长及常务理事，其中副会长2人、常务理事1人。

【培育专精特新中小企业工作】 2016年，按照潍坊市《关于推进“专精特新”中小企业发展，实施“育苗扶壮”工程的通知》要求，通过动员企业申报，组织审核材料与积极推荐，全市共有8家企业被评为潍坊市“专精特新”中小企业，其中博苑医药化学有限公司、山东菜央子盐场荣获潍坊市专精特新工业企业称号；潍坊市宏源防水材料有限公司、潍坊市正泰防水材料有限公司、山东省金帅防水材料有限公司、潍坊市金旭防水材料有限公司、寿光德圣造纸化工有限公司5家企业获得潍坊市科技创新型企业称号；环球软件科技公司荣获潍坊市特色服务业企业称号。

【开展产业集群调研工作】 2016年4月下旬，山东省中小企业局组织中小企业产业集群专题调研组到寿光市，对寿光市的7家潍坊市级以上中小企业产业集群进行全面系统调研，主要包括中小企业产业集群发展现状、推动产业集群发展的政策措施、产业集群内公共服务平台建设情况以及发展中面临的问题、困难以及对策和建议。10月20日，在潍坊市临朐县召开全省产业集群工作会议，寿光市台头防水产业集群作为此次会议典型，向与会人员汇报该集群发展基本情况、促进发展的经验做法、存在问题及下一步打算，受到上级领导和各县(市区)的一致肯定。

【加强企业考核、人员培训】 *完善中小微企业考核办法。*2016年，根据市委要求，对中小微企业考核由原来的加分项5分提高到考核项25分，并结合企业发展实际情况，将总分25分分解为3部分，即组织领导、措施保障工作占标准分5分，中小微企业发展指标完成情况占标准分15分，鼓励支持参与争先创优活动占标准分5分，从而进一步调动企业发展的积极性。

*加强企业负责人和有关人员培训。*2016年，为进一步提升企业素质，加快转型升级，提高市场竞争力，积极组织有关企业参加上级举办的各种培训班、研讨班、学习班和博览会。6月，组织33名省、潍坊市两级创业辅导基地主要负责人，参加省中小企业局在淄博市举办的创业辅导能力提升培训班，其中省级创业辅导基地主要负责人1人、潍坊市级1人。6月，组织全市中小企业产业集群、创业基地的服务平台参加全省平台网络业务创新与能力提升培训班，受到财税云服务平台、互联网政策服务、互联网金融服务等专题培训，为构建省、市、县三级公共平台服务协同机制打下基础。4月，组织全市10多家中小企业参加第三届山东省互联网大会，为落实《国务院关于积极推进“互联网+”行动的指导意见》《山东省“互联网+”发展意见》，促进全市“互联网+”小微企业创业创新培育行动，发挥互联网与企业发展之间的桥梁作用，奠定坚实基础。3月，组织全市6家中小企业参加2016海峡两岸(山东)创业创富项目博览会暨中小企业展洽会，寿光市参展产品20多种。

(杨湘江)

信息产业

【信息基础设施建设】 2016年，根据上级业务部门总体部署，认真落实2014年9月制定出台的《寿光市公用移动通信基站建设实施办法》，统筹调度全市信息基础设施建设，全面落实2015年3月由市规划局联合聘请第三方权威机构（潍坊市市政工程设计研究院）编制完成的全市通信设施规划，保障全市信息基础设施建设有序进行。继续实施4G网络和光纤入户工程，至年底，新建小区光纤入户率达100%，基站总数达到1800余个，电话用户总数129.12万户，其中固定电话用户数12.94万户、移动电话用户数116.18万户，全年电信业务总收入7.72亿元。同时，开展专项行动，及时解决有线电视杆路老化、农村弱电管网建设、羊口项目区工业园网络基础设施建设和青年电商大厦配套网络基础设施建设等方面存在的问题。

【推进“两化”融合】 工业企业信息化人才培训工作。积极组织全市企业参加市经信委组织的“两化”融合系列培训活动，并借助全市软件企业信息化人才队伍对工业企业从业人员进行信息化培训，为“两化”融合提供人才保证和技术支持，全年共举办培训班10期，培训273人次。

“两化”融合管理体系贯标工作。2016年3月，成功承办潍坊市“两化”融合管理体系贯标培训暨工业企业“两化”（工业化和信息化）融合评估工作会议，配合省经信委完成寿光市区域“两化”融合水平自评估，及时填报录入山东省“两化”融合评估系统。12月，聘请省电子信息产品检验院高级工程师与寿光市部分企业信息化负责人员进行座谈交流，现场解答企业“两化”融合推进过程中存在的实际问题。通过座谈，与会企业进一步提高对两化融合管理体系贯标工作的认识，进一步促进全市工业企业“两化”融合工作的开展。，全市龙头企业带头开展贯标试点工作，其中市晨鸣纸业集团股份有限公司成功通过全国首批“两化”融合管理体系贯标试点企业认定，市康跃科技股份有限公司申报全国“两化”融合管理体系贯标试点工作进展顺利。

加强信息系统建设。2016年，积极引导、鼓励企业通过新上信息系统提升企业管理和业务水平，其中山东凯马汽车制造有限公司投资100多万元新上“PDM/CMMP”项目，山东墨锐科技有限公司新开发应用资源规划管理系统，寿光市坤隆石油机械股份有限公司新开发应用“ERP/OA/PLM”系统等，促进企业管理和业务水平不断提高。

【软件和信息服务业】 2016年，全市软件和信息技术服务业以“技术产业化、企业规模化”为发展原则，借助“智慧寿光”发展机遇，进一步拓宽服务领域，产品技术含量逐步提高，实现产业稳步科学发展，其中山东环球软件科技有限公司成功入选山东省软件工程技术中心。全市纳入统计范畴的软件和信息服务业企业全年主营业务收入达到14128.6万元，同比增长34.17%。

【工业转型升级项目资金补助工作】 2016年，认真落实制定出台的《关于推进工业转型发展的意见》，组织完成2015年度生产服务性产业类和两化融合类资金补助项目申报审查工作，确定“生产服务性产业”与“两化融合奖励项目”两大类型，共为企业争取补助资金约100万元，促进制造业+互联网健康发展。

（王红）

电力

【管理机构】 寿光市经信局是行使电力管理职责的主管部门，下设电力监管办公室，负责对寿光市电力事业进行监督管理。

国网寿光市供电公司是国网山东省电力公司下属分公司，在市经信局行政管理下向寿光市各行各业及人民群众提供电力服务。公司内设办公室、发展建设部、人力资源部、财务资产部、安全质量监察部、乡镇供电所管理部、党群工作部、调控分中心8个职能部室；下辖营销部（客户服务中心）、运维检修部（检修建设工区）、综合服务中心3个业务支撑与实施机构和按供电区域设置的18个供电所。

2016年，国网寿光市供电公司紧紧围绕“产业强市”发展战略，连续3年在全省及潍坊市同业对标中保持“双第一”，荣获“富民兴鲁”劳动奖状、山东省管理优秀企业、山东省电力公司先进单位、潍坊供电公司先进基层党委、寿光市突出贡献企业等荣誉称号。

【电力设施建设】 编制规划。2016年，落实寿光配电网“十三五”发展规划，编制《寿光市城乡电网规划（2016—2020）》和新一轮农网改造升级规划，全部纳入寿光市总体城市规划和土地利用总体规划。7月，市政府与国网潍坊供电公司签署《寿光市小城镇（中心村）电网改造升级和“机井通电”工程合作协议》，共同推进新一轮农网改造升级工程。

电网基建改造。2016年，实施电网建设“1353”（13项工程完成前期、5项工程开工建设、3项工程竣工投产）工程，推进重点园区项目落地。4月，500千伏国华电厂送出工程竣工投产，成为年内全省首个建成投运的500千伏输电工程。同月，110千伏文家输变电工程开工建设。9月，110千伏龙港输变电工程建成投运。10月，35千伏金家——光耀线路工程建成投运。至年底，220千伏海滨变电站110千伏送出工程、220千伏海滨变电站35千伏送出工程、110千伏黄大铁路羊口牵引站供电工程等全部完成。全年寿光电网建设改造资金总投入4.67亿元，创历史新高。

农网改造升级工程。2016年，以实施中心村电网改造升级和“井井通电”工程为重点，加快推进新一轮农网改造升级工程建设。10月，第一批国家专项建设基金农网改造升级工程全部竣工，共新建改造10千伏联络线路83条、162.18公里，新增公用配网变压器175台、3.86万千伏安。12月，前三批中心村电网改造和机井通电工程全面竣工，共完成58个中心村和148眼机井通电建设改造任务，新建改造10千伏线路

96.535公里、400伏线路265.774公里，新增配网变压器534台、11.62万千伏安。寿光配电网结构更加坚强，供电可靠性进一步提高，10千伏线路联络率由年初的27.31%提高到62.7%，居民户均容量由1.71千伏安提高到1.91千伏安。

【供用电管理】 供电量。2016年，寿光市全社会用电量累计完成108.17亿千瓦时，同比增长0.53%，占潍坊市全社会用电量比重23.77%；其中工业用电量完成92.36亿千瓦时，同比降低1.15%，占潍坊市全社会工

业用电量比重 27.18%。

按分类用电划分，第一产业用电量 34092 万千瓦时，同比降低 0.33%；第二产业用电量 939214 万千瓦时，同比降低 0.27%；第三产业用电量 37119 万千瓦时，同比增长 12.11%；城乡居民生活用电量 71244 万千瓦时，同比增长 6.5%。化学原料及化学制品制造业用电量降幅较大。

电 价。2016 年，寿光市电力销售价格未作宏观调整，仅在居民峰谷分时电价、大工业基本电费等分类用电上有政策变动。根据省物价局、经信委《关于开展居民生活用电峰谷分时电价政策试点的通知》（鲁价格一发〔2015〕127 号），自 8 月 1 日起，寿光市居民生活用电开始执行峰谷分时电价政策，客户可自愿选择，峰段每千瓦时加价 0.03 元，谷段每千瓦时降低 0.17 元。根据国家发改委《关于完善两部制电价用户基本电价执行方式的通知》、山东省物价局《关于贯彻发改办价格〔2016〕1583 号文件完善两部制电价的通知》（鲁价格一发〔2016〕76 号），自 8 月 1 日起，在基本电价计费方式变更周期、减容（暂停）期限限制两方面进行政策调整，更加方便客户根据自身生产运行情况调整变压器运行状态。

在分类用电政策调整的同时，省物价局印发《关于完善电价补贴政策促进可再生能源发电健康发展的通知》（鲁价格一发〔2016〕77 号），对分布式光伏用户的补贴提出规范性要求。至年底，寿光市用电价格为 35—110 千伏每度 0.15 元。

【安全生产】 2016 年，继续落实“严排查、严整改、严执法、严追责”要求，管理人员到位 1034 人次，查处各类违章 744 起，整改问题隐患 1155 项。开展特种车辆排查、大棚膜专项治理、杆塔鸟巢专项治理等活动，消除施工场所隐患 115 处、清理树障 6022 处。联合有关部门开展客户安全用电和电能保护专项检查，检查重要客户 4795 户，下达安全隐患通知书 319 份。完成全市农业台区改造 1647 个，建成安全用电示范村 33 个，户用漏保安装率达到 96%，创造农村安全用电治理的“寿光模式”。积极应对 6 月 30 日的强对流天气侵袭，赢得社会各界赞扬。

【供用电服务】 2016 年，以客户为导向，持续提升服务质量，建立工业园区“门对门”服务模式，密切跟踪 40 个重点项目，完成“两个项目包”（业扩项目包、技改项目包）落地应用。按照“先接入、后改造”要求，推广应用业扩全流程实时管控平台，业扩流程压缩 68%，平均接电时间缩短 8%。建立大客户服务档案，为大客户提供“三定”（定人、定期、定制）服务。深化“互联网 +”供电服务，推广应用“掌上电力”和电 e 宝，实现 40% 的营销服务业务量可自助办理。继续实施电力惠民工程，共完成“一户一表”改造 13386 户、累计改造 77906 户，“多表合一”改造 5269 户，光伏发电并网 283 户，节能替代电量 5926 万千瓦时。

【科技创新】 2016 年，坚持“小创新、大鼓励”工作思路，搭建五大创新平台，开展全员创新竞赛，全年先后获得 2 项国家级 QC 成果奖、2 项发明专利、39 项实用新型专利、1 个国家级优秀质量管理小组、2 个省级优秀质量管理小组、1 个省公司级优秀创新工作室、1 个潍坊市劳模创新工作室。坚持眼睛向内向下，开展基础管理巩固提升工程，使工程管理、业扩报装、停电计划、物资管理等重点业务达到端到端流程优化。编制推广供电所管理十大模板，年内共获评五星级供电所 1 个、三星级供电所 6 个、省级标杆班组5个、标杆供电所2个。

【队伍建设】 坚持以人为本，扎实开展“两学一做”学习教育、“三亮三比”（亮身份、亮职责、亮承诺，比作风、比技能、比业绩）主题活动、“做最好自己·建品质寿电”主题实践活动，举办“卓越本部大讲堂”，推广行动学习、业绩晾晒、挂图问效等提质增效工作方法，打造明大事、想干事、会干事、干成事、不出事、好共事的“六事有为”管理团队。开展“榜样就在身边”劳动竞赛，培养选树卓越之星、创新达人、服务标兵、道德模范。围绕建设目标力、执行力、学习力、创新力、协同力、道德力、文化力“七力合一”的员工队伍，推广“大讲堂”培训模式，建立全员海选赛、专业对抗赛、公司冠军赛三级“大讲堂”竞赛体系，在省、潍坊市公司竞赛调考中取得2个团体第一、5个团体第二。

（马思柱）

盐及盐化工

【管理机构】 2016年，市盐务局下设办公室、财务科、行业管理科、食盐专营科、工业盐科、计量科、盐政稽查科、审批服务科8个科室，在编人员44人。

2016年，继续落实国务院1996年出台的《食盐专营办法》，实行食盐专营制度。对农牧用盐（饲料添加剂）由农业主管部门管理，盐业主管部门监管，以防止农牧用盐流入食盐市场。4月，国务院发布《盐业体制改革方案》，对工业用盐取消各地自行设立的两碱工业盐备案制和准运证制度，取消对小工业盐及盐产品进入市场的各类限制，放开小工业盐及盐产品市场和价格；盐业主管部门继续履行监管职责，防止工业用盐流入食盐市场。对食用盐，根据《盐业体制改革方案》要求，取消食盐定点生产企业只能销售给指定批发企业的规定，允许生产企业进入流通和销售领域，自主确定生产销售数量并建立销售渠道，以自有品牌开展跨区域经营，实现产销一体，或者委托有食盐批发资质的企业代理销售。取消食盐批发企业只能在指定范围销售的规定，允许向食盐定点生产企业购盐并开展跨区域经营，省级食盐批发企业可开展跨省经营，省级以下食盐批发企业可在本省（区、市）范围内开展经营。放开食盐出厂、批发和零售价格，由企业根据生产经营成本、食盐品质、市场供求状况等因素自主确定。

【盐业产销】 盐业生产。2016年，全市共有盐业生产企业14家，拥有盐田面积约22.3万市亩，全年生产原盐341万吨；生产食盐295121吨，其中生产加碘盐69606吨，生产洗粉盐33149吨，生产精制盐90073吨，生产日晒盐90882吨，生产多品种食盐63768吨，生产粉精盐17249吨。

盐业运销。2016年，全市共销售原盐198万吨，实现销售产值1.7亿元，此外企业自用原盐139万吨。销售食盐293923吨，其中出口12641吨；销售加碘盐68385吨，销售洗粉盐33088吨，销售精制盐88737吨，销售日晒盐89037吨，销售多品种食盐64224吨，销售粉精盐18837吨。至年底，全市原盐价格由每吨不到60元，回升到每吨130元左右。

【盐化工】 2016年，全市盐化工总产值80.7亿元，销售产值79.5亿元。全年生产溴素25232吨，企业自用10101吨，销售溴素 15136 吨；生产氢溴酸 29462 吨，销售氢溴酸 28049 吨；生产十溴二苯醚 4209 吨，销售十溴二苯醚 4189 吨；生产四溴双酚 A 2976 吨，销售四溴双酚 A 2976 吨；生产十溴二苯醚乙烷 12294 吨，销售 11985 吨；生产二苯醚 625 吨，销售 661 吨；生产白炭黑 14486 吨，销售 15202 吨；生产六溴环十二烷 1876 吨，销售 1876 吨；生产溴丙烷 4800 吨，销售 4706 吨；生产溴乙烷 6564 吨，销售 6564 吨。

【盐政执法】 2016 年，累计出动盐政执法人员 4028 人次，查处涉盐违法案件 34 起，取缔制假窝点 2 处，没收盐产品 38.04 吨，实现罚款收入 17018 元，累计发放各类宣传品 1 万余份。2016 年盐资源税由从量计征改为从价计征，按照销售价格的 10% 收取。

【盐业服务】 2016 年 4 月，建成寿光盐业网、寿光盐业微信公众号，共发布盐业发展信息 58 条，发表调研文章 68 篇，关注“寿光盐业”公众号用户数量近 500 人。8 月，组建寿光盐业微信群，先后有 500 余名制盐业户加入微信群，实现盐业发展信息共享。全年先后筹集 5000 万元社会资金注入寿光市盐业生产企业，有效缓解中小盐场资金难题，促进寿光盐业可持续发展。

【名优特产】 寿光海盐。有着悠久的历史。据《尚书禹贡》记载：这里“海滨广泻……厥贡盐絺”，说明在夏朝以前，寿光地区生产的海盐已经成为上贡的贡品。寿光海盐是采用天然蒸发，自然结晶，无碳排放工艺生产，其感官指标特点是颗粒大，多为 2 厘米左右见方的盐粒，是正常盆结晶颗粒的 2 ~ 3 倍，且晶体方正、均匀、坚实，色泽光亮通透，呈白色或暗白色，研碎后为纯白色，味咸；无异味。主要化学指标为含盐纯度高、杂质少，达到国家优质盐质量标准，其中氯化钠含纯总量≥ 95%，钙镁离子含量≤ 0.25%，且钙离子 > 镁离子含量，硫酸根离子≤ 0.6%，水不溶物≤ 0.3%，水分≤ 3%（根据空气温湿度动态变化）；其它非危害性水溶指标含量≤ 0.85%。寿光海盐以其独特的地理条件优势、低廉的价格优势和优良的质量品质优势，畅销全国 10 余个省（直辖市、自治区）。

2012 年 12 月，被国家工商总局商标局确定为地理标志证明商标。

（孙 强）

商贸服务业

商 业

【管理机构】 2016年，寿光市商务局内设科室分别是办公室、组织人事科、财务科、商业贸易服务管理科、流通管理科、市场运行调节科、市场秩序科、外商投资促进与管理科、对外贸易管理科、对外经济合作与境外投资管理科、申批服务科、安全生产监管办公室。下辖正科级全拨事业单位1个，为寿光国际商会（中国国际贸易促进委员会寿光市委员会），编制6人；副科级全拨事业单位1个，为寿光市电子商务办公室，编制7人；股级事业单位2个，分别是寿光市农产品交易市场管理办公室，编制3人；寿光市外贸进出口服务中心，编制8人。至年底，市商务局共有编制39人，实有干部职工58人。

2016年，全市商贸流通业销售额过亿元企业10家，拥有超万平方米的商场达到17家。全年完成社会消费品零售总额296.4亿元。

【商业网点建设】 2016年，全市各类商业网点近3万个，从业人员15余万人。全年新建、在建、扩建大型商业网点10多处，总经营面积100多万平方米，其中新建大型商业网点1处、建筑面积10万平方米，在建2处，建筑面积50万平方米。在城区，红星美凯龙城市综合体、东城全福元中心、东城全福元商厦、潍百益家园等大型商业网点以及国际商贸城、上海车配龙汽车广场、茶博城、第一茶城等大型交易市场均已投入运营，其中2016年投入运营企业有1家。重点打造的以世纪广场、佳乐家、购物中心为主的渤海路商圈，以中百大厦、潍百益家园、银座商城为主的银海路商圈，以全福元商厦、万达广场为主的学院路商圈，以东城全福元城市综合体为主的东城新区商圈和以红星美凯龙城市综合体为主的西城商圈，服务功能进一步提升，初步形成网点密集、功能完善、业种丰富、业态多样的城市服务商业网点体系，完善区域综合商贸服务功能，提升寿光市三产服务业整体水平。

【商流企业商品购销】 2016年，全市以城区为中心，以连锁店、专卖店、经营网店为依托的商品流通网络进一步健全完善，已形成设施先进、功能齐全、商品丰富、市场繁荣的现代化商品流通新格局。全市重点商流企业中，全福元商业集团全年完成营业额70亿元，石油公司全年完成营业额7.5亿元、烟草公司全年完成营业额9.6亿元、佳乐家寿光超市全年完成营业额2.6亿元、银座集团寿光商城全年完成营业额 0.8 亿元、寿光中百大厦全年完成营业额 0.86 亿元。

【农村现代商品流通体系建设】 以“城乡一体、均衡寿光”为目标，借助商务部”万村千乡市场工程”，加快承办企业建设直营化农家店步伐。至 2016 年年底，全市标准化农家店 930 家，标准化农家店乡镇覆盖率 100%，配送率达到 90%，初步建成以城区大卖场为龙头、乡镇店为骨干、村级店为基础，距离适中的多功能、便捷农村现代商品流通体系，有效遏制假冒伪劣产品、三无商品和过期变质商品等流入农村市场，为农村消费品市场创造一个良好的消费环境。鼓励企业走出寿光，向域外扩张，抢占市场，提升企业知名度和市场占有率。其中，山东全福元商业集团开拓农村市场，在主城区建成 8 处大型卖场的基础上，在羊口、营里、侯镇、孙家集等镇街建设 10 处区域商贸中心，另外建设近 300 家村级全福元便利店，基本形成覆盖全市的商品销售网络，既方便群众生活，又开拓发展空间。同时，该企业积极拓展域外市场，先后在昌邑、昌乐、广饶、临朐、滨州等地建设大型城市综合体和大卖场，带动当地商贸流通业持续健康发展。

【农产品流通体系建设】 以农产品物流园为中心，对外抓开拓，对内抓完善，结合各镇、街的蔬菜种植分布情况，配套建设“十大专业蔬菜市场”和 1000 多处田间地头市场，带动蔬菜运销、经营、中介等产业和人才、信息、技术等要素市场的发展，形成以寿光农产品物流园为龙头、乡镇专业批发市场为骨干、镇村集贸市场为基础，遍布城乡的蔬菜流通体系。寿光果菜批发市场一期投入运营后，二期于 2016 年年底投入运营；农产品物流园年可交易蔬菜、水果等农产品 100 亿公斤，其中蔬菜交易可达 60 亿公斤，交易额 100 亿元，成为全国最大的蔬菜集散中心、价格形成中心、信息交易中心、物流配送中心。同时，实施“农超对接”工程，组织农产品销售企业与蔬菜基地和农民合作社开展“农超对接”。山东全福元生鲜冷链配送中心除对自身连锁门店进行配送外，还针对超市同行进行“第三方”社会化配送。2016 年全市有近 30 家蔬菜龙头企业、农民专业合作社的高端蔬菜产品进驻北京、西安、济南、青岛等大中型城市的 400 家超市、学校和企业。

【现代物流业】 2016 年，规模以上交通运输、仓储和邮政业实现营业收入 85.4 亿元，实现增加值 58.9 亿元，同比增长 7.7%，占服务业增加值 14.9%，交通运输业入库税收 1.44 亿元。按照“产业强市”战略要求，把完善城乡物流服务体系作为工作的着力点和突破点，推动物流产业转型升级。启动物流业专项规划编制工作，聘请北京交通大学专家编制《寿光市现代物流业专项规划》，确立近期、远期发展目标，规划期限为 2016 年至 2030 年；出台《寿光市现代物流产业发展工作方案》（寿政办发〔2016〕150 号）和《关于促进物流产业发展的意见》（寿政办发〔2016〕151 号），明确全市需要重点推进的 13 个重点物流园区和物流项目，从财政、税收、土地等方面提出 11 条促进物流业发展的指导意见，为物流业的发展提供政策支撑和保障。6 月，为促进物流行业规范发展，推动组建寿光市物流与交通协会，增强全市物流业的凝聚力和向心力，首批入会企业达到 150 多家。成立寿光智慧物流产业发展有限公司，引进上海“物流汇”搭建寿光智慧物流平台，为全市中小物流企业提供注册、金融、保险等一揽子服务，提高信息化发展水平。

【创新经营管理模式】 2016年，寿光农产品物流园通过改变市场传统管理模式，把业户利润增长新空间与新经营模式有机结合起来，探索开展代销代购、联营联销、自营等新型业务模式，实现经营模式由物业管理型向经营服务型转变。寿光蔬菜产业集团在原有传统蔬菜流通模式的基础上，开展果蔬深加工业务，投资20亿元建设寿光果菜深加工产业园项目，引进世界最先进的技术和设备，生产果菜休闲食品、果菜饮料等产品；至年底，项目厂房建设已基本完成，一期设备安装已全面展开，项目建成后年可加工食品10万吨，实现销售收入10亿元。山东全福元商业集团通过延伸产业链条，建设食品加工厂、食品分装厂、豆制品车间等项目，打造“前店后厂”的经营模式，实现产销一条龙；该集团先后取得“绿色食品”认证产品10个，其中2016年取得6个；自主生产的品牌产品共有12个系列、100余种，不仅提高产品附加值，还形成优势互补的良性产业链。

【企业电子商务】 2016年，继续引导企业依托实体经济发展电子商务，探索线上线下相结合的新型流通方式，拓宽企业流通渠道。寿光农产品物流园深入推进农产品批发网上交易，构建2条网络农业模式：一是面向批发商建立农产品销售网络PNR，建成在线采购、销售农副产品的网上平台，并在采购、销售过程中提供多种配套增值服务项目，实现线上平台和线下市场的联动发展；二是面向消费者建立农产品销售网络PLC，构建以网络销售与零售连锁经营相结合的零售终端市场商业模式，同时按照建设“百城万店联社区”发展规划，先后开设100余家生鲜社区连锁超市，其中2016年开设20家，经营网点逐步拓展到全国主要大中城市，提高市场占有率。山东寿光蔬菜产业集团借鉴荷兰花卉拍卖模式，于2013年5月组建成立寿光蔬菜电子交易市场有限公司，创新开展蔬菜电子拍卖业务，通过电子交易市场的交易平台，与各果菜批发市场业务相结合，对易于制定标准件规格的农产品开展拍卖交易，并配套建立和完善现货理货区、加工配送车间、冷库、恒温库、果菜深加工车间、标准化包装箱生产车间以及新型农药残留检测设备等设施，实现拍卖交易供销一条龙服务，2016年实现交易额6亿元；山东全福元商业集团发挥实体零售店经营优势，瞄准新兴服务业，推动传统商贸服务业转型升级，于2014年10月建成寿光市天天购电子商城，借助企业众多的连锁网点，依托全福元完善的现代商品流通网络和实体门店，在市域内市场形成“线上订单、门店取货”的新型经营模式，促进企业可持续发展。

（刘炳欣）

对外贸易

【对外贸易】 2016年，全市完成进出口总额2529533万元，同比增长14.4%；其中，出口1419973万元，进口1109560万元，分别同比增长9.2%和21.9%；进出口、出口均居潍坊市各县（市区）第1位，进口居第2位。

【外贸出口群体】 2016年，每月组织有关人员深入企业进行调研，宣讲外贸政策，扩充外贸出口队伍，外贸经营主体明显增多。

全市有出口实绩的企业418家，其中出口过1.5亿元的20家。全市进出口总额过亿元的企业达到31家，过亿元企业进出口总额达186亿元，占全市进出口总额的81%。其中，昊华轮胎出口241489万元，同比增长30.36%；晨鸣纸业出口110554万元，同比增长40.32%；美伦纸业出口66551万元，同比增长21.76%；跃龙橡胶出64616万元，同比增长4.61%；金盾轮胎出口47755万元，同比增长2.69%；福麦斯轮胎出口47428万元。

【加工贸易】 2016年，全市加工贸易出口732137万元，增长35.29%；银宝轮胎出口40935万元，同比增长14.2%。

【对外经济技术合作】 2016年，境外投资快速增长，投资结构进一步优化，有意向境外投资设厂的企业明显增多。全市新设立境外企业共3家，总投资达3500万美元，全年实现境外实际投资额8941.1万美元，同比增长83.9%，其中新设境外企业分别为山东威能环保电源科技股份有限公司在加拿大投资500万美元设立威能美洲科技有限公司，寿光德雅木业有限公司在埃塞俄比亚和乌干达分别投资1500万美元设立德雅（埃塞）木制品有限公司和德雅（乌干达）木制品有限公司。2016年1月，寿光市对外劳务合作服务平台顺利获批省、商务部联系点。2014年—2016年，寿光市外派劳务工作均连续位列潍坊市第1名。

【利用外资】 2016年，全市实际到账外资143436万元，同比增长14.7%，列潍坊市各县（市区）首位。

招商工作

【管理机构】 2016年3月，寿光市招商局更名为寿光市投资促进局，为正科级事业单位，核定事业编制16人，实有干部职工12人。局机关内设5个科室，分别为办公室、招商科、投资服务科、投资信息科、招商统计考核科。

【政策环境】 落实投资优惠政策。2016年，继续在潍坊率先试行“先租后让、长期租赁、弹性年期出让”的工业用地供应制度，对投资项目配套费用按最低标准收取，不再征收所有地方级行政性收费，取消要求投资者自愿缴费的项目。对于特大类、科技含量高的项目，按照“一事一议、特事特办”的原则，采取灵活优惠政策，满足投资者需求。

优化发展环境。2016年，寿光市在外来投资项目上强化部门联动，推行“一条龙”服务，为企业解决投融资难题。对项目审批事项限时办结，提升审批速率。对特殊项目实行联席会议制度，有关部门（单位）提前介入，及时解决有关问题，营造风清气正的良好发展环境。

【招商活动】 潍坊市考核指标完成。2016年，潍坊市认定寿光市项目到位资金66.27亿元，列潍坊各县市第1位。其中，引进过亿元项目12个，到位资金59.36亿元。

招商活动。2016年，继续统筹推进“三招三引”（招商引资、招院引所、招才引智）工作，招商引资到位资金66.27亿元，招院引所5个，招才引智9人。成功组织十六届菜博会招商，参与中日韩产业博览会、鲁台会、风筝会等境内外知名展会招商工作；其中，通过菜博会签订招商项目协议30个、引进资金79.2亿元；参与中日韩产业博览会签订招商项目协议1个，引进资金1亿元；参与鲁台会签订招商项目协议1个、引进资金5909万美元；参与风筝会签订招商项目协议3个、引进资金9.5亿元。通过小分队外出招商，共开展精准化对接活动10余次。2月，组织全市相关单位赴北京参加京鲁合作论坛项目对接会，活动期间分别举办客商集中会见洽谈、重点企业走访等一系列活动，接触神华集团、中国国药集团、中钢研、中国网库集团、北京水木汇、北京大学工学院、中科院等央企、国企、重点企业、科研院所30余家，结识客商80多人，达成初步合作意向项目10余个。5月，赴上海参加上海先进制造业对接会，参加2017（第五届）先进制造业大会主论坛，听取中国工程院院士谭健荣、德国先进工业科技研究院理事会主席Thomas Nolting、中科院自动化研究所复杂系统管理与控制国家重点实验室主任王飞跃等专家演讲，初步了解工业4.0、智能制造、智能工厂等知识，受益匪浅。与潍坊合作发展促进局有关人员共同赴上海复星集团考察对接，诚邀复星集团赴潍坊、寿光进行实地考察。与滨海（羊口）经济开发区管委会办公室有关人员共同赴上海化工研究院考察对接，与上海化工研究院副总工程师罗勇、化肥所副所长张伟、上海迈坦信息科技有限公司董事长王立群等座谈，分别就土壤修复工程项目、阻燃剂项目、高性能可降解薄膜项目进行洽谈对接。11月，市投资促进局2名负责人赴北京参加由一带一路政企对接平台主办、益疆（上海）创业投资有限公司承办的“一带一路”政企县域经济对接会。活动期间，结识一些央企、国企、知名民企等高层次负责人，了解到“一带一路”政企对接平台与当地合作的发展方向和作用。由市政府副市长王安文带队，文家街道、市商务局及市投资促进局等单位主要负责人赴浙江乌镇参加由国家互联网信息办公室和浙江省人民政府主办的“第三届世界互联网大会·乌镇峰会”，会议期间采取客商会见洽谈、集中参加论坛等方式，会见中国网库集团董事长王海波，网库集团董事长助理、网库集团副总裁蔡广庆，网库集团山东区项目总监李晓艳，阿里巴巴集团公共服务部张陆，浙江甲骨文超级码科技股份有限公司项目总监魏峰，杭州维甄科技有限公司总经理王剑斌等重点客商10余人，并就网库集团投资2亿元的特色产业电商基地、阿里巴巴与寿光市的平台软件合作、甲骨文科技投资的产品溯源身份信息数据平台等3个项目进行对接洽谈，达成初步合作意向。与寿光市开展的“桑梓人才”“中科院博士后活动行”等活动相结合，先后开展人才招商活动5次以上。

供销合作商业

【管理机构】 寿光市供销合作社联合社（加挂寿光市农民合作社联合社牌子），简称市联社，为市政府直属事业单位，正科级规格，参照公务员法管理，主要职责是加强行业管理，承担政府委托的各项任务，行使政府授予的职能。2016年，共有事业编制20人，内设5个职能科室（办公室、业务科、财务审计科、安全科、组织人事科）。全系统共有30处独立核算企业，其中10处市直企业（土产公司、新合果品公司、生资公司、恒泰棉麻公司、大地宏琳农资公司、东方誉源现代农业集团、海化百货公司、华银食品公司、大森食品公司、新城棉业公司）；20处基层社（城区供销总公司、寒桥社、稻田鑫恒供销公司、南河社、北洛社、马店社、田王联社、羊口海隆达供销公司、杨庄社、卧铺社、道口鹏达供销公司、古城社、丰城社、纪台永丰供销有限公司、侯镇兴顺泰供销公司、五台社、田马社、上口盈达供销公司、留吕恒基供销公司、台头永泰供销公司）。全系统干部职工1890人，城乡经营网点800个。全年全系统销售总额30亿元，实现利税960万元，资产总值3.5亿元。

【经营体制改革】 发展实体性合作经济组织。2016年，围绕农业产业链的各个环节，发展产业型和服务型合作社，让更多的农民参与农业产业化经营，共发展领办农民合作社40家，全市农民合作社总数达到150家。以基层供销社为依托，采用控股、参股的形式，发展区域内专业合作社，成立镇级区域性农民合作社联合社8家，其中2016年建成8家，成为供销社联系农民、扩大为农服务范围的组织支撑。

构筑农业社会化服务体系。按照“规模适度、半径适宜、功能完备”的要求，以建设为农服务中心为切入点，推进融土地托管、农机服务、农资直供、智能配肥、统防统治、粮食仓储烘干、农民培训等功能于一体的综合平台建设，为农民和新型市场主体提供“一站式”服务，打造“3公里土地托管服务圈”。先后建成广陵、北洛、营里、卧铺4处为农服务中心，其中2016年建成4处；另有文家、开发区、稻田、纪台4处为农服务中心正在建设中。2016年，全系统采取不同方式，开展耕、种、管、收、加、销全程托管或半托管服务，完成土地托管服务面积35万亩，开展测土配方施肥19万亩，飞机飞防16万亩。

发展农村电商平台。适应商业模式和消费方式变革，充分发挥基层网络优势和经营服务优势，探索建立“网上供销社”，与供销e家、京东、阿里巴巴等知名电商合作，开拓农村日用品、农资、农产品网上销售市场。2016年3月，依托龙头企业大地宏琳农资有限公司，建立“田田圈”现代农业综合服务平台，实行线下体验、线上购买的运营模式，在线咨询问诊农作物种植技术，在专家指导下购买合适的产品，享受送货上门的便捷服务。全市共建立30家体验中心，其中2016年建立30家；共拥有会员1万多个，全年实现交易额3000多万元。2016年7月，依托东方誉源农资公司，与京东合作，建立寿光特产馆1处，整合线上线下推广渠道，促进电商化工业产品下乡和农产品进城，联手将寿光特产展示给全国消费者，共同打造农村电子商务全国示范县，提升现代农业发展水平。

开展农村信用互助业务试点。根据《寿光市农民专业合作社信用互助业务试点方案》要求，市联社于2015年承担农村信用互助试点任务，按照试点条件标准，选取寿光市令欣蔬菜专业合作社作为试点社，按照“四项原则”（设立自愿、合作互助、运作规范、风险自担）和“四条红线”（不吸收存款，只吸收股金；不对外放贷，只对成员放互助资金；不对成员支付固定回报，只按赢利分红；不跨区经营，不超规模发展）要求，在合作社内部开展信用互助业务试点，全市全系统农民资金互助社已发展到4处，其中2016年新发展3处。

【网点建设】 加强为农服务中心建设。2016年，推进流通服务网点建设，把建设为农服务中心作为开展农业全程社会化服务的切入点，争取并用好上级一切扶持政策，整合社会资源，实行开放办社，按照不同的生产区域，分别打造不同功能的为农服务中心。在蔬菜产区，重点建设智能配肥、测土配方、智能用药、水肥一体化、农资直供、冷藏加工、农民培训、秸秆综合利用、蔬菜检测、新技术推广等服务项目；在粮食产区，重点建设农机服务、农资直供、飞机飞防、粮食烘干贮藏、农民培训等服务项目；在棉花产区，重点建设农机服务、技术服务、农资服务、新品种与新技术试验推广等服务项目；在畜牧养殖区，重点建设良种引进推广、仔苗繁育、饲料直供、兽医防治、冷藏加工、产品销售等服务项目。全年共建成标准化为农服务中心4处。

加强农产品基地建设。2016年，以专业合作社为依托，以创建品牌为目标，以标准化生产为核心，加强4处农产品基地建设，主要开展绿色食品认证工作，共认证绿色蔬菜品种10个，面积8000多亩。推进农超对接，先后与全国30多个大中城市的超市（市场）建立业务联系，其中2016年新建立业务联系的城市5个，全年共销售优质蔬菜1万余吨。

村社共建。以共用各类资源、共建合作组织、共筑服务平台、共谋特色项目为推进措施，开展“社村共建”活动，发展共建村46个，其中2016年共建46个。

【商品经营】 农资商品经营成为供销社商品经营的主要品种，供销社作为农资供应的重要渠道，始终坚持为“三农”服务的办社宗旨，采取一系列措施提高经营服务水平，满足农民需求。2016年，全系统实现商品销售总额30亿元，其中农业生产资料销售额24.7亿元，日用品销售额3.9亿元，农产品销售额1.4亿元。全年售给农民农业生产用化肥40万吨，农膜8500吨，农药5600吨。

引进现代经营方式。2016年，继续在全系统推行农业生产资料连锁经营，以东方誉源、大地宏琳等农资公司为龙头，按照“五统一”（统一管理、统一配货、统一店面、统一价格、统一服务）管理方式，建立起以集中采购、统一配送为核心，农资经营与技术服务相结合的新型农资营销体系，到2016年底，连锁店、加盟店发展到700多家，其中2016年发展100家。

广开农资货源。在巩固国内名优农资产品进货渠道的基础上，组织农资龙头企业采购国外市场知名企业农资产品，先后与世界500强的20多家国际公司建立业务关系。2016年，全系统现经营的农资品种达1500多个。

开展便民利民服务。2016年，通过网点下伸、送货上门、网上购物等方式开展便民利民活动，全系统拥有大小送货车辆400余部，全年送货量占农资销售总量的60%以上。

加强科技服务。充分发挥“庄稼医院”和“庄稼医生”的作用，采取坐诊、出诊、巡诊、视频诊断和印发明白纸、举办培训班等形式，免费为农民提供技术指导和咨询。全年共印发明白纸5万余份，举办培训班60期。

保证农资质量。2016年，市联社在加强系统管理的同时，配合市场监管部门加强农资市场整顿和管理，保证经营农资质量，有效杜绝假冒伪劣等坑农害农现象的发生，维护农民利益，树立供销社的良好形象。

【骨干企业简介】 山东东方誉源现代农业集团。该集团成立于2003年，位于寿光市文庙街东首，是一家以肥料生产、农资连锁经营、农资仓储物流、绿色优质蔬菜生产、加工和销售、工厂化育苗、农业科技服务等为主导产业的现代化农业集团。下辖5个子公司，分别是山东金利丰生物科技股份有限公司、山东东方誉源生物工程有限公司、山东东方誉源农资连锁有限公司、寿光渤海物流园有限公司、寿光农圣庄园有机农业发展有限公司。其中，山东东方誉源农资连锁有限公司拥有农资连锁店480家，包括直营店140家、加盟店340家；寿光渤海物流园有限公司是省政府重点建设项目和省服务业重点项目。

集团始终以让城乡居民吃上放心菜为宗旨，以打造“一流农资品牌、仓储物流中心、绿色蔬菜配送中心”为目标，立足自身优势，建立完善服务“三农”农资销售网络和面向全国的蔬菜销售网络以及物流配送体系，通过优质蔬菜基地带动绿色蔬菜标准化生产，使企业逐步成为中国一流的现代化农业集团。先后荣获“银行AAA级信用企业”、商务部“‘万村千乡’市场工程潍坊市定点单位”“山东省最受信赖的农资企业”“2007年山东省百强服务企业”“山东省十佳农资企业”“国家化肥淡季储备企业”“潍坊市银行信用最佳企业”“山东省著名商标”等荣誉，2016年荣获农业产业化国家重点龙头企业荣誉。

大地宏琳农资有限公司。成立于2005年，位于寿光开发区科技工业园内，注册资本1000万元，占地2.7万多平方米。2016年，共有农资连锁店150家，其中直营店4家、加盟连锁店146家，业务配送车辆21部；拥有职工220名（包括直营店店长和蔬菜基地人员），其中专职技术服务人员8名。公司主要经营化肥、农药等生产资料产品，是集农业投入品销售、物流、蔬菜种植销售、科技服务于一体的综合性农资经营企业，年商品销售额6000万元。公司与金正大生态工程集团股份有限公司、美国陶氏益农、深圳诺普信、北京新禾丰等国内外著名农资企业和科研机构建立长期稳固的合作关系。其中，2010年与北京新禾丰农化资料有限公司共同投资建立寿光“美微”富矿质营养蔬菜基地1处，2014年与深圳诺普信共同出资成立山东全程植保农业科技发展有限公司并建成“田田圈”农业服务电商平台，2015年金正大集团以公司为依托，成立潍坊金正大农化服务中心并投资100多万元建设高端试验室1处。公司先后被省工商局评为“省级守合同重信用企业”，被省农业厅评为“十优农药经营企业”，被中国农药发展与应用协会评为“放心农药经营单位”，“大地宏琳”商标成为当地农民喜爱的农资品牌。

（高嫦鸿）

烟草

【管理机构】 寿光市烟草专卖局与山东潍坊烟草有限公司寿光营销部合署办公，简称寿光市烟草专卖局（营销部），属政企合一体制，担负着寿光市卷烟销售和烟草专卖管理工作。2016年，内设10个科室，分别是综合办公室、专卖监督管理科、卷烟营销科、法制科、财审科、稽查大队、离退休人员管理科、内管派驻组、1532分公司综合部、1532分公司运营部；下辖5个市场管理服务站，分别是开发区市场管理服务站、文家市场管理服务站、田马市场管理服务站、营里市场管理服务站、侯镇市场管理服务站。共有在职员工148人。2016年，先后获得寿光市先进基层党组织、寿光市文明诚信示范企业、寿光市工会财务工作先进集体、全市女职工建功立业标兵示范岗、敬老文明号等荣誉称号。

【卷烟销售】 2016年，实现利税2.3亿元，上缴税金4767万元。工作中，以“实、真、细、精”为工作标准，全面夯实市场基础和工作基础。强化品牌培育工作，以鲁产卷烟、“泰山”品牌卷烟、细支卷烟为销售重点，加强营销政策宣传，为零售客户订购卷烟提供参考依据；夯实客户拜访，提高订单达成率；强化零售终端建设，共建设精品店15家、标准店38家、普通店432家；实施信息点建设，共建设人工信息点66个、自动信息点33个。对全市大中型企业开展企业结对活动，加强企业日常走访，了解卷烟需求，为企业提供及时服务，共走访大中型企业85家。3月，组织召开婚庆市场开发启动会议，制定下发婚庆市场开发工作方案，围绕“回礼回烟、摆桌摆烟”消费为目重点，提高婚庆市场卷烟消费潜力，全年成功推介婚庆新人3464对，婚庆消费用烟10.29万条。

【专卖管理】 2016年，以净化寿光卷烟市场、提升专卖管理水平为重点，联合公安、市场监管局、交通等部门开展市场联合执法检查，强化许可市场监管，先后组织开展“齐鲁之盾”（2016）专项行动、节后市场专项整治行动、重点户专项整治行动、“中秋、国庆”双节市场治理专项行动、烟丝烟末市场重点整治专项行动、物流货运领域治理等，密织市场监管网络，依法严厉惩治市场涉烟违法行为，为卷烟经营提供良好的经营环境。全年共查办各类涉烟违法案件358起，查获各类涉案卷烟801.18万支，涉案金额205.31万元。办理各类涉烟网络刑事案件10起，其中国标案2起、县标案8起。刑事拘留16人，行政拘留1人，逮捕3人，判刑9人。

【帮扶工作】 2016年，在积极参加市委、市政府组织的行风热线、企业结对服务、“第一书记包千村联万户”等活动的同时，与洛城街道吕家尧河村结成帮扶对子，为其提供帮扶资金5万元，改善村内公共基础设施，对村内道路进行维修。开展社会志愿服务活动，依托“寿烟·微光”志愿服务队，走访慰问困难群众15人；开展助残活动，共助残8人。全年共捐助资金1.5万元，树立良好的企业形象。

（张津瑞）

粮油

【管理机构】 寿光市粮食局是主管全市粮食流通的职能部门，主要承担寿光市粮食流通、宏观调控、市场监管、粮油储备、产业发展、保护价收购职能。2016年，市粮食局下设办公室、财务审计科、综合业务科、监督检查科（审批服务科）4个科室；直属寿光市粮食执法检查大队，为副科级事业单位；共有在职在编干部职工21人。下辖寿光市粮食收储公司、山东省寿光市粮食储备库、寿光市地方粮食储备库3家国有粮食企业，共有员工36人。

【粮油购销】 2016年，市粮食局把粮油购销作为保生产、稳供应、调市场、活经济的重点放在工作首位，充分发挥国有粮食购销企业主渠道作用，培育指导符合条件的多元市场主体参与社会粮食经营，活跃粮食购销市场，确保市场供需平衡。全市粮油购销主要有粮油食品加工、饲料生产、工业与医药用粮等，全年全市面粉加工量9.5万吨，饲料转化用粮52.8万吨，工业转化用粮186万吨。全社会粮食总购量272万吨，总销售量263万吨。全市粮食流通畅顺，市场繁荣稳定。

【仓储建设】 2016年4月，投资465万元，新建占地面积2400平方米、仓容量1万吨的寿光市粮食收储公司田柳新库投入使用，使全市粮食储备仓库增至5个，粮食有效仓储能力增至14.25万吨，为全市粮食安全、流通、供应提供保障。

【粮食安全】 粮油市场监管。2016年，将33家大中型涉粮企业纳入统计范围，对30家具有粮食收购资质的企业和经营体加强指导服务，实施计量监督。

推广科学保粮技术。每个储粮仓库均建有电子测温、环流熏蒸、机械通风等设施，提高科技储粮技术水平，科学储粮新技术所占比重达总储粮量的70%以上，全年未发生粮食霉烂变质、虫蛀鼠咬等问题。

制度化、标准化管理。继续严格执行储备粮油管理有关规定，推行制度化、标准化管理，工作中做到"一符、三专、四落实"（即账实相符，专人、专账、专仓管理，品种、地点、数量、质量四落实），各储备库（点）位置设置合理，管理规范，粮情稳定，储备粮油质量良好，数量真实，储存安全。寿光市连续4年被评为"山东省粮油储备安全先进县（市）"。

加强队伍建设。2016年，继续加强干部职工队伍建设，通过多种形式学习培训，提高干部职工的粮食质量安全意识。全年共举办培训班4期，培训财务、购销等机关人员68人次（项）。在省、潍坊市主管部门组织的以粮食安全为主题的现场模拟消防、业务考试、演讲比赛中，均名列前茅，受到业务主管部门的好评。

【行政执法】 2016年，认真贯彻落实《粮食流通管理条例》，先后制定出台《寿光市粮食行政处罚自由裁量权细化标准》《粮食行政执法工作考核制度》《粮食执法责任制度》《粮食执法责任追究制度》《粮食执法案件管理制度》等规章制度，坚持严格执法、热情服务原则，共组织开展粮食收购许可、夏粮收购、秋粮收购等粮食执法专项检查4次，查处涉粮违法违规事件1起；组织涉粮企业基本情况调查3次，有效维护粮食市场秩序。全年新办粮食收购许可证2个，延续5个，注销4个。

（孟 明）

石油

【管理机构】 中国石化销售有限公司山东潍坊寿光石油分公司是隶属中国石化销售公司山东潍坊石油分公司的国有企业，2016年从业人员326人，下设综合管理科、财务科、非油品管理科、商业客户中心4个科室及48座加油站。

2016年，寿光石油公司始终秉承中国石化"发展企业、贡献国家、回报股东、服务社会、造福员工"的企业宗旨和"竞争、开放、规范、诚信"的核心价值理念，以做好寿光市工农业生产用油供应为己任，开拓创新，加强企业文化建设，对内抓管理，对外诚信经营，开展优质服务，为寿光市经济发展保驾护航，为品质寿光建设做出贡献。

【石油经营】 2016年，以易捷便利为依托的非油品业务发展迅速，为企业多元化经营成功开辟发展道路，企业实力大幅增强。寿光石油分公司现销售汽油、柴油、润滑油、润滑脂等石油成品油，全年共销售成品油12万吨，销售收入74341万元，实现利税870万元，被市委、市政府评为2016年度纳税百强企业。按照上级公司部署，以方便加油客户为宗旨，在加油站开设易捷便利店，销售生活用品、汽车用品等非油品商品，利用加油站打造“汽车生活驿站”，全年销售非油品商品3900万元。积极与上级公司协调油品供应，根据市场变化及时调整工作思路，争取用油配送计划，在麦收、秋收及蔬菜运输繁忙季节，加大市场油品供应，确保全市成品油市场价格稳定和市场供给，为全市工农业生产及企业用油起到保障性作用。

【安全管理与服务】 *安全管理方面*。坚持以人为本，加强内部安全管理和内控管理，增强企业活力，实现传统企业向现代化企业转变，杜绝各种等级责任事故的发生。工作中，公司始终坚持“生命至上、安全发展、预防为主、综合治理、领导承包、全员履责”的安全工作方针，不断加大安全管理工作力度，狠抓安全管理责任落实，安全管理水平进一步提高。各加油站站长严格按规定驻站带班，及时排查加油站安全隐患，制定防范措施，防患于未然。加强对职工的安全意识教育，树立“安全第一”的思想，增强员工防范意识。严格落实领导干部夜间巡查制度，强化安全监督检查，加大隐患治理力度。2016年5月，开展“安全月”活动，公司及每座加油站每月都组织员工进行消防预案演练，提高职工消防应急处置能力。

创建石化优质服务品牌。2016年4月，公司开展“优质服务月”活动，从自身做起，规范员工服务行为，给广大市民提供良好的消费环境。积极做好中国石化加油卡发行工作，开展中国石化加油卡网上充值业务，让客户真正体验到“一卡在手、全国加油”的好处，既方便客户，又让客户得到经济优惠。同时，在巩固发展中国石化“易捷”便利店品牌的基础上，每年都举办培训班，聘请教师为员工授课，多种形式加强对员工的培训，提高员工整体服务素质，全年共举办培训班36期。

（陈汉涛）

医药经营

【经营机构】 2016年，全市共有各类药品批发企业3家、药店602家，其中2016年新增药店62家；城区共有药店129家，镇（街区）共有药店473家。全年共注销药店46家。

【医药营销质量管理】 2016年，各医药公司依据国家药品、器械相关法律法规要求，建立完善质量管理体系，制定符合经营范围的《质量管理制度》《岗位职责》《岗位操作规程》，所有记录及档案齐全，确定“以法律为依据、以质量为准绳、以诚信为生命、以完善的质量体系为保障”的经营质量方略，开展质量方针和目标管理，将质量目标量化落实到各个营销部门和环节，确保药品质量安全。为实现质量目标，公司设有决策层、管理层、执行层三级组织架构，质量总负责人抓公司质量管理工作的执行和落实，质量管理部负责公司药品质量管理工作，明确各岗位职责及相互间权限关系，细化责任到岗位，全员参与质量管理，并实施质量裁决、质量否决制度，保证质量管理工作的独立性和权威性。同时，各医药公司通过计算机手段实施对企业经营活动各环节全过程质量控制，所有药品、器械品种的进销存必须通过计算机管控完成，符合要求方可购进销售。

各医药公司还制定有质量风险管理制度和质量体系内审制度，成立质量风险管理小组和内审小组，对公司的质量体系定期进行质量风险排查和内审检查，通过预防、整改等措施，保证公司质量体系的良好运行。至2016年年底，全市未发生过药品、药械质量事故及药品、器械流入非法渠道情况，保证药品经营安全，保障人民健康用药。

【医药质量监督管理】 2016年，市监管部门继续以智慧监管数据为依托，以日常检查、飞行检查发现的问题为线索，以查处违法经营使用为突破口，重点整治违法违规经营、使用、储存高风险药品（疫苗、终止妊娠药品、特殊药品及含特殊药品复方制剂）、非法回收销售药品、违法购进销售假冒药品、挂靠走票、超范围经营、“连而不锁”等问题，进一步加大对药品经营、使用单位的监督检查力度，结合警示教育宣传工作，使行政相对人了解违规经营使用药品可能带来的社会危害和要承担的法律责任，从而增强企业社会责任感和守法经营的自律意识。工作中，突出“三个重点”（重点行为、重点对象、重点品种）：

一是重点行为。重点查处8种违法违规行为，即从无证单位购进药品或假冒药品，向无证单位销售药品，走空票、不索票、倒卖发票，挂靠经营、私设仓库，无证经营和超范围经营，未经许可私自变更经营地址及仓库，出租柜台、出借证照，未按规定条件储运药品。

二是重点对象。重点检查5类单位，即疾病预防控制机构、疫苗接种单位等经营使用高风险药品单位，药品零售连锁企业及其门店，取得药品经营许可证1个月内未申请或到期未重新申请GSP认证的药品经营企业，城镇和农村药店，城乡个体诊所、乡镇卫生院。

三是重点品种。重点检查5类药品，即麻醉药品、精神药品、医疗用毒性药品、易制毒化学制剂，血液制品、生物制剂（特别是疫苗和人血白蛋白等）、兴奋剂，注射用针剂等高风险药品，含特殊药品复方制剂，基本药物。

【较大型药品批发企业简介】 潍坊瑞康药品配送有限公司。是具有独立法人资格的有限责任公司，成立于2003年6月，注册资本167万元。药品经营许可证编号：鲁AA5361079，有效期至2019年8月4日。GSP证书编号：A-SD07-Aa-20140128，有效期至2019年7月10日。器械经营许可证编号：鲁070431（T）号，有效期至2018年11月2日。公司原名潍坊中大医药有限公司，2012年5月企业名称变更为潍坊瑞康药品配送有限公司，为山东瑞康医药股份有限公司的子公司。公司原注册地址在潍坊市区，2014年1月变更到寿光市圣城街怡苑居小区。

潍坊银海医药有限公司。成立于2006年2月，其前身为成立于2001年的潍坊医药站潍城分站，2003年3月更名为山东潍坊海王医药有限公司潍城分公司，2006年改制为潍坊银海医药有限公司，注册资金2000万元，并于2006年9月顺利通过GSP认证。2008年底从潍坊市潍城区青年路9号迁址至潍坊市高新区潍安路369号，同时经营范围和负责人也进行变更，2009年8月通过GSP专项认证，2011年10月通过GSP再次认证。2014年，为拓展寿光地区的基药市场，将注册地址迁址至寿光市农圣街722号亿嘉好旺角1号楼。

寿光市滨海医药有限公司。成立于2006年12月，位于寿光市正阳路与建新街交叉路口西北侧。经营范围：批发类有中成药、化学原料药、化学药制剂、抗生素、生化药品、生物制品（除疫苗）、医疗器械；零售类有二、三类医疗器械。

（岳 刚）

服务业

【概 况】 2016年，出台《寿光市人民政府关于加快实施创新驱动战略推动经济转型升级的意见》（寿政发[2016]29号），优化提升生产性服务业，推进生产性服务业向专业化和价值链高端延伸，鼓励企业申报各类创新平台，对当年度新认定的国家、省、潍坊市级创新载体，分别一次性给予200万元、40万元、10万元的奖励。继续建全完善服务业重点产业和重点工作协调推进机制，建立潍坊市重点服务业项目、园区及企业月调度制度，采取月调度、季分析、年总结的方式，市领导挂钩督查重大项目建设、重点企业发展工作，确保服务业重大建设项目有效推进、重点企业发展壮大。

全市服务业整体规模和对经济增长的贡献率继续提升，全年实现服务业增加值395.3亿元，同比增长8.7%；服务业增加值占GDP的比重达到46.1%，比2015年同期提高1.9个百分点。

服务业税收贡献保持稳定，全市实现服务业税收59.5亿元，服务业税收占全部税收的比重为54%，服务业税收贡献超过工业税收贡献8个百分点。

规模以上服务业经济运行良好，全市规模以上服务业营业收入118.3亿元，同比增长12.6%。交通运输仓储业仍然占主导地位，在全市284家规模以上服务业企业中，交通运输仓储业有198家，占总数的69.7%，全年实现营业收入88.59亿元，占全部规模以上服务业企业总收入的74.9%。另外，信息传输、软件和信息服务业、教育、卫生和社会工作增速均超过15%。

服务业投资后劲充足，全年完成服务业固定资产投资251亿元，同比增长16.5%，增速高于二产增速12.6个百分点。正在建设和已完成建设的较大型服务业项目有全福元城市综合体、巨淀湖景区提升工程、乐义集团风华学校、东城高级中学、中医医院诊疗综合大楼等。

消费市场旺盛，全市实现社会消费品零售额296.4亿元，同比增长10.3%。其中，限额以上贸易企业实现社会消费品零售额127.7亿元，同比增长5.6%。按消费形态分，批发业零售额完成72.6亿元，同比增长9.6%；零售业零售额完成202.0亿元，同比增长10.4%；住宿业零售额完成3亿元，同比增长9.4%；餐饮业零售额完成18.9亿元，同比增长10.8%。

【物流业】 2016年，按照市委、市政府提出的“产业强市”战略要求，出台《寿光市现代物流产业发展工作方案》《关于促进物流产业发展的意见》，把完善城乡物流服务体系作为工作的着力点和突破点，加快推动物流产业转型升级，全市物流产业呈现出快速发展的良好势头。6月，推动成立寿光市物流与交通协会，首批入会企业达150多家。协会成立后，与山东高速物流集团对接洽谈组建“寿光交通物流集团”，并签署战略合作协议；对接上海“物流汇”在寿光市建设第四方物流平台，成立寿光智慧物流产业发展有限公司，已有30家物流企业加入该平台。2016年4月，寿光市海纳宏洲运输股份有限公司与山东物流集团签署战略合作协议，山东物流集团首期增资4200万元，支持海纳宏洲运输股份有限公司发展，寿光乘达运输公司、山东海纳宏洲运输公司分别荣膺“全省物流企业50强”。至年底，全市拥有物流运输企业203家，个体运输户1.2万户，从业人员3.6万人，营运车辆19233辆，吨位达27.3万吨，占潍坊1/4。积极响应全国统一治超工作，全市物流企业迅速调整结构，促进运力快速增长，全年共新增标车3000多辆，带动社会直接投资15亿元以上；新增就业岗位6000多个，大宗货物运价提升20%左右。全市建成物流园区7个，在建园区6个。2016年，全市累计完成物流投资额39.02亿元，同比增长65.9%。

【生态旅游业】 2016年，根据省、潍坊市发展全域旅游的总体目标，出台《关于进一步加快旅游业发展的意见》，以乡村旅游提质增效为主线，以创新活动为载体，不断加强旅游基础设施建设，完善旅游服务体系，丰富旅游产品，全市旅游业保持健康、持续发展的良好势头。

旅游产业上档升级。以寿光市丰富的农业生态旅游资源为依托，发展乡村旅游。先后建设绿园农庄、以诚农场、爱家农业等大型生态农场、休闲农庄8处旅游点，进一步提升全市旅游景区档次。其中，2016年新创建山东省农业旅游示范点1处，为以诚生态农场；潍坊市乡村旅游标杆示范项目1处，为爱家农业；山东省精品采摘园1个，为乡韵葡萄园艺场。进一步完善旅游线路，依托六大旅游片区，面向社会征集“寿光优秀旅游线路”，从665件参与推荐的作品中评选出6条“二日游”精品旅游线路，实现寿光旅游由“一日游”向“二日游”的升级转变，延长游客停留时间。

提升旅游服务功能。2016年，在潍坊市率先建设县域旅游集散中心，位于老汽车站候车厅，拥有各型旅游服务车100多辆，签约国内直通车景点2000多处，设有可容纳20个旅行社的集中服务大厅，具有游客集散、旅游咨询、直通车换乘、旅游商品展示等各项旅游服务功能。不断加强旅游厕所、旅游交通引导标识等配套设施建设，新建改建旅游厕所14处，其中新建13处，改建1处；新建历史文化中心、洰淀湖水世界、野生动物园等旅游项目32个，在高速公路寿光段设置自驾车交通引导标识牌4块，新成立旅行社营业部8家。

发展“旅游+”。发展“旅游+互联网”。以图文、音频等形式宣传寿光市旅游景区、旅游特产、旅游住宿等相关资讯。与支付宝合作，在支付宝开设寿光智慧旅游服务窗，支付宝APP用户只需进入“寿光智慧旅游”服务窗，就可以受到掌上景区查询、门票预订、停车场导航、景区全景影像、电子语音讲解等智慧旅游全新服务。

发展“旅游+扶贫”。2016年，争取省、潍坊市旅游政策支持，通过争取项目、以奖代补等形式，为具有旅游资源的贫困村发展乡村旅游提供资金补助，其中文家街道二黄村争取到上级旅游扶贫资金100万元，使该村村民感受到旅游带来的经济效益，实现以旅游脱贫富农。组织镇、村干部及农家乐经营户免费参加各级乡村旅游培训，全年举办旅游培训班3期，参训400人。组织8名乡村旅游带头人赴外地乡村旅游点进行精准交流，提高旅游服务与管理水平。

发展“旅游+商业”。依托老字号、地理标志产品等旅游资源，进一步提高旅游消费，先后包装开发出葫芦雕刻、盐雕、品维果蔬脆片、王高虎头鸡、刘大叔扒谷等近30种特色旅游商品，其中2016年开发的特色旅游商品有御达祥黑猪肉系列产品。2016年，新创建山东省旅游商品研发基地2处，分别是千榕家纺有限公司、御达祥畜牧科技有限公司。

菜博会展示现代农业新优势。中国（寿光）国际蔬菜科技博览会是商务部正式批准的年度例会，是中国五大农业会展之一，是国内唯一规模最大的国际性蔬菜产业品牌展会，也是寿光市展示蔬菜产业硬实力、体现绿色发展软实力的推广平台。第十七届菜博会于2016年4月20日成功举行，展会期间参观总人数达到220万人次，集中签约重点项目30个，总投资额98.3亿元，引资额79.2亿元，实现各类贸易额161亿元。

【科技信息服务业】 软件信息方面。寿光市以寿光软件园为依托，发展软件信息业，逐步打造县级软件产业发展高地。软件园软件产业、动漫产业、呼叫服务、服务外包等初具规模，2016年新入驻企业34家，企业年产值达到8亿元，同比增长200%。灵动思维文化有限公司参评山东省经信委泛海扬帆省项目办大学生创业扶持计划，从500名参评项目中胜出，获得连续5年每年20万元的无偿创业资金扶持，是寿光唯一上榜企业。

科技服务业方面。2016年12月，推动英利实业牵头成立新溶剂法纤维素纤维产业技术创新战略联盟；鲁盛农科、三木种苗、蔬菜集团3家“星创天地”通过国家科技部备案，占潍坊市总数的一半；推荐旭锐新材、天成食品等7家重点企业申报省级企业技术中心和工程实验室（工程研究中心），宏源防水、大地盐化等17家企业申报潍坊市级企业技术中心和工程实验室（工程技术中心），东方宏业等4家企业获批潍坊市重点实验室。全年全市新增省级（示范）工程技术研究中心2个，潍坊市级工程技术研究中心3个，潍坊市重点实验室4个，共有3家“星创天地”通过备案，组建潍坊市级产业技术创新战略联盟1个。寿光果菜品种权交易中心作为省内首家获得政府批复的品种权交易平台，于11月正式揭牌启动。该平台是先行先试交易服务平台，以果菜品种权交易为特色、逐步扩大到所有植物品种权交易。

【金融服务业】 2016年，寿光市金融业运行总体健康平稳，全年金融机构本外币各项存款余额为857.1亿元，较年初增加12.6亿元。加快股改，助推产业强市，通过实施审批优先、资金奖励、税费减免等诸多激励政策，累计完成对202家企业的规范改制，其中2016年规范改制159家，达到对接资本市场的条件。企业上市挂牌实现新突破，2016年全市有同成医药、亿嘉股份2家企业在新三板挂牌，祥生塑胶、环球软件已向全国中小企业股份转让系统提交挂牌材料；盛瑜医药等104家企业在齐鲁股权交易中心挂牌，全市在齐鲁股权交易中心挂牌企业达133家，居全省各县市区首位。其中，日兴新材、东宇科技等28家改制企业达到对接省直投基金投资标准。至2016年年底，全市共有上市挂牌企业163家，实现股权融资8358万元。

【电子商务业】 寿光市抢抓“互联网+”新机遇，推进“电商换市”，以电商经济助推品质提升、转型升级，初步形成以农村电商、青年电商、企业电商“三大平台”为支撑，线上线下、境内境外、农村城市“三路并进”，政府、企业、商户、商协会“四方共赢”的良好发展态势，探索走出一条县域经济与电商产业融合、协调、同步发展的新路子。2016年，全市电子商务企业达到409家，各类网络商铺9800家；共建成电商产业园3个（青年电商大厦、CED电商聚集区、软件园），总面积达38万平方米，实现电子商务交易额158.4亿元，同比增长39.1%；建设电商孵化器5个。2016年5月，第三届全国县域电商峰会在寿光市举办，寿光发展县域电商经验得到与会1000余名县（市区）长的高度认同。

【商贸流通业】 2016年，寿光市城乡流通体系健全完善，商贸物流重点项目建设有序推进，农村现代商品流通网络和农产品流通网络建设不断加强，全年销售额过亿元的商贸流通企业达到10家，过万平米的商场达到16家，全市完成社会消费品零售总额296.4亿元，同比增长10.3%。

商业网点建设。2016年，在城区，红星美凯龙城市综合体、东城全福元中心、东城全福元商厦、潍百益家园等大型商业网点以及国际商贸城、上海车配龙汽车广场、茶博城、第一茶城等大型服务业市场先后投入运营。以世纪广场、佳乐家、购物中心为主的渤海路商圈；以中百大厦、潍百益家园、银座商城为主的银海路商圈；以全福元商厦、万达广场为主的学院路商圈；以东城全福元城市综合体为主的东城新区商圈和以红星美凯龙城市综合体为主的西城商圈功能进一步提升，初步形成网点密集、功能完善、业种丰富、业态多样的城市服务商业网点体系，全市拥有各类商业网点近3万个，从业人员15万人。

农村现代商品流通体系建设。以“城乡一体、均衡寿光”为目标，借助商务部”万村千乡市场工程”，加快承办企业建设直营化农家店步伐。至2016年年底，全市标准化农家店930家，标准化农家店乡镇覆盖率100%，配送率达到90%，初步建成以城区大卖场为龙头、乡镇店为骨干、村级店为基础，距离适中的多功能、便捷农村现代商品流通体系，有效遏制假冒伪劣产品、三无商品和过期变质商品等流入农村市场，为农村消费品市场创造一个良好的消费环境。鼓励企业走出寿光，向域外扩张，抢占市场，提升企业知名度和市场占有率。其中，山东全福元商业集团开拓农村市场，在主城区建成8处大型卖场的基础上，在羊口、营里、侯镇、孙家集等镇街建设10处区域商贸中心，同时建设近300家村级全福元便利店，基本形成覆盖全市的商品销售网络，既方便群众生活，又开拓发展空间。

农产品流通体系建设。以农产品物流园为中心，对外抓开拓，对内抓完善，结合各镇（街道）蔬菜种植分布情况，配套建设“十大专业蔬菜市场”和1000多处田间地头市场，带动蔬菜运销、经营、中介等产业和人才、信息、技术等要素市场的发展，形成以寿光农产品物流园为龙头，乡镇专业批发市场为骨干，镇村集贸市场为基础的遍布城乡的蔬菜流通体系。寿光果菜批发市场一期投入运营，二期正在建设中；农产品物流园年可交易蔬菜、水果等农产品100亿公斤，其中蔬菜交易达60亿公斤，交易额100亿元，成为全国最大的蔬菜集散中心、价格形成中心、信息交易中心、物流配送中心。实施“农超对接”工程，组织农产品销售企业与蔬菜基地和农民合作社开展“农超对接”。山东全福元生鲜冷链配送中心除对自身连锁门店进行配送外，还针对超市同行进行“第三方”社会化配送。2016年全市有近30家蔬菜龙头企业、农民专业合作社的高端蔬菜产品进驻北京、西安、济南、青岛等大中型城市的400余家超市、学校和企业。

【社会信用信息体系建设】 2016年9月，寿光市被列为山东省创建社会信用体系建设特色试点示范市，按照省、潍坊市信用体系建设工作部署，全面打造“诚信寿光”品牌，提高社会治理水平。4月，制定出台《寿光市社会信用体系建设工作方案》等一系列规范文件，成立领导小组，设立联席会议办公室，明确各单位任务分工，同时整合现有资源，成立寿光市社会信用管理服务中心，具体负责全市社会信用体系建设有关工作。及时整理上报“双公示”信息，全年共上报双公示信息3.5万余条，其中行政处罚信息4360条、行政许可信息3.1万条。落实信用“红黑名单”发布制度，全年共上报“红名单”信息624个。积极推进信用联合惩戒工作，9月出台《关于加快推进失信被执行人信用监督、警示和惩戒机制建设的意见》。市纪律、组织部、法院、人社局四部门联合印发《关于对失信党员和公职人员实施信用惩戒的意见》，在全市党员和公职人员中倡导诚实守信，加强品德修养，对纳入国家失信被执行人名单的党员和公职人员实施信用惩戒。6月，市文明办联合市人民法院出台《关于联合惩戒执行失信行为的实施意见》，对失信被执行人实施信用惩戒。市人民法院向市人大、政协、纪检、监察、组织、人社、教育、市场监管等机关、部门以司法建议的形式披露失信信息160余条，同时向有关部门就科级干部提拔、预备党员转正、文化名人评选、村级干部进修、代表委员选举等事项信用函询提供审核680余人次。市纪委、组织部对41名失信党员和公职人员给予党内严重警告、组织除名等处理。市司法、金融、市场监管、房管、出入境管理等部门也相继建立联动机制，在贷款、置业、市场准入、出境、高消费等方面对失信人员进行限制。市人民法院先后公开曝光1750余名失信被执行人信息，9月起集中开展秋收百日执行会战，共有65名拒不履行判决的“老赖”被司法拘留，有效地震慑失信被执行人，收到良好的社会反响。中国·寿光官网、寿光信用信息网、寿光金融微信平台、《寿光日报》、潍坊传媒网、中国经济网、中国水产养殖网等新闻媒体积极参与，多形式宣传寿光市社会信用体系建设工作进程，提高市民诚信意识。12月，组织开展“信义菜乡”为主题的社会信用体系专题宣传活动，现场发放宣传材料300多份。

（刘晓静、孙小平）

交通 邮政 通信

交通

【管理机构】寿光市交通运输局。2016年，市交通运输局共有干部职工248人，其中专业技术人员63人。内设办公室、组织人事科、法规科、财务科、质监站等11个科室；下辖正科级事业单位2个，分别是县乡公路管理处、港航局；副科级事业单位2个，分别是交通运输管理处、交通监察大队。下设15个交通运输管理所，分别是圣城交通运输管理所、文家交通运输管理所、洛城交通运输管理所、孙家集交通运输管理所、古城交通运输管理所、纪台交通运输管理所、化龙交通运输管理所、台头交通运输管理所、田柳交通运输管理所、营里交通运输管理所、羊口交通运输管理所、双王城交通运输管理所、上口交通运输管理所、侯镇交通运输管理所、稻田交通运输管理所。另设有局属企业9个，分别是寿光市德隆汽车运输有限公司、寿光市交运汽车站有限公司、寿光长途运输有限公司、山东金路交通实业有限公司、寿光公共交通运输有限公司、寿光市瑞通运输有限公司、智慧交通服务有限公司、寿光港投公司、寿光港（集团）公司。

寿光市公路局。2016年，寿光市公路局属正科级自收自支事业单位，内设办公室、路政科、财务审计科、工程养护科、组织人事科、安保科；下辖5处公路养护工区，分别是稻田养护工区、马店养护工区、营里养护工区、西陈养护工区、岔河养护工区；1处养护工程应急中心，1处治超检测站；共有干部职工108人。另有市公路局2014年1月发起并正式成立的潍坊宏泰公路工程有限责任公司（公路工程施工总承包贰级资质），直属潍坊市公路局管理，2016年5月改由潍坊市公路局新组建的具有公路工程施工总承包壹级资质的潍坊永昌路桥工程有限公司管理。

【县乡公路建设】2016年，是“农村公路三年提升行动”开局之年，全年大修改造羊田路、南大路、卧甲路等县道20公里；新修改造镇村道路105公里，完成17条县道挖补维修。加强道路、桥梁隐患排查和处置，共完成公路安全生命防护工程176.3公里；公路建设PPP模式进入实施阶段，其中羊临路和三号路项目已完成社会资本方招标，全年共向上级争取无偿补助资金3560万元。

【公路货运】2016年，全市共有货运企业196家，其中危险品运输企业7家、普通货运企业188家、甩挂运输企业1家。货运车辆共计19233辆，其中危险品运输车辆

858 辆，年货运量 4789 万吨，货运周转量 1053421 万吨公里。

【公路客运】 2016 年，全市共有公路客运线路 48 条，公路客运车辆 159 辆、4770 个座位。全年完成客运量 475.02 万人次，客运周转 35658 万人公里。

【公共交通】 城市公交。2016 年，全市共有城市公共交通运输运营线路 18 条，线路长度 325.5 公里；共有公交车 363 部，年客运量达到 1100 万人次。公共交通运输运营线路覆盖寿光市城区及周边的文家、洛城、孙集、圣城、古城 5 个街道。

城乡公交。2016 年，全市有城乡公共交通运输运营线路 35 条，线路长度 1248 公里；共有公交车 237 部，年客运量达到 760 万人次，客运周转量 16720 万人公里。寿光市城乡公交覆盖全部镇街，成为全省率先完成农村客运班线公交化改造的县级市，继续保持全省城乡公交一体化示范县建设试点县荣誉。

出租车。2016 年，寿光市实现公共自行车在城区主干道全覆盖，基本满足市民对公共自行车服务需求。全市共有出租车运输公司 4 家，客运出租车共 376 辆、1880 个座位。年载客量 1032 万人次，运营里程 4450 万公里，载客里程 2980 万公里。

公用自行车。2016 年，全市公共自行车服务系统达到 100 个站点，共投放 3000 辆自行车，累计办卡 8860 张。

【运输管理】 加强技术档案管理。2016 年，将营运车辆的技术档案全部纳入运管处建立的办公自动化系统管理，其中个体运输业户与少数运输物流企业车辆技术档案委托瑞通运输服务有限公司管理、专业运输物流公司的车辆技术档案自建，实现网上对车辆技术的监控和动态查询。

加强对营运车辆的监管。2016 年，区域内 1500 辆重点营运车辆安装 GPS 定位系统，其中 2016 年安装 GPS 定位系统车辆 400 辆，并与公安局 110 指挥中心实现联网对接。通过多媒体指挥中心和 GPS 监控系统，既能对出租、公交等客货运车辆实行动态监控，避免客运车辆超员、超载、闯红灯等违章行为的发生；又能使管理人员通过信息平台对公交车、客车及危险品运输车辆进行管理，及时对公交车、客车及危险品运输车辆完成定位、追踪、下发语音提示、拍照等操作，还可以接收各种报警数据，生成报警报表，较好的解决车辆运营过程中存在的调度繁琐问题和安全隐患，给管理部门和监管部门提供管理的科学依据。

加强源头治理。坚持行为管理与安全管理相结合，组织开展以安全生产专项整治为主要内容的各项整治工作。在整顿和规范道路运输市场秩序工作中做到“三把关一监督”，即严把经营者市场准入关，不符合安全资质条件的企业坚决不准进入市场；严把车辆技术状况关，加强运输车辆的定期维护和综合性能检测管理；严把从业人员资格关，未按规定进行岗位培训、未取得从业资格证的人员一律不准上岗；加强汽车客运站场的现场监督管理，督促经营单位完善安全制度，配备安全消防设施，搞好现场监督检查，杜绝“三品”（爆炸品、危险品、腐蚀品）进站上车和超员超载车辆出站上路。

【港口与铁路】 港口。2016 年，寿光境内有港口企业 2 个，分别是羊口港、寿光港，全年完成吞吐量 1036 万吨。其中，羊口港共有 100 吨级泊位码头 3 个、3000 吨级泊位 5 个，全年完成吞吐量 300 万吨；寿光港共建成5000吨级泊位13个，1—7#泊位为液体化工泊位、8—13#泊位为多用途泊位(含集装箱泊位2个)，全年完成吞吐量736万吨。

铁路。2016年，寿光镜内共有5条铁路，分别是益羊铁路、晨鸣铁路支线、寿平铁路、德大铁路、黄大铁路，镜内铁路长度133公里。其中，益羊铁路、寿平铁路为地方铁路，德大铁路为国家电气化铁路，晨鸣铁路支线黄大铁路为企业自备铁路。黄大铁路在建设中，计划2017年5月建成通车；寿平铁路只有益羊铁路至化龙站路段通车运营，2016年益羊铁路运输量为2086.96万吨。

（张建苏）

【省道建设】 潍高路（旧称潍博路）。东起潍坊，西至高青，辖段长42.084公里，。路面宽20～30米，一级沥青路面，共有桥梁12座。2016年，实施大中修工程，路线总长为24.89公里，分为东西两段，5种结构类型。东段起于羊田路潍高路口，终于金海路口，全长10.5公里；西段起于文圣街西出口，终于寿光广饶界，全长14.390公里。第一种结构形式为路基全翻段长度6797米，换填1米石渣后强夯，铺筑一层20厘米级配碎石，三层18厘米水稳碎石基层，6厘米+4厘米共10厘米SBS改性沥青路面；第二种结构形式为中修罩面段长度8995米，铣刨老沥青路面5厘米后新铺筑5厘米SBS改性沥青；第三种结构形式为挖补补强段长度7150米，铣刨老油层处理病害后新铺筑一层18厘米厚水泥稳定碎石，铺筑6厘米+4厘米共10厘米厚SBS改性沥青路面；第四种结构形式为化龙街里基层大修段，长度1450米，铣刨老路面和基层，新铺两层18厘米厚水稳碎石，6厘米+4厘米共10厘米厚SBS改性沥青路面；第五种结构形式为乳化沥青厂拌冷再生沥青混合料试验段，长度500米，铣刨老油层处理病害后，铺筑12厘米乳化沥青厂拌冷再生混合料，6厘米+4厘米共10厘米厚SBS改性沥青路面。大中修路段于2016年10月20日竣工通车。该项目共计投资1.56亿元，其中省投资1.15亿元、地方投资4100万元。

羊青路（旧称羊益路、羊临路）。北起羊口镇，南至青州市，原辖段长63.8公里。2009年11月大西环（羊青路）竣工通车，全长43.3公里，路面宽24米，一级沥青路，羊青路改线，改线后辖段长67.4公里，共有桥梁10座。2010年9月始，原路线林海路口至西陈路口段改由交通运输局管养，西二环北头吕家至大西环南头路口段由建设局管养。

新海路（旧称辛沙路）。原西起河北辛集，东至烟台莱州沙河镇；1998年12月始，改为新海路，东起平度新河镇，西至河北海兴县，辖段长49.8公里，除滨海界至岔河路口9.6公里为宽24米一级沥青路面外，其余40.2公里为宽15米的二级沥青路面。共有桥梁9座。

大沂路（旧称昌侯路、昌大路）。北起大家洼，南至临朐县沂山，辖段长35.8公里。滨海界至寒五路口10.6公里，于2010年改造为路面宽24米一级沥青路面。寒五路口至寿济路口5.4公里，于2010年改造为路面宽14米二级沥青路面。寿济路口至稻田北9.8公里，于2011年改造为路面宽14米二级沥青路面。稻田十字路口至昌乐界10公里，于2011年改造为路面宽24米的一级公路。共有桥梁5座。

寿济路。东起大沂路口，西至济南济阳，辖段长32.5公里。2014—2015年寿济路拓宽改造，路基、路面、桥涵总投资约5亿元，其中中央财政补助1.1亿元，省财政补助2.3亿元，地方投资1.6亿元。改建工程潍坊段全长41.3公里，其中寿光市境内32.2公里、青州市境内9.1公里，按一级路标准设计，双向六车道，路基顶宽24.5米，路面宽23米（其中寿光市北洛社区路面宽度28米）。共有大小桥梁10座。

大九路。北起大家洼，南至临朐九山，寿光市境内辖段长12.6公里；隶属寿光市交通运输局管养。

（李廷楹）

邮政

【管理机构】 2016年，中国邮政集团公司山东省寿光市分公司现辖31处农村支局，分别是北洛、田柳、古城、洛城、寒桥、稻田、田马、留吕、赵庙、王望、文家、化龙、王高、牛头、台头、孙集、胡营、纪台、东埠、丰城、营里、卧铺、羊口、杨庄、道口、侯镇、上口、五台、岔河、广陵、大家洼；2处城市支局，分别是开发区、新兴街。共有干部职工399人。

【邮政基础设施建设】 2016年，寿光市邮政营业网点达到33处，共有汽车邮路3条、单程450多公里，城区投递段21条、农村投递线路72条，总里程3400多公里。建立运营的特快专递与全国近2000个城市联网，业务通达200多个国家和地区；共建成邮政绿卡网点32处，开展国内邮政储蓄活期存款通存通兑业务；报刊发行实现全省微机联网，共建有报刊零售亭7个。

【邮政业务】 邮政是传统服务企业，主要承担着为社会提供实物信息传递的功能。2016年，全市邮政工作以满足社会发展需求为目标，进一步改善服务，在保证传统业务正常发展的基础上，努力开拓新型业务，为社会提供多品种、多层次的个性化服务。邮政开办的业务种类达到20多种，主要包括各类信函、包裹的寄递、电子汇兑、报刊发行、邮政储蓄、特快专递、集邮品的开发、平台建设、代理保险、代理移动、联通、电信收费、商函广告、帐单、邮资明信片、企业拜年卡等，其中2016年新开办业务有农村电商。

邮政储蓄。是中国大型零售银行，以服务社区、服务中小企业、服务“三农”为工作重点，突出大型客户服务，积极参与重大项目建设。2016年，寿光市邮政拥有32处金融营业网点，1处纯邮处类营业网点。邮储银行不断加强网上银行、手机银行、自助银行、电话银行、电视银行、“微银行”等全方位电子银行体系建设，实现电子渠道与实体网络互连互通，线下实体银行与线上虚拟银行齐头并进的金融服务格局。2016年，随着中国邮储银行在香港联交所主板成功上市，寿光市邮储业务不断拓展，全年邮政金融营业网共完成储蓄存款余额43.9696亿元，比2015年增加8.6亿元。

报刊发行。报刊发行业务具有联系用户广泛、传递迅速等特点，能及时将出版的报纸、杂志，以订阅或零售的方式发送给读者。邮政局经办的报刊发行业务主要采取订阅和零售两种方式。2006始，报刊订阅业务实行“常年收订、滚动发展”的办法，发行业务量逐年增加。2016年，全市征订发行报纸累计1284万份，刊物50.4万份，比2015年分别增加12万份和3000份。

平台建设。2016年，继续加强以分销业务、便民服务业务、社区电商业务、“买卖惠”农村电商业务为内容的平台建设，取得较好效果。

分销业务。一是开展邮政经营生产类产品业务，2003年开始经营，以提供农肥、农药、地膜、种子等服务为主。2016年，为指导农民科学合理施肥，共提供测土配方服务550次；继续联合植保部门为农民提供病、虫、草害预测预警信息，邮政部门组成农技专家队伍深入农村，通过"邮政配送的农资产品+技术套餐服务"帮助农民增产增收。二是开展邮政经营快消品业务，邮政部门直接从源头企业引入产品，搭建连接生产企业与消费者的桥梁，为农民提供质优价廉的酒水、洗化、月饼、饮用水等质优价廉的生活必须品服务，全年实现经营收入300余万元。三是开展邮政经营农产品进城业务，是邮政利用现有分销配送网络，为农民提供农产品进城销售渠道的一种第三方物流供应链，为城区企事业单位和个人消费提供农产品支持，全年实现经营收入100余万元。

便民服务业务。2016年，继续实施邮政便民服务站项目，即邮政进社区服务，以"便捷"为核心，"便民"为目的，通过发展便利店、超市、彩票站、手机销售店等各类实体加盟单位，利用邮政提供的前台设备（PC机和EPOS终端）及后台信息系统，向市民就近提供便捷的缴费、邮政、票务、商品销售等多种服务，全年实现经营收入100余万元。

社区电商业务。2016年，继续利用邮政遍布城乡的渠道和平台优势，整合相关社会公共资源，代办各种缴费、票务、纳税、意外保险等与社区民生相关的便民业务，满足广大社区用户的便利性需求。

"买卖惠"农村电商业务。以"买卖惠"品牌供应链为服务平台，继续推行以B2B为基础，连接供应端与零售端，围绕上游延伸（渠道下沉+供应链金融）+下游延伸（零售O2O+赋能零售商）+跨界打通的服务平台模式，实现邮政便民服务信息化和分销业务互联网化。以物流服务、金融服务为基础，以满足有效需求为主线，以促进农民收入增长和满足农民消费升级为目标，通过城乡一体化供应链整合和跨界经营，重构供应链各环节，帮助生产流通企业建立公开透明的区域性O2O营销平台，建设分级仓储，实施"统一仓储、共同配送"，打通农产品上行通道，通过城乡对接、网络联动、双向物流，实现城乡对接的订货服务、直达末端的专业配送和高效统一的品牌营销，全年完成销售收入120余万元。

集邮业务。是以经营邮资票品、集邮品、集邮用品为主的一种邮政业务。2016年，寿光邮政结合地方会展经济市场潜力较大的实际，不断挖掘新题材，开发适销对路的集邮品，全年共开发中国（寿光）国际蔬菜科技博览会专题纪念邮册1900册。

商函广告。是利用信函的方式，通过邮政渠道，向指定单位或个人传达商务广告信息，具有经济、实用、可靠、针对性强、方便的特点，基本种类有商业信函、企业邮资明信片、中邮专送广告。2016年，商函广告实现收入400余万元。

【精神文明建设】 2016年，寿光市邮政坚持狠抓服务和精神建设不放松，把转变工作作风、提高服务质量作为各项工作的出发点和落脚点，公开接受社会监督。在全市聘请3名邮政社会监督员监督邮政服务工作，并采取发征询意见函、上门走访等形式，多渠道征集意见和建议，邀请用户为邮政"揭短亮丑"，从而达到改善服务的目的。全年共发放征询意见函1000余件，上门走访2万余人次，征集意见和建议300余条。

【邮政专营】 2016年，继续贯彻落实《中华人民共和国邮政法》《中华人民共和国邮政法实施细则》等法律法规，杜绝各种违法违规行为的发生，保证邮政事业健康发展。

（朱朋和）

通信

【移动公司】 管理机构。寿光移动通信公司是中国移动通信集团公司在寿光的分支机构，全面负责中国移动通信数字移动电话及移动网络在寿光的运营工作。2016年，公司设有综合部、业务运营部、建设维护部、业务运营部4个职能部室；下设新兴街、圣城东街、银海路、学院、西城及侯镇、羊口、稻田、洛城、台头、田柳、上口、留吕、孙集、田马、纪台、古城、营里、化龙、文家20个经营部。2016年，公司实现移动业务总量达5.5亿元。寿光移动被寿光市消费者协会评为2016年消费者服务满意单位，被潍坊移动公司评为潍坊移动2016年度先进单位。

移动电话业务。2016年，继续做好基础通信设施建设，综合通信能力进一步增强。全市共建设基站650余处，其中2016年新建基站145个，实现各镇（街）、村庄无缝覆盖，城区立体覆盖及高话务密度区域的自由灵活覆盖，网络覆盖率99.99%。服务营业网点建设进一步完善，全市共建有自办营业厅20处，硬件设施与软件服务进一步上档升级，为促进寿光经济快速发展奠定基础。2016年，全市移动电话用户总数达89.48万，其中固定电话用户数2300户，移动电话用户数89.25万户；全年新增用户20.3万户，4G客户净增达到20.2万户，实现移动电话业务进一步发展。

互联网业务。2016年，FTTH客户规模发展到7.5万户，年增长3.4万户。继续实施“信息化拓展工程”，紧抓行业、聚类、他网3个市场，打造“专线+应用+终端”产品体系。在做好常态化集团业务发展的同时，围绕集客经营精细化、信息化产品方案差异化开展集客市场发展。积极支持美丽乡村建设，继续实施于2012年推出的“大棚管家”综合管理系统、“蔬菜二维码安全溯源”系统等科技兴农项目，助力农村、农业产业升级。以支持智慧城市建设为重点，推进移动信息化在全市各行业的普及应用，与市住建局合作建设“智慧防汛系统”，实现监控点对雨情、汛情信息数据的远程实时传输，及时掌控城市排水管网信息，提高城市防汛排水能力；与市环保局共同搭建“智慧环保”监控平台，实现对企业环境控制网点的实时监控、数据采集和分析、环境警情发布等；搭建“平安校车”4G视频监控系统，借助4G网络，实现学校对校车运行的实时监控、远程调度、轨迹回放；协助圣城街道、市场监管局等政府单位搭建移动办公平台，助力智慧寿光建设发展。

（杨 田）

【联通公司】 管理机构。寿光联通公司全称为中国联合网络通信有限公司寿光市分公司，主要经营国内、国际各类固定、移动电信网络与设施，基础电信网络的语音、数据、图象及多媒体通信、应急通信等业务。2016年，公司下设综合部、市场部、自有渠道中心、社会渠道中心、集团客户服务中心，下辖6个城区自有营业厅，19个镇(街)营业部。共有干部职工430人。

通信业务。2016年，在开展常规通信服务推动业务发展的同时，与互联网公司进行开放式合作，探索流量经营新模式。与北京云洋数据合作，共同推出农业大数据智能精准采集与农业可视化平台。在国内首次使用高密度、防火和保温性能优越的EPS新型空腔模块材料，采用更加节省土地资源的建设工艺，较以往大棚提升35%的耕种面积。智能演示温室以信息化平台直接将大棚蔬菜的产、销两端整合到高智能化、高自动化的物联网管理系统中，是目前国内信息化应用功能最全、技术最先进的农业信息化演示大棚。7月，建成国内首家智慧农业示范基地，并作为向建党95周年献礼正式为"三农"提供服务，受到各级主流媒体的关注。全年累计完成业务收入1.7亿元，宽带发展2万户，突破12万户；IPTV发展3万多户，累计5万户；移网发展10万户，累计23万户；固定电话累计12万户。

光网城市建设。2016年，寿光联通面向公众客户新建小区接入57处，新增FTTH端口3.2万个，累计18万个；宽带总端口20.5万个，端口占用率73.6%。"光改三期"完成120处小区的8752户改造，新增光缆2865段793皮长公里，累计9208皮长公里，新开各类光路4301条。

通信资源整合。2016年，对城区仉家、城南、城北等9处综合业务接入机房进行撤并整合，通过组播整改实现IPTV组播占比由年初的88.1%提升到99.16%，组播用户达4.2万户，减轻网络带宽压力。先后完成1.8万户语音用户SBC改造和16处IPRAN新增设备的上线及12处双路由改造。同时，完成杆路2128公里、管道187公里的管线资源清查，核查光缆约8200皮长公里，清理占用杆路221公里、管道2公里，追缴各类费用50万元。

服务能力提升。2016年，进一步完善城乡信息服务布局，对全市城乡闲置和使用的自有房产进行整合，通过引进优质渠道代理，打造联通渠道商圈，先后共盘活自有房产72家，于5月底前全部完成改造，向市民提供优质服务。其中，石马路手机卖场商圈于5月份正式面向市民提供服务，该商圈包括7家专业化手机终端卖场和1处标准营业厅，服务面积1000多平方米，为市民提供集群化、规模化的综合性通信业务聚集地，既提升信息服务专业化水平，丰富用户多元化选择，又强化城区综合信息服务能力。

（吴 超）

【电信公司】 管理机构。2016年，中国电信寿光分公司下设7个支局，其中城区有东城支局、西城支局、商圈支局；乡镇有文家支局、洛城支局、古城支局、台头支局。针对政企集团客户设立政企客户部，为集团客户提供更便捷、迅速、优质的服务。城区有主营业厅2个，分别是圣城街营业厅、银海路营业厅。后端设立2个部门，为市场综合支撑部和网络部，分别负责全市业务支撑、网络建设。公司共有干部职工56人。

公司业务范围包括：4G智能手机、普通电话接入，电路、专线、宽带接入业务、以及基于普通电话、宽带平台为基础的各项增值业务。公司致力于发展电信事业，向客户提供个性化的综合通信解决方案并全面参与潍坊信息化建设，逐步成为"数字潍坊""数字寿光"建设的主力军。2016年，中国电信寿光分公司获得潍坊市全业务第一名，客户服务质量也跃居潍坊市首位。

通信业务。2016年，中国电信寿光分公司共有移动网用户5.2万户，宽带用户3.1万户，ITV用户1.9万户，全年经营收入3700万，收入完成率居潍坊市第一，是全省十强县。中国电信寿光分公司门店覆盖全市城乡，共有门店55家，其中城区29家、镇(街区)26家，并实现4G网络信号全覆盖。

光网建设。2016年，中国电信寿光分公司持续加强基础设施建设，积极开展光纤到户、到村工作，光网建设投资达到820万，居潍坊市第1位；移动网投资居潍坊市前3位。全市共有光纤宽带用户3.1万户，光纤宽带接入端口总数58966，宽带覆盖行政村135个，100兆以上宽带用户数1.2万户左右。继续开展3G—4G改造工作，全年已完成农村50%的基站建设，全市在用3G基站128处；3G用户数1.1万户、4GLTE用户4.1万户。全年共完成新接入行政村52个、新接入小区79个，4G基站建设完成234个。寿光宽带出口扩容40G，ITV业务也已上线；移动网净增完成率110%，宽带净增完成率87%，寿光分公司的新增用户活跃率、用户质量一直位于潍坊市前3名。同时，积极开展互联网金融业务，电信翼支付与全福元、中百的手机支付成功合作，交易额仅次于微信支付额，方便群众购物消费，成为寿光老百姓很平常、很时尚的消费支付方式。

（王俊萍）

建设 环保

城市规划

【管理机构】 2016年，市规划局内设8个职能科室：办公室、财务审计科、组织人事科、规划技术科、建设用地规划科、市政工程规划科、审批服务科、督查科。共有干部职工40人。

【城市总体规划】 概况。2013年6月，省住建厅规划处齐鹏处长组织省内规划专家对寿光市现行总体规划实施进行评估，认为有必要对现行总体规划进行修编；2016年11月，《寿光市城市总体规划（2015—2030）》编制完成并获省政府正式批复，12月正式在省政府备案，成为全省第一个获得省政府批复到2030年的城市总体规划。在规划的组织编制过程中，规划局与设计院共同调研、深入研究，创新性地采用"全域规划"的视角，提出"全域协作"的城乡空间发展模式，在市域层面谋划支撑城市未来可持续发展的空间结构，全市统筹"产业与城镇化、生态与环境保护、空间管制、防灾减灾、基础设施、公共设施、公共交通、居民点布局，并对各镇区明确发展规模、用地拓展方向、民生保障设施布局，为解决现阶段城乡空间发展矛盾、指导未来城乡统筹发展，构建"城乡一体、均衡寿光"提供科学的规划依据。《寿光市城市总体规划（2015—2030）》分为8章，分别为总则、城市发展战略、产业发展引导、市域城镇体系规划、中心城区用地规划、分期建设规划、规划实施以及附则。规划期限为2015—2030年，包括近期2015–2020年、远期2021—2030年，远景展望至城镇化发展成熟期（2050年）。

寿光市城市总体规划主要是贯彻科学发展观，探索适合寿光市可持续发展路径，促进经济增长方式从外延式、资源消耗型向经济、社会、环境协调发展的内涵式、技术提升型转变，建设资源节约型、环境友好型的和谐社会。融入区域经济，完善城市功能，提升环境品质，巩固基础优势，突出地方特色和比较优势，实施错位发展。促进城乡空间布局由均质走向重点、由分散走向紧凑、由粗放走向集约，全面增强城乡整体的竞争力、吸引力、认同感和归属感。

城市规划区。为寿光市市域范围，总面积约1990平方公里。

发展总目标。促进寿光市工业化、城镇化、农业产业化互动发展模式的优化升级，争当山东省工业化、信息化、城镇化、农业现代化综合示范城市，建设"城乡一体、均衡寿光。

发展战略。区域联动、寿北突破；服务

升级、新城提升；海陆联动、城乡一体；绿色带动、品质支撑。⑴区域联动、寿北突破：主动参与环渤海大通道建设，形成东连青岛、烟台、威海，西接天津滨海新区、沧州黄骅、德州、滨州、东营的区域复合通道。利用益羊铁路、寿平铁路、小清河内河航道等项目，建设服务于鲁中、鲁西南地区的出海走廊。打造连通环黄渤海沿海地区和山东中西部内陆地区的重要交通节点。寿光北部沿海地区重点发展海洋经济、生态经济等新型产业，以寿光羊口镇、侯镇作为工业发展的主要载体，打造先进制造和海洋产业基地，提高新型工业化发展质量。以双王城生态经济区、小清河入海口生态湿地为载体，大力培育商务休闲旅游、文化创意等产业，打造盐碱湿地生态恢复示范区和生态经济实验区，推进产业转型升级、多元化发展。⑵服务升级、新城提升：发展生产性服务业、现代消费性服务业，培育会议会展、总部经济、旅游、农业科技、信息中介、金融保险等服务业。强化东城新区的现代服务职能和高尚居住职能，全面提升寿光市投资、生活环境，打造区域性综合服务新城。⑶海陆联动、城乡一体：构建中心城区和羊口镇之间的快速通道，中心城区作为全市的组织中枢带动羊口建设，按照产城融合的开发理念增强羊口镇基本服务配套功能，推进羊口镇与潍坊滨海新区的经济一体化发展。统筹城乡发展，以城带乡注重以城市的区域性经济职能，统筹城乡各类发展要素，节约、集约、集中建设。促进城乡基本公共服务和生活环境缩小差距，实现城乡一体、均衡发展。⑷绿色带动、品质支撑：以双王城生态经济区、绿色农业为抓手，巩固农业基础优势，探索绿色经济发展路径。构筑集合平原水体、湿地公园、城市绿化、景观廊道、都市农业于一体的田园生态型城市景观体系，构筑覆盖全域的生态安全与服务体系。

城市性质。中国菜都，以蓝色经济为主的生态城市。

城市职能。全国重要的农业现代化服务平台；全国重要的造纸包装产业基地；全国重要的物流节点；全国农业金融创新试点；渤海南岸重要的海洋产业基地；山东半岛盐碱地改造和盐田生态开发示范城市。

市域城镇体系规划。城镇等级为四级，一级为中心城区；二级为羊口镇和古城街道；三级为侯镇和稻田镇；四级为孙家集街道、上口镇、田柳镇等其他建制镇，构建“一主、一副、两轴”的市域城镇空间结构。城市化水平 2030 年达到 75% 左右。按照城乡统筹的原则，规划建设市域基础设施，构建分工有序、布局合理的市域城镇体系，促进城乡一体持续协调健康发展。

中心城区用地布局规划。⑴城市发展方向：城市发展方向以向东、向南为主。⑵城市规模：到 2020 年，城市人口 60 万人，城市建设用地 69 平方公里左右，人均城市建设用地面积指标每人 115 平方米。到 2030 年，城市人口 77 万人，城市建设用地 88 平方公里左右，人均城市建设用地面积指标控制在每人 115 平方米以内。⑶城市空间结构：规划构建“双心、双轴、五片区”的城市空间结构。“双心”是指老城商业中心和新区商务中心。老城商业中心位于渤海路与圣城街交汇处，以零售、批发等传统商贸服务功能为主。新区商务中心位于尧河路与圣城街交汇处，以商务办公、文化体育、会议会展等现代服务功能为主。“双轴”是指圣城街城市发展轴和弥河生态文化景观轴。圣城街城市发展轴突出城市综合服务功能，弥河生态文化景观轴彰显城市历史文化、生态水岸特色。“五片区”分别是指西部农业现代化产业片区、西南部造纸产业片区、中部老城居住商贸片区、东部城市新区片区和东部新型工业片区。西部农业现代化产业片区，东至菜都路，南至文圣街，西至西环路，北至北环路，以农产品交易、物流、农业服务及相关配套服务功能为主；西南部造纸产业片区，东至菜都路，南至圣阳街，西至西环路，北至圣城街，以发展制浆、造纸、包装产业为主；中部老城居住商贸片区，东至金海路，南至圣阳街，西至菜都路、圣城街，北至横三路、元丰街，以居住、商业、行政、教育为主；东部城市新区片区，东至永乐路，南至弥尧路，西至金海路，北至安盛街，以居住、现代服务为主；东部新型工业片区，东至永丰路，南至圣城街，西至永乐路，北至安盛街，以高新技术产业为主。

【中心城区控制性详细规划】 寿光市中心城区控制性详细规划于2012年组织编制。中心城区分为6个片区，包括东城片区、现代片区、学院片区、公园片区、中心片区、晨鸣片区。2016年，晨鸣、东城、公园、现代、学院、中心6个片区全部通过专家评审。

规划原则。承接上位规划，在深化的同时进行必要的局部调整；完善公共设施、市政设施配套和绿地系统建设，改善出行条件，创造宜居环境；遵循市场经济规律，研究适应本地区的开发模式，提高土地利用效益，增强规划的可操作性。

规划范围。位于寿光市市域南部，寿光市中心城区所辖范围，包括圣城街道，文家街道，洛城街道的城市建设用地。具体规划范围是东起永和路，西至羊青路；南起益胜街，北至北环路。其中：建设用地面积为8800公顷；非建设用地面积为947.2公顷。规划总用地9747.2公顷。

规划区空间布局。采用“三轴三片，两带多点”的规划结构。“三轴”为一条串联各功能区的联系轴——圣城街，两条功能片区转承轴——菜都路、东环路。“三片”为综合服务片区——菜都路至东环路之间，绿色产业片区——菜都路以西，都市产业片区——东城工业园。“两带”为弥河生态景观带，原羊益铁路生态景观带。“多点”为各片区功能中心。

用地布局规划。⑴居住用地规划：规划居住用地3240.0公顷，占城市建设用地的36.82%。其中：一类居住用地231.6公顷，占城市建设用地的2.63%；二类居住用地3008.4公顷，占城市建设用地的34.19%。⑵公共管理与公共服务用地规划：规划公共管理与公共服务用地826.1公顷，占城市建设用地的9.39%。其中：行政办公用地93.9公顷；文化设施用地64.7公顷；教育科研用地508.5公顷；体育用地55.7公顷；医疗卫生用地77.1公顷；社会福利设施用地25公顷；宗教设施用地1.2公顷。⑶商业服务业设施用地规划：规划商业服务业设施用地628.9公顷，占城市建设用地的7.15%。其中：商业设施用地444.5公顷；商务设施用地106.6公顷；娱乐康体设施用地8.8公顷；公用设施商业网点用地11.9公顷；其它服务设施用地57.1公顷。⑷绿地与广场用地规划：规划绿地1115.8公顷，占城市建设用地的12.68%。其中：公园绿地1071.7公顷，占城市建设用地的12.18%，人均公共绿地面积为13.92平方米；防护绿地33.4公顷，占城市建设用地的0.38 %；广场用地10.7公顷，占城市建设用地的0.12 %。⑸工业、物流仓储用地规划：规划工业用地1116.4公顷，占城市建设用地的12.69%。其中：一类工业用地414.4公顷，占城市建设用地的4.71%；二类工业用地384.7公顷，占城市建设用地的4.37%；三类工业用地317.3公顷，占城市建设用地的3.61%。规划物流仓储用地317.6公顷，占城市建设用地的3.61%。⑹道路与交通设施用地规划：规划道路与交通设施用地1506.3公顷，占城市建设用地的17.12%。其中：城市道路用地1453.5公顷；交通枢纽用地23.5公顷；交通场站用地29.3公顷。⑺公用设施用地规划：规划公用设施用地48.9公顷，占城市建设用地的0.56%。其中：供应设施用地24.1公顷；环境设施用地11.9公顷；安全设施用地12.9公顷。⑻非建设用地规划：规划非建设用地947.2公顷，其中水域用地293.6公顷；其他非建设用地653.6公顷。

【专项规划】 城市市政管网专项规划（2016—2030年）。2012年5月，市规划局组织编制《寿光市城市市政管网综合专项规划》。规划原则：⑴坚持高标准、高起点，一次规划，分期实施；⑵结合寿光城市建设发展，合理布置，充分利用城市地上、地下空间；⑶结合寿光城市内现状及规划特点合理布置工程管线位置，并充分重视现状工程管线，合理利用及改造；⑷尽量减少工程管线的相互交叉。规划内容：此次规划范围包括市域和中心城区两个层面，规划内容重点包括给水、排水、供热、燃气、电力、电信和管线综合等部分。该规划已经多轮汇报，待规划设计成果完善后，进行专家评审，指导下一步城市建设。

寿光市消防专项规划（2013—2030年）。2013年2月，根据城市发展需要及市领导安排，由市规划局组织编制《寿光市消防专项规划》，规划范围为寿光市中心城区（与新版总体规划确定的中心城区范围一致）。规划目标：2015年，以《寿光市消防“十二五”发展规划》为依据，完善市区消防设施布局，达到国家有关消防规划建设标准和规范的主要要求，适应寿光市经济发展的城市消防安全保障体系，建立功能齐全、服务完善的救援队伍。2030年城市预防和抵御火灾及其它灾害综合能力达到全国先进水平，实现消防队伍和设施向多功能发展，使之成为寿光市防火、灭火和紧急应对各种灾害事故、抢险救援的常备突击队。该规划的编制，有利于建立寿光市城市消防安全体系，提高市区防御和抵御火灾及其他灾害的能力，保障市区功能安全运行。规划内容：规划内容从城市实际情况出发，提出能够适应城市消防安全需要，并有效指导实施城区消防建设，为寿光市的经济发展和社会稳定提供高标准的消防安全保障体系。该规划已经过多轮汇报，待规划设计成果完善后，进行专家评审，指导下一步城市建设。

通信基础设施专项规划（2015—2030年）。为促进寿光市智慧城市建设和信息化发展，根据市政府工作安排，2014年由市规划局负责组织编制《寿光市通信基础设施专项规划》，在充分调研现状的基础上，统筹全市通讯基础设施资源，超前规划，满足4G技术对通讯基础设施的要求，避免各家通讯运营商无序重复建设、造成资源浪费。专项规划由潍坊市市政规划设计研究院编制，于2014年年底完成规划成果。之后，市规划局、经信局信产办、各家通信运营商、铁塔公司共同对成果进行多轮审查，修改成果于2015年3月通过专家评审会，最终修改成果也已完成。规划目标：⑴到2030年建成完善的城市信息基础设施，全面实现智慧寿光，社会信息化各项指标达到先进水平。⑵保证现有干线微波通道的畅通无阻，保护卫星地球站、广播电视台塔、民航无线电导航系统和重要无线电设施的电磁环境。⑶制定中心城区弱电系统建设实施步骤，打破行业垄断，促进通信市场的有序竞争和共享使用，规划使用上体现共享共建原则。规划内容：规划对弱电管道、有线通信、无线通信、有线电视网络、邮政进行统筹规划。规划中，对近期急需规划建设的42座基站进行明确规划和详细布局。

寿光市综合交通规划（2015—2030年）。在报请市政府同意后，2012年3月项目由财政局立项，委托北京交通大学编制。2014年11月规划成果通过专家评审会，规划成果已根据专家意见完成修改，待省政府批复寿光市城市总体规划后，规划局将把规划成果报市政府审批。此次规划目标：构建“北出（海）南联（济青高铁）、沟通东西、辐射城乡、畅达中心”的交通新格局；建设成为渤海南岸重要的公铁水复合型交通枢纽，由传统的交通端点提升为区域枢纽节点。在区域和市域交通方面：⑴铁路方面，市域铁路网规划形成四横一纵的铁路网布局。⑵公路方面，高速公路规划形成一纵两横的高速路网；干线公路网规划形成“六纵九横”的市域干线公路网。⑶机场方面，规划民航机场1处，军民合用。⑷水运系统规划方面，规划港口作业区3处，小清河三级内河航道1条，以及港口集疏运通道。⑸轨道交通系统规划方面，规划形成一横两纵的轨道交通线网，一横为寿潍城际轨道，两纵为弥羊城市轨道、东潍城际轨道交通。⑹城乡公共交通规划方面，共规划城乡公交保养场18处，其中中心城区8处；规划城乡公交枢纽12处，其中中心城区3处。在中心城区交通方面，规划形成11横13纵的骨架道路，共规划跨河通道5条。

寿光市中心城区公共设施专项规划（2015—2030年）。该规划由山东省城乡规划设计研究院于2012年开始编制，此次规划范围为《寿光市城市总体规划（2015-2030年）》所确定的中心城区范围，包括圣城街道、文家街道、古城街道、洛城街道、孙家集街道的行政辖区，总面积423.5平方公里。规划期限与总体规划的规划期限相符，为2015—2030年。规划主要研究对象：行政办公设施、文化娱乐设施、教育科研设施、体育设施、医疗卫生设施、社会福利设施、商业金融设施、地下空间利用共8项。规划总目标：提升城市竞争能力，提高居民生活品质。在城市功能方面，完善城市功能，健全社会服务；在城市品质方面，提升城市品质，创造宜居环境；在城市形象方面，塑造城市形象，彰显城市特色。此次规划打破传统的市级、居住区级、小区级三级配置体系，除教育设施外，提出以出行方式和时间划定控制单元，进行公共设施的布点，并根据控制单元内居住人口，确定公共设施的配建规模。通过对居民使用公共设施所付出时间成本的控制，增加公共设施建设的均衡性、可达性和可持续发展性。

寿光市教育设施专项规划（2015—2030年）。项目规划于2015年3月开始，编制单位为山东省城乡规划设计研究院，规划已经通过专家评审。该规划范围为寿光市中心城区（北至北环路、东至永丰路、南至南环路、西至羊青路）及其辐射的近郊组团，总面积约90平方公里。该规划结合发展需求，持续改善办学条件、优化学校布局，确保所有学生就近入学，并逐步实现“布局合理、建设达标、相对均衡”的教育设施发展目标。学前三年毛入园率99%，小学初中适龄学生入学率100%，义务教育巩固率达100%，初中升高中入学率100%，普通高中和职业高中学生数量基本保持在1∶1。规划教育设施千人指标为：幼儿园每千人30生、小学生每千人70生、初中每千人35生、高中每千人30生。截止到2020年，规划幼儿园37所、小学31所、初中14所、普通高中4所，保留职业高中1所，保留高等教育设施1处。

截至2030年，规划幼儿园53所、小学43所、初中21所、普通高中6所、职业高中1所、特殊教育学校1处、高等教育设施1处。

寿光市海绵城市总体规划（2016—2030年）。寿光市海绵城市规划于2015年开始编制，2016年9月通过专家评审。寿光市海绵城市建设的总体目标是推进“水生态良好、水安全保障、水环境改善、水景观优美、水文化丰富”发展战略，构建“示范性强、水资源高效利用”的滨海型海绵城市。规划到2030年，城市建成区80%以上的面积达到年径流总量控制率75%的要求。规划通过海绵系统的构建，改善寿光中心城区的水生态系统，提升寿光的生态本底容量。从源头上留住雨水，补充现状已超采的地下水资源，控制地下水漏斗的蔓延与加深，充分发挥涵养水源的功能；推动雨水资源化利用和再生水资源的重复使用，提升可利用水资源总量，缓解水资源供需平衡关系。

寿光市加油站布点规划（2015—2030年）。2016年1月，市规划局准备寿光市加油站布点规划招标工作，5月18日通过专家评审，6月1日通过寿光市规划委员会审查，6月12日通过市长办公会审查，6月25日获市政府批复。该规划通过对寿光市经济、交通发展、机动车保有量及过境车辆发展趋势预测、成品油销售量预测、新能源车辆预测等综合分析，规划2030年加油站总数为152座（初次汇报总数为140座，经多次论证，调整为152座）。其中，已批待建加油站5座，近期新建加油站21座（规划近期到2020年加油站总数为142座），远期新建加油站13座。

新型城镇化规划（2015—2020年）。《寿光市新型城镇化规划（2016—2020年）》由山东省城乡规划设计研究院于2015年10月开始编制，2016年3月通过专家评审，7月1日获市政府批复。该规划以“建设品质寿光、创造美好生活”为目标，以“五个城乡一体化”为根本出发点，全面推进人口市民化，优化城乡空间布局，形成以中心城为核心，多级城镇为支撑，美丽乡村为基点的新型城镇化发展格局，创建产城融合、服务完善、生态平衡、特色突出的城镇化典型示范区，力争到2020年，全市常住人口城镇化率达到68%以上，逐步消除城乡二元结构，缩小城乡居民收入差距，实现全域城镇化。

【重点项目规划】 巨淀湖湿地旅游景区总体规划及核心区详细规划。2011年10月，市规划局针对巨淀湖湿地的范围，确定该项目位于巨淀湖以东、大西环两侧，依托牛头镇村的服务能力，组织实施景区前期建设。建议景区总体规划面积是23平方公里，其中水面10平方公里、景区核心区6平方公里。规划立项完成后，于2011年12月确定委托天津大学建筑设计规划研究总院开展规划编制。规划以双王城生态经济区“生态、旅游、文化”发展定位为导向，以“红色旅游、原生态湿地旅游”为主题，开发主题教育基地、影视文化基地和休闲旅游度假区，满足大众生态旅游体验观光与中高端群体休闲需求，打造国家一流的红色旅游、湿地旅游双主题旅游目的地，2012年8月完成编制工作。

益羊铁路两侧（城区段）景观规划。为改善中心城区人居环境，科学引导铁路两侧城区段城市空间的规划建设，2011年7月，市规划局向市政府提出申请，对益羊铁路西移后城区段两侧，南北长约5.5公里、总面积约59.5公顷（约900亩）的用地，组织编制《益羊铁路城区段两侧景观规划》，目的是为老城区居民提供充足的休闲游憩空间，增加文化体育、慢行系统等公共服务设施规模，提升铁路两侧居民的生活品质。规划将铁路搬迁后的两侧用地建成一条贯穿全市中心城区的绿色景廊和生态绿带，规划建设为市民开放的公共绿地和景观公园，使之成为寿光市的城市绿肺和市民休闲公园。⑴将被铁路横断的路网进行打通完善，如东西向的圣城街、金光街、建新街，南北向的银海路、幸福路、正阳路。⑵结合铁路两侧的规划建设，在排水渠网两侧布置供水、热力、燃气和通讯电缆等市政管线，在每区块和道路预设管线，使其交汇联通，并向两侧公共建筑或居住建筑辐射，形成贯穿南北的市政管线大动脉，完善中心城区市政管网建设。⑶项目建成后与弥河生态湿地一起成为贯穿城区南北的生态纽带，改善市区的城市环境，提升城市品质和生态环境质量，对寿光城区的城市面貌带来整体提升和改变，对构建生态、文化、现代的城市空间起到推动作用。在打通完善路网的前提下，规划将铁路两侧区域由南至北划分为5个区块，分别为农圣绿园景观区、铁路主题公园区、都市风尚休闲区、社区公园景观区及科普人文景观区。农圣绿园景观区（农圣街以南），主要在绿地游园的塑造上更加贴合寿光当地文化，增加游园的人文内涵；铁路主题公园区（建新街以南规划路—公园街），主要在铁路改线后，规划保留部分遗留铁轨，将铁轨、枕木、铁路专用指示灯等具有鲜明铁路特色的构件作为景观元素，与植物景观、休闲健身广场共同组成以铁路元素为主题的景观公园；都市风尚休闲区（公园街—圣城街），主要融合休闲健身、娱乐餐饮等功能，打造综合性的城市景观公园，充分利用地下空间，形成地上为景观绿地、地下为休闲服务和公共停车的立体空间模式；社区公园景观区（圣城街—金光街），因高压线限制，且两侧小区较多，规划将该区全部设计为绿地景观，景观以植物组团为主，配以游园小路、健身广场和休闲空间等，为居民提供邻里交往的生活空间及健身休闲的公共空间；科普人文景观区（金光街—文圣街），该区域紧邻高校，文化氛围较为浓厚，规划打造以植物绿化、园路广场、休闲健身和科普文化等功能为一体的景观公园。以上5个区块的规划均能与周边地块产生良好的互动关系，为周边市民提供都市绿地、休闲健身、娱乐游憩、邻里交往等功能空间，将城市、景观和生活有机组织，同时每区块各有特色、互相衔接，共同构成一条整体的景观绿带，成为更大的生态景观绿廊。2014年10月完成编制工作。

东城学校修建性详细规划。为平衡寿光市教育资源、合理布局中小学，2012年2月在洛城街道洛兴街以北、尧河路以东、文远路以西、洛盛街以南，规划建设寿光市东城学校，占地约289亩。3月中旬，市规划局通过招投标的方式确定上海禾木规划设计院为设计单位。该规划方案定位于高起点、高标准的现代化学校，结合初中、小学、幼儿园的设计要求，设计初中72个班3600人、小学42个班2100人、幼儿30个班900人。校园总体布局和建筑设计力图展现创意和独特，依托现代建筑设计风格，体现校园建筑传统砖红色调。同时，规划极其注重室外公共活动空间打造，将学校规划成为功能分区明确、交通流线便捷、绿化景观优美、设施先进的现代化园林式校园。2012年8月完成编制工作。该学校的建成，完善东城新区公共服务设施配套，解决东城新区居民上学难的问题。

国家现代蔬菜种业创新创业基地研发中心修建性详细规划。为提升寿光市蔬菜种业的科技研发水平，2013年3月份，由市规划局负责组织编制《国家现代蔬菜种业创新创业基地研发中心修建性详细规划》，项目选址位于洛富街以南、永泰路以东、东环路以西、纬四路以北，项目一期规划占地面积约134亩，主要为中国农业科学院、国家蔬菜工程研究中心、天津德瑞特等6家蔬菜种业科研单位提供高品质的科研办公场所。项目总建筑面积4.5万平方米，其中地上建筑面积3.9万平方米，地下建筑面积6000平方米，容积率0.42；建筑密度24.8%，公共服务中心地上3层，建筑高度16.05米，建筑面积5300平方米，主要包括公共餐厅、会议中心、多功能报告厅、培训教室、室内健身房、阅览室等功能空间；各单位的育种研发中心及培训中心地上二至四层，建筑高度9.05米至17.05米；库房地上一层，建筑高度8.45米；加工车间地上一层，建筑高度8.45米。场地内还规划有室外健身活动场所和公用地下停车库。项目规划定位于高品质、高标准的现代化科技研发中心，建筑方案主题概念立意于“种子”。总体规划采用院落联立式布局，场地中央布置集中式景观绿地。中心景观采取自由式设计，亲切自然，簇拥公共服务中心。与之相对，四个院落采用规整形体，并与中心景观发生融合，既有对比又不失协调。各单位组团有相对独立的空间，院落采用二进式空间序列，分隔景观庭院和晒场，在保证各单位私密性的条件下又不失空间趣味。建筑风格在保证投资经济的前提下，力求有所突破。办公楼形体简洁高效，立面材料主要采用石材饰面和铝合金窗，结合空调室外机位设计的木色金属格栅及部分垂直绿化活跃建筑形象，同时也有一定的遮阳效果。种子车间与库房采用经济适用的夹芯波纹钢板。公共服务中心立面采用玻璃幕墙及金属竖挺，“种子”状的造型呼应设计主题，成为整个园区的视觉焦点。2013年8月完成编制工作。

历史文化中心建筑规划设计。2011年，由墨龙集团出资，拟建历史文化艺术中心，由市规划局牵头组织开展项目规划。10月经过方案征集，同济大学建筑设计研究院为中标单位；2012年2月，同济大学建筑设计院根据指挥部和市规划局意见，对原规划和建筑方案进行优化和深化，形成完整的修建性规划成果。项目位于文圣街以南，生态观光园以西，地理位置良好、环境优越、交通便利，是展示寿光市历史文化的窗口地带，项目建成后，不但为弥河生态观光园增添景观亮点，同时进一步提升城市外在形象、改善城市文化品质、丰富市民的业余文化生活。项目立足建成一个以崇贤祠为中心，艺远阁为依托，配以相关低密度配套设施（弥泉书院、延师馆、怡然居）及绿化景观，各建筑之间相互呼应、错落有致、交融为一体的文化主体建筑群。项目用地面积约145874平方米，总建筑面积38047平方米。崇贤祠19653平方米，艺远阁13244平方米，延师馆2200平方米，弥泉书院2400平方米，怡然居1100平方米。

全福元东城商业综合体规划设计。项目位于圣城街以南，尧河路以东，文远路以西，总用地面积约270亩，总建筑面积65万平米。规划为集购物中心、办公、酒店、餐饮、影城、娱乐等为一体的大规模、综合性、现代化、高品质的标志性、综合性建筑群落。项目设计过程中，借以中间的BLOCK风情商业街以及水系景观划为南北两个区，南区为高层住宅小区；北区为集购物中心、办公、酒店、餐饮、娱乐为一体的商业中心。该项目规划于2013年6月经市政府批复。

车配龙寿光国际汽车广场规划建筑设计。车配龙寿光国际汽车广场项目位于幸福路以东、元丰街以北、安前街西伸以南，商业区净用地面积30万平方米（约450亩），总建筑面积约35万平方米。配套公寓占地约7.2万平方米（约110亩），建筑面积约

20万平方米。车配龙寿光国际广场项目，以建成综合、现代的汽车文化广场为目标。在平面布局中，纵轴和横轴呈十字交叉，处在中心的休闲广场作为规划中心，成为人流的集散点和景观中心点，并规划形成点、线、面相结合的绿地系统。建筑风格采用较为规整的现代建筑形式，建筑外观为大规模的商业形态，内部销售空间组建活跃，步行连廊纵横链接、建筑实体和玻璃幕墙互相穿插，增加整体空间的趣味性和灵活性。建筑色彩以浅黄色为主调，同时配合大面积玻璃幕墙。该项目规划于2013年6月经市政府批复。

寿光市人民医院东院规划设计。项目坐落于寿光市东部圣城街沿线地带，位于永乐路、圣城东街、洛城街三路交汇处。用地面积约145亩，总建筑面积18万平米，位置优越。该项目主要包括门诊医技区，住院部，后勤、行政、科研等辅助用房等，住院部（500床、16层）通过连廊与南侧的门诊医技综合楼相连，主要通过洛城街入口接纳住院及探视人流。B座病房楼（600床、19层）与C座病房楼（600床、19层）紧随其后，平行排列在其北侧，与A座病房呈“品”字型布局。病房楼1至4层为医疗用房，5至16层为住院用房。每层为一个标准护理单元，病房安排在南向，护士站居中、医生用房在北侧。每单元容纳48床。该项目规划于2012年9月经市政府批复。

寿光市人民医院门诊综合楼建筑设计。寿光市人民医院门诊综合楼项目位于寿光市文圣街中段路南人民医院内，项目用地面积23791.6平方米，总建筑面积78043平方米，含地下室13243平方米。该项目规划目标是明确功能分区，实现医患分流，洁污分流；重视绿化环境设计，营造舒适宜人的室内外空间。该规划将门诊综合楼布置在场地中部，门诊楼主入口对南侧广场，在广场南部设有外入车辆停车场。急诊入口设在场地东侧林荫大道上位与门诊综合楼的中段。在新建门诊楼和现状住院部新楼之间设有一个医疗服务大厅。大厅退后东侧道路形成一个小型入口广场，三者通过两层连廊连接起来，形成一个有机整体。在建筑周围设环形道路，急诊楼和医疗服务大厅向东侧道路设车型入口坡道。在门诊综合楼下设置地下停车库，供内部使用。南侧广场两侧设有地面公共停车场。该项目规划于2011年2月经市政府批复。

寿光市中医医院改扩建工程规划设计。寿光市中医医院改扩建工程包括近期新建病房综合楼，中期扩建门诊楼、新建方便门诊及辅助用房，改造原有门诊楼、原有住院楼，远期新建康复保健楼。该项目位于圣城街北，幸福路以西，总体规划要求在整个院区内统筹考虑新建病房楼及远期建筑的布局，使之与院区现有建筑形成联系紧密、功能齐全的医疗综合体。市中医院新建病房综合楼总建筑面积113137平方米，地上87391平方米，地下25746平方米，地上25层，地下2层。综合楼在1层东侧设急诊部，西侧2层通往住院大厅，有出入院登记处、休闲咖啡吧、商店等辅助功能。北侧则布置放射科，自成一体。2层分别布置检验科、病理科、血库及病区药房，3层为功能检查、中心供应、血透等科室，4层为手术中心，5层平面为手术净化设备及库房，主楼6至25层为标准病房护理单元，主楼地下部分主要用于地下停车、总务库房和设备用房。该项目规划已报市政府待研究批复。

金光街大桥方案设计。2016年1月，市规划局面向国内知名设计院，对金光街跨河大桥设计公开征集方案，共有9家设计单位参加，提交22个设计方案，经初评，有6家设计单位、8个设计方案入围。市规划局将8个入围方案在《寿光日报》和《寿光日报》微信平台进行公开意见征集，并邀请全国知名专家对入围方案进行评审，在综合考虑桥梁景观、结构合理性、工程造价等因素的基础上，推荐出前3名设计方案，分别为上海林同炎李国豪土建工程咨询有限公司的“天使翼”和“生命树”，上海市政工程设计研究总院（集团）有限公司的“弥河飞翼”。综合公众和专家评审意见，提交市规划委员会审议通过后，于3月提报市政府常务会研究，最终确定“天使翼”设计方案为中标方案。“天使翼”设计方案采用拱桥桥型，拱桥曲线柔美，能够与周围高耸的小区住宅形成呼应，整座大桥如一个张开翅膀的天使。人行道的拱形曲线随视角的不同给人翅膀在扇动的效果。横梁密置，桥梁内外之间形成百叶窗的朦胧效果。

东城高级中学规划设计。寿光市东城高级中学选址在体育场南侧，六股路新村西侧，富士街路北侧，占地约150亩，规划用地面积10034平方米，总建筑面积78028.12平方米，规模为72个班、3600名学生。建设教学楼、图书信息楼、综合楼（改建）、办公楼、食堂、学生宿舍、教师公寓、1200座报告厅、合班教室及学校相关配套项目等。校园总平面规划设计坚持人工设施、自然环境有机结合，将教学、办公、体育运动、生活后勤等不同功能进行分区，各区之间联系便捷、互不干扰，方便安全疏散，达到布局合理，分区明确。坚持以人为本原则，校园规划设计以适应和符合小学生身心发展的特点，以有利于学生和教师学习、工作、交往为原则，确保师生安全为宗旨，最大限度地提供较为宽裕的活动空间。总体规划上，突出轴线空间的序列感，整个校园分为教学区、办公区、运动区、后勤区四大部分，功能分区明确。流线组织上，通过入口广场、校园主道和局部的架空系统组织，并合理组织其他交通流线。绿化轴线、中心绿化广场成为统一全局的景观纽带，使各个特色景观相互联系，形成各种类型的小景观中心。方案立面为现代风格，塑造典雅又具有文化气息的校园形象。该项目规划于2016年1月经市政府批复。

寿光市福缘颐养中心规划设计。该项目由寿光市福缘工程管理服务有限公司建设，位于永泰路以东、纬五路以北，项目用地面积35186平方米，总建筑面积30057平方米，容积率0.85，建筑密度23.06%，绿地率40.34%，停车位123个。该中心立足老年人需求，将项目根植于老年人的衣食住行，设置居家养老颐养中心、健康老人公寓、介护老人公寓、老年人活动中心、医疗机构，为老年人提供贴心安全健康的适老化服务。中心外环系统位于基地四边，为主要的基地交通环路，连接基地的主要出入口，可使救护车及消防车方便的到达每一座建筑的入口处。内环系统位于基地中央，结合景观布置，设置风雨连廊，为步行环路。做为老年人日常出入的主要通路，内环系统和景观完美结合，同时做到无障碍设计，方便轮椅老人及拐杖老人出行休息。绿化景观设计用整体绿化系统贯穿整体，该小区通过空间的变化以及地面、坡地、架空层屋顶绿化有机结合，营造多层次的绿化生态环境。该项目规划于2016年7月经市政府批复。

寿光极地海洋世界建筑规划设计。寿光合达极地海洋世界有限公司建设的寿光极地海洋世界项目位于益城街以南、金海路以西，项目用地面积36039平方米，总建筑面积4.5万平方米，地上建筑面积3.7万平方米，地下建筑面积8000平方米，容积率1.03，建筑密度35.9%，绿地率31%，停车位218个。寿光极地海洋世界在建筑形式和馆内的主题展区突出特色，以打造儿童海洋科普教育和互动的文化中心为目标。建筑整体形状与场地契合，将弧形边缘一侧面向湿地公园的场地留出来作为主要集散广场，保证主要空间的完整性，将停车位布置在场地西侧和南侧，实现建筑主立面及广场区域内没有机动车交通，人车完全分流。场地景观与建筑有机结合，打造海洋主题特征。建筑内部围绕中央花园布置各个海洋主题展区，环绕中央花园的缓坡将访客由地面带到不同楼层，最终到达屋顶花园，为儿童打造一个空中的户外乐园。该项目规划于2016年7月经市政府批复。

寿光万达广场建筑规划设计。寿光万达广场是集购物、休闲、娱乐、餐饮为一体的一站式购物中心，位于寿光市主城区，总用地面积66667.06平方米，总建筑面积96226.7平方米，项目北侧为凯马汽车厂房（已搬迁），东侧为金玉米淀粉厂，南侧为墨龙花园高层住宅区，西侧为空地，项目北距潍坊科技学院700米，周边商业氛围浓厚，人口密集。项目坚持以打造城市地标为原则，建筑造型及色彩搭配创造鲜明的标志性，通过人车分流，创造安全宜人的商业步行空间。商场沿学院路与广场街布置，结合现状主要人流方向，将商场人行出入口沿学院路设置，并沿学院路形成开阔的商业景观广场，为市民提供休闲、娱乐、交流的广场空间，沿商业的外围形成一周商业步行街道。地面采用林荫式停车场，停车位采用嵌草铺装，以增加整个园区绿地面积。停车场路面采用彩色沥青，配合当地特色植物，打造七彩绿茵式停车场。建筑整体形象简洁明快，曲线造型贯穿整个形体。建筑整体材质以暖色为主，结合靓丽的广告设计丰富人们的视觉感官。立面形象整体刚柔并济，浑然一体。该项目规划于2016年5月经市政府批复。

潍坊全科医学职业教育学院规划设计。潍坊全科医学职业教育学院是寿光市卫生和计划生育局直属公立学校，项目位于东城新区核心区域，弥河以东。规划用地南临洛盛街、西靠尧河路、东临文远路、北靠纬四路，总用地面积7.88公顷。规划总建筑面积9.10万平方米。该校规划为一座高等医学专科学校，可容纳2000名学生，由教学区、运动区及食堂、宿舍区三个功能区块组成。该项目规划方案是教学实验楼+合班教室与礼堂一起构思校区的南向入口形象，方案运用向两侧略带倾斜的水平形象，配以玻璃幕墙和水平金属百叶，使得东西方向舒展延伸，富有动感。综合主楼正面朝向入口主广场，布置在校区的核心位置。该项目规划于2016年5月经市政府批复。

寿光市西城养老中心规划设计。寿光市西城养老中心位于市区西侧，南侧紧靠市区主道路文圣街、圣城街，北侧紧邻八里庄，西侧为八里沟路，东面为八里庄进村路，西南角为顺通物流有限公司。基地地处市区建成区西部，配套设施齐全，交通便利。项目总用地面积174412.12平方米，建设用地140439.08平方米。以寿光市总体规划为指导，秉承寿光市“精品项目”开发理念，借鉴成功的医疗保健及养老模式，营造具有和谐生态环境、富于诗意的景观养老社区，形成“以医养老，医老结合”，立足西部，辐射寿光中心城区的社区新型模式。建筑单体布局以南北朝向为主，在利用基地四周不规则边界充分获得日照和景观的同时，通过对区内各空间组织设计，形成两大功能区——医疗服务区、养老服务区，两区通过中间支路进行连接，各区相互依存，创造层次丰富的内部环境。根据周边城市形态特征及创造和谐生态环境的设计原则，整个规划区错落布置高层、小高层、多层建筑，形成南北通透，东西开阔的整体空间形态。在满足有关医疗卫生、住宅户型平面开发要求的前提下，结合“绿色社区”的主体概念，运用亲和适度的现代建筑语言，营造独具特质的医疗、养老形象。该项目规划于2016年5月经市政府批复。

寿光西城医院规划设计。寿光西城养老中心建设的西城医院项目位于文圣街以北、八里沟路以东，项目用地面积63566平方米，总建筑面积101193.44平方米，地上建筑面积74631.98平方米，地下建筑面积26561.46平方米，容积率1.17，建筑密度21.06%，绿地率35.52%，机动车停车位721个，非机动车停车位400个。西城医院项目以医疗卫生为中心，兼顾周边养老设施，通过对区内各空间组织设计，形成五大功能区——医疗卫生区、人才培训服务区、总务后勤培训区、公共绿地区、集中停车区，五区通过环形道路进行连接，各区相互依存。医疗服务区分别从东、西两面出入口进入规划区，在北侧规划支路，方便后勤及医疗废弃物运输。内部沿环路通行，便利使用。中心公共绿地作为整个规划区与周边环境过渡的载体，以丰富的小型活动广场及水系为点缀，展现一个开放、自然、生态、亲和的医疗环境。该项目规划于2016年12月经市政府批复。

城市建设

【管理机构】 2016年，寿光市住房和城乡建设局内设办公室（挂信息宣传科牌子）、组织人事科（挂督查科牌子）、财务审计科（挂科技教育科牌子）、政策法规科（挂审批服务科牌子）、村镇建设科（挂建设执法管理科牌子）、工程建设科（挂勘察设计科牌子）、城市建设管理科（挂公用事业科牌子）、安全生产监督管理科、城镇化工作办公室9个科室。下辖正科级事业单位4个，分别是寿光市环境卫生管理处、寿光市园林绿化管理处、寿光市建筑工程管理处、寿光市城市管理行政执法大队；副科级事业单位5个，分别是寿光市建筑工程质量监督站、寿光市路灯管理所、寿光市房屋征收与补偿办公室、寿光市城市供排水管理处（挂寿光市城市节水管理办公室牌子）、寿光市住房和城乡建设局城市建设管理处；股级事业单位4个，分别是寿光市墙材革新与建筑节能管理办公室（挂寿光市散装水泥办公室牌子）、寿光市城建档案馆（挂寿光市城建和地下管线档案管理办公室牌子）、寿光市房地产开发管理办公室、寿光市燃气供热服务办公室。1月，根据《关于撤销市房地产开发管理办公室的通知》（寿编发〔2016〕8号），将寿光市房地产开发管理办公室整体划转到寿光市房屋征收与补偿办公室。12月，根据《关于进一步理顺住建系统单位职责关系加强住房和城乡建设领域监管执法工作的通知》（寿编发〔2016〕69号），市建筑工程管理处由正科级规格调整为副科级规格；整合市房产服务所、市房屋安全鉴定所、市住宅维修基金管理办公室，组建市房产服务中心，为市住房和城乡建设局所属公益一类事业单位，副科级规格；将市物业管理办公室调整为市住房和城乡建设局所属公益一类事业单位，副科级规格。

正科级单位内部机构设置。寿光市环境卫生管理处内设办公室、财务科、保洁一队、保洁二队、保洁三队、保洁四队、清运一队、清运二队、环境卫生监察中队、环卫科技信息科、督查考核办公室、设备科、垃圾统管统运管理办公室13个科室。寿光市城市管理行政执法大队内设办公室、财务科、投诉受理科、第一中队、第二中队、第三中队、第四中队、洛城中队、古城中队、孙家集中队、圣城中队、文家中队、稻田中队、侯镇中队、田柳中队、营里中队、化龙中队、纪台中队、羊口中队、台头中队、上口中队、政工科、法规科、督查科、宣传教育科、审批管理科、装备技术科、规划执法中队、直属中队、渤海路管理办公室、社区城管服务办公室31个科室。寿光市园林绿化管理处内设办公室、财务科、绿化科、园林监察科、园林绿化科学研究所、仓圣公园管理所、弥河风景区管理所、人民广场管理所、彩虹公园管理所、弥河湿地公园管理所、东城公园管理所、生态农业观光园管理所12个科室。建筑工程管理处内设办公室、财务科2个科室，下辖寿光市建筑工程施工管理站、寿光市建筑工程市场管理站、寿光市工程建设标准定额管理站、寿光市建筑业劳保费用行业管理站、寿光市招标投标管理办公室、寿光市建筑工程交易中心、寿光市建筑工程安全监督站7个股级事业单位；2016年12月，根据《关于进一步理顺住建系统单位职责关系加强住房和城乡建设领域监管执法工作的通知》(寿编发〔2016〕69号)，市建筑工程管理处由正科级规格调整为副科级规格，将市建筑工程安全监督站整建制划入市住房和城乡建设局所属的市建筑工程质量监督站，将寿光市建筑工程施工管理站、寿光市建筑市场管理站、寿光市工程建设标准定额管理站、寿光市建筑业劳保费用行业管理站、寿光市招标投标管理办公室、寿光市建筑工程交易中心6个股级事业单位调整为市建筑工程管理处股级内设科室。

副科级事业单位内部机构设置。寿光市住房和城乡建设局城市建设管理处内设办公室、市政公用科、市政工程质量监督科、工程预算科4个科室。寿光市建筑工程质量监督站内设办公室、总工办、工程监督一室、工程监督二室、工程监督三室、工程监督四室、工程监督五室、督查一室、督查二室、工程竣工验收备案办公室、检测管理科、建筑机械行业管理科、建筑工程监理行业管理科13个科室。寿光市路灯管理所内设办公室、维修科、工程科、材料科4个科室。寿光市城市供排水管理处（挂城市节水办公室牌子）内设办公室、管道管理科、污水管理科3个科室。寿光市房屋征收与补偿办公室内设综合科、拆迁管理科、调解裁决科3个科室。

【城区道路】 2016年，实施尧河路北伸改造、文远路改造等17项道路工程，新建改造城市道路14公里，至年底，城区道路长度727.22公里，人均占有城市道路面积32.27平方米。益羊铁路迁移后银海路建新街路口打通改造、光明路改造、两馆一中心配套道路建设、豪源路道路及排水等4项工程被评为“潍坊市市政金杯示范工程”，其中益羊铁路迁移后银海路建新街路口打通改造工程被评为“山东省市政金杯示范工程”。对市住房和城乡建设局办公院落进行街区制试点改造，拆除院落围墙，将院内道路与周边市政道路相连通，进一步优化路网结构，提高道路通达性，方便市民出行。

【供水与排水】 供水。2016年，投资320万元，建成供水管网4.5公里，改造老旧管网1公里，至年底，城市供水管网总长度305公里，城区供水管网覆盖率达100%。城区共建有城北水厂、东城水厂、第三水厂3个城市供水厂，设计日供水能力达到7万立方米。

排水。2016年，实施跃龙河改造、北环路排水等4项排水工程，新建改造排水管道42.7公里。至年底，城区排水管道总长度869公里，城区排水管道密度每平方公里21.83公里。在市政工程建设中，充分融入海绵城市建设理念，实施建设大厦海绵城市试点工程，使用透水混凝土、透水砖及透水沥青等铺装材料，铺设蓄水模块和渗水模块，使雨水得到最大程度的利用，实现时降雨量40毫米或年降雨量400毫米院落雨水不外排。在弥河东坝坝下路人行道、学院东街人行道等工程中也广泛采用透水铺装。

建成使用羊口镇先进制造业园区污水处理厂1座，日污水处理规模为2万吨，建成使用镇级污水管网8公里。至年底，全市已建成城市污水处理厂4座、镇（街区）污水处理厂10座，日污水处理规模达到29.7万吨。加快农村社区污水处理设施建设，建成洛城街道董家花园、纪台镇中心社区、双王城寇家坞社区等8个社区污水处理设施，其中双王城寇家坞社区建成使用的1座小型污水处理设施，日处理污水约30吨，出水水质达到国家一级A排放标准，其余7个社区的生活污水通过铺设污水管道接入城镇污水管网，至年底，全市有53个农村社区实现污水全部处理。全年完成建筑中水站验收7个。

【城区照明】 2016年，实施24个路段路灯工程，安装路灯1291基，城市路灯总量达到1.3万余基、3.9万余盏，路灯专用变压器197台，城区主干道路灯装置率达到100%。加强路灯维护管理，全年维修路灯1.2万余盏，维修更换电缆6912米，维修检查井56个，维修灯杆灯臂198基，调正灯杆143基，路灯亮灯率保持98%以上，设备完好率达到100%。按照文明城市创建要求，组织对城市背街小巷亮化情况进行全面排查，对10条背街小巷和部分城中村的出入口安装路灯。开展春节亮化工作，在城区渤海路、银海路、广场街、圣城街等主要路段安装灯串、流星雨、灯笼、中国结等亮化设施，营造喜庆吉祥的节日氛围，树立城市良好形象。

【住宅小区建设】 2016年，寿光市房地产开发市场保持平稳发展，市场秩序进一步规范，开发建设品质不断提升。全市在建房地产开发项目77个，其中续建72个、新建5个；完成房地产开发投资61.3亿元，同比下降9.6%；开复工面积538.46万平方米，同比下降1.1%；新开工面积138.4万平方米，同比增长22.3%。实行开发企业信用等级评价制度，培育“信用好、实力强、业绩优”的大型企业集团，依法依规淘汰“小弱散”中小型企业，全市共有房地产开发企业97家，其中三级资质以上开发企业21家，已被限制开发企业25家。推动住宅产品由量的增长向质的提升转变，加快节能、绿色、环保型技术应用推广，玉泉苑项目于2016年10月通过住建部3A级住宅性能认定终审；弥河玉城•馨苑项目于12月通过住建部3A级住宅性能认定初审。

【重点工程简介】 *沿益羊铁路城区段雨污水主沟（一期）工程*。该工程由寿光市市政工程有限公司、临朐县市政工程有限公司、潍坊顺和市政园林工程有限公司承建，建设起点为文圣街，终点至农圣街，长约5100米。益羊铁路迁移后，为增加城区雨、污水出口，沿原铁路（渤海路与原铁路相交处——文圣街与原铁路相交处）埋设断面尺寸为4米×2.5米雨水钢筋混凝土沟、DN/ID1000污水管道等。该工程于2015年10月开工建设，2016年8月竣工投用。

跃龙河改造工程。该工程由山东映瑞建设工程有限公司承建，建设起点为圣城街，终点至北环路，长约1755米，包括清淤疏浚河道、埋设4米×2米钢筋混凝土雨水沟，

并对两侧河堤进行加固，恢复原有河道功能。改造后，河道蓄水能力从原来的2万立方米提高到11万立方米，对西部城区补充地下水、涵养地下水源、改善局部生态环境将发挥重要作用。该工程于2016年4月开工建设，6月竣工投用。

幸福路打通工程。该工程由山东金路交通实业有限公司、潍坊昌大建设集团有限公司承建，建设起点为圣城街，终点至公园街，长约640米，断面形式为主路面15米，每侧建设3.2米人行道。该工程于2015年下半年开工建设，2016年10月全部完成投用。工程竣工后，实现幸福路南北贯通，有效缓解城市交通压力，方便市民出行。

文远路改造工程。该工程由寿光市市政工程有限公司承建，建设起点为圣城街，终点至富士街，长约740米，道路红线35米，绿线85米，设计断面为16米主路面，道路两侧分别建设2米绿化分隔带、3.5米自行车道、2.5米人行道，包括路面、自行车道、人行道、雨污水排水管道、路灯、消防设施等。该工程于2015年10月开工建设，2016年4月竣工投用。

尧河路北伸改造工程。该工程由山东金路交通实业有限公司承建，建设起点为洛盛街，终点至洛兴街，长约650米，道路红线55米，绿线95米。设计断面为22米主路面，道路两侧分别建设5米绿化分隔带、3.5米自行车道、2.5米人行道，包括路面、自行车道、人行道、雨污水排水管道、综合管沟、路灯及消防设施。该工程于2015年10月开工建设，2016年5月竣工投用。

尧河路南段改造工程。该工程由山东寿光宏安路桥有限公司承建，建设起点为圣城街，终点至富士街，长约785米，道路红线55米，绿线95米。设计断面为22米主路面，由于路西侧自行车道及人行道已经建设完成，此次只在路东侧建设5米绿化分隔带、3.5米自行车道、2.5米人行道，包括路面、自行车道、人行道、雨污水排水管道、路灯及消防设施。该工程于2015年10月开工建设，2016年4月竣工投用。

屯西新村东侧南北规划路。该工程由寿光市市政工程有限公司承建，建设起点为农圣街，终点至富士街，长约460米。道路横断面为12米主路面，道路两侧分别建设4米人行道，道路红线宽25米。该工程于2015年10月开工建设，2016年5月竣工投用。

月季园。月季园位于弥河东岸，东方绿洲公园以北，占地25万平方米，是一座以月季为主题，集月季种植、生产科普、拓展训练、野营游乐、婚纱摄影等功能于一体的公园。园区以环形健身步道串联月季展示、婚庆草坪、玫瑰花谷、月季花田等14处景区，并设有亭廊、花架、栈桥、草屋、风车等景观设施，休闲坐椅、垃圾箱、公共厕所等便民设施配套齐全。园区月季品种繁多，包括大花、丰花、微型、地被、藤本、树桩等共6大系列15余万株。同时，搭配种植多种乔灌、水生、宿根等园林植物，营造主题鲜明、色彩绚丽、空间丰富的园林景观。该工程由寿光园林建设集团承建，于2016年1月开工建设，12月竣工运营。

社会主义核心价值观主题公园。位于弥河东岸，占地面积33万平方米，依托国家AA级旅游景区——中华牡丹园建设而成。公园充分依托原有花、树、水、路、石、廊、桥等景观资源，规划设计有“国是家、善作魂、孝当先、诚立身、勤为本、俭养德、和为贵、廉为基”等8个主题展示区和若干主题鲜明、内涵丰富的人文景点，弘扬主流价值，传承道德文化，既单独成景、自成一体，又连缀成篇、相映成趣，实现美景与美德的

结合、教育与游览的统一。该工程由寿光园林建设集团承建，于2016年7月开工建设，12月竣工运营。

【市政设施养护】 2016年，累计完成城区道路挖补2.4万平方米，沥青灌缝2.3万米，人行道维修3000平方米，路沿石、边石维修更换2300米，更换隔离墩160个，维修树穴150个，主干路设施完好率始终保持在99%以上，次干路和人行道设施完好率保持在98%以上。加强城区排水设施养护管理，对城区内380公里排水管网进行全面清理疏通，排水设施完好率始终保持在98%以上。

【城市拆迁管理】 2016年，先后开展济青高铁寿光段工程、济青高速拓宽寿光段工程、G308国道建设寿光段工程、临港工业区改造工程、疏港铁路工程、跃龙河改造工程、地表水利用工程、历史文化中心供暖管道工程、铁路花园市区绿化工程以及幸福路打通工程、大沂路北伸工程、健康街与晨鸣路口改造工程、渤海路北出入口改造工程、东升路改造工程、南大路改造工程、市场路改造工程、广场街改造工程、羊田路与寿济路路口改造工程等26个重点征收项目，全年征收面积611万平方米，总户数1169户，征收补偿2.96亿元。

【燃气、供热管理】 2016年，重新修编《寿光市燃气专项发展规划》，对气源保障、供气管网建设、“镇村通”天然气工程和汽车加气站站点布局进行详细规划。全年铺设中低压燃气管道63公里，建成寿光实华天然气有限公司天然气门站1座。至年底，全市管道天然气用户83500户，城市居民管道燃气普及率达到81%。制定《寿光市“镇村通”天然气工作推进方案》，并在5个街道和羊口镇、双王城园区、侯镇实现通气，镇（街区）集中供气比例达到53%。在晨鸣工业园、东城工业园、侯镇工业园、科技工业园实现集中供气，在城市集中供气管网覆盖范围的28个城中村实现村村通天然气。稻田镇的崔西村、西菜园村，田柳镇的田柳村，古城街道的怡尚苑社区，化龙镇的裴岭村5个农村社区采取LNG气化站方式实现集中供气。加快推动天然气市场整合，由市城市建设投资开发有限公司参股的山东鲁洋燃气有限公司取得羊口镇、双王城园区天然气经营权并投入运营，未按要求铺设天然气管道的燃气公司经营区域被无条件收回，未取得用地许可的天然气加气站指标也全部收回。加强燃气安全管理，开展液化石油气站点整治工作，对寿光市各燃气企业安全生产隐患和违法违规行为进行全面排查，全年共组织燃气安全生产检查6次。开展“冬季燃气安全宣传月”活动，指导城乡居民安全用气，发放居民用气安全手册500余份，发放《液化石油气使用安全手册》5万余份。2016年，寿光东城热力有限公司投资550万元，铺设洛兴街至东城人民医院3公里供热管道；潍坊华源热力有限公司投资320万元，铺设东七村至世纪凤华学校1.2公里供热管道。稳妥推进供热计量智能化改造，完成乌托邦和巨能华府两个试点小区改造。至年底，全市供热面积达到1160万平方米，城市供热普及率达到81%。

【数字化城市管理】 2016年，对数字化城管视频系统进行升级改造，更新防汛摄像监控探头20个，并在原来共享305路公安治安视频基础上，将交警视频共享接入数字化城管平台，使监控点达到近1000个，为城市防汛等各项应急指挥工作提供技术支持，全年通过数字化城管系统发现处置各类城市管理案件68322件。

【城建档案管理】2016年，重新修订出台《寿光市城乡建设档案管理办法》（寿政办发〔2016〕34号）和《寿光市城市地下管线工程档案管理办法》（寿政办发〔2016〕35号）两个规范性文件，进一步规范城建档案管理工作。先后对47个市政工程进行档案预验收，完成建筑工程单体档案验收124个、面积1196565.9平方米，全年收集整理工程档案资料共计600余卷。

【管线普查】 2015年3月至2016年9月，组织开展第二次地下管线普查及信息系统建设工作，普查范围为四环路以内，普查内容主要包括两部分：一是对老四环路即黄海路、金海路、文圣街、农圣街范围内未更新的管线进行补测补绘；二是对新四环路与老四环路之间区域普查。普查管线包括供水、排水（雨水、污水、雨污合流）、燃气（天然气）、工业（石油）、热力（蒸汽、热水）、电力（供电、路灯、交通信号）、通讯（电信、联通、移动、铁通、电力通讯、监控信号、军用光缆、长途传输、有线电视）等7类21种管线。此次普查面积约167平方公里，累计普查管线总长度3627公里。建成寿光市地下管线信息系统，该系统包括地下管线综合管理系统、地下管线综合应用系统、地下管线数据处理系统、地下管线三维展示系统等四部分，其中三维展示系统部分利用无人机航拍、模型贴纹理等先进技术、方法，对主城区四环路以内主、次干道两侧80米范围内的建筑、地面、道路设施、绿化等进行三维建模，建模面积约35平方公里，实现地下与地上三维全景立体模拟。2016年，完成地下管线数据更新52.149公里。

【小城镇建设】 引入城市化建管模式，实行组团式、地产式开发，完善城镇道路、供水、排水、亮化等基础设施，配套文化、教育、卫生、体育等公共服务设施，建设“集约、智能、绿色、低碳”新型城镇。2016年，全市完成村镇建设投入25.06亿元，羊口镇于10月被评为中国特色小镇，12月又被评为“山东省农村地区供暖试点县（镇）”；台头镇于12月被评为“2016山东特色产业镇创新发展20强”。积极开展农房建设和农厕改造工作，全年共完成农村危房改造457户，完成农房建设3361户，完成农村无害化卫生厕所改造47089户。

【农村社区建设】推进农村新型社区建设，2016年开工建设农村新型社区36个，建设公寓楼342栋，建成主体9268户。在全市范围内开展功能配套齐全、生活服务周全、基础设施安全、治理机制健全和特色优势鲜明的“四全一特”示范社区建设，全面改造提升已建成社区，全年全市建成16个“四全一特”示范社区。开展农村社区服务中心建设提升工作，按照“一厅一校十室”（“一站式”服务大厅，社区教育学校，社区综合办公室、多功能会议室、党员活动室、综治警务室、卫生室、文体活动室、阅览室、农业综合服务室、社会组织服务室、电子商务室）建设标准，分3年建设提升全市94个农村社区服务中心，其中2016年完成30个农村社区服务中心建设提升任务。

【新型城镇化工作】 编制完成《寿光市新型城镇化规划（2015—2020）》《寿光市人口市民化规划》，出台《关于加快推进人口市民化的意见》，统筹推进城乡一体化发展和建立多元化可持续的城镇化投融资机制两项试点工作。2016年，全市共实现1.8万名农业人口转移为市民化，有7000名城中村和城边村居民完全市民化，常住人口城镇化率达到59.52%。

【园林绿化】 2016年，寿光市突出品质、民生、生态主题，推进园林绿化建设，实施铁路公园、中华月季园、东方绿洲二期、牡丹园改造、羊临路绿化、安顺街绿化、弥河东坝坝下路绿化等22项绿化工程。扎实推进城区闲置土地绿化和社会单位绿化工作，全年新建改建绿化面积412公顷，城市绿化覆盖率达到44.91%，绿地率39.91%，人均公共绿地面积23.46平方米，市区公园、游园数量达到61处，形成生态宜居、人景互融、绿色共享的生态园林新格局。4月，全省城市建设管理工作座谈会在潍坊召开，寿光市在会上作交流发言，并高标准筹备该会议园林绿化观摩现场。5月，住建部对包括寿光市在内的全国首批7个国家生态园林城市正式授牌；在第十届中国（武汉）国际园林博览会上，寿光市承建的“寿光园”被授予“室外展园综合金奖”；成功举办2016黑剪刀国际盆景制作论坛暨全国盆景精品邀请展。按照“精心、精细、精致、精美”的要求，不断提升园林绿化管理标准，维修更换各类公园游园设施600处，修剪乔灌木50万株，摆放各类时令鲜花35万株。

【城管执法】 2016年，加强对违法建设的治理，将违法建设控制在萌芽状态。加大对住宅小区和废弃地违法建设查处力度，确保第一时间发现，第一时间停工处理。全年共查处违法建设53起，拆除2210平方米。加强对违章占道整治，全年共取缔占道经营3200余处。坚持疏堵结合、方便市民的原则，全年新增设7处临时性便民摊点群，在现代小区西北角建设惠民精品夜市，既方便市民群众，又解决摊贩生计问题。加强农贸市场和便民市场管理，对东郭、三里等农贸市场实行定点、定人、定线管理，对光明路便民市场等早市、夜市实行错时执法，规范市场周边环境秩序。加强对露天烧烤治理，在《寿光日报》头版、市电视台黄金时段播发《致广大市民和烧烤经营业户的一封信》，通过联合执法，取缔城区占道经营的露天烧烤，环保无烟烧烤炉具使用率达到100%。加强对噪音污染治理，开展“环境噪音治理月”“宁静夏天行动”等专项治理活动，特别是中高考期间对学校、考场、居民小区周围的环境噪音进行专项治理，全年处理商业、建筑噪音案件3000余起。加强对户外广告管理，对陈旧、破损、不规范广告牌全部进行强制拆除；定期组织清理各类落地灯箱、竖置违章广告牌，拆除超期设置的齐民思酒厂、招商银行、商业银行、正阳花园等多块特大型立柱广告牌，有效改善市容环境。加强非法小广告清理整顿，组织夜间巡逻队伍，严格执法管理，对发现的乱喷乱贴小广告发现一条擦除一条，有效净化市容环境。新设置8处公共信息张贴栏，免费为市民提供信息发布平台，减少乱贴乱画问题。全年共清理拆除不规范广告牌匾1900块，督促修复破损围挡广告4000平方米，审批广告牌1390块。加强对超重车辆整治，采取日常巡查、突击检查和联合执法相结合的办法，严肃查处擅自进入城区道路的超重车辆，全年共查处超重车辆4317辆（次），有效保护城市道路设施。深入推进城管进镇街、进社区、进城中村工作，加快城管工作向基层延伸，有效解决镇街24个农贸大集“涨市”问题。在33个村开展村容环境综合整治活动，严格查处居住小区侵占公共绿地、噪声扰民、私搭乱建等违章行为，至年底共进驻镇街13个、城中村33个、居住小区17个。

【环境卫生管理】 2016年，继续推进环卫管理体制改革，组建寿光环卫集团，实现环卫业务干、管分离。深入开展城乡环境卫生整治，多次组织对城区、城乡结合部积存垃圾点进行集中清理，先后开展4次农村环境卫生综合治理，对铁路沿线200米范围内的积存垃圾和“三大堆”进行集中清理，城乡环境卫生面貌明显改善。在圣城街、银海路、金海路开展“以克论净”深度保洁试点，承揽的潍坊市区北海路被评定为潍坊市道路深度保洁示范路。完善环卫基础设施，集中购置60部环卫车辆，对10座生活垃圾中转站压缩设备进行更换，生活垃圾清运处理水平进一步提高。开工建设2个一般固体废弃物处理厂，在各镇（街区）设置建筑垃圾暂存点和填埋场，对全市1160处存量建筑垃圾点进行全面清理，实现一般固废规范化处理。制定出台《寿光市餐厨废弃物管理办法》，组建餐厨废弃物清运队伍，建立规范化餐厨废弃物收运处理体系，配备2部专用收集车，在全市免费发放600多个专用垃圾桶，对餐厨废弃物进行统一收集和无害化处置。推进垃圾分类收集处理，在城区墨龙花园、国土花园、嘉和园、公路公寓4个小区开展试点，取得较好成效。投资1700多万元，对城乡主次干道两侧部分土路口进行硬化，有效减少车辆带泥上路问题。

【建工管理】 2016年，全市完成建筑业总产值202.3亿元，实现利税19.7亿元。加快建筑业结构调整，全市各类建筑施工企业达到186家，其中施工总承包企业45家，包括一级资质企业6家、二级企业20家、三级企业19家；专业承包企业119家，包括一级企业17家、二级企业60家、三级企业9家、不分级别33家；劳务分包企业22家。施工领域涉及建筑施工、公路工程、水利水电工程、石油化工工程、机电工程、钢结构、消防、输变电、地基基础、预拌混凝土、防水防腐保温、装饰装修、道路照明等方面。开展工程创优工作，2016年共创建国家优质工程1个，全国建筑工程装饰奖1个，山东省建筑工程质量“泰山杯”奖2个，山东省装饰工程质量“泰山杯”奖1个，有4个项目、6个单体工程荣获2016年度潍坊市建筑工程质量“鸢都杯”工程奖，3个工程荣获2016年度潍坊市建筑装饰装修工程质量“鸢都杯”工程奖，其中圣都建设集团施工的颐和花园项目评审成绩第1名；组织7家企业参加潍坊市2016年QC成果交流会，共有7项成果获奖。加强农民工工资清欠工作，全年共处理建筑领域农民工讨薪投诉案件266起，涉及3568名农民工，共计欠款8244.41万元，同时处理市长公开电话107个，共涉及欠款2488.74万元，同比分别下降29.26%、25.56%、41.25%、51.14%、34.96%。加强建筑企业养老保障金收缴管理，全年共收缴养老保障金2839万元，并及时足额上解，按规定拨付和使用。加强建设执法管理，全年立案查处违法行为为26起，申请法院强制执行案件7件，收缴罚款610多万元。加强建筑工程质量管理，全年共监督建筑工程1020项，其中24项工程被评为潍坊市优良工程、8项工程被评为潍坊市优质结构工程、7项工程被评为山东省优质结构工程。加强建筑节能管理，严格执行新建居住建筑节能75%、公共建筑节能65%的新标准，全年建成节能建筑面积37.03万平方米，设计、施工阶段节能标准执行率均达100%。加快发展绿色建筑，全年新增太阳能光热建筑应用面积57万平方米，建筑节能与结构一体化推广应用面积3万平方米，华宇·玉泉苑、卡诺岛三期被确定为省级建筑节能与绿色建筑试点示范项目。2016年，全市从事工程设计的企业有7家，其中甲级资质1家、乙级资质4家、丙级资质2家，从事岩土勘察的企业1家（乙级资质），从事施工图审查的机构1家（二类资质）；从事勘察设计行业的专业技术人员220余人。其中，寿光市建筑设计研究院有限责任公司全年完成土建工程设计项目80余项，总建筑面积60万平方米；寿光市勘察设计院有限责任公司全年完成勘察项目100多项，进尺10多万米；潍坊益光工程设计审查咨询有限责任公司全年完成建设工程施工图审查项目422项，总建筑面积225万平方米。

【房产管理】 2016年，出台《关于化解房地产库存促进房地产平稳健康发展的意见》，制定农村居民和外来人口进城购房给予优惠和财政补贴等相关政策，促进房地产去库存。全年完成商品住房销售11648套、159万平方米，商品住房销售面积同比增长32.9%，其中农村居民和外来人口进城购买库存房源4330套、面积56.34万平方米，占全市商品住房销售量的1/3。出台《政府购买棚改服务暂行办法》《棚户区改造房票安置实施办法》，进一步完善政府购买棚改服务和棚改货币化安置的体制机制，全年实施棚改项目11个、8929户，争取棚改基础配套资金4930万元、中央和省级奖补资金1.2亿元。加大房地产市场监管力度，集中开展房地产中介机构非法集资风险排查和房地产领域突出问题专项治理工作，从严查处未批先建、发布虚假信息、无证预售、捂盘惜售、囤积房源、雇佣或纵容他人炒作房价等违法违规行为，维护房产市场秩序。新建成房屋交易与产权管理信息平台，建立完善预售许可管理、面积管理、楼盘表管理、商品房网签及交易管理、二手房网签及交易管理、房屋交易档案管理等功能，提高房产交易信息化管理水平。

【物业管理】 2016年，全市共有本地物业服务企业49家，其中一级资质2家、二级资质5家、三级资质42家；另有外地备案物业企业18家，其中一级资质6家、二级资质2家、三级资质10家。全市物业服务项目共292个，其中住宅项目215个、非住宅项目77个；物业服务面积1683万平方米，其中住宅面积1453万平米、非住宅面积230万平米。全市共有国家级物业示范项目2个，省级物业示范项目4个，潍坊市级物业示范项目24个。

【老旧小区改造】 2016年，南关、三里2个老旧小区改造试点项目于2015年9月开工建设，2016年6月全部竣工，完成工程总投资2060万元，改造建筑面积30500平方米，改造户数500户。主要改造内容包括小区道路、排水、停车位、路灯、外墙维护、绿化、供暖、供水、消防设施等项目。改造标准为小区主路改造为沥青路面，两侧为太平洋砖人行道，新安装节能路灯，楼后道路改造为混凝土路面，并增加嵌草砖停车位；对全部楼房进行外墙保温或刷新处理，小区空地全部进行绿化；供水、供暖均改造为一户一表，并实现远程控制，供水实现自动抄表，更换损坏的雨水排水立管；对小区院墙进行改造刷新，对楼道口台阶进行加宽改造。

（牟非）

环境保护

【管理机构】 2016年4月，寿光市环境保护局撤销污染防治科，设立土壤环境与固废管理科，同时加挂大气污染防治科牌子。至年底，市环境保护局内设科室分别有办公室、计划财务科、审批服务科、生态保护科、土壤环境与固废管理科（加挂大气污染防治科牌子）。下辖正科级事业单位2个，分别是环境监察大队、污水处理费征收办公室；副科级事业单位2个，分别是环境监测站、污染物排放总量控制办公室；股级事业单位1个，为环境信息中心；派出机构5个，分别是羊口环保所、侯镇环保所、古城环保所、文家环保所、台头环保所。共有干部职工135人。

2016年3月，市环境监察大队撤销法规宣教科，增设法规科、宣教科、应急办公室3个内设机构；市污水处理费征收办公室设立技术科、征收科2个内设机构；市环境监测站核增财政拨款事业编制15人。

2016年，市环境保护局获得全市“三八六”环保行动先进单位、全省环保公安联勤联动执法工作先进集体、2016年度中国环境报宣传工作先进单位等荣誉称号。

【环保概况】 2016年，市环保局以环境质量改善为目标，继续推进治污减排工程建设，加大执法力度，强化环境监管，着力解决突出环境问题。全年全市空气质量优良天数同比增加47天，重度及以上污染天数同比减少16天，PM10、PM2.5、二氧化硫平均浓度分别为每立方米109微克、66微克、38微克，同比分别改善18.05%、19.51%、20.83%。水环境实现根本改观，境内全部河流达到地表水五类水质标准，河流断面主要污染物COD和氨氮平均浓度为每升29.9毫克和0.586毫克，同比分别改善18.7%和32.7%。建立完善固废管理长效机制和综合监管体系，固废历史遗留问题得到有效解决，全市生态环境质量稳步向好。

【环境监测】 水质与噪声监测。2016年，继续对6条河流、8个地表水断面开展每月1次的25项指标监测，重点河流断面小清河羊口、联四沟八面河断面水质达到《地表水环境质量标准》（GB3838-2002）中Ⅴ类标准。对2个地下水饮用水源地开展每月23项和一次39项全分析监测，2个点位的监测结果总体符合《地下水质量标准》（GB/T14848-93）中Ⅲ类水质标准。开展区域内环境空气质量和降水监测，二氧化硫、二氧化氮、可吸入颗粒物、细颗粒物、臭氧（8小时平均）的监测平均值分别为每立方米38微克、39微克、109微克、66微克、112微克。全年共采集降水水样36个，降水pH监测结果范围为5.96～7.26，未显示出现酸雨。开展功能区环境噪声、区域环境噪声、道路交通噪声监测，区域环境噪声等效声级为56.4分贝，网格噪声达标率为83.84%，平均值达到《声环境质量标准》（GB3096-2008）中2类环境噪声标准。道路交通噪声等效声级为68.4分贝，达到国家《声环境质量标准》（GB3096-2008）中4a类噪声标准。1类功能区环境噪声昼间等效声级为54分贝，夜间等效声级为43.3分贝；2类功能区环境噪声昼间等效声级为57.9分贝，夜间等效声级为47.5分贝；3类区功能区环境噪声昼间等效声级为59分贝，夜间等效声级为49.9分贝；4类功能区环境噪声昼间等效声级为68.1分贝，夜间等效声级为53.4分贝。各个功能区等效声级均符合相应区域类别标准。开展农村环境质量监测，对三元朱村开展每季度1次的地下水水源地水质23项指标、环境空气质量3项指标和地表水水质25项指标的监测。地下水水质监测结果总体符合《地下水质量标准》（GB/T14848-93）中Ⅲ类水质标准。环境空气监测中除第1季度的PM10不能达到《环境空气质量标准》(GB3095—2012)二级标准外，其他监测结果均能达到《环境空气质量标准》(GB3095—2012)二级标准。农村地表水监测断面全面断流，未出具监测数据。对南水北调双王城水库入水口开展调水期间的加密监测和每月1次的24项全分析，3月、4月、8月、11月的监测结果符合《地表水环境质量标准》(GB3838-2002)表1中的Ⅳ类标准，其余监测时间段水质均符合《地表水环境质量标准》(GB3838-2002)表1中的Ⅲ类标准。开展市控以上国控废水、废气污染源、污水处理厂的监督监测，监测结果均达到污染源相应排放限值的要求；对企业自动连续监测数据进行有效审核，审核结果均符合比对监测误差范围的要求。开展环境安全预警和涉铅等重金属监测，未出现超标监测结果。

调查与监测。2016年，对全市重点VOC排放企业污染排放情况进行监测调查摸底，为环境管理提供数据基础。5月，完成编写《“十二五”环境质量报告书》，对全市环境空气、酸沉降、地表水、地下水、声环境及农村环境等主要环境质量要素以及环境空气污染排放、水污染排放、固体废物排放的状况和变化情况进行全面分析和评价，为政府综合决策、强化环境管理提供科学依据。先后参加5次突发性事故应急监测，其中1月10日开展长兴化工事故现场应急监测及后续处置过程中防泄漏应急监测、6月16日开展侯镇项目区新润化工邻硝基苯磺酰氯车间反应釜爆炸事故的现场应急监测，没有发生环境次生污染事故。还参加新沙路钟家村汽油罐车和液碱罐车相撞起火、潍高路与大西环路口油罐车侧翻事故、金海北路与永乐路路口天然气管道破裂等突发事故的现场处置等工作。10月，参加潍坊市环境应急演练暨监察监测技术比武，取得总分第1名。2016年4月，顺利通过山东省质监局的计量认证换证复审，监测项目由以前的17类224项，增加为21类342项，其中不重复项268、扩项44项，监测能力得到较大提升。加强监测人员能力建设，共有持证上岗人员16名，监测项目达到双人持证要求。9月，通过省质监局组织的2016年度全省室内环境污染物苯、土壤中总铬和铜的监测能力验证。

【环境监察】 排污费征收。严格执行排污费征收标准，坚持“依法、全面、足额、按时”的征收原则，做到征收依据充分，核算全面准确，操作程序合法，2016年共完成征收排污费3324万元。

环境执法。深入贯彻落实新《中华人民共和国环保法》，主动适应环境保护新常态，加大环境执法力度，对环境违法行为“零容忍”，严厉惩治各类环境违法行为。深入开展环境执法大练兵，开展各类环境执法行动，将日常监管与专项执法紧密结合，充分利用日常巡查、在线监控等执法手段，对370家重点污染源企业进行日常监管随机抽查；对泡沫箱企业、造纸企业、防水卷材企业等进行不定期专项执法行动，共检查企业400家，出动执法人员1500余人次，解决重点行业存在的突出环境问题，改善重点片区环境质量。扎实开展重点行业环境保护专项执法检查工作，成立5个调查组，对全市13家污水处理厂、3家钢厂和1家平板玻璃厂进行重点检查，对发现的各类问题进行分类处置，消除重点行业环境安全隐患，确保环境安全。全年全市共查处各类环境违法案件229起，罚款金额1561万元，责令改正178起，查封扣押9起，向公安机关行政移送案件4起，刑事移送案件6起，申请法院强制执行7起，按日连续计罚1起。

网格化环境监管体系建设试点工作。制

定印发《关于明确环境保护工作属地和部门职责建设网格化监管体系的意见》，进一步明确环境保护工作属地和部门职责。全市共建立一级网格1个，二级网格15个，三级网格941个，在各级网格派驻环境监管人员1003人。在网格化环境监管体系建设运行过程中，制定污染源监管清单，明确监管对象、内容和频次，建立健全和落实巡查、信息报告和公开、联合执法、案件移送移交、联席会议、督查考核等制度。

环境信访处理工作。按照信访办理程序认真处理群众来电来访、寿光民声、各级市长公开电话等环境信访案件，全年共办理来信、来电、转办等信访案件1464件，处结率达到100%。

应急管理工作。积极做好全市突发环境事件处置和重污染天气应对工作，督促完成360余家企业环境应急预案备案工作，6月与山东新龙集团有限公司开展突发环境事故应急演练，进一步提高环境突发事件应急处置水平。

其他环境监察工作。做好中、高考期间噪声管理工作，向有关单位下发《关于加强中高考期间环境噪声污染防治的通知》，明确职责分工，采取有力措施，确保考生顺利完成考试。开展秸秆禁烧工作，以市政府文件下发秸秆禁烧工作方案，联合公安、城管等6个部门，对全市秸秆禁烧工作开展巡查，及时发现、查处焚烧秸秆等违规违法行为。同时，积极报送环境监察政务信息，全年共报送各类环境监察政务信息10篇，位列潍坊市第1位。

【环境治理】 2016年，投资38.3亿元，完成深化“三八六”环保行动“十大工程”共341项年度任务。

产业提升绿色发展工程。严把项目审批关，新建燃煤项目在进行节能评估前，严格实行煤炭等量或减量替代，不再审批每小时20吨以下燃煤锅炉，对未完成能耗和煤炭消费控制目标影响全市煤炭总量控制任务的单位，暂停新增能耗项目的能评审批；严格环境监管，新建耗煤项目的排污强度必须达到国内先进水平，对未取得污染物总量控制目标的项目不予环评审批。做好化工企业转型升级工作，对全市所有化工企业从安全生产、环境保护、节能降耗、节约用水四方面进行单项评级，其中安全评级出具报告和分数的125家、环保评级出具报告和分数的220家、节能评级出具报告和分数的230家、节水评级出具报告和分数的222家，并建立和落实评级评价“一企一档”制度。按照“全覆盖、零容忍、严执法、重实效”的要求，实施化工企业“打非治违”专项整治，共责令整改化工生产企业109家，其中关停24家。发展循环经济，推进清洁生产，以创建潍坊市循环经济示范市为契机，发挥循环经济典型示范作用，指导和督促光大环保能源（寿光）有限公司基本建成潍坊市循环经济教育示范基地。全市有12家企业完成自愿清洁生产审核工作，有26家企业完成强制清洁生产审核工作。强化环境监管，促进结构调整，全年共随机检查企业326家；先后开展泡沫箱生产企业、造纸企业、防水涂料企业、重点大气污染企业、化工行业等重点企业、行业专项执法行动11次，有效解决不同行业存在的突出环境问题，全年共立案查处环境违法行为229起，处罚金额1561万元，查封扣押9起，向公安机关行政移送4起，刑事移送6起。

清洁能源替代工程。一是普及推广新能源。美能电力有限公司上口镇公用设施4兆瓦分布式光伏发电项目、景世乾双王城120兆瓦光伏电站项目、山东联盟化工股份有限公司12兆瓦分布式太阳能发电项目已并网发电，全年新备案屋顶分布式光伏项目3个，建设规模超过16兆瓦。二是加快燃煤锅炉淘汰和“煤改气”工程建设，2016年先后拆除碧水源洗浴等5台小型燃煤锅炉，完成双宇防水、佳源防水、赛维绿色科技等“煤改气”项目；完成化龙镇裴岭村集中供天然气工程管道铺设；双王城牛头镇村天然气入户工程和北魏社区天然气入户工程，至年底，主管道已铺装完成并全部进行入户安装；寿光实华天然气有限公司南环路门站建设工程全部建成投用。推进美丽乡村建设“镇村通”天然气工程，预计2017年镇（街区）驻地全部实现供气。三是组织实施节能减排工程。2016年，山东寿光巨能热电发展有限公司的锅炉节能改造一期、二期工程已全部完成，国华寿光电厂一期工程一号机组、二号机组也已正式投运。积极组织企业申报山东省节能奖、潍坊市节能奖、山东省太阳能集热系统财政补贴项目、工信部机电产品再制造试点、中央预算内投资备选项目、2016年度节能机电设备（产品）推荐及“能效之星”产品等项目，其中市联盟化工集团获得“山东省节能先进企业”和“潍坊市节能先进企业”称号，晨鸣纸业集团获得“潍坊市节能突出贡献企业”称号，新龙集团获得“潍坊市节能先进企业”称号；山东光耀超薄玻璃有限公司窑炉烟气脱硝除尘项目申报京津冀及重点地区污染治理工程2016年中央预算内投资备选项目，获得扶持资金383万元；文家中学、建桥中学、世纪凤华学校和城投.太阳城养老机构列入山东省太阳能集热系统计划，并已全部建成。

工业点源深度治理工程。2016年，进行推进燃煤机组、锅炉超低排放改造，全市共有14家企业18台燃煤机组、14台燃煤锅炉列入2016年潍坊市“三八六”燃煤机组、锅炉超低排放改造计划，至年底，全市共投资4.4亿元，完成18台燃煤机组、16台燃煤锅炉超低排放改造，在线监控数据均达到超低排放标准要求。全市超低排放燃煤机组装机量已达到燃煤机组总装机容量的79%；完成超低排放改造燃煤锅炉蒸吨已达到10吨及以上燃煤锅炉总蒸吨的65.4%，较改造前排放标准削减烟尘466吨、二氧化硫2390吨、氮氧化物1322吨。开展工业窑炉关停改造和有机化工行业泄漏检测与修复工作，对蔡伦中科肥料、二和铝型材制品、亚联生物科技有限公司3家企业的工业窑炉进行升级改造为燃气炉；对樱川机械工业窑炉予以关停取缔。全市共有18家有机化工企业开展挥发性有机物泄漏检测与修复（LDAR）工作，其中永康化学等12家企业已完成检测与修复，工作完成率为67%，超过潍坊市“2016年完成检测企业数达到50%”以上的要求。继续强化重点涉气企业环境监管，依法严厉打击大气污染违法行为，先后开展大气环保专项行动2次，共检查企业74家（次），其中对烟气排污口不规范的3家企业责令限期整改，达到规范标准，对涉嫌未批先建、批建不符的26家企业锅炉责令限期拆除。强化水污染治理，投资1.04亿元，实施圣沣食品等15项污水深度治理工程。加强对污水处理厂出水监管，市内13个城镇污水处理厂全部达标运行。投资5450万元，对重点企业物料堆场扬尘进行治理，督促企业加强内部物料堆场管理，落实扬尘污染防治措施，清除贮存、转运、筛分、装卸等过程中的产尘点。其中，鲁清石化投资800万元，对厂区进行地面硬化，建设防风抑尘设施和洗车平台，并定期对物料场地进行喷淋；鲁丽钢铁投资3000万元，在料场周围建设防风抑尘设施；金太阳热电投资1200万元，在煤堆料场建设抑尘炮；永康化学投资 200 万元，对厂区地面进行硬化，并建设密闭煤棚；联盟化工投资 30 万元，完善物料堆场防风抑尘设施，并新建喷淋设施；利飞混凝土外加剂有限公司投资 200 万元，对原料库进行封闭；东方宏业投资 20 万元，在煤堆料场设置抑尘炮。根据《寿光市重污染天气应急预案》要求，落实重污染天气应急措施，2016 年全市启动重污染天气应急响应 4 次。各应急响应参与部门分别落实各自工作职能，公安部门制定《重污染天气机动车限行方案》，在启动应急响应时城区内实施机动车临时限行；住建部门加强对公路、拆迁、建筑工地、渣土运输等易起尘作业点监督检查，根据应急响应等级采取应急措施；环卫部门加强对城市主干道保洁并增加洒水降尘频次，强化裸露地面、物料堆场扬尘控制，同时，责成应急响应中涉及的 13 家企业制定重污染天气减排方案，根据应急响应等级采取减产、限产措施，降低主要污染物排放总量，在应急响应过程中保持每天检查至少 1 次，确保应急措施落实到位。

车辆污染综合管控工程。2016 年，对全市 52 家社会加油站和中石化、中石油、中海油所属加油站主体资格进行拉网式检查，检测结果全都合格，未发现无照经营或超范围经营现象，对部分商标使用不规范加油站要求限期整改；对全市社会加油站和炼油生产企业油品质量检测情况进行分类，共检测 102 个样品，其中不合格 2 个，合格率 98%，对生产或经营不合格油品进行立案查处。投资 4000 万，新增城市公交线路 4 条、城乡公交线路 6 条，安装充电站 108 套，投放新能源公交车 80 辆，投放清洁能源和新能源公交车 10 辆。对油罐车加装油气回收装置审验管控，杜绝违规运营。完成与潍坊市环保局机动车平台联网，按照潍坊市环保局要求更换平台系统最新版本，恒德和德隆 2 家环检机构环保检测线顺利通过监督性检测。加强对机动车环保检验监管力度，发放环保检验合格标志准确率达 100%。制定专项整治方案，重点淘汰尾气排放不达标的老旧大中重型客货运输车辆，每月组织 1 次集中查处行动，督促尾气排放不达标的老旧大中重型客货运输车辆办理报废手续。全年共投资 1200 余万元，新上 30 个电子警察；投资 80 余万安装黄标车限行区域禁令标志，对黄标车实行电子抓拍和现场处罚，并录入机动车缉查布控系统，做到全市限行黄标车，同时对违规驶入限行区的黄标车实施非现场处罚。至年底，共查处违规黄标车违法行为 3172 起，查处各类非法拼装、报废车辆 3069 辆。

城市环卫精细管理工程。一是强化建筑施工扬尘防控。建筑工地方面：2016 年开展 4 次建筑施工扬尘集中检查专项活动，日常巡查共出动 216 余人次，检查城区工地 35 个项目，对各类不文明施工行为下达隐患整改通知单 70 份，停工通知单 26 份，城区 35 个工地全部按要求达到标准。二是实施道路深度保洁，控制道路扬尘，改变“人工保洁为主”的传统模式，新上大批新型机械设备，在市区道路全部采用“机洗 + 机吸 + 机扫 + 人工”的保洁模式，全市四轮以上环卫车辆、机械近 900 台（部），其中道路机扫车、洒水车和清洗车 150 多台，城区所有道路路面机械化清扫保洁率达 100%。实行“网格化、精细化、规范化、无缝隙”管理，做到全方位、无缝隙保洁，提升道路保洁质量，解决扬尘污染问题。制定《城区道路深度保洁考核办法》《深度保洁示范路创建活动实施方案》，将城区道路重新划分三个等级，明确考核标准，即一级道路浮尘每平米不超过 4 克，二级道路浮尘每平米不超过 7 克，三级道路浮尘每平米不超过 10 克。三是开展垃圾回收处置试点工作，在城区选择墨龙花园、国土花园、嘉和园、公路公寓4个小区进行试点，从源头对生活垃圾实行分类收集、运输和处置，取得较好成效。四是治理露天堆场和露天烧烤，对城区内未搭建围挡的施工工地和占道土堆、砂石料堆露天堆场进行巡查管理，城区内所有施工工地必须搭建1.8米以上施工围挡，所有占道物料堆一律清理，沿街存放砂石料的物料场必须采取围挡遮挡、覆盖等防尘措施，全年共督促整改9处破损围挡，督促3处新开工工地全部搭建围挡，清理占道物料堆20处。对露天烧烤摊点进行清理规范，对正阳路、幸福路等露天烧烤严重路段进行重点治理，实现“炉子进店、散户进院”经营。五是大力加强城市裸露地面绿化工作，推进社会闲置空地、道路两侧裸露空地补植，防控扬尘污染，共补植各类乔灌木15.7万株，地被25万平方米，绿化覆盖面积约86.6万平方米。

集中供热优化整合工程。投资1200万元，铺设管道10公里，完成上口镇区集中供热工程；投资800万，完成三元社区2.8万平方米地源热泵供暖改造工程；完成东城热力至东城人民医院、仙霞大厦供热管线工程。

城镇污水综合利用工程。一是进一步提高污水处理能力，2016年新建羊口镇先进制造业园区污水处理厂1座，日处理规模为2万吨。全市已建成城市污水处理厂4座，乡镇污水处理厂9座，村级污水处理设施6座，日处理规模达到29.7万吨。二是完善城镇污水管网建设，完成临港二期污水管网工程，污水管网总长度约6公里。投资400万元，实施台头镇工业区污水管网改造，配套污水管网2公里，管网覆盖企业70余家。城区新建、改建污水管道全部实行雨污分流。三是加快农村社区污水处理设施建设，先后完成双王城牛头社区、古城街办弥清苑社区、孙集街道范于社区等农村社区生活污水处理设施建设，其中于6月建成投用的孙集街道范于社区的地埋式无动力生活污水处理设施投资少、无后期运营成本。四是创新化工园区污水处理模式，实施“一企一管”为收集方式的化工污水第三方治理模式，建设山东默锐产业股份有限公司污水处理厂，制定“一企一管”管控方案，部分企业已实行污水第三方治理。

河流湿地生态保护工程。2016年，投资750万元实施丹河全河道人工湿地水质深度净化工程。充分利用丹河河道地势、坡降、活性淤泥等天然条件，采用溢流坝+河道走廊湿地多级串联组合工艺，先后建设37座溢流坝适当抬高河道水位；在丹河35公里的中心河道内栽植抗水性强、净化性能好的芦苇、香蒲等水生植物约700多亩，通过溢流坝跌水曝气充氧、水生植物吸收和阻滞水流速达到净化效果。自7月丹河湿地建成后，上下游断面COD、氨氮改善幅度分别超过60%和80%，出境断面COD、氨氮较2015年同期分别改善31.3%、76%，稳定达到地表水V类标准，水质净化效果显著，实现环境效益和经济效益双赢。加强自备井建设和管理，2016年投资92万元，完成封闭自备井125眼，超额完成年初制定的工作任务。将已治理河道纳入日常管理范围，实行属地管理，每月对河道维护和保洁等工作进行检查考核，2016年市财政共拨付管护经费138多万元。

农业面源污染防治工程。一是实施沃土工程，全面推行测土配方施肥技术，推广微生物肥料使用。2016年，全市免费为21.1万农户提供测土配方施肥技术服务，建立测土配方施肥万亩示范方4个，完成土样检测分析3806项次，推行测土配方施肥技术面积达到217.6万亩，覆盖率达到92.6%，测土配方施肥技术覆盖率比2015年提高1.1%。推广微生物肥料、高碳有机肥料2.4万吨，土壤新改良面积4.8万亩。二是全面推行绿色控害技术，减少化学农药用量，全年开展大田监测24次，上报病虫周报表24期，发布病虫情报10期。通过举办培训班、田间课堂、开设热线电话、网络视频服务、做客直播间等形式，对农民进行技术培训指导，开展田间地头技术指导180余次，举办各类培训班10余次，为农民解答技术难题4600余人次，发放技术指导材料4300余份。扶持以大地宏琳等服务组织开展植保飞防、绿色防控、科学用药等统防统治工作，实施设施蔬菜根结线虫病综合防治，推广5228亩，防效突出。通过以上措施，经测算，全年化学农药用量比2015年减少3.7%，超额完成任务指标。三是提高秸秆综合利用率，2016年4月制定出台《寿光市蔬菜废弃物循环利用暂行管理办法》，对蔬菜秸秆综合利用企业进行财政补贴，全年共计补贴资金400万元。全市投资近500万元建设蔬菜秸秆暂存点800多处，秸秆综合利用企业达到17家。其中，总投资7000多万元的泰昌生物科技和投资2600万元的皓阳农业科技项目均已建成投产。四是全面完成畜禽养殖污染防治任务，2016年，划定畜禽养殖禁养区、限养区和适养区，完成新建、改建老旧养殖场16个，全市畜牧业规模化、标准化比例分别达到90%和85%。完成新建畜牧业粪污处理设施108处，有9家养殖场通过无公害畜产品认证，完成无公害畜产品认证任务180%。

环境安全风险防控工程。一是开展全市危险化学品企业诊断式隐患排查及安全生产风险评估工作。为彻底排查环境安全隐患，完善环境风险防控措施，坚决遏制各类突发环境事件发生，结合“四评级一评价”工作，安监部门对150家企业、环保部门对247家企业开展诊断式隐患排查及安全生产风险评估。环保部门开展化工产业转型升级“打非治违”行动和环境安全隐患大排查快整治严执法集中行动，共检查企业281家，发现各类环境安全隐患和环境问题378个，对18家企业进行立案查处，对17家企业下达限期整改通知书，对3个项目进行取缔、关停。二是启用“智慧环保”信息化环境监管系统，实现对全市环境的科学高效监管。寿光市作为山东省首家开展智慧环保建设的县级市，投资1800万元，建成“智慧环保”系统，并于2016年10月通过由市智慧办组织的专家组验收。该系统融合1200余个视频监控点位、在线监测设施、GPS、无线射频传输、电子锁等高科技手段，对寿光市重点企业排污、涉危险废物单位、重点工业园区面源污染、重点河流断面水质、环境空气质量及重点区域进行全天候、实时、无死角全覆盖监管，实现对全市环境监管的全程可视、可测、可控和可追溯，极大提升环境安全风险防控能力。该项目被评为寿光市市直机关优质服务项目，同时得到上级环保部门领导的一致认可和高度评价，省环保厅已将寿光市“智慧环保”项目作为“互联网+环保”典型应用案例上报省发改委，省发改委也已在其官网进行宣传推介。三是加强环境应急能力建设，提高环境风险全过程管理水平，重点加强环境影响评价审批和建设项目竣工环境保护验收工作中环境风险评价和风险防范措施的落实，督促企业落实环境保护和环境应急主体责任。投资15万元购买化学防护服、防毒面具等应急装备，提高环境突发事件应急处置能力。全市先后有376家企业完成环境突发事件应急预案备案工作，更新完善辖区内环境风险企业动态档案，做到一企一档，并对全市重点环境风险源企业进行企业环境风险评估及环境应急预案培训。以水源地、沿海陆源溢油污染、石化企业、危化品企业等为重点，实施环境应急预案演练，6月22日与山东新龙集团有限公司开展突发环境事故应急演练，检验突发事件应急处置能力，提高环境突发事件应急处置水平。加强环境应急值守，实行24小时轮流值班制度，严格落实“超标即应急”工作机制和突发环境事件信息报告制度，对发生的突发环境事件，做到立即处置，确保环境安全。四是开展全市固体废物综合整治，开展为期半年的固废综合整治工作，完成对70个工业固废倾倒点、1160个建筑垃圾存放点和700多个农业废弃物倾倒点的集中清运和评估治理，共处置工业固废300余万吨，建筑垃圾约15万吨，清理农业废弃物近30万吨，有14家重点工业企业建成规范固废暂存场21处，在蔬菜产区新建农业废弃物收集暂存点777处，规划建设建筑垃圾暂存点569处，建成规范农业废弃物填埋场14处，建设综合性工业固废填埋场2处，新建工业、农业固废综合利用项目24个，同时建章立制，制定《寿光市固体废物污染防治监督管理办法》，使历史遗留问题得到有效解决，固废管理处置与监管体系进一步规范。

【其他工作】 污水处理费征收。2016年，全市共有污水处理费开征单位116家，共征收污水处理费4156.81万元，超出年度目标356.81万元。工作中，继续对供排水口进行规范化整治，市环保局全年投资近45万元，对金惠热力、东城热力、健元春、巨能热电4家单位进行供排水口规范化整治，对田柳项目区总排口进行修复。至2016年年底，共规范供排水口102家，其中规范排污口78个、供水口17个、安装计量设施93台、建设监测房51间。所有征收单位均根据在线监控平台或供排水表核算，实现全面计量收费。及时办理企业、单位等污水排放接入手续，全年累计办理污水接入手续51家。继续加强日常监管力度，增加现场巡查频次，通过在线平台监控与日常巡查结合的方式，有效杜绝偷排偷放等违法行为的发生，确保污水处理费足额征收；同时每季度进行主管网测流，通过分析主管网水量变化实现对全市污水排放量的有效监管。

污水处理厂出水监督管理。按照污水处理厂下游河流断面“优先达标”原则，2015年开始对各污水处理厂设施进行升级改造，实现出水水质达到每升COD≤40毫克、氨氮≤2毫克的流域断面控制标准。继续落实《寿光市加强污水处理厂和入管网企业环境监管工作方案》，对入管企业废水排放指标和污水处理厂出水指数提出更严格要求，对全市重点涉水企业及全部污水处理厂的污水处理设施运行情况、管网铺设情况、出水水质达标情况等方面进行不定期检查。2016年，各污水处理厂继续加强日常检测能力，将总磷等8项指标列入日常检测工作中，严格按照《城镇污水处理厂污染物排放标准》（GB18918-2002）中一级A标准全指标进行监管，确保达标排放。

生态建设工作。2016年，继续按照全省生态文明建设暨农村环境保护工作相关要求，与中国环科院对接，搞好寿光市生态文明建设规划编制工作。同时，针对全市存在的生态环境质量突出问题，围绕群众关心关注的大气、水、固废污染防治工作，进一步加强生态建设。深入贯彻落实“大气十条”“水十条”等工作任务，率先在全省县域全面开展燃煤机组超低排放改造，在非授权试点地区开展排污权交易。积极推进整治工业污染源、饮用水源地保护、农村环境综合整治、禁养区畜禽养殖场（户）关闭搬迁、加油站地下油罐防渗改造、入河入海排污口整治等重点工作，在全市范围内开展固体废物综合整治行动，有效解决固废历史遗留问题，建立完善固废监管长效机制，全市生态环境质量呈稳步改善趋势。

（王 亮）

财政 税务 金融

财 政

【管理机构】2016年,市财政局内设办公室、组织人事科、预算科、行政政法科、教科文科、综合科、农业科、企业科、社会保障科、会计科、债务金融科11个科室;下辖正科级事业单位4个,分别是国有资产监督管理办公室、预算外资金管理办公室、基础设施建设资金管理中心、农业综合开发办;副科级事业单位7个,分别是财政监督管理办公室、政府购买服务中心、基层财政管理办公室、国库集中支付中心、财政投资评审中心、财税服务中心、经济政策研究中心。共有干部职工111人。2016年,荣获山东省财政“六五”普法先进单位称号,被评为全市服务发展十佳单位、招商引资先进单位、引进外资工作先进单位、环境保护先进单位、食品(农产品)质量安全工作先进单位、全国文明城市创建工作先进单位。11个事业单位,

【财政收入】 2016年,全市一般公共预算收入946872万元,同比增长6%;政府性基金收入239852万元,同比下降17.6%;社会保险基金收入381884万元,同比增长32.8%。

【财政支出】 支持发展支出。2016年,在落实好中央、省、市重大财税政策的同时,牵头或参与制定鼓励企业上下游协同发展、化解房地产库存、鼓励企业兼并重组、促进资本市场发展、实施创新驱动战略等政策措施,充分发挥财政调控作用,精准支持企业发展。全年共争取上级企业发展专项资金3亿元,落实优惠政策、以奖代补、财政贴息、产业基金等各类扶持资金16亿元。全面推开营改增改革,认真落实小微企业、高新技术企业、福利企业等税收优惠政策,继续规范清理涉企收费,合计减轻企业负担2亿元。综合发挥金政担保公司和资产管理公司作用,全年累计为企业提供担保11亿元、过桥资金150亿元,有效防范和化解企业金融风险。

保障民生支出。2016年,全市一般公共预算用于民生领域的支出819098万元,同比增长2.1%,占比84.3%。社会保障和就业支出110635万元。稳步提高民生保障标准,居民养老保险基础养老金每人每月标准由85元提高到100元,城乡低保每人每年标准分别由5760元、3400元提高到6000元、3800元。加大对“老小孤残”等群体的倾斜力度,全面实施银龄安康工程,建立困难残疾人生活补贴和重度残疾人护理补贴制度,实施民生综合保险。继续提高义务教育生均公用经费标准,健全覆盖全学龄的学生

资助体系，强化“全面改薄”、破解“大班额”等工程投入，全年共落实资金14874万元。持续深化基本药物制度和公立医院改革，全年医疗卫生支出74564万元，将居民医疗保险财政补助标准由380元提高到420元，基本公共卫生服务人均经费财政补助标准由40元提高到45元。加快城乡统筹发展步伐，统筹资金15099万元，全面落实耕地地力保护补贴、棉花价格改革补贴、成品油价格改革补贴等惠农政策。统筹整合资金2931万元，通过发展蔬菜大棚、投建光伏发电项目、特色种植养殖和金融扶贫等措施，对10个省定贫困村给予重点扶持。落实资金4835万元，深入开展美丽乡村建设，实施天然气村村通、农村改厕、村庄绿化提升等环境综合整治工程。

【财政管理与监督】 2016年，扩大预决算公开范围，市直部门预决算和“三公”经费预决算公开实现全覆盖，公开内容细化到最底层科目。盘活存量资金，对部门历年结余结转资金进行全面清查，共收回资金4000多万元。强化预算绩效管理，委托第三方机构对高标准基本农田、农村幸福院、乡村连片治理、消防大队设备购置等项目进行重点评价，开展市农业局部门整体支出绩效评价试点，涉及金额1.86亿元，是2015年的3.3倍。举办市直部门厉行节约反对浪费制度培训班，调整机关差旅住宿费标准，从严从紧控制一般性支出。推行使用公务卡结算办法，市直部门现金使用量明显减少，现金支出下降69%。改进和完善投资评审方式，市级完成投资评审额184818万元，审减资金24960万元。健全政府采购监管机制，推进政府采购“管采分离”工作，建立采购专管员制度，实施公开招标限额标准，提高预算单位自行采购比重，扩大采购自主权，市级政府采购额达到123885万元，节支率14.6%。围绕会计信息质量、整治违规发放津补贴、“三公”经费管理、基层财政管理等开展一系列财政监督检查，维护财经法纪严肃性。制定财政内部控制基本制度和8个专项风险防控办法，财政内控机制进一步健全。

（张春志）

住房公积金管理

【管理机构】 潍坊市住房公积金管理中心寿光分中心由潍坊市住房公积金管理中心垂直管理，为潍坊市政府直属事业单位，编制全部在潍坊市住房公积金管理中心，正科级规格，核定编制11人。2016年，分中心内设办公室、业务管理科、稽核科、财会科，共有干部职工25人。

【公积金管理】 2016年，寿光分中心归集住房公积金达74931万元，归集余额达263784万元；缴存单位共657家，其中当年新增52家；缴存职工总数达65568人，其中当年新增4678人；发放个人公积金贷款2008户、57556万元，同比增长14.2%；先后为43542名职工提取住房公积金49599万元，同比增长16.9%。

非公企业建缴扩面工作。2016年，寿光分中心将建缴扩面工作作为重中之重，创新工作模式，稳步推进缴存扩面，为促进住房公积金事业的持续健康稳定发展发挥积极作用。加大公积金宣传力度，与《寿光日报》、寿光汽车电台、寿光电视台等合作，发布政策解读日报专版15期，每周三做客电台“帮帮团”节目现场解答群众提问，每晚在寿光电视台滚动播出缴存住房公积金的公益广告，同时开展邮寄《致企业家的一封信》、公积金政策宣传进社区等活动，让公积金政策深入人心。建立未建缴企业台账，通过与市商务局、统计局、经信局等部门联系沟通，掌握全市企业发展情况，将规模以上未建立住房公积金制度的企业逐个进行分析，建立台账，为建缴扩面工作打下基础。寿光分中心班子成员分区划片下企业走访调研，实地了解企业生产经营情况，向企业宣传建立公积金制度的好处，引导企业尽快建缴。全年共新增缴存单位52家。

扩大贷款规模。2016年，为满足广大职工购房贷款需求，促进寿光市房地产市场繁荣发展，提高住房公积金资金使用效益，寿光分中心在原有3家贷款委托银行办理业务的基础上，又新增加中国银行、浦发银行、农村商业银行和恒丰银行4家银行进驻服务大厅，开展贷款业务，加快贷款业务办理效率。同时，做好开发企业备案工作，通过多宣传、多引导，增加备案开发企业数量和贷款楼盘的可选择范围，进一步扩大公积金贷款职工规模。全年共新增备案开发企业9家。

惠民生、促发展。2016年，继续提升服务质量，对伤、病、残、孕等行动不便的特殊群体，开展上门服务20余次；对在工作日时间之外有业务需求的职工，特别是对委托自动还贷业务的职工，开展周末预约服务；对市政佳苑、凯马花园等申请贷款户较多的楼盘项目，联合房管部门和银行开展主动上门、集中办理服务；针对德润绿城等购房户多为教职工，日常没时间办手续的实际情况，采取工作日下班后延时进行集中办理服务。同时，为方便职工办理贷款、提取等业务，专门制作购房贷款、委托自动还贷、提前还款、商转公等贷款业务明白纸和提取、缴存业务指南，让客户对办理相关业务所需资料一目了然，解决群众因准备材料疏漏而造成的不便。

防范资金风险。继续加强干部职工安全风险教育，增强风险意识和责任意识，严把贷款、提取业务申请人资格和条件审查关，杜绝骗贷、骗提行为发生；突出对贷款、提取、财务核算业务内部审核把关，特别是对贷款程序是否合规、二套房及银行征信审查是否严谨、贷款及提取数额是否准确、贷款及提取资料是否齐全，进行严格内部稽核，最大限度地避免资金风险。同时，通过成立信息网络安全和保密工作领导小组，层层签订信息网络安全和保密工作承诺书，组织信息网络安全和保密工作问题排查和建立监督检查机制等措施，确保信息网络安全和保密工作不出任何问题。

加强党风廉政建设。继续开展“两学一做”学习教育，通过组织集中学习党章党规，学习习近平总书记系列讲话，开展批评与自我批评、参观廉政教育基地，让“遵规守纪、廉洁自律”的观念内化于心、外化于行，人人争先创优；继续落实党风廉政建设责任制，通过层层签订党风廉政建设责任书，落实主体责任和内部监督责任，筑牢公积金防腐阵线，纯洁党员干部队伍；继续将学习贯彻十八届六中全会精神列入“两学一做”学习教育配档表，先后组织学习十八届六中全会公报、邀请十八届六中全会宣讲团宣讲、上党课、开展“学十八届六中全会精神谈体会”等活动，严肃党内政治生活，加强党内监督，促进党风政风进一步好转。

（王福祥）

国家税务

【管理机构】 寿光市国家税务局为正科级

行政机构，由国家税务总局垂直管理，负责征收中央税和中央地方共享税。2016年，市国家税务局内设11个行政科室，分别是办公室、税政科、监察室、人事教育科、收入核算科、征收管理科、税源管理一科、税源管理二科、财务管理科、纳税服务科、政策法规科；下辖直属单位稽查局，规格为副科级；11个管理分局，分别是城区分局、圣城分局、开发区分局、稻田分局、侯镇分局、台头分局、文家分局、孙集分局、王高分局、上口分局、羊口分局；共有在职正式干部职工190人。2016年，市国家税务局先后荣获“潍坊市学习型党组织建设示范点”“寿光市先进基层服务型党组织”等荣誉称号。市国家税务局办税服务厅被全国妇联、全国总工会授予“全国用户满意服务之星班组”荣誉称号。

【税种与税率】 2016年，市国家税务局征收的税种有增值税、消费税、企业所得税、车辆购置税、个人所得税（储蓄存款利息所得税），其余税种均由地方税务局征收。

增值税。经国务院批准，自2016年5月1日起，在全国范围内全面推开营业税改征增值税试点，建筑业、房地产业、金融业、生活服务业等全部营业税纳税人纳入试点范围，由缴纳营业税改为缴纳增值税。《营业税改征增值税试点实施办法》第十五条增值税税率规定：纳税人发生应税行为，除本条第（二）项、第（三）项、第（四）项规定外，税率为6%。提供交通运输、邮政、基础电信、建筑、不动产租赁服务，销售不动产，转让土地使用权，税率为11%。提供有形动产租赁服务，税率为17%。境内单位和个人发生的跨境应税行为，税率为零。2016年，全市共征收增值税税款28.63亿元。

消费税。财税〔2016〕129号规定：自2016年12月1日起，对超豪华小汽车在零售环节加征10%的消费税。2016年，全市共征收消费税税款8.2亿元。

企业所得税。自2008年开始实施，税率为25%。2016年，全市共征收企业所得税税款6.32亿元。

车辆购置税。自2001年开始实施，税率为10%。财税〔2015〕104号规定：自2015年10月1日起至2016年12月31日止，对购置1.6升及以下排量乘用车辆减按5%的税率征收车辆购置税。财税〔2016〕136号规定：自2017年1月1日起至12月31日止，对购置1.6升及以下排量乘用车辆减按7.5%的税率征收车辆购置税。自2018年1月1日起，恢复按10%的法定税率征收车辆购置税。2016年，全市共征收车辆购置税税款2.14亿元。

个人所得税。自2011年开始实施七级超额累进税率。2016年，全市共征收个人所得税税款1万元。

【税收收入】 2016年，寿光市全口径税收入库452995万元，累计落实各类税收优惠16.4亿元；其中，办理出口退税68896万元，免抵调库31450万元，办理福利、资源综合利用和超税负返还退税16480万元，所得税汇缴退税10080万元，固定资产抵扣32658万元，落实小微企业税收优惠3618万元。

【国税征管】 2016年，市国家税务局严格规范依法行政工作，积极开展法治分局创建工作，市国家税务局孙家集税务分局被评为潍坊市国税系统2016年度法治国税分局示范基地。通过建立资料模板、召开专题推进会、开展集中展评等方式，进一步夯实征管基础。扎实开展营改增试点工作，以做好金三换版工作为重点，对照迁移数据反馈单业务进行逐项梳理，确保纳税人信息补录、发票票表核对、预约业务办理等金三换版工作顺利完成。广泛开展国税、地税合作，建立联席会议制度，健全完善税务稽查信息交换机制，规范非正常户管理，统一所得税核定征收方式。强化纳税评估工作，加大稽查工作力度，完善税警协作机制，全年共开展税收稽查48户次，查补入库税款4698万元。深入开展“便民办税春风行动”，落实纳税服务规范。与地税局联合成立新财税服务中心，依托“一窗一机双系统”，真正实现国税、地税前台人员、业务、考核三统一。认真落实办税实名制办法，探索建立企业财务人员办税能力评价系统。共建纳税人学堂，实行联合授课，全年共联合举办政策辅导班3期，培训6000多人次。按照“互联网+税务”的总体要求，依托寿光国税微信平台建立“预约服务”功能，成功预约3000人次。完善“二维码”一次性告知服务，建立大企业发票微信群和办税服务厅票证群，保障纳税人票证和发票的及时供应。广泛开展“送服务、促发展”“童眼观税”主题现场绘画等系列宣传活动，营造诚信纳税人的舆论氛围。

（国　剑）

地方税务

【管理机构】 2016年，寿光市地方税务局共有正式干部职工160人，其中本科以上学历83人，注册税务师、会计师等中级以上技术职称52人；下辖2个直属副科级行政单位，分别是直属征收局、稽查局；下设8个中心税务所，规格均为副科级行政单位，分别是羊口中心税务所、上口中心税务所、田柳中心税务所、洛城中心税务所、孙家集中心税务所、古城中心税务所、圣城中心税务所、文家中心税务所；内设6个科室，分别是办公室、人事科、收入核算和财务科、征管和科技发展科、法规税政科、税源管理科。另按规定设置机关党委和监察室。市地方税务局担负着全市2万多纳税业户的地方税收征管工作。2016年，获“省级文明单位”“富民兴鲁劳动奖状”“全省地税系统先进集体”“全省地税系统党建工作先进单位”“山东省档案科学化管理先进单位”等称号，被市委、市政府记集体三等功。

【地税收入】 2016年，市地方税务局在税制改革、全面营改增、政策减收等不利因素影响下，挖潜力、堵漏洞、强控管，实现税收收入同比平稳增长。全年共入库各项地税收入64.89亿元，与2015年相比，同口径增收8.75亿元，增长15.58%。其中：区县级完成61.95亿元，同口径增收8.73亿元，增长16.41%，占寿光市一般公共预算收入的64.63%，位于全省县级市前列。

【地税征管】 2016年，通过金税三期系统，核查国土局等提供的第三方信息2135条。做好房产、土地两税清查工作，增收土地使用税7500余万元，增收房产税247万元；结合地方招商引资、项目落地，加强重大项目、重点工程对接，培植新生主体税源；成立评估小组，对营改增行业的建筑、房地产企业年纳税额50万元以上的205户重点企业，进行政策辅导和欠税清查，共清理入库营业税税款9700余万元；加强与国税局信息沟通、数据交换，按照营改增时点和标准，做好“营改增”试点全面推开工作；根据资源税管理实际，制订征管办法和落实措施，使资源税改革政策有效落实。

【地税服务】 2016年，继续全面落实支持产业结构调整、鼓励创新创业、扶持小微企业发展、促进保障和改善民生等税收优惠政策，使减税政策落地生效，政策红利有效释放。其中，对符合条件的高新技术企业全部落实优惠政策，研发费用加计扣除备案合计5505万元，对968户小微企业进行逐一辅导与精准服务，享受税收优惠面达100%；新建财税服务中心，实现国税、地税联合办税，做到一厅共建、一窗通办、一表共用、资源共享，减成本、增效率、减流程、堵漏洞、增收入。加强与银行、国税等部门协调，开展“税银互动”服务。2016年，共帮助134户企业获得贷款5.2亿元。

【地税党建】 2016年，继续深入开展“两学一做”学习教育和“纪律行动”，围绕“从严、堡垒、先锋、创新”四大主题，全面落实从严治党要求。发挥党支部战斗堡垒和党员先锋模范作用，党建工作取得新成效。2016年12月12—13日，承办全省地税系统党建工作现场会议。其中，创新“党建＋”、开通“寿光地税党建微平台”、寿光地税规范化管理平台、网络督查督办系统，以及优化勤品（即勤学、勤为、勤廉，品行端正、品德高尚、品质高洁）文化教育基地建设，受到与会人员一致好评。市地方税务局通过上述措施的实施，打造“勤品团队·美丽地税”党建文化品牌，丰富党建文化架构体系，创建寿光地税党建特色文化，形成抓党建、促工作的浓厚氛围，赢得各级党委充分肯定。

【队伍建设】 2016年，围绕“提能力、激活力、增动力”，深化干部人事制度改革，坚持正确用人导向，创新有利于人才成长的竞争机制。依托党建微平台、省地税局网络教育学院平台，结合“纪律行动”“两学一做”等活动，抓好干部职工的学习、培训与考试，参与率达到100%；组织党务、政务、纪检监察干部职工参加潍坊市地税局统一组织的培训班，培训干部达30余人次；全年先后组织到市委党校、浙江大学等参加脱产培训160余人次，全面提高党员干部的政治素质及业务能力。完善绩效管理体系，通过对工作全面量化考评，实现组织和个人绩效管理的全覆盖，促进工作任务的落实和执法水平的提高。

（张培业）

金融工作

【管理机构】 2016年，寿光市金融工作办公室（简称“金融办”）为市政府工作部门，加挂寿光市地方金融监督管理局牌子，核定行政编制10人，实有干部职工8人。内设科室有综合科（挂资本市场科牌子）和地方金融监管科（挂审批服务科牌子）。下辖寿光市社会信用信息服务中心，为副科级全额拨款事业单位，核定编制4名，实有干部职工5人，2016年12月整体划转至市发改局。至2016年底，全市金融服务机构共有15家银行、67家保险机构、2家证券机构、9家小额贷款公司、4家融资担保机构、1家权益类交易场所、2家民间资本管理机构、3家典当行、1家拍卖行、2家融资租赁公司，金融机构数量位居全省县域前列。

2016年，市金融办获市直部门（单位）绩效综合考核一等奖。

【政策性农业保险试点工作】 2006年，省政府正式启动政策性农业保险试点工作，确定在临清、寿光、章丘三市开展小麦、玉米、蔬菜大棚和奶牛4个险种的政策性农业保险试点。2016年，寿光市已经开展的政策性农业保险有小麦、玉米、棉花、蔬菜大棚、公益林、商品林、苹果、生猪8个险种，共投入政策性农业保险补贴1870万元。

【农村金融改革试点工作】 2016年3月，中国人民银行会同相关部门联合印发《农村承包土地的经营权抵押贷款试点暂行办法》，寿光市入选农村承包土地经营权抵押贷款试点县(市、区)，6月17日中国人民银行总行参事林铁刚率队到寿光市就“农地”抵押贷款试点工作进行调研，实地了解家庭农场承包土地经营权抵押贷款及蔬菜大棚种植户承包土地经营权抵押贷款情况，并召开“农地”抵押贷款试点座谈会，听取寿光市及相关银行、单位的情况汇报。11月，市政府办公室印发《寿光市农村承包土地的经营权抵押贷款试点实施方案》，正式开展“农地”抵押贷款试点工作。至年底，寿光市农村承包土地经营权抵押贷款余额1.96亿元，累计支持土地规模11690亩。

【贷款保证保险】 2013年5月，寿光市正式开展“涉农及中小企业贷款保证保险”试点工作，该试点旨在探索发展信用贷款模式，解决没有抵质押物或不具备担保条件的农业大户、专业合作社及中小企业融资瓶颈问题。试点通过引入保险公司保险，保障银行涉农贷款安全，有利于引导金融资源向“三农”和中小企业倾斜，对缓解融资困难、改善发展环境具有积极作用。自2013年5月发放全国县域第一笔订单农业保证保险贷款开始，至2016年年底，寿光市累计发放此类贷款1亿多元。

【非现金支付结算】 2011年，寿光市被中国人民银行总行确定为“全国农村支付服务环境联系点”和济南分行农村支付服务环境建设省级“示范县”后，人民银行寿光支行围绕上级行农村支付服务环境建设工作意见，结合寿光市实际，推动和创新金融服务，以推广非现金结算、网络支付、手机支付、自助银亭等作为工作重点，进一步深化和巩固农村支付服务环境建设工作，方便百姓日常生活，改善市域金融服务环境。2016年年底，全市拥有网上银行89万个、手机银行78万个、银行卡310万张，人均持有银行卡达3张，全市有142个银行网点实现支付系统全覆盖。继续推进金融服务终端进农村，推动金融服务下乡、网点下沉，使金融服务触角向农村延伸，在农行、农商行镇街网点全覆盖的基础上，在城乡合理布放自助银行、自助终端、POS机等基础设施，共布放POS机6420台、ATM机538台、转账电话6080部、自助终端580个，并开通首辆移动金融汽车服务，让农民享受到“足不出户可缴费、身不出村存取款、各类补贴一卡通”的现代化金融服务，打通农村金融发展的“新动脉”。

【拓宽涉农融资渠道】 2016年，与小额信贷相结合，满足农民经营性资金需求，涉农银行业机构继续推广集存取现金、转账结算和小额信贷等功能为一体的惠农卡，拓展农家店服务项目和用卡渠道，农户取得授信后，通过自助服务终端、网上银行、电话银行等便可办理贷款、还款和还息的自助业务，为农民持卡取现提供一条直接延伸到家门口的便捷通道。至2016年年底，寿光农行已在农村建设“惠农通”服务点260多个，其中2016年新建设服务点236个。

【农村支付服务环境建设】 2011年始，寿光市各银行柜台业务分流率每年以近 20% 的幅度递增，2016 年达到 85% 以上，居潍坊市乃至全省同行前列。银行现金收支量明显减少，每年减少约 300 多亿元，共减少柜员业务 150 万笔，降低交易成本 3300 余万元。同时，人民币流通市场得到净化，流通现金使用频率降低，票币整洁度明显提高，柜台排队现象明显减缓，每人次平均排队时间由 2010 年的半个小时缩短到 2016 年的 15 分钟左右。2016 年年末，全市银行机构共布设网点 140 多个，电子机具 1 万余部。

【企业上市挂牌】 2014 年 8 月，康跃科技股份有限公司在深圳证券交易所创业板成功上市，成为山东省当年首家在创业板上市的企业，也是潍坊市当年唯一一家上市企业。2016 年，以推动企业规范改制为基础，引导企业上市挂牌对接多层次资本市场，为企业提供多种直接融资渠道，先后组织召开 4 次全市企业规范改制上市挂牌工作推进会和业务培训班，联合市委组织部在北京大学举办资本市场发展与创新专题研修班，累计参训企业达 1000 多家。在改制过程中，坚持点面结合、分类指导、一企一策，加大政策扶持力度。至 2016 年末，累计完成改制企业 202 家，改制任务完成率为 100%。全市共有境内外上市公司 7 家、股票 10 只；新三板挂牌企业 7 家，其中 2016 年新增亿嘉股份、同成医药新三板挂牌企业 2 家；共有四板挂牌企业 100 家，齐鲁股权交易中心挂牌企业 133 家，挂牌数量列全省县域首位。

【政银企交流会】 2016 年，继续利用由政府主导建立的“政银企”（政府、银行、企业）三方共赢合作交流会，促进资金供需衔接。开展“一公里活动”，即银行机构选取企业作为重点帮扶对象，建立企业金融顾问团队，对企业逐一进行会诊，为企业量身定制融资解决方案，全年共有 5 家银行与 21 家企业达成授信意向 3.5 亿元。6 月，市金融办联合人民银行寿光市支行出台《政银企面对面打通融资最后一公里活动实施方案》，开展外贸企业融资需求现场走访对接活动，共走访对接涉外企业 33 家，累计走访 94 家（次），解决融资金额 9.7 亿元。

【信用互助业务试点】 2015 年，寿光市紧紧围绕省委、省政府关于在全国率先开展新型农村合作金融改革试点工作部署，加快推进寿光市农民专业合作社信用互助业务试点工作。农民专业合作社信用互助业务，是指在符合条件的农民专业合作社内部，经依法取得试点资格，以服务合作社生产流通为目的，由本社社员相互之间进行互助性信用合作的行为。试点依托现有农民生产合作社进行，在原有经营范围基础上增加“信用互助”内容，不单独成立法人单位。农民专业合作社信用互助业务试点坚持服务“三农”，着眼解决农业农村“小额、分散”的资金需求；坚持社员制、封闭性、民主管理原则，不吸储放贷，不支付固定回报，不对外投资，不以盈利为目的；坚持社员自愿，互助合作，风险自担；坚持立足农村社区，社员管理，民主决策，公开透明；坚持独立核算，规范运营，遵纪守法，诚实守信。至 2016 年年底，全市共有 7 家合作社获批开展信用互助业务。其中，洛城街道斟都果菜专业合作社成为潍坊市首家获批开展信用互助业务试点工作的合作社。

银 行

【银行机构】 2016 年，寿光辖区共有银行机构15家，包括中国农业发展银行寿光市支行、中国工商银行寿光支行、中国农业银行寿光市支行、中国银行寿光支行、中国建设银行寿光支行、交通银行寿光支行、招商银行寿光支行、兴业银行寿光支行、民生银行寿光支行、浦发银行寿光支行、恒丰银行寿光支行、中国邮政储蓄银行寿光市支行、潍坊银行寿光支行、寿光农村商业银行、寿光村镇银行；营业网点176个，其中农业发展银行寿光市支行1个、工商银行寿光支行12个、农业银行寿光市支行25个、中国银行寿光支行5个、建设银行寿光支行7个、交通银行寿光支行1个、招商银行寿光支行1个、兴业银行寿光支行1个、民生银行寿光支行1个、浦发银行寿光支行1个、恒丰银行寿光支行1个、邮储银行寿光市支行34个、潍坊银行寿光支行4个、寿光农村商业银行79个、寿光村镇银行3个。

【银行业务】 2016年年末，寿光银行机构各项存款余额857.13亿元，较年初增加12.6亿元。其中，储蓄存款余额519.85亿元，较年初增加51.81亿元；各项贷款余额725.67亿元，较年初减少23.14亿元。

【重点银行】 工商银行寿光支行。2016年初，工商银行寿光支行共有网点13个，9月经潍坊银监分局批准，中国工商银行股份有限公司寿光孙家集支行终止营业，年末共有营业网点12个。工商银行寿光支行始终坚持稳健、协调、可持续发展的有机整体，发挥寿光城区人口较多的区域优势，发展个贷市场，提高个贷业务比重，通过加强各项业务之间及业务内部各板块的协调性，促进可持续发展。根据当地蔬菜产业发达、市场潜力大的特点，加快研究推动政府公共资源平台、土地流转权抵押、农产品集散金融服务等业务创新，不断做大业务规模，提升发展质量。工行寿光支行作为信贷大行，在一定程度上可谓“成也信贷，败也信贷”，无论在信贷业务市场拓展上，还是在结构调整中，始终把风险防控放在首位，不管业务怎样发展都始终保持好资产质量的稳定态势，把贷款当成自己的“钱袋子”管实管好管控到位，在经济下行压力较大的情况下保持较低的不良率。坚持内控外防，狠抓服务管理水平提高，主动把握新形势下违规违纪和案件发生的新特点、新趋势，以更大的精力和超常规手段，把内控防案工作渗透到经营管理的各个环节抓实抓好，确保全年未出现案件和重大风险事件，未出现外部侵害安全责任事故。至年末，全行本外币各项存款余额70.86亿元，较年初减少11.60亿元，其中人民币存款较年初增长5.70亿元；各项贷款时点余额为111.75亿元，较年初减少5.16亿元；其中，公司贷款余额为91.20亿元、较年初减少5.79亿元，个人贷款时点余额为18.11亿元、较年初减少9053万元。

农业银行寿光市支行。至2016年年末，农业银行寿光市支行辖属1个二级支行，24个营业网点，7个内设部门。全行本外币各项存款余额151.74亿元，较年初增加6.95亿元，其中外币存款余额7994万美元（机构办理的币种有：RMB—人民币；GBP—英镑；HKD—港币；USD—美元；CHF—瑞士法郎；SGD—新加坡元；DKK—丹麦克朗；JYP—日元；CAD—加元；AUD—澳元；EUR—欧元；RUB—卢布）；各项贷款余额为99.9亿元，较年初减少9.68亿元，其中外币贷款余额3507万美元。

中国银行寿光支行。2016年，内设部室3个，分别是综合管理部、营业部、业务发展部；营业网点5个，分别是支行营业部、光明路支行、渤海路支行、圣城街支行、建桥路支行；共有员工 106 人。支行业务包括公司业务、个人业务、国内结算与现金管理、国际结算、银行卡、金融机构、全球金融市场、中小企业、电子银行等。至年末，各项存款 79.69 亿元，较年初减少 0.65 亿元，其中外币存款余额 0.5 亿美元；各项贷款余额 112.69 亿元，较年初增加 1.04 亿元，其中外币贷款余额 2.97 美元。

建设银行寿光支行。2016 年，中国建设银行股份有限公司寿光支行继续深入贯彻落实党的十八大精神，广泛开展“两学一做”学习教育，各项指标均取得良好业绩，系统贡献度和同业竞争力得到进一步提升，支行获得省建行先进基层党组织、山东省银行业普惠金融示范单位、建行总行“2016 年激励员工价值创造、促团队提质增效”“网点综合营销团队竞赛综合营销明星团队”荣誉称号。至年末，共有营业网点 7 个，内设机构 3 个，在职员工 124 人。根据业务发展需要，寿光华茂支行于 2 月 10 日搬迁至寿光市洛城街道圣城街与尧河路交叉口东南角营业。至 2016 年末，全口径存款余额为 623557 万元，新增 53041 万元。其中，储蓄存款为 280172 万元，新增 27534 万元；企业存款为 316328 万元，新增 170642 万元。各项贷款余额为 578822 万元，新增 20606 万元。其中，住户贷款为 116443 万元，新增 1674 万元；企业贷款为 462379 万元，新增 -2059 万元。

潍坊银行寿光管辖行。2016 年，潍坊银行股份有限公司寿光管辖行始终以“立足中小企业、立足广大市民、立足地方经济”为发展目标，坚持金融创新，广泛开展吸收公众存款，发放各类企业、个人及消费贷款，办理各类农村金融业务、国际业务、银行卡业务及电子银行业务，发行理财产品，办理代理保险等其他银行业务，服务全市经济又好又快发展。至年末，潍坊银行股份有限公司寿光管辖行下设潍坊银行股份有限公司寿光支行、潍坊银行股份有限公司寿光圣城支行、潍坊银行股份有限公司寿光羊口支行、潍坊银行股份有限公司寿光环翠社区支行 4 个支行以及潍坊银行微小金融事业部寿光分中心，共有员工 82 人。资产总额 365640 万元，各项贷款 358962 万元，负债总额 354261 万元；各项存款余额 329512 万元，较年初增长 13269 万元；储蓄存款 94054 万元，较年初增长 11061 万元；对公存款 235458 万元，较年初增长 2208 万元。全年实现利润总额 11379 万元，纳税 1729 万元。

寿光农村商业银行。寿光农村商业银行是全省农信系统率先成立农村商业银行的三家行社之一，也是全省首家省内、省外同时设立村镇银行的金融机构，注册资本 14 亿元。2016 年，下辖 79 处营业网点，其中营业部 1 处、全功能网点 24 处、特色网点 10 处、基础网点 45 处；共有员工 896 人。同时，分别在天津华明、安徽芜湖、河北任丘、临沂兰陵、天津宁河、济南历城区、德州市陵城区、乐陵市、武城县、平原县等发起设立 10 家村镇银行。至年底，全行资产总额 341.6 亿元，净资产 31.5 亿元；各项存款余额 288.8 亿元，各项贷款余额 160.8 亿元，存贷款规模稳居全市第一；全年实现各项收入 16.7 亿元，实现经营利润 6.2 亿元。村镇银行营业网点数量达到 61 家，员工 850 人，资产合计达 89.2 亿元，净资产 21.8 亿元，各项存款余额 64.7 亿元，各项贷款余额 54.4 亿元，实现经营利润 1 亿元，并在全省农信系统率先开展村镇银行“新三板”挂牌上市试点工作，跨区域经营效果逐步显现，大纵深、互补性的市场布局逐步优化成型。先后被银监会、银行业协会、省国资委、省联社等授予“支农先进集体”“最佳服务县域经济贡献奖”“农村合作金融机构标杆银行”“中国银行业文明规范服务示范单位”“齐鲁创业先锋党组织”“全国首届十佳农商行”“山东省服务名牌”“省管企业思想政治工作先进单位”等荣誉称号。

推进网点转型。按照省、潍坊市农信联社网点转型的要求，先后设立24处综合型网点（含营业部），10处特色型网点，45处基础型网点，全面优化服务功能。根据全市城市规划布局，按照“服务跟着农民走，网点跟着社区建”的思路，准确定位网点功能，与当地党委政府对接，不断调整优化网点组合，2016年城区搬迁网点1处（南环路分理处），撤并网点2处（中心街分理处、朝阳分理处），网点更名1处（原渤海分理处更名为圣地茶博分理处）。同时，为进一步完善农村金融消费权益保护网络，在人行寿光支行的指导下，在全市11个镇（街区）选址建立农村金融维权服务站，金融维权服务站达到13处。2016年3月16日，省金融办党组书记、主任李永健一行实地视察屯西农村金融消费者维权服务站，对服务站工作给予肯定。

注入贷款投放源动力。寿光农商银行始终围绕寿光经济社会建设与发展，提供最优融资方案和充足的信贷支持，实现农商银行与地方经济共同发展。在农村，牢牢把握寿光农业“二次革命”、大棚“两改”(旧棚改新棚、大田改大棚)这一战略机遇，紧紧抓住土地流转这一核心，以需求侧变化为导向，突破传统授信模式，从信贷支持土地流转切入，打通从农业基础设施建设到农业生产、加工、流通、消费等产业领域的各个环节，以全产业链方式满足“三农”金融需求。2016年，发放大棚“两改”贷款1248笔、金额1.2亿元，占全市大棚“两改”贷款的87%。同时，积极试点农村承包土地经营权抵押贷款，重点对全市农业龙头企业、农民合作社、家庭农场等农业经济组织土地确权情况进行全面摸底，根据客户资信、资产、借款额度等为客户提供“土地承包经营权+”贷款产品组合，满足不同经营主体客户的融资需求。全年共办理农村承包土地经营权抵押贷款39笔、金额3404万元，激活，农村“沉睡”资产。在城区，结合市政府对农村居民到城区购买库存商品住房财政补贴的优惠政策，对接房地产开发企业，采取上门服务、优惠利率等措施，拓展新楼房住房按揭贷款，支持农村居民进城贷款买房；规范“二手房”贷款办法及流程，面向学区房、商贸区住房、改善型住房客户群体逐步开展二手房住房按揭贷款，提高住房按揭贷款市场份额，累计发放住房按揭贷款1860笔，共2.7亿元。抓住政府为创业担保贷款进行财政贴息的时机，与人社局、创业担保中心合作，在全市为下岗职工、失地农民、返乡创业农民工、大学生创业等社会群体发放创业担保贷款，全年新发放创业担保贷款396笔、6664万元，申请贴息资金142万元。

寿光村镇银行。寿光村镇银行是经中国银行业监督管理委员会批准成立的山东省首家新型农村金融机构，2008年11月正式开业，注册资本1亿元，第一大股东江苏张家港农村商业银行持股68.75%，第二大股东寿光农村商业银行持股19%，第三大股东寿光乐义投资集团持股10%。依托两家有较强实力的银行股东，全行实现快速、稳健发展。先后获得“文明规范服务营业网点”“文明单位”和“寿光市技能竞赛先进单位”等荣誉称号，得到社会各界的认可和好评。至2016年年底，寿光村镇银行共设有3处营业网点，包括市区总行和设在孙家集街道和洛城街道的2家支行，共有在岗员工76人。总行下设综合管理部、风险管理部、财务会计部、审计部、营业部、业务拓展部7个部。

全行资产总额17亿元，各项存款14亿元，各项贷款超过10亿元，累计发放贷款近60亿元，全部用于支持三农经济和涉农小微企业，支持社会主义新农村建设和涉农企业发展。

保险

【保险机构】 中国人民财产保险股份有限公司寿光支公司。位于寿光市银海路51号。经营险种有机动车辆保险、企业财产保险、家庭财产保险、国内外货物运输保险、人身意外保险、治安保险、政策性农业保险、政策性贷款保证保险和各种责任保险等险种。2016年，财保寿光支公司下设9个营销服务部、15个远程出单点及保险咨询服务部，营业网点基本覆盖各镇（街区）。全年保费收入25402万元，理赔13681万元，理赔率53.9%。

中国平安财产保险股份有限公司寿光支公司。1997年12月成立，位于寿光市金光街与金海路交汇处怡景商务大厦，主要经营机动车辆保险、企业财产保险、家庭财产保险、意外伤害保险、建筑工程保险、货物运输保险、船舶保险、一般责任保险、养殖业保险、团体意外伤害保险等险种。先后荣获潍坊市保险业诚信经营星级示范单位、寿光金融机构综合评价优秀单位等荣誉。2016年，保费收入10163万元，理赔支出4654万元，赔付率45.8%。

中国太平洋财产保险股份有限公司寿光支公司。1994年4月成立，位于圣城街211号东城全福元B座8楼，公司下设台头服务营销部，主要经营企业财产损失保险、家庭财产损失保险、建筑工程保险、安装工程保险、货物运输保险、机动车辆保险、船舶保险、能源保险、一般责任保险、保证保险、信用保险（出口信用保险除外）、短期健康保险、意外伤害保险等险种。2016年，保费收入6557万元，理赔支出4326万元，赔付率66%。

阳光财产保险股份有限公司寿光支公司。2006年8月成立，位于寿光市圣城东街中段，主要经营企业财产保险、家庭财产保险、建筑工程保险、货物运输保险、机动车辆保险、船舶保险、一般责任保险、养殖业保险、个人意外伤害保险、团体意外伤害保险等险种。2016年，保费收入6174万元，理赔支出2580万元，赔付率41.8%。

中国人寿财产保险股份有限公司寿光支公司。2010年11月成立，位于寿光市农圣街与正阳路交叉路口，主要经营财产损失保险、责任保险、信用保险和保证保险、短期健康保险和意外伤害保险等险种，先后在文家、孙家集、羊口等11个镇（街区）设立财险互动业务营销服务部。2016年，保费收入5093万元，理赔支出3775万元，赔付率74.1%。

中国人寿保险股份有限公司寿光市支公司。业务范围涵盖寿险、人身意外险、健康险、年金类等人身保险的全部领域。2016年，保费收入42361万元，理赔支出6285万元，赔付率14.8%。

新华人寿保险股份有限公司潍坊市寿光支公司。2003年11月成立，位于寿光市公园街与迎宾路交叉路口东北角，主要经营人身保险、健康保险、意外伤害保险等各类人身保险业务及经中国保险监督管理委员会批准的其他业务。2016年，保费收入13380万元，理赔支出332万元，赔付率2.5%。

阳光人寿保险股份有限公司潍坊市寿光支公司。2009年4月成立，位于寿光市光明路南首玉馨苑小区全福元二楼，业务范围包括个人意外伤害保险、个人定期死亡保险、个人两全寿险、个人终身寿险、个人年金保险、个人短期健康保险、个人长期健康保险、团体意外伤害保险、团体定期寿险、团体终身寿险、团体年金保险、团体短期健康保险、团体长期健康保险及中国保监会批准的其他人身保险业务。2016年，保费收入3931万元。

中国平安人寿保险股份有限公司潍坊市寿光支公司。2003年1月成立，经营业务包括人寿保险、健康保险、意外伤害保险、各种法定人身保险等险种，代理国内外保险机构检验、理赔及其委托的其他有关事宜和经中国保监会批准的其他业务。2016年，保费收入11319万元，理赔支出733万元，赔付率6.5%。

【财产保险】 2016年，财产保险种类主要有企业财产保险、家庭财产保险、机动车辆保险、责任保险、人身意外险、船舶险、货运险、信用险、保证险、健康险、种植业保险等11大类100多个险种。企业财产保险，是承保企业、事业单位、机关、团体的固定资产、流动资产及与其企业经济利益相关的财产，由于火灾及其他自然灾害、意外事故发生而遭受直接损失的财产损失保险。家庭财产保险简称家财险，是个人和家庭投保的最主要险种。凡存放、坐落在保险单列明的地址，属于被保险人自有的家庭财产，都可以向保险人投保家庭财产保险。机动车辆保险即“车险”，是以机动车辆本身及其第三者责任等为保险标志的一种运输工具保险。其保险客户，主要是拥有各种机动交通工具的法人团体和个人；其保险标的，主要是各种类型的汽车、电车、电瓶车、摩托车、拖拉机、专用机械车、特种车等。责任保险，是指以保险客户的法律赔偿风险为承保对象的一类保险。按业务内容分为公众责任保险、产品责任保险、雇主责任保险、职业责任保险和第三者责任保险五类业务。人身意外保险，又称为意外伤害保险，也称人身意外伤害保险。是指投保人向保险公司缴纳一定金额的保费，当被保险人在保险期限内遭受意外伤害，并以此为直接原因造成死亡或残废时，保险公司按照保险合同的约定向保险人或受益人支付一定数量保险金的一种保险。船舶保险是海上保险的一种，是以各种类型船舶为保险标的，承保其在海上航行或者在港内停泊时，遭到的因自然灾害和意外事故所造成的全部或部分损失及可能引起的责任赔偿。船舶保险采用定期保险单或航程保险单，其特点是保险责任仅以水上为限，这与货物运输保险可将责任扩展至内陆的某一仓库不同。货物运输保险是以运输途中的货物作为保险标的，保险人对由自然灾害和意外事故造成的货物损失负责赔偿责任的保险。类型分为铁路货物运输保险、水路货物运输保险、航空货物运输保险、公路货物运输保险。由于投保险别不同，其保险费率各异，赔偿的范围也有区别，所以外贸公司应根据出口商品的性质、不同的运输工具、路程的远近、季节性天气的变化，以及运抵国当时的具体情况等有关因素决定投保哪一种险别较合理。信用保险是指权利人向保险人投保债务人的信用风险的一种保险，是一项企业用于风险管理的保险产品，其主要功能是保障企业应收账款的安全，其原理是把债务人的保证责任转移给保险人，当债务人不能履行其义务时，由保险人承担赔偿责任。信用保险主要分为三类，商业信用保险，出口信用保险和投资保险。保证保险实际上是一种担保业务，从广义上说就是保险人为被保证人向权利人提供担保的保险。它包括两类保险，一类是狭义的保证保险，另一类是信用保险。它们的保险标的都是被保证人的信用风险，当被保证人的作为或不作为知识权利人遭受经济损失时，保险人负经济赔偿责任。医疗保险或健康保险，简称医保、健保，是常见的保险之一，主要为投保人应付无法预测的医疗服务需求及财务风险。广义的医疗保险也称健康保险，它不仅补偿由于疾病给人们带来的直接经济损失，即医疗费用，还补偿由于疾病带来的间接损失，如误工工资，对分娩、残疾和死亡等也给予经济补偿。投保人在有需要使用医疗服务时，可得到一笔定额的现金赔偿以补贴其全数或部分医疗开支。种植业保险是指以农作物及林木为保险标的，对在生产或初加工过程中发生约定的灾害事故造成的经济损失承担赔偿责任的保险。种植业保险一般分为农作物保险和林木保险两类，种植业保险作为一种分散风险能在灾后及时提供经济补偿的风险管理手段，越来越被人们所认识，也发挥出越来越大的作用。

【人寿保险】 2016年，人寿保险办理的险种有2011年至2013年推出的福禄鑫尊、安心无忧、美满一生等一批高收益理财型产品，有2014年推出的防癌险、鑫如意（白金版）等产品，有2015年率先在全国推行的福禄鑫尊、美满一生等产品附加万能险模式，还有适应群众健康的康宁保险等。至年底，全市从事人寿保险业务的公司约19家，开展的人寿险约40余种。

福禄鑫尊。理财型保险产品，投保人连续缴费5年或10年，最早可55岁返本，同时还有60岁、65岁、70岁、75岁不同年龄段可选，连续缴费3年后开始返还生存金至终身，生存金额根据返本年龄段的不同而不同。

安心无忧。理财型保险产品，投保年龄0～70周岁，可连续交费3年、5年、10年等不同年限，在合同约定的时间到期后给付合同约定的保险金额，同时附带重疾保障金、分红金等。

美满一生。理财型保险产品，投保年龄0～60周岁，缴费期限分为3年、5年、8年、12年4种，生效之日起年年返还生存金，75周岁返本，同时年年分红，并且有投保金额110%的身故保障金。

防癌险。重大疾病保障产品，多重保障，涵盖轻症癌症、癌症、特别癌症的治疗和康复阶段，康复期5年，缴费期出险，免交以后保费，在合同约定的时间到期后返还所缴保费。

鑫如意（白金版）。理财型保险产品，投保年龄0～60周岁，缴费年限分5年、10年不等，投保后即可领取生存金，在合同约定的时间到期后领取祝寿金，年年享有分红金，同时还有鑫账户，所有保险收益打入该账户，能享受高于银行同期存款利率的利息收益。

康宁保险。重大疾病保障产品，国内最畅销的重疾保险，投保年龄0～50周岁，缴费年限分10年、20年不等，涵盖40种重大疾病和10种特别疾病，缴费期出险，免交以后保费，出险后提前给付合同约定的保险金额，并终身享有高残意外金等。

【保险理赔】 2016年，理赔工作继续按照“正确、合理，主动、迅速”的方针，各保险公司按规定承担责任，在投保人遭受财产损失、人身意外、疾病或保单期满时，及时给予经济补偿或支付。

证 券

【管理机构】 中泰证券股份有限公司寿光

公园北街证券营业部。1995年7月正式成立，2015年9月更名为中泰证券股份有限公司寿光公园北街证券营业部。营业面积1800平方米。2016年，拥有客户终端260台，员工23人。

中泰证券股份有限公司寿光正阳路证券营业部。2012年1月正式成立，地址在寿光市圣城街与正阳路交汇处，机构名称为“齐鲁证券有限公司寿光正阳路证券营业部”，是齐鲁证券响应政府号召，服务山东资本市场，成立的首批创新型营业部之一。2015年9月因公司总部更名，营业部同步更名为“中泰证券股份有限公司寿光正阳路证券营业部”，共有员工5人，服务模式采用“现场+互联网”方式，客户范围遍布全国。2016年12月30日，根据中国证券监督管理委员会山东监管局《关于核准中泰证券股份有限公司撤销寿光正阳路证券营业部的批复》（鲁证监许可〔2016〕7号），中泰证券股份有限公司寿光正阳路证券营业部撤销并停止营业，中泰证券寿光正阳路证券营业部客户服务关系由中泰证券寿光公园北街证券营业部接收。

招商证券股份有限公司寿光圣城街证券营业部。2014年4月正式成立，地址在东城全福元财富大厦B座6楼，营业面积800平方米。至2016年年底，共有员工20余人。

【业务工作】 中泰证券股份有限公司寿光公园北街证券营业部。主要业务品种涵盖深沪A股、深沪B股、港股、基金、债券回购、IPO、三板市场、齐鲁股权、代理保险、代理外汇、融资融券、期货业务中间介绍。具体为客户提供开立股东账户、资金账户，银证联网，申购新股、代理申购、配售新股、代理配售，配股、代理配股，分红派息，网上交易、电话委托，手机炒股，委托理财，咨询服务等。至2016年年底，客户开户数超过4万户，期末指定与托管证券市值59.49亿元。

中泰证券股份有限公司寿光正阳路证券营业部。营业部初期经纪业务主要包括沪深A股、B股、债券、基金、权证等业务品种。同时，服务全国中小企业股份转让系统挂牌股份转让业务（含挂牌公司业务、两网及退市公司业务）。2013年5月开办OTC柜台市场业务，11月开展融资融券业务；2014年11月开展港股通标的股票业务。2015年2月小额股票质押回购业务通过公司网站自助办理，营业部为投资者提供互联网自助开户、非现场见证开户、现场柜台开户等多种开户方式，全方位提供便捷安全开户服务，并为投资者提供电话委托、网上委托、手机炒股等多种交易方式，让投资者随时随地把握市场变化，高效快捷完成交易。至2016年年末，该营业部撤销并停止营业。

招商证券股份有限公司寿光圣城街证券营业部。经纪类业务品种主要有A股、B股、港股、基金、债券回购等，综合创新类业务主要分为以下几类，一是融资类业务，如融资融券、股票质押、收益互换以及定向融资等通道类业务；二是经纪商业务，如资金募集、私募孵化、杠杆交易、衍生品交易等，资产保值、收益凭证、财管计划等；三是投行类业务，如新三板挂牌、资产证券化、并购重组、IPO、发债等。至2016年年底，共有存量客户1.6万户，期末指定与托管证券市值超8亿元。

小额贷款 担保 典当业

【小额贷款公司】 2016年年底，寿光市共有小额贷款公司9家，注册资本共计11.5亿元，净资产11.43亿元。全年新增贷款业务2.03亿元，至年底贷款余额10.92亿元。

【担保公司】 2016年年底，寿光市共有融资性担保公司4家，注册资本共计8.6亿元，其中政府性融资担保公司2家、注册资本共计7亿元；共有净资产8.96亿元。全年新增担保业务13.01亿元，至年底在保责任余额共计21.88亿元。

【典当业】 2016年，寿光市经商务部、省商务厅批准设立的典当公司共计3家，分别是寿光市国泰典当行、潍坊市宝利典当行、潍坊市昊鑫典当行，其中寿光市国泰典当行成立于1998年12月、潍坊市宝利典当行成立于2009年3月、潍坊市昊鑫典当行成立于2012年7月，3家典当行注册资本共计0.8亿元，从业人员共计19人。

2016年，市商务局积极配合上级部门开展典当行风险排查及年审工作，3家典当公司能够自觉接受监管部门监督检查，积极为企业和市民提供融资服务，各项工作健康有序开展。全年3家典当公司累计为中小企业、个体工商户典当金额50万元。

教育 科技

教 育

【管理机构】 2016年，寿光市教育局机关行政编制13人，内设办公室、组织人事科、规划财务科、审计科、基础教育科、教师工作科、职业教育科、民办教育科、体育卫生与艺术教育科、学校安全工作科、教育惠民服务中心11个科室。下辖正科级事业单位1个，为市政府教育督导室；副科级事业单位4个，分别是市招生委员会办公室、市实验教学研究中心、市教育科学研究中心、市教育局电化教育馆；股级事业单位4个，分别是市学生资助管理中心、市教育财务集中核算中心、市教育人才服务中心、市校园安全指导服务中心。

2016年，市教育局先后被评为潍坊市招生考试考务工作先进单位，山东省教科院教师发展研修基地，在实验教师说课比赛中被潍坊市教育局评为优秀组织奖，在实验教师技能大赛中被潍坊市教育局评为优秀组织奖，在第二届全国中小学优秀微课征集活动中被评为优秀组织奖，在全国青少年学生法治知识网络大赛中被评为杰出组织奖，寿光市动漫教育社区荣获中央电教馆2016年优秀精品专题教育社区。

【教师队伍建设】深化县管校聘体制改革。2016年，制定出台《2016年中小学教师县管校聘交流轮岗工作实施方案》（寿教字〔2016〕88号），加强与市编制、人社、财政等部门协作配合，在2015年推行城乡交流轮岗的基础上，按照“统筹兼顾、因地制宜、以人为本、科学规范、均衡发展”的原则，继续推进“县管校聘”改革，实现教师由“学校人”向“系统人”的转化。按照“控总额、核岗定员”原则，根据各学校规模、学生数、班级数和学科教师配备等情况，进行核岗定编，严格控制学校教师编制总额。通过对超编学校实行竞聘分流、交流轮岗等措施，促进校际间教师队伍学历结构、学科结构、年龄结构配置进一步均衡、优化。全市参与县管校聘改革的中小学共137所，设置竞聘岗位9851个，其中到农村学校支教竞聘66人、校内竞聘9285人、跨校竞聘教师497人、落聘待岗3人（经培训后上岗），农村新招聘教师到城区优质学校顶岗实习121人。7月11日，在青岛大学向江苏省镇江市50余名分管市长、教育局局长介绍寿光市县管校聘改革的经验做法；9月28日、10月12日、11月11日先后有浙江丽水莲都区教育局、云南芒市教育局、枣庄薛城区教育局领导到寿光市考察学习县管校聘改革的经验做法。

乡村教师支持工作。2016年，根据国务院、省政府、潍坊市政府关于落实乡村教师支持计划的有关文件精神，结合寿光市实际，制定《寿光市乡村教师支持计划实施细则（2015—2020年）》（寿政办发〔2016〕83号），并认真落实相关工作。建立完善乡村教师补充录用长效机制，落实中小学教师临时周转编制专户和财政保障工资待遇，由学校根据实际岗位情况上报需求计划，经教育局同意，由学校面向社会公开招聘，实行合同管理。落实乡镇工作人员津贴补贴政策，对于符合条件的乡村教师，按照每人每月300元+15n的标准按时进行补贴发放，全市共有7417名乡村教师享受乡村补贴（包括从城区学校交流到农村学校轮岗的教师）；同时，通过深化校长职级制改革，提高农村校长的生活待遇。对全市乡村教师实施体检制度，各单位结合本单位实际情况，组织教师就近到医院进行体检，标准为每人300元左右。加强乡村教师周转宿舍建设，2016年全市15处镇（街区）共新建改扩建教师周转宿舍58套，建筑面积21544平方米，购置生活用具482套，完成投资2127万元，全市累计完成340套，完成投资3260万元，教师住房条件有较大改观。继续实施乡村学校特级教师岗位计划，2016年市教育局、人社局、财政局联合印发《寿光市教育局关于做好农村学校特级教师岗位计划实施工作的通知》（寿教字〔2016〕106号），按规定程序遴选出18名农村特级教师，自2017年1月按省特级教师每月300元补贴标准落实相关待遇。

2016年4月19日，由国家教育咨询委员杨希文为组长的教育部督察团，到寿光市督察乡村教师支持计划落实情况。督察团一行先后到双王城生态经济园区牛头镇初中和寇家坞小学进行实地走访查看，详细了解乡村教师补充录用、交流轮岗、职称晋升、生活待遇、周转房建设等情况，并召开座谈会，听取寿光市领导及相关部门负责人的汇报。督察团一致认为，寿光市乡村教师支持计划落实措施得力，富有创新性，希望继续加大落实力度，总结先进经验加以推广，为乡村教师创造更好条件，把农村学校办好，努力促进城乡教育均衡优质发展。

加强教师队伍建设。一是坚持立德树人，加强师德建设。继续落实已出台《关于加强教师职业道德建设的意见》《寿光市教师师德考核办法》《关于教师违反职业道德行为处理办法》《寿光市教育局治理中小学教师有偿补课的若干规定》，严格落实师德建设“十项制度”（师德学习教育制度、师德公开承诺制度、师德考核评价制度、师德宣传表彰长效机制、办学满意度评价制度、学生违反校规校纪惩戒制度、师德投诉查处制度、师德“前置审核”制度、处理处分制度、领导责任追究制度），通过加强师德教育、强化师德考核、严格责任追究等措施，构建“三位一体”师德建设长效机制。把师德考核结果记入教师个人档案，作为教师聘用、评先评优、职务晋升、绩效考核、年度考核、教师资格注册的重要内容和前置条件。每年4月作为师德建设启动月，把师德教育贯穿于学校教育教学工作全过程，并通过开展师德征文和师德演讲比赛等系列教育活动，不断提高教师师德水平。二是加强教师培训，提升专业素养。按照“面向全体、突出重点、倾斜农村”的原则，重点抓好新教师试用期培训、骨干教师提高培训、名师培养、紧缺薄弱学科教师培训、教育技术能力培训、心理健康教育培训、班主任培训、中小学校长园长培训等培训项目。每年暑期在科技学院进行封闭式集中培训，年投入培训经费200余万元，培训教师1万余人次。三是实施名师名校长工程。为适应全市率先实现教育现代化战略需要，以提高现代学校管理水平和素质能力为核心，实施“未来教育家”培养工程，构建教育家成长的培养支持体系，依托国家教育行政学院，对中小学校长实行“连续跟进式”培训。加强中小学校长培训，3月，组织60名义务教学学校校长到苏州、张家港、常州等名校进行为期1周的访学；组织远程研修，制定“实施互联网+教师专业发展实施方案”，按省教育厅要求加强过程管理，全市参与远程培训人员7441人，研修完成率100%，列潍坊市第1名；组织中小学干部教师暑期培训，编制《暑期集中培训工作手册》，明确暑期培训任务和考核具体措施与要求，确定21个培训项目，7月在潍坊科技学院、职业教育中心学校培训中心与相关科室共同对全市7500多名干部教师进行集中培训；加强校本培训，按照《寿光市教育局关于加强校本培训工作的实施意见》（寿教字〔2016〕12号）要求，加强校本培训的宏观管理与指导，促进校本培训制度化、规范化、科学化；加强继续教育学分管理，与人社局共同出台《关于印发〈寿光市中小学教师继续教育学分管理办法〉（修订稿）的通知》（寿教字〔2016〕19号），进一步规范全市中小学教师继续教育学分管理登记工作。为充分发挥名师人才在教师队伍建设中的辐射、引领和示范作用，制定出台《寿光市教育局关于印发 <寿光市特级教师工作室建设实施方案（试行）> 的通知》（寿教字〔2017〕39号），将18名农村特级教师与在岗的12名山东省特级教师、潍坊市特级教师一并纳入管理范围，成立特级教师工作室，实行挂牌管理。

教师资格认定及定期注册。⑴教师资格认定工作。2016年4月19—23日、25日，根据《潍坊市2016年中小学教师资格面试公告》有关要求，共为875名考生办理2016年上半年中小学教师资格面试资格审核和报名信息确认手续；7月1—5日，根据《潍坊市2016年中小学教师资格认定工作公告》有关要求，共为437名参加2016年上半年中小学教师资格考试合格的考生办理教师资格认定申请材料审核确认手续，于7月28日、29日为考生发放《教师资格证书》；12月18—20日，根据《山东省2016年下半年中小学教师资格面试公告》有关要求，共为1955名考生办理2016年下半年中小学教师资格面试资格审核和报名信息确认手续。⑵教师资格定期注册工作。根据潍坊市教育局《关于做好2016年中小学教师资格定期注册工作的通知》要求，市教育局印发《关于做好2016年中小学教师资格定期注册工作的通知》，于11月7—20日，为全市未参加2014年首次注册的公办小学、初级中学和普通高中在编在岗且试用期已满的教师、民办学校中具有公办教师身份的在职在岗且试用期已满的人员共计327人办理教师资格定期注册手续。

【人事与管理制度改革】 *校长职级制度改革*。2016年4月，市教育局印发《寿光市教育干部选拔聘用管理暂行办法》，规范校长选拔程序，落实校长对副校长的提名权、中层干部的聘任权，逐步建立校长能上能下的管理新机制。8月，市教育局出台《寿光市中小学校长职级绩效考核暂行办法》，进一步规范完善校长绩效考核办法，建立“工作业绩+底线管理+满意度”的科学评价体系，激发校长专家办学的行动力。在绩效工资发放上，以个人全额工资为基数确定发放标准，初级校长的绩效工资标准（二档、一档）分别按25%、30%确定；中级校长的绩效工资标准（三档、二档、一档）分别按30%、35%、40%确定；高级校长的绩效工资标准（三档、二档、一档）分别按40%、45%、

50% 确定；特级校长的绩效工资标准按 80% 确定。对办学规模较大学校的校长或办学条件艰苦的农村学校校长，适当提高其绩效工资发放的标准档次。校长职级工资中的 70% 按月发放，其余 30% 依据校长年度工作绩效考核结果进行发放。享受校长职级工资人员由市直学校校长、镇街中心学校校长逐步扩大到除上述人员之外的初中校长、小学校长、中心幼儿园园长、高中副校长。市财政全年拨付经费增长到 360 万。进一步加强后备干部的培训、培养，市教育局印发寿教函〔2016〕29 号《关于组织“未来教育家”治校方略路演活动的实施方案》，并于 6 月 16 日在潍坊科技学院大学生活动中心组织开展“未来教育家”治校方略路演活动，全市部分中小学校长和校长后备人才共 40 人报名参加路演，有 200 多名校长和教师观摩此次路演活动。潍坊市泰山教育创新研究院组织 10 名潍坊市名校长作为评委进行现场打分，并就存在的问题进行现场提问，给出意见和建议。

教师职称制度改革。根据《关于进一步加强中小学教师队伍建设有关问题的意见》（鲁政办字〔2016〕56 号）等文件精神，寿光市 2016 年中小学专业技术岗位在现有标准基础上，中学高级和中级岗位比例设置上限分别提高 5 个百分点，小学高级和中级岗位比例设置上限分别提高 7 个百分点。调整后全市中小学高级教师岗位 2163 个（其中 7 所普通高中 763 个、19 处初中 865 个、18 处小学 508 个、教研中心 25 个、幼儿园 2 个），中级教师岗位 5570 个（其中 7 所普通高中 1261 个、19 处初中 2123 个、18 处小学 2125 个、教研中心 31 个、幼儿园 30 个）。重新设岗后，寿光市中小学高级中级岗位增加 1500 多个。2016 年 1 月，全市已聘高级教师岗位 1293 个，中级教师岗位 5820 个。9 月，全市推荐评审高级教师 211 个，其中 173 人通过评审，通过率 80% 以上；推荐评审一级教师 145 人，各项指标均居潍坊市前茅。

中小学编制核定工作。根据《山东省人民政府办公厅转发省编委办公室等三部门关于调整中小学教职工编制标准的意见的通知》精神，争取相关政策，配合市编制部门顺利完成中小学新一轮编制核定工作，重新核定中小学编制 9294 人，比上一轮核编减少 194 人。通过与市编制部门对接，将减少的 194 人全部用于教育系统，其中为幼儿园增加编制 104 人、纳入周转专户 90 人。同时，按照“总量控制、统筹城乡、结构调整、有增有减”的原则，建立中小学教师编制总量控制、动态调整机制，在此次市编制部门核定的编制总量内，于每年 8 月底前，按照班额、生源以及师资结构等实际情况，由教育局具体分配各学校编制，实行动态调整，保证全市师资合理流动。

“退补相当”引进教师机制工作。用好“退补相当”、周转编制专户、农村学校机动编制等政策，解决大班额所需师资，年内共引进教师 610 人，其中编制内 293 人，聘用制教师 317 人。其中，聘用制教师的招聘由学校自主组织进行，落实学校用人自主权。

【幼儿教育】 园所建设。2016 年，全市共有公办幼儿园 178 处，民办幼儿园 58 处。全年计划新建、改扩建幼儿园 14 处，除文家小学幼儿园尚在基础建设外，实际完成 17 处，完成计划的 130.76%，完成投入 9300 万元，新增学位 2800 多个。至年底，全市省示范幼儿园达 61 处（其中 2016 年创建 24 处），占潍坊市总数的 24%，潍坊市示范园幼儿园达到 50 处，其中 2016 年创建 15 处。省示范幼儿园的创建数量、创建比例均列潍坊市第 1 位。对全市城乡居住小区配套幼儿园建设、管理使用情况进行调研，撰写调研报告，转发省教育厅〔2016〕1 号《关于进一步规范城镇居住小区配套幼儿园规划建设及管理使用的意见》，对全市新建、在建、已建成居住小区配套幼儿园的建设及管理、使用做出明确规定。

办园体制。学前教育以打造优质教育品牌为目标，以促进每个幼儿健康成长为己任，不断深化办园体制改革，创新管理模式，探索农村学前教育发展新思路，形成“以政府办园为骨干、村办园为主体、社会力量办园为补充”的良好格局。2016 年，上口镇、田柳镇、营里镇、纪台镇全部通过潍坊市学前教育先进镇街验收，并分别取得潍坊市第一、第二、第五、第六名的好成绩。至年底，全市 15 处镇（街区）有 14 处被评为潍坊市学前教育先进镇街，创建总数、创建比例（93%）均列潍坊市（71.4%）第 1 位。

幼儿教师队伍建设。2016 年，组织开展全市幼儿园长、班主任骨干教师培训，邀请北京总参工程兵幼儿园金小娟等专家做《处理幼儿伤害事故的法律依据》报告，澄清各幼儿园在这方面的模糊认识，提高幼儿园长法律意识和处理相关问题的能力。先后组织 170 名幼儿园长、业务园长、骨干教师、保育员参加潍坊市高水平幼儿园长、园本课程、保育员示范性培训及跟岗研修班，开阔视野，提高管理能力。

幼儿教学管理。一是发挥专家引领作用，助推教师专业成长。2016 年 5 月，邀请山东女子学院董旭花教授到市直机关幼儿园举行专家带教活动，并作学术报告。世纪教育集团于 2014 年开始聘请上海市学前教育专家郑艺教授为幼儿园业务顾问，为幼儿园打造专业、优秀的教师团队奠定基础；圣城街道东关幼儿园和洛城街道中心幼儿园的“环乐无穷”和洛城街道中心幼儿园的“乡村幼儿园蔬菜种植场”园本课程方案于 11 月在潍坊市园长论坛进行交流，市直机关幼儿园的《幼儿园区域游戏有效观察与指导的园本研究》于 11 月在潍坊市教科院幼儿园区域活动研讨会上做典型发言，文正教育集团文礼幼儿园等 4 所幼儿园的区域活动指导案例被收入潍坊市教科院编制的材料汇编在潍坊市推广。坚持以活动促发展，5 月组织开展幼儿师生技能大赛，并评选出 26 个优秀项在六一儿童节期间进行集中展示；6 月组织开展幼儿园教师教育技能竞赛，有 56 名幼儿老师参加活动设计与试讲、游戏创编、玩教具制作 3 个项目的角逐，并推选 6 人参加潍坊市幼儿园教师教育技能竞赛，取得一等奖 2 项、二等奖 5 项、三等奖 1 项的好成绩；7 月组织开展第 12 期幼儿教师技能达标活动，全市共有 500 多名幼儿教师参加键盘、视唱、普通话、舞蹈、美术、教学理论 6 个项目的达标活动，为学前教育教师队伍成长奠定良好基础；8 月组织开展全市学前教育优质课、学前教育教学能手评选活动，聘请外地专家，分镇（街区）和市属 2 个序列，现场听课，现场打分，即时公示，赢得广大幼儿教师的普遍赞誉，激发幼儿教师学业务、争先进的积极性。4 月始，坚持“有特长、善研究、强素质、带团队”的原则，积极创建四大教研联盟，成立学前教育区域活动、户外活动、生活活动、集体教学四大教研联盟，以市教育局文件形式公布联盟活动要求及成员名单，先后在市直机关幼儿园、世纪教育集团东城幼儿园举行“生活活动”“户外活动”集中研讨活动。为推广教研联盟活动经验，潍坊市教科院在市直机关幼儿园举办潍坊市幼儿园教学活动观摩研讨会，潍坊市 700 余名幼儿园园长、骨干教师参加观摩研讨。

【小学教育】 2016年，全市小学共109处，其中九年一贯制13处、完全小学96处，在校学生66988名。随着“全国教育综合改革寿光试验区”启动，小学继续深化“双改行动”研究，构建以潍坊市双改校为核心的9个学校联盟圈，吸收33所小学加入，初步形成合作共赢、良性发展的课改圈。2016年3—10月，组织3批次“双改联盟”中小学校长、骨干教师100人次到北京、上海、江苏、浙江考察学习。11月，举办乡村小学校长城区挂职锻炼学习班，有64名小学校长到世纪教育集团挂职学习1周，从文化到管理，从课堂到学科教研，从社团到课程，从干部到团队等，进行全方位、全过程、立体化的学习锻炼。深入开展小学阅读工作，3月教科研中心在世纪学校召开寿光市小学语文学科单元整合成果推介会和全市小学阅读能力提升工程推进暨“十百千”评选表彰会，对7所阅读示范学校、7名优秀读书推动人物、70名教师读书标兵、1000名阅读书香少年予以表彰。开展寿光市优质课和寿光市教学能手评选工作，小学教学能手评选首次采用“城乡两条线”进行，突出农村教师地位。探索实施“1+1”全课程监测制度，针对学科学习，分3次分别对四至六年级语文、数学、英语、科学、品德、综合实践活动等课程实施监测，全市28122名小学生接受卷面测试。提高学生综合素养，组织书写、诵读、实践、实验等基本素养展示活动，共计7333人次参加，占三至六年级学生总数的16.27%，取得良好的展示效果。5月10日，潍坊市教育局下发潍教函〔2016〕26号文件，推广上口镇中心小学“学科作业打折、实践作业加码”寒假实践作业育人的典型做法。6月15日，潍坊市“双改行动”小学阅读课程体系建设现场观摩研讨会在寿光市实验中学召开，推广实验中学小学部阅读课程体现建设的经验做法。10月10日，潍坊市小学课程整合暨教学管理基本规范校长培训会在圣城小学召开，13日潍坊市小学综合实践活动优质课堂展示活动在寿光市圣城小学展开，潍坊市各县市区的综合实践活动教研员、骨干教师300余人参加此次课堂展示活动。11月3日，中国教科院举办的全国第四届“学校文化内生和课程再造”研讨会在沈阳召开，圣城小学在会上作题为《基于核心素养提升的全息·圣贤课程》报告。12月，以“传播国学、服务教育”为宗旨，市文明办、电视台、教育局联合开展寿光市首届国学经典知识大赛。

【中学教育(初级中学教育)】 双改教研。2016年，在深入推进“双改”教学策略的大背景下，市教育局通过引导全市36个学校依据自愿互助原则，抓住教和学的方式方法研究两个重点，经过课题实施三个阶段，形成以世纪学校、洛城二中、建桥学校、实验中学、东城初中等课改中心校为核心的5个镇域联盟圈(世纪学校圈：纪台一中、纪台二中、孙集一中、孙集二中、世纪凤华、丰城初中、化龙初中,洛城二中圈: 洛城一中、洛城三中、稻田一中、王望初中、田马初中、赵庙初中,实验中学圈: 圣城中学、侯镇一中、侯镇二中、侯镇三中、营里一中、营里二中，东城初中圈: 田柳二中、田柳一中.古城初中、北洛初中、上口一中、广陵初中、现代东城学校，建桥学校圈：文家中学、西关初中、羊口中学、台头初中、牛头初中），并通过“一二三五策略”(遵循学校自愿互助原则，抓住教和学的方式方法研究2个重点，经过课题实施3个阶段，以课改中心校为核心全市形成五个镇域联盟圈），引导学校建立互助镇域联盟，将选题、实验的决定权、主动权下放到学校，教研室进行推动、指导和服务。学校因需而改，智慧合作，解决学校单打独斗、课题和研究不接地气、假大空的问题。通过5个镇域联盟圈建设，逐渐培养上口一中、实验中学、田柳二中、台头一中、文家中学、羊口中学、营里二中等学校成为寿光市“双改联盟学校”，通过课改推介会、学科研讨会、课堂调研等工作将课改推向深入，引领和加快全市的双改进程。4月，潍坊市初中“双改行动”联盟校交流暨寿光世纪东城初中“绿色生态教育”展示会举行，潍坊市“双改行动”联盟校的220多名校长、骨干教师全程参与活动，与会领导进一步了解寿光市双改工作具体开展情况，推广寿光市课改经验，在整个潍坊市产生积极影响。

课堂教学。2016年，市教科研中心继续开展“六个一”（每年发表一篇论文、做一场学术报告、讲一堂示范课、参与一个课题研究、读一本好书、推广一个典型）活动，教研员每人听课全年达120节以上，全年共培养教学能手120人，优质课150人。洛城二中2014年9月加入“潍坊市初中双改行动联盟校”后，致力打造“幸福课堂”，即追求个性化的幸福课堂，推出“一三五”（以唤醒学生的内心情感、激发学生思维的主动性为中心，三是“三自”即自学、自由、自治，五是课堂教学的5个基本环节，即目标引领、自主学习、合作探究、展示点拨、达标提升）课堂育人策略，达到“学生学的幸福、教师教的幸福”的境界。实验中学探索12年一贯制教育的校本课程体系，以课堂教学范式为实践操作系统，形成“体面+”教育范式。开展“教研训”一体化活动，建立实验中学课改群。羊口中学在原有课改基础上初步实施走读式分层教学，根据师生需要，进行“适群教育”（将学生进行科学地分类分群，创建适合每一个群的教育），落实分群走班教育教学。圣城中学形成“四环八步”（先学、展示、释疑、训练4个环节，自学、互学、反馈、展讲、点拨、精讲、精练、反思8个步骤）学本课堂模式。3月，寿光在山东省初中历史教学研讨会上介绍教学经验；在潍坊中考研讨会上有化学、物理、生物、历史、英语等5个学科做典型课改经验交流。11月，全国“学本课堂”创建研讨会在寿光市圣城中学召开，推广寿光经验。12月，建桥学校董秀霞在中国教科院教学改革实验区第五届高质量课堂展示活动中获一等奖；董灵慧在大连参加全国高效课堂展示活动，获得特等奖。

基础教育课程改革。2016年11月15日，全国“学本课堂”创建研讨会暨寿光实验区成果展示活动开幕式在圣城中学报告厅举行，由中国教科院韩立福博士团队创立的“学本课堂”理论体系得到进一步发展。

教学竞赛。⑴活动带动。通过课改推介会、学科研讨会、课堂调研、大赛、评选等系列活动，提高教学质量。每年4月，定期举行教师教学达标赛，通过教育理论笔试、教材教法笔试、教学设计笔试和钢笔字粉笔字书写、电子白板运用、普通话等基本技能过关，集体磨课，个人达标展示课等过程，合计总分得出达标分数，依据分数分出达标层次。一条龙式全面培养教师业务能力，定期检验教师实验效果，2016年达标过关教师约150人。开展省、市、校三级名师同课异构“送课到校”活动，聘请省级教学能手、市级教学能手与本街道教师开展面对面“同课异构”。⑵分层培养。在校长层面，通过“校长论坛”引领校长专业发展。2016年年初中校长论坛活动期间，组织考察全国课改名校，组织特色学校创建主题交流，提高校长对特色发展的规划和管理能力；在4月召开的潍坊市初中教育工作会议上，王建新校长代表寿光市作典型发言，并在潍坊市“未来教育家”治校方略路演中再获一等奖。在教师层面，注重学科素养，专注教师自身专业发展。4—5月举办第三届初中青年教师课堂教学创新大赛、第四届青年教师成长论坛，有200多名青年教师参加；8—9月举办的两级中考研讨会共850人参加学科研讨；暑期研修促进所有教师学科专业全面发展，有16个学科共培训3455人次。⑶逐级发展。对参教3～5年的年轻教师开展课堂达标活动。⑷齐头并进。2016年，有3人被评为名校长，有102名初参教教师通过达标，有196人次在寿光市研讨会、教师论坛、创兴大赛等活动上出示创新课、示范课、展示课等，有16人次在潍坊市级以上研讨会出示展评课。在2016年山东省德语课例评选中，初中有7个学科代表潍坊市参加山东省德育优秀课例评选，都取得优异成绩。

教研方式转变。⑴双向需要式教研，为学校提供“需求化指导、针对性研究”服务。2016年，各学校根据本校相关学科教学需要，出台改革创新或改进提升工作方案，依托21个学科基地，依靠45名由名师组成的兼职教研员团队进行示范操作，问诊把脉，将教学研究基地、教师学习交流基地、课堂改革基地、课程开发基地的好做法及时嫁接、复制到位。“双向需要式教研”这一做法，激发学校改进校本研究、寻求业务指导的积极性，教研室对各学校进行针对性指导，获得学校干部教师的欢迎和好评。⑵同课异构活动，为教师提供“课堂教学面对面”研讨服务。2016年10月，先后有现代东城初中、世纪东城初中、文家中学、洛城二中、洛城一中、留吕初中开展同课异构活动，共有72名教师(其中从全省范围聘请14名省级教学能手)展示同课异构观摩课，各学校自主派出参与听课的教师达到1500多人次。省、市、县三级教学能手同台同课异构，送课到家的做法，引领教师对同一节课从不同的教学设计、教学过程、教学效果、教学评价等方面进行比较、探讨和研究，让上课教师在面对面的学习和深刻反思中，吸收对方优点，克服自身不足，使广大听课教师不仅学习到新鲜教学经验，而且提高权衡甄选优质高效学法教法的意识。

评价研究。继续认真抓好期中、期末、模拟命题、阅卷指导和潍坊抽测考试等工作，就3～5年中考试卷结构、试题命制的指导思想、原则等进行深入研讨。重新制定《寿光市教学视导评价方案》《寿光市学业水平考试评价方案》，引导学校走向轻负高质。2016年潍坊市学业水平考试阅卷工作有4科、潍坊市抽测考试有1科设在寿光，在潍坊市学业水平考试中，寿光市以1.5万人和3万人的进线率名列前茅，受到潍坊市教科院认可。

【中学高级教育】 2016年，寿光市高中以立德树人统领教育教学工作，努力加强校园建设，至2016年年底，全市共有普通高中7所，其中城区有寿光一中、寿光现代中学、寿光中学、寿光五中和圣都中学，寿光二中位于田柳镇，渤海实验学校位于羊口镇。寿光渤海实验学校于2015年4月3日经潍坊市政府批准正式设立，寿光二中东城学校于2016年3月开工兴建。

高考再创辉煌。2015—2016学年，寿光市教科研中心高中教研室和各高中学校科学安排复习备考计划，深入研究考试说明，多方了解考试信息，加强集体教研，努力提升复习效益，在历次潍坊模拟考试中成绩一次比一次优秀。2016年，寿光市高考成绩再创佳绩：全市文理一本上线2445人，增加231人，被清华大学、北京大学录取7人。各类本科上线6809人，上线率高达

71.8%。一本及本科上线数、上线率均居潍坊市各县市区领先位次，以绝对优势再夺第1名。

政府教学成果奖成绩优异。2016年，高中教研室引导各普通高中学校适应新的教育形势，落实新课程实施方案，进一步优化分类分层教学，开展教育教学研究，涌现出一大批优秀集体和个人，全市共有26项在潍坊市政府教学成果奖评选中获奖，较去年增加4项，其中一等奖5项。

立德树人。2016年，高中教研室落实寿光市教育发展“一个率先、两个领先”（在全国县域内率先实现教育现代化，确保寿光教育适度领先经济社会发展、适度领先全省乃至全国教育水平）的教育发展总体目标，突出质量意识，强化教育管理，不断开创全市普通高中教育工作新局面。各高中学校突破旧有的教育观念，将立德树人确定为教育教学工作的最高价值追求，以立德树人统领教育教学工作。全面落实国家课程方案，研发特色校本课程，课程资源更加丰富；全面落实全员全程育人策略，校园文化活动丰富多彩，育人手段更加多样；分类分层教学模式更加成熟，育人方式更加灵活高效；实施特色发展，寿光一中的绿色教育、现代中学的多元教育、寿光二中的合作文化、寿光中学的以文化人、圣都中学的感恩教育和渤海实验学校的海洋文化特色鲜明，为寿光市高中教育可持续发展打下坚实基础。

课堂教学改革。2016年，高中教研室始终坚持把打造高效课堂作为课堂改革的出发点和落脚点，稳步推进课堂改革。组织落实“一师一优课”和“一课一名师”活动，让全体教师都参与课堂教学改革；10月，成功举行寿光市高中优质课比赛和教学能手评选活动；广大教师充分利用录播教室，探索课堂改革新路子；寿光五中借助深化教育综合改革的契机，开展生本课堂改革试点，教改工作有序推进，反映良好。

教学工作创新。⑴创新视导形式。2016年，教科研中心高中教研室把教学视导工作分为高三和基础年级2个时段进行，缩短年级视导周期，增强视导的针对性和目的性。通过先期调研，确定每个学校的视导重点，把有效的时间用足用好，更好的发挥视导征集问题、诊断问题、反馈问题、解决问题的功能，发挥视导学校优势学科的辐射作用。视导期间，邀请其他学校的薄弱学科备课组长和骨干教师跟随视导，深度学习该校先进经验。⑵创新质量分析方法。2016年，改变传统的质量分析形式，采用到校分析的形式，针对各校在质量监测中暴露的问题，撰写学校质量分析报告，增加质量分析的针对性，提高质量分析效能。创新质量评价标准，制定新的高考评价标准（双100、双300和1500工程）。⑶创新能手评选形式。首先把所有的课堂进行录制，为其他教师提供优质教学资源。其次是把评选活动打造成全市学科教研活动，依托评选活动，各校评委和选手在学校备课组内进行集体教研，评委把各选手表现的好思路、好做法进行传达，促进选手业务成长。再是把能手评选活动作为青年教师的培训平台，向所有教师开放，并组织各校青年教师进行学习。⑷创新示范课选拔方式。在寿光市承办的潍坊市教学策略研讨会和主办的高考研讨会上，对所提供的示范课一律采取公开竞课，择优录用。⑸各学科充分利用现代教育技术，建立微信教研群与一线教师进行实时教学教研；利用百度云盘建立省、市、县优质课、教学能手课例、优秀教学设计、典型试题库等资源库，供教师下载使用；利用录播教室，引导教师进行课堂微格教学研究。

教育科研推动教学质量。2016年，市

高中教研室始终坚持一线工作法，在视导过程中突出课堂教学研究，注重现场指导，不断优化各学科复习课和讲评课的课堂流程。先后组织全市一轮二轮研讨会，优化学科复习策略。强化名生培养，组织各校包级校长、实验部主任到安丘一中、高密一中、临朐一中等学校参观学习；为准确把握全国高考卷的命题方向，明晰备考思路，组织各校包级校长及综合科备课组长到湖南师大附中和湖南一中等名校学习，与名校名师面对面学习办学经验、教学方法和全国综合卷备考经验；组织全体高三备课组长到济南参加考试说明研讨会，并在参观学习后及时组织交流学习心得体会，为2016年名生培养和大面积上线提供有力支撑。

【职业教育和高等教育】 2016年，寿光市现代职业教育体系基本建立，职业教育在校生1.36万余人，高等教育在校生2万余人。寿光市职业教育中心学校被确定为第一批山东省示范性中等职业学校，潍坊科技学院全面通过教育部本科教学工作合格评估。

【中等专业教育】 2016年，潍坊市科技中等专业学校以各级各类技能大赛项目为指导，进一步优化实践教学内容，组织校内技能比赛，完善以赛促学、以赛促练机制，学生动手操作能力大有提高。对语文、数学、英语、德育4门文化课实行期中、期末统考，统一命题、交换监考、流水阅卷，提高文化课教学质量。积极参加各种比赛，2016年4月在寿光市第七届全民运动会暨第六届全民健身运动会中，取得高中组第2名和总金牌数第2名的好成绩，获得“突出贡献奖”。6月，在山东省大中专学生社团节比赛中，荣获3项一等奖、4项二等奖、7项三等奖。9月，成功举办家长委员会会议，组织“家长进校园”主题活动。10月17日，由潍坊市政府主办的2016年潍坊市职业院校技能大赛网络安全竞赛在学校图书馆举行，经过初赛，共有5支队伍15名学生参加最后决赛，该校代表队以总分高出第2名7分的成绩取得大赛第1名，并代表潍坊市参加山东省决赛。11月，市委、市政府通过新校区建设方案，新校区依托潍坊科技学院办学优势，按照非营利性混合所有制学校性质办学，实行独立法人、独立校园、独立财务、独立管理。新校区总体规划由天津大学设计院负责，市规划局审批，由国土规划部门进行规划。校区由城投负责建设，学院租赁使用。12月，在全国“挑战杯”职业学校创新创效创业大赛中，学校2支代表队获奖，全省共有4支参赛队获奖。

【中等职业技术教育】 2016年，寿光市职业教育中心学校以省示范校建设任务为总抓手，以ISO质量管理为保障，全面深化综合改革，扎实推进常规工作，提升管理水平，各项工作保持良好发展势头。2016年2月28日，中央电视台《新闻联播》栏目对学校“能工巧匠”进行专题报道，入选2016年度潍坊市十大教育改革创新项目，并荣获全国“第五届地方教育制度创新奖”。3月18日，学校与美国PPG集团签署联合办学协议，被命名为教育部—PPG联合培训中心；同月30日学校被破格确定为首批山东省中等职业教育发展示范学校，化学工艺和现代农艺技术专业被评为山东省品牌专业。5月27—29日，市职教中心成功承办全国职业院校技能大赛（中职组）“电梯维修保养赛项”，在此次技能大赛中，学校共夺得6枚金牌1枚铜牌。9月，市职教中心学校获2016年寿光市职业教育技能大赛优胜团队奖。10月，省政府教育督导室对寿光市职业教育工作进行专项督导，对市职业教育中心学校的建设发展给予高度评价，对寿光市职业教育发展给予充分肯定。11月，市职教中心成功承办2016年山东省技能大赛（中职组）“网络搭建与应用”“智能家居安装与维护”赛项。12月，市职教中心学校机电设备安装与维修教学团队、物联网应用技术教学团队被评为省级教学团队，王锐、杜桂芹2名教师被评为2016年山东省职业教育青年技能名师；寿光《菜都先锋》先后13次、《大众日报》先后2次报道学校党组织工作先进经验；潍坊市教育局党委专门下发文件在全潍坊市推广寿光市职教中心学校“两学一做”学习教育经验做法。2016年，学校先后邀请陈晓明、王文槿、杨黎明、臧志军、张振笄等12名专家到校做专题报告；引进徐国庆团队到校为教师进行项目教学设计及课程标准培训；暑假聘请专家对100名老师进行信息化教学培训；全年选派100余名优秀教师赴日本、新加坡、台湾和国内知名职业院校学习考察，安排22名教师到北京及寿光、潍坊的企事业单位挂职1年；共组织新教师入职培训272人次，组织市级以上培训193人次，校本全员培训1619人次。

【高等院校】 *潍坊科技学院*。2016年，潍坊科技学院发展成为规划占地2400亩，实际占地2000亩，建筑面积78.86万平方米，总资产15.37亿元，教职工1562人（不含离退休人员）的一所全日制高等院校，其中在编教职工1426人，副高级以上职称教师298人，具有博士、硕士学位教师416人，另有外籍教师33人；全日制在校生25600人，其中普通本科生8400人、普通专科生11400人、五专前三年学生5800、留学生11人；大学部开设本科专业17个，专科专业41个，其中有1个省级特色专业、2个省级示范专业，另有4个山东省企校共建工科（本科）专业；与山东师范大学合作成立山东省研究生联合培养基地。潍坊科技学院大学部现设中印计算机软件学院、机械工程学院、机电工程学院、化学工程学院、建筑工程学院、经济管理学院、工商管理学院、外国语学院、贾思勰农学院、文法系、美术系11个院系，基础部、体育部、公共英语教研室、公共计算机教研室、音乐教研室5个公共教学部门，还附设有五专部、中专部、技工学校、体育竞技学校。学院全年新增3个本科专业、1个省优势特色专业。立项自然科学类课题17项，人文社科类课题153项。《潍科系列番茄新品种选育及高效栽培技术研究与应用》获第八届中国技术市场金桥奖优秀项目。2016届本科毕业生考研录取369人，考取人数创历年新高；毕业生总体就业率95.91%。学院青年志愿者服务队被评为山东省优秀青年志愿服务组织。学院被评为山东省高校思想政治教育工作先进集体、学生资助工作先进单位、征兵工作先进单位。学院党委被评为潍坊市先进基层党组织。

2016年1月，工信部公布《工业和信息化部关于公布第一批国家小型微型企业创业创新示范基地名单的通告》（工信部企业〔2015〕470号），寿光市软件园获批第一批国家小型微型企业创业创新示范基地，基地名称为潍坊寿光市软件园创业辅导基地。3月，举办以“互联网+成就梦想、创新创业开辟未来”为主题的山东省创业创新学院潍坊科技学院首届“易商杯”大学生互联网+创新创业大赛。4月，与天津职业技术师范大学硕士研究生联合培养基地挂牌仪式在学院举行。5月，邀请著名心理学家、华南理工大学心理测评与应用心理学研究所所长宋广文，在学院大学生活动中心为2012—2015年进入学院的青年教师、部分班主任及心理咨询教师作题为《境随心高、行伴智远》的专题讲座。7月21日，《大众日报》“大众教育”栏目头条以《将企业一线项目带入课堂》为题，对学院项目化教学服务应用型人才培养进行专题报道。9月28日，学院与青岛里奥机器人技术有限公司在孵化大厦举行共建智能机器人联合实验室签约暨任福继院士聘任仪式。11月11日，在海南白沙县七坊镇举行海南家园生态农业科技有限公司中英合作（海南）现代农业国际示范基地、鹭湖热带生态农业休闲观光园和潍坊科技学院（海南）育种基地开工奠基仪式。12月12日，国务院教育督导委员会办公室下发《关于公布2015年和2016年上半年普通高等学校本科教学工作合格评估结果的通知》（国教督办函〔2016〕88号），潍坊科技学院全面通过教育部本科教学工作合格评估，标志着潍坊科技学院进入一个新的发展阶段。

潍坊广播电视大学寿光分校。2016年4月、9月，组织全国网络教育公共课统一考试工作，圆满完成考试任务。8—10月，按照省委组织部和省电大要求，配合市委组织部，实施省委组织部安排的农村和城市“两委”成员学历教育素质提升工程，完成网上报名、信息确认及考前辅导、统一考试、录取等工作。完成电大开放教育、电大成人教育、网络教育2016年秋季招生报名、录取工作。10—12月，组织完成山东科技大学MPA、MBA研究生招生、考前辅导与考试等工作。11月，按照省电大工作部署，完成电大开放教育新生注册录取、新生与老生的选课、报考、毕业审核等工作。

【成人教育】 2016年，全市共有社区学院1处、镇（街区）分院15处、行政村社区服务中心教学站127个，已形成高职、中职、成人教育“三位一体”的现代职成教育体系。全年教育系统各级各类学校组织农民工培训8400人次，注册新型职业农民中专学历教育600人。先后荣获“全国社区教育示范区”、全国首批“国家级农村职业教育和成人教育示范县”称号。

农村职业教育。2016年3月22日，圣城街道、羊口镇被评为“全国社区教育示范乡镇”。4月12日，山东省职业教育学会农村与农业职业教育工作委员会在市职教中心成立。5月18日，成功承办第一届全国农村与农业职业教育发展论坛，教育部职成司研究员刘杰作《大力推动涉农职业教育改革发展、加快构建现代职业教育体系》的专题报告。9月27日，市委、市政府投资2亿元新建的面积1.8万平方米的老干部活动中心、老年大学新校正式启用，并根据学员学习兴趣，设立电脑、钢琴、古筝、声乐等专业教室22个，配备展览室、图书室、卫生室、报告厅、排练厅、电子阅览室、室内高尔夫等活动室（厅）20多个，真正让老年人退休不闲，享受快乐晚年生活。10月10日，市卫计局、教育局组织开展“世界精神卫生日”宣传教育活动，号召全市市民积极参与精神卫生和心理健康服务工作，共同承担防治责任和义务，推动形成理解、接纳、关爱精神障碍患者的社会氛围。

干部、职工教育。2016年1月7日，寿光市城市社区“两委”成员培训班在圣城街道社区学院开班，197名城市社区“两委”成员和社区工作人员参加培训。2月26日至3月8日，由市委组织部、市经管局主办的寿光市2016年度全市农村文书（会计）培训班在潍坊科技学院开班，市委常委、组织部部长、统战部部长徐莹出席活动，并做题为“如何做一名合格的村文书（会计）”的专题报告。此次培训对象为全市各镇（街区）

经管干部及村（居）文书、会计，共1136人，培训分4期进行，每期3天；培训旨在进一步规范农村文书（会计）工作流程，帮助广大农村文书（会计）统一思想认识，掌握基本业务知识，提高岗位履职能力。5月10日，市社区学院羊口分院新型职业农民培养学历班开班仪式暨相关种植技术培训在市职教中心学校隆重举行，羊口镇的100多名学员参加培训。9月5日，市委组织部在潍坊科技学院大学生活动中心举办全市选聘专职党建工作人员业务培训班，各镇（街区）选聘的专职党建工作人员共109人参加为期2天的培训；培训内容有党务工作基础知识、“两新”组织党建、“两学一做”学习教育等，使新选聘的专职党建工作人员进一步明确党建工作主攻方向，提升专职党建人员的业务水平。9月10—13日，市农业局在潍坊科技学院大学生活动中心举办全市农业执法人员业务（一期）培训班，全市各镇（街区）农业系统分管领导、农业执法人员及农产品质量安全监管人员共100余人参加培训，培训分多期进行，预计培训1200余人；通过培训，使全市执法人员的农业法律知识、执法能力和业务水平得到进一步提高。10月12日，2016年山东省新型职业农民经营管理培训寿光班（第一期）在山东农广校寿光分校正式开班，各镇（街区）农业农村生产一线的规模种养殖大户、家庭农场主、农民合作社骨干等110名学员参加此次培训。

【特殊教育】 2016年，寿光市特殊教育学校新分配教师2人，有6名学生毕业，招收新生17名，新开设特殊教育学前班1个（6名学生），核定2016—2017学年度送教上门学生33人。本学年度新开设家政、精细动作、汽车美容洗车、情景教学4门课程；设立心理健康课专职教师，成立书画艺术社团，外聘著名书画教师李文武、李荣向为学校书画客座指导教师。

送教上门。2016年，确立以特殊教育学校教师为骨干、普通学校教师为补充的送教上门队伍，明确送教上门的时间表和路线图，形成“定期送教上门、分期培训家长、分批到校实训、期末评估慰问、规范档案资料”的五结合工作模式。全年接受送教上门服务学生33人，送教责任教师37人。

随班就读。2015年11月成立的残疾儿童入学鉴定和咨询委员会，为随班就读学生进行鉴定并建立个人档案，分别在建桥学校、实验中学建立随班就读资源教室，为残疾学生随班就读提供必要的便利条件。2016年，全市义务教育段共有随班就读残疾儿童少年86人，逐步实现中轻度残疾儿童少年全部随班就读。

【民办教育】 2016年，寿光市共有民办学校127所，其中普通高校1所、普通高中3所、初中3所、小学3所；共有全日制民办学校10所，在校生4.8万人，有高标准民办幼儿园63所，在校学生1.1万人，有各类民办培训机构54处，全年培训学生近3万人次。2007年至2016年，寿光市在潍坊市民办教育发展工作现场点评和潍坊市重点工作综合督导评估工作中，均名列第1名。

规范发展。继续开展《中华人民共和国民办教育促进法》宣传教育活动，市委、市政府每年通过召开相关会议，联合下发通知，利用广播、电视、报纸、网络等新闻媒体和行风热线上线解答等形式，宣传国家民办教育促进法、教育法、民办教育促进法实施条例及潍坊市、寿光市有关发展民办教育政策等，营造社会各界重视、关心、支持民办教育事业发展的良好氛围和社会环境。

创新发展模式。一是财政投入模式。逐

年加大教育财政预算支出，每年确定一批教育重点项目和民生工程，确保财政用于教育事业的投入每年增长10%以上。将市民办教育的校址选定、学校规模、招生范围等全部纳入全市教育发展整体规划，学校建设用地由市政府按照公益事业用地及建设的有关规定给予优惠，并优先考虑用地指标。1999年投资2.3亿元建设寿光现代中学、2003年投资1.8亿元建设寿光世纪学校、2013年投资1.5亿元建设寿光一中羊口分校（即寿光渤海实验学校）和投资3亿元建设世纪学校东城校区，都列为当年市政府重点工程，领导包靠，财政支持，全部实现当年建校、当年招生。所有民办学校的硬件建设全部达到省级规范化学校标准，所有民办学校均享受市财政生均公用经费补贴，民办学校在校生与公办学校一样享受困难生补助和乘车补贴。二是民间投资模式。把发展民办教育同扩张优质教育资源相结合，倡导民间办学。由寿光乐义集团投资2亿元占地133亩的世纪凤华学校，规划建筑面积5.9万平方米，设幼儿、小学、初中共78个教学班，2016年9月正式招生；由屯西村投资1.5亿元建设屯田学校，占地190亩，建筑面积7万平米，设初中、小学2个学部共52个教学班，2016年9月投入使用。三是PPP建设模式。采用PPP建设模式组建的寿光文正学前教育集团，是市政府2015年“十大重点工程”之一。集团所属5所幼儿园共有在园幼儿2100人，教职工287人，有效解决城区入园难问题，扩大城区优质学前教育资源。投资2.3亿元建设的东城高中，采取政府与社会资本合作模式运作，由市政府授权出资机构国资办与山东寿光圣都建设集团有限公司、山东鸿泰建设集团有限公司、山东华邦建设集团有限公司按约定出资比例成立项目公司（SUV）——寿光市金文工程管理服务有限公司，全权负责项目建设和运营维护等事项。2016年1月完成招标，3月15日正式开工。四是采取校企联合办学模式。成立企业冠名班，校企共建实训基地，潍坊科技学院每个专业都与2家以上大型企业开展实质性合作办学，校企共同制定人才培养方案和专业教学内容，先后与海尔、联盟集团等27家大型企业合作成立企业冠名班，在75家企业建立稳定的校外实训基地，提高人才培养质量，实现校企双赢。同时，建立学科性公司，与企业联合开展科研，依托中印计算机软件学院、建筑工程学院、化工与环境学院、贾思勰农学院等分别成立环球软件、潍科软件、科苑传媒、建筑安装公司、美高斯麦化妆品厂、潍科种业等10余家学科性公司，吸纳学生实习、实训，参与项目研发。其中，建筑安装公司已成为国家一级企业，环球软件被确定为国家级高新技术企业。汽车工程学院师生研究团队克服泰丰汽车公司电池组检测模块弊端，每个模块节约成本50%以上。开展“教授、博士企业行”活动，化工与环境学院3名博士分别担任默锐集团项目负责人，促进学院科研水平的提升。

【教学教研】 206年，高中教研室坚持把打造高效课堂作为课堂改革的出发点和落脚点，稳步推进课堂改革，在山东省德育课例评选中，寿光市高中共有3人获一等奖，5人获二等奖，占潍坊获奖人数的三分之一。共有8人次在省级以上研讨会进行课例展示。加强教育科研，采取请进来、走出去的办法，聘请各类教育专家14人次走进校园，共承担潍坊市以上教学现场任务7次，有17名教师在潍坊市以上研讨会上作典型发言，9人作课例展示，受到专家和教师的一致好评。2016年10月，在举办的寿光市普通高中优质课评选活动中，有61人获一等奖、68 人获二等奖、47 人获三等奖。12 月，在举办的寿光市普通高中教学能手评选活动中，共有 125 名教师获普通高中教学能手荣誉。

【督导评估】 评估迎评准备工作。2016 年 3 月，以寿教字〔2016〕17 号文件下发《关于转发潍坊市 2016 年县市区教育工作督导评估方案的通知》，落实“互联网＋督导”模式，组织全市 1 万多名干部教师完成督导评估信息系统个人信息填报和调查问卷答卷工作，各责任科室实时上传评估项目进展数据及实证材料，完成过程性督导评估数据的收集。

年度综合督导评估。市教育局督导室按照“尽可能减少对基层学校的干扰，保障学校自主办学权”的督导原则，对 2016 年学校督导评估项目进行精简优化，督导内容突出重要改革、重大任务、办学行为和学生安全等事项。4 月，通过寿光教育办公平台下发寿教督字〔2016〕2 号《关于印发寿光市二〇一六年督导评估方案的通知》，12 月 8—29 日组织对全市普通高中、职业高中、初级中学、小学等各级各类学校进行教育现代化督导评估，及时完成全年对学校的督导任务。

责任督学挂牌督导。2016 年 4 月，市教育局督导室对全市督学责任区进行调整，重新聘任 39 名责任督学，全市各学校全部更新督学公示牌。全面推行清单督学，每月初下发工作重点，提高督学工作针对性和实效性；设置“寿光教育督导网”督学专栏，每月下发责任督学挂牌督导通报，促进学校问题整改。市教育局督导室组织督学开展春季和秋季开学首日进校督导工作，对学校安全、课程设置、课本发放等各方面工作进行督查，帮助学校及时排查隐患，解决问题。同时，推进督学视导团进校督导工作，将督学视导纳入干部教师县级培训继续教育学分。至年底，市督学视导团对侯镇一中等 12 处学校完成视导评估，促进学校管理水平的提高。

【教育经费】 教育经费保障机制。2016 年，继续落实义务教育阶段中小学公用经费标准，根据省教育工作示范市的要求，按照小学均公用经费每生每年 810 元，初中每生每年 1010 元的标准，全年安排中小学公用经费 3286.1 万元；为寄宿制学校按照寄宿生生均 200 元标准补助公用经费 649.65 万元。落实义务教育阶段提供免费教科书（包括城市义务教育学校）资金 972 万元。其中，按小学每生每年 90 元、初中每生每年 180 元的标准免费提供国家课程教科书；按小学每生每年 15 元、初中每生每年 20 元的标准免费提供地方课程教科书，并全部通过省级政府采购按时发放到学生手中。落实幼儿园生均公用经费标准，全市公办及公办性质幼儿园按每生每年 300 元全部落实生均公用经费，按季度拨付至各幼儿园。全年安排幼儿园公用经费 774.87 万元，为学前教育高端发展提供保障。落实中等职业学校生均公用经费（包括免学费资金），包括市职教中心学校和劳动技校，2016年执行省定公用经费标准。落实高中生均公用经费标准，按照每生每年 900 元的标准，按季度拨付至各高中学校，全年落实资金 1933.62 万元，有效缓解高中经费紧张情况。落实特教生均公用经费标准，按照每生每年 6000 元的标准，按季度拨付学校，全年落实资金 65.8 万元；为随班就读残疾学生及送教上门残疾学生按照每生每年 6000 元的标准，全年安排公用经费 62.28 万元，保障特教学校健康发展。积极争取上级资金，增加学校经费投入，全年争取上级政策性资金 12762.7 万元。

财务管理。2016 年，继续完善有关财务管理制度，加强财务人员培训，做到持证上岗。启用中小学资产管理系统，加强学校资产管理，保证资产和账务同步运行。加强对所属单位财务监管，提高财务管理水平。集中核算中心及时调度资金，保证学校日常经费需求以及教育建设工程顺利进行。及时完成全市 1.2 万余名教师工资调整；对退养民办教师工资集中发放，落实工资 74 万元；对原民办教师教龄进行补助并发放资金 742.07 万元。

学生资助工作。一是对全市义务教育阶段所有在校学生进行家庭经济情况调查摸底，各学校负责家庭经济困难学生资格核查认定，由校长、班主任外加 2 名师德优秀教师共同确认学生家庭情况，经筛查、评选、认定、公示、确认等环节，确定 2016 年全市经济困难学生 764 名，并上报潍坊数据库。从上报的困难学生中，筛选出因学生本人大病、家庭重要成员大病等造成家庭经济特别困难的 40 名学生，从“爱心一日捐”资金中支出 12 万元，为每个家庭送去每人 3000 元慰问金。二是及时发放春季学期助学金 804 万元，共有 10972 名学生受到救助。印制 1.2 万份《致学生家长的一封信》，与受助学生资助卡一并由学校干部教师亲自送到学生家长手中，让惠民工程深入人心。2016 年秋季学期，共申请各类助学金 766 余万元，有 10390 名家庭贫困学生受到政府资助。三是从 1751 户未脱贫建档立卡贫困户中的 3326 名家庭成员中，筛查核实 324 名贫困在校生。四是协同职教科，通过查阅档案材料、班级现场点名、师生座谈等形式，对中职学校学籍信息核查和资金管理情况进行专项治理，确保核查信息的真实性。五是开展生源地助学贷款工作，通过发放《致高三学生家长一封信》、在高三教室张贴助学贷款宣传彩页、《寿光日报》预留专版等形式，将高中阶段获得国家助学金的学生和建档立卡贫困家庭学生纳入预申请名单。全年共为 526 名贫困大学生办理信用助学贷款，发放助学贷款金额 412 万元。

企业家联盟教育基金。每年由市企业家捐助资金，用于奖励长期扎根农村和作出突出贡献的优秀教师及团队，2016 年共筹集资金 110 万元。

学校收费管理。2016 年，严格落实学校收费政策，加强监督检查。启用网上缴费系统，确保学校收费资金安全。

【校舍改造】 2016 年，市政府认真落实《山东省人民政府办公厅 < 关于解决城镇普通中小学大班额问题有关事宜 > 的通知》（鲁政办字〔2015〕152 号）和省、潍坊市有关会议精神，出台《寿光市解决城镇中小学大班额问题工作实施方案》（寿政办发〔2015〕68 号），2015—2016 年新建、改扩建学校 23 处，建筑面积 41.5 万平方米，完成投资 9.8 亿元，增加教学班 370 个，增加学位 1.7 万人，完成招录教师 728 人。9 月 12 日的《山东教育报》二版头条以《寿光市综合施策破解中小学大班额》为题，报道寿光市破解大班额的经验做法。

（刘传禄）

科技工作

【管理机构】 2016 年，寿光市科学技术局（简称市科技局）内设 4 个职能科室，分别为办公室、科技管理合作科、科技发展计划科、科技成果科。下设 3 个事业单位，分别为全额拨款副科级事业单位寿光市生产力促进中心，自收自支正股级事业单位寿光市技术开发中心和自收自支不定规格事业单位山东省蔬菜工程技术研究中心。

2016年4月21日—22日，市科技局承办的全国农业科技工作会议在晨鸣大酒店召开，这是该规格会议首次由县级城市举办，共接待来自全国37个省、自治区、直辖市及计划单列市科技厅（委、局），新疆生产建设兵团科技局，国务院15个有关部门、直属机构科技主管单位和山东各地市科技部门、园区代表共234人。科技部副部长徐南平、山东省副省长王书坚出席会议。寿光市委书记朱兰玺在会上做题为《创新驱动，科技兴农，加快推进现代农业转型发展》典型发言。

【院士工作站】 2016年，全市新建省级院士工作站2个。11月11日，山东省科技厅发布《关于公布2016年山东省院士工作站（第一批）备案名单的通知》，山东默锐科技有限公司、山东默锐环境产业股份有限公司2家企业申请的院士工作站通过备案认定；另有山东威能环保电源科技股份有限公司、山东大地盐化集团有限公司、山东省寿光市三木种苗有限公司、山东寿光蔬菜种业集团有限公司4家企业申请的院士工作站预计2017年1月通过山东省科技厅关于2016年山东省院士工作站（第二批）备案认定。

【科技创新】 政策支持。2016年5月，市科技局牵头出台《关于加快实施创新驱动战略推动经济转型升级的意见》，从培育高新技术企业和创新型企业、鼓励企业加大研发投入、支持高新技术产业发展、鼓励科技创新平台建设、鼓励科技成果转化、完善科技服务体系6大方面给予企业和个人政策支持。该意见共计21条。

工程技术研究中心。2016年，全市新增省级（示范）工程技术研究中心2个，潍坊市级工程技术研究中心3个。其中，依托山东省寿光市三木种苗有限公司新建的山东省西瓜甜瓜育种工程技术研究中心和依托山东默锐科技有限公司建设的山东省卤水资源综合利用示范工程技术研究中心获省科技厅批复；12月23日，潍坊市科学技术局印发《关于批准建设“中药高效自动提取生产线”等50家市级工程技术研究中心的通知》，公布依托山东默锐环境产业股份有限公司建立的潍坊市化工污染控制与资源化工程技术研究中心、依托潍坊大有生物化工有限公司建立的潍坊市热敏纸用化学品工程技术研究中心、依托山东东信化学工业有限公司建立的潍坊市脂环族阻燃剂工程技术研究中心，为潍坊市级工程技术研究中心。

重点实验室。2016年，全市新增潍坊市重点实验室4个。12月23日，潍坊市科学技术局印发《关于批准建设“柔性技术冷弯成型”等39家市级重点实验室的通知》，公布依托山东东方宏业化工有限公司建设的潍坊市聚烯烃材料功能化及改性技术重点实验室、依托潍坊日兴化工有限公司建设的潍坊市溴代烷烃重点实验室、依托山东博苑医药化学有限公司建设的潍坊市特种精细化学品重点实验室、依托潍坊科技学院建设的潍坊市病虫害绿色防控重点实验室，为潍坊市重点实验室。

高新技术企业。2016年，寿光市共有18家高新技术企业通过认定。根据省科技厅印发的《关于认定山东圣道电气有限公司等1153家企业为2016年度高新技术企业的通知》，被认定的18家高新技术企业分别为山东同成医药股份有限公司、寿光市鲁盛农业科技发展有限公司、山东昊华轮胎有限公司、山东旭锐新材有限公司、山东东方宏业化工有限公司、山东寿光神润发海洋化工有限公司、寿光德圣造纸化工有限公司、山东龙兴塑膜科技股份有限公司、钢研集团稀土科技有限公司、潍坊市跃龙橡胶有限公司、山东汇源建材集团有限公司、山东博苑医药化学有限公司、寿光市荣晟新材料有限公司、山东英利实业有限公司、山东巨兴塑业有限公司、潍坊市宏源防水材料有限公司、寿光市鲁丽木业股份有限公司、山东富地环境工程有限公司。其中，寿光市鲁盛农业科技发展有限公司、山东昊华轮胎有限公司、山东同成医药股份有限公司、山东博苑医药化学有限公司、寿光市荣晟新材料有限公司、山东英利实业有限公司、山东巨兴塑业有限公司、寿光市鲁丽木业股份有限公司、山东富地环境工程有限公司为首次认定。

星创天地。2016 年 11 月，科技部公布第一批星创天地名单，全市共有 3 家“星创天地”通过备案，分别是寿光市鲁盛农业科技发展有限公司创建的“寿光市鲁盛农科星创天地”、山东省寿光蔬菜产业集团有限公司创建的“寿光蔬菜星创天地”、山东省寿光市三木种苗有限公司创建的“三木现代种业科技培育星创天地”。

产业技术创新战略联盟。2016 年，组建潍坊市级产业技术创新战略联盟 1 个。该联盟由山东英利实业有限公司牵头，联合中国纺织机械协会、山东省纺织设计院、山东大学、东华大学、天津工业大学等 16 家企事业单位共同发起成立新溶剂法纤维素纤维产业技术创新战略联盟，并于 5 月 18 日召开成立大会，中国工程院俞建勇院士及中国纺织机械协会、山东省纺织设计院、山东大学、寿光市政府等单位有关领导、专家参加会议。12 月，潍坊市科技局印发《关于公布 2016 年潍坊市产业技术创新战略联盟的通知》（潍科管〔2016〕5 号），认定新溶剂法纤维素纤维产业技术创新战略联盟为潍坊市级产业技术创新战略联盟。

【科技合作】 国际科技合作。2016 年 1 月始，山东威能环保电源科技股份有限公司与加拿大滑铁卢大学合作，引进加拿大首席科学家陈忠伟教授开展高能量密度锂离子动力电池的开发。10 月，威能美洲科技公司与滑铁卢大学新能源实验室（Elecwin Research and Development Centre）合作组建，并成功注册加拿大本地企业——威能美洲科技研发中心。该中心位于加拿大安大略省滑铁卢市，主要研究人员为陈忠伟及其研发团队。同月，陈忠伟被省政府评为山东省泰山产业传统产业创新类领军人才。

国内科技合作。2016 年，寿光市与高校院所合作共建研发机构 9 个，分别是山东寿光巨能金玉米开发有限公司与中国科学院天津工业生物技术研究所建设的“巨能金玉米——中科院天津工业生物所生物基材料单体技术中心”、山东鲁寿种业有限公司与江苏省农业科学院植物保护研究所建设的“健康无毒瓜类蔬菜种苗繁育技术研究与开发中心”、寿光金盛达渔业技术有限公司与中国水产科学研究院黄海水产研究所建设的“中国水产科学研究院黄海水产研究所——寿光现代渔业技术研究中心”、寿光滨海（羊口）经济开发区管理委员会与山东大学国家胶体材料工程技术研究中心联合建设的“国家胶体材料工程技术研究中心（寿光）新材料成果转化中心”、山东雅丽支撑新材料科技有限公司与中国科学院理化技术研究所建设的“油气开采与节能环保新材料研发中心”、山东祥生新材料科技股份有限公司与北京化工大学建设的“祥生——北化新材料联合研究中心”、寿光市欣禾沃土生物科技有限公司与中国农业大学建设的“欣禾沃土（寿光）高效农业研发中心、山东博苑医药化学有限公司与南开大学建设的“特种精细化学品联合研究中心”、寿光滨海（羊口）经济开发区管理委员会与山东大学材料科学与工程学院建设的“山东大学（寿光）新材料科技术研究中心”。其中，前5个被潍坊市招商引资考核认定为招院引所分支机构。全年先后共组织产学研对接活动5次；其中，6月2日组织11家企业参加“山东省现代农业、食品业科技成果对接洽谈会”等活动；9月26—28日组织8家企业到兰州、西宁两地与兰州化学物理研究所等有关中科院研究所对接洽谈，其中东方宏业与兰州化学物理研究所达成合作意向中,10月份签定合作协议;11月24—25日，中科院天津工业生物技术研究所、中科院微生物研究所、过程所、青能所等多个院所的30多名专家齐集寿光，现场考察中科院与兰典生物科技、巨能金玉米合作项目生产线，就生物科技先进技术进行对接交流,并召开项目验收会;12月11日，西安交通大学9名专家到寿光市，与潍坊英嘉新能源技术有限公司、山东寿光永盛种子有限公司进行合作交流对接；12月28日，济南大学化学化工学院博士生导师团一行6人到寿光，与台头镇部分防水企业研发团队就防水材料生产面临的技术难题进行交流对接。

【技术市场】 2016年，全市有1个项目获国家金桥奖优秀项目奖。中国技术市场协会于11月8日发布《关于第八届中国技术市场金桥奖获奖的决定》，潍坊科技学院以及学院校办产业寿光市潍科种业科技有限公司申报的“潍科系列番茄新品种选育及高效栽培技术研究与应用”，获第八届中国技术市场金桥奖优秀项目奖。

【科技成果】 山东省科技进步奖。2016年，全市有1个项目获省级科技进步奖。12月5日，2016年度山东省科学技术奖建议授奖人选和项目公示发布，山东省寿光市三木种苗有限公司申报的“优质设施西瓜甜瓜系列新品种选育及高效栽培技术”获山东省科技进步奖二等奖。

潍坊市级科技奖。2016年，全市共有32个项目获潍坊市科学技术进步奖、3个项目获潍坊市技术发明奖，2人获潍坊市国际科学技术合作奖。其中，获潍坊市技术发明奖的分别是市农业局申报的新型日光温室及环境调控装备项目获二等奖、山东联盟化工股份有限公司申报的3万吨/年MEA法生产乙撑胺的工业化技术项目获二等奖、寿光蔬菜产业集团有限公司申报的日光温室蔬菜富硒栽培技术创新与示范项目获二等奖；获潍坊市国际科学技术合作奖的分别是寿光富康制药有限公司彼得·普劳克斯、康跃科技股份有限公司阿诺德·史蒂夫。

表4　　2016年获潍坊市科学技术进步奖统计表

序号	项目名称	完成单位	奖项
1	1，25-二羟维生素D3联合缬沙坦对IgA肾病尿蛋白的疗效观察	市人民医院	二等
2	nm23-H1与VEGF-C、VEGFR-3联合检测在宫颈上皮内瘤变及宫颈癌中的表达及意义	市人民医院	二等

续表 4　　2016 年获潍坊市科学技术进步奖统计表

序号	项目名称	完成单位	奖项
3	微创经皮肾镜术中负压吸引对肾盂内压及术后体温的影响	市人民医院	二等
4	乳腺癌超声及钼靶 X 线特征与分子生物学指标的相关性研究	市人民医院	二等
5	EGFR、bcl-2 表达与结直肠癌患者化疗耐药及预后的关系	市人民医院	二等
6	自拟中药联合心理干预对食管癌术后生活质量的影响	市人民医院	二等
7	BSD2000 相控阵聚焦深部肿瘤热疗联合 TP 方案化疗治疗晚期卵巢癌的临床研究	市人民医院	二等
8	糖尿病颅神经病变相关危险因素分析	市人民医院	二等
9	痰热清联合雾化吸入 3% 浓盐水、异丙肾上腺素治疗毛细支气管炎的临床研究	市妇幼保健院	二等
10	沙参虫草茯苓汤联合化疗治疗中晚期非小细胞肺癌的临床研究	市中医医院	二等
11	逐瘀泄热法对输尿管上段结石钬激光碎石术后辅助作用的临床研究	市中医医院	二等
12	补肾强骨胶囊治疗膝关节骨关节炎的临床研究	市中医医院	二等
13	痛风饮治疗痛风性关节炎急性发作的临床研究	市中医医院	二等
14	设施番茄新品种选育与推广	寿光三木种苗有限公司	二等
15	设施番茄适用新品种选育及配套技术集成示范	新世纪种苗公司、 蔬菜栽培工程技术研究中心	二等
16	日光温室番茄高产高效栽培技术创新与应用	市永盛种子有限公司	二等
17	高性能柴油乘用车涡轮增压器	康跃科技公司、 市供电公司	二等
18	寿光市实现病死畜禽无害化处理资源化循环利用新模式研究	市场监管执法大队	二等
19	2 型糖尿病并发抑郁症相关因素研究	市人民医院	三等
20	HMGB1NF-KB 及 TNF-a 在人脑胶质瘤中的表达及临床意义	市人民医院	三等
21	潍坊地区前列腺癌流行病学研究与预后多因素分析	市人民医院	三等
22	抗甲状腺药物联合 99Tc- 亚甲基二磷酸盐治疗甲状腺功能亢进浸润型突眼的临床研究	市人民医院	三等
23	绝经后 2 型糖尿病患者雌激素水平与糖尿病视网膜病变相关性的研究	市人民医院	三等
24	妊娠期高血压疾病与血浆中 E、NE、CRH 含量的相关性研究	市人民医院	三等

续表 4　　2016 年获潍坊市科学技术进步奖统计表

序号	项目名称	完成单位	奖项
25	中药结合护理干预在硬膜外镇痛后促进肠蠕动恢复	市人民医院	三等
26	欣母沛宫颈注射联合卵圆钳钳夹治疗子宫下段收缩不良的临床研究	市妇幼保健院	三等
27	温肾化饮方治疗阳虚水泛型慢性心力衰竭临床研究	市中医医院	三等
28	麻醉用苯巴比妥钠对人大肠癌 HCT-8 细胞的影响细胞学研究	市中医医院	三等
29	新生儿乙肝疫苗免疫持久性及影响因素随访研究	市疾控中心	三等
30	ML-FJ 直连型套管的研制与应用	山东墨龙石油机械公司	三等
31	轻型载重汽车矿山子午线轮胎及工艺	山东银宝轮胎集团公司	三等
32	分步提取盐水精制过程产生的固体物质新工艺开发	山东大地盐化集团公司	三等

寿光市级科技进步奖。2016 年，全市共有 30 个项目获得寿光市科技进步奖，其中一等奖 3 个、二等奖 12 个、三等奖 15 个。

（盛文静）

地震测防

【管理机构】 寿光市地震局是正科级事业单位，参照公务员法管理，财政全额拨款。2016 年，市地震局下设办公室、业务科（加挂审批服务科牌子）；编制 5 人，实有 8 人。12 月，王霞接替王波任寿光市地震局局长。市地震局主要职能是负责监测预报、震害防御、应急救援三大体系建设。

【地震监测】 2016 年，全市共有强震台和深水井观测点各 1 处，分别是位于稻田镇政府院内的稻田强震台和位于上口镇南半截河村的深水井。5 月，完成中国地震局地震预警和烈度速报系统前期选址工作，选定基准点 1 处和一般点 13 处。6—9 月，先后应对处理台头镇郑辇村水井异常等 4 起宏观异常事件，应对及时得力，没有发生地震谣传事件。10 月，对全市群测群防网络进行调整，重新选定观测点 20 处，为观测员发放年度聘书，并邀请潍坊市地震局专家对观测员进行培训。

【震灾预防】 2016 年，共完成一般建设工程审批 12 件。5—10 月，完成全市企业资产证照清查办理工作。6 月 1 日，中国地震动参数区划图（GB18306-2015）正式发布，市地震局按照新标准开展行政审批工作。推进“双随机、一公开”（随机抽取检查对象、随机选派执法人员，及时公布查处结果）工作，10 月联合潍坊市地震局进行随机执法检查，随机抽查中阳集团部分工程项目，经检查均达到抗震设防要求。继续开展各类示范项目创建工作，现代社区于 12 月创建成为国家级地震安全示范社区。

【地震应急】 2016年，继续开展地震应急防护知识和应急演练进社区、进企业等活动。利用春秋两季，联合市教育局在全市中小学开展地震应急演练活动，普及率100%。5月，组织局机关人员到羊口镇进行地震应急拉练，进一步熟悉设备使用和应急工作流程。9月，参加潍坊市地震系统应急演练，在完成桌面推演和现场应急工作等科目演练后，又组织进行车载电台等信息通讯手段使用培训。10月，邀请潍坊市地震局到实验小学开展地震体验车进校园活动，向学校师生宣讲防震减灾知识，组织应急疏散演练，提高师生自我防护意识。

（刘 备）

气象测报

【管理机构】 寿光市气象局是中国气象局直属的正科级事业单位，内设办公室、气象台、防雷中心办公室，其中气象台是该局直属的副科级事业单位。全局共有干部职工13人，其中在编人员7名、聘用人员6名；具有本科学历8人，大专学历3人，中专学历2人；具有副高级职称2人，中级职称5人，初级职称6人。2016年6月16日，市气象局由文圣街5216号整体迁至圣城东街丽景名城1号楼办公。2016年，市气象局被潍坊市气象局评为“2016年度综合目标管理考核优秀达标单位”“2016年度气象服务先进集体”“2016年度气象科技服务先进集体”“2016年度人工影响天气工作先进集体”。

【气象观测】 2016年，寿光国家气象观测站位于弥河生态公园内（北纬118° 47′ 43″，东经36° 51′ 47″）。观测项目有云（云量、云状、云高）、能见度、天气现象（24种）、气压、气温、湿度、风向、风速、降水、雪深、雪压、冻土、日照、小型蒸发、地温（0厘米、最高、最低、5厘米、10厘米、15厘米、20厘米）等。安装DZZ4新型站，实现观测设备双备份。增加能见度、视程障碍天气现象和固态降水量的自动观测。全市共安装有16个区域自动观测站（六要素站2个、四要素站4个、二要素站10个），每5分钟通过无线通信网络上传一次气象观测数据至山东省气象信息中心。在文家街道王端宇村大田内建有土壤水分自动观测站1个，用于农田土壤水分观测；在孙家集街道三元朱村、古城街道蔬菜基地、稻田镇东方誉源蔬菜基地安装五要素（辐射、二氧化碳浓度、温度、湿度、地温）小气候自动气象站各1个，用于蔬菜大棚内小气候的研究。认真落实2015年11月制作完成的《寿光国家一般气象站探测环境保护专项规划》，气象装备社会化保障服务达100%，自动站资料上行传输及时率达99%以上。

【气象信息网络和气象服务】 以联通、电信2条10兆数据专线为主，以联通3G无线网络系统为辅组建气象信息网络，上传气象观测数据和共享调阅全国气象信息资料。利用2005年6月安装的可视化电视会商系统，与潍坊市气象局及其他县（市区）气象局进行天气会商。2016年，对可视化会商系统进行升级改造，实现国家、省、市、县四级可视化会商。对2012年1月升级后的气象预警信息服务平台进行完善，更新服务用户数据库，实现移动、联通双平台服务。每遇重大灾害性、转折性天气及时向市委、市政府领导、相关部门及镇（街区）负责人发送气象服务信息。2016年3月，开通“寿光气象”微信公众号，通过微信发布寿光短时天气预报、重要天气预报、灾害天气预警信号、雨情信息等，在节假日、重要活动、关键农时季节开展专题预报服务。第十七届中国（寿光）国际蔬菜科技博览会和第三届县域经济电子峰会期间，完成气象保障服务及汛期气象服务工作。全年共发送重要天气预报决策服务材料 14 期；发布灾害天气预警信息 57 期，降水简报 75 期，服务 11 万人次。制作报送《春运气象服务专报》39 期，节假日、高考等专项服务材料 32 期。与寿光菜农之家联合社合作，共享发布渠道，通过其微信公众号共同开办《天气早知道、大棚管理不耽误》栏目，发布气象信息及为农服务信息 200 余条。与其设施农业专家团联合开展“直通式”为菜农服务 4 次，在寿光农业信息网及寿光蔬菜网发布设施农业专项服务材料 8 期。制作春播、秋播预报各 1 期，《麦收专项服务》10 期，发送农业气象短信 14 条。建立茄子、黄瓜、西红柿 3 种设施蔬菜指标库，开展为农气象服务。

【其他重要工作】 2016 年，修订印发《寿光市气象灾害应急预案》，气象防灾减灾经费纳入地方财政预算。完成台头镇三座楼村、侯镇北仉村、台头镇牛头镇村、机械林场、清水泊农场 5 处人工影响作业炮点的标准化改造，完成炮点监控系统建设。对机械林场炮点高炮进行自动化改造，实现作业自动化。4 月，举办全市人工影响天气工作会议暨炮手培训班，对全市 5 个炮点的炮手进行技能培训和考评，与各炮长签订安全生产责任书。开展人工影响天气作业点安全等级自评，对全市高炮进行安全检查 4 次，定期进行维护保养，确保人工影响天气作业的安全。全年共开展增雨、防雹作业 6 次。在农业生态观光园开展“3.23”世界气象日科普知识宣传活动，开放新观测场，发放气象科普宣传材料 500 余份，接待来访群众 500 余人。利用“5.12”防灾减灾日，组织人员到现代小区广场为市民讲解气象灾害知识和防范应对措施，向市民发放气象宣传手册 1000 余册。先后 2 次上线寿光市广播电台“行风热线”栏目，普及气象法律法规及气象防灾减灾知识，受益 3 万余人次。全年在《中国气象报》、CMA 网站、气象外网、地方政府网站、政务信息等媒体发表稿件和科普文章共 30 余篇；完成寿光市立课题 1 项，发表科技论文 3 篇。根据安全生产隐患大排查、快整治、严执法集中行动方案要求，开展防雷生产安全检查检测，共检查危化物品企业 80 家，检测易燃易爆场所和危化品企业 400 家，下达整改通知书 30 份。

（高学芹）

知识产权

【管理机构】 2016 年 5 月，寿光市知识产权局核增财政拨款事业编制 1 人，编制人数增至 6 人。2016 年获潍坊市知识产权考核第 1 名。

【专利申请】 2016 年，市知识产权局树立知识产权为全市经济建设服务的思想，挖掘专利申请，提高管理水平，促进专利实施，加强专利保护。全年共申请专利 2673 项，累计申请专利 15092 项。

【知识产权优势企业】 2016 年，全市共有知识产权优势企业 10 家，分别是康跃科技股份有限公司，山东大地盐化集团有限公司，寿光富康制药有限公司，潍坊市跃龙橡胶有限公司，山东英利实业有限公司，山东新龙集团有限公司，山东鸿泰建设集团有限公司，山东省寿光蔬菜产业集团有限公司，山东东方宏业化工有限公司，山东墨龙石油机械股份有限公司，潍坊市宏源防水材料有限公司。2016年1月，山东省新型防水材料产业知识产权联盟被国家知识产权局列入备案在册的产业知识产权联盟，康跃科技股份有限公司被山东省知识产权局认定为山东省级知识产权示范企业。4月，山东英利实业有限公司两家“贯标”企业通过验收，并获得知识产权管理体系认证证书，康跃科技股份有限公司和。8月，潍坊市宏源防水科技有限公司进入山东省知识产权优势培育试点企业。

【优秀专利项目选介】 2016年，潍坊市政府专利奖获奖名单中，寿光市获奖企业分别是潍坊市宏源防水材料有限公司的“一种TOP防水卷材及其生产工艺”获一等奖；康跃科技股份有限公司的“涡轮增压器非对称分体涡轮机”获二等奖；山东英利实业有限公司的“一种竹炭Lyocell纤维及其制备工艺”获二等奖；国家电网公司、国网山东寿光市供电公司（专利权人挂国家电网公司）的“一种便携式蓄电喷漆机”获三等奖；山东道可化学有限公司的“二苯胺或其环上取代的衍生物的制备方法”获三等奖。

（燕 飞）

文化　旅游

文 化

【管理机构】寿光市文化广电新闻出版局，为市政府工作部门，主管全市文化艺术和文物工作。2016年，内设办公室、文化艺术科、审批服务科3个职能科室；共有行政编制12人。下辖副科级事业单位3个，分别是寿光市文化馆、寿光市图书馆、寿光市博物馆；股级事业单位2个，分别是寿光市文艺创作室、寿光市非物质文化遗产保护中心；企业单位是寿光市京剧艺术团有限公司。2016年，先后被省文化厅、省公安边防总队评为荣获边疆万里数字文化长廊建设先进单位，被省文化厅评为公共电子阅览室建设先进单位，被省新闻出版广电局评为山东省首届全民阅读活动示范县、山东省首届全民阅读活动书香之乡，被省文化厅评为山东省尼山书院建设示范单位，被省文物局评为山东省第一次全国可移动文物普查先进集体，被潍坊市委宣传部、潍坊市文化广电新闻出版局评为潍坊市第四届京剧票友擂台赛团体一等奖。

【业务馆站】 *寿光市文化馆*。2009年10月月由迎宾路139号整体迁至农圣街与金海路交叉路口西南侧的寿光市文化中心3楼办公，面积5260平方米，馆内设办公室、文艺辅导部、美术书法摄影辅导部、群文创作辅导部。2016年，成立美术馆（股级），负责全市群众文化活动的组织辅导和全市文艺骨干培训工作。共有工作人员20人，其中专业技术人员17人；有研究生1人，副研究馆员3人。先后组建馆办舞蹈团、“梦之声”合唱团和民乐团等群众文艺团体，推出许多优秀的精神文化产品，多次组织举办庄户剧团大赛、迎春征联大赛、不同形式的舞蹈、器乐、声乐、书画、摄影大赛等，在满足乡村群众文化生活需求的同时，常年举办舞蹈、声乐、器乐、书法、美术曲艺等多门类的公益性艺术培训班，为社会培养、输送一大批文艺骨干人才，促进全市文化事业蓬勃发展。2008年被文化部命名为国家一级馆，2011年、2015年又分别通过一级馆复审。

寿光市博物馆。2009年11月由迎宾路原寿光市文化中心迁至农圣街与金海路交叉路口西南侧的寿光市文化中心3楼办公，2010年5月1日正式对外开放。主要职能是文物收藏、陈列展览、教育、文物保护。2016年，博物馆内设5个科室，分别是办公室、宣教部、陈列部、文保部、保卫科；共有干部职工14人。该馆建筑面积7600平方米，展厅面积4000平方米。根据第一次全国可移动文物普查，寿光市博物馆馆藏文物超过14万套（件）。其中，古钱币占很

大比重，尤以齐刀、汉货泉和宋代铜钱最丰。馆藏陶器不仅数量大、精品多，在山东省级博物馆也不多见。此外青铜器、瓷器、玉器、佛教造像等也不乏精品。博物馆内设“简史陈列”和“专题陈列”2个展厅，展示寿光自远古时期至清代不同时期的历史文物及馆藏盐业文物、文庙文物、王高塔、革命文物等内容。

寿光市图书馆。2009年11月由迎宾路文化中心整体迁至农圣街与金海路交叉路口西南侧的寿光市文化中心4楼办公，是国家一级馆。市图书馆按功能划分六大片区，分别是办公区、报刊阅览区、书籍借阅区、少儿阅览活动区、文化信息资源共享支中心、电子阅览室及数字图书馆。共存有图书资料85.5万册，其中纸质图书75.5万册、电子图书10万册、电子期刊8000个品种、盲人图书1000册。2016年图书馆图书借阅达20.2万人次，借阅量为36.7万册，到馆人次达60.9万人，办理普通借阅证3000多张，持证读者达22287人。

寿光市非物质文化遗产保护中心。成立于2011年6月，位于寿光市文化中心内，是非物质文化遗产保护专业机构。2016年，中心内设综合部、业务部、档案资料部；共有干部职工5人。2016年，共申请办理非物质文化遗产8项，其中省级项目有寿光市蔬菜生产习俗，潍坊市级项目有过门钱制作技艺、寿光传统拓印技艺、葫芦雕刻、芦苇编织技艺、李氏鼻炎膏、永胜堂中医骨伤疗法、安贞堂吊全风疗法。全市累计有非物质文化遗产项目94项。

寿光市文艺创作室。成立于1984年7月，位于寿光市商务小区4号楼。负责全市群众文学艺术创作的辅导、统计、组织等工作；组织开展群众文艺创作活动，落实上级下达的文化艺术创作计划和对外交流工作。2016年，共有干部职工9人。

寿光市京剧艺术团有限公司。成立于2012年6月，位于迎宾路1435号。主要从事歌舞，戏曲，演出等业务。参加文化演出活动，承担“送戏下乡”任务。担负非物质文化遗产剧目《月宫图》《闹海》《荷花秧歌》的非遗传承工作。2016年，内设办公室，下辖演出队、喜庆公司；共有干部职工69人。

【艺 术】 2016年，开展各类艺术培训班培训文艺骨干，促进群众文艺队伍建设。全年共培训辅导文艺骨干9000余人次。文化馆开展“跟我学艺术”公益性艺术培训班，培训面向全市18 ~ 75周岁市民（含外来务工人员），实行公开招生、常年免费授课，周一至周五全天开课，设有声乐、舞蹈、戏曲、书画等专业，第一期已招收学员300余人。全年组织举办各类书画展12次，包括“丹青墨韵、文化寿光——寿光市迎新年书画精品展”“圣城之春”油画邀请展，翰墨香文博——全国中青年书法名家小品邀请展，“喜迎菜博会”两地老干部联展，寿光市离退休干部庆祝建党95周年诗词书画展，寿光市“文明国土·地利人和”书画展，“山河颂”齐宏伟山水画展、庆祝建党95周年暨寿光市第二届农民书画展，庆祝寿光市撤县设市23周年暨寿光市美术馆揭牌开馆美术书法作品邀请展，“红旗飘飘”——庆祝建党95周年暨纪念长征胜利80周年书画展，“文心墨语”迎国庆郭立民、徐同璞国画精品展，“大翼垂云”——崔振杰书画精品展。

【群众文化活动】 2016年，继续开展各类公益性群众文化活动及服务性社会活动，共承接省、潍坊市级各类比赛、活动10余场，策划组织馆办各类大中小型比赛及品牌活动

30余场，周末大舞台专场演出10场，各类活动及比赛直接受益群众达10万余人次。主要活动有：元月份，开展“送福进万家文化下乡”活动，分别为圣城中学、兆祥社区等14个单位送去新年祝福，并组织专场慰问演出走进社会福利院。组织2016年春节系列群众文化活动，包括街头大型彩车展演及民间文艺队伍展演、元宵节工艺灯展、全市广场舞精品展演、全市春节群众文艺汇演、庆新春寿光市名家书画展、迎新春京剧演唱会等。组织举办“炫舞寿光·幸福寿光”寿光市全民广场舞大赛，全市各镇（街区）30余支队伍参与比赛，共在人民广场举办初赛复赛4场，在文化中心音乐厅举行决赛和颁奖晚会。举办第十届庄户剧团大赛，全市各镇（街区）40多支庄户剧团参加比赛，初赛复赛共6场，在文化中心音乐厅举行颁奖晚会和精品节目展演。菜博会期间组织举办首届“乡音乡韵”方言土语说唱大赛，组织30多个不同形式的原创作品，包括快板、相声、评书、西河大鼓、小品、小戏剧等，共演出4场，在文化中心音乐厅举办颁奖晚会，并选拔出10件优秀原创作品参加潍坊市“乡音乡韵”方言土语说唱大赛决赛。吕剧小品《寻根记》获戏剧小品类节目金奖，小品《乡音采访记》获戏剧小品类节目铜奖，快板《亲情十劝》、木板大鼓《神仙改行》、表演唱《说出俺的心里话》获曲艺类节目优秀奖。在菜博会主会场组织举办第八届京剧票友大赛，报名参赛人数120人，有30名选手入围总决赛并在市文化中心3楼音乐厅举行京剧票友大赛颁奖晚会和精品展演。组织文化系统60人的合唱队，参加市委组织部、市直机关党工委举办的“永远跟党走”庆祝建党95周年合唱比赛，演唱的《四渡赤水出奇兵》和《山丹丹开花红艳艳》两首曲目分别获得一等奖第一名、第二名，并获优秀组织奖。组织举办第五届“齐鲁情”山东省校园学生才艺展示大赛寿光分赛区比赛，共有声乐、器乐、语言、书画、舞蹈等七大类别，报名参赛选手576人，参赛节目114个。在人民广场东舞台举办庆祝“九九重阳节”中老年专场文艺晚会。组织24支庄户剧团参加潍坊市文化广电新闻出版局举办的潍坊市民办文艺团体大赛，有7支优秀队伍进入总决赛，分别获得铜奖3个、优秀团队奖4个、原创作品奖4个、优秀表演奖1个。选拔10名优秀京剧票友参加潍坊市委宣传部、潍坊市文广新局举办的第四届京剧票友擂台赛，寿光代表队获团体金奖，有2名选手获十佳票友、3名选手获优秀票友，并获优秀组织奖。

【文物古迹】 2016年6月，市政府下发《关于公布全市第五批县（市）级文物保护单位的通知》，牛头镇村盐业遗址群等12处不可移动文物被公布为寿光市文物保护单位。10月，市政府下发《关于公布全市第六批市（县）级文物保护单位的通知》及《关于进一步加强文物保护工作的意见》，龙兴寺遗址等9处不可移动文物被公布为寿光市文物保护单位。市政府于6月印发《关于对全市古建筑及近现代代表性建筑进行普查的通知》，开始对全市古建筑及近现代代表性建筑进行全面普查，至年底，全市共新发现古建筑12处，其中被公布为文物保护单位5处。

【文物普查】 第一次全国可移动文物普查是继第三次全国文物普查之后在文化遗产领域开展的又一重大国情国力调查，是一项旨在全面掌握全国文物资源、加强文物保护、建设文化遗产强国的国家工程。此次普查从2012年10月开始，到2016年12月结束。

普查标准时点为2013年12月31日。寿光市文物普查分为工作准备、普查实施和验收汇总3个阶段。其中，第一阶段于2013年8月结束，第二阶段于2015年12月结束，第三阶段于2016年12月结束。通过普查，全市共完成采集并报送至文物普查平台数据藏品总数141524套，实际数量146245件，其中系统外确定文物、标本化石共270套，实际数量347件，名列全国前列，山东省第4位，潍坊市第1名。2016年12月15日，省政府在济南召开全省文物工作电视会议，寿光市博物馆被表彰为“全省第一次可移动文物普查先进集体”，袁庆华、王德明、王晓霞被评为“全省第一次可移动文物普查先进个人”。

【非物质文化遗产】 2016年3月22日，“寿光蔬菜生产习俗”被列入省级非遗名录，成功申报为省级非物质文化遗产代表性项目。11月10日，市文化广电新闻出版局公布李廷伦、刘永光、刘海堂、刘光禄、肖培德、赵好文、崔连贵、寇福振、张立军、殷德普、张翠花、李东洋、李连成、张建伟、张连伟、王象成为第四批寿光市级非物质文化遗产代表性传承人。2016年2月15至22日，春节、元宵节期间，寿光市非遗中心组织开展非物质文化遗产展演、展示活动；其中，有传统舞蹈进社区、非遗闹元宵活动，民间舞蹈百鸟朝凤、月宫图、吕一跑毛驴、戴家狮子舞等。5月8—20日，组织举办“2016中国（寿光）文博会非物质文化遗产精品展，非遗精品展分传承展演区、民间艺术品展销区、中小学生体验互动区、特色食品加工技艺展示区，此次展商涉及江苏、济南、临沂、莱州、淄博、潍坊、寿光等省内外的优秀非遗项目和民间艺术品，按照参展项目地域、非遗级别、展品类型、展示方式、展品情况等方面选定代表参加展出，涉及雕刻、剪纸、编织、面塑、风筝、年画、传统食品制作、医药制作等方面的非遗项目及各地知名艺术品。9月20日，组织工艺葫芦项目传承人孙希洲、木版印画项目传承人袁英杰、草编项目传承人李素芹参加第四届中国非物质文化遗产博览会展演展示。9月22日，寿光非遗传承人范光、王建美、李学灿、何春慧、付培龙、李长明、孙希洲、王洪吉、杨明先、袁英杰、赵金田、赵好文、李永先参加中国（潍坊）传统工艺创意设计大赛，共有45件作品入选，获奖作品2件，有6件被主办方收藏。“非遗日”期间，寿光市非物质文化遗产保护中心对寿光市级116名代表性传承人进行非遗传承人培训。2016年，获中国（寿光）文化产业博览会非遗精品展“优秀组织工作奖”。《寿光非物质文化遗产》资料专辑荣获潍坊市非物质文化遗产保护优秀读物；11月，王建美的泥塑作品《厂长》、面塑《工作中》获山东艺术学院收藏奖。

【乡村文化建设】 2016年，先后为洛城街道屯西村等100处村级文化大院配备各类文化娱乐设施；对10个省定贫困村进行精准“文化扶贫”，为贫困村配备图书、书画等各类文化设施，文化馆专业人员还为每个贫困村免费辅导文艺队伍，开设文艺培训班。7月，潍坊市文化广电新闻出版局对寿光市镇级图书馆建设进行评估定级，其中羊口镇图书馆被评为一级镇图书馆，稻田镇、上口镇、化龙镇图书馆被评为二级镇图书馆，台头镇图书馆被评为三级镇图书馆；全市共有一级镇图书馆1处，二级镇图书馆5处，三级镇图书馆3处。

（张 超）

【文化市场管理】 2016年，寿光市文化市场综合执法局共出动执法人员1590人次，检查经营业户500家次，立案查处案件135起，办结网络举报、民生举报、电话举报21起。先后被评为查处侵权盗版案件有功单位二等奖、山东省“扫黄打非”先进单位、山东省文化市场综合执法案件办理先进单位、潍坊市文化市场综合执法工作先进单位、潍坊市卫星电视传播秩序专项整治工作优秀单位、寿光市文明单位。

广播 影视

【管理机构】 寿光市广播电视台为市政府直属正科级事业单位。2016年10月，根据寿光市机构编制委员会《关于调整市广播电视台事业单位类型的批复》（寿编发〔2016〕57号），将市广播电视台事业单位类型由公益三类调整为公益二类，经费形式由经费自理变更为财政补贴，机构规格、人员编制、隶属关系等事项不变。按照“稳定主业、拓宽阵地、发展三产、做大活动”的方针，进行全方位改革，变频道中心制为中心制。下设10个中心，分别为后勤服务中心、技术保障中心、全媒体新闻中心、电视节目中心、电视广告中心、综艺中心、新媒体中心、品牌运营中心、电影中心、广播中心，人员实行竞聘和双向选择。至年底，共有干部职工350余人。

【电 视】 2016年，市广播电视台以宣传工作为中心，不断强化“喉舌”职能。在宣传改革开放、促进两个文明建设、维护安定团结方面发挥应有的作用。在新闻、蔬菜、生活、综艺4个主频道，开办《寿光新闻》《菜乡播报》《百姓关注》《乡村》《寿光生活帮》等自办节目，每天自办公益类节目量达到413分钟。新闻监督类栏目《百姓关注》，被称为寿光版的“焦点访谈”。省委副书记龚正，省委常委、宣传部部长孙守刚先后作出重要批示：“要求及时总结寿光做法，加强具体指导和面上推广。”省委督查局、省政府调研室领导和潍坊市委常委、宣传部长初宝杰先后来集团调研，对栏目做法给予充分肯定。《大众日报》以较长篇幅推介《百姓关注》栏目的经验做法。新开办精彩羊口频道，开设《聚焦羊口》和《羊口印记》栏目，传达党委、政府声音，展示新区魅力形象。

2016年，市广播电视台以互联网思维发展广电事业，探索“电视+”与“互联网+”的契合点，打造“智慧融媒体”；整合发展“寿光电视台”微信平台，粉丝吸附量发展到32万人，平台的综合实力跻身全国县级台微信公众号前三强，全省第一；依托微信平台，成立寿光手机台。通过发展新媒体，实现新闻内容一次采集、多平台分发，多渠道传播的叠加效应，提高广电媒体的传播力、竞争力、影响力，初步实现“寿光广电影响力无处不在”。完成中央广播电视节目无线数字化覆盖工程任务，让广大农村群众免费看上电视、听上广播，实现公共文化服务体系建设全覆盖。

2016年，市广播电视台发挥平台优势，组织开展各类活动，先后举办2016年寿光市春节联欢晚会、“3.15大型维权活动、庆祝建党95周年活动、维也纳之声交响乐团新年音乐会、第二届广场舞大赛、出彩寿光人元宵节灯会、寿光市首届汽车节、红木家具展、绿色天使礼仪小姐选拔大赛、第四届创业大赛、无癌中国我的梦公益大型行动等文化活动。由集团参与联合摄制的电影《王伯祥》被省委纳入三严三实学习内容。

【广 播】 寿光人民广播电台共有106.4蔬菜电台、105.6汽车电台、91.3弥水调频3个频率，采用有线、无线调频信号，辐射半径120公里，可覆盖潍坊地区及东营、淄博等市的大部分县市区，是山东省县级市发射半径最远、覆盖面最广、设备最先进、声音最清晰的电台广播，全天24小时播出。FM106.4蔬菜电台面对菜农，重点打造对农栏目《绿色直播间》《田间地头》《种豆得瓜》。FM105.6汽车电台传播交通信息引领音乐时尚，品牌栏目《1056帮帮团》《大晓客栈》《警方直播间》，2016年新开办《叮当女神秀》。FM91.3弥水调频建立同步直播网站，并随着数字电视的开通，实现电视也能听广播，精品栏目有《开心辣疙瘩》《嘀嘀叭叭早上好》。

【电 影】2016年，集团电影事业发展较好，农村放映经营部新增银幕15块，全年公益电影涉及14个镇（街道），观影人数达200万人次；先后举办126场“送电影进校园安全教育主题活动”，观影人数达7.5万人次。全年新世纪影城共放映7620场，观影人数达8万余人次，并组织全市党员干部观看政治影片《大火种》。

（崔丰海）

广电网络工作

【概 况】 寿光市广电网络传输中心成立于1999年，2012年3月从市广播影视集团析出，成为具有独立法人资格的正科级事业单位，同年7月整建制上划，成立山东广电网络有限公司寿光分公司（简称公司），主要负责全市有线数字电视的规划、建设、改造、经营、维护和管理，保证整个有线电视网络的安全运行和有线电视信号的安全优质传输。至2016年，公司共敷设光缆干线1800公里，承载与广播电视相关的数字电视业务，同时还经营宽带上网、专纤、VPN专网等各种数据业务。公司下设办公室、市场开发部、运行维护部等10个科室和20处营业厅，共有干部职工310人。2012—2016年公司分别实现经营收入0.95亿元、1.09亿元、1.13亿元、1.18亿元、0.95亿元，成为全省唯一过亿元的县级公司，连续5年经营总量保持全省县级公司第一。

【业务拓展】 2016年，寿光分公司实现收入9509.71万元，完成年度预算任务的81%；实现利润1675.42万元，完成年度预算任务的111%。新发展宽带用户11130户，完成全年任务的148%；新发展高清用户（含新装和置换）36202户，完成全年任务的120.7%；至年底，数字电视网上有效终端22万台，有效宽带用户4.2万户，手机APP终端9633个。2016年地面无线数字电视、联通等其他运营商强势介入视频业务，市场竞争激烈，公司扎实开展保户工作，采取种种措施防止用户下滑，但随着IPTV、无线地面数字电视的强势介入，有线电视有效户数仍出现负增长，流失3万多户。大力发展专纤专网、光纤租赁等光纤数据业务，完成电子警察项目（三期）、小区电子卡口工程建设；完成市委组织部党员远程教育专线业务。拓展智慧农业建设，承接寿光市社区智慧监控业务，签订合同500份，合同建设点位4000余处，合同额800万元，预计到2017年6月底全部完成。“无线wi-fi”取得突破，完成寿光政务中心、广电大厦、供电公司下属供电所等场所无线覆盖，开通AP点500余处，年实现收入25万元。同时，配合圣城营业厅，建设刘旺、高家、南后三里全业务村3个。

【技术工作】 2016年，根据用户规模和带宽提速的现实情况，对上口、侯镇、稻田、东城、田柳5处机房EPON进行升级，增强宽带的稳定性，为下一部光钎入户及增值业务开展提供支持。加强镇级IP城域网RRPP环网建设，完成上口、广陵、道口、营里等镇级二级机房RRPP环网建设，进一步增加网络的健壮性和稳定性。加快实施光纤入户工作，至2016年，共完成1万户光纤入户，其中2016年新入户6000户，进一步提升网络质量，提高用户体验度。加强安全工作，以优质、安全播出为目标，全年实现安全播出零事故，。

【营销工作】 2016年，组织公司机关部室与营业厅结成对子，联合开展进社区（村庄）地推活动，近距离服务用户，提升营销能力，推动业务开展。实施节点精准营销，策划开展新春送福、五一、端午、店庆等节点系列专题营销活动，其中推出的“696套餐”“999”及电视机融合套餐深受用户欢迎，在保旧拓新中发挥作用。巧借平台多渠道营销，结合春季惠民大行动，先后与双王城经济园区、化龙镇等党委、政府合作，深入各村，采取文艺搭台、业务唱戏的方式，开展系列文化、业务惠民活动，探索全业务营销路演新模式；借助菜博会、文博会、全国电商大会的超高人气及广泛影响力这一平台优势，组织全方位策划、备展，进行会展营销、品牌推介，提升山东有线的社会影响力。以查促营销，狠抓传输秩序整治不放松，2016年，累计查处非法接收设施1600余套，规范传输秩序，实现以查促业务发展，成功转换小铁锅用户300余户。

【内部管理】 2016年，以制度建设为重点，按照省、潍坊公司“三项制度”改革的指导意见，完善薪酬体系和绩效管理考核办法，进一步挖掘干部职工的潜力，激发工作积极性。实施“服务、培训、监督”“三位一体”服务管理办法，通过内部自检、社会监督员监督等方式，抓好服务监督，提升服务质量。及时完成省公司供应链上线工作，规范施工管理，对原有的线路施工模式进行调整。扎实开展“两学一做”学习教育活动，根据省、潍坊公司党委和地方党委要求，制定出台切合公司实际的学习教育方案，按步骤按要求开展系列学习教育工作，提高党员干部职工思想觉悟，增强干事创业意识。

（李云祯、贾文华）

《寿光日报》

【概 况】 2016年，寿光日报社共开办《寿光日报》、《北方蔬菜报》、中国寿光网、“掌上寿光”APP、《寿光日报》微信、寿光网微信、户外阅报栏等媒体平台，跨界经营着菜农之家联合社、《寿光日报》小记者，共有员工171人。

【报纸发行】 2016年，《寿光日报》以有效发行为核心，致力于订户结构调整，城乡订报比例达到2.8 : 1。加强内部管理，致力于机制创新，激发活力，打造出市场化条件下办报团队，建立起覆盖城区及15个镇（街区）的发行网络，有效保障寿光日报及时发行。全市共有发行员140余人，期发量达到4.8万份。《北方蔬菜报》发行辐射长江以北蔬菜重点产区，期发量13万份。在寿光和周边地区建立市、（乡）镇、村三级自办发行网络；在省内建立46个县级、105个乡镇级发行站，选用2000多名村级发行员，实现报纸精准投送。

【寿光日报】 国内统一刊号CN37—0102，创刊于1993年8月8日，每周6刊，5期32版，1期24版，期发量4.8万份，是2003年国家报刊治理整顿后山东省仅存的2家县市日报之一。2016年，准确把握主流导向，推动品质寿光建设。先后策划推出寿光发展新动能、大棚“两改”、比学川浙等系列重要报道，为发展实体经济、创建全国文明城市营造积极向上的舆论氛围。同时，积极承担社会公益责任，打造品牌文化活动。先后组织策划年度人物颁奖典礼、市民节、电商大会、教师节颁奖典礼及冬暖、童心同圆等大型公益文化活动，传递圣城大爱，提升寿光文化品牌，倡扬社会正能量。其中，《<道德法庭>公益调解》项目获第二届中国报业新闻社会活动二等奖。在媒体融合发展方面，寿光日报也走在全国县市报前列，已是一个集报纸、网络、掌上移动客户端、微信公众号矩阵于一体的全媒体平台，其中寿光网微信公众号稳居全国县市报第1位。在第十二届中国传媒大会上寿光日报获得“金长城传媒奖”。

【北方蔬菜报】 创刊于2007年1月18日，前身为《寿光蔬菜周刊》《北方蔬菜》，国内统一刊号CN37—0123，每周一刊，每期24版，是农民喜爱的科技类报纸。2016年，在“双零增长”的大背景下，提出“专业于菜农痛点的探究，专注于农资品牌的塑造”的技术服务思维，为设施蔬菜的可持续生产找准路径，传播正能量。基于此，北方蔬菜报启动“为了大地的丰收”主题活动，通过3个阶段予以实施。第一阶段：6月25日举办“丰收论坛”，出版《农资导购指南》，剖析土壤问题的本源和解决之道，并展示专家、企业在土壤修复和节肥增效等方面的成就，搭建起科技与终端的桥梁。第二阶段：8月26日举办“强根论坛”，出版《强根全攻略》，伴随秋茬蔬菜定植，北方蔬菜报全面聚焦根部病害、营养、特肥、生根剂、生物刺激素及耕作制度等强根要素，向读者全面铺开蔬菜的强根之路，并招募50多名乡土专家，开展“根王”评比大赛及百佳微友聚会等活动。第三阶段：11月20日举办“未来农业之思考”活动，坚定服务三农的信心，为菜农增收增效提供服务。同时，为帮助更多的菜农和园区提高种植水平，实现节支增收，推动品质蔬菜的发展，北方蔬菜报还策划“北方蔬菜报技术特训营”，组织一系列面向全国菜农的培训。其中，7月9—10日，在三元朱村举办“壮苗论坛”，推广工厂化育苗技术，邀请众多有实践经验的育苗技师现场授课，刊发《育苗一点通》小册子，共计培训200多人次；《育苗一点通》小册子，是北方蔬菜报历史上报外创收的创新举措。9月24—25日，在市委党校举办“植保论坛”，针对蔬菜生产解难题，有80余人次参加培训。

【菜农之家联合社】 体系建设。搭建政府、联合社、农发集团“三位一体”的蔬菜产业品牌化新平台，建立以政府主导、市场推动的新型产业组织体系，上接政府，下联合作社，服务上万户菜农，为蔬菜安全提供保障。至2016年，全市9个镇（街道）、31个村建立30个合作社，入社村民2100多户，通过“联合社+合作社+社员”的模式，为入社村民提供蔬菜生产全程植保服务与管理，推广良种良法，以标准化生产保障蔬菜品质。8月30日，寿光市从组织化入手解决食品安全问题的做法得到省政府郭树清省长的高度评价，并一次批转给所有副省长给予重视。

新技术推广。联合社广泛对接世界范围内新技术、新模式、新品种，经过效果验证后，在合作社体系内示范推广，如智能喷洒机放风机、自动温控设备、自动土壤湿度检测设备、熊蜂授粉等世界设施农业最新科技产品，从而进一步降低菜农劳动强度，实现生产标准化控制。

土壤检测。菜农之家联合社与具有省级资质的潍坊信博理化检测有限公司建立战略合作关系，由专业实验室对蔬菜大棚土壤进行免费精准检测，由植保专家依据检测结果制定全年个性化配方施肥、用药方案，依据农时分阶段配送到大棚指导使用。全年共检测土壤样品2300多户，并初步形成寿光土壤大数据库，为提高蔬菜产量、保证质量奠定基础。通过对古城街道垒村、北孙云子村菜农的生产数据精准分析，全年全程植保肥料投入节省30%、农药投入节省50%，平均增产10%以上。

建立植保档案。按照一户一档，为入社蔬农建立全程植保档案，保证蔬菜质量安全全程可追溯。开发手机管理APP，技术管理人员包片包棚，精准定位，实时记录每户菜农的蔬菜生长管理全过程。从姓名、年龄、种植品类、大棚面积、位置、茬口等基本信息，到土壤检测结果、配方情况，到蔬菜定植日期、每一水用肥情况、每次用药情况，都在档案中一一详实记录。这些信息都将生成二维码，随蔬菜进入消费者家庭。

严格蔬菜检测。对接销售渠道，联合社注册代表寿光蔬菜全新品质的“优蔬汇”商标，由市检验检测中心按国家GB2763–2014标准进行56项定性定量检测，全市通过全程植保生产的蔬菜，农残检测合格率均为100%。同时，依托寿光日报社各媒体平台进行品牌塑造推广，受到市民认可。

【网络媒体】 中国寿光网（www.sgnet.cc）。设有开心论坛、图片新闻、头条新闻、本地新闻等近100个频道和栏目。2016年，“开心论坛”注册用户超过20万人，日均发帖1.1万多条，同时在线人数4500多人，网站日点击量超过120万人次，成为寿光文化宣传的主流媒体。

寿光网。寿光日报2个官方微信公众号，在寿光80多个微信号中稳居前2位，每周阅读总量分别突破71万人次、56万人次。

APP客户端。2016年，依靠《寿光日报》、“中国寿光网”的内容优势，初步实现纸媒、PC端向手机端的转移。2个微信公众号、手机客户端的上线运行，在表现形式及平台建设上，代表《寿光日报》向新媒体转型，特别是向手媒转型的多媒体框架初步形成。

【寿光日报小记者】 是一支全部由小记者组成的专门运作团队，2016年举行菜博会绿色小记者评选活动，小记者们在菜博会上向四海宾朋介绍寿光、介绍菜博会，成为一道亮丽的风景线。全年累计开展各类实践活动100余场次，参与人数2000余人次，成为寿光市学生素质教育的有力载体。

【户外阅报栏】 是寿光市十大文化建设工程之一，在城区的广场、商场、医院、学校等公共场所和主要街道、所有居民小区、新建大型社区，逐步安装大型公共阅报栏。寿光日报社将旗下的户外传媒事业部与寿光市公共交通公司合股经营，成立寿光光讯交通传媒有限公司，除经营传统的阅报栏、墙体广告外，积极向车体广告等领域进军。利用寿光日报和公交公司两大平台的优势资源，发挥三面翻、城市阅报栏、公交车等宣传平台的传播作用，积极宣传全国文明城市创建、国家食品安全城市创建、国家森林城市创建等全市重大公益活动，展示寿光美好形象，为“品质寿光”建设做出重大贡献。

（王 平）

旅 游

【管理机构】 2016年，市旅游局内设4个职能科室，分别是办公室、规划发展科、审批服务科、监督管理科；下辖寿光市旅游信息咨询服务中心，为财政全额拨款股级事业单位。局机关编制11人，实有干部职工10人。

【旅游景点】 *寿光市林海生态博览园*。位于中国著名蔬菜之乡寿光市西北部双王城生态经济园区，濒临渤海莱州湾，总面积1.45万亩，由全国十佳林场——寿光市国有机械林场于1998年投资兴建，先后创建为国家级湿地公园、国家AAAA级旅游景区、全国首批农业旅游示范点、国家级休闲渔业示范园区、中国体育旅游精品景区、中国森林氧吧。景区以林为体、水为韵，成片的沿海防护林、经济林、风景林形成独特的森林景观，6000多亩水域，营造出树在水中映、水在林间流的和谐景象。独创的林藕渔立体种养模式、千亩荷塘、休闲垂钓中心、水上高尔夫、霜雪湖水上运动中心、国内独一无二的东方不沉湖、20公里生态景观水道，千姿百态的湿地景观，构成一幅秀比江南的水上世界。著名的佛教文化圣地——宁国寺，以其恢弘的建筑群和浓浓的传统文化氛围，成为景区一道亮丽的旅游风景线。一年一度的林海植树节、槐花节、桑葚节、荷花节、百果采摘节、新年祈福庙会等节会活动，将景区独有的旅游文化资源充分展现。景区完善的吃住行游购娱服务体系和专业服务团队，竭诚为游客提供优质服务。为充分挖掘和利用景区丰富的旅游资源，增强参与性、知识性和趣味性，景区特别推出以特色景点、专业基地为载体的系列主题游园活动，以飨游客，力争为每位游客奉献上一份无与伦比的生态旅游大餐。2016年，共接待国内外游客68.4万人次，全年经营总收入2177.6万元。

寿光市蔬菜高科技示范园。始建于1999年，分中心区和核心区两大部分，其中中心区占地1万亩、核心区占地2400亩。是集农业观光旅游、会议展览举办、科技成果推广、科研技术培训、蔬菜加工销售于一体的国家级农业科技园区，是全省乃至全国蔬菜产业对外展示交流的重要窗口。园区先后被批准成为国家AAAA级旅游景区、全国首批农业旅游示范点、山东省旅游下乡示范点、国家引进国外智力成果示范推广基地。2001—2016年，蔬菜高科技示范园成为每年举办的中国（寿光）国际蔬菜科技博览会（简称菜博会）主会场。菜博会是全省由省政府主办的八大展会活动之一，被商务部认定为AAAAA级专业展会，每年4月20日—5月30日在园区举办，共有50多个国家和地区、31个省（直辖市、自治区）2400多万人次参展参会。菜博会以“绿色·科技·未来”为主题，以服务“三农”为目的，通过展位展示和实地种植相结合的展览模式，全面汇集展示和交流共享国内外蔬菜产业领域的新技术、新品种、新成果、新理念，加快农业科技进步和成果转化，加快农业现代化发展步伐。总展览面积45万平方米，其中室内16.5万平方米，设有展馆11个、采摘园、大棚优质高效示范区、蔬菜博物馆及广场展位区。

孙家集街道三元朱村。位于市境域西南部、弥河西岸，距城区约20公里，出村有银杏路直通孙家集街道，交通十分便利，

2016年共接待游客和学习参观者6万人次。全村共有居民216户、865人，耕地面积1295亩，冬暖式蔬菜大棚530个，精品果园310亩。是冬暖式大棚发祥地、中国特色经济村，2014年被评为国家AAAA级旅游景区。该村先后获得“全国文明村”“中国十大特色经济村”“全国先进基层党组织”“全国生态文化村”“全国五四红旗团支部”等荣誉，村支部书记王乐义先后获“全国劳动模范”“全国优秀共产党员”等称号，连续四届出席党的全国代表大会。

寿光市弥河生态农业观光园。位于寿光市东城新区，南起张建桥大桥、北至寒桥大桥，东西两向各至弥河防护堤，总占地面积370公顷，其中河流面积121公顷、河滩地面积249公顷。是一处以农圣贾思勰故里为内涵，以寿光“中国蔬菜之乡”生态农业文化为特色，集休闲、娱乐、旅游观光、科普教育于一体的综合性开放式游园。先后荣获“国家级水利风景区”“中国人居环境范例奖”“优秀园林绿化工程金奖”“AAAA国家级旅游景区”等荣誉。该观光园以弥河自然水体串联四大主题景区（蔬菜博览区、花城风采区、林果绿洲区、水上游览区），展示出“一轴一环四区五瀑八桥三十六景”的景观格局，形成“绿色植物、蓝色水体、彩色蔬菜”的锦绣风貌，极大地改善寿光的生态旅游环境，提升城市品位。

寿光市洰淀湖景区。位于寿光市双王城生态经济园区西南部，总面积2.5万亩，核心区占地1.5万亩，是潍坊最大的天然湿地，寿光唯一的天然湖泊。2012年入选全省首批湖泊保护名录，为国家AAAA级景区、国家湿地公园、全国休闲渔业示范基地，是中国北方单体湿地面积最大的景区、中国单体木栈道最宽最长的景区、中国深生态实验景区、中国沿海内地面积最大的环渤海湖泊湿地。

寿光市滨河城市湿地公园。始建于2009年，位于弥河西岸，全长4公里，总面积71万平方米，是寿光市唯一一处城市湿地公园，国家AAA级景区。该景区以流动的弥河水景观为主，以展示植物特色和湿地风貌为核心内容，以“花田绿洲、弥河情韵”为主题，以自然、生态、野趣为主要风格，最大限度地利用弥河西岸的河滩地形，建成6个荷花池以及28座桥、36座岛，栽植近200个品种花木约20多万株，30多种水生植物，形成观柳赏荷的柳风荷韵区、碧水长天的秋色云水区，以及最具古朴风貌原生态的苇中语蝶三大景区。

寿光市宏源酒文化博物馆。位于山东省四大酿酒古镇之一的侯镇，始建于2005年，筹资2000余万元，总建筑面积3000平方米，历时2年建成，共收藏历史文物1500余件，是山东省首家白酒文化博物馆，2012年年底被批准为国家AAA级旅游景区。该博物馆主要由酒文化长廊和六大展厅两部分组成。酒文化长廊展现的是“宏源情”中国文化名人联谊会、酒文化艺术节暨祭酒神大典等文化活动图片剪影，以及寿光境内出土的历代盛酒器具和祭祀用具；六大展厅由农圣馆、酒器展厅、刘子厚馆、古镇展馆、宏源白酒传统酿造技艺馆、荣誉展厅等部分组成。宏源酒文化博物馆不仅是寿光源远流长的酿酒文化的完美呈现，更是中国传统古法酿酒文化的经典缩影。2016年共接待游客1.2万人次。

寿光市航海博物馆（天妃宫）。又称天妃庙。清光绪十九年羊角沟新建天妃庙，左关帝、右龙王，二十五年又重修之。民国二十二年，败瓦残垣倾圮不堪，又由商人倡议重修，轮奂并美。平日渔船、商船在海上遇险化吉，就到庙内给奶奶披袍、烧香、垫酒还愿，每逢农历的年初一，各家年拜之后，再锣鼓喧天，鞭炮齐鸣的到庙内膜拜。解放

以后，传播唯物主义思想，学习信奉科学知识，羊角沟天妃庙的两座偶像逐渐消失。2006年1月，航海博物馆筹建委员会发出倡议“盛世修庙修典，和谐社会共建共享”，全镇各行各业、广大企业家、个体老板及广大渔民积极募捐，新建庙宇，重塑金身，保佑羊口渔民再创大业。2009年被省旅游景区质量等级评定委员会命名为国家AA级景区。

寿光市中华牡丹园。公园位于圣城东街以南，弥河东岸，占地33公顷，建于2001年，2011年被批准为国家AA级旅游景区。分“牡丹献寿”“日月精华”“天女散花”“风月无边”“花海清流”“山水押韵”等八大游览景区，建有国色天香牌楼、乾坤坛、牡丹亭等景点20余处，种植名贵牡丹30余万株，共九大色系，900多个品种，另外搭配种植各种名贵花卉近百个品种。先后增添樱花、白玉兰、碧桃、迎春、柿子树、雪松、黄山栾等乔灌木1万余株，基本形成以牡丹为主，多种乔木为辅，三季有花，四季常青的独具特色城市园林景观。

【星级酒店】 2016年，全市有星级酒店3家，分别是温泉大酒店（4星级）、富华大酒店（3星级）、东宇鸿翔大酒店（3星级）。

温泉大酒店。2003年建成，位于寿光市开发区西部，公园街1718号，距潍坊市区40公里，距青银高速路口仅15公里，酒店正门向北500米即是潍高路。该酒店集餐饮、客房、会议、娱乐于一体，是阳光华沃控股（集团）在寿光市经营的企业之一，2005年被评为4星级酒店，是国际金钥匙组织会员单位、山东省金叶级绿色旅游饭店，在多次省部级会议接待和国际蔬菜博览会外宾接待中受到赞誉，2005年因接待胡锦涛总书记等国家领导人成绩突出，被省委办公厅书面通报嘉奖。

富华大酒店。是寿光市富华娱乐有限公司投资4000余万元兴建的集会议、接待、客房、餐饮、娱乐于一体的商务型3星级酒店。该酒店位于寿光市渤海路与圣城街交叉路口以南，东临原汽车站，距国际蔬菜会展中心5公里，距潍坊国际机场30公里，距青银高速路口15公里。酒店拥有各类高级豪华客房180余套，有多功能会议中心、商务中心、洗浴休闲健身俱乐部，另有11个独居风格宴会包厢，福临门餐厅能同时容纳150余人就餐。

东宇鸿翔大酒店。2011年建成，2012年被评为3星级酒店。该酒店位于寿光东城区中心地段，西邻中国（寿光）国际蔬菜科技博览会会展中心，距青银高速和荣乌高速约20公里。酒店总投资6200万元，总建筑面积5000平方米，2011年6月建成迎宾。

【旅游管理】 2016年，在全市旅游行业实施旅游服务质量提升计划，推进旅游服务标准化、规范化建设，不断完善旅游咨询、旅游投诉、应急处置、公共服务体系，提高游客满意度。建立旅游经营单位和从业人员诚信等级评定、信用监督、失信惩戒和媒体披露制度，借助全国文明城市创建东风，开展行业文明单位和先进个人创建活动、诚信旅游示范单位创建活动，全面提升旅游行业服务质量和人员素质。继续加强行业管理，按照“两随机、一抽查”（随机抽取检查对象、随机选派执法检查人员，及时公布查处结果）原则，开展旅游安全隐患集中排查整治和打非治违行动，全年共及时查处各类隐患和问题16起，均全部按期整改完毕，实现全年全市旅游无事故，在全市形成文明旅游、诚信经营、开发有序、依法兴旅的旅游业发展新格局。

（汤秀英）

卫生 体育

卫 生

【管理机构】 2016年，寿光市卫生计生局内设7个职能科室，分别是办公室、人事科、规划财务科、政策法规科、医政医管科、基层卫生与妇幼保健科、计划生育基层指导科；核定行政编制28人，实有38人。下辖正科级事业单位3个，分别是市爱卫办、市计划生育协会、市疾病预防控制中心；副科级事业单位3个，分别是市卫生计生监察大队、市卫生检疫站、市计划生育流动人口管理办公室；股级单位1个，为红十字会办公室。

全市共有各级各类医疗机构663处，其中三级综合医院1处、二级中医医院1处、妇幼保健院1处、专科医院4处、镇（街道）卫生院14处、村卫生室525处、社区卫生服务机构10处、一、二级民营医院7处、厂矿企事业单位卫生所52处、个体诊所48处。共设置病床5255张，其中市直公立医院2849张、镇街卫生院1486张、民营医院920张。2016年，全市公立医疗机构累计完成门诊636.2万人次、住院16.4万人次，分别较去年同期增长8.5%和18.8%。

2016年，孙家集街道三元朱村被中国计生协会评为“全国计划生育协会工作先进单位”，侯镇中心卫生院、稻田中心卫生院被国家卫计委评选为“2015—2016年度群众满意的乡镇卫生院”，寿光市被省卫计委表彰为“山东省妇幼健康优质服务示范市”，被山东省卫计委授予山东省卫生计生综合监督示范区、山东省妇幼健康优质服务示范县荣誉称号，寿光市卫生计生监察大队被中国卫生监督协会评为“全国第四届健康卫士杯先进集体”，市卫计局、妇幼保健院、上口中心卫生院分别被潍坊市妇女联合会、潍坊市卫计委授予“潍坊市三八红旗集体”称号。

【卫生体制改革】 2016年，市中医医院、市妇幼保健院作为全国第一批和第二批公立医院综合改革试点单位，不断加大改革力度，保证各项工作深入开展。继续完善公立医院综合改革实施方案，在深化公立医院管理体制、补偿机制、价格机制、药品采购、人事编制、收入分配、医保制度、监管机制等方面，进一步明确工作目标，狠抓各项措施的落实。继续调整理顺医疗服务价格，坚持“总量控制、结构调整、有升有降、逐步到位”的原则，综合考虑取消药品加成、医保支付能力、群众就医负担以及全市经济社会发展水平等因素，由市物价局会同市卫计局、人力资源和社会保障局重新修订医疗服务价格调整方案，使调整价格总量不超过上年度医院药品价差总量的80%，从而提高医务人员在护理、手术、诊疗和中医服务等项目上的技术劳务价值。改革后，药品合理价差的 80% 通过调整医疗服务价格取得，10% 由医院通过增收节支得到弥补，其余部分由市财政进行补偿，解决公立医院“以药养医”的局面。继续深化人事分配制度改革，市编办与卫计局联合核定各公立医院的人员控制总量，各单位实行全员聘用制，全市公立医院共核定干部职工 1350 人，实有在职在岗干部职工 1791 人（含合同制 1071 人）。建立以服务质量、数量、技术难度、成本控制和患者满意度为核心的绩效工资考核分配办法，收入分配向临床一线、关键岗位、业务骨干、做出突出贡献等人员倾斜，调动工作人员工作积极性。规范药品招标采购，按照省和潍坊市推进公立医院改革要求，除未挂网的药品外，基本药物和常用药品均执行挂省网采购，网上采购比例达 80% 以上。

【医疗卫生服务】 2016 年 4 月，省卫计委确定新一轮城乡医院对口支援关系，潍坊市益都中心医院对口支援市人民医院、潍坊市中医医院对口支援市中医医院，支援周期为 3 年。对口支援医生利用 2 个多月的时间，对全市 1000 多名乡医和 800 多名镇（街道）卫生院医务人员分期分批进行封闭式脱产培训，提高基层医务人员技术水平。市卫计局制定下发《医疗专家进社区活动实施方案》，由市人民医院、中医医院组建医疗专家团每季度一次到 10 个城市社区开展坐诊、义诊、技术指导和举办健康知识讲座等活动，让市民在家门口享受到医疗专家服务。启动分级诊疗试点工作，科学确定 33 个病种作为试点病种，在全市 3 家市直二级以上医院和 16 处镇（街道）卫生院之间实行医疗资源共享，解决市民到二级医院看病难问题。及时完成 2016 年度征兵体检工作，未发生因体检不合格导致的退兵现象。继续组织开展市民应急爱心无偿献血活动，全市献血人数达 850 人，献血量居潍坊市各县（市、区）首位。9 月 9 日，组织市人民医院、中医医院、妇保院、疾控中心、光明医院、晨鸣医院、济生医院、职工医院在人民广场举行“服务百姓健康大型义诊活动”，150 多名医疗专家免费为群众进行常见病、慢性病咨询、初步筛查、诊断和一般治疗及健康指导，受益群众达 2000 余人。9 月 12—16 日，组织市人民医院、中医医院到 10 个省定贫困村开展义诊活动，义诊群众 5200 余人次。开展 2016 年度中小学生健康体检工作，受检学生“三率”（肥胖率、视力不良率、龋齿患病率）均控制在省级规定标准之内。继续实施“人才强医”战略，坚持培养与引进并重的原则，选派新招录临床类医学高校毕业生到齐鲁医院、潍坊市人民医院和潍坊医学院附属医院进行为期 3 年的住院医师规范化培训，全年培训 51 人。加强与北京、济南、潍坊三级医疗机构的交流合作，全年选派 50 余名业务骨干到知名医院和科研机构进修学习。加强高层次人才引进工作，2016 年度通过公开招聘引进急需医学专业技术人才 187 人，其中硕士研究生以上学历 37 人。

【疾病预防控制】 2016 年，继续健全完善全市部门联防联控工作机制，做好疫情监测与分析研判工作，加强对中东呼吸综合征、埃博拉出血热、寨卡病毒病等新发传染病及艾滋病、结核病、手足口病、人禽流感、出血热、布病等重点或高发传染病综合防治。全年全市共报告乙丙类传染病 2443 例，无重大传染病暴发流行。3 月 23 日起，以第二类疫苗的购进、储存、运输、供应、分发、使用等各个环节为重点，在疾控机构及全市各医疗机构开展第二类疫苗全面排查梳理，确保第二类疫苗使用规范，未发现非疾控机构渠道购进第二类疫苗情况。继续加大数字化预防接种门诊建设力度，全市预防接种信息管理率、医疗机构产科接种室接种资料信息化管理率和适龄儿童接种个案信息化管理率均达到100%。继续开展常规免疫工作，按照方便群众、就近接种原则，提高适龄儿童接种率。全市国家免疫规划疫苗单苗接种率达95%以上；24～36月龄儿童“八苗”全程接种率为97.13%，“八苗”全程及时接种率为90.69%。开展适龄儿童免费牙齿窝沟封闭防龋项目，全市共有10674名小学二年级学生参加口腔健康检查，实施窝沟封闭10278人，封闭率达96.29%。10月，市财政局、民政局、人社局、卫计局联合出台《寿光市贫困重性精神病人住院医疗救助工作实施方案》。2013—2016年，寿光市连续5年被潍坊市卫生局（卫生计生委）命名为潍坊市精神障碍综合防治示范区。

【中医中药】 2016年，市人民医院成功创建为全市第二批综合医院示范中医科。市中医医院妇产科、脾胃病科、内分泌科、肺病科4个科室通过专家评审，成为第六批潍坊市重点中医专科（专病）建设单位。稻田中心卫生院、纪台中心卫生院、台头中心卫生院3处中心卫生院“国医堂”项目达到省级建设标准，稻田中心卫生院、圣城街道卫生院、化龙卫生院“中医馆”建设项目顺利通过省级验收，共争取上级专项建设资金46.5万元。羊口中心卫生院、古城街道卫生院分别通过潍坊市中医特色乡镇卫生院验收，侯镇申明亭卫生室、古城街道古一卫生所、洛城街道洛东卫生室分别通过潍坊市中医特色卫生室验收，圣城街道古槐社区卫生服务站通过潍坊市中医特色社区卫生服务站验收，均达到合格标准。新上报4处镇（街道）卫生院、6处村卫生室、3处社区卫生服务站为中医特色乡镇卫生院（室、站）创建单位。市中医院李良玉、周兰利、董月奎、朱荣宽，市妇保院董永忠获得“潍坊名中医”称号，马克军、王国华、李作文、王殿智、曹青山、郑光先6人获得“潍坊市基层名中医”称号。

【卫生监督执法】 2016年3月，制定下发《关于进一步明确镇街区卫生计生监察中队人员及工作职责的通知》，成立17支由180余人组成的镇（街道）卫生计生综合执法队伍，5月组建588人的卫生监督协管队伍并发放聘书，监督执法人员全部挂牌上岗，对公共场所、生活饮用水、传染病防治、学校卫生、非法行医等2000余家监管单位做好日常监督管理工作。5月上旬，对全市宾馆、理发店、歌舞厅、商场、车站等公共场所进行详细排查摸底，各监察中队对排查出的847家不同类别公共场所，按照属地管理原则落实监管责任。完成医疗机构年度校验工作，共校验医疗机构639家；开展全市二类疫苗监督检查，共监督检查医疗机构639家，其中公立医院22家、民营医院4家、个体诊所86家、村卫生室527家。6月中旬，完成迎接国家卫计委对寿光市龙源水务经贸有限公司进行的监督抽检，所有检测项目全部符合标准要求。认真做好国家食品安全城市现场观摩点准备工作，对8个餐饮具集中消毒单位按照标准要求认真进行准备，并选取1处观摩点重点进行包靠，11月顺利通过现场观摩。

【创建省级综合监督示范区】 2016年5月，成立创建省级卫生计生综合监督示范区工作领导小组，制定《寿光市卫生计生综合监督示范区创建工作方案》，与执法终端设备厂家联系，为卫生计生监察大队执法人员配备执法终端。2016年7月5日，召开各镇（街道）

监察中队、局有关科室、卫生计生监察大队全体执法人员参加的动员会议，对示范区创建工作进行安排部署，全面开展创建工作。开展打击非法行医专项行动，5月20日召开惩治非法行医专项治理行动动员会议，联合市公安局、市场监管局制定下发《寿光市进一步整顿医疗秩序深化打击非法行医专项治理行动实施方案》，明确惩治工作内容和重点，印发宣传明白纸22万份。各监察中队根据辖区内非法行医排查摸底情况，认真开展监督检查，对发现的非法行医行为全部下达监督意见书，对拒不整改的，移交公安部门处理。专项行动期间，累计检查业户720次，下达限期整改通知书71户次，均在规定期限内全部整改完毕。继续加大惩治“两非”（非医学需要的胎儿性别鉴定、非医学需要的人工终止妊娠）工作力度，市委成立以分管副书记为组长的“打非”工作领导小组，并与镇（街区）党委签订“打非”工作责任书，对工作开展不力、成效不大、被动应付的，坚决追究主要负责人责任。全年共收集“两非”线索28条，查办1起通过网络渠道售卖药品鉴定胎儿性别的重大“两非”案件。11月，寿光市通过省专家组对创建山东省卫生计生综合监督示范区的验收。

【爱国卫生运动】 2016年，继续组织开展各级卫生创建工作，洛城街道屯西村，古城街道桥子村、前疃村、垒村、北孙云子村5个村被命名为山东省卫生村；洛城街道卫生院、稻田中心卫生院被命名为山东省卫生先进单位，古城街道、化龙镇被命名为山东省卫生镇。深入开展城乡环境卫生整洁行动，组织发动辖区单位和居民清除卫生死角，清除四害孳生地，清理楼道车棚杂物，疏通下水道；对公共设施、公共区域的乱贴乱画、乱堆乱放等不卫生行为进行集中清理整顿；在农村重点清理三大堆和大棚垃圾，城乡环境面貌得到进一步改善。开展病媒生物防治工作，4月、12月分别开展春季、冬季集中灭鼠活动，采取群防群控措施，对居民家庭、社区、单位及重点公共场所进行集中清理整治，消除“四害”孳生地，降低病媒生物密度。认真组织开展以“灭蚊防病 健康你我”为活动主题的第28个爱国卫生月活动。开展“世界无烟日”活动，共印发“除四害”宣传画、中国公民健康素养宣传画、中国居民平衡膳食宝塔等宣传画1000余套。采取健康讲座、义诊、发放宣传资料等群众喜闻乐见的形式，有组织地开展健康教育，倡导文明健康的生活方式，提高市民的文明素质。

【基层卫生】 2016年，优化完善全市公共卫生服务信息系统，对圣城社区卫生服务中心的预防接种及孕产妇、儿童健康管理3项服务模式和工作流程进行理顺，4月市卫计局下发《关于扎实开展城乡流动孕产妇儿童健康管理工作的通知》，进一步加强对城乡流动孕产妇和儿童的管理。探索开展流动人口基本公共卫生服务工作，首次将流动人口正式纳入寿光市基本公共卫生服务工作范畴。至2016年年底，全市共建立居民健康档案93.1万份，建档率达87.3%。举办健康教育讲座及多种形式的健康教育咨询活动，健康教育网络覆盖率达100%。按要求加强对0～6岁儿童、孕产妇健康管理，管理率均达85%以上。开展儿童计划免疫和传染病防治工作，预防接种覆盖率和传染病疫情及时报告率均达100%。先后对全市9.04万名65岁以上老年人进行免费健康查体，查体率为68.8%；完成对全市8.88万名高血压患者、3.02万名糖尿病患者开展管理，管理率分别为41.3%和36.5%。3月、4月，分别顺利通过潍坊市和山东省卫计委对基本公共卫生服务工作的绩效考核，成绩良好。

【妇幼卫生】 2016年5月，市卫生计生局出台《寿光市危急重症孕产妇和新生儿管理、救治工作实施方案》，确定市人民医院为寿光市危急重症孕产妇和新生儿急救中心，市人民医院、中医院及妇幼保健院为高危妊娠管理治疗中心，并明确各机构职责、转诊就诊流程，建立畅通急救转诊绿色通道，确保孕产妇和新生儿生命安全。重新充实调整新生儿死亡评审领导小组和专家组，分别于3月、12月召开全市新生儿死亡评审工作会议，针对新生儿死因提出有效的干预措施，从而提高母婴保健服务质量。继续开展农村妇女“两癌”（宫颈癌、乳腺癌）筛查工作，至年底，全市共筛查26834人，任务完成率103.21%。8月，与市总工会联合开展急危重症孕产妇救治技能竞赛，全市共有4处助产医疗机构、12名专业技术人员参加比赛，达到以赛促学、共同提高的目的。分别于6月、12月组织专家对全市20余家医疗机构的重大公共卫生妇幼项目开展情况进行业务指导和督查，细化项目工作流程，规范开展增补叶酸、住院分娩补助、新生儿疾病筛查等工作。2016年，全市孕产妇死亡率和婴儿死亡率分别下降到7.08/10万和2.6‰。

【智慧卫生建设】 2016年，采取BOT合作模式，与健康之路（中国）信息技术有限公司启动“互联网+健康寿光”项目，利用“健康之路”手机APP和家庭医生签约平台，落实家庭医生签约制度，签约家庭与医生团队之间建立起长期稳定的新型服务关系。至年底，全市共完成居民电子签约20.5万人，累计解答群众健康咨询12万人次，向居民推送健康信息1.3万条。在电子签约的基础上，在村卫生室配备健康一体机和为慢性病患者配备便携式血压计、血糖仪等设备，构建起全过程高效干预的慢性病管理新模式。研发并建立覆盖全市各级医疗机构、市镇共享的基层远程会诊系统，镇（街道）卫生院利用该系统实现与上级医院专家进行视频、音频交流会诊，让患者在基层医院就能得到大医院专家的诊治，并且能以分享二维码的方式让病人家属参与会诊过程，既提高疾病治愈率，又密切医患关系。

【卫生行风建设】 2016年，继续在全系统深入开展“两学一做”学习教育活动，结合医疗卫生方面群众反映的转诊报销难、基层药品少、乡村医生服务能力不高、基层卫生室条件差、乡镇医院上转病人提升群众就医成本等焦点问题，以提升群众满意度为总抓手，进行专项整治，使各种问题得到缓解。继续加强行业作风日常督查，对发现的问题及时进行通报处理。聘请第三方调查机构对全市各医疗卫生单位的住院环境、服务态度、医疗质量、收费价格4个方面情况进行群众满意度测评，平均成绩94.77分；共收集群众意见建议29项，通过专项整改，提升群众对看病就医方面的满意度。及时处理民生问题、市长公开电话、信访工作，及时化解矛盾，全年共处理民生问题347个、市长公开电话269个、信访11件次。严格执行“三重一大”事项报告制度，全年共监督医疗设备、基建等项目招投标178次。开展寿光名医、名护和最美乡村医生等评选活动，营里中心卫生院单春华被市委宣传部评为“感动寿光”人物，被省卫计委表彰为“山东省最美乡村医生”；上口中心卫生院在“山东省基层卫生岗位练兵和技能竞赛”中，以总分90.73的成绩获团体组第1名。

（刘春泉、苏学营）

体育

【管理机构】 寿光市体育局为市政府直属正科级事业单位，参照公务员法管理。2016年，市体育局内设3个职能科室，分别是办公室(挂信息宣传科牌子)、竞训科、群众体育科（挂审批科牌子）；核定编制7人，实有干部职工11人。下辖正股级事业单位4个，分别是寿光市体育中心、寿光市体质测定与运动健身指导站、寿光市体育市场管理办公室、寿光市体育彩票中心。2016年，先后荣获2016年山东省第六届全民健身运动会先进单位、“山东省体育彩票工作特殊贡献奖”、潍坊市体育彩票工作特殊贡献奖荣誉称号；在2015年潍坊市体育工作7项考核中有6项位列第1名、1项位列第2名。

【承办大型赛事】 2016年5月，承办全国线上线下半程马拉松赛；5月7日、9月25日、10月1日，先后举办2016赛季中国城市足球联赛潍坊（寿光）赛区比赛的小组赛、半决赛和决赛；7月，承办2016年“鲁能·潍坊杯”国际青年足球邀请赛；8月，承办鲁台青少年武术文化交流活动；10月始，成功承办历时近5个多月的2016—2017赛季中国女子篮球联赛WCBA山东女篮主场寿光赛区比赛；11月承办2016中国乒乓球俱乐部超级联赛男团比赛，武行风云国际拳王争霸赛；全年承办国家级和省级高端体育赛事共计35场，提升寿光市承办大型体育赛事水平，丰富寿光市民体育文化生活，为展示寿光经济社会发展成果和城市形象提供一个大平台，擦亮寿光具备承办体育大赛能力的城市名片。

【设施建设】 2016年，继续为全市农村援建体育健身设施，改善群众体育健身条件。争取省、潍坊市体育部门支持，全年共为全市311个行政村和社区申请价值300余万元的体育健身设施311套，至年底，全市975个行政村全部实现体育健身设施全覆盖，率先成为潍坊市首个农村体育健身设施实现全覆盖的县市，农民群众健身条件得到明显改善。同时，搞好各镇（街区）配套健身器材的督促指导工作，各镇（街区）严格按照市政府办公室《2016年关于做好体彩公益金扶持行政村（社区）健身器材管理维护工作的通知》要求，加强对辖区内健身器材的管理和维护，确保健身器材安全正常使用。

【科学健身指导服务】 2016年，继续做好科学健身指导服务工作，发挥体质测定运动健身指导站作用，先后为全市部分镇村、机关及企事业单位的群众和干部职工进行体质测试服务，全年受益人数达1000人次。同时，加大社会体育指导员培训力度，组织举办健身气功、中老年人排球、门球、广场舞、武术等各类社会体育指导员培训班，共培训三级社会体育指导员208名。

【群众体育】 成功组织举办寿光市第七届全民运动会。第七届全民运动会于2016年4—10月举办，是寿光市4年一届、规模最大、规格最高的体育盛会，是对全市体育工作的一次全面检阅。本届运动会共有86个代表团、1万多名运动员参加，参赛单位分为镇（街区）组、行业组、院校组3个组别，共设20个大项、46个分项、394个小项，比上届增设10个大项。10月18日上午举办开幕式，开幕式上大型文体表演分为“文明寿光、活力寿光、幸福寿光”三大篇章，全市有关学校、体育协会（俱乐部）各表演方队进行动感单车、健身秧歌、花式自行车、轮滑、大型团体操等文体活动展演，特别是市职教中心1000余名学生组成的“活字印刷”表演方队，以精彩的演出获得广大观众的喝彩；寿光籍王强、武学亮、孙文勇、孙文利、刘海萍5名亚运会、全运会冠军优秀运动员现场进行火炬传递；市委、市人大、市政府的主要领导出席并观看演出。

开展全民健身品牌活动。2016年，继续组织举办“全民健身日”万人健步行、体育之星、健身与我同行等系列全民健身品牌活动，全年开展各类全民健身活动200多场次，带动机关、企事业单位及社会群众主动参与到全民健身活动中，形成崇尚健康、参与健身、文明向上的良好氛围。

加强体育市场管理。2016年，全市共有15个体育协会、16个体育俱乐部。继续规范体育协会工作，完成体育俱乐部年检备案工作，对2016年新建的15个体育协会、16个体育俱乐部进行建档立案。同时，开展安全生产隐患大排查、快整治、严执法集中行动，每月定期到各实名制企业、体育俱乐部等进行现场检查，并将检查结果反馈给所属镇（街区），对存在的问题抓好整改。

【学校体育】 组织全市中小学生体育六大联赛。先后组织开展寿光市中小学生体育六大联赛及越野长跑竞走等常规赛事，使校园阳光体育运动得到蓬勃开展，选材质量不断提高。

鲁能泰山足球学校青训足球人才基地建设。该基地于2016年5月落户寿光市世纪学校，成为潍坊市第一处鲁能泰山足球学校的青训足球人才基地。

【竞技体育】 2016年，竞技体育实力不断提升，寿光籍运动员刘海萍代表山东省参加里约奥运会女子四人皮艇500米比赛。4—10月，全市选拔928名运动员组队参加潍坊21个项目锦标赛，取得381金、185银、170铜的好成绩，列潍坊市各县市区第1位。

【体育产业】 探索体育旅游融合发展新模式。2016年，借助国家级旅游名片和“互联网+体育”，开展“体彩木屋进景区”活动，继2015年在寿光市国家级AAAA级景区林海生态博览园和孙家集街道三元朱村配套安装2处“体彩小木屋”后，2016年在寿光市蔬菜高科技示范园安装“体彩小木屋”1处，实现体育资源与旅游资源的优势互补。继续发展具有地域特色的体育休闲旅游产业，打造群众休闲健身基地，投资300多万元在林海生态博览园景区内规划并建成门球场地4片，先后成功承办山东省门球比赛、潍坊市老年人钓鱼比赛等活动，进一步促进体育与旅游产业的融合发展。

引导社会力量投资筹办体育项目。2016年，继续拓宽产业发展思路，通过组织部分俱乐部负责人外出学习考察、与体育企业联姻、兑现政策扶持资金及体育服务业成果参展文博会等方式，主动引导、帮助和宣传寿光市体育健身服务业发展。拟投资6000万元倾力打造的寿光市汇林健身中心，至2016年底完成投资3000多万元，已建成一期和二期工程中的羽毛球球场、乒乓球球场、篮球场和足球场等场馆，拥有会员1万余人，为市民开展羽毛球、乒乓球、篮球等健身项目培训提供高质量场所。在5月举办的寿光市第四届文博会上，在展示2015年体育服务业成果同时，引进增加福建舒华集团的高科技体育健身休闲器材体验交易区，通过现场体验让参观人员对体育服务业有更进一步的认识。

（温建燕）

社会 民生

人口控制

2016年，寿光市以稳妥实施“全面两孩”政策为重点，坚持计划生育目标责任管理，完善妇幼健康服务保障措施，推进计划生育管理服务转型，促进全市人口事业健康有序平衡发展。全市共出生18590例，较2015年同期增长71%，其中二孩出生12176例，同比增长123.9%。出生人口性别比为106.9。

【基层管理工作】 *层级考核“目标化”*。每年签订层级人口和计划生育目标管理责任书，制定对应考核办法，落实层级考核。2016年，市委、市政府分别与15处镇（街区）、38个职能部门签订人口和计划生育目标管理责任书，市委人口与计划生育领导小组与31个职能部门签订人口和计划生育目标管理责任书，十大口与归口单位签订人口和计划生育目标管理责任书，制订村居、社区人口和计划生育目标管理责任书样本。同时，突出群众主体地位，推行契约化管理，指导各村立足实际，修订完善《村规民约》《居民自治公约》。

基层管理“制度化”。继续落实已婚育龄妇女统计管理制度，全面公开生育登记及再生育审批服务事项，落实首接负责、一次性告知等制度，生育登记率达到100%；再生育审批办结及时率达到100%。推进基层计划生育管理规范化建设，提升镇街、村居、社区和企事业单位服务管理水平。乡村计划生育政务公开、村务公开、服务管理制度运行规范，建立并落实计划生育依法行政责任制和计划生育管理与服务民主监督制，将计生工作按期在政务公开、村务公开栏进行公示，接受广大干群实时监督。

阵地建设“标准化”。全市90%的村（社区）计生活动室、服务室、人口学校、村卫生室达到标准化建设、规范化管理、优质化服务的标准，成为广大育龄群众学习法律法规、了解社情民情、咨询生育政策、倾诉心声的最佳场所。每月月初更新村（社区）人口学校、会员之家、政务公开栏等场所与设施内容。2016年，营里镇更换破损的老旧宣传栏、版面、宣传横幅55个，羊口更新计生婚育宣传栏38个；全市共更新“全面两孩”政策、奖励扶助政策、生育登记制度、再生育审批制度等宣传内容1000余幅。

队伍管理“规范化”。2016年，按照“竞争上岗、落实责任、优化结构、发挥作用”的原则，全市按规定共配备975名计生专干和14个社区计生主任。加强业务知识培训，利用人口学校每月举办一期培训讲堂，传授计生知识。实行按月上报月动态报表（电话报告）管理制度，及时准确掌握辖区内已婚育龄妇女生育、节育情况及流动人口出入等情况。将计划生育列入工作片、村干部年度考核的重要内容，与工资报酬挂钩，严格考核，奖惩兑现。

【宣传教育】 2016年，全市人口和计划生育宣传工作围绕“品质生活·健康寿光”这一主题，突出新闻宣传、社会活动和倡树典型三项任务。

*加强县域媒体宣传。*2016年，继续在《寿光日报》设立“健康寿光”专刊，每周1期，围绕生育政策改革、优生优育等重点热点话题，组织专题采访，发布权威性报道，全年累计编纂出版52期、208个版面。与寿光电视台联办专题栏目《健康寿光》，每月2期，在新闻频道播出，全年累计制作播放电视节目22期。利用已改版升级市卫计局网站，全方位公开有关信息；利用官方微博和微信公众平台，每月4次发布卫生计生服务政策和便民信息。其中，微信公众平台关注人数达2万余人。

*注重形象宣传。*第十七国际蔬菜博览会期间，在1号展馆主会场设立“健康寿光”摄影展专场，用120余幅纪实照片向外界展示寿光卫计事业新风貌。加大报刊发稿力度，推广寿光市卫生计生法治建设工作经验，全年在《中国人口报》发表文章1篇。

*借助网络平台宣传。*组建55人的网评员队伍，利用网站、微博、微信等权威平台开展舆情引导工作，并对任务完成情况进行月度通报。建立新闻发布和新闻发言人制度，市卫计局由1名分管副局长担任新闻发言人，对接市委宣传部，每年至少召开1次新闻发布会。同时，各级医疗机构明确1名舆情工作分管领导，设立新闻发言人，适时召开新闻发布会，让市民及时了解计生工作情况。

*利用活动载体宣传。*2016年7月，为推进“全面两孩”政策的实施，展示寿光宝宝健康向上、充满活力的可爱形象，启动“家有宝宝”评选活动，即从报名者0～3岁组的宝宝中评选出1人作为年画宝宝，并制作成年画；同时，分别评选出12名月历宝宝和60名周历宝宝，制作成月历，免费向全市农村家庭发放，共发放3000幅。8月，开展“金秋助学”活动，为2016年考入大学的10名困难计生家庭学生发放助学金3万元。

【优质服务】2016年，实施“站院业务融合”发展，发挥卫生计生机构整合后的资源、技术优势，将以单纯查环查孕为主的育龄妇女透孕查活动与孕产妇保健、“两癌”筛查、15～49岁妇女保健咨询与健康指导、健康查体等公共卫生项目相结合，以镇（街区）为单位，组织育龄妇女到所在镇（街道）卫生院（分院）进行健康查体，全年共免费健康体检育龄妇女67.7万人次。5月，全市各镇（街道）由计生站负责的透孕查技术服务全部移交到辖区卫生院，基本形成“计生站负责育龄妇女组织、计生站妇科人员业务协助、卫生院承担查体技术服务”的工作模式。继续实施出生缺陷防治项目，针对生育人群大、高龄孕妇多的实际情况，结合生育登记，及时完成免费孕前优生健康检查、唐氏综合症筛查等出生缺陷干预工作。认真做好流引产鉴定审批工作，市卫计局指定市妇幼保健院为寿光市流引产鉴定定点机构，安排专人负责严把流引产鉴定技术关，对政策内怀孕需要终止妊娠的妇女严格检查，严格审核，杜绝不经鉴定流引产问题的发生。

【流动人口计生管理】 2016年5月，国家卫计委确定寿光市圣城街道石马社区、后张家庄社区为国家流动人口动态监测样本点，全年按时保质完成42份动态监测数据信息的走访采集、校验审核和录入工作。同时，严格按照国家标准和规范加强流动人口数据审核，及时完成对数据信息的采集、录入、上报等工作。对省流动人口信息平台的信息做到实时监控，及时、准确掌握流动人口婚育信息，1—12月服务管理对象信息协查反馈率、避孕措施信息通报接收率、一孩生育登记信息通报接收率均达到100%。一年2次开展流动人口关怀关爱、疾病控制、妇幼保健、技术服务等活动，促进流动人口融入全市经济社会发展，全年共深入乡村集市、商贸圈联合开展计生政策集中宣传15次、传染病防控集中宣传18次，举办健康知识讲座20期，接受群众健康咨询3900人次，免费发放避孕药具、免费健康查体并建立健康档案4100人份。依托省流动人口信息管理系统，全面推进流动人口婚育证明电子化改革，对省内流动人口进行平台网上信息交流和反馈；对流出外省的，及时录入信息平台并根据对方要求出具证明，方便流入地管理服务，简化办事程序，提高工作效率。集中清理清查城区流入漏管已婚育龄妇女，及时把漏管育龄妇女录入省流动人口平台，纳入管理，全年共清查出漏管、漏统计流入育龄妇女30余人。

【信息化建设】 2016年，市卫计局借力互联网思维，创新研发卫生计生一体化业务信息系统（系统分为PC端和手机端两部分），以信息化推动管理方式转变。该系统全面整合公安落户、住院分娩、预防接种、计生数据和医院就诊信息，构建全市动态管理的全员人口信息库和流动人员管理库，可对市域内所有人员的生育过程实现全程监管。开发B超在线监控和源头追溯系统，通过对流引产人员分析以及调阅当事人手术、药物和检查项目等方法，到查责任主体，实现“两非”案件精准执法。研发使用手机APP平台，以村级信息变更报告单为点，以市、镇、村三级计生电子化管理系统为线，全面实施更新比对育龄妇女信息，对核查出的问题及时整改或移交监察大队实行执法办案。搭建计生便民服务平台，开展掌上预约挂号和一孩二孩生育登记、再生育申请、计生关系转移等业务，并提供语音导航功能，方便计划生育家庭查询和办理相关业务，促进全市计生工作深入开展。

【依法行政】 2016年4月22日，潍坊市卫计委工作人员到寿光举办全面实施两孩政策解读暨依法行政培训班，就2016年新修订的《山东省人口与计划生育条例》部分章节进行解读，重点强调计划生育政策需把握问题和服务管理有关内容。5月，开展行政执法人员专项清理与行政执法主体资格清理与审核工作，对从事行政执法工作的劳动合同制人员、劳务派遣人员、临时借调人员、工勤编制人员以及其他未取得执法资格的人员及时调离执法岗位并收回执法证件，共调离1人，收回执法证件1本。12月5日，在渤海路开展“国家宪法日”卫生、计生法律法规宣传活动，有关工作人员现场就二孩政策、再生育政策回答群众咨询。2016年，市卫计局被评为“2011—2015年寿光市普法依法治理工作先进单位”“潍坊市卫生计生系统六五普法依法治理先进工作单位”。

【计生协会建设】 2016年，市计生协会重点加强机构、网络、队伍、活动阵地建设，规范完善有关制度，全市“两新”（新经济组织和新社会组织）组织、企业和流动人口计划生育协会工作覆盖面达到80%以上。扎实推进计划生育群众自治，指导基层重新修订完善《计划生育村规民约》，进一步健全完善“两委负总责、协会当骨干、家庭为中心、群众做主人”的工作机制，将自治工作与诚信计生、阳光计生结合起来，推动基层计生工作走上民主化、法治化、规范化轨道。继续开展“手牵手家连家——结对帮扶计生家庭”大行动、“救助计生困难家庭和困难基层工作人员活动”，9月协调市民政、财政、教育等八部门出台《关于进一步做好计划生育特殊家庭救助关怀工作的实施意见》，全年共为181户失独计生家庭发放一次性抚慰补助金132.5万元。12月，市委办公室印发《寿光市计划生育协会机关主要职责、内部机构和人员编制规定的通知》，将市计生协会列入群众团体序列，明确市计生协会机关使用事业编制8人，为促进全市计生事业发展提供保证。

【计生利益导向】 2016年，全市共有10569人符合农村部分计划生育家庭奖励扶助政策，发放奖扶资金1019.7万元；有398人符合特扶政策，发放特扶资金271.8万元。全市独生子女父母奖励费发放人数77521人，发放金额446.9万元；发放失独计生家庭一次性抚慰补助金户数181户，发放金额132.5万元；完成前三季度破产、关闭、困难企业退休职工中独生子女父母一次性加发30%养老补助工作，共兑现资金153.5万元；完成统计审核前三季度生育登记人员信息和计划生育节育手术人员信息，为其办理“母婴安康”保险和“节育手术”保险，支付参保费达85万元；统计审核确定全市2016年农村独生子女家庭26970个、80910人，为其办理“意外伤害”保险，支付参保费达80万元。继续开展“手牵手家连家——结对帮扶计生家庭”行动，救助计生困难家庭92户，救助卫计系统困难职工22人，发放救助金22.8万元。

（刘春泉、苏学营）

居民生活

【经济收入】 2016年，全市上下紧紧围绕“建设品质寿光，创造美好生活“总目标，牢牢把握稳中求进总基调，居民可支配收入和生活消费支出增加。据抽样调查，全市城乡居民人均可支配收入27324元，同比增加2203元，同比增长8.8%。

【消费支出】 2016年，城镇居民人均生活消费支出16781元，消费支出占可支配收入的比重为61.4%。饮食结构日趋合理，生活水平进一步提高。主、副食消费持续增加，并向着多样化发展。居民全年人均消费粮食163.2公斤，同比增加6.4公斤；消费肉及肉制品19.5公斤，同比增加1.3公斤；消费蛋类19.0公斤，同比增加1.9公斤；消费奶类11.2公斤，与上年基本持平；消费水产品10.4公斤，同比减少0.7公斤；消费油脂类8.9公斤，同比增加1.4公斤；消费瓜果类73.1公斤，同比增加6.1公斤；消费糖果糕点类5.0公斤，同比增加0.8公斤。

*居民生活条件进一步改善。*全市居民人均居住面积43.8平方米，增加1.1平方米。安全卫生水饮用率达100%，卫生厕所拥有率达到55%，家庭热水器拥有率达到95%。百户家庭拥有洗衣机107台；彩色电视机121台；微波炉37台；抽油烟机77台；移动电话机246部；照相机21台；电冰箱113

台；空调机125台；电动自行车142辆；家用计算机70台；生活用汽车61辆。

劳动就业

【就 业】 2016年5月，组织举办“圆梦创业赢在寿光”寿光市第四届创业大赛。全年实现城镇新增就业14739人，城镇登记失业率为1.34%。全年开发公益性岗位安置369名就业困难人员就业，为92家用人单位招用的420名就业困难人员落实社保补贴和岗位补贴881.2万元。全年审核发放创业担保贷款1.36亿元，贴息466万元，创业带动就业4100人。新建寿光市级创业示范载体4处，其中寿光青年电商创业孵化基地和寿光大学生创新创业孵化中心被认定为潍坊市级创业孵化示范基地。至年底，全市共建成创业孵化载体达8家，创建全省首批创业型社区1个、潍坊市级创业型街道1个、潍坊市级创业型社区2个。

【劳动力管理】 2016年，共举办职业技能培训班169期，开设13个专业，培训9083人；全年共发放职业培训补贴452.2万元，职业鉴定补贴58.4万元。全年新增领取失业保险金人员816人，共发放失业保险金1367万元，缴纳基本医疗费356万元。先后为205家单位发放稳岗补贴804.6万元，惠及职工50119人。

社会保障

【企业职工基本养老保险】 2016年，全市参加养老保险的企业单位共1512个，参保人数148937人（其中实际缴费人数为108552人），征缴养老保险资金12.43亿元。全年企业职工养老保险基金支出81023万元。企业退休养老金待遇已连续12次提高，其中2016年人均增长6.5%，增长后月均养老金2017元。12月，圣城街道向阳社区居委会被潍坊市社会保险事业管理中心授予“2016年度潍坊市企业退休人员社会化管理服务AA级社区”称号。

【城镇职工基本医疗保险】 2016年，全市职工医疗保险参保单位共1510个，参保人数162444人，其中在职人员127438人、退休和退职人员35006人，占总参保人数的21.55%，在职、退休人员构成比例为3.64:1。缴纳公务员补助单位290个，其中在职人员23536人，退休人员8558人。征缴基金5.77亿元，支出4.42亿元。

【机关事业单位养老保险】 2016年，全市参加养老保险的机关事业单位有322个，在职人员参保23738人，退休人员9139人。全年共征缴养老保险金43180万元，支出48073万元。

【城乡居民养老保险】 2016年，城乡居民养老保险实际缴费人数34.8万人，收缴保费1.58亿元，政府财政补贴1352.05万元。全年居民养老保险基金各类支出共计2.71亿元，其中基础养老金支出2.15亿元、个人账户支出4239万元、转移支出1040万元、丧葬补助金支出303万元。城乡居民基础养老金实现5连增，由每人每月55元提高到100元，共有19.64万人受益。

【城乡居民医疗保险】 2016年，城乡居民医疗保险参保84.11万人，其中一档缴费130元，参保居民52.64万人；二档缴费240元，参保居民31.47万人；各级财政补助420元，全年筹资4.94亿元、支出46634万元。对城乡居民医疗保险政策进行调整，调整住院费报销比例，一档缴费人员在一级及以下医疗机构住院，政策范围内报销比例调整为85%；一档、二档缴费人员在三级医院住院报销比例分别调整为55%、65%。提高基层医疗机构床位费报销标准，将一级及以下医疗机构床位费纳入统筹范围，标准调整为每日15元。提高部分门诊特殊慢性病报销比例，将恶性肿瘤放化疗等5种门诊特殊慢性病政策范围内报销比例分别调整为一档缴费人员65%，二档缴费人员75%。鼓励双向转诊，参保人员在三级医院住院期间需转入二级及以下医院进行康复或者恢复性治疗的，作为一次住院处理，不再承担起付标准。城乡居民医疗保险补助提高到每人每年420元。

【工伤保险】 2016年4月6日，召开全市建筑业企业参加工伤保险大会，自6月1日起，全市所有建筑业企业新开工项目都要参加工伤保险。全年工伤保险参保单位共1459家，其中机关事业单位313家、企业1146家；参保人数135693人，其中机关事业参保人数23974人、企业参保人数88115人、灵活就业参保人数23604人；全年共征缴工伤保险费4153万元。全年共为855名工伤职工及工亡职工遗属审核、发放工伤保险待遇资金2579万元。

【生育保险】 2016年，全市生育保险基金收入3175万元，支出3631万元。其中，女职工生育津贴2338万元，生育医疗费932万元，已上解调剂金361万元，基金累计结余1370万元。全年共有3592人次享受到生育保险待遇。

【失业保险】 2016年，全市失业保险参保人数11.01万人。

民政

【管理机构】 2016年，市民政局下设7个科室，分别是办公室、优抚安置科、社会福利救灾救济科、基层政权和社区建设科、审批服务科、社会事务科（挂地名管理委员会办公室牌子）、财务科；人员编制21人，实有干部职工97人。下辖正科级事业单位4个，分别是寿光市老龄工作委员会办公室、寿光市慈善总会办公室、寿光市社区管理办公室、寿光市社会福利中心；副科级事业单位3个，分别是寿光市殡葬管理所、寿光市军队离休退休干部休养所、寿光市拥军优属拥政爱民管理办公室；股级事业单位4个，分别是寿光市婚姻登记办公室、寿光市殡仪馆、寿光市救助站、寿光市烈士陵园。

2016年，被省双拥办授予寿光市“省级双拥模范城”荣誉；寿光市烈士陵园被民政部评为“第六批国家级烈士纪念设施”。

【社会救济】 城乡低保工作。2016年，按照上级要求，结合寿光市经济社会发展水平，与市财政部门联系对接，自10月1日起，全市城市低保标准由每人每月480元提高到500元，农村低保标准由每人每年3400元提高到3800元。自12月1日起农村五保集中供养标准由每人每年7200元提高到7700元，分散供养标准由每人每年4200元提高到4500元。全年共为15139名低保对象发放低保金 3873.5 万元，为 859 名农村五保户发放供养金 478 万元。

实施“一站式”即时结算服务。2016 年 9 月，确定市人民医院、中医院等 31 家医疗机构为定点单位，正式启动实施城乡医疗救助“一站式”即时结算服务。至年底，共有 353 人次享受到直接医疗救助服务，发放医疗救助金 35.5 万元；全年共为 1288 人次发放医疗救助金 237 万余元。出资 214 万元为 16484 名城乡低保、农村五保、孤儿办理城乡居民医疗保险。

民生综合保险工作。2016 年，在总结试点经验的基础上，7 月 1 日开始在全市开展实施民生综合保险工作。至年底，共为 74 户家庭户赔付保险金 15 万元。

扶贫专项工作。2016 年 8 月，制定出台《寿光市民政局精准扶贫脱贫专项实施方案》，对建档立卡贫困户进行精准识别，将 602 户、959 名符合低保条件的建档立卡贫困户纳入农村低保，发放低保金 243 万元。为 905 名建档立卡贫困户返还个人先行垫付的 2016 年度城乡居民基本医疗保险费 11.8 万元，为 87 名建档立卡贫困户发放医疗救助金 11.5 万元。市慈善总会出资 38 万元，按每人 130 元标准为 3265 名建档立卡贫困户投保医疗商业补充保险。设立扶贫账号，对社会各界定向扶贫捐赠款实行专账管理，2016 年已接收扶贫专项捐赠款 3 万元。

【社会养老】 养老项目建设。2016 年，累计投资 1.5 亿元，新增养老床位 660 余张，城投·太阳城一期工程建成投入运营。10 月，动工建设福缘颐养、西城养老中心项目，其中福缘颐养项目预计 2018 年 5 月建成投入使用，西城养老中心项目预计 2018 年 12 月投入使用。

医养结合养老服务。2016 年，将医院与养老机构结合的发展模式作为养老服务业转型升级的重要工作，推进西城养老中心项目，设计养老床位 732 张，为全市医养融合发展注入新活力。

“养老 +”模式探索。2016 年，继续探索养老服务业与其它行业融合发展，坚持养老项目与医疗、网络、市场发展相结合，以养老带动产业发展。

福利企业监管。2016 年，由市财政出资 13 万元，对全市 15 家福利企业安装福利企业监管系统，对福利企业残疾职工上岗情况进行有效监管，解决福利企业残疾职工空挂问题。

【社区规范化建设】 城乡社区服务中心建设。2016 年，通过新建、划拨、改扩建等方式，重点对城乡 9 个社区服务中心进行改造提升，至 11 月底全部完成改造工程，全面达到上级规定标准。

“四社联动”试点工作。2015 年 6 月始，开展“四社联动”工作，即以社区为平台、社区社会组织为载体、社会工作专业人才为支撑、社区志愿者为依托的互动机制，实现社区建设、社区社会组织建设、社区社会工作、社区志愿服务互惠融合、优势互补、协调发展。2016 年，确定圣城街道的向阳社区、学院社区为试点城市社区和洛城街道的屯田社区、羊口镇的望海社区为试点农村社区进行“四社联动”试点，其间到潍坊市奎文区参观学习先进经验，并制定完成关于试点工作的文件和制度，保证试点工作有序开展。

寿光 e 社区上线。2016 年，遵循“互联网 + 社区”的理念，采取企业市场化运作的方式，自主研发省内首家智慧社区服务平台——寿光 e 社区，上线业务涵盖 10 大类 30 项政务事项，至年底，覆盖 14 个城市社区，粉丝数达 10 余万人。

社区工作队伍建设。2016年，全面实施农村社区工作人员登记管理制度，通过公开招聘的形式，不断充实镇（街道）社区工作队伍，全年共招聘社区工作人员94人。

【慈善救助专项活动】 *“慈心一日捐”*。2016年8月，全市积极开展“慈心一日捐”活动，市慈善总会共接收全市594家部门、企事业单位和个人捐款共计754.6万余元。

慈善救助活动。继续完善涵盖困难群体的救助品牌工程和项目，在实施原有的“真情助孤”“朝阳助学”“爱心助残”“夕阳扶老”“康复助医”和“特别生活救助”6大救助工程和“12123”慈善救助日救助项目基础上，2016年先后创新增设“白内障复明工程”救助工程和“尿毒症透析救助”“关爱最佳孝心少年”2个救助项目，慈善救助工程和项目全年共计达到11个。积极开展为全市建档立卡贫困户困难群众统一缴纳医疗商业补充保险等救助工作，共救助全市各类困难群众7445人，发放救助金746.8万元。

【双拥 优抚 安置】 2016年，继续落实优抚双拥政策，各类抚恤、优待和生活补助等待遇通过银行按时发放到优抚对象手中。全年共为445名自主就业退役士兵发放一次性经济补助金937万元。根据《符合政府安排工作条件退役士兵服役表现量化评分办法（试行）的通知》要求，共安置2016年度符合政府安排工作条件的退役士兵47人。对退役士兵进行教育培训，为退伍义务兵和退役士官免费培训电子商务、电工和汽车驾驶等知识，知晓率达到100%，意愿参训率100%，培训合格率100%。

【老龄工作】 2016年，完成全市90周岁以上老人高龄补贴金和百岁老人长寿补贴金的社会化发放工作，全年共发放百岁老人长寿补贴31.38万元，发放老人高龄补贴203.2万元。继续推进全市“银龄幸福和谐工程”，开展2016年度“银龄安康工程”，全年共为全市21.5万名60周岁以上老年人参保“银龄安康工程”。认真做好老年节庆祝表彰工作，弘扬老年先进典型，对全市43个敬老文明号、50个老龄工作先进单位、46名先进个人、10名寿光市“十大寿星”、10名“十大孝星”和82个银龄安康工程先进单位进行评选表彰。

【民政事务管理】 *开展平安边界建设工作*。2016年，对寒亭—寿光、广饶—寿光2条边界线进行联检，总长度230多公里。

社会组织年检工作。2016年，完成对全市170家民办非企业单位和69家社团组织年检工作，对不参加年检的民办非企业单位和社团再次发出年检通知，确保全市社会组织自觉依据有关法律法规开展相应工作。

婚姻登记、儿童收养工作。2016年，以创建文明窗口为载体，以文明服务为目标，进一步提高婚姻登记、儿童收养工作服务质量。全年共办理结婚登记6398对，离婚登记1651对，补领结婚证1713对，儿童收养登记41件，整理档案122盒。

殡葬管理工作。2016年6月，联合市文明办出台《关于建立健全农村红白理事会进一步推进移风易俗工作的意见》，引导群众弘扬文明守灵、集体悼念等厚养薄葬、移风易俗的做法，在全市营造文明和谐的殡葬氛围。

创新救助方法。2016年，探索建立市、镇（街）、村居（社区）三级救助管理网络体系，全年共救助流浪乞讨人员134人，其中省内救助53人、跨省救助20人；60岁以上老人27人、流浪未成年人12人；送指

定医院救治 13 人。

社会工作者。2016 年，为 2015 年全市取得社会工作者职业资格证书的 62 人发放一次性奖励资金 9.1 万元。动员社会工作领域人员报名参加社会工作者职业水平考试，全年全市共报名 1000 余人，创历年新高，列潍坊第 1 位。

福利彩票。2016 年 1—11 月，全市共计销售福利彩票 8749 万元，其中电脑票销售 7821 万元、即开票销售 928 万元，较 2015 年同期增长 5.2%。

（崔晓兵）

镇（街区）概况

圣城街道

【概 况】 圣城街道位于寿光市城区，辖42个农村社区、28个行政村和14个城市社区，总人口26万，总面积6516平方公里。2016年，圣城街道致力于招商引资项目、新兴业态培育、城市治理、美丽乡村、安全体系、基层组织，干部队伍、农业农村、文化繁荣等10个方面的突破，经济及社会各项事业均呈现出稳步推进的态势，全年实现地方财政收入5.99亿元。

近10年间，先后荣获“全国千强乡镇”“中国乡镇投资潜力500强”“山东省和谐示范街道”“山东省文明街道”“山东省社会化先进街道”“山东省旅游乡镇”“潍坊市先进基层党组织”等称号。

【城乡建设】 推进项目建设。2016年，以“高端、品质、新兴”三大领域为重点，新开工万达广场、极地海洋世界、东关休闲文化一条街、全福元国际商务等现代服务业项目15个，加快以世纪风华学校、现代嘉苑三期等为代表的15个续建项目建设进度，推进汽车主体公园、万达尚街、东郭幼儿园等33个储备项目。

开发闲置地段。对多年闲置地块进行招商，城里、东七、崔家、南关、延庆寺、东郭等村的6处闲置地块相继得到开发，增加20多万平方米的地产面积。

稳妥完成城市拆迁。先后抽调精干力量，对铁路公园、幸福路改造、健康路东伸、渤海路北出口、东关休闲文化一条街、西公孙晨鸣项目用地等6处市政工程和重点项目用地进行拆迁，拆除宅基地400多户，房屋、车间7.8万平方米，大棚132个，拆迁土地1050亩。

村庄治理。与城管执法大队合作，开展城管进村进社区活动，采取“村里拿一块、街道补一块”的办法，出资150万元，将32个村的村庄建设与治理交市城管托管，收到良好效果。

稳妥实施城中村改造。东七、赵仕、高家等村整体迁居新建楼房。前朴、桑仕、仁和等村的楼房改造工程已完工。到年底，已有城里、东关等7个村完成别墅楼改造，东夏、徐家等22个村完成公寓楼改造。

【城市社区服务】 围绕“便捷、畅通、舒适、文明”四大主题，扎实提高城市治理水平。

数字化，让服务更便捷。遵循“互联网＋社区”的理念，自主研发省内首家智慧社区服务平台—“寿光e社区”，自5月3日上线后，共举办线上活动6次、线下活动4次，粉丝量达15万人，上线15大类100余项业务，共为群众办理业务792项，答复疑问240个。

自治化，让工作更畅通。新组建业主委员会10个，总数达到95个，覆盖率达到26%。

现代化，让居住更舒适。在完成三里小区、南关小区老旧小区改造试点后，又实施兆祥小区改造工程，各项工作进展顺利。

【安全生产与社会稳定】2016年，坚持“更严、更细、更实”的原则，把安全稳定作为工作重点，为城区创造和谐安全稳定的生产、生活环境。一是定责任，对辖区内的生产经营单位全部落实具体责任人，确保安全监管常态化。二是抓重点，确保安全隐患整改到位。在开展“大排查、快整治、严执法”专项活动的同时，对全街道7566家单位，特别是涉氨企业、人员密集场所、娱乐场所、建筑工地、烟花爆竹和危险化学品经营场所等实行“网格化”管理、“动态化”监控，每周进行一次“回头看”，一个一个梳理排查，一项一项进行整改，全年共查处整改安全隐患1万多处。三是抓宣传，营造浓厚的安全氛围。全年共下发安全生产宣传资料5000余份，举办安全生产咨询日1次，制作公益宣传广告1110幅，发送安全生产短信356条，创新举办“强化安全观念、提升安全素质”漫画征集活动，使安全生产深入人心。四是抓稳定，维护品质发展大环境。对信访积案，定目标、定时限、定人员，逐步化解；对新矛盾新问题，全天候排查，落实责任清单、问题清单、矛盾处置清单，确保不出现影响较大的群体性事件；在70个村的大街小巷规范安装视频监控，实现与公安部门资源共享、治安防控一体化，辖区内村庄覆盖率100%。

【环境卫生综合整治及文明创建】 按照全国文明城市创建、美丽乡村建设、“三八六”环保行动要求，努力建设“美丽家园”。

争当文明创建的先行区。2016年，共推荐好人18096人，新设置公益广告364幅8746平方米，悬挂四德榜98处，营造浓厚的创建氛围。同时，在每季度组织环境卫生大整治、大评比活动的基础上，突出城中村、农贸市场、集贸摊点、专业市场这些难点、盲点、重点区域，切实解决城市死角脏、乱、差问题，确保每天在整改、每天在变化。

争当美丽乡村建设的示范区。认真做好基础设施建设、绿化提升和提高群众满意度等工作。先后投资300多万元，在李二、田家、北夏等5个村新硬化大街小巷10条3万平方米；投资700多万元，新栽法桐、银杏、樱花等10类乔灌木13万棵，黄杨、红叶石楠球等30余万株；先后完成于家和北夏旱厕改造任务，启动北魏社区天然气入户工程；共修建群众文化小广场5处，群众幸福感明显提升。

争当生态环保的样板区。按照“三八六”环保行动部署和固废整治要求，实行生态环保“网格化”责任制，建立“街道——党总支——村（社区）”三级网格监管体系，街道党政班子成员包靠党总支、机关干部包靠村、村（社区）两委成员包街巷，坚持问题导向，重点抓好整改。共整治违规建设项目5个，其中取缔禁燃区锅炉5处、“煤改气”2处。对5个工业项目进行点源深度处理，整治露天料场堆场16处，绿化、硬化裸露地块4处，造林1248亩。清理工业固废2处11万方，农业固废2500吨，建筑固废120万方，建设农业垃圾暂存点48个。

（杨成民）

古城街道

【概 况】 古城街道位于寿光市区北郊，与寿光经济开发区实行“区街合一”建制，总面积85.8平方公里，辖61个行政村、1.7万户、6万人。2016年，全街道完地方财政收入4亿元，农民人均纯收入19965元。街道先后荣获国家级生态镇，山东省先进省级开发区、新型工业化产业示范基地、高端石油装备制造产业园区，潍坊市先进省级开发区、信息化与工业化融合试验园区、创先争优先进基层党组织。

【工 业】 2016年，共有企业1296个，其中规模以上企业33家。古城街道围绕经济开发区和寿北两大项目建设区进行企业转调，全年完成固定资产投资33.45亿元；实现规模以上工业产值45.11亿元，利税4.74亿元，利润3.94亿元。先后开工建设投资2.1亿元的华鑫高压电机、投资2亿元的泰昌生物科技秸秆综合利用、投资2.2亿元的三洋钢木制品、投资1.8亿元的巨能特钢原料场封闭、投资2亿元的巨能再生水回用等5个项目。完成金地工贸、华鑫电机、金穗木业等10家企业的公司制改制工作。

【农 业】 *实施大棚“两改”（大田改大棚、旧棚改新棚）工作*。全年新开工100亩以上的农业园区14个，完成“两改”面积5400亩，其中新建大棚620个、翻建大棚310个。

开展蔬菜质量安全检测工作。全年完成速测任务样品3600个，检测合格率100%。同时，依托村办合作社服务平台，在前疃、杨庄、曹家等蔬菜市场较为集中的村增设20个检测室，配备专职检测员，把住蔬菜质量第一道关口。

严格农业执法。对全街道170家农资门店、156家蔬菜市场进行多次执法检查，共出动执法人员500余人次，下达整改通知书290份，依法查扣违法经营及不合格农资240余件，依法取缔无照经营农资业户2家，责令停业整顿1家，立案查处65起，行政罚款28.5万元。

粮食生产。2016年，粮食种植面积13.8467亩，主要品种为小麦、玉米，全年粮食产量2894.5吨，其中小麦产量1550.5吨、玉米产量1344吨。

【城乡一体化】 *社区建设*。在北洛镇区的茗香苑社区建成入住，怡和苑社区商业综合体建成投入使用；在古城镇区福祥居社区建成入住。农村社区建设方面，罗桥社区建成入住60户、前疃社区一期建成入住70户；怡泽苑社区一期38栋已建设至标二层。基础设施配套建设方面，投资240余万元完成北洛镇区人行道及地下弱电铺装工程；投资170万元在2个镇区新安装LED高效节能路灯110盏；兴业路拓宽工程建成通车，共投资2000万元；投资230万元，对徐更路等6条道路分别进行柏油硬化。

【美丽乡村建设】 2016年度，累计投资300余万元加强农村环境综合整治，开展专项整治4次。统一租赁土地150余亩，规划布局大棚垃圾暂存点63处，以泰昌生物科技为依托，引进2支清运队伍，对大棚垃圾清运实行市场化运作。通过集中招标方式，投资60多万元，绿化社区、村庄9个，栽种各类绿化苗木18余万株，完成久一村、袁官村共289个农户的旱厕改造任务。

【村级综合治理】 在完善街道、社区、村三级党群服务体系的基础上，2016年镇村两级共筹资530多万元，对村级活动场所进行改造提升，其中新海能源等4家企业被评为“寿光市非公企业党建示范点”，康跃科技积极争创潍坊市级示范点。对被列入全市整治范围的6个后进村，分类建立台账，细化包靠措施。在徐家村、莱坞村入驻第一书记驻村工作组，落实帮扶资金，引进“光伏发电”等扶贫项目，组织实施大棚“两改”，完善村级造血功能，实现强村富民目标。

【体制机制创新】 成立盛发、盛美2家注册资金2.8亿元的投融资公司，聘请会计事务所完成对辖区内所有国有资产评估登记、打包过户。开发区作为省级首批体制机制创新试点单位，完成中期评估，并争取到市直13个部门90项行政审批类、政务服务类权限和9个部门97项行政处罚类权限下放，实行多口受理、一厅办结的“一站式”服务。推行重点投资项目审批代办制，对重点产业项目、高新技术项目及招商引资项目，全程服务、无偿代办。积极开展扩权强镇和镇级综合执法试点工作，对街道站所、人员、职能进行整合，综合设置10个工作机构，推行“7+X”（将市政府工作部门和市直单位在城镇管理、国土资源管理、环境保护、安全生产、市场监管、农业管理、劳动保障等7个领域，下放行政处罚权及相应的行政强制权和监督检查权）综合执法模式，并根据古城街道实际，增加文化市场领域执法监管，提升行政执法效能。

【民生事业】 教育事业。新建北洛小学于9月份投入使用，共投资2100万元；投资230万元，对古城初中、北洛初中、古城小学的餐厅、操场、道路进行改造提升。

卫生计生事业。投资100余万，为开发区医院配置新式医疗设备。投入26万元，对义和、曹家等7个卫生室进行升级改造，新建的弥清苑、怡和苑两处社区卫生室投入使用。先后组织优生优育培训班6次，培训2800人次。建立失独家庭档案，实行网长包靠，落实特别扶助资金10万元，为455人发放奖励扶助金43.5万元。

文化体育事业。为18个村配备更换文体器材，高标准打造怡馨苑、弥景苑、弥清苑等6个农村社区的文化活动广场，文体器材、公益宣传栏等设施一应俱全。古城街道传统文化宣讲团定期入农村、进社区，全年宣讲10余次，并举办文明之夏古城专场。

开展精准扶贫工作。组建31个帮扶小组，对102户贫困户进行包靠帮扶。徐家村总投资47万元，建成投用光伏发电项目，其收益在优先确保贫困户脱贫的同时，每年还可为村集体增收6万多元。

安全生产。共举办安全知识大讲座6期，培训5000余人次，举办消防演练活动360次；对辖区内157家企业进行15次集中检查，共排查隐患2230余条，消除隐患2100余条，确保全街道安全生产形势持续好转。

环境保护工作。针对全市“三八六”环保行动确立的七大工程涉及的11项工作任务，逐项认真落实，完成7处工业固废点、106处建筑垃圾点、87处农业废弃物点的整治任务。

社会稳定工作。全年受理群众来信来访192起，处理结案188起，处结率98%。化解信访积案2起，为经济社会营造稳定和谐的发展环境。

（王 旭）

洛城街道

【概 况】 洛城街道位于寿光市东城新区，总面积142平方公里，辖118个村民委员会，3万户、11.8万人，耕地面积12.4万亩。境内有省道潍高路、寿济路横穿东西，羊田路、大沂路纵贯南北，永乐路、尧河路、金光街等“七横七纵”道路框架拓展城市空间。街道先后被评为省级文明单位、省级卫生镇、省级旅游强镇、潍坊市十佳魅力城镇、潍坊市计划生育先进单位。2016年，实现地区生产总值109.7亿元，完成地方财政收入3.7亿元。

【工商业】 2016年，依托东城工业园，大力发展高新技术产业、先进制造业项目，实现街道工业高端化、集群化、产业化发展。园区先后安置投资过千万元项目150多家，总投资165亿元，其中过亿元项目38个。共有规模以上工业企业60家，全年实现主营业务收入224.8亿元，利税24亿元。其中，2016年投资6亿元、占地200亩的富康医药制剂国际化项目建成投产，年生产片剂100亿粒，当年新增销售收入21亿元，利税7.6亿元。投资9.8亿元新建的恒华实业年产7200套轮胎模具及6万吨胎圈钢丝项目进入收尾阶段，计划2017年底竣工投产，投产后预计年实现营业收入22.674亿元，利润总额4亿元。按照“企业集聚、产业集群”发展思路，洛城街道已初步形成以凯马汽车、万龙为龙头的汽车和先进制造业，以泰汽电动、威能锂电为龙头的新能源产业，以富康制药为龙头的生物医药，以大地纺织、仙霞服装为龙头的纺织服装业，以东宇鸿翔、富士木业为龙头的木制品加工业等5大产业集群，园区的产业结构更加合理，技术含量进一步增强。大力发展服务业，全街道规模以上服务业企业发展到40家，其中2016年新发展2家，全年主营业务收入达到10亿元。投资33亿元、占地366亩、总建筑面积78万平方米的全福元商业综合体于2016年5月开门纳客。

【现代农业】 2016年，瞄准标准化、园区化、种苗化、品牌化、组织化、国际化的“六化方向”，狠抓高端农业项目、蔬菜产业发展、农产品质量安全、农业品牌建设，促进农业增效、农民增收。

*高端农业产业。*依托高标准建设国家级蔬菜种业创新创业基地、国家农业高新技术集成示范区、羊田路生态农业项目区等8个高端高效项目，2016年新发展规模农业园区10个，面积5600亩，主要种植品种有黄瓜、丝瓜、茄子、彩椒、西红柿、无刺黄瓜等，年产蔬菜50万吨。共发展蔬菜、土地股份、资金互助合作社156家，其中2016年新增村两委领办主要从事生产销售蔬菜业务的合作社32家、村两委监管合作社65家。各合作社有专门蔬菜质量检测室和专职检测人员，每天对上市蔬菜进行抽样检测，并建立健全蔬菜检测结果登记台账和进销货台账。街道每周对各蔬菜专业合作社随机抽检蔬菜品种80个以上，做到全覆盖检测，确保质量安全。

*土地流转。*推进大棚“两改”（大田改大棚、旧棚改新棚），先后流转土地1.8万多亩，其中2016年新建改建大棚8200亩，街道辖区之外承包土地建成园区2000亩。建设种苗场58家，良种覆盖率达98%以上，为农民增收2.6亿元。

*农业品牌建设。*继续打造“浮桥萝卜、

斟灌彩椒、洛城特菜、尧河长茄、寒桥丝瓜”等农业品牌，扩大品牌效应，实现产业富民、农民增收。

农产品质量监管。继续完善农产品质量追溯体系，开展农产品质量检测、农业投入品整治和农产品质量“二维码”建设，只要扫一扫“二维码”就能了解有关农产品信息，从源头上保证农产品质量安全。2016年3月，投资200万元开通网上农业云平台，通过平台进行点对点监管、零距离控制，加强对蔬菜种植户、农资经营门店和蔬菜合作社的管理。建立完整的农产品质量安全追溯链条，将全街道118个村、2万多个蔬菜大棚、7.65万亩蔬菜、246家农资经营店和170家蔬菜合作社全部纳入服务平台，通过该平台可了解到平台内有关蔬菜大棚、农资店、合作社、蔬菜行情等有关信息，进一步惠及菜农及菜商。

【城乡一体建设】 *房地产开发*。坚持高起点规划、高标准建设、高效能管理，推进东城新区快速崛起。总投资14亿元建设清河垄塬项目，占地444亩，建筑面积53万平方米，2016年建成投用。由德润绿城置业公司开发，投资12亿元的德润绿城玉兰园和百合园项目竣工入住，共建设法式多层住宅楼13栋，高层公寓楼23栋。投资4.6亿元建设的凯马花园项目竣工入住，共建设高层职工公寓楼19栋，总建筑面积25.4万平方米。投资6亿元建设的东城医院项目，占地150亩，建筑面积17.7万平方米，建有门诊医技楼1栋、病房楼3栋。其中，门诊医技楼高5层，病房楼1栋高17层、2栋高19层，设计床位1700张，预计2017年8月竣工投入使用。

基础设施建设。加强道路设施建设，按照东城新区“十横十纵”道路建设框架要求，2016年重点实施农村道路“网化”工程，全年先后新修改造硬化道路60多公里，其中新修道路26公里。对寒留路、寒上路、弥河坝下路等主要道路实行全程亮化，极大地改善群众的出行条件。

楼房村建设。已实施的30个村、10大组团的城中村改造和挂钩试点工程进展顺利，在桥南李、邵家、西范、屯东、屯西等25个村顺利分房回迁入住的基础上，2016年新建楼房26栋。至年底，东城新区30平方公里内，所有村庄完成改造。同时，将王西、王东、前李、后李、康家5个村合并规划建设尧水社区，共1500户，按棚户区改造项目进行建设。

【美丽乡村建设】 2016年，把“美丽乡村”建设作为提高群众幸福指数的第一追求，按照“党员干部带头、在外人员带动、群众自愿捐款、社会各界捐助”等多种模式，共筹集美丽乡村建设资金8600多万元，先后组织实施美丽乡村建设村庄102个，硬化大街小巷665公里，修建排水沟196公里，新建文化广场132处，新上健身器材1086套，新建文化墙223条，安装路灯2870盏，清理乱搭乱建1480处，绿化面积4.2万多平方米，一类示范村达到42个。在美丽乡村建设中，李家、复盛、复兴、董家、饮马、刘家尧河等村，采取党员干部带头、在外工作人员与村民自愿捐款模式；东陈家村采取企业先行垫付建设资金，再通过村集体收入分批予以偿还的办法；于家尧河村规划建设二层半“别墅楼房”，共建成别墅楼118栋。同时，争取上级财政扶持资金1675万元，实施牟城片区“美丽乡村”建设工程，硬化道路68条10.8万平方米，建设排水沟3.4万米，新栽绿化苗木5960棵，建设文体广场、游园3处，新安装路灯168盏，购置垃圾箱

120个。

【人才引进】 牢固树立“人才是第一资源”的理念，大力实施“人才强镇”战略，先后制定出台《关于进一步加强人才工作的意见》等10个文件，对博士、硕士研究生，特别是对携带技术、项目、专利到洛城街道发展的高层次人才，在安家补助、用房、薪金等方面给予更多优惠待遇。每年通过举办人才交流会、开展网上招聘、参加全国大中城市、高等院校人才交流会等形式，收集发布人才需求信息，吸纳各类优秀人才。至年底，全街道共有国家“千人计划”专家4人，合作院士6人，泰山学者和产业领军人才8人，省有突出贡献的中青年专家1人，鸢都产业领军人才15人。全年共参加、举办各种类型人才交流会300多场，应聘人数2万多人次，引进高层次人才和急需人才324人。已初步形成以蔬菜产业集团为代表的农业科技人才、以富康制药为代表的生物医药高科技人才、以泰汽控股为代表的锂电新能源人才、以东宇鸿翔木业为代表的设计工艺人才、以凯马汽车为代表的机械制造人才等多种专业人才团队，为创新发展奠定基础。

（刘清海）

孙家集街道

【概 况】 孙家集街道位于寿光市西南部，总面积78平方公里，辖78个行政村，16257户、6.1万人，耕地面积8.2万亩。是“中国最佳生态文化旅游观光镇”“山东省旅游强乡镇”“山东省文明单位”。2016年，全街道地区生产总值29.03亿元，实现地方财政收入9074万元，固定资产投入26.8亿元。

【党建工作】 2016年，全街道新建村级办公场所11处，改造67处，配齐办公设施，村级办公场所面貌焕然一新；在78个村级服务站全部安装监控系统，进行远程督查，提高农村干部坐班服务的自觉性；创新党员积分制管理新模式，依托“双联双评”，对农村党员日常表现实行积分管理，进一步提高农村党员主动作为的积极性；在全市率先成立街道党校，采取“微信送学”、“现场教学”等方式，实现“两学一做”学习教育全覆盖；创建“孙集党建”微信群，实现信息共享；先后举办“菜乡大讲堂”7次，组织机关干部前往西柏坡、白洋淀进行革命传统教育，组织农村党支部书记到济宁政德教育基地开展德廉知识培训。“七一”前，对先进党组织和优秀党员进行表彰，激发广大党员干部比学赶超、自律担当的积极性。

【工 业】 2016年，在寿北园区新建过2亿元的工业项目2个，续建3个总投资12.8亿元项目。其中，新建项目中，由北京飞龙集团投资6亿元建设的渔光互补项目，已完成桩基施工；投资2.1亿元的优质蛋白肽项目，正在办理各项手续。续建项目中，投资2.1亿元、年产1万吨高阻隔粮食筒仓膜、青储膜项目，已办理完各项手续；投资2.6亿元的鸣远物流项目，已建成停车场、西调楼和车间2个；年产80万吨Csp储能新材料项目，已建成1个车间，另2个车间正在安装设备。

【服务业】 2016年，总投资780万元，建设爱能森清洁能源集中供热项目，利用谷电熔盐储热＋空气源热泵制热，供热设施占地500平方米，2016年11月供热设施已建成，住宅区集中供热面积7.72平方米。

【社区建设】 马疃组团城中村改造暨泰晤士小镇项目。该项目由诺诚集团于2015年10月开始建设，总投资30亿元，占地1166亩，被列入潍坊市“两河”流域综合开发重点项目，规划设计为英式风格，采用国家三星绿色建筑标准，配套绿化水系景观，建设目标是生态宜居、风格独特、环境优美的高品位社区。其中，2016年3月开始规划建设伯爵庄园项目，该项目占地208亩，为高档低密度住宅区，采用英式建筑风格，共规划建设双拼及连排别墅136栋、叠拼别墅4栋、小高层8栋；10月，一期10栋双拼别墅楼主体完工，同时二期60栋别墅楼开始建设，预计2017年4月完工。

嘉和茗苑新型农村社区。该项目于2014年10月开始建设，占地140亩，总投资3.2亿元，实施多种楼盘组合，滚动有序开发。其中，一期24栋别墅、7栋公寓楼及沿街楼已于2016年11月建成交付使用；二期新开工公寓楼12栋，至年底已完成主体工程。

三元社区。2015年10月开工建设三元社区，包括三元朱、三元王、三元孙等周边8个村，采用商业运作与土地挂钩相结合的模式进行建设，规划建设5栋公寓楼，至2016年11月5栋公寓楼已全部建成入住。同时，健全完善社区公共服务体系，按照潍坊市“一厅一校十室”的标准，投资560万元新建社区服务中心，面积2100平方米，至2016年年底建成投入使用。2016年7月，投资320多万元开始新建室内体育馆、室外体育场，至年底建成投用。

【农 业】 粮食生产。2016年，粮食种植面积27720亩，主要品种为小麦、玉米，全年粮食产量14081535公斤，其中小麦产量7764173公斤、玉米产量6317362公斤。

大棚“两改”（大田改大棚，旧棚改新棚）。2016年，全街道有21个村共流转土地6000亩，新建蔬菜大棚1200多个；组织群众到文家街道、古城街道、上口镇“飞地”建设新园区，共流转土地600亩，建设蔬菜大棚120个。

无公害绿色蔬菜标准化生产。加强蔬菜种、管、销各环节体系建设，建立“可追究制”蔬菜品牌机制，以三元社区为代表动员菜农全部加入“菜农之家”联合社，通过推广种植绿色无公害蔬菜，提高蔬菜种植质量及收益。其中，三元朱、范于等村创新蔬菜种植模式，探索出“田立方”沙培无土栽培技术，即水气循环式沙培种植，采用封闭循环系统，使水肥回收，保证蔬菜根系的透气性，是一种高效环保的全新种植技术。沙培种植的黄瓜比土培模式提前2 ~ 3天上市，产量亩均提高10%以上。

【民生事业】 教育事业。投资1100万元，于2015年新建乐义实验小学，占地15亩，于2016年8月建成投入使用，共设18个班，容纳学生800名；2016年投资2300万元，将孙家集中心小学、石门小学、营子小学合并，新建孙家集中心小学，共设24个教学班，可容纳1000名学生。

体育事业。总投资5000万元，于2015年在金海南路弥河以西、寿尧路以东建设金海湾自行车运动主题公园项目，该项目占地480亩，整合周边凹地资源，主要建设公路自行车赛道、山地自行车赛道、水上自行车赛道和极限自行车赛道各1条，赛道分别有初级、中级、高级三种规格供市民体验，至2016年11月公路自行车赛道已基本建成，预计2018年初建成投用。

圣湖新天地养老项目。该项目位于寿尧路纪台大桥以西、圣湖以北，总面积203

亩，总投资4.5亿元，由寿光市基督教会于2015年4月牵头规划，属慈善养老项目，占地203亩，总建筑面积13万平方米，是集老年护理康复、医疗保健、托老养老、教育培训等于一体的综合性养老中心。项目设置2200张，分2期建设，其中一期项目（A区项目）占地92亩，设计床位800张，总投资9500万元，计划建设护理楼、半护理楼、医护楼等共19栋，2016年12月开工建设。项目全部建成后可满足不同人群养老需求。

废弃物处理项目。2016年，继续开展工业、农业、建筑垃圾固废整治，投资6000万元，在西马家村新建一般固体废物无害化填埋场1处，可储存废弃物16万立方米，使周边工厂产生的废弃物、垃圾等得到及时无害化处理填埋，减少空气污染，美化工作和居住环境。

社会保障与医疗卫生事业。2016年，继续完善农村和城镇居民养老保险制度，城乡居民社会养老保险、医疗保险覆盖率均达100%。全年新建标准化村卫生室4处，群众看病就医更加方便。为建国前老党员、失独家庭老人以及65岁以上老人进行免费查体，为1800多名妇女免费开展两癌筛查。

文化事业。以“品行孙集建设”为目标，共建设文艺小广场52个，其中2016年新建19个；共配套体育器材168件，组建村级文艺宣传队170个，全街道广场舞爱好者达4000余人。全年共举办菜乡大讲堂12期、儒学讲堂10期；开展道德模范评选、七一表彰等活动，共评出道德模范180名。8月，举办孙家集街道“文化艺术节”，吸引500余名文化艺术爱好者参与；开展群众周末大舞台、文明之夏等文艺演出活动，丰富群众生活，弘扬社会正气，传递正能量。

【综合治理】 *社会治安方面*。实施“天网工程”监控系统建设，全街道共安装电子监控探头596个，实现各社区、各村、各主要交通干道监控系统全覆盖。制定24小时巡逻方案，开展蔬菜大棚区夜间巡逻，有警必出；全年查办治安案件50余件，破获刑事案件70余件，全街道安全氛围大幅度提升。

安全生产方面。开展安全生产综合整治行动，与辖区内885家生产经营单位签订安全生产责任书。在联合检查中，共排查重点监管经营单位343家，停产整顿47家，取缔7家。对26家涉氨企业进行新一轮专家会诊，经梳理汇总，共发现消防设施不合格、部分电线裸露等问题16个，针对问题实行销号管理，全部下达限期整改通知书，至年底已全部完成整改，整改率达100%。安监所、派出所、城管等多部门联合开展彩钢板房、棉被夹芯厂、泡沫箱储存运输专项整治，共发现问题企业21家，依法关停3家，其余18家均已整改完毕。

农产品质量安全方面。开发二维码追溯系统，对蔬菜市场交易过程进行数据采集，建立质量安全档案。推广农资实名制平台建设，先后开展农资打假专项治理行动3次，取缔5处农资非法代销点。

信访维稳方面。街道班子成员实行包靠制，发挥镇村两级干部积极性，做到解决问题程序化、化解矛盾法治化，引导群众用法治手段化解难题，全年群众自行化解各类矛盾800余件。对无理纠缠上访人员，协调公安部门依法予以惩治，共移交公安机关处理3人，全街道信访总量比2015年下降60%，群众满意度进一步提升。

（刘晓龙）

文家街道

【概 况】 文家街道位于寿光城区西部，土地总面积69平方公里，其中耕地面积5.8万亩，辖4个居委会、52个行政村，共计5.6万人。有全国最大的农产品物流园和总规划面积32.1平方公里的晨鸣工业园。2016年，街道完成固定资产投资29.2亿元，规模以上工业企业完成主营业务收入28.8亿元，限额以上贸易企业完成营业收入14.8亿元，实现地方财政收入1.75亿元。

【工 业】 2016年，街道限额以上工业企业达到29家，通过企业转型、淘汰落后产能，园区内的企业不断转型升级。健元春自主研发新产品，开发应用新技术，开发研制的龙兴农膜项目塑料薄膜等多项专利填补国内空白；玉马窗饰引进国外先进设备和工艺，于7月初投入生产，至10月就实现产值5000万元，利税80万元；巨兴塑料在2016年荣获14项国家专利；阳光王子二期特种纸项目、圣大管业技改项目等9个新项目正在推进中，为街道经济发展打下坚实基础。

【农 业】 2016年，以农业增效、农民增收为目标，推行标准化生产，实施大棚两改。全年新建、改建高温大棚500余个，新建拱棚50余个，总面积3000余亩；严把农产品质量关，发展高效农业，依托两委领办合作社10余个。桑家营子村在2015年完成流转土地900亩、新建蔬菜大棚160个基础上，2016年村两委继续领办合作社，实现群众致富增收；北胡村对村内300余亩老棚区开展"旧棚改新棚"工作，在全市树立典型；桐业村对村内全部土地进行整体流转，与北付村联合建立高标准农业园区。

【三产服务业】 2016年，全街道共有限额以上服务业企业36个、贸易企业45个、房地产及建筑企业9个，建有城西汽车交易市场和寿光CED电商聚集区。寿光CED电商聚集区已初具规模，青年电商区、企业电商区已入驻电商企业80余家，电商销售额突破2亿元，其中网圣数码等多家企业年销售额突破2000万元；电商孵化中心全年免费培训6000多人次，新增电商业户1800多人。5月，高标准完成第三届全国县域电商峰会筹备及参观接待任务，展示寿光市电商产业发展的良好态势。对半岛建材城重新定位，7月启动半岛物流城项目，至12月共吸引40余家物流企业入驻。引进智慧物流平台等国内知名物流企业入驻，10月新成立寿光智慧物流公路港项目。同时，与传化物流公司积极对接，借助大企业、大平台，带动西部物流大发展。全年服务业总产值17亿元，比上年度增长64.5%。

【社区建设】 2016年，尧兴家园商业楼项目于3月份开工建设，6月底交房投用。3月，动工建设4幢保障房，通过租赁销售，增加村集体收入，预计10月份交房入住。4月，开工建设后游老年房项目，项目共涉及3幢老年公寓。11月，启动北潘村棚户区改造项目，采取整村搬迁、异地安置的方式进行改造，新址选在大尧原村址。先后投资300多万元，对已建成使用的杭州嘉苑、欣源盛景、静山花园、锦绣城、圣泰嘉园、市政家园等商业小区进行基础设施维护，进一步提升整体形象。全年先后投资470万元，规划建设西城、静山2个城市社区党群服务中心和吕家、马店、王营3个农村社区党群服务中心以及53个村级服务站，行政村覆盖率100%。

【“美丽乡村”建设】 2016年，先后投资1200余万元，对各村的环境卫生进行彻底整治，开展道路硬化、春季绿化等工作，改善群众居住环境。蔡东、大庄等8个村的村干部带头，发动群众踊跃捐款，对大街小巷进行硬化，村容村貌明显改善。王端宇村、北胡村、王东村等村对村庄进行高标准绿化；刘桥村、西文村对村内胡同进行全面硬化，方便群众出行；高家村、布政村等村修建文化娱乐广场，丰富群众精神生活，收到广泛好评。

【民生事业】 *教育事业*。2016年，文家街道共建有中学1处，在校学生1979人；有小学6处，在校学生4080人；共有幼儿园12个。7月，新建文家中心小学项目正式运作，该项目总投资7000多万元，占地78亩，建筑面积2.48万平方米，设有42个教学班，建有体育馆、教学楼、学生餐厅等设施，从而解决小学大班额问题和周边外来务工人员子女上学难问题，预计2017年建成投入使用。

医疗卫生事业。2016年，文家街道共建有文家中心卫生院、马店医院和20处村级卫生室，西城养老中心和西城医院项目正在稳步推进中。投资200多万元扩建的马店医院康复科，于12月建成投入使用，为马店周边群众提供优质医疗保健服务。

社会治理。2016年，在辖区内各村庄和主干道新安装监控探头980余个，摄像监控探头增至近2000个，实现全街道监控无死角、全覆盖。文家派出所、市场派出所全年破获各类案件160多起，综治办调处民间纠纷200多起，较好地维护社会和谐稳定。深入开展“四严”（严检查、严整改、严执法、严追责）行动，共检查各类生产经营单位2000余家，排查安全隐患6000余项。联合安监、消防等部门进行专项执法检查10余次，对48家问题企业给予断电停产、限期整改处理，进一步夯实安全生产基础。

【党建工作】 *党群服务体系建设*。2016年，采取以奖代补的方式，先后投资470万元，对所有村级服务场所的墙壁按统一标准样式进行粉刷，在工作区统一配备桌椅板凳，对办公场所地面进行整修；对西文村、二黄村、庞家村等7个村的办公场所进行翻建。

拓宽为民服务功能。2016年，依托寿光CED电商聚集区和农村淘宝项目，有效整合26家村淘站点和村级党群服务站的服务功能，配备48名“淘帮手”，帮助群众利用互联网增收致富。

探索建立“党支部+社会组织”党建工作新模式。2016年5月，街道成立寿光市农业现代化产业联盟和寿光菜乡物流现代技术发展联盟，整合现有资源，变单打独斗、松散型管理，为党支部牵头、抱团发展。

（孔德康）

稻田镇

【概 况】 稻田镇位于寿光市东部，西连东城新区，东接潍城区。全镇辖112个行政村，2.6万户，人口9.5万，辖区面积137平方公里，耕地面积14.3万亩。2016年，实现地区生产总值37.9亿元，完成地方财政收入8115万元。

【工 业】 2016年，稻田镇境内共有稻田、王望两大工业园区，限额以上工业企业23

家，初步形成机械制造、汽车配件、食品加工、家具制造、化肥制造、晶体材料、水泥建材等8大支柱产业。全年实现工业总产值21.7亿元，利税1.4亿元。坚持以项目建设为抓手，增强镇域经济实力，抓住寿北开发的有利时机，加大招商引资力度，引进项目，优化产业结构，增强发展实力，加快推动企业股改挂牌。位于稻田镇的山东潍州水泥科技股份有限公司、山东巴夫牧业股份有限公司、欣欣农业科技股份有限公司、山东晓宇商业设备股份有限公司4家企业在齐鲁股权交易中心成功挂牌上市；潍坊中凯精细化工有限公司、山东科霖木业有限公司、山东圣德肥业有限公司、山东欣利塑业有限公司、寿光圣沣食品有限公司、寿光华美木器厂、寿光鑫宝机械有限公司、寿光亚星食品厂、潍坊金航汽车配件有限公司、潍坊市天建汽车配件有限公司10家企业在深圳前海股权交易中心成功挂牌。

【农 业】 粮食生产。2016年，全镇粮食种植面积2.2万亩，主要种植品种有小麦、玉米等。全年粮食总产量2.3万吨，其中小麦产量1.2万吨、玉米产量1.1万吨。

园区建设。加强农业园区建设，将推进农业（蔬菜）产业化、标准化、基地化、品牌化、高端化作为农业主攻方向，共建成标准化农业园区32个，其中2016年建设崔西、南河崖、大伦、西丹河、潘家稻庄、赵家等农业园区8个；发展“三品”（绿色食品、有机食品、无公害食品）蔬菜生产基地4万多亩，成立农民专业合作社230家，其中2016年成立34家。

蔬菜产业。在继续宣传推介已创立的“桂河芹菜”“王婆香瓜”“燎原蔬菜”“慈伦大鸡”等农业品牌、扩大品牌知名度的基础上，由点及面实施蔬菜大棚内外部设施升级改造，推广应用蔬菜大棚水肥一体机、智能放风机、智能喷雾机等先进生产设备，减轻菜农劳动强度，提高蔬菜生产质量和产量。积极开展大棚“两改”（大田改大棚、旧棚改新棚）工作，新（改）建高标准大棚1600个，面积1.2万亩，总投资3.2亿元。其中，潘家稻庄村一次调整土地1000亩，建成棚均投资40万元的高标准大棚80个；崔岭西村在复垦300亩土地上，建成高标准大棚40个，智能化水平为全镇最高。同时，不断完善覆盖全镇的质量检查检测体系，严把蔬菜生产质量关，建立由10人组成的农产品质量安全监管队伍，对经营业户每月抽检1次和专业队伍不定期巡检相结合，加大农产品检测力度。创新蔬菜销售渠道，将电子商务与果蔬营销相结合，带动合作社和龙头企业的发展，其中燎原公司利用电商平台，实现生鲜果蔬在线销售。依托寿光首家蔬菜出口协会发展对俄边境贸易，2016年销售额达10亿元。

【镇村建设】 基础设施建设。2016年，稻田镇以科学发展观为统领，以加强配套设施建设为切入点，打造道路顺畅、宜居生态、干净整洁的镇村环境。实施农村道路网化工程，改造乡村道路70多条、50多公里。先后更换镇区自来水供水主管道1万米，新建排污管道2500米，日处理污水5000吨的污水处理厂运行良好，污水处理达到一级A标准。新修镇区道路3条、3500米；新建110千伏平稻线，达到双电源水平。新建稻桂路、北陶路等镇村道路21公里，改造供排水管网1.2万米，总投资1000余万元。

农村社区建设。2016年，稻田镇以新型城镇化为引领，把建设新型农村社区作为突破点，成立5个重点片区推进小组，促进城镇组团扩张发展。其中，西刘营社区、王望社区、瑞祥家园居住小区共有20栋公寓楼建成入住。新启动德盛苑、隆嘉等居住小区建设，在建公寓楼16栋。南河崖社区、崔西社区建成入住，其中崔西社区加强创新引领，按照“五有”（党群服务中心、学校、卫生室、监控、免费wi-fi）标准，高标准建设，高标准配套，成为全市农村社区建设的亮点。

“美丽乡村”建设。2016年，共投入1600万元建设“美丽乡村”，硬化大街小巷126万平方米，绿化7万平方米，新修排水沟5万米，安装路灯200盏，新建休闲广场10处，迁建垃圾暂存点105处、填埋点5处，进一步改善农村群众的生活环境，其中西菜园村持续投入、持续建设，在实现村庄道路硬化、绿化的基础上，又采用储罐气化模式为村民集中供气。同时，开展农村环境卫生综合整治行动，112个村实现环卫一体化全覆盖。

【社会事业】 2016年，全镇加大对教育、医疗卫生事业的基础设施建设投入，繁荣文化事业，不断改善民生，让发展成果惠及农村群众。投资1500万元，新建崔岭、稻庄、田马3处小学、幼儿园，为10所学校更换变压器，为32所中小学、幼儿园配备空调和碳晶发热板；全镇城乡居民养老保险、医疗保险参保率达100%。全镇90%以上的村建设文化活动场所，配备演出器材和健身器材；组织开展“新农村、新生活培训”、手绘文化墙、四德榜张贴、“寿光好人”宣讲等活动，并于8月成功举办寿光市文明之夏稻田专场演出，为群众提供文化娱乐平台。

（王 凯）

侯镇

【概 况】 侯镇位于潍坊市西北部、寿光市东北部，东邻寒亭区，西毗上口镇，北依潍坊滨海经济开发区，南与洛城街道接壤，纵18公里，横17公里，辖86个行政村，1个居委会，总面积218平方公里，耕地面积13.81万亩。先后荣获“全国重点镇”“全国环境优美乡镇”“省级中心镇”“山东省历史文化名镇”“省级文明镇”“山东盐化工产业第一镇”等荣誉称号，是省政府确定的全省首批“百镇建设示范行动”示范镇。2016年，实现地区生产总值82亿元，财政总收入9.07亿元，地方财政收入6.97亿元。

【工 业】 2016年，全镇共有规模以上工业企业41家，其中特大型工业企业1家（大地盐化），大型工业企业3家（鲁丽、东方宏业、新华制药），中型工业企业7家（东信化工、昊华轮胎、同成医药、博苑医药、富源盐场、鲁源盐化、诺盟化工）。全镇规模以上工业企业实现总产值377.47亿元，主营业务收入374.52亿元，利润总额14.89亿元，利税21.85亿元。以推进项目区“二次创业”和转型发展为主线，8月研究制定新的《侯镇海洋化工园区产业发展意见》，进一步明确项目区产业定位和发展方向。至年底，先后开工建设东方宏业橡胶新材料一体化、德隆废旧汽车拆解、昊华仓储物流、东方宏业PB等过亿元项目18个，其中5个项目建成投产，12个项目正在建设中，1个项目办理手续；在寿光率先开展化工产业“四评级一评价”（安全评级、环保评级、节能评级、节水评级和综合评价）工作，利用3月、

4月两个月的时间对全镇62家化工企业完成评级评价和定级分类；先后有12家企业完成兼并重组，其中重庆春瑞医药化工兼并增瑞化工、博苑医药兼并凯瑞建材、天创化工兼并新天化工、同成医药兼并鑫润精化、万博化工兼并长兴化工、大地集团收购金河纺织；日兴化工、祥铭化工、鑫盟艺、大地瑞辰、禄友化工等企业也积极与大地盐化、鲁源盐化等大中型企业洽谈收购、重组事宜，各项工作进展顺利；大地盐化氯化亚砜、同成医药1800吨医药中间体、东信化工热稳定型六溴环十二烷、博苑高分子减水剂、东方宏业4万吨烯烃共聚新材料、健元春聚丙烯（一期）等6个技改项目进展顺利。9月，侯镇海洋化工园区被潍坊市确定为"全市第一批发展类化工园区"，为全镇化工产业转型发展、加快发展创造条件。

【农 业】 粮食生产。2016年，全镇粮食种植面积23万亩，主要种植品种有小麦、玉米等。全年粮食总产量11.2吨，其中小麦产量5.2吨、玉米产量5.7吨。

大棚"两改"。开工建设台西、仉东等7个100亩以上农业大棚园区项目，新建高标准大棚510个，新打机井25眼，新修生产路6420米。

耕地整理。加强耕地地力保护，组织实施"土地深翻+整地镇压"，对涉及65个村的6.3万亩土地完成深耕作业，保证粮食持续稳定增收。

【城镇建设】 编制规划。按照"小城市"发展定位和"打造中心、突破两翼"的建设思路，加快推进新型城镇化进程。邀请山东同圆设计集团于2016年10月编制完成《侯镇2016—2030总体规划》和山东龙建设计公司编制完成《寿光市侯镇五台社区总体规划及中心区控制性详细规划》，确立新型城镇化跨越发展目标。

社区建设。2016年，已建成住宅小区7处，在建住宅小区6处；已建成高层住宅楼20栋，在建高层住宅楼8栋。丰台岭新村、锦绣华城二期、侯一社区等在建社区工程进展顺利。

路网、管网建设。投资1100万元，改善交通条件，先后改造完成商贸街、二支路、王府路等道路6条、20公里。投资1200万元，实施镇区雨污分流、三线下地等管网建设工程，建成管网3公里，进一步配套完善镇区基础设施。

【美丽乡村建设】 2016年，以"美丽乡村"建设为中心，深入推进农村环境综合整治和村庄绿化提升工作，镇村两级共投入资金3000万元，打造分布合理、景观优美的农村宜居环境，共清理乱搭乱建7000多处，硬化村内道路70多公里，新修排水沟50.5公里，新上路灯1500盏，完成40个村的绿化提升工作，新栽植绿化苗木30万株，绿化面积近20万平方米。侯一、河沟等15个村进入全市首批"美丽乡村"建设示范村行列。改善农村卫生条件，实施农村改厕，共改厕10458套，提前3年完成改厕任务，全镇参与改厕的村83个，占总村数95%。

【民生事业】 便民服务。投资6000万元建设的侯镇便民服务中心于10月底正式投入使用，建筑面积10524平方米，共设党建、民政、社保、国土、户籍、计生等近20个服务窗口，119项下放权限全部集中到中心办理，镇机关各科室、所属站（所）所涉及到的服务事项全部集中到中心办理，实现一体化办公、一站式服务。

教育事业。2016年，投资2.2亿元新建的实验小学、五台小学、挑沟小学、实验幼儿园全部按期建成投入使用。其中，实验小学占地 42000 亩，建筑面积 12179 平方米，共设 32 个班，容纳学生 1500 名；五台小学占地 25550 亩，建筑面积 4676 平方米，共设 21 个班，容纳学生 780 名；挑沟小学占地 3222 亩，建筑面积 12606 平方米，共设 12 个班，容纳学生 540 名；实验幼儿园占地 7571 亩，建筑面积 4498 平方米，共设 12 个班，容纳幼儿 360 名。全年撤并黄桥、泊头、南仉 3 处小学，全镇中小学布局更加科学合理。

文化事业。2016 年，围绕丰富活跃群众文化生活，7 月举办“双乐杯”侯镇文化艺术节。全年开展大型群众文化活动近 20 场。

综合治理。在全市率先将公共安全工作纳入到镇、村（社区）二级网格化管理体系，实现全镇 8 个社区、87 个村全覆盖。进一步夯实公共安全治理基础，在镇区和项目区建成视频监控系统，布点安装视频监控探头 4000 多个，确保重点部位全覆盖无死角，推动全镇社会持续和谐稳定。

【安全与环保】 安全生产。继续全面落实安全生产“实名制”，全年开展安全生产隐患大排查大整治行动 8 次，共查出安全隐患 7504 条，整改率 96.5%；聘请河北宏达绿洲工程设计有限公司、山东省思威化学品安全评价中心等 2 家具有专业资质的第三方对危化企业进行隐患排查，先后完成 4 次检查和复查，共查出安全隐患 2727 余条，整改率达 97% 以上。共关停龙潭化工、鑫润精化等存有重大隐患的涉危企业 22 家，停产整改安全生产不达标危化企业 30 家。

环境保护。2016 年，以“三八六”环保专项行动为总抓手，分两个批次对项目区 67 家企业 74 个项目进行分类整治，按要求完成鲁丽热电锅炉超低排放改造、永康化学废气在线监控安装等 27 个环境治理项目，侯镇园区 4 项主要污染物（二氧化硫、二氧化氮、PM10、PM2.5）平均浓度分别同比大幅下降。

固废整治。2016 年，建成并验收鲁丽钢铁、金太阳热电、联盟磷复肥和联盟化工等 4 处固废贮存场所，全年共清理工业固废 3 万余立方米。对排查出的 110 处建筑垃圾进行分类处理，共清运建筑垃圾 3.1 万立方米。新建高标准农业废弃物填埋场 1 处，清运大棚垃圾及生产、生活混合垃圾 7300 立方米。

【党建设工作】 以开展“三严三实”专题教育和“两学一做”学习教育活动为重点，加强镇、村、社区三级党群服务体系建设。以农村工作片为单位，规划建设 8 个农村社区党员群众服务中心和 82 个村级服务平台，实现村级服务全覆盖。全镇党群服务体系考核系统于 4 月份正式投入使用，对服务人员值班签到、会议签到、机关干部力量下沉等工作实现适时监督。5 月，创新推出二维码“微名片”管理制度，村内党员干部刷二维码后参与各项活动，以数据管理提升党员参学率，规范党员队伍管理，助推“第一书记”驻村帮扶工作和“三整顿三提升”（整顿后进村班子，提升凝聚力、战斗力；整顿农村党员队伍，提升整体素质；整顿矛盾纠纷等遗留问题，提升村级工作环境）工作顺利开展。加强园区党组织建设，成立侯镇海洋化工园区党委，下设 8 个企业党支部和 3 个联建的企业党支部，共辖党员 643 人，解决园区“有党员、无组织”问题，实现非公有制企业党建工作全覆盖，为经济社会发展提供组织保障。

（李 政）

台头镇

【概 况】 台头镇地处市境西北部，东邻田柳镇，南接化龙镇，西部与东营市广饶县大王镇接壤，北部与羊口镇相连，东西长15公里，南北宽9公里，面积100平方公里，耕地面积9.88万亩，辖41个行政村，1.4万户、5.4万人。镇政府驻地北洋头村，距市区约25公里，市大西环纵贯全境，直通荣乌高速，西距东青高速西水出口10公里，市3号公路台头段长12.5公里。2016年，全镇完成地区生产总值37.6亿元，比上年增长6.62%；地方财政收入1.7亿元，比上年增长22.8%；全镇规模以上企业实现主营业务收入140.5亿元、利税10.5亿元，利润7.9亿元。境内凤凰台有“凤凰一栖成台”的优美传说，山东省第一个农村党支部诞生于台头镇张家庄村，在该村建成的张玉山故居是寿光市革命传统教育基地。

【工 业】全镇共有规模以上工业企业53家，主要产品为防水材料和橡胶轮胎。防水材料年产5.8亿平方米，产销量占国内市场份额的1/3，是全国最大的新型防水材料生产基地。橡胶轮胎年产3000多万套，全钢载重子午轮胎年产400万套，是潍坊市最大的全钢载重子午轮胎生产基地。2016年，全镇新建续建过千万元项目16个，其中新建过亿元项目5个、续建过亿元项目1个，完成工业投入25亿元；新创中国驰名商标2个，分别是金源防水、宏恒达防水；山东省著名商标4个，分别是华丰防水、晨鸣防水、宝源防水、华光防水；山东名牌9个，分别是宇虹防水、宏源防水、宏恒达防水、坤岳防水、宝源防水、华光防水、海王防水、富华防水、金鼎防水；中国驰名商标总数达到9个，著名商标、山东名牌总数达到50个，9月通过国家质检总局“全国知名品牌创建示范区”初审。防水产业在产业转型、科技创新、品牌创建等多个方面位居全国前列，12月被省中小企业局评为“山东特色产业镇创新发展20强”。2016年，有22家企业在齐鲁股权交易中心挂牌，挂牌企业总数达43家。全年新创国家专利120多项，完成省新技术、新产品项目14个，创成高新技术企业5家，创成省级“专精特新”中小企业6家，防水协会于1月被评为省级中小企业公共服务示范平台。

【现代农业】 *粮食生产*。2016年，全镇粮食种植面积63000亩，主要种植品种有小麦、玉米等。全年粮食总产量6702.7万公斤，其中小麦产量3199.76万公斤、玉米产量3502.94公斤。

土地流转。2016年，创新土地流转模式，采取“以地入股、按人分红”的办法，大坨、北洋头、连城、南兵4个村土地实现集约经营、整体流转，共累计流转土地4万亩，引进培育农业龙头企业、家庭农场200多家，初步形成规模化管理、市场化运作的现代农业发展新格局。其中，以诚生态农场创新经营模式，发展以观光采摘、农耕体验为特色的休闲农业，被评为省农业旅游示范点、潍坊市乡村旅游标杆项目。

大棚“两改”。扎实推进大棚“两改”，全年新建大棚、拱棚400多个，面积2200亩，其中100亩以上园区2个。

【镇村建设】 *社区建设*。2016年，扎实推进社区建设，通过争取土地指标、盘活闲置资源，全镇新建公寓楼9栋，续建公寓楼7

栋，已建成公寓楼110栋。其中，怡馨苑社区新建公寓楼3栋，续建公寓楼2栋，新增住户180户。益寿家园社区新建公寓楼2栋，续建公寓楼2栋，社区规模不断扩大。

美丽乡村建设。扎实推进连片治理工作，投资1100多万元，实施9个村的连片治理，硬化街巷、出入村路19公里，新建游园广场5个，安装路灯199盏。东庄、郑辇等23个村实施村庄绿化，东庄“花园乡村”、郑辇“环村氧吧”等绿化模式在全市领先。2016年新建成寿光市美丽乡村建设示范村26个，成为全市建成数量最多、建成比例最高的乡镇。

路网建设。扎实推进基础设施建设，对三号路路灯进行维修改造，新修镇村道路7.2公里，完成北五路东伸、工业街东伸工程，整修道路33公里，挖补路面3000平方米。

【社会事业】 2016年，着力改善办学条件，建成台头实验小学综合实验楼1处，新建北台头、小坨幼儿园2处。完善教育配套设施，新建运动场地6500平方米，硬化路面7200平方米，绿化操场1万余平方米；新安装电子白板、投影仪32台，新购微机135台，新购图书1万余册，安装冷暖两用空调75台。着力改善群众就医环境，将北洋头、张家庄、河头、小坨、道口5个村卫生室进行改造提升，建成高标准卫生室。扎实推进生态环境建设，投资3000多万元，对阳河、织女河进行生态修复和沿河绿化，成片造林1800多亩。扎实推进乡村文明建设，9月举办台头镇第九届文化艺术节，吸引近千人观看演出，展现农村百姓生活新变化，也体现经济建设新发展。开展“寿光好人”等系列创评活动，共评出“寿光好人”30多人。

【党建设工作】 加强党群服务体系建设，2016年新建社区党群服务中心1处，建筑面积2100平方米，设置服务窗口7个。改造提升服务站41处，下沉工作力量，拓展服务事项，打通服务群众“最后1公里”。在全市第一季度、第二季度党群服务体系检查考核中，连续4个季度名列前茅。扎实推进“双联双评”（党员和中层人员联系巷长、巷长联系群众和群众评议巷长、巷长评价干部），公开推选巷长1207名，围绕环卫管理、政策宣传、征求意见等方面开展工作。推动村级治理创新，东庄、三座楼等村发挥乡贤能人作用，5月成立乡贤参事会，帮助宣传政策，化解矛盾纠纷。开展十佳巷长、十佳乡贤评选活动，选树典型，发挥示范带动作用。加强非公党建工作，9月成立台头镇商会党委，新建联合党支部24个，进一步理顺组织关系，促进党组织和组织工作从有形覆盖向有效覆盖转变，银宝、宝源等企业创新开展“双联双评”“三访三问”（访贫问苦、访民问需、访贤问计）等特色活动，被评为寿光市非公企业党建示范点。

（李建春）

羊口镇

【概况】 羊口镇位于寿光市最北部，地处国家级战略蓝、黄两区开发的叠加位置，面积352平方公里，耕地面积10万亩。实行区镇合一模式，与寿光滨海（羊口）经济开发区合署办公，辖22个村，7个居委，总人口10万人。2016年全镇实现地区生产总值74.1亿元，比上年增长9.8%；地方财政收入10.14亿元，比上年增长19.6%。在已获得全国重点镇、山东省首批经济发达镇改革试点镇、山东省百镇建设示范行动示范镇荣誉的基础上，2016年10月，被住房和城乡建设部、发改委、财政部联合认定为首批中国特色镇，被省政府办公厅确定为山东省新生小城市试点，被省住建厅确定为山东省农村地区供暖试点镇。

【工 业】 2016年，全镇建有三大园区，分别是渤海化工园、先进制造产业园、高新技术产业园。共有规模以上工业企业45家，其中2016年新建成规模以上工业企业2家。全年实现工业总产值346亿元，地方一般公共预算收入10.14亿元。三大园区2016年共新开工过亿元新型工业项目13个，完成二次招商项目5个。神华国华寿光发电厂一期工程于11月份全面建成投用；总投资12.7亿元的寿光港5000吨级航道工程7月份通过省发改委核准，12月10日启动开工仪式。7月，与山东大学合作建立新材料研究中心和成果转化中心，8月与中国水产研究院黄海水产研究所合作成立寿光现代渔业技术研究中心。山东英利实业有限公司“万吨级新溶剂法纤维素纤维关键技术研发及产业化”项目荣获2016年度中纺联科学技术奖一等奖。科技企业孵化器于3月份被潍坊市总工会评为潍坊市“工友创业示范园”，10月被潍坊市中小企业办公室评为潍坊市“市级小企业创业辅导基地”。

【城镇建设】 2016年，争取省住建厅和国家农业开发银行棚改试点，争取项目贷款12亿元、中央预算内投资4930万元，启动3520户和平社区棚户区改造项目，对镇区一半平房进行拆迁改造。投资1.2亿元，完成向阳路南伸、学府街东伸等道路修建12公里，新种植道路绿化苗木30万棵；投资2.2亿元，开工建设水德园湿地公园和顺河公园，其中水德园湿地公园面积1500亩、顺河公园面积10.47万平方米。投资7000万元，在镇区首次实行集中供暖，共铺设供暖管道39公里，集中供暖面积80万平方米。投资1500万元，新建成占地108亩的公共陵园，并完成镇区墓地搬迁，为新区规划建设和群众祭祀提供便利。

【现代农业】 *粮棉生产*。全镇粮棉种植面积14.2万亩，主要品种有小麦、玉米、棉花等。由于地处北部盐碱地带，粮棉等农作物生长受到严重影响，产量很低，全年粮食总产量38852吨，其中小麦产量13263770公斤、玉米产量2093796公斤，棉花产量4649545公斤。

蔬菜种植。2016年，投资3000多万元，完成2015年流转丁家、单家、任家、郑家4个村土地7350亩统一建设的万亩良田示范园区内道路、管网、深水井以及电力设施等基础设施配套建设任务，并聘请技术人员对蔬菜大棚建设、蔬菜种植等技术进行全程指导，引导群众改变种植结构，因地制宜发展高效农业。该园区共规划设置蔬菜无土栽培大棚、经济苗木、优质高效农作物、生态公益林等板块，建成首批201个冬暖式水肥一体化无土蔬菜大棚，主要种植西红柿，优质高效农作物示范区主要种植辣椒、土豆、西瓜等农作物，当年创收2500万元，有效带动农业转型、农民增收。经济日报社社长徐如俊于5月份专题到万亩良田示范园进行调研，给予肯定。

【现代物流】 2016年，寿光港1-3#液化品泊位、8-13#多用途泊位全部投产运营，4-7#液化品泊位正在开展安全验收工作。全年港口实现吞吐量736万吨，其中散杂货完成516万吨、液化品完成93万吨、集装箱完成7.5万吨、TEU127万吨；完成5000

吨级航道项目前期手续办理工作，并于12月10日举行工程开工仪式；寿光港2×3.5万吨级多用途泊位及2×3万吨级液化品泊位工程项目前期工作正有序进行。至年底，园区共有港化油品、冀东胜潍、龙海油品、鸣远船舶、依航油品、康成木材、墨龙物流等10余家企业入住。

【民生建设】2016年，羊口镇渤海实验学校、新区双语学校、杨庄小学和幼儿园、杨庄早教中心、学府早教中心6处学校相继建成投用，所有幼儿园全部创建为省级示范园，所有中小学全部为省级规范化学校，解决大班额问题；职教中心于3月破格入选山东省首批中职示范校。6月，羊口镇被教育部职成司评为全国社区教育示范镇。依托羊口分院医护人员、车辆设备，为辖区居民和部分企业职工进行免费查体并建立健康档案；完成杨庄社区、和谐社区2处高标准卫生室建设。4月，面向全市群众开通寿光——羊口免费公交，有效改善镇域交通条件，降低群众出行成本。

（李炜波）

上口镇

【概 况】 上口镇位于寿光市中部，是原寿光县政府所在地，西南距寿光城区15公里，荣乌高速、羊田路、新海路穿越镇境，弥河、丹河、引黄济青水渠流经镇域，面积80.6平方公里，耕地面积6.94万亩，辖65个行政村，总人口6.9万。被评为国家级生态镇、省级中心镇、省级卫生镇、省级生态镇、省级绿化示范镇、省级特色产业镇、省级文明村镇、中国窗饰之乡。2016年，全镇实现地区生产总值32.7亿元，同比增长6.77%；地方财政收入13265万元，同比增长3.8%。全年工业投资169313万元，服务业投资9610万元，文化产业投资4900万元，基础设施投资22628万元，物流投资6610万元。

【工 业】 2016年，全镇共有规模以上工业企业28家，规模以上企业总产值91.51亿元，同比增长1.4%；工业主营业务收入87.19亿元，利润总额10244万元，利税18413万元。全年固定资产投入17.89亿元，新上、扩建、续建和技改项目28个，其中总投资过5千万元的项目5个、过500万元的23个；建筑业增加值6.5亿；限额以上批零住餐销售额1.01亿。计划总投资5亿元，实施上口镇遮阳窗饰产业基地项目区建设，该项目位于镇区南环路南侧，一期规划占地200亩，于6月份完成征地拆迁工作，至年底，寿光市天成窗饰制品公司年产50万卷铝百叶片项目和寿光市孚盛纺织机械有限公司精密纺织机械设备项目分别落户项目区，其中卷铝百叶片项目占地55亩，立项投资额1.2亿元，年可新增销售收入9700万元；精密纺织机械设备项目占地30亩，立项投资额7000万元，预计2017年下半年建成投产，年可新增销售收入2000多万元。总投资1.16亿元续建的山东墨龙石油机械股份有限公司海水淡化项目，于9月建成正在试产。美能电力（寿光）有限公司投资1.6亿元，于2015年9月开始建设的上口镇公用设施分布式光伏发电项目，位于上口镇河疃村，2月建成投产，年发电量达600万度，可节约标准煤2000余吨，减少二氧化碳排放量5000余吨。

【农 业】 粮食生产。2016年，全镇粮食种植面积117236亩，主要种植品种有小麦、玉米等。全年粮食总产量61526吨，其中小麦产量 31756 吨、玉米产量 29770 吨。

蔬菜生产。2016 年，全镇新建完工蔬菜大棚 778 个，6500 亩；建成 100 亩以上园区 19 处，其中地 200 亩以上的 10 处。已建成的多数蔬菜大棚单体占地面积达到 9 亩以上，其中王留营村有 5 个单体大棚占地面积达到 16 亩。统一建立蔬菜营销市场，设立 42 处蔬菜垃圾暂存点，协调搞好水电配套。继续与寿光蔬菜报“菜农之家”联合社合作，帮助农户学习新技术，提升蔬菜品质；指导村两委成立蔬菜大棚合作社 10 家，合作社总数达到 208 家；全年共引进蔬菜大棚种植技术员 16 名，举办蔬菜大棚种植技术讲座 23 期，向菜农普及种植新技术，同时指导菜农安装蔬菜大棚自动卷帘机、卷膜机、自动放风机、电动运菜机、滴灌微喷等新设施，减轻劳动强度，提高大棚蔬菜产出效益。

【美丽乡村建设】 2016 年，以实施美丽乡村建设为重点，采取村集体出资、发动群众捐款、市镇政府奖补等方式筹集资金，开展农村环境卫生综合整治工作。上口二、上口三、小营等 31 个村共投资 132 万元，种植乔木、灌木、海棠、国槐、樱花、黄杨等绿化苗木 2.56 万株，种植模纹、苇茅 9500 平方米；杨家、前牟、广一等 11 个村共投资 493 万元，硬化大街 21870 平方米，硬化巷子 44555 平方米，铺彩砖 2700 平方米；齐家、张屯、上口一等 17 个村共投资 89 万元，新修维护排水沟 1.62 万米；东前、北半、口子等 28 个村共投资 28 万元，安装维修路灯 491 盏；南邵二等 7 个村共投资 29 万元，分别修建小广场、小游园。4 月始，开展农村厕所改造工作，至年底共改造旱厕 5155 个（户），完成任务数 38.3%。

【服务业】 窗帘窗饰产业。是上口镇的支柱产业，起步于上世纪 80 年代，至 2016 年底，全镇窗帘窗饰加工企业发展到 80 多家，年产值 20 亿元，已形成集生产、加工、组配、销售、安装于一体的完整产业链，成为江北重要的窗帘窗饰集散地，产品有 30 多个门类，1000 多个品种，涵盖家居、办公、厂房、车饰、养殖遮阳等多个领域，在该行业内有“大江南北窗，上口窗帘装”的共识，2016 年 5 月被中国建筑装饰装修材料协会建筑遮阳材料分会命名为“中国窗饰之乡”，同月举办 2016 中国（寿光）遮阳窗饰展览会，全方位展示制作窗帘艺术，树立窗艺时尚小镇的良好形象。

商贸物流。2016 年，全镇共有在建公寓楼 10 栋，新建成入住公寓楼 4 栋，沿街楼 10 万平方米。盘活利用闲置、低效土地，2015 年 8 月开工建设的福泰居高层住宅项目，该住宅项目占地 10 亩，建筑面积 18760 平方米，可容纳 132 户居民入住；2015 年 9 月开工建设的德龙商城，于 2016 年 9 月建成投用，该商城占地 6 亩，建筑面积 4000 平方米，主要经营商贸服务业务；同时开工建设的德龙商务大厦，该大厦占地 5 亩，建筑面积 3400 平方米，主要经营餐饮、办公、住宅业务。

【社会事业】 2016 年，先后对全镇 29 处卫生室进行修缮改造；在镇区首次实行 24 小时集中供暖，投资 1300 万元新建集中供热站 1 座，铺设供暖管道 9872 米，集中供暖面积 9 万平方米。发展教育事业，投资 2500 万元，对广陵初中进行改造，项目主体已于 12 月完工，配套设施计划 2017 年 9 月完成，学校改造后容纳 40 个教学班、1500 名学生学习。继续开展“亮身份、当巷长”活动，有 1133 名巷长上岗履职，做到上情下达，下情上知，促进社会和谐稳定。

（陈冠文）

营里镇

【概 况】 营里镇位于寿光市中北部，东邻滨海经济开发区，北接羊口新港，面积303平方公里，耕地面积12万亩。辖50个行政村，16972户，总人口5.8万。境内省道新海路、南大路横贯东西，羊临路、羊田路纵贯南北，荣乌高速、黄大铁路、德大铁路穿境而过，镇域内村村通柏油路。辖区矿产资源蕴藏丰富，拥有滩涂5万亩，海岸线11.6公里，盐田面积30万公亩，2016年生产原盐50多万吨，溴素4000多吨，是国内重要的原盐及盐化工生产基地。全年完成地区生产总值23.26亿元，比上年度增长0.68%；实现地方财政收入1.68亿元，比上年度增长16%；完成规模以上企业工业总产值32.7亿元，主营业务收入32.1亿元，利税3.3亿元，分别比上年度增长12.2%、14.4%、13.1%；第三产业增加值达10.82亿元。完成固定资产投资28亿元。完成工业投资131624万元，现代农业投资84672万元，服务业投资51272万元，社会事业投资17095万元。

2016年，营里镇先后荣获“省级文明镇”“2016年度镇（街区）科学发展先进单位一等奖”“招商引资先进单位”“食品（农产品）质量安全工作先进单位”“文化建设先进单位”“社会治理工作先进单位”等荣誉称号。

【工 业】 2016年，在羊口先进业制造园，盘活低效闲置土地560余亩，招商引资25.3亿元，新上过3亿元项目4个，分别是投资6.6亿元的众赢年产8000万个聚丙烯泡沫塑料构件项目，投资3.5亿元的鸿海电力35兆瓦地面光伏发电站项目，投资3.6亿元的鸿海电力40兆瓦地面光伏发电站项目和投资11.25亿元的恒远新能源125兆瓦地面光伏发电站项目。其中，众赢年产8000万个聚丙烯泡沫塑料构件项目一期将于2017年建成投产，预计年可创收3000万元；3个地面光伏发电项目完成现场勘查，其中鸿海电力35兆瓦项目已开工建设。同时，出台优惠政策，鼓励、引导企业挂牌上市，恒鑫建材、乘达运输等8家企业先后在齐鲁股权中心挂牌，亚星农药、富源化工等5家企业完成规范化改制，为下一步上市打下良好的基础。

【镇村建设】 社区建设。2016年，总投资1.9亿元，在营里镇区新建盈春社区，规划设计240户，建设8栋公寓楼，建筑面积4万平米，至年底已有6栋公寓楼全部完工入住。在老道口镇区规划建设福海佳苑2期10栋住宅楼，已完成基础工程建设。位于原道口镇区的金海花园社区共建设10栋住宅楼，建筑面积5万平方米，预计入住433户。

服务业。2016年，在原道口镇区新建圣辰商务沿街楼1栋，建筑面积5000平方米，12月建成交付使用。在原道口镇区首次实行集中供暖，建成集中供暖厂1处，铺设供暖管道6000米，供热面积2万平方米。

基础设施建设。2016年，基础设施建设总投资2500万元，其中投资800万元，对原道口镇区进行综合改造提升，铺装地面砖2.6万平方米，对道广路路面进行挖补罩油6000平方米，清理排污管道4000米，铺设三线下地管道2000米，新建海鲜市场1处。投资600万元，对原道口镇区南环路和营里镇区南环路、青年路、平安路等镇级道路进行高标准建设改造，新修镇村道路1万余米，并对路两侧进行绿化提升。

美丽乡村建设。2016年，继续把美丽乡村建设作为民生重点来抓，把村级“五化”（硬化、亮化、绿化、净化、美化）提升作为“美丽乡村”建设的基础性工作，实施村容村貌整治，所有村均落实每天进行卫生保洁制度；实施路域治理，对所有镇村道路每月进行一次彻底清扫；实施镇区综合治理，解决店外经营、乱搭乱建等问题。坚持镇村联动、分类指导，以社区为单位，以孙家庄等美丽乡村建设示范村为核心，全面建设美丽、和谐、宜居宜业村庄。抓好基础设施改造提升，新修道路4公里，安装LED路灯350盏；高标准栽植绿化苗木3万株，绿化面积2万平方米；全镇有10个村设立文化墙，主要宣传孝道文化和传统中华美德。实施连片治理工程，投资2300万元，重点打造营里组团、北单组团、道口组团、西黑组团、浊北组团五大美丽乡村组团，行政村覆盖率60%。其中，道口组团中的陈营、东道口、北道口、孙河南、王河南和西黑组团中的央子、李湾、北陈、南单前、宋家、西黑前等村成效明显。

【现代农业】 农业园区建设。2016年，依托羊青路、羊田路两大生态农业走廊，镇村联动共流转孙家庄、北陈、北单、东北河、西中疃、南岔河等18个村土地共10430亩，建成媛博家庭农场等过千亩的农业项目4个，当年实现产值3650.5万元。探索施行“三个一”发展模式，即配强一套班子、选准一条路子、落实一套政策，村级集体经济实现持续、快速发展，全镇行政村年集体经济收入均达5万元以上，其中47个村年集体经济收入达10万元以上，为强化农业基础、增强农业发展后劲和实现农民增收提供重要保证。4月，寿光正向牧业有限公司和寿光市泓德畜牧业有限公司获得农业部农产品质量安全中心颁发的无公害农产品证书，山东省畜牧局颁发的无公害农产品产地认定证书。

专业合作社建设。2016年，注册资金4495.32万元，新成立11家专业合作社，全镇专业合作社达到92家。其中，海惠海水养殖、翠丰果蔬、润泽土地、绿韵土地等专业合作社注册成员数都分别提升到100人以上；北单村的寿光聚鑫粮食专业合作社被评为“全市农民专业合作社示范社”。注册资金610万元新增家庭农场9家，全镇的家庭农场数达到113家，其中金太阳家庭农场被潍坊市评为全市示范家庭农场。

农作物增产增收。2016年，全镇农作物种植面积26万亩，生产的主要农作物有小麦、玉米、棉花等，共种植小麦10万亩，玉米10万亩，棉花3000亩。种植过程中，小麦主推精播、半精播，实行氮肥后移、宽幅播种、一喷三防等技术，促进增产增收；玉米采用一增四改、一防双减技术，实行适时晚收，从而达到增产增收效果；棉花主推抗虫棉，采用超高产栽培技术、盐碱地棉花丰产栽培技术，提高棉花质量和产量。通过以上增产增收措施，小麦每亩增产40公斤，玉米每亩增产36公斤，棉花每亩增产30公斤。

【现代物流业】 2016年，从3个方面采取有效措施，继续推进占地面积1000亩的寿北综合物流园建设，取得明显成效。

实施品牌建设。6月，市里成立寿光市物流交通协会，位于营里镇的寿光市乘达运输有限公司被选为会长企业。市乘达运输有限公司被中国物流与采购联合会授予4A级物流企业，被山东省物流与采购协会授予

2015—2016年度山东省物流与采购行业综合实力五十强企业荣誉称号。

基础设施配套建设。开展土地调整工作，园区内共拆迁、整合300多亩低效利用土地，为园区建设腾出发展空间；投资1000万元进行基础设施配套建设，完成场地拆迁面积2万平方米，修建道路3公里。投资70万元，在营里镇区新修平安路、南环路；升级物流园区基础设施，新建设的物流综合服务体，面积5000平方米。

物流龙头企业建设。2016年，重点扶持乘达物流和煜兴物流两大物流龙头企业加快发展，其中乘达物流自有车辆389辆，煜兴物流自有车辆293辆。11月，乘达运输股份有限公司在齐鲁股权交易中心精选板挂牌，并获得省直投基金投资202.2万元；寿光市奔隆运输有限公司在齐鲁股权交易中心成长板挂牌。先后吸引东营、滨州等10家物流企业入驻，年新增利税3000万元，全镇形成港口、新型建材和商贸三类物流齐头并进的发展局面，促进镇域经济发展和财政收入转型。

【民生事业】 *教育事业*。2016年，先后投资3000万元，完善一中片区的配套设施工程，新建教学综合教学楼、餐厅、学生公寓楼各1栋；投资82.7万元，完成二中餐厅配套设施；投资65.4万元，完成中心小学餐厅配套设施；投资26万元重新更换一中的围墙。至年底，全镇共有初中2处，在校学生984人；共有小学3处，在校学生1883人；共有公办幼儿园7处，在园幼儿587人；另有民办幼儿园3处，在园幼儿410人。

村级道路维修与建设。投资2500余万元，对营里镇区平安路、南环路、青年路、原道口镇区的道广路、南环路等镇村道路进行改造建设，形成营里镇区和原道口镇区两翼齐飞的镇域发展新格局。

文化卫生事业。2016年，全镇共有1处卫生院，拥有卫生技术人员89人；新建卫生室6处，总投资160余万元。投资9万元，对9处村卫生室的PVC板进行更换，对27处卫生室的线路进行更换。投资50万元，对卫生院的锅炉管道进行改造，对路面进行硬化，美化医院环境；投资8万元，对卫生院内线路进行维护，杜绝安全生产事故的发生；投资5.6万元，对卫生院的监控设施进行更换，保障医院安全；投资6.5万元，对卫生院食堂进行改造装修，新安装净水机，配备消毒柜、冰柜、操作台等设施，满足职工和患者的生活需要。

作风建设。2016年，进一步完善党支部书记党建述职评议制度，并将评议结果与村干部的绩效工资和评先树优相挂钩。创新矛盾调处机制，建立镇、社区、村“三级首席调解室”，落实首席调解员，健全首席调解制度、回访制度和责任追究制度，实行分类管理、调解、处置，确保“小事不出村，大事不出镇”。全年共受理各类信访案件56起，全部成功处理，未发生越级访、集体访事件。加强非公企业党建工作，实现组织覆盖率和党建工作覆盖率双百分之百，九泰铝塑板业和金正食品两个企业建成非公企业党建示范点。将“三整顿三提升”活动列入全镇党建工作任务清单，对排查出的4个重点难点村，选派16名市、镇干部进行包靠整顿，同时投资58万元对4个村的党群服务站进行全面改造提升；其中河涯子村投资290余万元，建成高标准蔬菜大棚8个、拱棚17个，新庄子村投资20万元打深水井2眼，新打卤水井23眼，全年增加村集体经济收入18.86万元。

（刘正学）

田柳镇

【概 况】 田柳镇位于寿光市中北部，东邻上口镇、西毗台头镇、南接古城街道、北连营里镇，荣乌高速公路、省道羊临公路、市三号公路和益羊铁路穿境而过。距济（南）青（岛）高速公路15公里，北有国家二类开放港口——羊口港，交通便捷，地理位置优越。镇域面积108平方公里，耕地面积6866.7公顷；辖68个行政村，1.8万户，总人口6.8万。2016年，实现地区生产总值31.3亿元；完成地方财政收入9147万元，同比增长12.6%；完成工业产值68.9亿元，实现利税5.82亿元。完成固定资产投入20.8亿元。

【工 业】 2016年，以资源循环利用和产业链高端延伸为重点，积极推动新型工业转型升级，新建恒通钢缆、中拓新型建材、盛名建材3个项目，其中恒通钢缆项目于6月建成投产，当年创收1亿元；中拓新型建材于12月建成投产，当年创收1.2亿元。积极推进新龙集团与北京化工大学合作的纳米千层膜系列产品项目和祥生CPVC系列制品项目，打造以新龙、祥生为主导的高性能新材料产业基地，其中2016年11月开工建设的祥生科技重点项目，预计2018年10月建成投产，将实现年产40000吨CPVC树脂和20000吨CPVC系列制品的生产能力，营业收入可达14.04亿元。全面推进“工业两改”（股改与技改），至2016年年底，全镇已有10家规模企业完成股改，18家企业完成技改。积极引导企业上市融资，谷粒多农业科技3月在齐鲁股交中心挂牌上市、亿嘉农业机械于8月在新三板成功挂牌。

【农 业】 2016年，依托土地和资源优势，加快土地流转，先后流转土地8000多亩，新建规模化园区26个，建设高标准蔬菜大棚800多个。实施大棚“两改”（大田改大棚、旧棚改新棚），建立大棚“两改”数据库，发挥数据库平台作用，为菜农提供蔬菜种植、销售一条龙服务。实施区域联动发展，优势互补，全年新建成大片区12个，分别是王高三园区、王高八园区、西青冢子园区（王高八村委东王高塔南）、陈家马庄园区、唐家庄园区、巨家园区、邢姚二园区、田柳庄卫东路园区、张僧疃后园区、北王里园区、张僧疃前园区、邢姚一备战路园区；大园区3个，分别是西青冢子园区（西青冢子村西北袁路南）、田柳庄北袁路园区、刘家庄子园区。发展品质农业，在田柳、西青等21个村推广“以色列水肥一体化”技术，提高水资源利用率，降低能耗，保证灌溉均匀，达到“控水减肥”的效果。

【村镇建设】 2016年，投资180万元，实施镇区亮化美化工程，新安装、维修路灯58盏，修整破损路面8000平方米，新建排水沟1000米。完善社区建设，朱家、西兴王村2个土地增减挂钩项目16栋公寓楼建成交房到户，2个村的旧房拆迁工作进入收尾阶段；盘活张僧小学闲置院落，新建张僧社区，一期3栋公寓楼全部完工，于10月份月交房入住。开展固废整治工作，先后设置111处农业废弃物暂存点，做到定点存放、统一运输、集中处置；引进瑞德新能源等3个农业废弃物处理项目，引进中拓石膏粉和盛名建材2个工业固废处理项目，提高固体废物的无害化、减量化、资源化利用水平。

【文化事业】 传承历史文化。2016年1月，成立镇志办，对全镇政治、经济、社会发展与现状进行全面总结，编纂完成《田柳古今人物》，于2016年11月印刷出版；同时，启动《田柳镇志》编纂工作。推进王高塔历史文化遗址恢复重建项目，至年底，王高塔、大雄宝殿等一塔六殿全面完工，道路硬化、绿化工程基本完成，景区建设初具规模。

发展群众文化。2016年，全镇共培育庄户剧团6个，村级演出队68个，参与文艺演出人员1000余人。在积极参与寿光市组织的“文明之夏”、广场舞大赛、“周末群众大舞台”等活动基础上，开展“田柳镇送电影下乡百场巡演”活动，丰富群众文化生活，受益群众5万余人。

【民生事业】 医疗卫生事业。筹资1000万元新建田柳镇卫生院病房楼，于5月建成投入使用，建筑面积3675平方米，设置床位62张，改善群众住院条件，解决群众住院难问题。完成王高医院迁址建设，重点发展中医康复理疗专业，打造口腔特色专科门诊。为进一步提升医疗服务水平，投资800万元，于年底启动新建田柳镇卫生院门诊楼工程，各项建设手续正在办理中。继续联合市人民医院外科、内科等科室的医护技术骨干，深入农村开展专家下乡义诊活动，使农村居民不出村就能享受到高质量的诊疗服务，全年共下乡义诊群众3000余人次。

教育事业。2016年，投资90万元，完成4所中小学水冲式厕所改造工程；开工建设晨旭幼儿园，占地7500平方米，总投资1600万元，计划设15个幼儿班，容纳幼儿450人，预计2017年8月建成开园。

基础设施配套建设。2016年，投资400万元，实施镇村道路维修改造工程，硬化整修常瑞路、河坝路、阖黎路、郎陈路、后疃村内大街5条镇村道路，共8公里，方便群众出行。

社会治安工作。2016年，镇财政补助10万元新安装监控探头338个，全镇监控探头数量达到2000多个，实现镇村主要路段视频全覆盖，有效降低可防性案件的发生。

【党群服务工作】 2016年，投入600多万元，提高便民服务效率，新建8个村级党群服务站，完成60个村共68个村级党群服务中心改造提升工程，行政村覆盖率100%；通过干部集中走访和深入基层调研，总结梳理出老百姓办事跑腿最多、手续最复杂、出错率最高的9个大项17个小项，制定办事流程，印发明白纸，使老百姓办事少跑冤枉路。创新督查机制，镇党委在镇级党群服务中心设立触控一体机，在5个社区党群服务中心和63个村级党群服务站安装壁挂式互联网摄像机，督查组每周抽查1次，每个农村社区每周抽查3 ~ 5个村级服务站，及时发现问题及时整改，密切党群干群关系。

（王永成）

纪台镇

【概 况】 纪台镇位于寿光市南部，弥河东岸，济青高速11号路口处，与昌乐、青州两县市搭界，是寿光的南大门。总面积90平方公里，耕地面积7.4万亩，辖72个行政村，1.3万户，总人口5.3万人。2016年共实现地区生产总值26.03亿元，比上年增长13.34%。完成工业总产值9.3亿元，地方财政收入3112万元，同比分别增长11.6%和11%。

【现代农业】 粮食生产。2016年，全镇粮食种植面积17231亩，主要种植品种有小麦、玉米等。全年粮食总产量880.6吨，其中小麦产量4399813公斤、玉米产量4406582公斤。

农业园区建设。2016年，继续推进农业结构调整和“大田改大棚、旧棚改新棚”的“两改”工作。规划建设齐家、曹官、玉皇、方东、宋家、远水6个标准化农业园区。新建高标准蔬菜大棚3200多个，全镇蔬菜种植面积达到5.5万亩，育苗基地发展到40余个，其中2016年发展8个。全年累积投入2000余万元，建设方东农业园区，园区水电、道路、防护网、多功能房等基础设施配套。玉皇等部分农业园区集中安装智慧农业系统，使蔬菜种植大棚实现数据采集、智能放风、水肥一体化等技术的有效融合，减轻菜农劳动强度，提升蔬菜质量，增加农民收入。

品牌创建。大力发展品牌特色农业，先后创出“亮腾”果蔬、“孟家高欣”果蔬、“弥金”“寿光黄桃”“纪润食品”“纪润蔬菜”等农产品知名品牌，其中2016年创建品牌有“寿光黄桃”“纪润食品”“纪润蔬菜”。盛产于纪台镇的“寿光茄子”，是国家地理标志产品，2016年全镇长茄种植面积达到3万多亩，是远近闻名的长茄集散地，是农民增收的重要经济来源。

农民专业合作社。2016年，全镇共建有农民专业合作社140余家，其中2016年新建合作社12家；村两委创办、领办农民专业合作社56家，其中2016年创办、领办合作社6家。亮腾合作社于2015年9月被评为省级示范社，令欣合作社于2014年9月被评为省级示范社。2016年11月，成立寿光市德昌果蔬专业合作社联合社，辖2家合作社，有8户农民成员，主要开展组织收购、销售合作社成员种植的水果、蔬菜；组织采购、供应合作社成员所需的农业生产资料；提供与水果、蔬菜种植有关的技术培训、技术交流和信息咨询服务，进一步提升农业组织化、产业化水平，有效保障农产品质量安全。5月，全市农民专业合作社现场会在纪台镇召开，会议对纪台镇蔬菜合作社发展给予充分肯定。

【工 业】 2016年，全镇共有规模以上工业企业9家，实现工业总产值92463万元，主营业务收入92119万元，利润7614万元，利税9038万元。2016年落户纪台镇区工业项目共4个，分别是暖朝新材料、欧诺包装制品、蒲公英农业设施、裕达生物科技项目，主要生产经营高科技碳纤维材料、泡沫包装箱、PE编织布、大棚秸秆处理等业务，项目于2016年全部投产，当年新增工业总产值6000万元。

【安全生产】 2016年1月，调整镇安全生产委员会，由党委书记任主任，镇长任常务副主任，各口分管领导任副主任，其他班子成员、各总支书记、各站所主要负责人任成员，强化党委、政府对安全生产工作的领导责任，全面落实“党政同责、一岗双责”责任。按照“管行业必须管安全、管业务必须管安全、管生产经营必须管安全”和“谁主管谁负责”的原则落实行业监督管理主体责任和属地管理责任。建立安全生产例会和安全隐患排查制度，定期举办安全生产培训和消防演练活动。镇村建立网格化监管体系，成立10人的安全监管队伍；将全镇697家生产经营单位全部纳入“实名制、网格化”监管，实现安全监管常态化巡查。成立镇级二级消防站1处，投资20余万元配备消防车1辆和有关消防器材、队员防护设备等。开展公共安全领域和危化品经营企业风险点摸排，全镇共排查出10处公共领域风险点，分别建立名册，实现风险管控。至年底，完成新天地肥业生产工艺改造，全镇实现无危化品生产使用企业；东埠恒温库完成氟里昂制冷设备改造，全镇实现无涉氨制冷企业，进一步维护纪台镇良好的安全生产形势。

【现代服务业】 服务业。依托纪台交通和区位优势，先后引进瑞盛祥再生资源、碧水蓝天生物科技、世光化工3家服务型企业，各企业均实现主营收入2000万元以上，年内发展为规模以上企业。

租赁、保险业。先后引进创亿达融资租赁、万泉保险代理等2家企业分支机构落户纪台镇，带动税收增长，使镇域经济得到稳步提升。

企业规范化改制。2016年，大福木业、宝华物流2家企业先后完成挂牌上市，其中大福木业于2016年9月挂牌上市，宝华物流于2016年12月挂牌上市，为企业快速发展提供保障。

【镇村建设】 农村社区建设。借助土地增点挂钩试点项目，进一步配套完善前曹、玉皇、堠坡、东刘、李家5个农村社区，极大地改善群众生活居住条件。

镇域道路建设。2016年，投资420万元，实施镇区改造工程，有效改善镇区面貌，实现镇区形象和基础设施功能的快速提升；先后组织实施2014年度、2015年度高标准基本农田建设项目，共计投资1045余万元，整修土地1.5万亩，新建整修道路40余公里，方便群众出行。先后动员8个村庄自筹资金120万元，借助镇村通工程，整修完成村内大街和镇路11条、30余公里。同时，按照市委、市政府统一部署，参与实施济青高铁、济青高速改扩建、G308文石线改建、1000千伏高压线工程、鲁清石化加油站占地拆迁工程、李家挂钩验收等6次大的拆迁工作，共涉及29个村，拆迁610余户，拆除各类大棚600多个，房屋23户。

“美丽乡村”建设。借助“美丽乡村”建设项目，2016年投资750余万元，对远水、前老、后曹、堠坡、玉皇等20个村进行村庄硬化、绿化、亮化改造，共硬化街路40余公里，种植苗木50万株。实施宋家、方东、赵尧、吴西刘等23个村的村庄改造提升工程，改善农村村容村貌，提升群众满意度。推进前老、方东、方西、尧店等12个村的别墅楼改造工程。全年共拆除乱搭乱建1600多处，栽植各类绿化苗木23万株。完成农村旱厕改造5000余户，占应改厕总数的100.6%，群众居住环境得到进一步改善。

生态环境治理。2016年，投资300余万元，对镇域内弥河、丹河等河道和8条主要道路林网进行生态修复和断带补植，共栽植各类绿化树木8万余株。2014年引进华源秸杆,2016年引进裕达生物2家秸杆加工企业，在全镇设置4处加工点和53处存放点，组织企业投资400余万元，购入清运机械69部，基本确保秸杆及时清运。2014年4月成立城管执法中队，每年都加大执法监管力度，不定期开展巡查，防止出现乱倒垃圾行为，较好实现蔬菜秸秆的资源化利用。结合“三八六”环保专项行动，进一步加大对污染企业整治力度，关停取缔无纺布厂和塑料颗粒加工厂等企业19家；建成农业废弃物填埋场2处，对青邱砂石料厂等粉尘污染企业进行关停整治。2014年10月投资1560万元建成的纪台镇污水处理厂，日处理污水3000吨，实现污水有效收集处理和达标排放。督促11家畜禽养殖企业（场）全部新建粪便净化处理设施，有效解决畜牧业面源污染问题。

【社会事业】 电力设施改造。在2014—2015年投资2000多万元对原变电站进行升级改造的基础上，2016年4月，纪台供电所创建成为寿光市唯一获评“省级四星级供电所”的镇级供电所，潍坊市仅有2家；2016年10月又成为潍坊市唯一获评“省级五星级供电所”的镇级供电所，全省仅有6家。积极争取上级供电部门支持，免费为全镇72个村新上生产生活用电和农业用电变压器160余台，为西常、九阜等65个村改造低压线路175.8公里，提高农村用电质量，保障群众用电安全。

文教卫生事业。2016年，对原东埠实验小学和纪台一中的餐厅进行改造，较好改善全镇教育教学条件。投资110余万元，新建李家、安家、青邱、寨子4处村级卫生室，并配备专业医护人员和医疗设备，实现小病不出村；同时，每年为全镇65岁以上老人和育龄妇女进行免费健康查体和“两癌”筛查。对2008月投资560余万元建成的纪台镇综合文化中心进行完善，为全镇配发各类健身器材110多套，实现镇村文体广场全覆盖；有72个村组建农村文艺队伍122支。4月，组织举办纪台镇群众文艺大汇演，丰富群众的文化生活；举办黄桃文化艺术节，表彰纪台镇模范人物，在全镇范围内营造良好的社会风气。5月，举办纪国之春书画展，为书画爱好者们提供一个活动平台，打造纪台文化，全镇文化氛围日益浓厚。

社会保障事业。全面落实各项惠农政策，镇财政每年拿出800多万元，用于补贴群众养老保险、医疗保险、银龄安康等惠民工程。2016年，城乡居民养老保险覆盖率达到100%，城乡居民社会养老保险覆盖率达到99%。镇财政每年都拿出专项资金对特困家庭和特殊群体开展走访慰问、临时救助等活动，其中2016年共支出走访慰问、临时救助专项资金5.4万元。

精准扶贫。2016年，落实帮扶政策，实行对口帮扶，对全镇888户贫困户建档立卡，实施精准扶贫，动态管理，至年底全部实现脱贫。扎实推进“天网工程”，“平安纪台”建设，切实维护群众利益，促进社会和谐稳定。

（马有君）

化龙镇

【概 况】 化龙镇位于寿光市西部，面积75平方公里，耕地面积5700公顷。辖53个行政村，14709户，总人口5.3万。2016年，全镇实现地区生产总值30亿元，地方财政收入5200万元，连续4年年均分别增长20.1%；完成工业销售收入61.5亿元、利税3.2亿元，分别增长8.5%和8.8%。先后获得“中国胡萝卜第一镇”“国家级胡萝卜标准化生产示范区”“全国农产品加工创业基地”等称号。

【工 业】 2016年，全镇共有规模以上工业企业27家，其中当年新建企业3家，全年实现工业总产值6314633千元。全年引进胜星铁路物流园、光大天燃气热电联产、思云里奥机器人、崂山矿泉水等项目4个，对接东营市广饶县大王镇、台头镇优势工业产业，大力培植防水产业，全年防水产业实现产值44213万元。

【农 业】 粮食生产。2016年，全镇主要粮食种植面积3.77万亩，种植品种主要有小麦、玉米等。全年粮食总产量3800万公斤，其中小麦产量1800万公斤、玉米产量2000万公斤。

大棚“两改”。2016年，按照“以村为媒流转地，集散为整入园区”的工作思路，提出并推广大棚“两改”（大田改大棚、旧棚改新棚）“飞地”模式，共流转土地6000余亩，规划建设前王、郝屯、板桥等大棚园区19个，建设高标准蔬菜大棚600多个，全镇大棚“两改”参与率达到67%。

农产品质量安全管理。抓教育，推广生物农药。与全镇3100个韭菜种植户签订责任书，覆盖率100%。同时，在韭菜种植区设置农产品质量安全公示牌，明确责任人员，并定期张贴用药指南等指导性意见。抓管理，完善监管体系。对全镇所有蔬菜种植户建档立卡，对农资店、蔬菜市场加强日常监管，及时打击无证经营和超范围经营，查处无证经营农资店1处。抓检测，确保蔬菜质量。在做好蔬菜日常速测的同时，在每年韭菜上市时段，对辖区内所有韭菜种植户展开精准的定性定量检测，每年检测样本5000多个。2016年共查处使用、贮存违禁农药案件7起，刑事拘留3人，治安拘留1人。

胡萝卜品牌。化龙镇是“中国胡萝卜第一镇”，拥有大型胡萝卜批发市场和胡萝卜加工园区各1处，形成“市场加龙头连基地带农户加出口”的一条龙产业格局。2016年，全镇胡萝卜种植面积4万亩，产量70万吨，带动周边地区种植胡萝卜15万亩。同时，胡萝卜加工企业、种植大户分别到河北、内蒙、厦门等地共建设胡萝卜种植基地5万亩，实现企业全年不间断生产加工。

【服务业】 2016年，整合全镇现有的27家家俱加工销售企业，规划建设建筑面积7万平米的化龙家俱城，落实签约入驻企业30家。

【镇村建设】 “美丽乡村”建设。2016年，采用“群众捐一块、集体出一块、政府帮一块、项目做一块”的共建共享模式，实施“美丽乡村”建设，全镇共有41个村启动“美丽乡村”建设工程，占行政村总数的77.36%，其中裴岭、马庄、裴西、前张等9个村实施楼房化改造，建设楼房42栋；另有32个村实施旧村提升工程。共投入资金4500万元，其中群众捐款1100万元，盘活集体资产800万元，争取上级和政府支持资金2600万元，村庄形象有质的提升。

编制规划。委托省城乡规划设计院于5月编制完成新一轮“化龙镇城镇发展总体规划”，确定“一核、一区、两翼”的发展新格局，各功能区划分更加科学合理。

镇区建设。在镇区规划建设裴西前张社区，2016年新建居民楼房11栋，新增建筑面积3.8万平方米。镇区新增人口近2000人；新建供电所客服中心、公交换乘站等配套基础设施，进一步满足群众生活和出行需求。同时，配合潍高路路面改造提升工程，将亮化、绿化和镇区段排水纳入改造工程范围，新安装照明灯160盏，绿化苗木2万株，建设排水沟8000米，进一步改善镇区环境。

【民生事业】 教育事业。2016年，将化龙初中、中心小学、中心幼儿园纳入镇区集中供热管网，新铺设供热管道6000米，增加供热面积20平方米；投资80万元对化龙、丰城两处初中食堂进行消防安全改造；协调镇内各级学校与世纪学校等名校结成教育教学联盟，共有14名教师实行城乡交流轮岗；将化龙镇初升高调整纳入寿光一中招生划片范围，满足学生继续学习愿望。

卫生事业。2016年，共投资130万元，新建丰城社区门诊部，建筑面积500平方米，方便群众就近就医；对37个村级卫生室进行升级改造，达到市级规范化卫生室要求标准；为镇卫生院新配备CR、生化分析仪、呼吸机等10余项大型医疗设备，满足群众诊疗需求；加强与市中医院等市级医院的合作交流，选派7名医务人员到市中医院进修学习，市中医院每周派3～5名专家到镇卫生院坐诊，让老百姓在家门口就能够得到名医诊疗。

社会保障事业。2016年，全镇基本医疗保险参保率达到95%以上，养老保险投保率达到90%以上。7月，成立社会慈善救助资金，开展捐资助学、助残、助困行动，共接收捐资10万元，发放助学资金5万元、助残资金5元，帮助困难群众120人。在春节、重阳节期间，走访慰问全镇老人1100人次。

【综合治理】 搭建“互联网+”行政服务体系。2016年，新建化龙镇政务服务中心，建筑面积500平方米，设置服务窗口13个；整合民政、党建、农业、国土、计生等23项业务下沉到社区，新建5处中心社区服务中心，与镇政务服务中心联网服务，把社区打造成综合性服务窗口，提高办事效率。

改进片总支工作机制。2016年，将民警编入片总支机构，任片总支副书记，归总支管理，达到“党委领导、警片联合、干群共治”的良好效果。

安全生产。2016年，将安全生产特别是胡萝卜加工企业的安全整改作为头等大事来抓，加强人员及装备配备，安监专职工作人员由3人增至7人，并投资60多万元购置消防车1辆。强化专项整治，聘请2名专家对辖区内企业在制冷、消防、用电等多个领域进行专项整治，共整改企业38家，关停不合格企业11家。建立安全生产在线视频监控系统，全镇41家胡萝卜加工企业共安装高清数字摄像头178个，对辖区内企业进行无缝隙全天候监控。对全镇17家涉氨企业实施无氨化改造，从源头上提升企业的安全系数。

【精神文明建设】 开展宣传教育。坚持“三贴近”原则，利用报纸、广播等各种媒体，以社会主义核心价值体系为主题，开展形式多样的宣传教育活动，丰富群众业余文化生活，激发干事创业热情。

文体活动。2016年，筹措资金30万元，加强农村文艺人才队伍建设，组建58支文艺演出队伍，开展各类文艺演出30场。春节期间，共为全镇群众免费送福字3万多份。推进农村文化体系服务建设，投入资金200万元，配套完善群众文化娱乐设施，建设农村文化大院53个、农家书屋53个，其中2016年分别新建5个和11个，实现行政村全覆盖。以中心社区为重点，推进5分钟健身圈建设，共建设健身广场53处，满足群众体育健身需求。

弘扬先进。开展普及社会主义法治、道德、计划生育新风等主旋律活动，通过“十星级文明村、文明户”“好媳妇、好婆婆”“化龙好人”评选和举办乡村文明晚会等方式，弘扬社会主义新风，全年共评出最美家庭20户、好媳妇127人、化龙好人40人，取得良好效果；村村建设精神文明一条街，推动社会文明和谐。

治安管理。2016年，实施村级监控全覆盖计划，共安装高清摄像头690个，促进农村治安环境进一步好转。

（吕洪光）

双王城生态经济园区

【概况】 双王城生态经济园区位于寿光市西北部，面积193平方公里，辖14个行政村，9200户，人口2.6万人，耕地面积12551.8公顷。双王城生态经济园区管委会，属于市委、市政府派出机构，设党政办公室、规划建设办公室、社会事务办公室、旅游招商管理办公室共4个党政工作机构和财政经管统计站、社会保障事务所、农业综合服务站、计划生育服务站、安全生产监督管理所、投融资管理中心6个事业机构。共有行政编制19人、事业编制38人，实有行政编制9人、事业编制26人。2016年，全区完成地区生产总值5.94亿元，比上年增长17.39%；地方财政收入4930.6万元；工业实现销售收入8450万元、利税1802万元，分别增长18.2%和20.8%。2016年，双王城生态经济园区被评为潍坊市森林镇和山东省文明村镇。

【生态开发】 *旅游资源开发*。2016年上半年，投资1.2亿元，实施巨淀湖景区水世界项目建设，8月建成投入运营，当年创收800万元。依托每年举办菜博会平台，在全省17地（市）专题进行到园区生态旅游推介，每年与省内100余家旅行社签订合作协议，并组织举办山东电视台精彩周末风情演绎、汉武帝巡游实景演出、中韩歌手演唱会等系列活动，“逛菜博会、游巨淀湖”的生态旅游品牌逐步叫响，2016年菜博会期间共接待游客2.69万人，创收199.2万元。在2014年集中规划的5000亩垃圾焚烧发电、光伏太阳能清洁能源产业园区内，2016年总投资9.9亿元建设的景世乾光伏电站项目，6月建成投产，当年并网发电8000万度；总投资2.94亿元建设的昌盛日电光伏农业项目，10月建成投产，当年并网发电375.83万度。其中，于2014年12月建成投产的光大环保能源（寿光）有限公司垃圾焚烧发电项目，2016年共发电7745.016万度。2016年，辖区内林海生态博览园获“中国森林氧吧”称号；光大环保能源（寿光）有限公司创建为山东省工业旅游示范点、潍坊市科普教育基地、潍坊市循环经济示范点。

融资融智促旅游。2016年，打造鑫景旅游发展融资平台，吸引港投集团、福建新商道投资管理有限公司等社会资本参与生态旅游开发，年内建成的游乐场和水世界等项目实行市场化运营管理，全年共实现营业收入579.67万元。引进都邦财产保险、青岛安达保险等保险公司参与和支持旅游发展。完成与山东省农科院、青岛农业大学共建寿光湿地农业博士科研工作站和金鹿源梅花鹿产品研发中心工作，以人才技术支撑旅游产业发展，洰淀湖景区成为山东省省级内陆休闲垂钓示范基地；景区内已建成的梅花鹿展示项目，共养殖梅花鹿280只，其中2016年新增48只。

【乡村建设】 2016年，继续实施美丽乡村建设，牛头镇村和寇家坞联村完成村庄绿化提升，共种植苗木9000株。寇家坞一村、二村、四村、五村等村联合成立绿源苗木专业合作社，流转张僧河两侧土地480亩，完成500亩植树造林任务。牛头镇村作为全市“村村通天然气”试点村，于12月完成天然气入户安装工作，2017年上半年村民将享受到清洁能源的便利。扎实推进农村旱厕改造工作，寇家坞二村、六村、卧铺、吴家卧铺等9个村的旱厕改造全部完成，占旱厕应改造任务的85%。发挥南木桥村无土栽培大棚示范作用，带动南木桥、北木桥、清水泊农场新建蔬菜大棚177个，流转土地805亩。10月，策划组织文艺大比武，现场共有23个节目报名参加，京剧、广场舞、歌曲独唱、二胡独奏等表演精彩不断，激发群众参与热情，活跃基层群众文化生活；3月开展好婆婆、好媳妇评选活动，共评选出好婆婆3人、好媳妇11人。实施文体广场建设，共建设文体广场8个，其中2016年新建文体广场3个，分别是寇家坞一村、二村和吴家卧铺村；村村均配备文化设备、健身器材，全园区形成文艺活动活跃、群众健身积极的良好氛围。

【党建工作】 2016年，继续构建以园区、社区、村三级服务平台和干部直接联系服务群众为主要内容的党群服务体系，新建寇家坞社区党群服务中心，建筑面积400平方米，设置服务窗口6个。开展机关干部联系党员巷长、巷长联系群众和群众评议巷长、巷长评价干部“双联双评”活动，建立每个村由市、园区两级干部包靠的“1+2”联户机制，党员“亮身份、当巷长”，实现干部联系服务群众全覆盖。开展“党员微行动”“学习研讨会”“永远跟党走歌唱比赛”等“两学一做”学习教育系列活动，得到潍坊市“两学一做”学习教育督导组的肯定，在全市党群服务体系运行督查中一直名列前茅。寇家坞一村、三村、六村等党支部党建工作成绩突出，成为全市党建工作有关会议材料记录学习点。打造寿光巨淀湖旅游管理有限公司“红色巨淀·活力党建”特色品牌和光大环保能源（寿光）有限公司“党旗引领·红耀光大”党建品牌，以发展红色旅游为纽带，把党建和企业发展结合起来，实现抓党建就是抓生产力的良好效果。

【民生事业】 2016年，投资1350余万元的牛头初中教学楼和卧铺小学餐厅建成投用，其中教学楼建筑面积4449平方米，容纳18个教学班900名学生；4月，双王城教办代表山东省为教育部乡村教师支教计划提供义务教育均衡发展考察现场。园区小学教学成绩连续2年居寿光市小学系列前2名，在全市第1个成为全部幼儿园都是高标准省级规范化幼儿园的乡镇。卧铺小学在职教师李大孟和退休教师侯立田被寿光市委宣传部评为“寿光市最美乡村教师”和寿光乡贤。投资200万元，新建寇家坞社区卫生室，建筑面积400平方米。深入开展农村食品安全、农资市场等专项整治行动，保证食品药品安全和良好的市场秩序，加大食品农产品安全监管力度，加强农产品质量安全源头治理，加强食品生产经营监管，深入开展食品安全安全治理整顿，建立完善良好的食品安全体系。扎实推进安全生产“大排查、快整治、严执法”专项整治行动和“三八六”环保专项执法行动，有效预防安全生产事故的发生，保证生态环境的持续改善，根据市政府要求，开展环境违规建设项目清理整顿工作，共清理违规建设项目14个，同时拆除燃煤锅炉1台，完成对4台燃煤锅炉的超低排放改造。实施百个“安全眼”工程，共按装高清数字摄像头120个，实现村庄主干道、溴素生产企业的全方位监控，以平安园区创建助推园区发展，保障群众生命财产安全。

（孙明）

人物

中共寿光市委常委

朱兰玺 男，汉族，1969年11月出生，潍坊市寒亭区人，硕士研究生学历，中共寿光市委书记。1992年7月参加工作，1992年6月加入中国共产党。1992年7月至1994年10月任临朐县临朐镇团委副书记、镇政府文书；1994年10月至1997年4月任奎文区委组织部干事、办公室副主任、办公室主任；1997年4月至1999年1月任奎文区人大副秘书长、办公室副主任；1999年1月至2000年8月任奎文区廿里堡街道党工委副书记、街道办主任；2000年8月至2002年12月任潍城区政府党组成员、区长助理（其间：2001年3月至7月参加潍坊市委党校中青年干部培训班学习；2001年9月至12月参加潍坊市首批青年干部赴德国培训班学习）；2002年12月至2006年5月任寿光市委常委、宣传部部长；2006年5月至12月任寿光市委常委、组织部部长；2006年12月至2009年4月任寿光市委常委、市政府副市长；2009年4月至7月任寿光市委副书记、市政府代市长；2009年7月至2014年2月任寿光市委副书记、市政府市长；2014年2月至今任寿光市委书记、市委党校校长。

赵绪春 男，汉族，1969年4月出生，潍坊市昌乐县人，硕士研究生学历，中共寿光市委副书记、市政府市长。1987年7月参加工作，1990年3月加入中国共产党。1987年7月至1989年2月任昌乐县实验小学教师；1989年2月至11月任昌乐县教育局办公室秘书；1989年11月至1994年7月任昌乐县委办公室秘书；1994年7月至1996年1月任昌乐县委办公室综合科副科长；1996年1月至1997年3月任昌乐县委办公室综合科科长；1997年3月至1998年8月任昌乐县包庄乡党委副书记、乡长；1998年8月至11月任昌乐县委组织部主任科员；1998年11月至2000年9月任昌乐县委组织部副部长（正科级）；2000年9月至2002年1月任昌乐县北岩镇党委书记；2002年1月至12月任昌乐县北岩镇党委书记、人大主席；2002年12月至2006年12月任青州市委常委、组织部部长；2006年12月至2007年1月任临朐县委常委；2007年1

月至2010年1月任临朐县委常委、副县长；2010年1月至2011年11月任临朐县委副书记；2011年11月至12月任寿光市委副书记；2011年12月至2014年3任寿光市委副书记、政法委书记；2014年3月至今任寿光市委副书记、市政府市长。

孙修炜 男，汉族，1970年4月出生，山东莱州市人，硕士研究生学历，中共寿光市委副书记。1992年7月参加工作，1996年6月加入中国共产党。1992年7月至1999年1月任潍坊市城市综合开发公司副科长兼团委书记；1999年1月至2001年3月任昌乐县昌乐镇党委副书记（副科级）；2001年3月至2004年1月任共青团昌乐县委书记（正科级）（其间：2000年9月至2003年7月在中国政法大学法学专业取得法学学士学位；2001年9月至12月参加潍坊市首批青年干部赴德国培训班学习）；2004年1月至2005年2月任昌乐县红河镇党委副书记、镇长；2005年2月至2006年12月任昌乐县乔官镇党委书记；2006年12月至2009年1月任昌乐县朱刘街道党工委书记；2009年1月至2013年4月任昌乐经济开发区管委会主任（副县级）、昌乐县朱刘街道党工委书记（其间：2004年4月至2009年6月在哈尔滨工程大学管理科学与工程专业取得管理学硕士学位）；2013年4月至2014年3月任潍城区委常委、副区长；2014年3月至4月任寒亭区委常委、区政府党组副书记；2014年4月至2016年6月任寒亭区委常委、副区长、党组副书记；2016年6月至今任寿光市委副书记。

李宝华 男，汉族，1962年10月出生，寿光市田柳镇人，大学学历，中共寿光市委常委，市政府副市长、党组副书记。1981年12月参加工作，1984年6月加入中国共产党。1981年12月至1982年6月在寿光县园艺场工作；1982年6月至1983年1月任寿光县农业局办事员；1983年1月至1988年3月任寿光县物价局办事员（其间：1985年9月至1987年6月在中共潍坊市委党校脱产学习）；1988年3月至4月任寿光县物价局科员；1988年4月至1990年2月任寿光县经协办副主任；1990年2月至1993年2月任寿光县统计局副局长、党组成员；1993年2月至1994年3月任寿光县（市）统计局副局长、党组成员兼市政府驻大连办事处副主任；1994年3月至1996年3月任寿光市政府驻大连办事处副主任；1996年3月至8月任寿光市政府驻大连办事处主任；1996年8月至1999年1月任寿光市留吕镇党委副书记、镇长；1999年1月至2000年9月任寿光市东埠乡党委书记（其间：1997年9月至2000年1月在山东省委党校经济管理专业在职学习）；2000年9月至2001年12月任寿光市纪台镇党委书记；2001年12月至2002年7月任寿光市纪台镇党委书记、人大主席；2002年7月至2004年1月任寿光市政府党组成员、秘书长、办公室主任；2004年1月至2006年12月任寿光市政府党组成员、市长助理、秘书长、办公室主任；2006年12月至2007年1月任寿光市政府党组成员、市长助理；2007年1月至2009年4月任寿光市委常委、秘书长；2009年4月至今任寿光市委常委，市政府副市长、党组副书记。

王惠玲 女，汉族，1966年1月出生，寿光市侯镇人，省委党校大学学历，寿光市委常委、市政府副市长。1985年4月参加工作，1986年10月加入中国共产党。

1985年4月至1993年3月任寿光县侯镇经管站经管员、副站长、站长；1993年3月至1995年1月任寿光县（市）上口镇妇联主席；1995年1月到1997年8月任寿光市上口镇党委委员、妇联主席；1997年8月到1998年1月任寿光市上口镇政府副镇长；1998年1月至2000年9月任寿光市寒桥镇党委副书记、镇长；2000年9月至2001年3月任寿光市文家乡党委书记；2001年3月至12月任寿光市北洛镇党委书记；2001年12月至2003年1月任寿光市北洛镇党委书记、人大主席；2003年1月至2006年4月任寿光市政府副市长；2006年4月至5月任中共寿光市委常委；2006年5月至12月任寿光市委常委、宣传部部长；2006年12月至2007年1月任寿光市委常委；2007年1月至今任寿光市委常委、市政府副市长。

张振城 男，汉族，1977年5月出生，东营市广饶市人，中共党员，博士研究生学历，中共寿光市委常委，市政府副市长、党组副书记。2000年7月参加工作，

1999年5月加入中国共产党。2000年7月至2001年9月在胜利油田测井公司工作；2001年9月至2006年7月在中国石油大学（华东）地球资源与信息学院硕博连读学习；2006年7月至2007年6月任潍坊市规划局干部，挂职潍坊市勘察测绘研究院总工程师；2007年6月至9月任潍坊市规划局勘察测绘研究院副院长；2007年9月至2010年1月任共青团潍坊市委副书记（其间：2007年11月至2008年2月挂职任高密市夏庄镇党委书记、共青团高密市委书记）；2010年1月至2015年1月任安丘市委常委、组织部部长；2015年1月至2016年12月任安丘市委常委，市政府副市长、党组副书记；2016年12月至今任寿光市委常委，市政府副市长、党组副书记。

武治强 男，汉族，1969年1月出生，寿光市稻田镇人，省委党校大学学历，中共寿光市委常委、办公室主任。1988年9月参加工作，1990年11月加入中国共产党。

1988年9月至1990年4月在寿光县职工教育办公室工作；1990年4月至1997年3月在寿光县（市）政府办公室工作；1997年3月至2001年3月任寿光市政府办公室副主任科员；2001年3月至2002年8月任寿光市政府办公室副主任、副秘书长；2002年8月至2003年6月任寿光市政府副秘书长、人防办主任；2003年6月至2004年1月任寿光市政府副秘书长（正科级）；2004年1月至12月任寿光市政府副秘书长、行政审批中心主任；2004年12月至2005年7月任寿光市卧铺乡党委书记、人大主席；2005年7月至2008年1月任寿光市营里镇党委书记、人大主席；2008年1月至2010年1月任寿光市圣城街道党工委书记、人大工作室主任；2010年1月至2011年11月任

寿光市副县级干部、圣城街道党工委书记、人大工作室主任；2011年11月至12月任寿光市副县级干部；2011年12月至今任中共寿光市委常委、办公室主任。

袁世俊 男，汉族，1967年12月出生，潍坊市寒亭区人，大学学历，中共寿光市委常委、宣传部部长，市总工会主席。1987年7月至1991至8月任寿光一中教师(其间：1988年8月至1991年7月在潍坊教育学院政史专业在职学习)；1991年8月至1993年5月任寿光县政府办公室办事员；1993年5月至1995年12月任寿光县(市)政府办公室秘书；1995年12月至1998年1月任寿光市胡营乡副乡长；1998年1月至2001年3月任寿光市寒桥镇党委委员、纪委书记；2001年3月至2003年1月任寿光市洛城镇党委副书记；2003年1月至9月任寿光市洛城镇党委副书记、镇长；2003年9月至2006年1月任寿光市洛城街道党工委副书记、办事处主任(其间：2001年9月至2003年12月在山东省委党校法律专业在职学习)；2006年1月至2008年1月任寿光市孙家集街道党工委书记、人大工作室主任；2008年1月至2009年4月任寿光市营里镇党委书记、人大主席；2009年4月至2011年11月任寿光市沿海经济开发办公室主任，营里镇党委书记、人大主席；2011年11月至2012年1月任寿光市政府党组成员、寿光市沿海经济开发办公室主任；2012年1月至2015年1月任寿光市政府副市长、党组成员；2015年1月至4月任寿光市委常委、宣传部部长；2015年4月至今任寿光市委常委、宣传部部长，市总工会主席。

张逢春 男，汉族，1975年1月出生，潍坊市昌邑市人，中共党员，大学学历，工程硕士，1994年7月参加工作，中共寿光市委常委、组织部部长。1994年7月至9月在山东信息工程学校留校工作；1994年9月至1995年1月任奎文区委组织部干事；1995年1月至2001年8月任潍坊市委组织部干部任免科、党政干部科科员；2001年8月至2004年7月任潍坊市委组织部干部三科副主任科员；2004年7月至2005年12月任潍坊市委组织部干部三科副科长；2005年12月至2006年7月任潍坊市委组织部干部三科主任科员；2006年7月至2008年12月任潍坊市委新型办主任、组织科副科长；2008年12月至2012年11月任潍坊市委组织部干部二科科长；2012年11月至2015年1月任潍坊市党建研究会副秘书长、市委组织部干部二科科长；2015年1月至7月任潍城区委常委、组织部部长；2015年7月2016年12月任潍城区委常委、组织部部长、统战部部长；2016年12月至今任寿光市委常委、组织部部长。

李志平 男，汉族，1971年7月出生，山西省朔州市人，中共寿光市委常委、寿光市人民武装部政治委员。1989年3月入伍，1990年6月加入中国共产党。1989年3月至1990年9月任26集团军77师131团1营1连战士；1990年9月至1992年7月在解放军电子技术学院学习；

1992年7月至1994年7月任26集团军司令部机要处参谋；1994年7月至1995年7月任26集团军警备队副政治指导员；1995年7月至1998年9月任26集团军司令部军务装备处副连职、正连职参谋；1998年10月至2008年7月任26集团军司令部军务处正连职、副营职、正营职、副团职参谋；2008年7月至2011年3月任26集团军司令部军务处副处长；2011年3月至2013年3月任山东省聊城市东昌府区人武部部长；2013年3月至今任寿光市委常委、寿光市人民武装部政治委员。

王　霞　女，汉族，1974年5月出生，潍坊市诸城市人，研究生学历，经济学硕士，中共寿光市委常委、纪委书记。1995年7月参加工作，2003年1月加入中国共产党。1993年9月至1995年7月在昌潍师范专科学校学习；1995年7月至1996年8月在诸城市林家村镇教委工作；1996年8月至1999年9月在诸城市妇联工作；1999年9月至2004年1月任诸城市委党校教师、教务科副科长（其间：2000年9月至2002年7月在山东省委党校系统师资研究生班学习；2000年9月至2003年7月在山东大学经济学院产业经济学专业学习，获经济学硕士学位）；2004年1月至2007年1月任诸城市委党校教研室主任；2007年1月至2008年5月任诸城市纪委常委；2008年5月至2009年3月任潍坊市纪委副科级检查员；2009年3月至2011年2月任潍坊市纪委办公室副主任；2011年2月至2012年9月任潍坊市纪委研究室副主任；2012年9月至2013年2月任潍坊市纪委宣传教育室副主任；2013年2月至2015年11月任潍坊市纪委研究室副主任；2015年11月至2016年12月任潍坊市纪委研究室主任；2016年12月至今任寿光市委常委、纪委书记。

乔日升　男，汉族，1972年8月出生，潍坊市高密市人，大学学历，中共寿光市委常委、统战部部长。1992年8月至1994年7月在青岛大学经济法专业学习；1997年7月至1997年9月任高密市周戈庄镇政府文书；1997年9月至2002年2月任高密市政府办公室秘书（其间：1999年9月至2001年12月在中央党校函授学院法律学专业学习）；2002年2月至2004年2月任高密市政府办公室法制科副科长；2004年2月至2006年5月任高密市政府法制局副局长；2006年5月至2007年4月任高密市政府法制局局长；2007年4月至2009年7月任高密市政府副秘书长、法制局局长；2009年7月至2010年2月任高密市政府法制局局长；2010年2月至2011年11月任高密市政府办公室副主任、法制办主任；2011年11月至2012年9月任高密市密水街道党工委副书记、办事处主任；2012年9月至2013年3月任高密市醴泉街道党工委副书记、办事处主任；2013年3月至2015年12月任高密市醴泉街道党工委书记；2015年12月至2016年1月任高密经济开发区管委会主任、醴泉街道党工委书记；2016年1月至12月任高密经济开发区管委会主任；2016年12月至今任寿光市委常委、统战部部长。

马焕军 男，1971年10月出生，寿光市台头镇人，本科学历，中共党员，中共寿光市委常委、寿光市蔬菜高科技示范园党支部书记、圣城街道党工委书记。1991年7月至1992年12月任寿光县卧铺乡初中教师；1992年12月至1995年2月任 寿光市（县）卧铺乡团委副书记、团委书记；1995年2月至2001年3月任寿光市台头镇党委秘书、组织委员；2001年3月至2007年8月任寿光市洛城街道（镇）副镇长、副书记、纪工委书记、办事处主任；2007年8月至2009年1月任寿光市稻田镇党委副书记、镇长；2009年1月至2011年11月任寿光市纪台镇党委书记、人大主席；2011年11月至2015年12月任寿光市洛城街道党工委书记、人大工作室主任；2015年12月至2016年12月任寿光市蔬菜高科技示范园党支部书记（副县级）、洛城街道党工委书记；2016年12月至今任寿光市委常委、寿光市蔬菜高科技示范园党支部书记、圣城街道党工委书记。

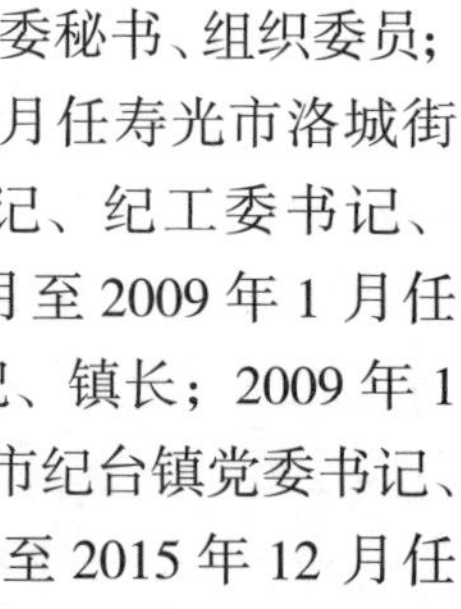

姚庆筱 男，汉族，1967年4月出生，浙江省嵊州市人，硕士研究生学历，中共寿光市委常委、市政府副市长（挂职）。1987年8月入党，1989年8月参加工作。1985年9月至1989年6月在中国农业大学农业系学习；1989年8月至1994年7月任中国科学院遗传研究所助理研究员；1994年8月至1996年7月在中国科学院协调局宏观生物处工作；1996年8月至1997年7月在中国科学院自然与社会协调发展局宏观生物处工作；1997年8月至1999年7月在中科院资源与环境局宏观生物处工作；1999年8月至2000年7月任中国科学院资源与环境局综合处副处长（其间：1997年8月至2000年7月在中国科技大学计算机应用系在职学习）；2000年8月至2003年4月任中国科学院遗传与发育生物学研究所科技处处长；2003年5月至2005年4月任北京市朝阳区政府副区长（其间：2004年5月至8月在清华大学进修城市管理并结业）；2005年5月至2012年4月在中国科学院遗传与发育生物学研究所办公室工作，任主任、所长助理；2012年4月至今任中国科学院遗传与发育生物学研究所科技合作处处长。2012年12月开始任寿光市委常委、市政府副市长（挂职）。

工作期间，先后荣获中国科学院科技进步二等奖1项、河北省教委科学技术进步二等奖1项、河北省科学技术委员会科技进步三等奖1项、河北农业大学科技进步一等奖1项，出版编著3部，发表论文29篇。

寿光市人大常委会领导

杨德峰 男，汉族，1958年6月出生，寿光市营里镇人，省委党校大学学历，寿光市人大常委会主任、党组书记。1976年12月至1978年12月任寿光县农业学大寨工作队队员（计算连续工龄）；1978年12月至1984年4月先后任寿光县古城公社团委副书记、党委宣传委员，上口公社党委

组织委员；1984年4月至1986年10月任寿光县上口镇党委副书记；1986年10月至1989年2月任寿光县岔河乡党委副书记、乡长；1989年2月至1993年6月先后任寿光县留吕乡、羊角沟镇党委书记；1993年6月至11月任寿光市政府党组成员、市长助理，市农委主任、党组书记；1993年11月至1994年6月任寿光市政府党组成员、市长助理，农委主任、党工委书记；1994年6月至1995年1月任寿光市外向型工业加工区管委会主任、党委副书记（主持张建桥乡工作）；1995年1月至1998年1月任寿光市外向型工业加工区管委会主任、党委书记，张建桥乡党委书记；1998年1月至2001年2月任寿光市政府副市长、党组成员；2001年2月至2003年1月任中共寿光市委常委，市政府副市长、党组副书记；2003年1月至2006年12月任寿光市委副书记；2006年12月至2007年1月任寿光市人大常委会党组书记、潍坊市委提名寿光市人大常委会副主任；2007年1月至12月任寿光市人大常委会党组书记、副主任；2007年12月至2012年8月任寿光市人大常委会党组书记、第一副主任；2012年8月至今任寿光市人大常委会主任、党组书记。

林立星 男，汉族，1962年5月出生，寿光市古城街道人，省委党校大学学历，寿光市人大常委会副主任、党组成员。1979年9月至1981年7月在昌潍教师进修学院中文专业学习；1981年7月至1988年7月任寿光县十三中教师，团总支书记；1988年7月至1990年10月任寿光县技工学校团委书记，政工科副科长、科长；1990年10月至1992年12月任寿光县委组织员办公室组织员；1992年12月至1994年3月任寿光市(县)委组织部组织科副科长；1994年3月至1995年9月任寿光市委组织部电教中心副主任；1995年9月至1996年6月任寿光市委副科级组织员、组织部电教中心副主任；1996年6月至1998年3月任寿光市委副科级组织员、组织部组织员办公室主任；1998年3月至1999年1月任寿光市委党校副校长；1999年1月至2001年2月任寿光镇党委副书记、镇长；2001年2月至2003年3月任寿光市委组织部副部长（正科级）；2003年3月至2004年1月任寿光市委组织部常务副部长（正科级）；2004年1月至2006年12月任寿光市圣城街道党工委书记、人大工作室主任；2006年12月至2007年3月任寿光市政府党组成员、市长助理；2007年3月至2009年4月任寿光市政府副市长、党组成员；2009年4月至12月任中共寿光市委常委、秘书长；2009年12月至2011年12月任寿光市委常委、办公室主任；2011年12月至2012年1月任寿光市人大常委会党组书记；2012年1月至2014年10月任寿光市人大常委会党组书记、副主任；2014年10月至今任寿光市人大常委会副主任、党组成员。

李昌武 男，汉族，1963年4月出生，寿光市洛城街道人，大学学历，寿光市人大常委会副主任、潍坊科技学院院长。1980年4月至1983年8月任寿光县洛城中心联中教师，寒桥公社教育团总支书记；1983年8月至1985年7月任潍坊教育学院政史系政治班学员；1985年7月至1989年

8月任寿光第一农技中学、寿光三中教师；1989年8月至1991年3月任寿光三中教导副主任、中学二级教师；1991年3月至1993年8月任寿光三中副校长、中学二级教师；1993年8月至1996年12月任寿光三中（寿光中学）副校长、中学一级教师；1996年12月至1998年3月任寿光中学副校长、中学高级教师；1998年3月至1999年12月任寿光市实验中学副校长、中学高级教师；1999年12月至2001年8月任寿光一中副校长、中学高级教师；2001年8月至12月任寿光市教委副主任（正科级）；2001年12月至2003年1月任寿光市教育局副局长（正科级）；2003年1月至9月任寿光市人大常委会副主任、教育局副局长；2003年9月至2004年8月任寿光市人大常委会副主任、寿光一中副校长；2004年8月至2010年8月任寿光市人大常委会副主任、现代中学校长；2010年8月至今任寿光市人大常委会副主任、潍坊科技学院院长。

毛德荣 男，汉族，1960年12月出生，山东省莱州市人，省委党校大学学历，寿光市人大常委会党组副书记。1977年8月至1978年12月为寿光县纪台公社孟家村下乡知青；1978年12月至1984年9月任寿光县财政局办事员；1984年9月至1986年7月在潍坊市委党校党政干部大专班学习；1986年7月至1988年6月先后任寿光县财政局办事员、副股长；1988年6月至1989年4月任寿光县财政局股长；1989年4月至1990年11月任寿光县财政局企业财务科科长（副科级）；1990年11月至1995年1月任寿光市（县）财政局副局长、党组成员；1995年1月至2000年9月任寿光市财政局副局长、党组成员，国资局局长（其间：1994年9月至1996年12月在省委党校经济管理专业在职学习）；2000年9月至2002年9月任寿光市财政局局长、党组书记；2002年9月至2004年1月任寿光市财政局局长、党组书记，寿光现代中学党委书记；2004年1月至2006年12月任寿光市政府党组成员、市长助理，财政局局长、党组书记，潍坊市小清河管理处党支部书记；2006年12月至2007年1月任寿光市政府党组成员、市长助理，财政局局长，潍坊市小清河管理处党支部书记；2007年1月至12月任寿光市政府副市长、党组成员；2007年12月至2008年1月任寿光市政府党组成员（副县级）；2008年1月至2月任寿光市政府党组副书记；2008年2月至4月提名寿光市政府副市长；2008年4月至2011年10月任寿光市政府副市长、党组副书记；2011年10月至2012年1月任寿光市政府副市长、党组副书记，工商联主席；2012年1月至9月任寿光市政府党组副书记、工商联主席；2012年9月至2013年2月任寿光市政府党组副书记；2013年2月至今任寿光市人大常委会党组副书记。

桑文军 男，汉族，1960年11月出生，寿光市古城街道人，省委党校大学学历，中共党员，寿光市人大常委会党组副书记。1979年9月至1981年7月在昌潍农校农学专业学习；1981年7月至1984年5月任寿光县纪台乡农技站技术员；1984年5月至1985年7月任寿光县纪台乡团委副书记；1985年7月至1986年7月任寿光县

纪台乡团委书记；1986年7月至1990年5月任寿光县东埠乡党委宣传委员；1990年5月至1991年3月任寿光县五台乡党委委员、人武部部长；1991年3月至1992年12月任寿光县五台乡副乡长；1992年12月至1998年1月任寿光市（县）五台乡党委副书记（其间：1993年9月至1996年7月在山东省农业管理干部学院农技推广专业在职学习）；1998年1月至1999年1月任寿光市洛城镇党委副书记、镇长；1999年1月至2001年3月任寿光市马店乡党委副书记、乡长（其间：1997年9月至1999年12月在省委党校经济管理专业在职学习）；2001年3月至12月任寿光市文家街道党工委书记；2001年12月至2004年12月任寿光市文家街道党工委书记、人大工作室主任；2004年12月至2007年9月任寿光市侯镇党委书记、人大主席；2007年9月至2008年1月任潍坊市沿海经济开发办(油区工作办)副主任，寿光市侯镇党委书记、人大主席，侯镇项目区管理办主任；2008年1月至7月任潍坊市沿海经济开发办（油区工作办）副主任、寿光市发展和改革局局长；2008年7月至2009年4月任寿光市发展和改革局局长（副县级）；2009年4月至5月任寿光市政府副市长、党组成员，发展和改革局局长；2009年5月至2011年12月任寿光市政府副市长、党组成员；2011年12月至2012年1月任寿光市政府副市长、党组副书记；2012年1月至2013年2月任寿光市政府党组副书记；2013年2月至今任寿光市人大常委会党组副书记。

房师平 男，汉族，1959年9月出生，寿光市纪台镇人，硕士研究生学历，中共党员，寿光市人大常委会党组副书记。1978年12月至1981年11月在部队服役；1981年11月至1982年2月在寿光县前杨供销社工作；1982年2月至1986年3月任寿光县前杨公社（孙家集镇）人武部干事；1986年3月至1987年5月任寿光县文家乡人武部副部长；1987年5月至1990年2月任寿光县文家乡党委委员、人武部部长；1990年2月至1991年3月任寿光县文家乡副乡长；1991年3月至1992年12月任寿光县文家乡党委副书记；1992年12月至1995年12月任寿光市（县）文家乡党委副书记、乡长；1995年12月至2000年9月任寿光市胡营乡党委书记；2000年9月至2001年12月任寿光市孙家集镇党委书记；2001年12月至2003年1月任寿光市孙家集镇党委书记、人大主席；2003年1月至2006年12月任寿光市交通局局长、党委书记；2006年12月至2009年1月任寿光市政府党组成员、市长助理，交通局局长、党委书记；2009年1月至12月任寿光市政府党组成员，市交通局局长、党委书记，市生态林场党支部书记；2009年12月至2010年1月任寿光市政府党组成员，市交通局局长，市生态林场党支部书记；2010年1月至2012年1月任寿光市人大常委会副主任、党组成员；2012年1月至8月任寿光市人大常委会党组副书记；2012年8月至今任寿光市人大常委会副主任、党组成员。

郑建民 男，汉族，1964年10月出生，潍坊市临朐县人，中央党校大学学历，中共党员，寿光市人大常委会副主任、党组成员。1981年

10月至1984年8月任炮兵12师15团指挥连战士、班长；1984年8月至1986年7月在济南陆军学院通信指挥专业学习；1986年7月至11月任炮兵12师15团指挥连排长；1986年11月至1989年1月任67军炮兵旅通信连技术员；1989年1月至1998年10月先后任67军炮兵旅通信科参谋、副科长、科长；1998年10月至2004年1月任潍坊军分区司令部作训科科长；2004年1月至2006年1月任寿光市人武部部长；2006年1月至4月任寿光市人武部政委；2006年4月至2010年4月任中共寿光市委常委、人武部政委；2010年4月至8月任寿光市委常委；2010年8月至11月提名寿光市人大常委会副主任；2010年11月至2011年1月提名寿光市人大常委会副主任、党组成员；2011年1月至今任寿光市人大常委会副主任、党组成员。

傅小妹 女，汉族，1963年6月出生，寿光市圣城街道人，大学学历，中共党员，寿光市人大常委会副主任、党组成员。1983年12月至1998年3月任寿光市（县）物价检查所办事员、科员；1998年3月至2001年8月任寿光市物价检查所所长；2001年8月至2004年1月任寿光市物价局副局长、党组成员；2004年1月至2006年7月任寿光市人事局副局长、党组成员，人才市场管理办党支部书记；2006年7月至2009年1月任寿光市人事局副局长、党组成员，编委办主任；2009年1月至2011年1月任寿光市司法局局长、党组书记；2011年1月至12月任寿光市人力资源和社会保障局局长；2011年12月至2012年1月任寿光市人大常委会党组成员；2012年1月至今任寿光市人大常委会副主任、党组成员。

韩文国 男，汉族，1963年7月出生，寿光市稻田镇人，省委党校研究生学历，寿光市人大常委会党组成员。1981年12月至1983年8月任寿光县田马供销社文书；1983年8月至1985年8月任寿光县政府招待所接待科科长；1985年8月至1989年4月任寿光县政府招待所副所长（其间：1986年9月至1988年7月在潍坊市委党校党政干部大专班学习）；1989年4月至1992年12月任寿光县政府招待所副所长（副科级）；1992年12月至1995年7月任共青团寿光市（县）委书记、党组书记；1995年7月至1998年1月任寿光市孙家集镇党委副书记、镇长；1998年1月至2001年12月任寿光市洛城镇党委书记；2001年12月至2003年1月任寿光市洛城镇党委书记、人大主席；2003年1月至2004年1月任寿光市建设局党委书记、局长；2004年1月至2006年12月任寿光市政府党组成员、市长助理，建设局党委书记、局长；2006年12月至2007年9月任寿光市政府党组成员、市长助理，建设局党委书记、局长，机械林场党委副书记；2007年9月至2009年1月任寿光市政府党组成员、市长助理，建设局党委书记、局长，机械林场党委书记；2009年1月至2010年2月任寿光市政府党组成员，建设局党委书记、局长，机械林场党委书记；2010年2月至2011年12月任寿光市政府党组成员，建设局局长，机械林场党委书记；2011年12月至2012年1月任寿光市建设局局长，机械林场党委书记；

2012年1月至4月任寿光市人大常委会党组副书记，寿光市机械林场党委书记；2012年4月至2014年10月任寿光市人大常委会党组副书记；2014年10月至今任寿光市人大常委会党组成员。

寿光市人民政府领导

赵绪春 寿光市人民政府市长（见中共寿光市委常委）

李宝华 寿光市人民政府副市长（见中共寿光市委常委）

王惠玲 寿光市人民政府副市长（见中共寿光市委常委）

张振城 寿光市人民政府副市长（见中共寿光市委常委）

吴广兴 男，汉族，1970年11月生，寿光市营里镇人，大学学历，1992年7月参加工作，1996年8月加入中国共产党，寿光市政府党组副书记，滨海（羊口）经济开发区管委会主任、党工委书记，羊口镇党委书记。1992年7月至1994年10月任寿光市（县）自来水公司办事员；1994年10月至1996年4月，任寿光市自来水公司办公室副主任；1996年4月至1998年8月，任寿光市自来水公司办公室主任；1998年8月至2000年10月，任寿光市建委办公室主任；2000年10月至2003年11月任寿光市环境卫生管理处主任；2003年11月至2006年7月任寿光市环境卫生管理局局长；2006年7月至2008年1月，任寿光市建设局工会主任、城管执法局局长、城管执法监察大队大队长；2008年1月至2009年1月任寿光市城管执法局局长、城管执法监察大队大队长、建设局党委副书记；2009年1月至2010年1月，任寿光市田柳镇党委副书记、镇长；2010年1月至2011年11月任寿光市羊口镇党委副书记、镇长；2011年11月至2012年11月任寿光市羊口镇党委书记、人大主席；2012年11月至2015年4月任寿光滨海（羊口）经济开发区党工委副书记、羊口镇党委书记（副县级）、人大主席；2015年4月至2016年10月任寿光滨海（羊口）经济开发区党工委副书记、羊口镇党委书记；2016年10月至11月任寿光滨海（羊口）经济开发区管委会主任、党工委书记，羊口镇党委书记；2016年11月至今任寿光市政府党组副书记，滨海（羊口）经济开发区管委会主任、党工委书记，羊口镇党委书记。

王安文 男，汉族，1966年3月出生，寿光市化龙镇人，大学学历，寿光市人民政府副市长、党组成员。1984年10月参加工作，1987年3月加入中国共产党。1984年10月至1985年12月任孙家集镇政府生产干事；1985年12月至1992年12月任胡营乡政府生产干事；1992年12月至1996年11月任纪台乡党委宣传委员；1996年11月至1997年5月任寿光市纪台乡计生办主任；1997年5月至1999年1月任洛城镇计生办主任；1999年1月至2001年3月任洛城镇副镇长；2001年3月至12月任上口镇党委副书记；2001年12月至2003年1月任上口镇党委副书记、纪委书记；2003年1月至2004年1月任寿光经济开发区管委会副主任；2004年1月至2006年12月任寿光市文家街道党工委副书记、街办主任；2006年12月至2007年8月任留吕镇党委书记、人大主席；2007年8月至2008年1月在寿光市委组织部工作；2008年1月至2009年1月任田柳镇党委书记、人大主席；2009年1月至2011年11月任洛城街道党工委书记、人大工作室主任；2011年11月至2012年1月任寿光市政府党组成员；2012年1月至今任寿光市政府副市长、党组成员。

李建文 男，汉族，1980年10月出生，潍坊市昌邑人，博士研究生学历，寿光市人民政府副市长。2007年7月参加工作，2003年12月加入中国共产党。2007年7月至2008年7月在潍坊市环境监测中心站工作（见习）；2008年7月至11月任潍坊市环境监测中心站工程师；2008年11月至2016年12月任潍坊市环境保护局副局长（其间：2009年9月至12月挂职青岛市环境保护局副局长）；2016年12月至今任寿光市人民政府党组成员、副市长。

刘建东 男，汉族，1966年5月出生，潍坊市高密市人，大学学历，硕士学位，1982年12月参加工作，中共党员，寿光市人民政府副市长，公安局党委书记、局长、督察长。1982年12月至1984年9月在潍坊市棉纺织厂工作；1984年9月至1987年4月任潍坊市交通监理站监理员；1987年4月至1993年7月任潍坊市公安局潍城分局办事员；1993年7月至1994年7月任潍坊市公安局潍城分局科员；1994年7月至1995年10月任潍坊市公安局交通警察支队奎文大队事故股科员；1995年10月至1997年7月任潍坊市公安局交通警察支队事故科科员；1997年7月至1999年5月任潍坊市公安局交通警察支队事故科副科长；1999年5月至2006年3月任潍坊市公安局交通警察支队事故科科长；2006年3月至2008年5月任潍坊市公安局交通警察支队奎文大队大队长；2008年5月至2010年9月任潍坊市公安局车辆管理所所长；2010年9月至2011年11月任潍坊市公安局峡山生态经济发展区分局政委；2011年11月至2013年12月任潍坊市公安局峡山生态经济发展区分局政委、党委副书记；2013年12月至2015年7月任潍坊市公安局技术侦查支队支队长；2015年7月至今任寿光市人民政府副市长，公安局党委书记、局长、督察长。

王丽君 女，汉族，1971年12月出生，青岛市平度市人，中共党员，大学学历，寿光市人民政府副市长、党组成员。1992年8月至1996年7月，在莱阳农学院农学系作物师范专业学习；1996年7月至2002年10月在潍坊农业开发区生物农药实验厂工作；2002年10月至2003年2月任潍坊经济开发区人事局科员；2003年2月至8月任潍坊经济开发区北城街道办事处科员；2003年8月至2005年2月任潍坊经济开发区北城街道办事处主任助理；2005年2月至2006年9月任潍坊经济开发区北城街道办事处副主任；2006年9月至2008年8月任潍坊经济开发区北城街道党委委员、

办事处副主任；2008 年 8 月至 2012 年 6 月任潍坊经济开发区北城街道党委副书记、办事处主任；2012 年 6 月至 2015 年 2 月任潍坊经济开发区双杨街道党委书记；2015 年 2 月至 2016 年 12 月任潍坊经济开发区张氏街道党委书记；2016 年 12 月至今任寿光市人民政府副市长、党组成员。

政协寿光市委员会领导

方新启 男，汉族，1961 年 7 月出生，山东省荣成市人，中共党员，大学学历，寿光市政协主席、党组书记。1979 年 9 月至 1981 年 7 月在昌潍师专中文专业学习；1981 年 7 月至 1982 年 12 月任寿光镇西关联中职员；1982 年 12 月至 1984 年 10 月任寿光县计委农业计划员，秘书；1984 年 10 月至 1989 年 4 月任寿光县委组织部干事；1989 年 4 月至 1992 年 3 月任寿光县委组织部组织科科长；1992 年 3 月至 1995 年 12 月任寿光市（县）土地管理局副局长（其间：1992 年 3 月至 1993 年 11 月挂职陕西省甘泉县政府办公室副主任）；1995 年 12 月至 1998 年 1 月任寿光市广陵乡党委副书记、乡长(其间:1995 年 9 月至 1997 年 12 月在省委党校经济管理专业在职学习)；1998 年 1月至1999年1月任寿光市广陵乡党委书记；1999 年 1 月至 2001 年 2 月任寿光市田柳镇党委书记；2001 年 2 月至 12 月任寿光市政府党组成员、秘书长、办公室主任；2001 年 12 月至 2002 年 7 月任寿光市政府党组成员、市长助理、秘书长、办公室主任；2002 年 7 月至 2007 年 1 月任寿光市政府副市长、党组成员（其间：2002 年 7 月至 2005 年 7 月援疆任英吉沙县副县长）；2007 年 1 月至 2008 年 1 月任中共寿光市委常委、政法委书记；2008 年 1 月至 2011 年 12 月任寿光市委常委、政法委书记、市维护稳定工作领导小组办公室主任；2011 年 12 月至 2014 年 2 月任寿光市政协党组书记；2014 年 2 月至今任寿光市政协主席、党组书记。

刘建安 男，汉族，1962 年 8 月出生，寿光市上口镇人，大学学历，学士学位，寿光市政协副主席。1980 年 12 月至 1989 年 10 月任寿光县广播局编辑部编辑(其间：1984 年 8 月至 1987 年 6 月在中国人民大学函授学院新闻专业大专班学习；1987 年 8 月至 1989 年 6 月在中国人民大学函授学院新闻专业本科班在职学习，获法学学士学位)；1989 年 10 月至 1994 年 3 月任寿光市（县）政府办公室秘书，秘书科副科长；1994 年 3 月至 1998 年 3 月任寿光市政府办公室副科级秘书、秘书科科长；1998 年 3 月至 1999 年 7 月任寿光市监察局副局长；1999 年 7 月至 2007 年 12 月任寿光市政府副市长；2007 年 12 月至今任寿光市政协副主席。

袁昌彪 男，汉族，1958 年 1 月出生，潍坊市滨海经济开发区人，大学学历，寿光市政协副主席。1975 年 8 月至 1978 年 10 月任寿光县羊口盐场商店会计（计

算连续工龄）；1978年10月至1982年7月在北镇医学院医疗专业学习；1982年7月至1983年11月任寿光县田柳医院医师；1983年11月至2001年8月任寿光市人民医院神经外科医生、副主任、主任；2001年8月至2003年1月任寿光市人民医院副院长；2003年1月至2011年3月任寿光市政协副主席、市人民医院副院长；2011年3月至今任寿光市政协副主席。

丁世波 男，汉族，1962年12月出生，寿光市洛城街道人，中央党校大学学历，寿光市政协副主席、党组成员。1980年11月参加工作，1984年12月加入中国共产党。1980年11月至1982年9月任南京军区60军后勤部船队战士；1982年9月至1984年7月在陆军船艇技术学校航海专业学习；1984年7月至1986年9月任江苏省军区后勤部船队副船长；1986年9月至1987年11月在解放军后勤学院后勤参谋专业学习；1987年11月至1989年6月任江苏省军区后勤部船队副连职机电长；1989年6月至1990年3月任江苏省军区后勤部民兵装备仓库组织计划处正连职参谋；1990年3月至6月任坦克第29团司令部通信股正连职参谋；1990年6月至10月任坦克第29团司令部作训股正连职参谋；1990年10月至1992年6月任坦克第8师后勤部战勤科正连职参谋；1992年6月至1994年12月任坦克第8师后勤部战勤科副营职参谋；1994年12月至1995年6月任坦克第8师后勤部油供站正营职站长；1995年6月至1997年1月任坦克第8师31团后勤处处长；1997年1月至1998年10月任坦克第8师后勤部战勤科科长；1998年10月至2000年10月任装甲第8师后勤部战勤科科长；2000年10月至2002年3月任装甲第8师后勤部副部长；2002年3月至2003年1月任潍坊市奎文区人武部副部长；2003年1月至2005年1月任河南省黄泛区农场人武部部长；2005年1月至2006年1月任山东省费县人武部部长；2006年1月至2009年9月任潍坊市昌乐县人武部部长；2009年9月至11月任寿光市政协副主席候选人；2009年11月至2010年1月任寿光市政协党组成员、副主席候选人；2010年1月至今任寿光市政协副主席、党组成员。

崔建军 男，汉族，1963年2月出生，寿光市纪台镇人，省委党校大学学历，寿光市政协副主席、党组成员。1980年12月参加工作，1984年3月加入中国共产党。1979年3月至1980年12月在昌潍农校桑蚕专业学习；1980年12月至1984年6月在山东省邹平县林业局工作；1984年6月至12月在寿光县直机关党委工作；1984年12月至1990年2月任寿光县直机关团委书记；1990年2月至5月任寿光县杨庄乡副乡长；1990年5月至1992年12月任寿光县杨庄乡副乡长、科委主任；1992年12月至1995年1月任寿光市（县）胡营乡副乡长；1995年1月至12月任寿光市胡营乡党委副书记；1995年12月至2001年3月任寿光市寿光镇党委副书记；2001年3月至2003年1月任寿光市圣城街道党工委副书记；2003年1月至9月任圣城街道党工委副书记、街办主任；2003年9月至2004年1月任寿光市古城街道党工委副书记、街办主任；2004

年1月至12月任寿光市外经贸局局长、党组书记、招商办主任；2004年12月至2007年10月任寿光市洛城街道党工委书记、人大工作室主任；2007年10月至2009年1月任寿光市洛城街道党工委书记、人大工作室主任、寿光经济开发区管委会主任；2009年1月至2011年1月任寿光市教育局局长、党委副书记、寿光经济开发区管委会主任；2011年1月至今任寿光市政协副主席、党组成员。

寇振彦 男，汉族，1962年1月出生，寿光市圣城街道人，省委党校大学学历，寿光市政协副主席、党组成员。1981年7月参加工作，1983年12月加入中国共产党。1979年9月至1981年7月在山东省北镇农业学校农业经济专业学习；1981年7月至1984年5月任山东掖县南十里公社经管站负责人；1984年5月至1985年9月在寿光县人事局工作；1985年9月至1987年6月在潍坊市委党校党政干部专修班学习；1987年6月至1993年12月任寿光市（县）人事局科员，干部调配科科长（其间：1987年9月至1990年9月在山东经济学院经济管理专业在职学习）；1993年12月至1995年9月任寿光市委组织部干部科副科长、干训科科长；1995年9月至2001年12月任寿光市委副科级组织员、组织部干训科科长、干部科科长(其间：1994年9月至1996年12月在省委党校经济管理专业在职学习)；2001年12月至2003年3月任寿光市委组织部副部长；2003年3月至2004年12月任寿光市委组织部副部长、组织员办公室主任；2004年12月至2006年6月任寿光市委组织部副部长（正科级）；2006年6月至2009年1月任寿光市委组织部常务副部长（正科级）；2009年1月至11月任寿光市委组织部副部长，市人事局局长、党组书记；2009年11月至2010年2月任寿光市委组织部副部长，市人事局局长、党组书记，山东农业科技人才服务中心主任；2010年2月至2011年1月任寿光市委组织部副部长，市人力资源和社会保障局局长、党委书记，山东农业科技人才服务中心主任；2011年1月至今任寿光市政协副主席、党组成员。

刘美霞 女，汉族，1971年9月出生，寿光市孙家集街道人，硕士研究生学历，1992年参加工作，寿光市政协副主席。1990年9月至1992年7月在山东师范大学英语专业学习；1992年7月至1993年7月任寿光县胡营初中教师；1993年7月至2002年11月任寿光市第一职业中专教师（其间：1993年8月至1996年7月在青岛海洋大学英语专业在职学习；2000年8月至2002年8月在曲阜师范大学英语研究生班在职学习）；2002年11月至2003年9月在中国（寿光）国际蔬菜科技博览会组委会办公室工作；2003年9月至2004年8月任中国（寿光）国际蔬菜科技博览会组委会招商部副部长；2004年8月至2006年6月任中国(寿光)国际蔬菜科技博览会组委会办公室副主任；2006年6月至2011年3月任潍坊科技（职业）学院副院长（正科级）；2011年3月至2012年1月任寿光市监察局副局长（正科级）；2012年1月至2013年3月任寿光市政协副主席、监察局副局长；2013年3月至今任寿光市政协副主席。

王春吉 男，汉族，1959年10月出生，潍坊市临朐县人，大学学历，寿光市政协党组副书记。1978年3月至1980年7月在昌潍农校农学专业学习；1980年7月至1981年10月任临朐县龙岗公社农技站技术员；1981年10月至1982年10月任临朐县农业局农技站技术员；1982年10月至1984年5月任临朐县石家河公社文书；1984年5月至1986年12月任临朐县杨善乡政府文书；1986年12月至1988年7月任临朐县人民法院秘书；1988年7月至1989年5月任临朐县委办公室秘书；1989年5月至1991年8月任临朐县委政法委秘书；1991年8月至1992年9月任潍坊市委政法委调研科秘书；1992年9月至1997年3月任潍坊市委政法委调研科副科长（其间：1985年4月至1992年12月在山东大学自考法律专业在职学习）；1997年3月至6月任潍坊市委政法委调研室副主任；1997年6月至9月任潍坊市委政法委调研室主任科员；1997年9月至2001年9月任潍坊市委政法委调研室主任；2001年9月至12月任潍坊市委政法委机关党支部专职副书记；2001年12月至2011年12月任寿光市人民检察院检察长、党组书记（其间：2002年9月至2004年12月在山东省委党校法律专业在职学习）；2011年12月至今任寿光市政协党组副书记。

寿光市人民法院院长、检察院检察长

尹洪阳 男，汉族，1972年4月生，潍坊市临朐县人，中共党员，硕士研究生，寿光市人民法院党组书记、院长，山东省法学会会员、法律方法论研究会理事。1992年7月至1994年7月在昌潍师专中文系汉语言文学专业学习；1994年9月至12月任潍坊艺术学校教师；1994年12月至2011年12月任潍坊市中级人民法院审判员，研究室副主任、主任，副县级审判员、审委会委员（其间：1996年9月至1999年7月在山东政法干部管理学院法学专业在职学习；2004年9月至2007年7月在山西大学法学院就读法律硕士）；2011年12月至2016年1月任潍坊市青州市人民法院党组书记、院长；2016年1月至今任寿光市人民法院党组书记、院长（其间：2014年9月至今在中国政法大学证据科学研究院证据法学博士在读）。先后被评为潍坊市第二届中青年社会科学研究十佳拔尖人才，山东省基层理论宣讲先进个人。2015年被最高人民法院授予“全国法院先进个人”荣誉称号。2007年由人民法院出版社出版的个人专著《法律解释疏论》获山东省法院系统优秀调研成果二等奖；2013年由人民法院出版社出版的个人专著《行政争讼司法审查概要》获潍坊市第二十三次社会科学优秀成果二等奖、第三届“风筝都文化奖”。

孙 炜 男，汉族，1968年1月生，潍坊市诸城市人，中共党员，大学学历，法律硕士学位，寿光市人民检察院党组书记、检察长。1986年9月至1990年7月在山东农业大学畜牧兽医系畜牧专业学习；1990年7月至1994年12月任潍坊种鸡场蛋鸡场场长；

1994年12月至1996年4月在潍坊市人民检察院工作；1996年4月至1997年6月任潍坊市人民检察院书记员；1997年7月至2001年11月任潍坊市人民检察院助理检察员（其间：1995年9月至1998年7月在烟台大学法律专业在职学习）；2001年11月至2004年2月任潍坊市人民检察院副科级助理检察员；2004年2月至4月任潍坊市人民检察院侦查监督处副处长；2004年4月至2005年5月任潍坊市人民检察院侦查监督处副处长、副科级检察员；2005年5月至2007年4月任潍坊市人民检察院侦查监督处副处长、正科级检察员（其间：2003年4月至2005年12月在南开大学法律专业在职学习，获法律硕士学位）；2007年4月至2009年3月任潍坊市人民检察院反贪局侦查指挥中心办公室主任；2009年3月至2010年9月任潍坊市人民检察院侦查监督处处长；2010年9月至2011年12月任潍坊市人民检察院副处级检察员、侦查监督处处长；2011年12月至2012年1月任寿光市人民检察院党组书记、代检察长；2012年1月至今任寿光市人民检察院党组书记、检察长。

表5　　2016年市直有关部门（单位）及镇（街、区）主要负责人一览表

姓名	性别	出生年月	文化程度	政治面貌	工作单位及职务	籍贯
李增国	男	1972.04	研究生	中共党员	市委办公室主任	上口镇
刘希义	男	1975.02	大学	中共党员	市人大党组成员、办公室主任	化龙镇
袁义林	男	1970.01	研究生	中共党员	市政府党组成员、办公室主任	寒亭区
刘东亮	男	1964.02	大学	中共党员	市政协党组成员、秘书长	侯镇
桑春晖	男	1967.04	大学	中共党员	市纪委常务副书记	文家街道
卢法贵	男	1968.05	大学	中共党员	市委组织部常务副部长	孙家集街道
李秉桦	男	1969.	大学	中共党员	市委宣传部常务副部长	圣城街道
王维春	男	1965.01	大学	中共党员	市政法委常务副书记	营里镇
胥永利	男	1970.10	大学	中共党员	市人武部部长	河南确山市
张云鹏	男	1971.06	大专	中共党员	市委、市政府督查局局长	化龙镇
刘效国	男	1965.08	大学	中共党员	市直机关党工委书记	侯镇
葛树涛	男	1970.10	大学	中共党员	市委组织部副部长、老干局长	洛城街道
袁光亮	男	1964.02	大学	中共党员	市委统战部常务副部长	羊口镇
马千里	男	1965.09	大专	中共党员	市委组织部副部长、编办主任	台头镇
韩兴武	男	1964.01	大学	中共党员	市委台办主任	文家街道
王光明	男	1970.07	大学	中共党员	市委扶贫开发办主任	营里镇
李秀生	男	1970.05	大学	中共党员	市委巡察办主任	侯镇

续表5

姓名	性别	出生年月	文化程度	政治面貌	工作单位及职务	籍贯
孙荣新	男	1969.10	研究生	中共党员	市总工会党组书记、常务副主席	营里镇
张伟	男	1983.07	大学	中共党员	共青团寿光市委书记	洛城街道
崔凤芹	女	1968.09	大学	中共党员	市妇联主席	青州市
朱天森	男	1969.04	大学	中共党员	市工商联党组书记、常务副主席	上口镇
刘伟	男	1963.05	中专	中共党员	市科协主席	古城街道
董强	男	1967.03	大学	中共党员	市委党校常务副校长、党委书记	纪台镇
胡明奎	男	1968.10	大学	中共党员	市委、市政府接待办主任	稻田镇
丁孝博	男	1968.01	大学	中共党员	市委办副主任、信访局长	营里镇
张祥森	男	1971.02	大学	中共党员	市委党史研究室主任	文家街道
张洪水	男	1966.06	大学	中共党员	市档案局（馆）局（馆）长	田柳镇
汪秀丽	女	1966.01	大学	中共党员	市委组织部副部长、人社局长	台头镇
王宏志	男	1967.09	大学	中共党员	市民政局局长	营里镇
孙永乐	男	1966.05	大学	中共党员	市科技局局长	纪台镇
冯玉成	男	1963.09	大学	中共党员	市审计局局长	纪台镇
张宏雨	男	1970.11	大学	中共党员	市金融办主任	台头镇
王利	男	1967.06	大学	中共党员	市政务服务中心主任	双王城园区
王霞	女	1969.08	大学	中共党员	市地震局局长	羊口镇
李勇	男	1965.10	大学	中共党员	市旅游局局长	古城街道
王德生	男	1965.04	大专	中共党员	市机关事物管理局局长	田柳镇
张丁奇	男	1967.01	大学	中共党员	市知识产权局局长	圣城街道
韩迎祥	男	1966.10	大学	中共党员	市油区办主任	青州市
张继英	女	1967.07	大专	中共党员	市残联理事长	上口镇
潘广科	男	1966.09	大学	中共党员	市人民防空办主任	稻田镇
尹洪阳	男	1972.04	研究生	中共党员	市人民法院院长	临朐县
孙炜	男	1968.01	研究生	中共党员	市人民检察院检察长	诸城市
刘建东	男	1966.05	研究生	中共党员	市政府副市长、公安局局长	高密市
董增吉	男	1971.09	大学	中共党员	市司法局局长	田柳镇
李玉明	男	1966.12	大学	中共党员	市教育局局长	侯镇

续表 5

姓名	性别	出生年月	文化程度	政治面貌	工作单位及职务	籍贯
燕黎明	男	1971.10	大学	中共党员	市文广新局局长	古城街道
丁建波	男	1966.07	大学	中共党员	市文化市场综合执法局局长	羊口镇
袁恩庶	男	1967.09	大学	中共党员	市卫生和计划生育局局长	潍坊滨海区
张春荣	女	1970.08	研究生	中共党员	市体育局局长	稻田镇
李群成	男	1972.01	大学	中共党员	市广播电视台台长	侯镇
周杰三	男	1956.06	大学	中共党员	寿光日报传媒有限公司董事长	孙家集街道
李志伟	男	1967.04	大学	中共党员	山东广电网络有限公司寿光分公司经理	古城街道
刘国明	男	1967.10	大学	中共党员	市发展和改革局局长	上口镇
丁世超	男	1967.08	大学	中共党员	市物价局局长	洛城街道
马康生	男	1967.03	大学	中共党员	市粮食局局长	台头镇
王春海	男	1971.03	研究生	中共党员	市国土资源局局长	营里镇
卜庆华	男	1970.04	大学	中共党员	市交通局局长	稻田镇
韩家迅	男	1966.01	大专	中共党员	市环保局局长	上口镇
庞清滨	男	1970.12	大学	中共党员	市统计局局长	田柳镇
张英才	男	1971.10	大学	中共党员	市公路局局长	文家街道
王宏伟	男	1969.03	大学	中共党员	市商务局局长	圣城街道
田太卿	男	1967.02	大学	中共党员	市财政局局长	田柳镇
寇振彤	男	1967.11	大学	中共党员	市市场监督管理局局长	圣城街道
王风山	男	1965.11	大学	中共党员	市国税局局长	羊口镇
李明	男	1975.08	研究生	中共党员	市地税局局长	高密市
贾继福	男	1972.03	大学	中共党员	市联社党委书记、理事会主任	化龙镇
王德亭	男	1971.12	研究生	中共党员	市检验检测中心主任	孙家集街道
郭京鹏	男	1971.05	大学	中共党员	潍坊海关驻寿光办事处主任	山东沂水县
王国明	男	1964.07	大学	中共党员	市烟草专卖局局长	青州市
张茂海	男	1969.02	大学	中共党员	市农业局局长	侯镇
赵洪波	男	1964.08	大学	中共党员	市畜牧兽医管理局局长	营里镇
郑林海	男	1972.01	大学	中共党员	市农业机械管理局局长	台头镇
白晓东	男	1970.12	大学	中共党员	市农村经济管理局局长	圣城街道

续表 5

姓名	性别	出生年月	文化程度	政治面貌	工作单位及职务	籍贯
黄树忠	男	1971.01	研究生	中共党员	市水利局局长	羊口镇
王庆忠	男	1972.09	大学	中共党员	市海洋与渔业局局长	孙家集街道
杨茂枢	男	1969.05	研究生	中共党员	市林业局局长	孙家集街道
尹国良	男	1963.08	大学	中共党员	寿光国有机械林场场长	营里镇
王启龙	男	1966.08	大学	中共党员	蔬菜高科技示范园管理处主任	化龙镇
李泮德	男	1961.08	大学	中共党员	潍坊市小清河管理处主任	文家街道
王永强	男	1973.10	大学	中共党员	市气象局局长	临朐县
李　民	男	1963.09	大学	中共党员	胶东调水工程寿光管理处主任	田柳镇
李昌军	男	1960.07	大学	中共党员	市清水泊农场场长	孙家集街道
张国峰	男	1975.07	研究生	中共党员	市经济和信息化局局长	圣城街道
王学江	男	1970.11	研究生	中共党员	市安监局局长	营里镇
隋永福	男	1966.09	大专	中共党员	市盐务局局长	台头镇
崔维川	男	1967.06	大学	中共党员	市住房和城乡建设局局长	化龙镇
李建东	男	1967.11	研究生	中共党员	市规划局局长	羊口镇
姜　森	男	1962.09	大学	中共党员	中国人民银行寿光支行行长	山东胶州市
牟俊国	男	1971.06	大学	中共党员	潍坊银监分局寿光办事处主任	上口镇
马焕军	男	1971.10	大学	中共党员	市委常委、圣城街道党工委书记	台头镇
张其振	男	1970.02	大学	中共党员	圣城街道办事处主任	羊口镇
任光学	男	1970.11	大学	中共党员	文家街道党工委书记	洛城街道
任玉章	男	1977.02	大学	中共党员	文家街道办事处主任	洛城街道
步宪群	男	1974.03	大学	中共党员	洛城街道党工委书记	稻田镇
李秀欣	男	1975.07	大学	中共党员	洛城街道办事处主任	田柳镇
付乐启	男	1974.05	大学	中共党员	古城街道党工委书记	洛城街道
王伯元	男	1978.12	大学	中共党员	古城街道办事处主任	化龙镇
王　帅	男	1972.12	研究生	中共党员	孙家集街道党工委书记	台头镇
李伟东	男	1973.06	大学	中共党员	孙家集街道办事处主任	圣城街道
孙向前	男	1969.05	大专	中共党员	稻田镇党委书记	化龙镇
苗广彬	男	1980.08	研究生	中共党员	稻田镇镇长	古城街道

续表 5

姓 名	性别	出生年月	文化程度	政治面貌	工作单位及职务	籍 贯
张 帅	男	1980.09	研究生	中共党员	侯镇党委书记	台头镇
苗光盛	男	1980.09	研究生	中共党员	侯镇镇长	古城街道
刘玉玲	女	1975.02	大学	中共党员	纪台镇党委书记	上口镇
贾立生	男	1976.01	研究生	中共党员	纪台镇镇长	文家街道
韩效启	男	1971.12	大学	中共党员	化龙镇党委书记	稻田镇
李伟祥	男	1976.02	大学	中共党员	化龙镇镇长	洛城街道
王法顺	男	1977.12	研究生	中共党员	上口镇党委书记	临朐县
王秀忠	男	1975.11	大学	中共党员	上口镇镇长	侯镇
王桂芝	女	1971.11	大学	中共党员	田柳镇党委书记	营里镇
李青岛	男	1975.12	大学	中共党员	田柳镇镇长	侯镇
范福民	男	1970.10	大学	中共党员	营里镇党委书记	田柳镇
张 伟	男	1983.07	大学	中共党员	营里镇镇长	洛城街道
张华胜	男	1970.12	大学	中共党员	台头镇党委书记	侯镇
张成俊	男	1972.02	大学	中共党员	台头镇镇长	圣城街道
张春然	男	1970.10	大学	中共党员	双王城生态经济园区党委书记	羊口镇
孙继业	男	1975.10	大学	中共党员	双王城生态经济园区管委会主任	孙家集街道
吴广兴	男	1970.11	大学	中共党员	羊口镇党委书记	上口镇
张天华	男	1973.10	大学	中共党员	羊口镇镇长	田柳镇

表 6　　2016 年度全国、山东省、潍坊市劳动模范名录

姓 名	性别	所在单位及职务	等级
寇祥森	男	山东墨龙石油机械股份有限公司班组长	全国
李伟建	男	寿光水利局副科级干部	山东省
董 平	男	寿光市百信蔬菜专业合作社经理	潍坊市
郑家玉	男	寿光市防水行业协会会长	潍坊市
李美芹	女	潍坊科技学院寿光市软件园服务中心副主任	潍坊市
李新生	男	寿光市洛城街道东斟灌村党支部书记	潍坊市

续表 6

姓 名	性别	所在单位及职务	等级
王玉美	女	寿光市交运汽车站有限公司客运科副科长	潍坊市
桑名亮	男	寿光市文家街道桑家营子村党支部书记	潍坊市
周建章	男	康跃科技股份有限公司模具钳工班长	潍坊市
单俊凤	男	潍坊金正食品股份有限公司董事长	潍坊市
潘广华	男	寿光市稻田镇潘家稻庄村晟华土地蔬菜专业合作社理事长	潍坊市
何 艳	女	青岛啤酒（寿光）有限公司总经理	潍坊市
侯新令	男	寿光市农圣土地专业合作社理事长	潍坊市
舒 安	男	山东全福元商业集团有限责任公司董事长	潍坊市
孙效宝	男	寿光市羊口镇近海个体渔民互助协会会长	潍坊市
王振辉	男	山东祥生塑胶有限公司技术科长	潍坊市
魏泮玮	男	寿光市墨香斋书画艺术培训学校校长	潍坊市
杨维国	男	寿光富康制药有限公司董事长	潍坊市
袁景亮	男	寿光市人民医院院长	潍坊市
张海涛	男	山东晨鸣纸业集团股份有限公司白卡纸工厂抄纸车间主任	潍坊市
张照松	男	寿光世纪教育集团校长	潍坊市
王 军	男	山东联盟化工集团有限公司安全员	潍坊市
王效平	男	国网山东省电力公司寿光市供电公司运维检修部技术员	潍坊市
赵现魁	男	山东寿光巨能控股集团有限公司高压焊工	潍坊市
张学刚	男	寿光市公安局化龙派出所所长	潍坊市
崔乐刚	男	寿光市园林绿化管理处绿化管理技术科科长	潍坊市

表 7　　中国、山东省、潍坊市（部分）好人名录

姓名	性别	获荣誉时所在单位、职务	获得时间	等级
崔效杰	男	潍坊科技学院党委书记、教授	2009.10	中国好人
王伯祥	男	原寿光县委书记；潍坊市委副书记、市长	2010.03	中国好人
李林海	男	寿光市隆泰建安有限公司经理	2011.04	中国好人
刘来田	男	寿光圣都建设集团董事长、总经理	2012.12	中国好人

续表 7

姓名	性别	获荣誉时所在单位、职务	获得时间	等级
毛金鹏	男	潍坊滨海经济技术开发区宣传文化中心工作	2012.12	中国好人
魏金明	男	寿光建设集团董事长	2013.07	中国好人
宋丰升	男	潍坊交运集团客运分公司驾驶员	2013.07	中国好人
张敏敏	女	双王城生态经济园区南木桥村村民	2014.09	中国好人
李新明	男	孙家集街道岳寺李村村民	2015.07	中国好人
朱天平	男	见诚自行车超市总经理，市慈善总会天平帮扶基金负责人，寿光市志愿服务联合会会长	2016.01	中国好人
李新奎	男	市城管执法大队中队长	2016.01	中国好人
李德宝	男	上口镇口子村村民	2016.02	中国好人
李金凤	女	侯镇地沟村村民	2016.06	中国好人
王建立	男	市公安局刑警大队副大队长	2016.08	中国好人
李爱萍	女	稻田镇田马一村村民	2016.10	中国好人
解青霞	女	市特教学校教师	2012	山东省好人
张志伟	男	侯镇二中学生	2012	山东省好人
张明伦	男	寿光市稻田镇西菜村党支部书记	2012	山东省好人
臧英	男	市国税局职工	2013	山东省好人
李玉金	男	清水泊农场退休职工	2013	山东省好人
郑庆玉	男	台头镇一座楼村村民	2013	山东省好人
王小蕾	男	营里镇第一实验小学老师	2013	山东省好人
王明生	男	纪台镇中心小学教师	2013	山东省好人
杨丙光	男	宏丰种苗公司经理	2014	山东省好人
燕法周	男	古城街道临泽二村村民	2014	山东省好人
王锡锟	男	羊口镇杨庄邮电支局投递员	2014	山东省好人
范金柱	男	洛城街道南纸房村村民	2014	山东省好人
王道吉	男	现代社区居民	2014	山东省好人
侯爱云	女	现代社区居民	2014	山东省好人
李兰普	男	国税局办公室干部	2014	山东省好人
董效义	男	国税局文家分局工作人员	2016	山东省好人
袁波海	男	羊口镇四居委渔民	2016	山东省好人